Film, Fernsehen, Neue Medien

Herausgegeben von
Oksana Bulgakowa, Mainz, Deutschland
Roman Mauer, Mainz, Deutschland

Während früher Film als Medium für die Verbreitung und Konservierung tradierter Künste eingesetzt wurde und dann als Synthese, ja die höchste Stufe der Kunstentwicklung galt, erleben wir heute eine Destabilisierung der Medienhierarchie. Längst hat der Film als selbständige Kunst einen festen Platz in allen kulturellen Institutionen – Kinos, Museen, Archive und Opernhäuser – eingenommen. Er bewog Theater, Ballett oder Performance zu multimedialen Formen und beeinflusste die Entwicklung der bildenden Künste und Ausstellungspraxis. Nun wandert er aus den Kinosälen und besetzt öffentliche und virtuelle Räume: Internetplattformen, U-Bahnzüge, Wartesäle, Ausbildungscamps und therapeutische Einrichtungen. Künstliche Bilderwelten auf den Trainingsmodulatoren und transmediale Fantasien in Onlinespielen zehren von Filmvorlagen. Die praktische und pragmatische Nutzung der Filmbilder geht weit über die früheren Funktionen der Aufzeichnung und Objektivierung hinaus. Der Film besetzt die Imagination mit fertigen Vorgaben – Gesten, Reaktionen, Repliken, Träumen. Das opulente Archiv der Filmbilder, der Erzählstrategien und akustischen Symbole wird von Mode, Werbung und politischen Aktionen weiterverwertet. Der Präsenz und dem alltäglichem Gebrauch der bewegten Bilder steht allerdings ein Mangel an Übung und Fertigkeiten gegenüber, diese zu analysieren und zu deuten.

Die Film- und Medienwissenschaft bietet dafür ein differenziertes Instrumentarium. Die Lehrbuchreihe „Film, Fernsehen, Neue Medien" führt in die Grundkenntnisse ein, demonstriert die praktische Anwendung der Begriffe, verbindet die analytischen Modelle mit theoretischer Reflexion, verfolgt die historische Entwicklung der filmischen Prinzipien und ihre Transformation in Computerspielen, in der akustischen oder der graphischen Kunst von heute. Konzipiert für die Bachelorstudiengänge, richtet sie sich an alle kunst-, medien- und kulturwissenschaftlich Interessierten.

Oksana Bulgakowa ist die Leiterin der Filmwissenschaft am Institut für Film-, Theater- und empirische Kulturwissenschaft der Johannes Gutenberg-Universität Mainz. Sie hat mehrere Bücher über das russische und deutsche Kino geschrieben, bei Filmen Regie geführt, Ausstellungen kuratiert und multimediale Projekte entwickelt.

Dr. Roman Mauer ist wissenschaftlicher Mitarbeiter am Institut für Film-, Theater und empirische Kulturwissenschaft der Johannes Gutenberg-Universität Mainz. Seine Doktorarbeit über das Werk von Jim Jarmusch erschien 2006; er hat mehrere Sammelbände zur Filmgeschichte herausgegeben, Hörspiele produziert und Dokumentarfilme gedreht.

Herausgegeben von
Oksana Bulgakowa, Mainz, Deutschland
Roman Mauer, Mainz, Deutschland

Christoph Hesse • Oliver Keutzer
Roman Mauer • Gregory Mohr

Filmstile

 Springer VS

Christoph Hesse
Freie Universität Berlin
Berlin
Deutschland

Oliver Keutzer
Johannes Gutenberg-Universität
Mainz
Deutschland

Roman Mauer
Johannes Gutenberg-Universität
Mainz
Deutschland

Gregory Mohr
Johannes Gutenberg-Universität
Mainz
Deutschland

Film, Fernsehen, Neue Medien
ISBN 978-3-531-18497-5
DOI 10.1007/978-3-531-19080-8

ISBN 978-3-531-19080-8 (eBook)

Die Deutsche Nationalbibliothek verzeichnet diese Publikation in der Deutschen Nationalbibliografie; detaillierte bibliografische Daten sind im Internet über http://dnb.d-nb.de abrufbar.

Springer VS

Foto: Christian Schulz, © Schramm Film

Lektorat: Barbara Emig-Roller

Gedruckt auf säurefreiem und chlorfrei gebleichtem Papier

Springer Fachmedien Wiesbaden ist Teil der Fachverlagsgruppe Springer Science+Business Media
(www.springer.com)

Inhaltsverzeichnis

Einleitung

Eine typische Szene, wie sie im Kino tausendfach vorkommt: Eine Frau trifft in einem Zimmer einen Mann. So einfach die Konstellation, so vielfältig sind die Darstellungsformen. Wer sich auf eine Reise durch die Filmgeschichte begibt, wird die Situation ganz unterschiedlich gestaltet finden.

Um 1908 herum, noch in der Frühzeit des Mediums, treten ihm die beiden Figuren wie in einem Guckkasten gegenüber – in einer einzigen, relativ flachen Einstellung, in der sie wie auf einer Linie nebeneinander aufgereiht erscheinen. In den frühen 1910er Jahren ist der Bildraum nun tiefer ausgefüllt; die Figuren bewegen sich aus dem Hinter- in den Vordergrund und können sich dabei wechselseitig verdecken oder dem Zuschauer etwas zu erkennen geben, was der anderen Figur verborgen bleibt. Gegen Ende des Jahrzehnts wird die Szene in mindestens drei Einstellungen aufgelöst: Hinzu kommen nun zwei Nahaufnahmen der Gesichter, die symmetrisch angeordnet sind und auf diese Weise Blickkontakt andeuten. Dieses Schuss-Gegenschuss-Verfahren wird dem Zuschauer noch über Jahrzehnte in Variationen begegnen. In einem europäischen Film der 1960er Jahre können Schuss und Gegenschuss räumlich und zeitlich auseinandertreten, die beiden Figuren mithin den gemeinsamen Raum verlassen. Durch Sprünge gerät die vertraute filmische Ordnung durcheinander. Oder aber die Szene wird in einer langen, ununterbrochenen Einstellung gezeigt, im Unterschied zu den 1910er Jahren aber nun mit einer Kamera, die sich frei durch den filmischen Raum bewegt. Wiederum anders sieht die Situation in einem Actionfilm aus den 2000er Jahren aus. Die mittlerweile gebräuchliche Auflösung in Nah- und Detailaufnahmen wird in Hochgeschwindigkeit so weit getrieben, dass die Orientierung im Raum verloren geht; der Rhythmus irritierend rasch wechselnder Einstellungen erscheint bedeutsamer als das darin Gezeigte.

Als Stil kann man ganz allgemein das Phänomen bezeichnen, dass Formen künstlerischer Gestaltung sich historisch verändern und den gleichen Inhalt unterschiedlich darstellen können. Im Film aber bleibt Stil aufgrund des überwältigenden ‚Naturalismus' der

© Springer Fachmedien Wiesbaden 2016
C. Hesse et al., *Filmstile,* Film, Fernsehen, Neue Medien,
DOI 10.1007/978-3-531-19080-8_1

Darstellung häufig unbemerkt. Wer eine Sprache sprechen kann, muss ihre Regeln nicht erklären können. Intuitiv verstehen die meisten Zuschauer, was ein Schuss-Gegenschuss im Film zu bedeuten hat, auch wenn sie ihn nicht als Montagetechnik benennen oder seine historische Entwicklung nachzeichnen könnten. Im Gegenteil: Oftmals wirken filmische Verfahren, wie ein Zaubertrick, umso überzeugender, je weniger das Publikum über den verborgenen Mechanismus im Bilde ist. Andererseits kann aus dem begriffslosen Staunen durch Beschäftigung mit der Sache auch ein begeistertes Staunen darüber werden, mit welchen Mitteln ein Film seine Wirkungen hervorbringt. Wer diese künstlerischen und technischen Verfahren erkennt und ihre systematische Ordnung zu stilistischen Mustern nachvollziehen kann, wird auf ihre Variationsbreite stoßen, den Reichtum an Kombinationsmöglichkeiten sowie die Veränderungen, die sie im Laufe der Filmgeschichte durchlaufen haben. Die Analyse von Filmstilen, in die dieses Buch einen Einblick geben soll, mag man sich als eine solche Spurensuche vorstellen. Aus den in zahllosen Filmen gefundenen Spuren ergeben sich Wegverbindungen und irgendwann so etwas wie eine dreidimensionale Landkarte, die neben Länge und Breite der internationalen Filmproduktion auch historische Tiefe umfasst.

Der maßgeblich aus der Kunstgeschichte ererbte Begriff des Stils ist auf dem Gebiet des Films längst heimisch. Schon als ihn die frühen Theoretiker in den 1920er Jahren als neuartige Kunst beschreiben, stellen sie stilistische Besonderheiten des Films heraus, die ihn neben anderen Künsten (wie Malerei, Literatur, Theater, Musik) auszeichnen sollen. Nach dem Vorbild der Kunstgeschichte ist bald von Stilepochen die Rede, wobei diese im Film bedeutend kürzer ausfallen, manchmal nur wenige Jahre dauern. Der Ausdruck Stil dient einerseits zur Kennzeichnung charakteristischer Gestaltungsmerkmale, die Filme eines bestimmten Landes oder einer bestimmten Zeit gemein haben, andererseits zur Bezeichnung eines ganz individuellen Stils, der das Werk eines einzelnen Künstlers oder sogar eines einzigen Films charakterisieren soll. Als Künstler kommt dabei herkömmlich vor allem der als Filmemacher schlechthin angesehene Regisseur in Betracht. Diese aus den traditionellen Künsten, insbesondere der Literatur übernommene Vorstellung eines Autors (wörtlich Urheber) wird allerdings dem Kino kaum gerecht. Wenn auch der Regisseur, der für die Inszenierung und meist auch die künstlerische Leitung der Produktion zuständig ist, eine herausgehobene Stellung bekleidet, so bleibt die Gestaltung eines Films dennoch eine kollektive künstlerische (in vieler Hinsicht auch industrielle, handwerkliche und technische) Leistung. Einen besonders markanten individuellen Stil kann dem Werk ebenso ein Kameramann oder ein Set-Designer verleihen.

Neben diesen komplementären Konzeptionen von Gruppen- und Individualstilen, die beide ebenso gebräuchlich wie umstritten sind, spielt der Begriff Stil eine pragmatische Rolle für die Filmanalyse. Hier geht es um die Untersuchung einzelner filmischer Stilmittel, das heißt bestimmter Verfahren der künstlerischen Gestaltung im Film, etwa der Montage oder der Musik. Eine solche, auf ein besonderes stilistisches Mittel konzentrierte Stilgeschichte des Films kann sich zum Beispiel allein mit der Inszenierung in der Tiefe des Raums befassen. Ihre über Länder und Epochen hinausreichende historische Entwicklung führt David Bordwell in seinem Buch *On the History of Film Style* (1997) vor.

Solche detaillierten Untersuchungen demonstrieren, dass der Stilbegriff keineswegs ein verknöchertes Relikt ist.

Das vorliegende Buch soll einen Überblick über historische Filmstile geben und dabei zugleich unterschiedliche Auffassungen von Stil berücksichtigen. Nach einer einleitenden Erläuterung des Stilbegriffs, insbesondere seiner historisch variierenden Verwendungen in der Filmwissenschaft, werden in chronologischer Reihenfolge filmgeschichtlich markante Gruppenstile vorgestellt, die man als Epochal- und Nationalstile bezeichnen würde. Grundsätzlich bleibt zu sagen, dass es sich bei diesen stilgeschichtlichen Einteilungen um begriffliche Annäherungen handelt, nicht um ein für allemal verbindliche Grenzziehungen. Ebenso bedeutsam wie die Eigentümlichkeiten eines bestimmten Stils sind die Gemeinsamkeiten und Übergänge zwischen den Stilen. Nicht zu vergessen schließlich die gesellschaftliche und politische Geschichte, die für die Stilgeschichte des Films mehr als nur ein fernes Hintergrundmotiv bildet.

Die daran anschließende Darstellung von Individualstilen bricht mit der Tradition insofern, als sie sich nicht daran hält, eine Galerie großer Meister zu präsentieren. Die Auswahl bestimmen einzelne Stilmittel, das heißt Bereiche künstlerischer Gestaltung, in denen individuelle Besonderheiten zur Geltung kommen. Dabei werden nicht nur die Regie, sondern auch die anderen, oftmals vernachlässigten Bereiche, wie Drehbuch, Kamera- und Licht, Schauspiel, Montage, Filmmusik und Sound Design, Filmarchitektur und Ausstattung vorgestellt. Zudem wirft dieses Buch auch einen Blick auf stilistische Kontinuitäten, die mit den hergebrachten Konzepten von Epochal-, National- und Individualstilen nicht zu fassen sind. Dabei handelt es sich um latente, doch weitreichende Stiltraditionen, die sich über Länder und Epochen hinweg aufs Neue manifestieren. Fünf solcher Traditionen, benannt als Realismus, Fantastik, Surrealismus, Minimalismus und Opulenz, werden hier erstmals im Verbund vorgestellt.

Die Hervorbringung eines Stils verdankt sich indessen nicht nur den Absichten und Fertigkeiten der Künstler. Gerade im Film, deutlicher als in Literatur oder Malerei, hängen die stilistischen Möglichkeiten häufig von ökonomischen und politischen Interessen ab, vor allem aber der technologischen Entwicklung, die im letzten Kapitel betrachtet werden soll. Anhand der medientechnischen Geschichte des Films, vom Kinematografen über das Fernsehen zu den sogenannten Neuen Medien, wird erörtert, wie die spezifischen Möglichkeiten eines Mediums – des Kinos, Fernsehens, Internets – den filmischen Stil bestimmen.

Ziel dieser Einführung in die Stilanalyse ist es nicht zuletzt auch, Begeisterung zu wecken für einen Bereich der Filmwissenschaft, den diese mit Recht als ihren eigenen in Anspruch nehmen kann. Die Faszination der Stilanalyse liegt darin, dass sie sich, frei nach einem Wort Roman Jakobsons, mit dem Filmischen des Films befasst. Wenn der sogenannte Inhalt einer Filmszene ein Dialog zwischen Mann und Frau in einem Zimmer sein mag, entscheidet erst die stilistische Gestaltung der Szene darüber, was das Publikum wie zu sehen bekommt und was nicht. Nirgendwo sonst in der Filmwissenschaft kommt man, als Beobachter, der Arbeit der Filmemacher so nahe wie in der Stilanalyse. Umgekehrt können Filmemacher ihrerseits dadurch ihre Arbeit in einem weiteren historischen Kontext beurteilen.

Unser Dank gilt Oksana Bulgakowa und allen Studierenden der Mainzer Filmwissenschaft und Mediendramaturgie, die mit ihren kritischen Reflexionen die Entstehung dieses Buchs begleitet haben. Ganz besonders danken wir Felicitas Hilge und Jakob Larisch für ihre maßgebliche Mitwirkung an der Zusammenstellung und Kommentierung der Bilder sowie der Gestaltung von Infografiken. Deborah Callenberg und Andreas Ramm danken wir für die Unterstützung in der Endredaktion. Nicht zuletzt sei Barbara Emig-Roller, Cheflektorin Medien des VS-Verlags, und der Chefprojektmanagerin Monika Mülhausen herzlich gedankt, die mit ihrer engagierten Betreuung zum Gelingen dieses Buchs beigetragen haben.

Berlin und Mainz, im Juni 2015   Christoph Hesse, Oliver Keutzer,
                                                         Roman Mauer und Gregory Mohr

Theorie und Methodik

2

2.1 Einleitung

Das Wort Stil findet heute nahezu überall Verwendung, weit hinaus über den Bereich der Kunst, in dem es herkömmlich seinen Platz hat. Es gibt anscheinend kaum ein anderes Wort, mit dem es nicht kombinierbar wäre. In der Alltagssprache stößt man nicht nur auf einen Schreib- oder Rede-, Musik- oder Modestil, sondern ebenso auf Fahr- und Führungsstile. Auch der Lebensstil ist längst aus der Soziologie in den allgemeinen Sprachgebrauch eingewandert. In entlegeneren Regionen der Kommunikation findet man noch Programmier-, Zitations- und Vinifizierstile. In all diesen Redensarten bezeichnet Stil die Art und Weise, wie etwas gemacht wird oder gemacht werden sollte. In dieser Bedeutung folgt auch die beliebige Verwendung des Wortes einer langen begrifflichen Tradition. Das lässt sich selbst dort noch heraushören, wo Stil nur etwas wie Geschmack (‚nicht mein Stil') oder Benehmen (‚schlechter Stil') meint.

Abgeleitet ist das in den indoeuropäischen Sprachen bis heute gebräuchliche Wort vom lateinischen *stilus*, der wiederum auf den griechischen στύλος zurückgeht und ursprünglich einen Griffel oder allgemeiner ein Schreibwerkzeug bezeichnet. Allmählich aber, insbesondere seit der Renaissance, verschiebt sich die Bedeutung weg vom Mittel hin zu seiner Anwendung. Somit wird „aus der Bezeichnung für das Schreibinstrument die Bezeichnung für die Art des Geschriebenen, d. h. die Schreibart" (Müller 1981, S. 7). Stil nennt man seither nicht mehr eine Sache, sondern einen Modus. In dieser verlagerten und fortan erweiterten Bedeutung etabliert sich der Begriff zunächst in der Rhetorik, schließlich auch in der Poetik und der Ästhetik insgesamt.

Traditionell dient die Kategorie Stil weniger der Beschreibung als vielmehr der ordnenden Regelung. Diese vorschreibende Absicht kommt auch in heute noch gebräuchlichen Wertungen wie ‚stilvoll' oder ‚stillos' zum Ausdruck. Im Unterschied zur modernen Linguistik etwa beschränkt sich die traditionelle Rhetorik nicht darauf, die Sprache und

© Springer Fachmedien Wiesbaden 2016
C. Hesse et al., *Filmstile,* Film, Fernsehen, Neue Medien,
DOI 10.1007/978-3-531-19080-8_2

ihren Gebrauch zu untersuchen. Ihr geht es vor allem darum, die jeweils angemessene Verwendung der Sprache, nämlich den Stil der Rede, zu regeln und zu diesem Zweck die je nach Absicht und Anlass zulässigen oder auch besonders wirkungsvollen rhetorischen Stilmittel zu bestimmen. Ein ähnliches Ziel verfolgt die Stillehre zunächst auch in der Poetik und in der Ästhetik der bildenden Künste. Noch bis ins 19. Jahrhundert hinein impliziert die Rede vom Stil die richtige Verwendung der künstlerischen Mittel einer Gattung. Erst im Übergang zur modernen Kunst werden solche Prinzipien der Stilisierung nicht mehr als gültig anerkannt. Vielmehr wird der Verstoß gegen überlieferte Vorschriften künstlerischer Gestaltung zur Regel. Damit verliert der Stilbegriff seine praktische Autorität. Zugleich aber gewinnt er dadurch eine neue theoretische Bedeutung. Denn erst die Avantgarde macht „die Kunstmittel in ihrer Allgemeinheit erkennbar, weil sie die Kunstmittel nicht mehr nach einem Stilprinzip auswählt, sondern über sie *als Kunstmittel* verfügt" (Bürger 1974, S. 24). Seit ein verbindlicher Stil nicht mehr gilt, so könnte man diese These zuspitzen, werden unterschiedliche Stile in weitem Umfang erst erkennbar, auch im Rückblick auf die Literatur- und Kunstgeschichte. Der *stilus* erweist sich nunmehr vor allem als nützliches Werkzeug der Analyse von schon Geschriebenem oder anderweitig künstlerisch Gestaltetem. Um Ordnung geht es dabei nach wie vor: doch nicht mehr um eine vorausweisende praktische Festlegung, sondern um eine ordnende Beschreibung der in Geschichte und Gegenwart vorgefundenen Stile. Einen solchen Ansatz verfolgt auch die in der Filmwissenschaft längst etablierte Stilanalyse.

2.2 Stiltheorien der Kunstwissenschaft

2.2.1 Der Stilbegriff in der Kunstgeschichte

Als elementarer Begriff der Kunstgeschichte beschreibt Stil die kennzeichnenden ästhetischen Merkmale eines Kunstwerks, die es als Werk einer bestimmten Strömung oder Epoche ausweisen. In seiner *Geschichte des Alterthums* (1764/1774) gliedert der deutsche Archäologe Johann Joachim Winckelmann die griechische Baukunst und Plastik erstmals systematisch in vier Stilepochen. Durch den Vergleich antiker und neuzeitlicher Werke bahnt er einen historischen Zugang zur Kunst, der es erlaubt, ihre stilistische Entwicklung in Begriffe zu fassen. Winckelmanns Forschungen etablieren den richtungsweisenden Gedanken, dass sich die Erscheinungen der Kunst zu stilistisch einheitlichen Formationen zusammenfügen lassen, und bewirken, dass sich, zumindest im Bereich der bildenden Kunst, „auch die Vorstellung von Epochenstilen durchsetzte" (Sowinski 1994, S. 1322). Neben dem Architekten Gottfried Semper entwickelt vor allem der Kunsthistoriker Alois Riegl den Ansatz Winckelmanns weiter. Riegl wendet sich dabei explizit gegen die positivistische Auffassung Sempers und formuliert in seinem zentralen Werk *Stilfragen. Grundlegungen zu einer Geschichte der Ornamentik* (1893) den Begriff des „Kunstwollens" (Riegl 1893), in dem er den „Ursprung für das Entstehen von Kunst und die Herausbildung von Stilen" (Papenbrock 2009, S. 1924) erkennt. Das „Kunstwollen" beschreibt eine

„psychologische Kraft" (Rosenberg et al. 2010, S. 684), einen freien schöpferischen Akt, bei dem „nicht das Werkzeug, sondern der kunstschaffende Gedanke zu allen Zeiten im Vordergrund" gestanden habe (Hermand 1971, S. 13). Diesen Schöpfungsakt sucht Riegl zu systematisieren, „indem er zwei stilgeschichtliche Grundtendenzen konstatierte, eine haptische (skulpturale) und eine optische (malerische) Auffassung" (Papenbrock 2009, S. 1925), die sich als zyklische Aneinanderreihung zweier grundlegender Darstellungs-formen periodisch abwechseln sollten.

Einen anderen Ansatz wählt zur gleichen Zeit der Kunsthistoriker Heinrich Wölfflin, nämlich die „wahrnehmungstheoretische Frage des Verhältnisses des Auges zur Welt, das er in einem ständigen Wandel begriffen sah" (Papenbrock 2009, S. 1925). Wölfflin ist es schließlich, der den Stilbegriff als zentrale Kategorie seines Fachs etabliert und damit eine „phaseologische Betrachtung der Kunstgeschichte" einleitet. Nicht zuletzt durch sei-ne spezifische Stildefinition emanzipiert sich die Kunstgeschichte bald als eigenständige Disziplin von der Kunstphilosophie und der Geschichtswissenschaft (vgl. Papenbrock 2009, S. 1922). Fünf Dichotomien bilden die Basis für seine Methode der Stilbestimmung: das Lineare versus das Malerische; Fläche versus Tiefe; geschlossene versus offene Form; Vielheit versus Einheit; Klarheit versus Unklarheit (Wölfflin 1984). Diese Oppositions-paare dienen Wölfflin zur beschreibenden und vergleichenden Analyse von Kunstwerken, bei der er ausschließlich auf die formalen Merkmale des jeweiligen Werkes Bezug nimmt und dabei sowohl thematische als auch biografische Kriterien, getreu seiner Maxime „eine Kunstgeschichte ohne Namen" (Wölfflin 1984), gänzlich ausschließt. Der einzelne Künst-ler spielt in dieser Betrachtung keine zentrale Rolle mehr. Wölfflins Analyse kommt es vielmehr darauf an, das Zusammenwirken oder das gemeinsame Auftreten spezifischer Stilmerkmale in einer bestimmten „kunsthistorischen Zeit" systematisch zu erfassen, die stilbildenden Elemente zu identifizieren und zu klassifizieren, um daraus einen Zeit- oder Epochalstil ablesen zu können, der sich von anderen (Epochal-)Stilen eindeutig abgrenzen lassen soll. Als Resultat erhofft sich Wölfflin „eine logische Zusammenfassung sämtlicher Stilmerkmale einer bestimmten Epoche zu einem synthetischen Begriffskomplex" (Her-mand 1971, S. 15), der wiederum Teil einer größeren, durch Wölfflins Systematisierung sichtbar werdenden Entwicklungslinie sein soll. Kunstgeschichte kann fortan als Epo-chengeschichte beschrieben werden.

2.2.2 Rätsel des Stils

Was der Kunsthistoriker Ernst Gombrich als das Rätsel des Stils bezeichnet, besteht darin, dass „verschiedene Zeiten und Völker die sichtbare Welt in so verschiedener Weise darge-stellt haben" (Gombrich 2002, S. 3). Rätselhaft erscheint, warum zu manchen Zeiten, etwa im alten Ägypten oder im christlichen Europa des Mittelalters, Künstler die Welt auf eine Weise dargestellt haben, die der Wahrnehmung der sichtbaren Wirklichkeit in nur gerin-gem Maße entspricht. Gegenstand der Darstellung, sagt Gombrich, ist in der Geschichte der bildenden Kunst jedoch nicht nur das, was der Künstler sieht, sondern auch das, was er

denkt. Wichtiger als die optische Wahrnehmung selbst, deren Eindrücke er zumindest teilweise reproduziert, erscheint zuweilen die Bedeutung, die er den Dingen zuweist und in
ihrer Darstellung zum Ausdruck zu bringen sucht. Dabei spielen selbstverständlich technische Möglichkeiten und Fertigkeiten ebenso eine Rolle wie geschichtlich überlieferte
Denkformen und Weltanschauungen. Nimmt man eine möglichst exakte Abbildung der
sichtbaren Welt zum Maßstab, wird man in der Kunst, welche die von Gombrich so genannte griechische Revolution hervorgebracht hat, sicherlich einen Fortschritt gegenüber
der ägyptischen sehen und in der Kunst der Renaissance einen Fortschritt gegenüber der
mittelalterlichen erkennen. Doch auch die im Vergleich zu ihren jeweiligen Vorläufern
wirklichkeitsgetreu zu Werke gehenden Künstler folgen einem für ihre Epoche charakteristischen Schema, nach dem sie ihre sinnlichen Eindrücke modellieren.

Die Vorstellung, dass die Geschichte der bildenden Kunst eine Entwicklung hin zu
einer immer genaueren Abbildung der sichtbaren Welt beschreibe, würde heute kaum jemand mehr teilen. Seit die Fotografie diese Aufgabe mit mechanischer Zuverlässigkeit
erfüllt, geht die bildende Kunst ganz andere Wege. Die Vorstellung aber, dass es in der
Kunstgeschichte stilistische Entwicklungen und damit im strengen Sinne erst einen geschichtlichen Zusammenhang gebe, ist hierdurch keineswegs hinfällig. Gombrich zufolge lässt sich die Geschichte der Kunst als eine sich ablösender *Konventionen* auffassen,
wobei eine jeweils gültige Konvention ihrerseits als ein Wechselspiel von *Schema* und
Korrektur zu begreifen ist. Das Schema bezeichnet eine historisch gegebene, nicht zuletzt
durch schon vorhandene Werke vermittelte Vorstellung von einem Gegenstand, die der
Künstler bei sich trägt, ehe er ihn ins Werk setzt. Die Korrektur des Schemas erfolgt im
künstlerischen Prozess selbst, bestenfalls auf die Weise, dass ein Werk durch seine eigene
Gestaltung die Unzulänglichkeit des geltenden Schemas vor Augen führt. Die geläufige
Redensart, ein Werk habe stilbildende Wirkung ausgeübt, ist vor diesem Hintergrund so zu
verstehen, dass es durch die Erschütterung gültiger Konventionen seinerseits Maßstäbe für
fortan gültige Konventionen setzt. Mit einer solchen allgemeinen Charakterisierung der
Kunstgeschichte ist allerdings noch nichts darüber ausgesagt, warum bestimmte Stilver-
fahren zuzeiten konventionelle Geltung erlangen oder sich gar als ästhetische Norm (vgl.
Mukařovský 1989) einer Epoche behaupten.

Unter einer Konvention versteht man eine Übereinkunft, die gemeinhin nicht durch
ausdrückliche Verständigung zustande kommt, sondern sich scheinbar naturwüchsig
durchsetzt und mit Selbstverständlichkeit etabliert. Konventionen sind nicht zwingend wie
Naturgesetze; sie gelten in einem bestimmten gesellschaftlichen Bereich und nur für eine
begrenzte Zeit, und selbst wo sie gelten, kann grundsätzlich gegen sie verstoßen werden.
Letzteres betrifft insbesondere stilistische Konventionen in der Kunst, deren geschichtliche Entwicklung man sich demnach so vorstellen kann, dass geltende Konventionen von
Zeit zu Zeit außer Kraft gesetzt werden. Das gilt von weitem auch für die Filmkunst. Aus
der Nähe betrachtet, stellt sich jedoch zunächst die Frage, was im Film als konventionell
zu gelten hat.

Am Beispiel der Zentralperspektive lässt sich das verdeutlichen: In der Malerei ist
die zentralperspektivische Darstellung eine Konvention, die zwischen dem 15. und 19.

Abb. 2.1 Ein Film wie *The Draughtman's Contract* (*Der Kontrakt des Zeichners*, © British Film Institute/Channel Four Television, GB 1982) reflektiert das Verhältnis von malerischer Konvention und Naturgesetz, indem er filmisch wiedergibt, wie die Malerei mit Zeichengeräten (Fadengitter) die Zentralperspektive konstruiert.

Abb. 2.2 Albrecht Dürer – hier sein Holzschnitt *Der Zeichner der Laute* (1525) – hatte mit seiner „Underweysung" (1525) maßgeblich zur Theorie und Praxis der Zentralperspektive beigetragen.

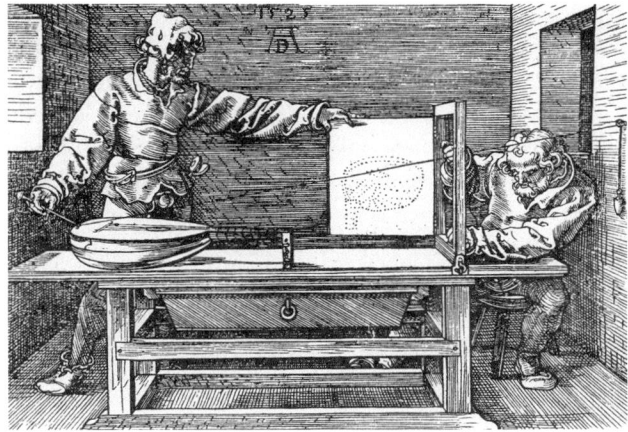

Jahrhundert vor allem in Westeuropa höchste Priorität genießt (vgl. Abb. 2.1 und 2.2). Ihre Überzeugungskraft verdankt sie nicht nur ihrer mathematischen Exaktheit, die sie mit der zur gleichen Zeit emporkommenden naturwissenschaftlichen Weltauffassung verbindet, sondern ebenso der Tatsache, dass sie der „Ordnung der visuellen Erscheinung" (Panofsky 1974, S. 126) entspricht. Den Beweis dafür liefert zunächst die Camera obscura, später der nach ihrem Prinzip konstruierte Fotoapparat. Die einst vom Künstler gewählte Perspektive nimmt die Kamera unwillkürlich schon ein. In Fotografie und Film ist die zentralperspektivische Darstellung darum nicht mehr als stilistische Konvention, sondern als ein durch die fotografische Aufnahmetechnik vorgeschriebenes Gesetz zu betrachten. Dass selbst dieses Gesetz durch künstlerische Verfahren überlistet werden kann, sei am Rande zumindest erwähnt.

Viele der Entscheidungen, die ein Maler oder Zeichner zu treffen hat, sind dem Filmemacher durch die Kamera bereits abgenommen. Dasselbe gilt für viele Konventionen der Darstellung, an deren Stelle die Kamera es mit optisch-physikalischen Gesetzen zu tun hat. Das Bild, das sie aufnimmt, ist tatsächlich ein Abbild der sichtbaren Welt. Die

Entscheidungen, die Filmemacher bei der Aufnahme ebenso wie bei der Komposition der Aufnahmen zu einem fertigen Film zu treffen haben, sind darum allerdings nicht weniger als in der bildenden Kunst. Das Rätsel des Stils besteht beim Film in der Frage, warum die sichtbare Welt, die er mechanisch genau abbildet, gleichwohl auf so verschiedene Weise dargestellt werden kann. Die gleiche Frage kann man in Bezug auf die hörbare Welt stellen, die der Tonfilm aufzeichnet.

Eine Konvention erfüllt den Zweck, dem Künstler bestimmte Entscheidungen aus der Hand zu nehmen und zugleich dem Zuschauer das Dargestellte in einer ihm weithin vertrauten Weise nahezubringen. Konventionelle Stilverfahren und kommerzielle Interessen hängen in der Filmproduktion eng zusammen. Hinsichtlich der Wahrnehmung von Bildern spricht Gombrich von einem Kontinuum zwischen Fähigkeiten, die den meisten Menschen gleichsam von Natur aus eigen, und solchen, die nahezu unmöglich überhaupt zu erwerben sind (vgl. Gombrich 1994, S. 283). Letztere kommen in der Filmwahrnehmung nur selten zum Tragen (Experimentalfilme stellen im Vergleich zur kommerziellen Spielfilmproduktion ein randständiges Phänomen dar). Konventionelle Stilverfahren im Film zeichnen sich im Allgemeinen dadurch aus, dass sie leicht zugänglich sind. Wenn man sie in der Sprache der Semiotik als Codes auffassen möchte, argumentiert David Bordwell, so seien diese Codes mühelos zu erlernen (vgl. Bordwell 1996, S. 95). Aus demselben Grund seien sie jedoch auch schwieriger zu analysieren. Die Schwierigkeit rührt Bordwell zufolge daher, dass filmische Konventionen – in größerem oder geringerem Maße – der von Panofsky so genannten Ordnung der visuellen Erscheinung verpflichtet bleiben. Dürfe man sie nicht als schlichte Nachbildung der sichtbaren Welt und ihrer menschlichen Wahrnehmung missverstehen, so seien sie auch nicht umgekehrt als schlechthin konventionell wie sprachliche Zeichensysteme zu begreifen. Der Zusammenhang zwischen dem Mittel der Darstellung und dem Dargestellten ist im Film nicht beliebig wandelbar wie bei einem Wort, das denselben Gegenstand nach entsprechender Übereinkunft auch ganz anders bezeichnen könnte. Filmische Stilverfahren zeichnen sich vielmehr dadurch aus, dass sie sich jene visuelle Ordnung sowie eine an ihr geschulte Wahrnehmung auf unterschiedliche Weise zunutze machen.

2.3   Stiltheorien der Filmwissenschaft

Stiltheorien und -analysen haben auch in der Filmwissenschaft bereits eine beachtliche Tradition. Schon lange bevor die theoretische Beschäftigung mit dem Film als Wissenschaft überhaupt anerkannt wird – als Béla Balázs in den 1920er Jahren noch die „gelehrten Hüter der Ästhetik und Kunstwissenschaft" (2001, S. 9) im Namen des Films um Einlass bittet –, befassen sich Philosophen, Schriftsteller und Literaturwissenschaftler auch mit dem Stil des Films beziehungsweise mit unterschiedlichen Stilen von Filmen. Einige besonders markante und einflussreiche Stiltheorien sollen hier in historischer Reihenfolge einleitend vorgestellt werden.

Was die von Balázs angerufenen Hüter der Ästhetik und Kunstwissenschaft betrifft, die längst auch den Film als einen legitimen Gegenstand entdeckt haben, so bleibt vorab daran zu erinnern, dass der Film keineswegs nur als Kunst zu begreifen ist. Im Unterschied zu traditionellen Kunstgattungen handelt es sich beim Film auch um ein populäres Massenmedium, gleichsam eine eigene kulturelle Sphäre, die nicht nur von künstlerischem Gestaltungswillen bestimmt ist, sondern ebenso sehr von technologischen Entwicklungen sowie kommerziellen und politischen Interessen. All dies nimmt, in größerem oder geringerem Umfang, auch Einfluss auf die stilistische Entwicklung des Films.

2.3.1   Russischer Formalismus

In der Geschichte der Filmtheorie gehören die russischen Formalisten zu den Ersten, die Fragen des Stils größte Bedeutung beimessen. Was der in der westlichen Welt zunächst ungleich bekanntere Rudolf Arnheim in *Film als Kunst* (1932) aus gestaltpsychologischer Sicht beschreibt, untersuchen die Formalisten einige Jahre zuvor bereits aus einer sozusagen werktechnischen Perspektive. Nach Viktor Schklowskis wegweisendem Aufsatz „Die Kunst als Verfahren" (1916) begreifen sie Kunst nicht als sinnlichen Ausdruck einer Idee, sondern als – Kunst. Und die sei als solche zunächst durch besondere formgebende Verfahren von anderen Dingen und Verrichtungen zu unterscheiden. Der Ausdruck Formalismus, der noch bis heute eher fragwürdige Assoziationen hervorruft und übrigens nicht von den sogenannten Formalisten selbst stammt, lässt sich mit Boris Eichenbaum so verstehen, dass hier nicht der Gegenstand der Darstellung im Vordergrund steht, sondern die Form: „als das gewisse Etwas, ohne das es keine Kunst gibt" (1973, S. 71 f.). Dem liegt die Auffassung zugrunde, dass jedweder Stoff oder Inhalt in der Kunst als etwas spezifisch Geformtes in Erscheinung trete, somit auch als Inhalt (oder wie man es nennen mag) nur durch die im Werk gestaltete Form zu fassen sei. „Wir sind keine ‚Formalisten'", erklärt Eichenbaum, „sondern, wenn Sie so wollen, Spezifizierer" (1973, S. 72).

Ihr spezifisches Betätigungsfeld ist zunächst die Literaturwissenschaft. Über sie sagt Roman Jakobson, ihr Gegenstand sei nicht die Literatur schlechthin, „sondern die Literarizität, d. h. dasjenige, was das vorliegende Werk zu einem literarischen Werk macht" (2007, S. 16). In Abgrenzung zu bis dahin geläufigen biografischen, philosophischen oder psychologischen Deutungen von Literatur müsse deren eigentümlich künstlerische Verfahrensweise als Gegenstand der Forschung erst entdeckt werden (vgl. Eichenbaum 1965, S. 7). Gleiches lässt sich über die in den 1920er Jahren einsetzende Beschäftigung der Formalisten mit dem Film sagen. Entscheidend sei dasjenige, was ein Werk zu einem filmischen Werk macht. Das aber kann nach Auffassung der Formalisten nicht das Gefilmte selbst sein, nicht die Dinge oder Personen, die ein Film zeigt, und auch nicht die Geschichte, die er womöglich erzählt. Was den Film zu einem Film macht, das ist sein spezifisch *filmischer Stil*.

Wie die Formalisten den Stil allgemein „als System oder Methode der Anwendung der für die gegebene Kunstgattung charakteristischen künstlerischen, technischen und

Abb. 2.3 *Memento* (© Newmarket Capital Group u. a., USA 2000) demonstriert den filmspezi-
fischen Unterschied zwischen Story (Fabel) und Plot (Sujet). Die Story ist einfach: Leonard Shelby
(Guy Pearce) sucht den Mörder seiner Frau. Aber der Plot folgt dieser Suche nicht chronologisch,
sondern verschränkt den ersten Teil (in *Schwarzweiß*; **a**) mit dem zweiten Teil (in *Farbe*; **b**) und
ordnet den zweiten Teil sogar rückwärts an. Die permanente Desorientierung des Zuschauers soll
ihm Leonards Gedächtnisstörungen nahebringen. Die Wahl von Schwarzweiß- und Farbmaterial
markiert, wie der Plot im Filmstil eine ästhetische Form findet.

konstruktiven Mittel definieren", so sei auch der Filmstil „in den für den Film spezifi-
schen Verfahrensweisen des visuellen Ausdrucks zu suchen" (Kazanskij 2005, S. 122).
Zu ergänzen bleiben dabei selbstverständlich die erst einige Jahre später hinzutretenden
Verfahrensweisen des akustischen Ausdrucks.

Stil bezeichnet üblicherweise entweder den persönlichen Stil eines Künstlers oder den
einer historischen Epoche, in der bestimmte stilistische Verfahren als verbindlich gelten.
Die Formalisten setzen diesen Begriff darüber hinaus auch als eine allgemeine analytische Kategorie ein. Ihnen geht es zunächst um die Bestimmung nicht eines besonderen
Stils, sondern eines Bereichs künstlerischer Gestaltung, der im Unterschied zu anderen
als genuin stilistisch, mithin auch als für die jeweilige Kunstgattung spezifisch angesehen
werden könne. Bei der Analyse des Films, ebenso wie der Literatur, unterscheiden sie drei
Ebenen: *Fabel, Sujet* und *Stil.* Für die Fabel hat sich mittlerweile der Begriff *Story* und für
Sujet der Begriff *Plot* etabliert, die wir auch im Folgenden benutzen möchten. Die Story
(Fabel) bezeichnet die Geschichte, wie sie der Leser oder Zuschauer als chronologisch
geordneten Ablauf der ihm vorgestellten Ereignisse rekapituliert, der Plot (Sujet) die im
Werk präsentierten Erzählereignisse selbst, aufgrund deren der Leser oder Zuschauer eine
Story konstruiert (vgl. Abb. 2.3). Dabei muss die Anordnung der Erzählereignisse auf
der Zeitachse des Plots der Chronologie der Story keineswegs entsprechen; der Plot kann
dem Verlauf der Handlung vorgreifen, zurückliegende Ereignisse später aufnehmen oder

gleichzeitig Geschehendes nacheinander zeigen. Die Kategorien Story und Plot gelten für erzählende Künste allgemein, für die Literatur ebenso wie für den Film (soweit sie denn etwas erzählen, weder Literatur noch Film müssen das notwendigerweise tun). Der Stil hingegen bezeichnet die für eine jeweilige Kunst spezifische Art der Gestaltung. Der Plot, der als Anordnung der Erzählereignisse noch nichts über den Modus des Erzählens selbst aussagt, muss sich erst auf eine bestimmte Weise materialisieren. Dies aber geschieht im Film auf eine grundsätzlich andere Weise als in der Literatur, und zwar weil dem Film andere Stilmittel zur Verfügung stehen. Die Stilistik des Films erst schafft dessen „eigene Sprache" (Ėjchenbaum 2005b, S. 37). Und sie prägt wiederum auch die besondere Gestalt des Plots.

Die Grundlage der Filmstilistik bilden einerseits die *medienspezifischen Bedingungen* des Films (vgl. → Kap. 6), andererseits die Gestaltungsmöglichkeiten, die sich daraus ergeben. Jedoch sind jene Bedingungen nicht wie Naturtatsachen der künstlerischen Gestaltung einfach vorauszusetzen. Sie müssen ihrerseits erst praktisch entdeckt werden. Die bis heute bekannten Techniken der Montage etwa sind das Produkt einer künstlerischen Entwicklung, durch die eine mit der Filmtechnik selbst gegebene bloße Möglichkeit auch tatsächlich verwirklicht wird. In welchem Maße die theoretische Begriffsbildung abhängt von der künstlerischen Entwicklung des Films, ist an diesem Beispiel sehr gut zu erkennen. Als Zeitgenossen des sowjetischen Kinos der 1920er Jahre, in dem die Montage eine herausragende Rolle spielt, gelangen die Formalisten zu einem differenzierten Begriff dieses Verfahrens. Die Montage sei nicht lediglich als ein Mittel der Plotkonstruktion zu verstehen, durch das Erzählstücke aneinandergereiht werden. Sie stelle vielmehr ein System sowohl der Einstellungsverkettung als auch der Einstellungsführung dar, „eine Art Syntax des Films" (Ėjchenbaum 2005b, S. 37), deren Bedeutung sich jedoch erst im Zusammenspiel mit anderen Stilmitteln erschließe. Dazu zählen die Formalisten die Kameraführung, Aufnahmedistanzen, Aufnahmewinkel, Beleuchtung, Blenden, Mimik und Gestik der Darsteller, Zwischentitel und anderes mehr. Eine genaue Aufzählung erübrigt sich. Was als *filmisches Stilmittel* zu begreifen sei, entscheidet nicht zuletzt die künstlerische Entwicklung des Films selbst.

Wenngleich sie die Fotografie als eine der medientechnischen Grundlagen des Films keineswegs unterschätzen, betrachten die Formalisten auch die sich daraus ergebenden realistischen Qualitäten unter dem Aspekt des Stils (vgl. → Realismus). Selbst der Abbildcharakter der filmischen Darstellung lässt unterschiedliche stilistische Gestaltungsmöglichkeiten zu. Der „vielberufene Naturalismus", der dem Film aufgrund seiner fotografischen Technik eigen sei, stelle letztlich einen „genauso konventionellen Stil wie die übrigen dar" (Ėjchenbaum 2005b, S. 36). Auch ein Dokumentarfilm, der scheinbar gar keine künstlerischen Ansprüche stellt, unterliege „bei der Aufnahme und Montage in gleichem Maße einer stilisierenden Bearbeitung" (Piotrovskij 2005, S. 154).

Indem sie die Stilistik des Films in den Vordergrund stellen, gelangen die Formalisten zu analytischen Einsichten, die der nachfolgenden Entwicklung der Filmtheorie weit vorgreifen. Obgleich sie selbst ihre begrifflichen Instrumente vor allem in der Untersuchung von Literatur geschärft haben, erweisen sie sich auch in Bezug auf den Film als

„Spezifizierer". Dazu bleibt zumindest zu erwähnen, dass die Formalisten sich nicht auf die Stilistik des Films als einer eigenständigen Kunstform beschränken, sondern ebenso die besonderen Stile filmspezifischer Genres ins Auge fassen. „Als Musterbeispiel für einen rein filmischen Stil" nennt Adrian Piotrowski „die Gruppe Katastrophe/Verfolgung/ Rettung" (2005, S. 151). Über diese Art der Plotkonstruktion, wie sie in den damals so-genannten Chasefilmen zu beobachten ist, lässt sich mit Eichenbaum sagen, dass es sich „weniger von der Bewegung der Fabel als vielmehr von ‚stilistischen' Momenten her auf[baut]" (2005a, S. 182). Ein solcher aus der Stilistik des Films hervorgegangener Plot ist in der Literatur bis dahin unbekannt.

2.3.2   André Bazins dialektisches Programm

Während die Schriften der russischen Formalisten erst seit den 1970er Jahren allmählich wiederentdeckt werden, übt das Werk des französischen Filmkritikers André Bazin auf die Entwicklung der Filmtheorie von vornherein größten Einfluss aus. Das gilt insbesondere auch für die Stilanalysen, die er seinen theoretischen Überlegungen zugrunde legt. Viel-leicht, schreibt Bazin, verstehe man besser, „*was* der Film zu sagen versucht, wenn man weiß, *wie* er es sagt" (2009, S. 97).

In seinem richtungsweisenden Aufsatz „Die Entwicklung der Filmsprache" (1951/1952/1955) unterscheidet Bazin zwei gegensätzliche Tendenzen im Kino der 1920er Jahre: Es gebe einerseits Regisseure, „die an das Bild" glauben, und andererseits solche, „die an die Realität glauben". Erstere, heißt es, fügten mit den Mitteln filmischer Gestaltung dem dargestellten Gegenstand etwas hinzu. Dass Bazin darunter nicht nur bild-formende Verfahren (Kamera, Licht, Ausstattung), sondern auch die Montage versteht, mag ein wenig verwirren. Aber gerade die Montage wirkt in seinen Augen wie ein „ästhe-tischer Transformator", mit dem Regisseure wie Sergej Eisenstein die konkrete Bedeutung eines Bildes übergehen und eine abstrakte Bedeutung aus der Beziehung der Bilder zuei-nander entstehen lassen (vgl. Bazin 2009, S. 91–93). Regisseure, die an das Bild (und die Montage) glauben, neigen Bazin zufolge dazu, dem Zuschauer eine bestimmte Interpreta-tion aufzudrängen. Darin besteht das Verblüffende seiner Argumentation: Gerade die Ver-fahren, die zuvor als genuin filmisch gefeiert werden, stellt er nun unter den Verdacht der Manipulation. Damit widerspricht er einer ganzen Generation von Filmtheoretikern, die das Wesen der Filmkunst und deren stilistische Vervollkommnung im Stummfilm vor al-lem in den Möglichkeiten erkannten, eine gegebene Realität künstlerisch zu (ver-)formen. Das Gegenteil aber bezeugt für Bazin eine andere Gruppe von Regisseuren: jener nämlich, „die an die Realität glauben". Erich von Stroheim, Friedrich Wilhelm Murnau oder Ro-bert Flaherty hätten den Einfluss der Montage reduziert, um mit der Kamera so viel vor-gefundene Realität wie möglich einzufangen. In Flahertys *Nanook of the North* (*Nanuk, der Eskimo*, USA 1922) sei der „eigentliche Gehalt des Bildes sein wahrer Gegenstand", Murnau interessiere sich in *Nosferatu* (D 1922), *Sunrise* (*Sonnenaufgang*, USA 1927) oder *Tabu* (USA 1931) „weniger für die Zeit als für die Realität des dramatischen Raums"

Abb. 2.4 Schärfentiefe
ermöglicht die Inszenierung
auf mehreren Bildebenen,
ohne dass es der Montage
bedarf. Bildvordergrund
und -hintergrund gera-
ten in Wechselwirkung.
William Wyler und der auf
Schärfentiefe spezialisierte
Kameramann Gregg Toland
wenden in *The Little Foxes*
(*Die kleinen Füchse*, ©
Samuel Goldwyn Company,
USA 1941) das Stilmittel
in fast jeder Szene an und
sorgen für eine ausdrucks-
starke Einheit von Zeit und
Raum.

und Stroheim versuche beispielsweise in *Greed* (*Gier*, USA 1924) „die Welt so nah und so eindringlich zu betrachten, daß sie schließlich ihre Häßlichkeit und Grausamkeit enthüllt" (Bazin 2009, S. 93 f.). Bazin schließt daraus, dass es „mitten im Herzen des Stummfilms eine Filmkunst gibt, die genau das Gegenteil dessen ist, was man als das ‚Kino par excellence' betrachtet; […] eine Kunst, in der das Bild vor allem zählt, weil es die Realität *enthüllt*, nicht weil es ihr etwas *hinzufügt*" (S. 94).

Der von Bazin konstruierte Gegensatz ist in seiner Prägnanz bestechend; wenngleich auch bei genauerem Hinschauen nicht ganz haltbar, hat er sich in der Filmtheorie als sehr wirksam und auch als nützlich erwiesen, weil er den Blick auf die Qualitäten des Tonfilms richtet. Das „sprechende Bild" widersetze sich, so Bazin, eben stärker einer rigorosen Manipulation als ein stummes Bild und habe deswegen „die Montage zum Realismus zurückgeführt" (S. 101). Daher seien in den 1930er Jahren expressionistische und symbolische Formen (der Glaube an das „Bild") verschwunden zugunsten einer analytischen und dramatischen Erzählweise (der Glaube an die „Realität"), in der durch die Montage der Handlungsablauf einer Szene nicht angetastet, lediglich durch die Auflösung in verschiedene Blickwinkel intensiviert werde.

Ein qualitativer Sprung in dieser Entwicklung vollzieht sich in den Augen Bazins ab 1941 durch den Einsatz der Schärfentiefe, wie sie Orson Welles exemplarisch in *Citizen Kane* (USA 1941) und William Wyler in *The Little Foxes* (*Die kleinen Füchse*, USA 1941) verwenden (vgl. Abb. 2.4). Die Schärfentiefe ermögliche es, die Effekte der Montage in die Bildgestaltung zu übersetzen. Das Nacheinander der Einstellungen wird hier als Gleichzeitigkeit von Bedeutungen in die Tiefe des Bildraums verlegt, gestaffelt nicht mehr in der Zeit, sondern im Raum. Entscheidend für Bazin ist, dass dabei weder die Dauer des Geschehens zerstückelt noch die Einheit des Ortes aufgebrochen, sondern ein Ereignis in seiner natürlichen Einheit wiedergegeben wird. Dadurch werde zum einen die realistische Wirkung verstärkt, da eine zusammenhängende Darstellung der Wahrnehmung des Menschen eher entspreche als eine Zergliederung durch Montage, und zum anderen das

Bewusstsein des Zuschauers geschärft, der die verschiedenen Bedeutungen innerhalb des Bildes durch seine eigene Auswahl ermitteln müsse. Während die Montage Bedeutungen eindeutig festlege, sei die Schärfentiefe geeignet, dem Kino „den Sinn für die Mehrdeutigkeit der Wirklichkeit zurückzugeben" (Bazin 2009, S. 103–105).

Bazins Argumentation gründet nicht allein auf ästhetischen Vorlieben, sondern auch auf seiner religiösen Weltauffassung. Beeinflusst von dem Jesuiten und Philosophen Emmanuel Mounier, der das ethische Programm des Personalismus begründet hat, hält Bazin das in stetigem Wandel begriffene Dasein für letztlich unerklärbar. Er misstraut metaphysischen Systemen, welche die Schöpfung auf einfache Glaubenssätze reduzieren, und stellt die Freiheit menschlichen Handelns ins Zentrum, die sich in der Verantwortung für den anderen und die gesamte Welt zu bewähren habe (vgl. Andrew 1978). Vor diesem Hintergrund wird verständlich, wieso Bazin bei einer Plansequenz mit Schärfentiefe betont, dass sie die Freiheit des Blicks und die bewusste Teilnahme des Zuschauers herausfordert und zugleich die geheimnisvolle natürliche Einheit der Wirklichkeit wahrt.

2.3.3   Siegfried Kracauers Errettung der äußeren Wirklichkeit

In Siegfried Kracauers *Theorie des Films* (1960), dem letzten großen Werk der schließlich als klassisch bezeichneten Filmtheorie, ist von Stil wörtlich kaum die Rede. Gleichwohl ist der unausgesprochene Begriff allgegenwärtig. Das gesamte Buch beschäftigt sich mit der Frage, wie ein genuin filmischer, nämlich den maßgeblichen Eigenschaften des Mediums adäquater Stil beschaffen sei oder beschaffen sein sollte. Aus genau diesem Grund meidet Kracauer die in der Kunstbetrachtung geläufige Rede vom Stil, die der formalen Gestaltung weitaus größere Bedeutung beimisst als dem zugrunde liegenden Material, das in der gestalteten Form idealerweise aufgeht wie eine Knospe in der Blüte. Wer auch den Film in diesem Sinne als Kunst verstehen wolle, sehe über dessen vorzüglichste Qualität hinweg, die Kracauer darin erkennt, dass der Film sein Rohmaterial, die sichtbare Wirklichkeit, nicht aufzehren müsse, sondern als solches im fertigen Werk darbieten könne. Seine ausdrücklich nicht formale, sondern „*materiale* Ästhetik" beruht auf der Annahme, dass der Film mit der Fotografie, aus der er hervorgegangen ist, eine „Affinität zur sichtbaren Welt um uns her gemeinsam hat" (Kracauer 1993, S. 11), die sich durch das Hinzutreten von Zeit und Bewegung im Film sogar noch stärker geltend mache als in der Fotografie.

Aus dieser materialen Affinität zieht Kracauer freilich Konsequenzen auch für die formale Gestaltung, die, allgemein gesprochen, desto besser gelinge, je mehr sie der besonderen Beziehung des Films zur physischen (im Unterschied zur geistigen) Realität Rechnung trägt, das heißt: je besser die Form durch behutsame Auswahl und Anordnung das Material geradezu fühlbar macht. Das eigentlich Künstlerische eines Films verdanke sich demnach nicht dem unbändigen Willen des Künstlers, sein Material zu formen, sondern vielmehr seiner Fähigkeit, „im Buch der Natur zu lesen" (S. 13), wobei der weitläufig gebrauchte Ausdruck Natur hier die materielle Realität als ganze meint, das menschliche Leben und das gesellschaftliche Dasein der Menschen eingeschlossen (S. 55). Im Unterschied aber zum Theater spielen Menschen im Film nicht notwendigerweise die Hauptrolle. Die Entdeckung des Materials hält Kracauer im Film für ungleich wichtiger als den schöpferischen Prozess, der in traditionellen Künsten für die Erschaffung eines Werks entscheidend verantwortlich ist. Daher sei selbst ein künstlerisch völlig anspruchsloser Dokumentarfilm wie *Housing Problems* (GB 1935) von Edgar Anstey und Arthur Elton, der Aufnahmen von Slums englischer Großstädte zeigt – und in den Worten Graham Greenes „prachtvoll unberührt von ästhetischer Begierde" sei (zit. bei Kracauer 1993, S. 270) –, ganz und gar filmisch, im Gegensatz zu einem ambitionierten und unter dramaturgischen Aspekten sicherlich gelungenen, mehr als an der Darstellung der äußeren Wirklichkeit jedoch an dem in der literarischen Vorlage beschriebenen dramatischen Konflikt interessierten Film wie John Fords *The Informer* (USA 1935). Hier komme selbst dem der Handlung hinzugefügten Nebel keine wirkliche, sondern nur symbolische Bedeutung zu, da der Regisseur die physische Realität im Interesse seiner theatralischen Konzeption ausschließe (S. 294).

Die normativen Ansprüche an eine filmische Darstellung ebenso wie die sehr rigide aufgefasste Affinität des Films zur äußeren Wirklichkeit, mit der Kracauer sie begründet, sind häufig kritisiert worden. Um aber die *Theorie des Films* als einen Beitrag zur Stilgeschichte zu lesen, kann man die hypothetische Unterscheidung zwischen einer realistischen (originär filmischen) und einer formgebenden (anderen Künsten oder geistigen Konzepten verpflichteten) Tendenz getrost vernachlässigen. Denn mit den stilistischen Präferenzen, die Kracauer daraus herleitet, verhält es sich von Fall zu Fall komplizierter, als jene schlichte Unterscheidung vermuten lässt. André Bazins Forderung nach einem ‚unreinen Kino' hätte er sich durchaus zu eigen machen können. ‚Unrein' ist Kracauer zufolge der Film ja schon aufgrund des unüberschaubar reichen Materials, aus dem er schöpfen kann, ohne dass dessen filmische Bedeutung von vornherein schon absehbar wäre. Wenngleich die sichtbare Wirklichkeit bei Kracauer wie übrigens bei den meisten Filmtheoretikern im Vordergrund steht, umfasst die physische Realität selbstverständlich auch Stimmen und Geräusche; die Möglichkeiten des Tonfilms werden hier ohne prinzipielle Vorbehalte erörtert. Um das optische ebenso wie akustische Material zur Geltung zu bringen, seien auch Anleihen bei anderen Künsten keineswegs ausgeschlossen. Eine möglichst ungestellte Dokumentaraufnahme z. B. hält er nur ausnahmsweise für geeignet, die äußere Wirklichkeit in ihrer Fülle wiederzugeben, denn dazu gehören auch menschliche Leidenschaften, deren Darstellung zumindest Handlungselemente verlange (S. 283). Schon der von Kracauer selbst ins Feld geführte Begriff des Realismus wird seiner eigenen filmstilistischen Argumentation kaum gerecht, sofern man dabei an die seit dem 19. Jahrhundert unter diesem Namen überlieferten Konzepte denkt. Gegenstand des Films, sagt Kracauer, sei nicht mehr der begrenzte und geordnete Kosmos des Theaters, sondern „eine offene, grenzenlose Welt", welche die Kamera wie im Flug erhasche; das Kino sei dazu angetan, „vorübergleitendes materielles Leben festzuhalten, Leben in seiner vergänglichsten Form" (1993, S. 12). Eine in der bildenden Kunst gebräuchliche Unterscheidung wie die zwischen Realismus und Impressionismus scheint mit Blick auf die filmische Wiedergabe der äußeren Wirklichkeit gar nicht mehr angebracht.

Kracauers *Theorie des Films* ist als solche längst kanonisiert, was häufig leider auch bedeutet: im Regal sicher aufgehoben. Als Ästhetik, nämlich als historisch weit ausholende Auseinandersetzung mit Filmstilen, bleibt sie immer noch wiederzuentdecken. Selbst wer das theoretische Fundament für brüchig hält, braucht keine Scheu zu haben, sich frei darauf zu bewegen. Man kann es sehr gut auch mit den Schriften Bazins in der Hand betreten, die Kracauer selbst noch nicht gekannt hat. Die wechselseitige Unkenntnis ebenso wie die unterschiedlichen philosophischen Voraussetzungen, von denen sie beide ausgehen, lassen ihre Gemeinsamkeiten in der Beurteilung von Filmstilen umso beachtlicher erscheinen.

2.3.4 David Bordwells Stilgeschichte des Films

Im Unterschied zu André Bazin oder Siegfried Kracauer verfolgt David Bordwell mit seinen Untersuchungen zur Stilgeschichte des Films keine ästhetisch-politischen Ziele. So etwas wie ein Ideal filmischer Gestaltung wird man hier nicht finden. Bordwell ist ein Filmwissenschaftler im modernen Sinne des Wortes. Wenngleich auch wie Bazin ein Cinephiler in der Tradition der Filmkritiker, die vor der Etablierung einer akademischen Filmwissenschaft eine ästhetische Theorie sowohl des Films schlechthin als auch unterschiedlicher Filmstile zu entwickeln suchten, so bleibt Bordwell gleichwohl den Regeln wissenschaftlicher Forschung verpflichtet. Ihm geht es um eine Analyse von Filmstilen, nicht um die Entwicklung normativer Maßstäbe für die Filmkunst, wie sie noch Bazin und andere sogenannte klassische Filmtheoretiker aus ihren Analysen abgeleitet haben. Darin folgt er vielmehr dem Ansatz der russischen Formalisten, auf die er sich mit seinem als ‚Neoformalismus' bezeichneten Programm ausdrücklich bezieht.

Stil begreift Bordwell als den systematischen Einsatz aller filmischen Ausdrucksmittel (Inszenierung, Kamera, Ton, Montage), die einem Film Form und Bedeutung geben. Ihn interessiert dabei vor allem die historische Entwicklung der formalen Gestaltung von Filmen. Ernst Gombrichs Frage, warum Kunst eine Geschichte habe, nimmt Bordwell zum Anlass, den Wandel stilistischer Muster von den ältesten bis zu den jüngsten Filmbildern zu verfolgen: „The way movies look has a history; this history calls out for analysis and explanation; and the study of this domain – the history of film style – presents inescapable challenges to anyone who wants to understand cinema" (Bordwell 1997, S. 4). Die Unterteilung der Filmgeschichte in Individualstile, Epochalstile und nationale Kinematografien hat nicht nur den Blick der Zuschauer auf das Kino geprägt, sondern auch das künstlerische Schaffen von Filmemachern beeinflusst, die sich auf bestimmte Filmstile beziehen. Dabei stellen sich Fragen wie: Welche stilistischen Muster haben sich herausgebildet? Was genau konstituiert ein solches Muster? Welche bleiben stabil und welche verändern sich? Und wie vollzieht sich diese Veränderung, abrupt oder graduell?

In seinem Buch *On the History of Film Style* (1997) lässt Bordwell unterschiedliche Modelle der Filmgeschichtsschreibung in historischer Reihenfolge Revue passieren. Die frühe Filmhistoriografie, vertreten durch Iris Barry, Robert Bardèche, Maurice Brasillach und Georges Sadoul, werde von drei Prinzipien geleitet: der Bestimmung eines Kanons von Meisterwerken und -regisseuren, der Einteilung in nationale Schulen (→ Deutscher Expressionismus, Sowjetisches Montagekino etc.) sowie der Vorstellung, der Film müsse sich seiner genuinen Ausdrucksmöglichkeiten erst bewusst werden. Diese von Bordwell als „Standard Version" bezeichnete Auffassung habe die Filmkunst wie einen biologischen Organismus betrachtet, der eine Phase des Wachstums (Pionierjahre), der Blütezeit (1920er Jahre) und des Absterbens (Einführung des Tonfilms) durchläuft. Gegen dieses teleologische Konzept, dem die Vorstellung einer zur höchsten Entfaltung fortschreitenden Entwicklung der Filmkunst zugrunde liegt, wendet Bordwell ein, dass stilistische Veränderung nicht notwendigerweise an Wachstum und Entfaltung gebunden sei. Ein Stil könne sich zu größerer Komplexität, jedoch ebenso auch zu einfacheren Formen weiterentwickeln. Das Wesen der Filmkunst schlechthin lasse sich daraus nicht ableiten. Fixiert auf die Bild- und Montagekunst des Stummfilms, hätten die frühen Filmhistoriker den Tonfilm nicht nur unterschätzt, sondern geradezu als Bedrohung der – als wesentlich visuell aufgefassten – Filmkunst angesehen.

Die nächste Generation von Filmhistorikern, die mit dem Tonfilm aufgewachsen sei, habe sich gegen die Vorstellung der „Standard Version" gewehrt, die Welt müsse im Film erst überformt werden, damit Kunst entstehe. Wie wir bereits oben gesehen haben, betrachtet André Bazin die durch den Tonfilm noch verstärkte realitätsnahe Abbildung als eine genuin filmische Kraft. Bazin und die Autoren der Zeitschrift *La Nouvelle Critique* betonen die Verwandtschaft zu Theater sowie Literatur und heben insbesondere auch die narrativen Qualitäten des Films hervor, den sie als populäre, nicht als vorzugsweise hohe oder avantgardistische Kunst begreifen. Den Bildraum in der Tiefe zu erschließen und somit mehrere Einstellungsgrößen in einer einzigen Einstellung zu vereinen, diesen Stil hätten die Vertreter der „Standard Version" wohl als theatralisch empfunden: Für Bazin und die neue französische Filmkritik ist er nicht weniger filmisch und zudem offener für die Deutungsfreiheit des Zuschauers.

Ein Jahr nach Bazins Tod demonstriert Alain Resnais' *Hiroshima mon Amour* (F 1959), wie die abrupten Flashbacks der sowjetischen Montage für psychologische Vertiefungen genutzt werden können. Mit dem Aufkommen des modernistischen Films in den 1960er Jahren, der sowohl die klassische Découpage als auch Bazins Konzept von Realismus verabschiedet und stattdessen Techniken wiederentdeckt, die aus der Montage der Stummfilmära stammen, habe sich auch eine neue Auffassung von Filmgeschichte durchgesetzt. Diese von Bordwell so genannte „Oppositional Version", maßgeblich geprägt zunächst von Noël Burchs Arbeiten aus den 1960er und 1970er Jahren, geht über Fragen der Kunst und des Stils weit hinaus. Filmemachen wird hier als eine eminent politische Praxis begriffen, in Opposition zur Gesellschaft und zum konventionellen Kino. Dies wird jedoch nicht anhand der politischen Gesinnung des Filmemachers beurteilt. Die Opposition komme auch stilistisch zum Ausdruck im Einsatz neuer filmischer Verfahren, etwa durch Fragmentierung und Diskontinuität (vgl. Abb. 2.5), durch eine Abstraktion vom Konkreten und die Integration des Alltäglichen in das Artifizielle, durch die Entblößung des Illusionären und die Selbstreflexion des Mediums. Mit dieser gegen Bazin gerichteten Auffassung

Abb. 2.5 Pionier des diskontinuierlichen Erzählens ist Jean-Luc Godard. In *Pierrot le fou* (*Elf Uhr Nachts*, © Films Georges de Beauregard u. a., F/I 1965) sind irritierende Zeitsprünge zugleich Zeichen politischer Opposition. Der Film zeigt Ferdinand (Jean-Paul Belmondo) und Marianne (Anna Karina) bei der Flucht vom Tatort (**a**), springt jedoch zeitlich zurück zum Verlassen der Wohnung (**b**), präsentiert sie nun in rasanter Fluchtfahrt (**c**) und reicht schließlich den Zeitraum zwischen Verlassen der Wohnung und Autofahrt nach (**d**). Diese Parallelmontage zwischen den Zeiten (c → a → d → b) und die brüchige Struktur fügt sich in den intellektuellen Diskurs des Films ein, der an der Kohärenz menschlicher Identität zweifelt.

nähert man sich nun wieder der artifiziellen Stilisierung der Stummfilmzeit an. Burch versucht dabei, die stilistischen Aspekte als binäre Parameter (zum Beispiel weiche Schärfe vs. harte Schärfe) zu erfassen und zu systematisieren.

Jedes Programm wird nicht zuletzt auch geprägt durch sein intellektuelles Milieu. Die „Standard Version" entsteht in den 1920er Jahren, als vor allem Schriftsteller und Philosophen zunächst versuchen, das Kino als Kunst zu legitimieren. Bazins „dialektisches Programm" aus den 1940er und 1950er Jahren zeugt bereits von der erfolgreichen Etablierung des populären (Ton-)Films und insbesondere auch von den Versuchen, auf dieser Grundlage einen neuen filmischen Realismus zu finden. Burchs oppositionelles Konzept von Filmgeschichte und Filmstil hingegen entsteht nicht zufällig zu einer Zeit, als linke Autoren ein ,Gegen-Kino' feiern, das sich von den ideologischen Effekten des konventionellen Films freizumachen oder diese zumindest zu reflektieren versucht. Seither, unterstützt vor allem durch die Entwicklung einer akademischen Filmwissenschaft seit den 1970er Jahren, findet man in der Filmgeschichtsschreibung eher spezialisierte Untersuchungen als umfassende Konzepte (vgl. Bordwell 1997, S. 139).

Bordwells eigener Ansatz konzentriert sich vor allem auf das Bild. Wie organisieren Regisseure das Geschehen auf der Bildfläche, so dass der Zuschauer die Handlung verstehen kann? Auf einer flachen Bildebene (planimetrische Inszenierung) oder in die Tiefe gestaffelt (Tiefeninszenierung)? In Distanz zum Betrachter oder in nächster Nähe? Aus einer Kameraposition oder multiperspektivisch? Welche Entscheidung Regisseure auch treffen mögen, diese prägt den Stil *und* bedingt die Erzählung. Denn Stil ist auch ein Medium der Narration: Thema und Geschichte eines Films manifestieren sich erst im stilistisch arrangierten Material. Zur historischen Poetik hat Bordwell verschiedene Bücher vorgelegt: das schon erwähnte *On the History of Film Style*, Studien zu *Ozu and the Poetics of Cinema* (1988) und *Planet Hongkong* (1999) sowie *Visual Style in Cinema: Vier Kapitel Filmgeschichte* (2001). Letzteres ist übrigens das bislang einzige auf Deutsch erschienene Buch Bordwells. Mit Blick auf die Bildkomposition arbeitet er hier stilistische Traditionslinien heraus. Wie choreographieren die Filmpioniere Handlungsbewegungen in der Tiefe des Bildes (*staging in depth*)? Und was geschieht mit ihren Kenntnissen der Tiefeninszenierung, als Montage und Kamerabewegung erlaubten, in den Erzählraum tiefer einzudringen und ihn multiperspektivisch zu gliedern? Bordwell analysiert Ozus und Mizoguchis Spiel mit dem Sichtbaren und Unsichtbaren in der Bildkomposition, das mit der Imagination der Zuschauer arbeitet. Je näher Bordwell der Gegenwart rückt, umso mehr spürt man sein Bedauern darüber, dass, so meint er, die Kunst der Tiefeninszenierung verloren gehe und einer montageorientierten Tradition den Platz räume, also die Mise-en-Scène der Découpage weiche, die Plansequenz dem Schuss-Gegenschuss, die lange Einstellung der schnellen Schnittfrequenz. Indessen entdeckt er im jüngeren Kino auch einen Trend zur Bricolage-Ästhetik, die möglichst viele Techniken in einem Film zusammenbringt, und bezieht sich dabei exemplarisch auf Wong Kar-wai, Léos Carax oder Tom Tykwer. Neben vorherrschenden Tendenzen, betont Bordwell, gebe es jedoch immer auch Gegenbewegungen, die gegen den Trend zur Beschleunigung etwa ein reduziertes Schauspiel und ein kontemplatives Bild favorisieren, so zum Beispiel beim frühen Wim Wenders, Theo Angelopoulos, Andrej Tarkowski, Alexander Sokurow oder auch Terrence Davies. Bordwell nennt dies eine „Rückkehr zum Primat des Bildes und der Reinheit des Sehens" (2001, S. 197).

2.3.5   Stil in postmodernen Kunstauffassungen

Der Begriff der Postmoderne ist so vieldeutig und widersprüchlich, auch im Verhältnis zur Moderne, dass er im Rahmen einer Stilgeschichte des Films kaum adäquat zu fassen wäre. Üblicherweise wird heute die gesamte Gesellschaft als postmodern beschrieben. Jedoch entstammt dieser Begriff nicht der Philosophie oder Soziologie, sondern der Kunstwissenschaft und der dort schon in den 1960er Jahren geführten Diskussion um eine „Kunst nach dem Ende der Kunst" (Klotz 1994, S. 60). Von einer Postmoderne ist dabei zunächst in Bezug auf Literatur und Architektur und schließlich auf Kunst insgesamt die Rede. In der Filmkritik und -theorie ist der Begriff – oder zumindest das Etikett – seit den 1980er Jahren geläufig.

Wer von Postmoderne spricht, hat es mit einem „Passepartoutbegriff" (Eco 1984, S. 77) zu tun, der je nach Wissenschaftsfeld und Erkenntnisinteresse die unterschiedlichsten Stile, Themen und Inhalte bezeichnen kann. In dieser „neuen Unübersichtlichkeit" (vgl. Habermas 1985) scheint eine einheitliche Definition von Stil unmöglich. Dabei wird jedoch oft übersehen, dass bereits die Moderne mit ihrer Auflösung traditionaler, regionaler und religiöser Bezüge in der Kunst zur Erosion eines einheitlichen Stilbegriffs beigetragen hat, ein Prozess, der bis zum Ende des 17. Jahrhunderts zurückreicht.

Unter dem Eindruck der beginnenden Aufklärung streiten sich im Jahr 1687 bereits einige französische Literaten darüber, ob das aristotelische Gebot, Kunst sei zuallererst Mimesis, das heißt Nachahmung der Natur, noch Gültigkeit besitze. Diese *querelle des anciens et des modernes* markiert einen Wendepunkt im abendländischen Kunstdiskurs insofern, als die moderne Forderung nach der immer wieder neuen, zeitgemäßen Schönheit, nach *modernité*, die Autorität der antiken Vorbilder und des ihnen zugrunde liegenden Mimesis-Konzepts bestreitet. Was als Kunst gelten wolle, soll sich nun nicht mehr auf angeblich zeitlos gültige Schönheitsmaßstäbe berufen dürfen. Diese Auseinandersetzung dauert jedoch noch bis weit ins 19. Jahrhundert hinein an. Erst die Moderne (hier im engeren kunstgeschichtlichen Sinne zu verstehen), vor allem in Gestalt der Avantgarde des frühen 20. Jahrhunderts, begründet ein neues Paradigma radikaler Selbstreferenzialität und Subjektivität. Dies spiegelt sich in einer Vielzahl avantgardistischer Kunstprogramme und theoretischer Manifeste: Kubismus, Dadaismus, Surrealismus und andere bezeugen die für die Moderne charakteristische Koexistenz verschiedenster künstlerischer Programme, die wiederum eine höchst heterogene Stilvielfalt zur Folge haben. Die meisten Avantgarden

Abb. 2.6 Postmoderne als intermediales Spannungsfeld: Verschiedenste Einflüsse aus Hoch- und Trivialkultur werden ästhetisch reflektiert: zum Beispiel Werbung wie in *Blade Runner* (© Warner Bros. u. a., USA 1982).

Abb. 2.7 Die Postmoderne präsentiert überbordende bis kitschige Kulissen wie in *Moulin Rouge!* (© Twentieth Century Fox Film Corporation u. a., USA/AUS 2001).

teilen allerdings eine Tendenz zur Abstraktion, zur Entgegenständlichung der Darstellung. In der Malerei zum Beispiel kann man eine Entwicklungslinie von Pablo Picassos *Les Demoiselles d'Avignons* (1908) über Jackson Pollocks *No. 5* (1948) bis zu Robert Rauschenbergs weißen Leinwänden des *White Painting* (1951) verfolgen. Gemeinsames Ziel der Avantgarden ist, vereinfacht ausgedrückt, die Überführung von Kunst ins Leben selbst; ein Projekt, das in dem Moment zu scheitern droht, als alle Abstraktionsvarianten ausgeschöpft, alle Erzähltechniken ausgereizt sind, die reine Funktionalität der Form erreicht ist.

Diese Entwicklung bereitet den Boden für das, was in Literatur und Architektur seit den 1960er Jahren, im Film erst seit den 1980er und 1990er Jahren als Postmoderne firmiert: stilistischer Eklektizismus, Zitat und Ironie (vgl. Abb. 2.6, 2.7 und 2.8). Im Gegensatz zu zahlreichen philosophischen Ansätzen, die in der Postmoderne ein Ende der Moderne sehen – so zum Beispiel bei François Lyotard, Jean Baudrillard oder Vilém Flusser –, kann die Postmoderne kunst- beziehungsweise stilgeschichtlich auch als historischer Abschnitt innerhalb der Moderne selbst verstanden werden: nicht pejorativ als Phase spielerischen Unernstes und schriller Oberflächlichkeit, sondern als „Resemantisierung des Kunstwerks" (Klotz 1994, S. 9). Klotz beschreibt den Antagonismus zwischen den Stilen der Moderne und der Postmoderne als „Gegensatz von funktionalistischer Entgrenzung (…)

Abb. 2.8 Postmodern sind zudem Selbstreflexionen des Mediums wie in *Scream* (*Scream – Schrei!*,
© Dimension Films/Woods Entertainment, USA 1996).

und Restitution des fiktionalen Kunstwerks", dabei „beziehe" die Postmoderne „zur Darstellung einer Thematik alle Stile ein und erlaubt nicht länger, Stile als Bekenntnis-Etiket-
ten zu verwenden" (Klotz 1994, S. 134 f.).

Unter den Bedingungen der Postmoderne geraten demnach nicht nur die drei großen
Einheiten beziehungsweise Leitkonzepte Subjekt, Geschichte und Sinn ins Wanken, auf
welche Lyotard zufolge die Moderne noch ihren gesamten Diskurs gestützt habe (vgl. Lyotard 1986), sondern auch ihre Stilstrenge und die Fixierung auf Innovation. Die klassische
Moderne, die sich in ihrem unbedingten Glauben an den Fortschritt und das immer wieder
Neue vom Alten abwendet, ebnet genau damit jedoch jenem *postmodernen Stilpluralis-
mus* den Weg, der schließlich auch den Rückgriff auf Geschichte in Form von Zitat oder
Pastiche wieder hoffähig macht (vgl. Klotz 1994, S. 57–148). Die Moderne entlässt also
die Postmoderne aus sich selbst. Deren Programm lautet: Moderne oder Modernismus
(vgl. Welsch 2002, S. 6). Ihr ästhetisches Sensorium richtet sich nun nicht mehr auf den
Kanon der Hochkultur, sondern umfasst auch massenkulturelle Phänomene wie Werbung,
Unterhaltung, Schlager oder Kitsch. Postmodernität steht in dieser Hinsicht für eine „Viel-
heit der Horizonte", die sich in „radikaler Pluralität" (Welsch 2002, S. 4) als Differenz und
Offenheit einlöst. Zurückgewiesen werden die „Einheitsträume" der Moderne, „die vom
Konzept der mathesis universalis über die Projekte der Weltgeschichtsphilosophien bis zu
den Globalentwürfen der Sozialutopien reichten" (Welsch 2002, S. 6). Um es mit Terry
Eagleton zusammenzufassen:

> Die Postmoderne ist eine intellektuelle Strömung, die mißtrauisch ist gegenüber den klas-
> sischen Begriffen von Wahrheit, Vernunft, Identität und Objektivität, von universalem
> Fortschritt oder Emanzipation, von singulären Rahmenkonzepten, ‚großen Erzählungen'
> oder letzten Erklärungsprinzipien. Im Gegensatz zu diesen Leitvorstellungen der Aufklä-
> rung betrachtet die Postmoderne die Welt als kontingent, als unbegründet, als vielgestaltig,
> unstabil, unbestimmt, als ein Nebeneinander getrennter Kulturen oder Interpretationen, die
> skeptisch machen gegenüber der Objektivität von Wahrheit, von Geschichte und Normen,
> gegenüber der kohärenten Identität der Subjekte und gegenüber der Vorstellung, dass die
> Natur der Dinge einfach gegeben ist. (Eagleton 1997, S. VII)

Postmoderne Stilistik(en) Im Umfeld postmoderner Theorien ist immer wieder vom *Tod des Autors* die Rede. Gemeint ist eine Abkehr vom Konzept eines kohärenten, originellen Schöpfersubjekts in der Tradition des Geniebegriffs, wie er in Deutschland in der Periode des Sturm und Drang gefeiert worden ist, zugunsten einer eher auf Zitat und Pastiche beruhenden Aneignung bereits existierender Stile, Methoden und Verfahren. Unter den Bedingungen der Neuen Medien tritt vielfach auch der Begriff der Vernetzung hinzu: (Kunst-)Werke im Internet, wie zum Beispiel Texte auf Websites, entstehen häufig dialogisch, ohne dass ein einzelnes Subjekt als Autor benennbar wäre. Die Verweise, mit denen postmoderne Filme Epochen der Malerei, Fotografien oder Filmstile wie den Film Noir zitieren, sind Legion. Es bleibt jedoch eine der vielen Paradoxien der filmischen Postmoderne, dass sie mit David Lynch, Quentin Tarantino, den Coen-Brüdern, den Regisseuren des französischen Cinéma du Look (Léos Carax, Jean-Jacques Beineix, Luc Besson) oder Peter Greenaway durchaus eigene Filmautoren mit distinktem *Individualstil* – einer „individuell einzigartigen Form bestimmter Handlungsvollzüge" (Rosenberg et al. 2010, S. 641) – sowie als Epoche eine Art *Kollektivstil* – ein „Grundmuster der Ausführung gleichartiger Handlungen" (Rosenberg et al. 2010) – hervorgebracht hat. Als Kennzeichen dieses postmodernen Stils in der Filmgeschichte nennt Jürgen Felix „ironisierendes Zitat, historisierenden Eklektizismus, Doppelcodierung, Dekonstruktion tradierter Dramaturgien, Vermischung von hoher Kunst und Massenkultur sowie selbstreferentielle Intermedialität" (1996, S. 400 f.). Jens Eder erweitert und präzisiert diese Aspekte (vgl. 2008, S. 12 und 51): Ein postmoderner Film bilde eine Schnittmenge aus den Merkmalsbereichen von *Intertextualität, Spektakularität/Ästhetisierung, Selbstreferentialität* und *dekonstruktiven Erzählverfahren* (vgl. Abb. 2.9). Ein Film wie *The Matrix* (USA 1999) bringt popkulturelle Versatzstücke aus Mode, Musik und Computerspiel mit hochkomplexen philosophischen Theorien zu Wahrnehmung und Simulation zusammen, amalgamiert religionswissenschaftliche Bezüge mit avancierter digitaler Kamera- und Schnitttechnik (*bullet time, morphing*) und zitiert dazu immer wieder Klassiker des Science Fiction- und des Martial-Arts-Films.

Die postmoderne Auffassung, der zufolge ein Zeichen auf andere Zeichen eher als auf eine dahinter liegende Wirklichkeit verweise, findet sich im Film dergestalt bestätigt, dass es auch hier nicht mehr vor allem auf die Darstellung außerfilmischer Realität, sondern immer häufiger auf Verweise innerhalb der Filmgeschichte oder des einzelnen Films ankommt. So rekurriert Francis Ford Coppolas *Apocalypse Now* (USA 1979) auf Joseph Conrads Roman *Heart of Darkness* (1899), der in Form eines Epitaphs in T. S. Eliots Gedicht *The Hollow Men* (1925) zitiert wird, aus dem wiederum in *Apocalypse Now* vorgelesen wird. Durch solche intermedialen Verknüpfungen löst sich der Film gleichsam in ein Palimpsest aus Texten auf, die nicht mehr aufs Leben, auf ein Außen, sondern so aufeinander bezogen sind, „dass wir mit unserer Rede so etwas wie Bedeutung gar nicht mehr treffen, sondern uns nur in einer endlosen Signifikantenkette bewegen" (Bürger 1974, S. 7).

Einen anderen Ansatz wählt Fredric Jameson, der Postmodernität im Spannungsfeld zwischen Ökonomie und Gesellschaft verortet und sie als eine Dominante innerhalb der „Logik des Spätkapitalismus" bezeichnet. Für ihn zeichnet sich der postmoderne Stil

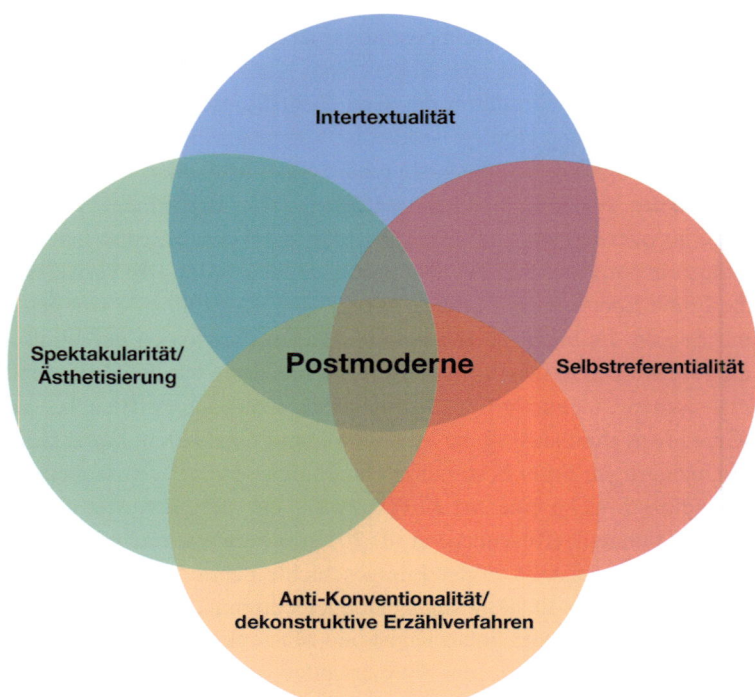

Abb. 2.9 Vier Merkmalsbereiche müssen nach Jens Eder in einem Film zusammenkommen, damit er dem postmodernen Stil zugeordnet werden kann (vgl. 2008, S. 12 und 51).

durch „Oberflächlichkeit" (den Verlust an Historizität) und eine „emotionale Grundstimmung" (die hysterische Faszination durch Kitsch und Ramsch) aus. Das „Schwinden des Affekts" (die Preisgabe aller modernen Modelle zur Beschreibung des Verhältnisses von Individuum und Gesellschaft) werde durch die Technik des Pastiche, durch Nostalgie und Historismus kompensiert. In Filmen wie Bernardo Bertoluccis *Il Conformista* (*Der große Irrtum*, I/F/BRD 1970) oder Roman Polanskis *Chinatown* (USA 1974), die das faschistische Italien unter Mussolini beziehungsweise das Los Angeles der 1920er Jahre in bis dato unerreichter historischer Perfektion nachstellten, erblickt Jameson eine „ästhetische Kolonialisierung" der Vergangenheit (vgl. 1989, S. 45–102).

Die postmoderne Mediatisierung von Realität wird zuweilen ebenso emphatisch begrüßt (unter anderem von Umberto Eco) wie verdammt (zum Beispiel von Jean Baudrillard als „Agonie des Realen"; vgl. Baudrillard 1978). Im Rückblick erscheint die postmoderne Stilvielfalt einerseits als Reaktion auf die Abnutzung etablierter ästhetischer Konventionen, gleichzeitig aber auch als Antwort auf eine Zunahme an Medienkompetenz seitens des Publikums. Doppel- und Mehrfachcodierungen von Bildern tragen somit indirekt auch sozialen Veränderungen in den westlichen Industriegesellschaften Rechnung, die ihrerseits eine Vielfalt an Lebens-, Freizeit- und Konsumstilen hervorgebracht hat.

2.3.6 Barry Salt und die empirische, quantitative Stilanalyse

In den 1980er Jahren entsteht die empirische, quantitative Analyse von Filmstilen als streng wissenschaftliche Methode. Es ist anzunehmen, dass ihr im Zuge der wachsenden digitalen Möglichkeiten in Zukunft eine größere Bedeutung zukommen wird.

Um die Stoßrichtung dieses Ansatzes zu verstehen, sollte man sich zunächst das Manko ins Bewusstsein rufen, dass die Einteilung in Epochalstile keiner wissenschaftlichen Systematik entstammt. Oftmals sind es Filmkritiker, die eine Gruppe von Werken mit einem Etikett belegen. Weder muss die Auswahl der Filme repräsentativ noch die des Begriffs begründet, geschweige denn dieser selbst definiert sein. Warum aus Hunderten von Filmen, die in einem Land in einem Zeitraum produziert werden und diversen Genrestandards folgen, ausgerechnet eine bestimmte Anzahl herausgehoben wird, ist nicht das Ergebnis einer präzisen Analyse und Auswertung aller filmischen Stilmerkmale dieser Periode, sondern einer historisch gewachsenen und aus verschiedenen Gründen erfolgten Festlegung: Filme müssen zunächst einmal Aufmerksamkeit erzeugen, was nicht nur von künstlerischer Originalität abhängt, sondern auch von Vermarktung, Popularität der Mitwirkenden oder Aktualität der Sujets; sie müssen sich auf Festivals, an der Abendkasse oder im Fernsehen erfolgreich durchsetzen, schließlich die Gunst von Filmkritikern oder Filmhistorikern finden, von ihnen als paradigmatisch beschrieben und mit dem Stilbegriff belegt werden, der sich durchsetzt und zu einer Kanonisierung führt. Künstler sind sich dessen bewusst und versuchen selbst zuweilen auch, solche Prozesse zu initiieren. 1995 gelingt es den dänischen Regisseuren Lars von Trier, Thomas Vinterberg, Kristian Levring und Søren Kragh-Jacobsen mit ihrem Dogma-Manifest, für Aufsehen zu sorgen und den Boden für die ab 1998 veröffentlichten Dogma-Filme zu bereiten: Zu den bekanntesten zählen *Idioterne* (*Die Idioten*, DK 1998), *Festen* (*Das Fest*, DK 1998), *Mifunes sidste sang* (*Mifune – Dogma III*, DK 1999), *Italiensk for begyndere* (*Italienisch für Anfänger*, DK 2000) oder *Elsker Dig For Evigt* (*Open Hearts*, DK 2002). Nicht nur Manifeste dienen der Proklamation einer gemeinsamen Identität, auch gegenseitige Referenzen (Querverweise in Filmen oder Interviews), gemeinsame Produktionsfirmen (wie *Cha Cha Cha Films*), Filmmagazine (wie *Revolver*) oder auch Werke. In der Regel handelt es sich bei letzteren um *Omnibusfilme*: Eine Gruppe von Regisseuren – zum Beispiel Absolventen einer Filmhochschule oder Autorenfilmer eines Landes – stellen mehrere Kurzfilme auf der Basis eines weitgefassten Themas zu einem Langfilm zusammen und behaupten so eine künstlerische Einheit, zum Beispiel diejenige des Neuen Deutschen Films in *Deutschland im Herbst* (BRD 1978) oder eines internationalen Arthouse-Kinos in *Ten Minutes Older: The Trumpet* und *Ten Minutes Older: The Cello* (beide GB u. a. 2002).

Dass Epochalstil-Begriffe wenig aussagekräftig und oftmals beliebig sind, offenbart sich schlagartig bei ihrem Vergleich: Mit Adjektiven oder Präfixen wie „Neu", „Neo" oder „Post" behilft man sich, um eine Abgrenzung zum Bisherigen zu schaffen (wie → Nouvelle Vague, Cinema Novo), meist ergänzt um eine Lokalisierung (wie → New Hollywood, → New British Cinema, Nuevo Cine Mexicano), seltener mit einer inhaltlichen Spezifizierung (wie → Neue Sachlichkeit, → Neorealismus, → Postmoderne). Dabei wird

die stilistische Gemeinsamkeit eher allgemein benannt, eben als realistisch, modern, poetisch, direkt, wahrhaft oder extrem (wie bei → Poetischer Realismus, → Direct Cinema
und Cinéma Vérité, → New French Extremity).

Die quantitative oder statistische Stilanalyse fordert hingegen eine wissenschaftliche
Erforschung der Gemeinsamkeiten und Unterschieden von Filmen. Dafür bedarf es zum
einen der vollständigen Sammlung aller Filme, die zum Untersuchungskorpus zählen,
zum zweiten der präzisen Definition der stilistischen Verfahren. Die eigentliche Arbeit
besteht darin, die Häufigkeit ihres Vorkommens in einem Film zu zählen. Die ermittelten
Werte lassen sich in Relation zu anderen stellen, um stilistische Muster zu erkennen oder
zu vergleichen.

Vorangetrieben wird diese empirische Methode von dem in Physik promovierten
Engländer Barry Salt in seinem Standardwerk *Film Style and Technology: History and
Analysis* (2009), das erstmals 1983 erscheint und in den folgenden Auflagen sukzessive
erweitert wird. Die Naturwissenschaften dienen ihm als Vorbild, wenn er die Entwicklung des Mediums auf der Basis mathematischer Erhebung und strikt kausal-logischer
Argumentation zu erforschen sucht, um ein für alle Zeiten gültiges Wissen über die Geschichte des Filmstils zu schaffen. Überzeugt davon, dass die „Zahlen sprechen" („The
Numbers speak", Salt 2006, S. 389 ff.), erfassen seine quantitativen Erhebungen insbesondere die Schnittrate, Einstellungsgrößen, Kameraperspektiven und Kamerabewegungen (vgl. Abb. 2.10). Um Salts Diagramme von Einstellungsgrößen zu verstehen, muss
man die Bezeichnungen aus den 1940er Jahren kennen: Der *Big Close Up* (BCU) zeigt
nur den Kopf, der *Close Up* (CU) Kopf und Schultern, *Medium Close UP* (MCU) Kopf
bis Brust, *Medium Shot* (MS) Kopf bis Hüfte, *Medium Long Shot* (MLS) Kopf bis Knie,
Long Shot (LS) Kopf bis Fußsohle, *Very Long Shot* (VLS) die Person im Raum. Später
ändert beziehungsweise differenziert Salt die Long-Shot-Kategorien dahingehend, dass
der *Full Shot* (FS) Kopf bis Fußsohle zeigt, der *Long Shot* (LS) die Person in einem Drittel
der Rahmenhöhe und der *Very Long Shot* (VLS) die Person verschwindend klein in der
Weite des Bildes (vgl. Salt 2009, S. 154). Über eine prozentuale Umrechnung erreicht
Salt die Vergleichbarkeit von Filmen in ihrer jeweiligen Verwendung dieser Einstellungsgrößen. Somit kann er darstellen, wie im US-Kino zwischen den Jahren 1913 bis 1920 die
Konzentration auf distanzierte Einstellungen (*Medium Shots* und *Long Shots*) zunehmend
durch nähere Einstellungen (*Close Up* und *Big Close Up*) aufgeweicht wird, ein Trend
zur Nahaufnahme, dem das europäische Kino zunächst hinterherläuft, bis es Mitte der
1920er Jahren mit innovativen Filmen überrascht wie beispielsweise *Varieté* (D 1925),
der alle Einstellungsgrößen relativ ausgewogen einsetzt (vgl. Salt 2009, S. 156 ff.). Laut
Salt verlangt die Erforschung des Individualstils eines Regisseurs in seiner Verwendung
von Einstellungsgrößen den Vergleich des Films mit denjenigen anderer Regisseure in der
gleichen Periode; zudem sollte die ästhetische Norm dieser Zeitphase deutlich sein, um
die individuellen Abweichungen als solche erkennen zu können. In seiner statistischen
Individualstil-Analyse kann Salt beispielsweise zeigen, wie sowohl Fritz Lang als auch
Alfred Hitchcock nach ihrem Wechsel nach Hollywood mehr Nahaufnahmen verwenden
(vgl. Salt 2009, S. 241 ff.).

Title	Year	Director	Pan	Tilt	Pan w Tilt	Track	Track w Pan	Track w Pan &Tilt	Crane	Zoom	Total
LachendeErben	1932	Ophüls, Max	17	1	3	15	6	1	0	0	43
verliebte Firma, die	1932	Ophüls, Max	27	1	6	5	4	4	0	0	47
verkaufte Braut, die	1932	Ophüls, Max	41	2	5	14	7	5	1	0	75
Liebelei	1933	Ophüls, Max	100	0	15	17	17	3	0	0	152
Umzug nach Frankreich nach der Machtergreifung durch die Nationalsozialisten											
signora di Tutti, La	1934	Ophüls, Max	42	4	7	59	31	14	1	0	158
Komedie om Geld	1936	Ophüls, Max	17	1	10	25	15	16	1	0	85
Tendre ennemie, la	1936	Ophüls, Max	22	6	1	32	22	3	0	0	86
Yoshiwara	1937	Ophüls, Max	28	6	6	27	10	4	2	0	83
Le roman de Werther	1938	Ophüls, Max	68	0	5	17	31	5	0	0	126
Sans lendemain	1939	Ophüls, Max	39	4	5	12	30	5	1	0	92
De Mayerling à Sarajevo	1940	Ophüls, Max	48	4	4	18	15	4	2	0	95
Flucht in die USA											
Exile, The	1947	Ophüls, Max	29	1	17	19	**37**	**22**	**17**	0	142
Letter from an Unknown Woman	1948	Ophüls, Max	67	2	14	22	**59**	**10**	**10**	0	184
Caught	1949	Ophüls, Max	23	2	12	30	**65**	**25**	**0**	0	157
Reckless Moment, The	1949	Ophüls, Max	92	2	21	24	**62**	**11**	**3**	0	215
Rückkehr nach Frankreich											
ronde, La	1950	Ophüls, Max	49	5	9	26	39	24	5	0	157
plaisir, Le	1952	Ophüls, Max	87	4	28	17	72	42	31	0	281
Madame de...	1953	Ophüls, Max	64	4	18	13	77	39	3	0	218
Lola Montès	1955	Ophüls, Max	52	8	19	19	62	54	9	0	223

Abb. 2.10 Barry Salt listet die Kamerabewegungen in den Filmen von Max Ophüls auf und erfasst das Schwenken (Pan), Neigen (Tilt), Fahren (Track), Kranfahren (Crane) sowie Kombinationen davon (2009, S. 380; vgl. auch Salts Datenbank in http://www.Cinemetrics.lv). Die Tabelle beweist, wie sich Ophüls' Stil in den USA ändert und zu einer exzessiveren Bewegung der Kamera findet. Es

Der Anspruch auf Vollständigkeit, das heißt die Auswertung aller Filme eines Stilphänomens, ist oftmals mit Schwierigkeiten verbunden, von denen im Folgenden einige genannt seien. 1) Verlorene Filme: Je weiter die untersuchte Phase zurückliegt, umso geringer ist der Anteil des überlieferten Filmerbes. 2) Nicht-verfügbare Filme: Nur ein Bruchteil älterer Filme liegen als Digitalisat vor oder sind als DVD zu erwerben; die Sichtung der Filmrollen in den Archiven (Bundesfilmarchiv, Filmmuseen) ist oft mit Reise- und Bearbeitungskosten verbunden. Beispielsweise kann Salt von den 151 Filmen, die 1959 in den USA produziert werden, nur 61 auf VHS oder DVD erhalten (vgl. Salt 2009, S. 279). 3) Zensierte oder beschädigte Filme: Gekürzte, verstümmelte oder lädierte Fassungen von Filmen lassen keine präzise Erhebung der Stilmittel zu; anhand der Zensurkarte lässt sich mitunter ermitteln, welche Anteile, aber nicht welche ästhetischen Verfahren herausgeschnitten worden sind. 4) Bewältigung des Filmkorpus: Die Gesamtzahl der Filme, die in einer Epoche produziert worden sind, kann Hunderte bis Tausende von Filmen umfassen, die es Einstellung für Einstellung auszuwerten gilt. 5) Eingrenzung des Gegenstands: Anfangs- und Endzeitpunkt eines Epochalstils lassen sich oft nicht genau festlegen, was zu Schwankungen bei der Anzahl der zu untersuchenden Filme führt.

Wer sich auf einen jungen, leicht zugänglichen und begrenzten Forschungsbereich konzentriert (zum Beispiel ein einzelnes Verfahren oder einen Individualstil), hat mit diesen Problemen nicht zu kämpfen. Eine andere Lösung präsentieren David Bordwell, Janet Staiger und Kristin Thompson in dem 1985 veröffentlichten Standardwerk *The Classical Hollywood Cinema: Film Style and Mode of Production to 1960*. Sie hätten 15.000 Spielfilme, die in den USA zwischen 1915 bis 1960 produziert werden, quantitativ auswerten müssen, um die stilistischen Muster des Klassischen Hollywoodkinos zu ermitteln. Doch wenn ein Epochalstil als ästhetische Norm in einer Zeit dominiert, dann müsse er sich auch in zufällig ausgewählten Filmen zeigen. Daher haben sich die Autoren entschieden, einhundert Filme per Zufallsentscheid auszuwählen, die Stilmerkmale herauszufiltern und diese dann an 200 weiteren Filmen zu testen. Das ist bemerkenswert, weil beim Zufallsentscheid Meisterwerke des Epochalstils herausfallen können. Und es widerspricht der üblichen Methode von Filmhistorikern, die sich an den originären und innovativen Werken orientieren, die wie Monumente aus dem vielfältigen Material herausstechen. Um aber den Standard zu erfassen, müsse man sich mit der Basis beschäftigen, mit den Filmen, die viele Zuschauer gesehen und ihre Sehgewohnheiten geformt haben, die nicht die Regeln brechen, sondern diesen vielmehr einfach folgen. Trifft die zufällige Wahl jedoch ein ungewöhnliches Meisterwerk, so wird es aufgenommen und genauso durchleuchtet wie die konventionellen Filme (vgl. Bordwell 1994, S. 10).

Computerbasierte Stil-Analyse Die Protokollierung stilistischer Verfahren in einem Film ist eine zeitaufwendige Arbeit. Warum sollte ein Computer nicht in der Lage sein,

---

werden mehr Kran- und Kamerafahrten mit Schwenks und Neigungen eingesetzt als je zuvor (hier fett gedruckt). Die Gründe für den Stilwandel können verschieden sein. Für Salt folgt Ophüls einem Trend in den USA, den Vincente Minelli und Otto Preminger ab Mitte der 1940er Jahre vorgeben. Nach seiner Rückkehr nach Frankreich entwickelt Ophüls diesen Stil zu seinem Markenzeichen (vgl. Salt 2009, S. 389).

einem Filmwissenschaftler die Mühen der quantitativen Analyse abzunehmen, die er manchmal für seine qualitative Analyse und Interpretation benötigt? Seit den späteren 1980er Jahren versuchen sich Filmanalytiker den Computer als Werkzeug zunutze zu machen. Helmut Korte entwickelt in Braunschweig eine „Computergestützte Notation filmischer Abläufe" (kurz: CNfA), ein auf analoger Videotechnik basierendes System, um Filmprotokolle und graphische Darstellungen zu erzeugen, und bemüht sich parallel darum, das Datenbank-System *Kinecom* aufzubauen. Auf der Basis digitaler Videotechnik arbeitet eine Forschergruppe an der Universität Marburg (allen voran Bernd Freisleben und Ralph Ewerth) seit 2002 zum Thema inhaltsbasierte Bild- und Videoanalyse und entwickelt die Software *Videana*. Funktion des Programms ist die automatische Erfassung von Einstellungen und ihrer Dauer, von Schnitten (sogar von weichen, somit schwer erkennbaren Schnitten wie Abblenden oder Überblendungen), von Objektbewegungen, Kamerabewegungen, Einstellungsgrößen, Textinserts, Schauspielern (über *Optical Character Recognition*) und von Musik-, Stimm-, Geräusch- und Stille-Anteilen. Auf mehreren Zeitleisten werden jeweils die Positionen markiert, an denen die gesuchten Verfahren oder Darsteller vorkommen. Die Trefferquote liege nach Aussage der Entwickler oftmals bei über 90 % (vgl. Ewerth et al. 2009, S. 102 f.). Bei der Analyse von sieben Kurzfilmen aus den USA und Frankreich der Periode 1907 bis 1913 kann somit festgestellt werden, dass die Filme aus den USA schneller geschnitten sind und dass die Schnittfrequenz der Filme aus den Jahren 1911 bis 1913 doppelt so hoch ist wie bei denjenigen aus den Jahren 1907 bis 1909 (vgl. ebd, S. 110). Das Programm bietet weiterhin die Möglichkeit, die Daten automatisch in Diagrammen anzeigen zu lassen und Kommentare einzugeben. Zudem ermöglicht *Videana* eine semantische Suche im Videomaterial nach Schlagworten wie Innen- oder Außenaufnahme, Menschen, Gesicht, Sport, Gewalt, Explosion, Natur, Wasser, Himmel, Flugzeug, Auto, Gebäude.

Webbasierte Stil-Analyse Weitere Lösungen haben sich durch die Netzwerkmedien und das Prinzip des Crowdsourcing aufgetan. Einen vorläufigen Höhepunkt bildet das von Yuri Tsivian 2005 ins Leben gerufene *Cinemetrics*-Projekt: eine interaktive Open-Access-Webseite, die digitale Daten über den Film sammeln, speichern und verarbeiten soll (http://www.cinemetrics.lv). Zunächst konzentriert sich die Seite auf die Erfassung der Schnittfrequenz von Filmen. Mittlerweile sind Anzahl und Dauer von Einstellungen in über 14.000 Filmen von Benutzern in der ganzen Welt ermittelt worden, die sich die Software heruntergeladen und die Ergebnisse eingegeben haben. Die Erfassung der zeitlichen Dimension von Einstellungen ist in der Filmanalyse weitaus weniger entwickelt als die Bestimmung der räumlichen Dimension (Benennung von Einstellungsgröße, Kameraperspektive und -bewegung), die über eine lange Tradition verfügt. Je kürzer die Einstellungen, umso höher die Schnittrate in einem Film, die wiederum in einem engen Zusammenhang mit dem Plot und der Organisation des filmischen Raums steht. Mit der Erforschung der Schnittraten lassen sich nicht nur Erkenntnisse über Entwicklungen in der Filmindustrie, Filmtechnologie und Kulturgeschichte gewinnen, sondern auch über Filmstile (vgl. Tsivian 2009, S. 93 f.).

Teilt man die Gesamtlänge des Films (in Sekunden) durch die Anzahl der Schnitte, so erhält man die *Average Shot Length* (ASL), die durchschnittliche Länge der Einstellungen in einem Film. Der ASL-Index erlaubt Aussagen über Epochal-, National- und Individualstile. Stellt man die ASL-Werte aller Filme eines Regisseurs in Relation zueinander, gewinnt man Hinweise auf Kontinuitäten und Brüche in seiner Entwicklung. Mit Blick auf einen Nationalstil erbringt der ASL-Index beispielsweise den Nachweis, dass seit den 1990er Jahren die Schnittrate in Hollywoodfilmen kontinuierlich gestiegen ist, bis auf unter zwei Sekunden pro Einstellung – ein Ergebnis, das sich wiederum in Spannung zu europäischen Filmnationen stellen ließe (vgl. Bordwell 2006, S. 121–124). Der ASL-Wert ist relativ und insbesondere bei einem Film mit extrem langen und extrem kurzen Einstellungen wenig aussagekräftig. Um dieses Problem zu bewältigen, überträgt Cinemetrics die jeweilige Dauer der Einstellungen eines Films in eine graphische Darstellung, so dass sich Rhythmus, Dynamik und Rate der Schnitte in einem Profil ablesen lassen (Bordwell 2006, S. 96). In Cinemetrics integriert ist zudem die Datenbank von Barry Salt, die weitere Parameter wie Einstellungsgrößen und Kamerabewegungen auswertet. Cinemetrics hat sich mittlerweile zu einem interdisziplinären Forum experimenteller Methoden in der Filmwissenschaft entwickelt.

Die statistische Stilanalyse ist ein aufwändiges und langwieriges Forschungsprojekt, das sich weiterhin in der Entwicklung befindet. Zweifellos wird es solide Fakten zutage fördern und könnte so manche Verallgemeinerung oder Fehleinschätzung aufdecken. Die Frage, welche Erkenntnisse sich aus diesen numerischen Daten ableiten lassen, wird man erst in Zukunft genauer beantworten können. Bis dahin bietet die traditionelle Einteilung in Epochalstile eine hilfreiche Orientierung und auch Strukturierung für die Forschung. Nicht selten wird sie auch durch die Statistik bestätigt. So kann Yuri Tsivian zeigen, dass sich das russische Kino mit dem Aufkommen des sowjetischen Montagestils nach der Revolution von 1917 von einem der langsamsten zu einem der schnellsten in der Welt gewandelt hat (vgl. Tsivian 1992).

2.4   Stil und Genre

Sowohl Stil- als auch Genreforschung fassen Filme zu Gruppen zusammen; beide tun dies nach bestimmten Prinzipien. So entstehen jeweils relativ große, heterogene und unübersichtliche Mengen von Filmen. Doch worin unterscheidet sich beispielweise das Melodram als Genre vom Melodramatischen als Stil?

Prinzipiell könnte man jeden Hollywoodfilm als „melodramatisch" beschreiben (vgl. Schatz 1981, S. 221), denn etymologisch betrachtet ist jede Verbindung zwischen „Handlung" (griech. *drama*) und „Gesang" beziehungsweise Musik (griech. *mélos*) ein Melodram. Natürlich haben sich die Inhalte dieser etwas abstrakten Formel im Laufe der Jahrhunderte und im Wechsel der Medien verändert: Im 18. und 19. Jahrhundert versteht man unter dem Melodram Bühnenstücke mit zum Teil extremen emotionalen Effekten. Innerhalb der Filmgeschichte existieren sehr unterschiedliche Definitionen des Melodrams:

Aus der Sicht der produzierenden Studios zeichnen sich Melodramen durch eine schnelle, episodische Erzählweise mit vielen Action-Elementen, Gewalt, Spannung und todesmutigen Stunts aus (Mercer und Shengler 2004, S. 6). Innerhalb der Diegese herrscht ein geradezu manichäischer Konflikt zwischen Gut und Böse, personifiziert in arglistigen, grausamen Bösewichten, denen edle, mutige und aufopferungsvoll liebende Protagonisten gegenüberstehen. Etwa ab 1970 nimmt sich die Filmwissenschaft des Phänomens an, beeinflusst unter anderem durch Marxismus, Feminismus und Psychoanalyse. Aus dieser sehr theoretischen und abstrahierenden Perspektive erscheinen Themen, Motive und Ausgestaltung des Genres in einem völlig anderen Licht, dahingehend, dass moralische Polaritäten, gesellschaftliche Gegensätze und Geschlechtsidentitäten immer mehr verschwimmen, bis letztlich alle Formen von Liebesbeziehungen und die aus ihr erwachsenden Konflikte als melodramatisch gelten.

Themen und Konventionen des Genres Melodrama Nicht gewandelt hat sich indessen die Affinität der melodramatischen Erzählung zu den Liebenden: den romantischen, sentimentalen, schwärmerisch Träumenden ebenso wie den rasenden, verrückten, anarchisch Begehrenden. Häufig werden Protagonisten zu Opfern und erwecken dadurch Mitleid; doch dass sie nichts daraus lernen, trägt ebenso zum Pathos des Melodrams bei wie das emotionale Auf und Ab, die großen Peripetien, der „Wechsel extremer Affekte, ‚himmelhoch jauchzend, zu Tode betrübt'", wie es Thomas Koebner und Jürgen Felix im Rückgriff auf Goethes *Egmont* (1775/1789) beschreiben (2007, S. 10). Zwar betont die melodramatische Formel immer wieder die Macht von Schicksal und Zufall, die ins Leben der Protagonisten eingreifen, erniedrigt diese jedoch nicht notwendigerweise zu willenlosen Marionetten (vgl. Keutzer 2006, S. 127). Zum Grundwortschatz der Melodramenrezeption gehört für Thomas Elsaesser, dass die diegetische „Welt in affektiver Reaktion gesehen wird", was ein „moralisches Gefühl wie etwa Rechtschaffenheit erzeugt" (Elsaesser 2008, S. 12). Ein Kernthema des Melodrams in Hollywood bildet die (bürgerliche) Familie. Sie stellt die Arena dar, in der Interessenkonflikte zwischen Individuum und Gesellschaft repräsentativ verhandelt werden. Das Beziehungssystem Familie lässt individuelle Bedürfnisse mit gesellschaftlich determinierten Rollenmustern kollidieren (vgl. Elsaesser 1994, S. 110 ff.). Filmisch werden diese Identitätskonflikte in verschiedenen Subgenres mit unterschiedlichem Akzent variiert: so zum Beispiel die aufopferungsvolle Rolle von Müttern in sogenannten *women's films* wie *Stella Dallas* (USA 1937, King Vidor), *Gaslight* (*Das Haus der Lady Alquist*, USA 1944, George Cukor) oder *Mildred Pierce* (*Solange ein Herz schlägt*, USA 1945, Michael Curtiz, vgl. Abb. 2.11 und 2.12); die schwierige Konstellation zwischen älterer verwitweter Frau und jüngerem Liebhaber in Filmen wie Douglas Sirks *Magnificent Obsession* (*Die wunderbare Macht*, USA 1954) oder *All that Heaven Allows* (*Was der Himmel erlaubt*, USA 1955); oder auch der Konflikt zwischen Söhnen und Vätern in Nicholas Rays *Rebel without a Cause* (*... denn sie wissen nicht, was sie tun*, USA 1955) und Vincente Minnellis *Home from the Hill* (*Das Erbe des Blutes*, USA 1960).

Abb. 2.11 *Mildred Pierce*
(© Warner Bros., USA
1945)

Thomas Schatz hat mehrere Genrekonventionen des Hollywood-Melodrams herausgearbeitet: erstens eine (oft männliche) Figur, die in einer fremden Gruppe gleichermaßen als Eindringling wie als Erlöser fungieren kann, zum Beispiel in *Young at Heart* (*Man soll nicht mit der Liebe spielen*, USA 1954, Gordon Douglas); zweitens Heranwachsende, die nach dem idealen Ehemann, Liebhaber oder Vater suchen; drittens der Haushalt als Ort sozialer Interaktion; viertens Helden, die zu Opfern werden; fünftens Generationenkonflikte; sechstens oberflächliche Plots und siebtens versteckte Sozialkritik (vgl. Schatz 1981, S. 226 ff.).

Elemente eines melodramatischen Stils Um stilistische Merkmale herauszuarbeiten, die im Genre des Melodrams zur Geltung kommen – also die Art und Weise, *wie* diese

Abb. 2.12 Die sich aufopfernde Mutter ist sowohl im US-amerikanischen Genrefilm als auch im europäischen Autorenkino zentraler Topos des Melodrams: Ähnlich wie Mildred Pierce (Joan Crawford) im gleichnamigen Film, die für lustvolle Sexualität mit dem Tod ihrer jüngsten Tochter bestraft wird (vgl. Abb. 2.11), sühnt Selma (Björk) ihre vermeintliche Schuld in Lars von Triers *Dancer in the Dark* (© Zentropa Entertainments u. a., DK 2000) mit dem ultimativen Zeugnis der Mutterliebe: Sie opfert ihr Leben für das Augenlicht des Kindes.

Abb. 2.13 Douglas Sirks Individualstil hat die Ästhetik des Melodrams paradigmatisch geprägt. Im Gegensatz zu vielen seiner Kollegen nutzt Sirk eine symbolische Mise-en-scène – wie innere Rahmungen und Spiegelmotive in *All that heaven allows* (**a, b**, © Universal International Pictures, USA 1955) und *Imitation of life* (**c, d**, © Universal International Pictures, USA 1959) –, um die reaktionäre Botschaft von Studio-Drehbüchern zu untergraben, und stellt so paradoxerweise Ausnahmefall und Archetyp zugleich dar.

Genrefilme gestaltet sind –, bieten sich insbesondere die Familienmelodramen Douglas Sirks an. Sie zeichnen sich durch extreme Farbigkeit, ausgefeilte Mise-en-Scène, Lichtsetzung und Kameraarbeit aus. Jedes Stückchen Dekor (und dazu kann man bei Sirk auch die Schauspieler zählen) erscheint durch seine Position im Bildkader, seine Beleuchtung und den Einsatz von Musik regelrecht überdeterminiert, mit Bedeutung überladen, was einer realistischen, an nüchterner Alltagswahrnehmung orientierten Darstellungsweise klar widerspricht. Thomas Schatz findet dafür den Begriff „Hollywood Baroque" (1981, S. 245). In Filmen wie *All that Heaven Allows* oder *Imitation of Life* (*Solange es Menschen gibt*, USA 1959) kommen auffällige Symbole (zum Beispiel Spiegel) und Symbolketten (zum Beispiel innere Kadrierungen) zum Einsatz, erscheinen Innen und Außen in konkret räumlicher wie in mentaler Hinsicht so intensiv aufeinander bezogen, dass man diesem Stil aus „Übercodierung" und „Exzess" (vgl. Palm 1994, S. 213) geradezu anti-naturalistische Züge zusprechen kann (vgl. Abb. 2.13). Ironisierende Klischees, distanzierende Totalen, die Sets wie Theaterbühnen wirken lassen, die Kombination aus Widescreen-Format und Tiefenschärfe sowie übertrieben emotionales Schauspiel unterstützen diese parodistische, mitunter an Bertolt Brecht erinnernde Verfremdungsstrategie (vgl. Mercer und Shingler 2004, S. 51 ff.). Zutage tritt eine Stimmung unsagbarer Traurigkeit und Resignation, eine Atmosphäre der Sinnlosigkeit und Vergeblichkeit romantischer Liebe im Angesicht gesellschaftlicher Hemmnisse, die bei den Protagonisten immer wieder das Gefühl hervorruft, in Kreisläufen gefangen, real oder metaphorisch blind zu sein und sie häufig in Alkoholismus oder autoaggressive Handlungen treibt (vgl. Schatz 1981, S. 248 f.). Oft jedoch greift Sirk – nicht zuletzt durch die Einflussnahme der Studios, für die er arbeitet – auf die Technik des *deus ex machina* zurück, d. h. „eine zufällige Begegnung, eine Rettung in letzter Minute oder das Erscheinen einer externen Macht, um ein Happy End herbeizuführen oder um die Dinge wenigstens zu einem befriedigenden Abschluss zu bringen" (Elsaesser 2008, S. 12).

Unterschiede zwischen Genre und Stil Das Melodram als Genre begreifen heißt, es als historisch gewachsene Gruppe von Filmen zu betrachten, die sich durch ähnliche Erzählmuster, Themen und Motive sowie durch vergleichbare Haltungen und Werte auszeichnen (vgl. Neale 2000; Schatz 1981). Genres verhandeln gesellschaftliche Werte und „indizieren demzufolge den Zustand eines Gesellschaftsgefüges in Bezug auf Verhaltensweisen, Ideale, Lebensstile und moralische Regeln" (Elsaesser 2008, S. 15). Der Terminus Genre erlaubt es, einen Film aufgrund thematischer, topologischer, ikonografischer, dramaturgischer oder narrativer Merkmale einer bestimmten Gruppe von Filmen zuzuordnen. Ein Genre ist jedoch nicht nur eine analytische Kategorie, es bildet darüber hinaus auch einen in spezifischer Weise sinnstiftenden Rezeptionsrahmen für das Publikum, das um Genrekonventionen weiß und Ähnlichkeit beziehungsweise Variation dieser Stereotypen erkennt. Zudem steht ein Genre in einem bestimmten Verhältnis zur außerfilmischen Wirklichkeit, aus der es seine Themen und Motive bezieht und auf deren Wahrnehmung es durch seine eigene Gestaltung Einfluss nimmt. Psychoanalytiker lesen Melodramen anders als beispielsweise Soziologen. Letztlich dienen Genres als dynamische „Klassifikationen unterschiedlicher Filme" der „Kommunikation über Filme, sowohl auf der Rezipienten- als auch auf der Produzentenseite sowie zwischen beiden Seiten" (Hickethier 2002, S. 63). Wer das Melodram als Genre betrachtet, zielt darauf ab, Plot-Konstruktionen, Charakteranlagen, Konfliktmuster und ihre jeweiligen Inszenierungen in erster Linie in ihren Bezügen zu jenem Kommunikationssystem zu untersuchen, zum Beispiel als „derivation" oder „metamorphosis" (vgl. Cavell 1996, S. 5 und 7).

Die Leitfrage könnte hier lauten: Rechtfertigen die Ergebnisse der Analyse eines Films nach ästhetischen Mitteln, Konfliktmustern, Plot und Charakteren die Aufnahme des Films in das Genre Melodram? Die Antwort darauf muss nicht ein für alle Mal feststehen. Die ‚Genrifizierung' selbst mag man sich eher als einen Prozess vorstellen. Diesen Prozess haben im vorliegenden Fall zum Beispiel Rick Altman (1998) oder Steve Neale (2000) mit ihren Neukonzeptionen der Geschichte des Melodramas fortgeschrieben.

Das Melodramatische als Stil begreifen, heißt hingegen, es als „Kulturströmung" zu verstehen. Betont wird hier das „ästhetische Reservoir von Stimmungen, Stilmitteln, Figuren, Schauplätzen", wie es Norbert Grob mit Blick auf den Film Noir darstellt, der ebenfalls als Genre oder als Stil aufgefasst werden kann (2008, S. 13 und 18). Ob ein Film von seinem Regisseur als Melodram konzipiert oder vom Publikum als solches verstanden beziehungsweise von Wissenschaftlern als solches kategorisiert wird, spielt für die Stilanalyse keine Rolle. Die Hervorhebung des Stils verlagert den Blick vom Melodram auf das Melodramatische, schält letzteres aus ersterem heraus: Untersuchungsgegenstände sind Atmosphäre und Stimmung sowie deren Niederschlag in gestalterischen Techniken, inszenatorischen Entscheidungen und kompositorischen Prinzipien. In diesem Zusammenhang meint die filmische Verbindung von Musik und Drama eben nicht nur Begleitung eines konkreten Geschehens durch Lieder oder Gesang, vielmehr spielt das Musikalische eine wichtige dramatisierende Funktion, es ‚orchestriert' emotionale Intensitäten der Handlung und verleiht Stimmungen wie Glück und Unglück, Freude und Trauer oder Gewalt und Schrecken Gestalt. Für Thomas Elsaesser bietet diese Betrachtungsweise „den Vorteil, die Problematik des Melodrams als eine des Stils und der Artikulation" zu verstehen sowie „melodramatische Elemente als Bestandteile eines Interpunktionssystems zu begreifen, das der Storyline Farbe und Farbkontrast verleiht" (Elsaesser 1994, S. 103). Die metaphorische Rede von der Zeichensetzung erscheint hier durchaus angemessen: Wer nicht das Melodram, sondern das Melodramatische untersucht, blickt primär auf Morphologie und Syntax, d. h. darauf, welche ästhetischen Mittel ein Film einsetzt, in welcher Form und Ausprägung er sie benutzt und wie er sie mit anderen ästhetischen Mitteln kombiniert. In einem zweiten Schritt treten in der Regel semantische Fragen hinzu, also Suchbewegungen nach den Bedeutungspotenzialen der verwendeten ästhetischen Mittel.

Melodramatische Beziehungsmuster und Inszenierungselemente finden sich in einer ungeheuren Menge höchst heterogener Produktionen. Aus diesem Grund wird das Melodram teilweise weder als Genre noch als Stil, sondern als „Imagination" (Brooks 1976), also ein bestimmter Modus der Weltwahrnehmung und des Erzählens (Williams 1998) betrachtet.

2.5   Methodik

Wie jegliche Analyse setzt auch die von Filmstilen Abstand zum Gegenstand voraus. Um den Einsatz stilistischer Verfahren zu erkennen, bedarf es nicht nur genauer Beobachtung aus der Nähe, sondern auch emotionaler Distanz. Wer einen Film zum ersten Mal, vorzugsweise im Kino, zu sehen bekommt und sich von den Eindrücken hinreißen lässt, wird sich kaum gleich dazu herbemühen, die für die Filmgestaltung maßgeblichen Stilmittel genauer ins Auge, geschweige denn in Begriffe zu fassen. Glaubt man dem Filmliebhaber Thomas Mann, der das Kino gerade darum so mag, weil er es als Kunst gar nicht in Betracht zieht, sei kühle Analyse auch gar nicht angebracht. Der Film zähle zu einem Bereich unmittelbarer, ungehemmter Leidenschaft. Dazu beschreibt er eine Situation gleich nach einem Kinobesuch:

> […] und wir standen noch lange mit feuchten Augen in einfältiger Gelöstheit beieinander. Ist das die Verfassung, in der man von einem Kunstwerk scheidet, einer Malerei den Rücken wendet, ein Buch aus der Hand legt, ein Theater verläßt? […] Die Kunst ist *kalte* Sphäre, man sage, was man wolle; sie ist eine Welt der Vergeistigung und hohen Übertragung, eine Welt des Stils, der Handschrift, der persönlichsten Formgebung, objektive Welt, Verstandeswelt […] Dagegen ein Liebespaar auf der Leinwand, zwei bildhübsche junge Leute, die in einem wirklichen Garten mit wehenden Gräsern ‚auf ewig' voneinander Abschied nehmen, zu einer Musikbegleitung, die aus dem Schmeichelhaftesten kompiliert ist, was aufzutreiben ist: wer

wollte da widerstehen, wer ließe nicht wonnig rinnen, was quillt? Das ist Stoff, das ist durch nichts hindurchgegangen, das lebt aus erster, warmer, herzlicher Hand, das wirkt wie Zwiebel und Nieswurz, die Träne kitzelt im Dunkeln, in würdiger Heimlichkeit verreibe ich sie mit der Fingerspitze auf dem Backenknochen. (1978, S. 165)

So antiquiert und großväterlich diese schöne Beschreibung auf heutige Leser wirken mag, als veraltet ist sie nicht einfach abzutun. Eine auf den ersten Blick ganz ähnliche Unterscheidung, nämlich zwischen ‚heißen‘ und ‚kalten‘ Medien, hat auch Marshall McLuhan getroffen, der den Film ebenfalls, wenngleich aus anderen Gründen, als ein heißes Medium beschreibt (vgl. McLuhan 1992, S. 35–47). Aufgabe einer Stilanalyse wäre es zu zeigen, durch was der Stoff, der dem Zuschauer scheinbar „aus erster, warmer, herzlicher Hand" dargeboten wird, tatsächlich hindurchgegangen ist. Um den erforderlichen Abstand zu gewinnen, muss man die Hand erst einmal abkühlen lassen.

Aber selbst dann – so lässt sich Thomas Manns Beschreibung weiterhin verstehen – treten die verwendeten Stilmittel noch nicht in den Vordergrund. Schließlich zeige der Film einen „wirklichen Garten mit wehenden Gräsern" und vermittele so den Eindruck, einem natürlichen Phänomen beizuwohnen. Die Frage der Stilisierung, sagt Béla Balázs, sei „deshalb so verwickelt, weil die photographische Technik von allem Anfang an die *unstilisierte Natürlichkeit* zum Darstellungsprinzip des Films erhob" (1949, S. 306). Die Rede von Natürlichkeit, der Balázs sich noch ganz selbstverständlich bedient, ist in der Filmtheorie längst in Misskredit geraten. Vielmehr neigt man dazu, alles im Film Dargestellte für wie auch immer konstruiert zu halten (zur Kritik der konstruktivistischen Filmtheorien vgl. Bordwell 1996). Für eine Stilanalyse erscheint es notwendig, genauere Unterscheidungen zu treffen: und zwar nicht nur zwischen unterschiedlichen Stilmitteln (also eingesetzten ästhetischen Verfahren), sondern auch zwischen unterschiedlichen *Graden der Stilisierung*, welche die Wirkung von Natürlichkeit auf verschiedene Weise verfremden.

Folgt man Adorno, so kann sich der Film mit seinen Stilmitteln nur schwer gegen die „Eigengeltung" der aufgenommenen Objekte behaupten: „Selbst wo er die Objekte, wie es ihm möglich ist, auflöst und modifiziert, ist die Auflösung nicht vollständig." Denn „die Elemente, in die zerlegt wird, behalten etwas Dinghaftes, sind keine reinen Valeurs" (Adorno 1977, S. 357). Durch das Gestaltungsmittel der Montage aber können auch die Elemente – zum Beispiel die wehenden Gräser in all ihrer gleichsam naturbelassenen Dinghaftigkeit, deren optischen Eindruck die Kamera einfängt – eine im Film ganz andere Bedeutung gewinnen. Wenn auch nicht alles im Film Darstellbare vollständig stilisiert werden mag (von ganz ungegenständlichen Experimentalfilmen abgesehen), so muss andererseits die Stilisierung selbst vor den scheinbar natürlichen Objekten der Darstellung nicht haltmachen.

Geht man noch einmal von der herkömmlichen Bedeutung des Wortes aus, das zunächst ein Schreibwerkzeug (*stilus*) und schließlich die Art, *wie* damit geschrieben wird, bezeichnet, so kommen beim Film grundsätzlich alle Werkzeuge – im wörtlichen und übertragenen Sinne – in Betracht, die zur Gestaltung des Licht- und Tonspiels eingesetzt werden können: Drehbuch, Kamera, Licht, Montage, Schauspieler, Inszenierung, Kulissen, Ausstattung, Musik, Sound-Design und so weiter. In all diesen Bereichen künstlerischer Gestaltung kommen unterschiedliche stilistische Verfahren zum Einsatz, die sich im fertigen Film wie in einem Orchester wechselseitig ergänzen. Soll ein harmonischer Eindruck des Ganzen befördert werden, beschränkt sich die Stilisierung in den einzelnen Bereichen zumeist auf scheinbar geringfügige Akzentuierungen, die der Zuschauer auf Anhieb kaum bemerkt.

Manchmal aber wird von einem einzelnen Stilmittel auf so charakteristische, exzessive oder gar exzentrische Weise Gebrauch gemacht, dass es die Gestalt des gesamten Films prägt. Unterscheiden kann man

1. den *innovativen Einsatz*, wenn eine Gestaltungsform neuartig und bahnbrechend auftaucht, wie das Performance-Capture-Verfahren zur Erzeugung computergenerierte Menschen in dem Film *Final Fantasy: The Spirits Within* (*Final Fantasy: Die Mächte in dir*, USA/J 2001);
2. den *absoluten Einsatz*, wenn das Verfahren durchgängig zum Tragen kommt, der ganze Film aus einem Zoom (*Wavelength*, CA 1967), aus einem Split-Screen (*Timecode*, USA 2000) oder aus einer Plansequenz (*Russkij kowtscheg/Russian Ark*, RU u. a. 2002) besteht;
3. den *dominanten Einsatz*, wenn in einem Film ein bestimmtes Verfahren wiederholt auftritt, wie die Tiefeninszenierung in *The Little Foxes* (*Die kleinen Füchse*, USA 1941), Zeitlupe in *The Wild Bunch* (*The Wild Bunch – Sie kannten kein Gesetz*, USA 1969) oder Schwarzblende in *Dead Man* (USA u. a. 1995);
4. den *extremen Einsatz*, wenn ein Verfahren auf ungewöhnlich radikale Weise Verwendung findet, wie die frei schwebende, rotierende Kamera in *Irréversible* (F 2002). All diese Möglichkeiten können sich natürlich auch mischen.

Auf solche entweder quantitativ oder qualitativ hervorstechenden Merkmale bezieht sich die gebräuchliche Rede vom Stil (im Singular) eines Films oder einer Epoche. Wie häufig oder wie markant ein stilistisches Verfahren in einem Film oder in einer Gruppe von Filmen auftreten muss, damit man es als Kennzeichen eines Film- oder Gruppenstils einstufen kann, ist nicht genau festgelegt. Erforderlich ist jedenfalls, dass man filmische Stilmittel, sowohl die deutlichen als auch die im Hintergrund wirksamen, erkennen und auseinanderhalten kann. Wer sich an die Analyse von Filmstilen begibt, sollte also mit dem Instrumentarium der Filmanalyse und den entsprechenden Begriffen bereits vertraut sein (vgl. das Lehrbuch Filmanalyse).

Es gibt auch keine allgemeine Rangfolge filmischer Stilmittel. Auf welche es jeweils ankommt, entscheiden Gegenstand und Absicht der Untersuchung. Folgende Ansätze lassen sich grob unterscheiden:

1. Ein *einzelnes Stilmittel* kann im Zentrum stehen, das anhand einer Gruppe von Filmen untersucht wird. Diese Filme können einem Individualstil, einem Land, einer Epoche oder Kombinationen davon und im äußersten Fall der gesamten Filmgeschichte entstammen, um etwa historische oder individuelle Variationen und Entwicklungen im Einsatz des Stilmittels festzustellen.
2. Eine *Gruppe von Filmen* wird als Gegenstandsbereich festgelegt, um die dort eingesetzten Stilmittel zu untersuchen und einheitliche Muster herauszuarbeiten. Definiert wird die Gruppe über die Zugehörigkeit der Filme zu einer Zeitphase (Epochalstil), einem Land (Nationalstil), einem Studio (Studiostil), einer künstlerischen Bewegung (Kollektivstil) oder einem Künstler (Individualstil). In der Regel wird man sich nicht mit allen stilistischen Verfahren gleichermaßen befassen, sondern abwägen und besonders markante näher bestimmen.
3. Eine *diachrone* Betrachtungsweise untersucht die geschichtliche Entwicklung der Stilmittel oder eines Stils, also ihre Veränderung im Lauf der Zeit, sozusagen als Längsschnitt (vgl. Abb. 5.1 → Realismus).
4. Eine *synchrone* Betrachtungsweise hingegen konzentriert sich auf einen Zeitpunkt und vergleicht die stilistische Gestaltung verschiedener Filme, Studios, Filmschulen, Nationaler Kinematografien, sozusagen im Querschnitt (vgl. Abb. 3.33 → Nouvelle Vague).

Der geschichtliche Kontext ist in jedem Fall von entscheidender Bedeutung. Selbst die Begrenzung auf eine einzelne Epoche setzt voraus, dass man die kennzeichnenden stilistischen Merkmale auch im Verhältnis zu anderen, vorangehenden ebenso wie nachfolgenden, beurteilen kann. Hinzu kommt, dass innerhalb eines bestimmten historischen Zeitraums gewöhnlich nicht nur ein einziger charakteristischer Stil vorherrscht. Was man herkömmlich einen Epochalstil nennt, bezeichnet, genau genommen, die dominanten stilistischen Merkmale einer Gruppe von Filmen, die historisch und kulturell eng zusammengehören. In den 1920er Jahren etwa findet man allein in Europa mindestens drei solcher Epochalstile zur gleichen Zeit an unterschiedlichen Orten, nämlich den Deutschen Expressionismus, den Französischen Impressionismus und das Sowjetische. Solche in der Filmhistoriografie üblichen Zuschreibungen sind, wie die Epochenbezeichnungen in der Kunstgeschichte, vor allem als Hilfsmittel zu verstehen, um sich einen ordnenden Überblick zu verschaffen. Was die darunter jeweils zusammengefassten Filme betrifft, so handelt es sich um begriffliche Annäherungen, die zunächst vor allem den Zweck erfüllen, die ansonsten ganz unterschiedlichen Werke unter bestimmten stilistischen Aspekten zusammenfassen oder auseinanderhalten zu können. Individuelle Besonderheiten ebenso wie wechselseitige Einflüsse und Überschneidungen sollen damit nicht unterschlagen werden. Die hier im Umriss angedeuteten Ansätze der Stilanalyse versucht auch das vorliegende Buch, exemplarisch abzubilden, d. h. anhand der Filmgeschichte selbst zu illustrieren. Denn es handelt sich weniger um eine propädeutische Anleitung zur Analyse als um eine historische Darstellung von Filmstilen aus unterschiedlichen Perspektiven.

Abschließend sei nochmal die bereits erwähnte Verfügbarkeit von Filmen (→ empirische, quantitative Stilanalyse) angesprochen, da sie die Stilanalyse wesentlich bedingt und auch den Unterschied von historischen und gegenwärtigen Forschungen markiert. Früher blieb einem nichts anderes übrig, als ins Kino zu gehen und sich die dort gewonnenen Eindrücke möglichst genau einzuprägen. Einer Legende zufolge besaß André Bazin ein so formidables Gedächtnis, dass er einen gesehenen Film Einstellung für Einstellung genau speichern konnte. Die Möglichkeit, ihn bei Bedarf gleich noch einmal zu sehen, hatte er jedenfalls nicht. Ganz ähnlich mag man sich die Arbeit Siegfried Kracauers an seinem Buch über den deutschen Film der Weimarer Republik vorstellen, das er in den 1940er Jahren im Exil in New York schrieb. Die Erfahrungen, auf die er sich mit seinen Analysen bezog, lagen da bereits lange zurück, und nur wenige Filme konnte er sich im Museum of Modern Art noch einmal anschauen. Die meisten aber musste er sich aus dem Gedächtnis vor Augen führen. Ein solches Verfahren würde man heute rundheraus als unwissenschaftlich zurückweisen. Genauer aber müsste man sagen: vor-filmwissenschaftlich.

Denn die Filmwissenschaft etabliert sich als akademisches Fach nicht zufällig zu einer Zeit, da Fernsehen und Videogeräte den Weg ins Kino immer seltener erforderlich machen. Eine Ironie am Rande, dass die Filmwissenschaft, deren Protagonisten gern die Bedeutung des Kinos gegenüber neueren audiovisuellen Medien betonen, doch gerade aus der Erfindung des Videorecorders den größten Nutzen zieht. Dank DVD, MP4 und Online-Streams hat sich die Lage sogar noch deutlich verbessert. Erst die von meist eher kommerziellen als wissenschaftlichen Interessen getriebenen nachfilmischen Medien machen die Filmgeschichte in zuvor ungeahntem Umfang zugänglich, und das geradezu spielend leicht. Zudem geben sie der Filmwissenschaft eine Art Mikroskop an die Hand, durch das Filme genauer als bei einmaliger Vorführung auf der Leinwand beobachtet werden können. Die große Mehrheit der überhaupt verfügbaren Filme steht der Analyse nun in einem solchen Modus zur Verfügung, dass man einen Film nicht nur beliebig oft anschauen, sondern auch auf vielfältige Weise darin eingreifen kann. Steuerungsfunktionen, die vormals allein dem Filmemacher vorbehalten blieben, werden damit in kleinem, doch nicht zu unterschätzendem Umfang auch dem Zuschauer übertragen. Der Bildschirm mag nie die imposante Größe einer Kinoleinwand erreichen und die vorhandenen Lautsprecher hinter THX hoffnungslos zurückbleiben, doch die Videowiedergabe eröffnet der Filmanalyse ganz andere Möglichkeiten. In einem Film, der im Kino ansonsten stur abläuft, kann man nun herumblättern wie in einem Buch, an gewünschter Stelle anhalten, die Sequenz noch einmal abspielen, einzelne Kader vergrößern, den Ton unterdrücken usw.

All diese technischen Optionen der Filmwiedergabe stellen ein analytisches Instrumentarium bereit, das der Stilanalyse insbesondere zugute kommt. Sie ermöglichen einerseits die zur genauen Beobachtung erforderliche Nähe zum Gegenstand, andererseits Distanz, die geschaffen wird durch Wiederholung und technisch unterstützte Routine. Dadurch wiederum gewinnt der zum Wissenschaftler avancierte Zuschauer seinerseits Macht über den Film, insofern die analytisch gewonnenen Kenntnisse ihn gegen unverhoffte filmische Eindrücke zu wappnen scheinen. Von wehenden Gräsern wird sich der vor dem Bildschirm mit Tasten hantierende Analytiker wahrscheinlich nicht mehr betören lassen. Das allerdings könnte sich auch als Nachteil erweisen.

Literatur

Adorno, Theodor W. 1977. Filmtransparente. In *Gesammelte Schriften*. Bd. 10, Hrsg. Rolf Tiedemann, 353–361. Frankfurt a. M.: Suhrkamp.

Altman, Rick. 1998. Reusable packaging: Generic products and the recycling process. In *Refiguring American film genres: History and theory*, Hrsg. Nick Browne, 1–41. Berkeley: University of California Press.

Andrew, Dudley. 1978. *André Bazin*. New York: Columbia University Press.

Balázs, Béla. 1949. *Der Film. Werden und Wesen einer neuen Kunst*. Wien: Globus.

Balázs, Béla. 2001. *Der sichtbare Mensch oder die Kultur des Films*. Frankfurt a. M.: Suhrkamp.

Baudrillard, Jean. 1978. *Agonie des Realen*. Berlin: Merve.

Bazin, André. 2009. Die Entwicklung der Filmsprache. In *Was ist Film?* Hrsg. Robert Fischer, 90–109. Berlin: Alexander.

Bordwell, David. 1985. *Narration in the fiction film*. Madison: University of Wisconsin Press.

Bordwell, David. 1996. Convention, construction, and cinematic vision. In *Post-theory. Reconstructing film studies*, Hrsg. David Bordwell und Noël Carroll, 87–107. Madison: University of Wisconsin Press.

Bordwell, David. 1997. *On the history of film style. Cambridge (Mass.)*. London: Harvard University Press.

Bordwell, David. 2001. *Visual Style in Cinema: Vier Kapitel Filmgeschichte*. Frankfurt a. M.: Verlag. der Autoren.

Bordwell, David. 2006. *The way Hollywood tells it. Story and style in modern movies*. Berkeley: University of California Press.

Bordwell, David, Staiger Janet, und Thompson Kristin. 1994. *The classical hollywood cinema: Film style & mode of production to 1960*. London: Routledge.

Brooks, Peter. 1976. *The melodramatic imagination. Balzac, Henry James, melodrama, and the mode of excess*. New Haven: Yale University Press.

Bürger, Peter. 1974. *Theorie der Avantgarde*. Frankfurt a. M.: Suhrkamp.

Bürger, Christa, und Peter Bürger, Hrsg. 1987. *Postmoderne: Alltag, Allegorie und Avantgarde*. Frankfurt a. M.: Suhrkamp.

Cavell, Stanley. 1996. *Contesting tears. The hollywood melodrama of the unknown woman*. Chicago: University of Chicago Press.

Eagleton, Terry. 1997. *Die Illusionen der Postmoderne. Ein Essay*. Stuttgart: Metzler.

Eco, Umberto. 1984. *Nachschrift zum „Namen der Rose"*. München: Hanser.

Eder, Jens. Hrsg. 2008. *Oberflächenrausch. Postmoderne und Postklassik im Kino der 90er Jahre*. Hamburg: LIT.

Éjchenbaum, Boris. 1965. Die Theorie der formalen Methode. In *Aufsätze zur Theorie und Geschichte der Literatur*, Hrsg. Alexander Kaempfe, 7–52. Frankfurt a. M.: Suhrkamp.

Éjchenbaum, Boris. 1973. Zur Frage der „Formalisten". In *Marxismus und Formalismus. Dokumente einer literaturtheoretischen Kontroverse*, Hrsg. Hans Günther, 69–82. München: Hanser.

Éjchenbaum, Boris. 2005a. Literatur und Film. In *Poetika Kino. Theorie und Praxis des Films im russischen Formalismus*, Hrsg. Wolfgang Beilenhoff, 179–185. Frankfurt a. M.: Suhrkamp.

Éjchenbaum, Boris. 2005b. Probleme der Filmstilistik. In *Poetika Kino. Theorie und Praxis des Films im russischen Formalismus*, Hrsg. Wolfgang Beilenhoff, 20–55. Frankfurt a. M.: Suhrkamp.

Elsaesser, Thomas. 1994. Tales of Sound and Fury. Anmerkungen zum Familienmelodram. In *Und immer wieder geht die Sonne auf. Texte zum Melodramatischen im Film*, Hrsg. Christian Cargnelli und Michael Palm, 93–128. Wien: PVS.

Elsaesser, Thomas. 2008. Melodrama: Genre, Gefühl oder Weltanschauung? In *Das Gefühl der Gefühle. Zum Kinomelodram*, Hrsg. Margrit Frölich et al., 11–34. Marburg: Schüren.

Ewerth, Ralph, Markus Mühling, Thilo Stadelmann, Julinda Gllavata, Manfred Grauer, und Bernd Freisleben. 2009. Videana: A softiste toolkit for scientific film studies. In *Digital tools in media studies: Analysis and research. An overview*, Hrsg. Michael Ross, Manfred Grauer, und Bernd Freisleben, 101–116. Bielefeld: transcript.

Felix, Jürgen. 1996. Postmoderne Permutationen. Vorschläge zu einer ,erweiterten' Filmgeschichte. *Medienwissenschaft* 4:400–410.

Gombrich, Ernst H. 1994. Image and code: Scope and limits of conventionalism in pictorial representation. In *The Image and the eye. Further studies in the psychology of pictorial representation*. 278–297. Berlin: Phaidon.

Gombrich, Ernst H. 2002. *Kunst und Illusion. Zur Psychologie der bildlichen Darstellung*. Berlin: Phaidon.

Grob, Norbert, Hrsg. 2008. *Film Noir*. Stuttgart: Reclam.

Habermas, Jürgen. 1985. Die Neue Unübersichtlichkeit. Die Krise des Wohlfahrtsstaates und die Erschöpfung utopischer Energien. *Merkur. Deutsche Zeitschrift für Europäisches Denken* 29:1–14.

Hermand, Jost. 1971. *Literaturwissenschaft und Kunstwissenschaft*. Stuttgart: Metzler.

Hickethier, Knut. 2002. Genretheorie und Genreanalyse. In *Moderne-Film-Theorie*, Hrsg. Jürgen Felix, 62–103. Mainz: Bender.

Jakobson, Roman. 2007. Die neueste russische Poesie. Erster Entwurf. Annäherungen an Chlebnikov. In *Poesie der Grammatik und Grammatik der Poesie. Sämtliche Gedichtanalysen*. Bd. 1, Hrsg. Hendrik Birus und Sebastian Donat, 1–123. Berlin: de Gruyter.

Jameson, Fredric. 1989. Postmoderne. Zur Logik der Kultur im Spätkapitalismus. In *Postmoderne. Zeichen eines kulturellen Wandels*, Hrsg. Andreas Huyssen und Klaus R. Scherpe, 45–102. Reinbek: Rowohlt.

Kazanskij, Boris. 2005. Die Natur des Films. In *Poetika Kino. Theorie und Praxis des Films im russischen Formalismus*, Hrsg. Wolfgang Beilenhoff, 86–129. Frankfurt a. M.: Suhrkamp.

Keutzer, Oliver. 2006. *Eine(r) für alle. Selbstopfer und Sündenböcke im Film*. Remscheid: Gardez.

Klotz, Heinrich. 1994. *Kunst im 20. Jahrhundert. Moderne – Postmoderne – Zweite Moderne*. München: C. H. Beck.

Koebner, Thomas, und Jürgen Felix, Hrsg. 2007. *Melodram und Liebeskomödie*. Stuttgart: Reclam.

Kracauer, Siegfried. 1993. *Theorie des Films. Die Errettung der äußeren Wirklichkeit*. Frankfurt a. M.: Suhrkamp.

Lyotard, François. 1986. *Das postmoderne Wissen*. Graz: Passagen.

Mann, Thomas. 1978. Über den Film. In *Kino-Debatte. Texte zum Verhältnis von Literatur und Film 1909–1929*, Hrsg. Anton Kaes, 164–166. Tübingen: Niemeyer.

McLuhan, Herbert Marshall. 1992. *Die magischen Kanäle. Understanding Media*. Düsseldorf: Econ.

Mercer Mercer, John, und Martin Shingler. 2004. *Melodrama. Genre, style, sensibility*. New York: Columbia University Press.

Mukařovský, Jan. 1989. Die ästhetische Norm. In *Kunst, Poetik, Semiotik*, Hrsg. Květoslav Chvatík, 129–138. Frankfurt a. M.: Suhrkamp.

Müller, Wolfgang G. 1981. *Topik des Stilbegriffs: Zur Geschichte des Stilverständnisses von der Antike bis zur Gegenwart*. Darmstadt: Wissenschaftliche Buchgesellschaft.

Neale, Steve. 2000. *Genre and Hollywood*. London: Routledge.

Palm, Michael. 1994. Was das Melos mit dem Drama macht. Ein musikalisches Kino. In *Und immer wieder geht die Sonne auf. Texte zum Melodramatischen im Film*, Hrsg. Christian Cargnelli und Michael Palm, 211–232. Wien: PVS.

Panofsky, Erwin. 1974. Die Perspektive als ,symbolische Form'. In *Aufsätze zu Grundfragen der Kunstwissenschaft*, Hrsg. Hariolf Oberer und Egon Verheyen, 99–168. Berlin: Hessling.

Papenbrock, Martin. 2009. Der Stilbegriff in der Kunstwissenschaft. In *Rhetorik und Stilistik*. Bd. 2, Hrsg. Ulla Fix et al., 1921–1932. Berlin: de Gruyter.

Piotrovskij, Adrian. 2005. Zur Theorie der Filmgattungen. In *Poetika Kino. Theorie und Praxis des Films im russischen Formalismus*, Hrsg. Wolfgang Beilenhoff, 134–156. Frankfurt a. M.: Suhrkamp.

Por, Peter. 1982. *Epochenstil. Plädoyer für einen umstrittenen Begriff*. Heidelberg: Winter.

Por, Peter, Hrsg. 1990. *Stilepoche. Theorie und Diskussion. Eine interdisziplinäre Anthologie von Winckelmann bis heute*. Frankfurt a. M.: Peter Lang International Academic Publishers.

Riegl, Alois. 1893. *Stilfragen. Grundlegungen zu einer Geschichte der Ornamentik*. Berlin: Siemens.

Rosenberg, Rainer, Hans-Georg Soeffner, und Jürgen Raab. 2010. Stil. In *Ästhetische Grundbegriffe*. Bd. 5., Hrsg. Karlheinz Barck et al., 641–703. Stuttgart: Metzler.

Salt, Barry. 2006. *Moving into pictures. More on film history, style, and analysis*. London: Starword.

Salt, Barry. 2009. *Film style and technology: History and analysis*. 3. Aufl. London. Starword.

Schatz, Thomas. 1981. *Hollywood genres. Formulas, filmmaking, and the studio system*. New York: McGraw Hill.

Šklovskij, Viktor. 1971. Die Kunst als Verfahren. In *Russischer Formalismus. Texte zur allgemeinen Literaturtheorie und zur Theorie der Prosa*, Hrsg. Jurij Striedter, 5–35. München: Fink.

Sowinski, Bernhard. 1994. Epochenstil. In *Historisches Wörterbuch der Rhetorik*. Bd. 2, Hrsg. Gert Ueding, 1319–1325. Tübingen: Niemeyer.

Tsivian, Yuri. 1992. Cutting and Framing in Bauer's and Kuleshov's Films. *Kintop: Jahrbuch zur Erforschung des frühen Films* 1:103–113.

Tsivian, Yuri. 2009. Cinemetrics, part of the humanities' cyberinfrastructure. In *Digital tools in media studies: Analysis and research. An overview*, Hrsg. Michael Ross, Grauer Manfred, und Freisleben Bernd, 93–100. Bielefeld: transcript.

Welsch, Wolfgang. 2002. *Unsere postmoderne Moderne*. Berlin: Akademie Verlag.

Williams, Linda. 1998. Melodrama revisited. In *Refiguring American film genres: History and theory*, Hrsg. Nick Browne, 42–88. Berkeley: University of California Press.

Winckelmann, Johann Joachim. 1776. *Geschichte der Kunst des Alterthums*. Wien: Akademie Verlag.

Wölfflin, Heinrich. 1984. *Kunstgeschichtliche Grundbegriffe. Das Problem der Stilentwicklung in der neueren Kunst*. Basel: Schwabe.

Stilepochen und Nationalstile

3

3.1 Einleitung

Zwei Stilbegriffe, die vor allem in kunst- und geisteswissenschaftlichen Stilanalysen gleichermaßen dominant wie allgegenwärtig erscheinen, sind *Epochalstil* (oder Epochenstil) und *Individualstil* (oder Personalstil). Diese mitunter kontrastierenden Begriffe, die sich zum einen auf eine (epochale) Norm und zum anderen auf einen Akt der Individuation beziehen, verweisen bereits auf das „Janusgesicht des Stils" (Eroms 2008, S. 24).

Von Epochalstilen kann in sämtlichen Disziplinen der Kunst und in allen Medien gesprochen werden. Um solch einen Epochalstil zu bestimmen, müssen zunächst zahlreiche Einzelwerke hinsichtlich stilistischer Parallelen analysiert werden. Die beobachtbaren Gemeinsamkeiten müssen sich dabei, um überhaupt als epochenspezifische Verfahren bezeichnet werden zu können, von rein individuellen, also auf einen einzigen Urheber beschränkten Verfahren der jeweiligen Zeit unterscheiden. Genauso müssen die herausgearbeiteten epochentypischen Verfahren sich von rein gattungsspezifischen Besonderheiten abgrenzen lassen. Ist dies der Fall und erscheinen die Gemeinsamkeiten darüber hinaus sowohl werkübergreifend als auch für die jeweilige Zeit charakteristisch und prägend, so lassen sie sich zu einem zeittypischen, stilistischen Phänomen zusammenschließen, das als Epochalstil bezeichnet werden kann. Jedoch umfasst die Klassifizierung epochaler Stile weitere Problembereiche.

Der Begriff Epochalstil setzt zunächst das Vorhandensein einer Epoche voraus. Doch welche Merkmale muss ein spezifischer, historischer Zeitabschnitt erfüllen, um als Epoche zu gelten? Epochale Phänomene treten zeitweilig in unterschiedlichen Künsten und Kulturen zutage, wobei sie sich nicht zwangsläufig interdisziplinär und interkulturell synchron entwickeln, sondern häufig ein Nach- und Nebeneinander zu beobachten ist. Außerdem erweisen sich Epochenabgrenzungen oftmals als problematisch, weil sie nur in Ausnahmefällen eindeutig, in der Regel aber fließend sind und trotz des Bestrebens

© Springer Fachmedien Wiesbaden 2016
C. Hesse et al., *Filmstile,* Film, Fernsehen, Neue Medien,
DOI 10.1007/978-3-531-19080-8_3

vieler Künstler, mit den jeweils vorherrschenden Formen zu brechen, eine stilistische Kontinuität bestehen bleibt. Um diese Schwierigkeiten zu umgehen, „wird neuerdings der neutralere Begriff Zeitstil verwendet" (Sowinski 1994, S. 1320), der sein Profil nicht „aus der Abgrenzung von einer vorausgehenden und einer folgenden Epoche gewinnt" (Müller 2009, S. 1271), sondern ohne wertende Kennzeichnung auf einen mehr oder weniger konkreten Zeitabschnitt verweist. Die Ersetzung des Epochen- durch einen weiter gefassten Zeitbegriff ermöglicht die Beschreibung eines bestimmten Stils als Phänomen einer bestimmten Zeit, ohne dass dazu das Vorhandensein einer Epoche oder die Annahme einer zeitlichen Koexistenz mehrerer Epochen angenommen werden muss. Durch den Begriff des Zeitstils lassen sich demzufolge sowohl das dichte Aufeinanderfolgen als auch das gleichzeitige Existieren verschiedener, vielgestaltiger (teils gegensätzlicher) Kollektivstile erfassen.

In der frühen Filmgeschichte werden Stile – damals auch häufig noch als Schulen bezeichnet – nach Nationen unterschieden. So gilt beispielsweise die Ästhetik des expressionistischen Films zunächst als die deutsche Schule beziehungsweise der deutsche Stil. Doch bereits diese Trennungen nach Nationen sind weniger scharf als es scheint. Der dänische Regisseur Carl Theodor Dreyer dreht seine Filme der 1920er und 1930er Jahre in seinem Heimatland, aber auch in Frankreich und Deutschland. Spätestens die Machtübernahme der Nationalsozialisten und der darauffolgende Zweite Weltkrieg zwingen zahlreiche deutsche und französische Filmkünstler zur Emigration nach Hollywood, sodass sich unterschiedliche nationale Einflüsse zunehmend vermischen. In den 1960er und 1970er Jahren entstehen im europäischen Kino vermehrt Ko-Produktionen, und die zunehmende Orientierung Hollywoods auf einen internationalen Absatzmarkt sowie die steigende Zugänglichkeit internationaler Produktionen durch Filmfestivals und den Home Entertainment-Markt führen dazu, dass sich Stile und Genres länder- und kulturenübergreifend immer stärker wechselseitig beeinflussen. Zudem werden unter dem Eindruck der Globalisierung viele geografische Grenzen zunehmend durchlässig. Dies bedeutet nicht zugleich, dass sich keine nationalspezifischen Stile mehr entwickeln, nur hat sich ihre Zahl deutlich reduziert.

Die Auslöser für die Herausbildung eines Filmstils können sehr unterschiedlich sein: Meist gibt es eines oder wenige paradigmatische Werke, die eine stilistische Sogkraft entwickeln, die in der Folge auch andere Filmemacher anzieht, die diese Konzepte adaptieren, variieren, modifizieren. Für den Italienischen Neorealismus sind die einflussreichen Individualstile Roberto Rossellinis und Vittorio De Sicas stilbildend. Manchmal folgen Filmemacher einem gemeinsamen Manifest wie dem Dogma 95- oder dem Oberhausener Manifest, in denen sie ästhetische Neuerungen verlangen und diese Forderungen in ihren Filmen einlösen. Manchmal teilen Filmemacher eine Generationen- und Kulturerfahrung, manchmal sind die Gründe auch ökonomischer Art, wie im Falle des Blockbuster-Kinos der kommerzielle Erfolg oder beim Italienischen Neorealismus die finanzielle Beschränkung. Dabei bilden sich die Stilbegriffe in der Regel nicht in wissenschaftlichen Diskursen heraus, vielmehr stammen sie von ästhetisch versierten Filmkritikern, die neue Phänomene in mehr als nur einem zeitgenössischen Werk wahrnehmen und darauf mit der Bildung eines einprägsamen, dieses Phänomen beschreibenden Begriffs reagieren, der sich schließlich durchsetzt.

Unklar bleibt, wie viele unterschiedliche Filmemacher und wie viele Einzelwerke nötig sind, um einen kollektiven Stil zu bilden. Ebenso, wie viele oder welche gemeinsamen kohärenten Merkmale Filme aufweisen müssen, um einem homogenen Stil zugeordnet werden zu können. Klar ist jedoch, dass solche prägnanten, wiederkehrenden Verbindungen existieren müssen, um Gruppen von Filmen zu einem Epochalstil zu klassifizieren. Qualität und Quantität dieser Verbindungen artikulieren sich allerdings, und das wird in den folgenden Kapiteln deutlich, auf sehr unterschiedliche Art und Weise.

Der tatsächlichen Vielfalt nationaler Kinematografien und Epochalstile des Films, insbesondere auch des asiatischen, afrikanischen oder lateinamerikanischen Kinos, kann der folgende historische Aufriss nicht Rechnung tragen. Ein annähernd umfassender Überblick, wie ihn Filmgeschichtsbücher zu geben suchen (vgl. z. B. Nowell-Smith 1998), ist auch nicht das Ziel dieses Lehrbuchs. Vielmehr soll es exemplarisch in die Eigenarten wichtiger Epochal- und Nationalstile des Films einführen und das für eine Stilanalyse bedeutsame Zusammenspiel gesellschaftlicher, technischer, ökonomischer und individueller Faktoren verdeutlichen. Prägnant veranschaulichen lassen sich solche Entwicklungen nur durch historische Längsschnitte. Notwendigerweise müssen wir uns in der Breite einschränken und auf wenige Filmländer konzentrieren, um dort die Veränderungen von den Anfängen bis zur Gegenwart in ihren maßgeblichen Epochalstilen aufzuzeigen. Die Wahl fällt auf die USA und auf Frankreich, die wohl einflussreichsten Filmnationen Amerikas und Europas, und auf Deutschland, dessen filmkulturelles Erbe hier aus naheliegenden Gründen besonderes Interesse beanspruchen mag. Flankiert werden diese drei historischen Linien von Seitenblicken auf richtungsweisende Filmstile in der Sowjetunion, Italien und Großbritannien, etwa auf das Sowjetische Montagekino, den Italienischen Neorealismus oder die British New Wave.

3.2 Stummfilm 1895–1927

3.2.1 Frühes Kino

Die Hervorbringung eines Stils versteht der Kunsthistoriker Alois Riegl (1858–1905) als das Resultat eines *Kunstwollens*, das einem Werk Gestalt und Bedeutung verleihe (Riegl 1901, S. 209–217). Was ein Künstler will oder wollen kann, sei indessen vor dem historischen Hintergrund seiner Zeit erst zu erkennen (Stand der Technik, moralische und ästhetische Konventionen, Weltanschauungen und anderes mehr). Die Frage ist: Lässt sich auch beim frühen Film, der als neues Medium noch zu Riegls Lebzeiten in Erscheinung tritt, von einem Kunstwollen sprechen? Offensichtlich verfolgen die meisten Filmemacher im ausgehenden 19. Jahrhundert eher wissenschaftlich-technische und geschäftliche Interessen als künstlerische Absichten. In den älteren Geschichtsbüchern des Films ist von Kunst daher erst die Rede, wenn es um die Entwicklung ab etwa 1908 geht. Das frühe Kino wird dort von ferne zu einer Pionierleistung stilisiert, jedoch ästhetisch weit unterschätzt.

Pragmatik und Kunstwollen   Wenn auch den Filmen der 1890er und frühen 1900er Jahre ein Kunstwollen im Sinne Riegls nur ausnahmsweise zugesprochen werden mag, würde heute kein Filmhistoriker mehr bestreiten, dass sich im frühen Kino bereits spezifische stilistische Entwicklungen zugetragen haben. Das ist erst in der Rückschau und im Wissen um die historisch gewachsene Ästhetik des Films zu erkennen. Das „erste Gestammel in einer neuen Sprache", wie Georges Sadoul es nennt (1982, S. 20), ist aufschlussreich erst für den, der die ausgebildete Sprache schon kennt. Was in der Pionierzeit nur ein fixer Einfall zur Lösung eines ganz praktischen Problems bei der Aufnahme gewesen sein mag, kann sich schließlich als künstlerisches Stilmittel erweisen und über Jahrzehnte hinweg etablieren. Anderes wiederum wird sich nicht behaupten; dabei spielen nicht nur technische und künstlerische Belange, sondern auch die Erwartungen des Publikums eine Rolle. Viele der für das frühe Kino typischen Verfahren, etwa das exzessive Grimassenschneiden mit Blick direkt in die Kamera, kommen bald außer Gebrauch und sind in den Spielfilmen der 1910er Jahre kaum mehr zu finden.

Anhand eines allseits bekannten und denkbar schlicht gemachten Films lässt sich das Zusammenspiel von Pragmatik und Kunstwollen im frühen Kino vor Augen führen: *L'Arrivée d'un train en gare de La Ciotat* (*Die Ankunft eines Zuges auf dem Bahnhof in La Ciotat*, F 1895) von Auguste und Louis Lumière. Der Film besteht aus einer einzigen Einstellung und dauert 50 Sekunden. Gezeigt wird, wie im Titel genau angegeben, die Einfahrt eines Zuges im Bahnhof von La Ciotat (vgl. Abb. 3.1). Mit besonderen Erwartungen des Publikums ist damals noch nicht zu rechnen, die Filmvorführung als solche soll eine ausreichend interessante Darbietung gewährleisten. Um das sensationell Neue der

Abb. 3.1 *L'Arrivée d'un train en gare de La Ciotat* (© Pathé Frères, F 1895) beweist, dass schon die Gebrüder Lumière ästhetische Maßstäbe setzen: So erscheinen die Gleise, die genau in der unteren linken Bildecke enden, als kompositorisches Element, das die eine Bildhälfte dem Zug und die andere dem Bahnsteig zuweist. Auch inmitten des Gedränges auf dem Bahnsteig bleibt der Zug so als bestimmendes Phänomen des Geschehens sichtbar.

Kinematografie zu demonstrieren, nämlich die fotografisch genaue Wiedergabe sichtbarer Bewegung, erweist sich ein einfahrender Zug als geeignetes Objekt.

Bereits die Aufnahme einer so alltäglichen Begebenheit mit einer feststehenden Kamera in einer einzigen Einstellung setzt Entscheidungen voraus, die man rückblickend als stilistisch bedeutsam erkennen kann. Die Wahl des Objekts wurde bereits erwähnt. Was aufgenommen wird, ist für die Art und Weise, wie es aufgenommen wird, nicht gleichgültig, insofern es bestimmte Anforderungen an die Abbildung stellt. Die Brüder Lumière positionieren die Kamera wie einen Fahrgast auf dem Bahnsteig, um das Geschehen aus der Sicht eines anwesenden Menschen aufzunehmen. Es mag eine pragmatische Entscheidung gewesen sein, bei der sicherlich auch Vorbilder aus der Malerei eine Rolle gespielt haben; jedenfalls entsteht auf diese Weise eine Perspektive, welche das Publikum nicht befremdet, sondern in die Situation einbezieht. Sie wird sich schließlich als sogenannte *Normalsicht* etablieren und ist bis heute in fast jedem Film häufig zu finden. Noch interessanter ist, dass die Brüder Lumière den Zug weder frontal noch quer zur Blickachse des Zuschauers aufnehmen, sondern in einem leicht schrägen Winkel von etwa 45 Grad. Das ist ungewöhnlich für das frühe Kino, in dem gerade die Frontalaufnahme ein beliebtes Stilmittel ist; man findet sie übrigens auch in dem zur gleichen Zeit entstandenen Film *La Sortie de l'Usine Lumière à Lyon* (*Arbeiter verlassen die Lumière-Werke*, F 1895).

Der 45-Grad-Winkel erweist sich als sehr geeignet, weil er die Vorzüge von zwei Perspektiven kombiniert. Er zeigt, wie sich der Zug aus der Tiefe heraus der Kamera nähert, aber auch – indem er das Bild in einer Diagonalen durchfährt – seine seitlichen Ausmaße. Auf diese Weise werden zugleich seine Bewegung, seine Richtung, sein Tempo und sein Aussehen erfahrbar, was in einer Bewegung frontal oder quer zur Blickachse der Zuschauer nicht der Fall wäre. Im Hinblick auf die ihnen noch unbekannte Stilgeschichte des Films etablieren die Gebrüder Lumière damit ein richtungsweisendes Aufnahmeverfahren. Nicht nur bei den Reitertrupps, die im Western aus der Tiefe des Bildes angestürmt kommen, auch bei der Aufnahme menschlicher Gesichter wird sich dieser 45-Grad-Winkel als der bevorzugte erweisen.

Kino der Attraktionen Die bereits zitierte Annahme, dass das Kino zu Beginn seine Sprache erst lernen muss, unterstellt, dass das Kino eine bestimmte Sprache habe, dem Medium also eine spezifische Form narrativer Vermittlung eingeschrieben sei – bestehend aus Découpage, Point-of-View-Shot, Schuss-Gegenschuss, Match-Cut oder Parallelmontage. Ohne Zweifel sind diese Verfahren sehr wirkungsvoll. Daher erstaunt es nicht, dass sie sich als Standard durchgesetzt haben. Trotzdem hätte sich der Film auch in eine andere Richtung entwickeln können. Das frühe Kino zeigt uns, dass sich Geschichten auf andere Weise erzählen lassen, beispielsweise in einer einzigen Einstellung oder in einer Aneinanderreihung von Tableaux (wie man sie übrigens heute bei dem schwedischen Regisseur Roy Andersson wiederfindet). Wenn man sich bewusst macht, dass das Kino nicht zwingend auf eine bestimmte Sprache festgelegt ist, gewinnt man eine andere Perspektive auf die Anfänge. Ein Schuss-Gegenschuss etwa, der heute als Konvention gilt, wird somit als besonderes Stilmerkmal wieder sichtbar. Die erste Auflösung einer Szene in verschiedene

Kameraperspektiven, wie sie in *Grandma's Reading Glass* (GB 1900) oder *The Little Doctors* (GB 1901) auftaucht, erscheint demnach nicht nur als Geburtsstunde eines filmischen Standards, sondern als Individualstil eines Filmemachers, des Pioniers George Albert Smith (auf dessen Leistung wir noch zu sprechen kommen).

In der oben genannten Annahme ist zudem die Vorstellung enthalten, dass sich das Kino in der Erlernung seiner Sprache zwangsläufig zu einem der Narration entwickeln musste. Auch dies prägt oftmals den Blick auf die Anfangsjahre, deren Filmemacher nur nach ihrem Beitrag für diese scheinbar obligatorische narrative Entwicklung beurteilt werden, so dass man retrospektiv nur jene Werke hervorhebt, in denen sich erste Spuren filmischen Erzählens abzeichnen. Der amerikanische Filmwissenschaftler Tom Gunning hält diese Perspektive für einseitig. Im frühen Kino bis 1906, das häufig noch auf dem Jahrmarkt stattfindet, gehe es weniger um die Versenkung des Zuschauers in eine Erzählung als vielmehr um dessen Faszination für Sensationen. Mit dem „Kino der Attraktionen" prägt Gunning einen zentralen Begriff, der den Blick der Filmhistoriker auf die Frühzeit des Films von Grund auf verändert hat. Der vormals häufig konstruierte Gegensatz zwischen den Gebrüdern Lumière und Georges Méliès, zwischen dokumentarischem und fiktionalem, zwischen nicht-narrativem und narrativem Kino ist demnach kaum haltbar. Denn sowohl die Tatsachenfilme, die bis 1906 die Filmproduktion in den USA dominieren und dem Publikum exotische Länder oder Aktualitäten präsentieren, als auch die fantastischen Tricks eines Méliès setzen auf die Schaulust. In beiden Fällen geht es weniger um einen narrativen Zusammenhang als um eine Aneinanderreihung faszinierender Momente, seien sie nun realistischer oder fantastischer Art (→ Realismus; → Fantastik). Die Tatsache, dass sich die Schauspieler mit ihrem Blick oftmals direkt an den Zuschauer wenden, zeigt schon, dass dieses „exhibitionistische Kino" sich gar nicht darum bemüht, die Illusion einer fiktiven Welt aufrecht zu erhalten (Gunning 1996, S. 27). Wie Gunning feststellt, verschwindet das Kino der Attraktion nach 1906 nicht; bestimmte Genres (etwa der erotische Film) oder formale Experimente wandern in den Underground oder in die Avantgarde ab, andere Sensationen (etwa Verfolgungsjagden) gehen im filmischen Erzählen auf. In jüngerer Zeit tritt ein Kino der Attraktionen sogar wieder vermehrt hervor, bedenkt man, dass mit digitalen, computergenerierten Bildern in 3D ganz neue Schauwerte geschaffen werden können, die das Publikum in die Kinos locken: schwindelerregende Flüge durch fantastische Welten, quasi-dokumentarische Darstellungen außerirdischer Wesen oder virtuelle Kamerabewegungen durch eingefrorene Handlungsmomente.

Stilistische Vorläufer Der Beginn der Filmgeschichte im Jahr 1895 ist außerdem nicht zugleich als der Nullpunkt des Films aufzufassen. Damit würde man einen historischen Prozess ignorieren, der sehr viel früher beginnt und im fließenden Übergang von der Entfaltung der Projektionskunst (Laterna Magica) und der Wundertrommel über die Fotografie zum Kinematografen führt. Es ist wichtig, sich diese Entwicklung vor Augen zu führen, um die stilistischen Verfahren des frühen Kinos zu verstehen. Denn sie entstehen nicht aus dem Nichts. Die Pioniere des Kinos kopieren für ihr neues Medium Bildformeln und Erzähltechniken aus früheren Medien des 19. Jahrhunderts, wie der Laterna Magica und der Fotografie.

Die Laterna Magica (Zauberlaterne), mit der sich gemalte Bilder vergrößert an die Wand projizieren lassen, ist wahrscheinlich von dem Holländer Christian Huygens oder dem Dänen Thomas Walgenstein entwickelt worden. Erwähnt wird sie erstmals 1659. Um die Weiterführung der Bilder zu erleichtern, setzt Johannes Zahn 1685/1686 eine Drehscheibe und eine Schiebeleiste mit mehreren Glasbildern ein; diese stellen allerdings keine Bewegungsphasen, sondern Situationen dar (vgl. Zglinicki 1979a, S. 60). Zugleich werden die Motive selbst beweglich gemacht, meist indem man gleichzeitig projizierte Glasbilder gegeneinander verschiebt (so lässt sich etwa ein Schiff an einer Küstenlandschaft vorbeiziehen). Früh schon werden ganze Geschichten erzählt: Das Märchen *Blaubart*, das Georges Méliès unter dem Titel *Barbe-bleue* (F 1901) verfilmt, unterhält bereits 1845 in einer Laterna Magica-Vorstellung sein Publikum. Die durch den Projektor geschobenen Glasbilderstreifen integrieren dabei auch erklärende Texttafeln, die wie Zwischentitel im Stummfilm gelesen werden können (vgl. Zglinicki 1979b, S. 19). Auch das thematische Spektrum des späteren Kinos der Attraktionen deutet sich in den Laterna Magica-Vorführungen bereits an, deren gemalte oder fotografierte Bilder die Gattungen Animations-, Dokumentar- und Spielfilm vorwegnehmen und mit ihren Schauergeschichten, Burlesken, Märchen, Sozialdramen oder Reiseporträts gleichsam schon die Genres des frühen Kinos begründen. Eine wichtige Weiterentwicklung sind die *dissolving views* von Henry Langdon Childe in den 1830er Jahren, die unter dem Namen *Nebelbildverfahren* die Projektionskunst revolutionieren: Childe positioniert die Projektionskegel von zwei Laternae Magicae in der Art, dass sie sich deckungsgleich überlagern. Während er die eine Laterne langsam abdunkelt, lässt er die zweite sacht aufleuchten; die projizierten Bilder verwandeln sich unmerklich ineinander. Damit nimmt er nicht nur die Überblendungstechnik des Films vorweg, er schafft auch die Grundlage für die fließende Continuity-Montage des Kinos. Umso beeindruckender lassen sich nun die kleinen, um Trickeffekte ergänzten Geschichten erzählen; die Presse schreibt 1844: „[W]ir erblicken Lissabon in seiner vollen Schönheit vor uns, plötzlich verdunkelt sich das Bild, einzelne Lichtblitze lassen uns ein Gewirr von stürzenden und stehenden Häusern in einem dichten Nebel wahrnehmen, dann wird es hell und wir sehen nun die herrliche Stadt, wie sie nach jenem unheilvollen Erdbeben in Ruinen lag" (Leipziger Zeitung, 11. Mai 1844; zit. nach Berger 1981, S. 45). Nach der Erfindung der Fotografie werden zunehmend fotografische Laternenbilder eingesetzt, die man auch koloriert und in Bewegungsphasen einteilt, wie in dem Sozialdrama *In the Workhouse* (*Im Armenhaus*, GB 1890). Die Entwicklung der Projektionskunst zielt auf die kontinuierliche Bewegungsillusion ab. Mit der Bilderserie, den bewegten Bildern, Überblendungen und Bilderschichtungen nimmt sie nicht nur Techniken des Kinos vorweg (Berger 1981, S. 51), sondern auch schon erste narrative Verfahren des Films: das Erzählen mit eine Reihe von Tableau-Einstellungen, die Komposition fantastischer Situationen durch Doppel- und Mehrfachbelichtung, das Einschieben einer Rückblende (vgl. *In the Workhouse*) oder die Erscheinung eines Traums im Bild selbst (vgl. *A Bunch of Primroses / Ein Strauß Primeln*, GB 1889; Abb. 3.2a).

Abb. 3.2 Dream Balloon: Dass die frühe Filmkunst Stilmittel aus den Bildmedien des 19. Jahrhunderts verwendet, lässt sich an den Bild-im-Bild-Verfahren dieser Traum-Einblendungen erkennen: links (**a**) die Laterna Magica-Erzählung *A Bunch of Primroses* (GB 1889), rechts der Film *Aladin ou la lampe merveilleuse* (**b**, © Pathé Frères, F 1906).

Ein erster Kollektivstil: die Schule von Brighton Eine der bedeutendsten stilistischen Entwicklungen des frühen Kinos vollzieht sich in England, wenngleich als solche zunächst kaum bemerkt. In den 1910er und 1920er Jahren bleibt der britische Film schließlich so weit hinter der europäischen und erst recht der amerikanischen Konkurrenz zurück, dass sogar eine gesetzliche Quote für nationale Produktionen vorgeschrieben wird. Um 1900 jedoch ist er der noch bevorstehenden Entwicklung des internationalen Films stilistisch bereits weit voraus. Zur Kenntnis genommen wird dies erst Jahrzehnte später, und zwar von dem französischen Filmhistoriker Georges Sadoul, der auch die seither geläufige Bezeichnung der Schule von Brighton prägt. In dem bis dahin fast in Vergessenheit geratenen George Albert Smith erkennt er den Erfinder der Montage im modernen Sinne des Wortes (vgl. Sadoul 1948, S. 158).

Lange stehen die frühen englischen Filme im Schatten der renommierten Pioniere des narrativen Kinos, vorweg Georges Méliès in Europa und Edwin S. Porter in Amerika. Von den für ihre Zeit außergewöhnlich raffinierten Techniken der Schule von Brighton profitiert in den folgenden Jahren tatsächlich vor allem das amerikanische Kino. Was man in Brighton und Hove damals erst zaghaft ausprobiert wird maßgeblich von David W. Griffith weiterentwickelt und systematisiert. Inzwischen – spätestens seit der Konferenz zum frühen Kino in Brighton 1978 – gehören die an der Südküste Englands ab 1896 entstandenen Filme zum Kanon der Filmgeschichte, allen voran die Arbeiten von George Albert Smith und James Williamson. Im Hinblick auf die Entwicklung des narrativen Kinos haben sie nicht weniger Bedeutendes geleistet als die zur gleichen Zeit produzierten französischen und amerikanischen Filme. Williamsons *Fire!* (GB 1901) kann durchaus als ein Vorläufer des ungleich bekannteren Films *Life of an American Fireman* (USA 1903) von Porter angesehen werden. Ebenfalls in England, wenngleich nicht in Brighton, entsteht 1905 der Film *Rescued by Rover* von Cecil Hepworth und Lewis Fitzhamon, der womöglich einflussreichste britische Film jener Zeit, der in den folgenden Jahren so häufig gezeigt wird, dass das Originalnegativ zuschanden geht und der Film neu gedreht werden muss (vgl. Barr 2009). Seine immense Popularität verdankt er sicherlich nicht nur der glücklich endenden Geschichte vom Raub eines kleinen Kindes, dem ein Hund namens Rover zur Rettung verhilft, sondern auch der spektakulären Jagd des Hundes nach der Kidnapperin und dem entführten Kind, bei der zahlreiche Motive in ebenso zahlreichen, rasch aufeinanderfolgenden unterschiedlichen Einstellungen vorgeführt werden. Die bedeutendsten Innovationen gelingen dem frühen englischen Kino bei der Plotkonstruktion und mehr noch bei der Montage die dort zum ersten Mal als spezifisch filmisches Stilmittel eingesetzt wird.

Im frühen Kino ist die Montage zumeist nur als Szenenwechsel geläufig. Ihre Funktion entspricht der des heruntergelassenen Vorhangs, hinter dem auf einer Theaterbühne die Kulisse zwischen zwei Szenen ausgetauscht oder umgebaut wird. Daran erinnert in jenen Filmen mitunter noch die Vorhangblende, bei der das neue Szenenbild auf einer vertikalen Achse ins Bild geschoben wird (im Unterschied zur gewöhnlichen Schiebeblende, bei der dies auf einer horizontalen Achse geschieht, was eher dem Blättern von Buchseiten entspräche). Ein solcher Szenenwechsel, der im Theater eine länger andauernde Unterbrechung erfordert, vollzieht sich im Film in Bruchteilen einer Sekunde. Bekannte Beispiele für eine solcherart theatralische Szenenmontage liefern die Filme von Méliès, der sich der Montage allein zu diesem Zweck überhaupt bedient; wenn man einmal absieht von den unsichtbaren Montagen innerhalb einer Szene, die er als Tricks einsetzt, um Figuren oder Gegenstände plötzlich auftauchen und wieder verschwinden zu lassen (vgl. Abb. 3.3). Einstellungsgröße und Perspektive aber werden über die verschiedenen Szenen hinweg kaum verändert. Die Kamera steht an einem einzigen Ort in stets derselben Höhe und fixiert das Geschehen vor ihr wie ein Theaterzuschauer, der mittig vor der Bühne Platz genommen hat.

Der Zuschauer im Theater kann nur wahrnehmen, was er entweder in ausreichender Größe zu sehen bekommt oder was ihm durch Worte oder andere Geräusche mitgeteilt wird; üblicherweise ist es ihm nicht möglich, näher an das Geschehen heranzutreten. Gleiches gilt für den Filmzuschauer bei Méliès, der sich allerdings ohne Worte und Geräusche begnügen muss. Auch ein Lorgnon, wie es vornehme Zuschauer im Theater einst zur Vergrößerung des auf der Bühne sichtbaren Geschehens benutzt haben, steht ihm nicht zur Verfügung. Zur Lösung dieses Problems bedient sich Méliès eines aus dem volkstümlichen Theater bekannten Verfahrens. In einer Szene in *Barbe-Bleue* etwa lässt er, um ein zum Verständnis der Handlung wichtiges Detail deutlich sichtbar zu machen, eine Frau mit einem aberwitzig großen Schlüssel aus Pappe hantieren. Die Einstellungsgröße bleibt unverändert.

George Albert Smith findet für das gleiche Problem eine originär filmische Lösung, nämlich eine – rückblickend betrachtet – sehr einfache und ebenso einleuchtende Montage. In *Sick Kitten* (GB 1903) wiegt ein kleines Mädchen ein Kätzchen in seinem Schoß, ein als Doktor verkleideter Junge tritt hinzu und bringt nach kurzer Überlegung eine Medizin für das anscheinend kranke Tier. Als das Mädchen beginnt, sie ihm zu verabreichen,

Abb. 3.3 Ein Trick, der durch Doppelbelichtung ermöglicht wird: In *L'homme à la tête en caout-chouc* (© Star-Film, F 1901) erschafft ein Alchimist (Georges Méliès) eine Kopie seines eigenen Kopfes, die er nach Belieben vergrößern und verkleinern kann (**a**), bis sein Assistent den Kopf zum Platzen bringt (**b**). Der Film zeigt, wie erfindungsreich die Filmpioniere immer neue Illusionen erzeugen.

zeigt Smith das gefütterte Kätzchen plötzlich in einer neuen Einstellung aus der Nähe. Bemerkenswerterweise wird die Medizin, um sie als solche erkennbar zu machen, noch ganz im Stile Méliès' in einer übergroßen Flasche mit der ebenso großen Aufschrift ‚Fisik' vorgeführt. Erst mit der Nahaufnahme des Kätzchens präsentiert Smith ein bis dahin unbekanntes filmisches Verfahren: den Einstellungswechsel innerhalb einer Szene, der es ermöglicht, die Bedeutung einzelner Figuren oder Objekte hervorzuheben, und dies auf eine insofern realistische Weise, als eine Vergrößerung durch Annäherung den optischen Gesetzmäßigkeiten entspricht; die Proportionen des so vergrößerten Objekts bleiben unangetastet. Zudem wird die Nahaufnahme in die Totale integriert, die sie umrahmt. Sie ist Bestandteil derselben Szene und markiert nicht den Beginn einer neuen. Damit legt

Smith den Grundstein dessen, was später als analytische Montage bezeichnet wird: die Teilung einer Szene in unterschiedliche Einstellungen, ausgehend von einer Totalen, die eine Gesamtansicht des Handlungsortes und der handelnden Figuren zeigt (vgl. Sadoul 1946, S. 252).

Eine weitaus komplexere Variante einer solchen Montage führt Smith in einem früheren Film vor. *Grandma's Reading Glass*, ein Film von etwa 80 Sekunden Länge, umfasst neun Wechsel zwischen sechs unterschiedlichen Einstellungen, und erstaunlicherweise beginnt er nicht mit einer Totalen, sondern mit der Detailaufnahme eines Zeitungsausschnitts, der sich von rechts nach links bewegt. Erst in der zweiten Einstellung ist die gesamte Szene zu sehen: An einem Tisch sitzt eine alte Frau bei Handarbeiten, hinter dem Tisch neben ihr steht ein Junge, anscheinend ihr Enkel, mit einem Vergrößerungsglas in der Hand, das er zusammen mit der Zeitung ablegt und stattdessen eine Uhr zur Hand nimmt. Links neben ihm hängt ein Vogelkäfig an der Wand. Im Wechsel mit dieser Totalen folgen Detailansichten, die allesamt durch den Gebrauch der Lupe in der Filmhandlung selbst motiviert sind. Gezeigt werden aus der Nähe nacheinander das Uhrwerk, der Vogel, das Auge der Großmutter sowie ein Kätzchen, das plötzlich auf dem Tisch auftaucht (vgl. Abb. 3.4). Durch die diegetische Motivierung kann Smith jeden Einstellungswechsel plausibel machen. Die subjektive Einstellung, die er erstmals in *As Seen Through a Telescope* (GB 1900) präsentiert, findet sich hier in häufigem Wechsel mit der Totalen wieder, und ihr Einsatz wird sogar auf verblüffende Weise reflektiert. Nachdem die Großmutter durch die ihr von dem Jungen hingehaltene Lupe den Vogel beobachtet hat, blickt der Junge seinerseits durch die Lupe in das Auge der Großmutter.

Wie außergewöhnlich solche Montagen womöglich ihrem Erfinder selbst noch vorgekommen sein mögen, kann man dem später entstandenen Film *Mary Jane's Mishaps* (GB 1903) ansehen. Auch hier bedient sich Smith eines Einstellungswechsels innerhalb einer Szene, auf eine Totale folgt ein Cut-in auf die Protagonistin. Ansonsten aber handelt es sich um einen für jene Zeit durchaus konventionellen Film im Tableau-Stil, dessen Bühnenbilder und Tricks ebenso von Méliès hätten stammen können. Die halbnahe Ein-

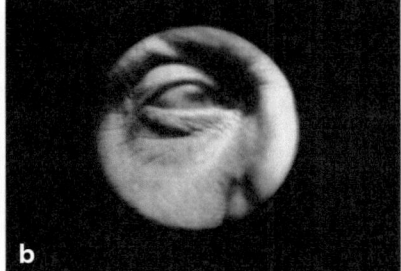

Abb. 3.4 Ein innovativer Einstellungswechsel in *Grandma's Reading Glass* (© George Albert Smith Films, GB 1900): Die Kamera imitiert den subjektiven Blick des Jungen und zeigt eine Reihe von Detailaufnahmen, unter anderem das Auge der Großmutter. Die Wahrnehmung des Zuschauers wird gesteuert und auf Aspekte gelenkt, die er sonst nicht sehen könnte.

stellung der Protagonistin nutzt Smith sogar dazu, sie mit ihrem Blick direkt in die Kamera dem Publikum zublinzeln zu lassen, während sie das Paraffin in den Ofen gibt, das bald darauf die tödliche Explosion auslöst. Für das frühe Kino typische Verfahren (Tableau-Stil, Adressierung des Publikums, sketchartige groteske Handlungen) stehen neben einer noch bis heute sehr gebräuchlichen Montagetechnik wie dem Cut-in.

Auch was die Plotkonstruktion anbelangt, sind die Filme der Schule von Brighton den zu ihrer Zeit üblichen theatralischen Inszenierungen bereits voraus. Den Atelier- werden häufig Außenaufnahmen vorgezogen, wobei Szenen- zugleich Ortswechsel bedeuten; statt ein und derselben umgebauten Szene sind unterschiedliche reale Schauplätze zu sehen, die durch die dargestellte Handlung in Beziehung gesetzt werden. Durch die so motivierten Ortswechsel erzeugen sie eine größere Dynamik als dies bei Atelieraufnahmen mit wechselnden Kulissen möglich wäre. In *The Kiss in the Tunnel* (GB 1899) führt Smith eine winzig kleine Szene vor, nämlich einen Kuss zwischen einem Mann und einer Frau im Abteil eines Zuges, der sich gerade in einem Tunnel befindet, umrahmt von zwei weiteren Einstellungen, die die Ein- und Ausfahrt des Zuges in den beziehungsweise aus dem Tunnel zeigen. In einer Version des Films wird der fahrende Zug mit einer feststehenden Kamera aus der Distanz aufgenommen, in einer anderen ist die Kamera vorn an der Lokomotive angebracht. Zumal in der letzteren Variante ist der Kontrast zwischen der dynamischen Fahrt und der theaterhaften Szene im Zugabteil sehr gut zu erkennen (vgl. Gray 2004). Bemerkenswert nebenbei auch der Witz der äußerst sparsamen Handlung: ein Kuss, der vor den Augen der Öffentlichkeit im Dunkel eines Tunnels verborgen werden muss.

Dem oben bereits erwähnten *Rescued by Rover*, einem typischen Chase-Film, wie sie zur selben Zeit vor allem in den USA entstehen, liefert James Williamson mit dem ungleich kürzeren und weniger komplexen, jedoch nicht weniger dynamischen Film *Stop Thief* (GB 1901) bereits eine stilistische Vorlage (und eine stoffliche, denn auch hier sind es Hunde, die den Dieb aufspüren). Wenn Smith als Entdecker der subjektiven Einstellung und als einer der Erfinder der analytischen Montage gelten mag, dann darf Williamson als Mitbegründer des Chase-Films angesehen werden. Die Montage setzt er weniger raffiniert ein als Smith, jedoch erzeugt er damit, nämlich durch sich schnell bewegende Figuren (oder Tiere) motivierte rasch aufeinanderfolgende Ortswechsel, ein viel größeres Erzähltempo.

Mit *The Big Swallow* (GB 1901) ist Williamson ein in ganz anderer Hinsicht beachtliches Experiment gelungen. Gezeigt wird ein redender und dabei auffällig grimassierender und gestikulierender Mann mit Stock und Hut, der sich der Kamera immer weiter nähert, bis er sie schließlich in seinem Mund verschlingt. In der folgenden Einstellung sieht man auf schwarzem Grund einen Kameramann von hinten, seine Kamera purzelt vor ihm in die Tiefe, und beim Versuch, sie zu retten, stürzt er selbst hinterher. In der dritten und letzten, mit der ersten identischen Einstellung erscheint in Nahaufnahme wieder der geöffnete Mund des Mannes mit Stock und Hut, der jetzt mit zufriedenem Gesichtsausdruck Kaubewegungen vorführt und sich allmählich wieder von der Kamera entfernt – bei der es sich nun aber offensichtlich um eine andere handelt als in der ersten Einstellung, denn in der zweiten tritt unbemerkt auch eine zweite Kamera anstelle der ersten, die soeben verschlungen wird. Von den später berühmt gewordenen Experimenten Dsiga Wertows mag dieser kleine Sketch noch weit entfernt sein. Die Einbeziehung der Kamera aber – nicht nur eines imaginären Publikums, wie im frühen Kino durchaus üblich – in die Handlung selbst stellt eine filmgeschichtlich bedeutende und im Kontext der Schule von Brighton keineswegs zufällige Leistung dar. Ebenso wie die Montagen und Chase-Sequenzen zeugt sie davon, wie sehr sich die frühen englischen Filmemacher der spezifischen (und den darstellenden Künsten unbekannten) Möglichkeiten des neuen Mediums Film bereits bewusst sind.

Zunehmende Komplexität des Erzählens Als die frühen Filmemacher komplexer und umfassender erzählen wollen, sehen sie sich mit einem Problem konfrontiert, das vor allem für ein rein visuelles Medium wie den Stummfilm zur Herausforderung wird: das Unsichtbare sichtbar zu machen. Einerseits die Gedanken- und Gefühlswelt einer Figur, andererseits die transzendente Sphäre der Geister, Teufel und Dämonen, zum dritten die Parallelhandlungen an anderen Orten – all diese Geschehnisse, die simultan eine konkrete Handlung umgeben und beeinflussen können, vermag die Literatur ohne Schwierigkeiten in die Erzählung einzubeziehen; das Kino muss dafür eigene Darstellungsformen erfinden.

Ein wichtiges Verfahren ist die Doppel- oder Mehrfachbelichtung, die mehrere Aufnahmen auf einem Filmstreifen belichtet und somit transparent übereinander geschichtete Bildtexturen schafft. George Albert Smith, der 1897 sogar ein Patent für das Verfahren anmeldet, wendet die Doppelbelichtung erstmals im Film an. In *The Corsican Brothers* (GB 1898) erfährt ein Zwilling von der Ermordung seines Bruders durch den Geist des Verstorbenen. Die Doppelbelichtung enthebt den Geist durch die Transparenz des Bildes der realen Stofflichkeit, zeigt ihn aber zugleich so deutlich, dass der Zwilling am Ende erschüttert zusammenbricht.

Der Geist als Doppelbelichtung – ein Standard im frühen Kino – ist eine Bildformel, die der Film von der Fotografie übernommen hat. Die ersten Geister in der Fotografie resultieren aus zu langen Belichtungszeiten oder versehentlich wiederverwendeten Glasnegativen. Schon 1856 schlägt der Erfinder Sir David Brewster vor, mit Doppelbelichtungen Gespenster-Effekte zur Belustigung des Publikums zu erzeugen (Brewster 1856, S. 205 f.). Nicht als Amüsement, sondern als seriöses Dokument verkauft der Amerikaner William H. Mumler ab 1861 sogenannte Geisterfotografien: Porträts der Hinterbliebenen im Beisein der Erscheinung ihrer Verstorbenen; und obwohl viele dieser Geisterfotografen des Betrugs überführt werden, hält der Boom bis in die 1920er Jahre an (vgl. Kaplan 2008; Fischer und Loers 1997). George Albert Smith spielt in *Photographing a Ghost* (GB 1898) mit dieser Tradition, schöpft aber ironisch ihr komisches Potenzial aus, genauso wie in der schon erwähnten schwarzen Komödie *Mary Jane's Mishap*.

Eine weitere, ebenso unsichtbare Parallelwelt ist die des Imaginären: der Gedanken, Träume und Vorstellungen. Das entstehende Kino der Narration steht vor der Aufgabe, diese figuralen Innenwelten in Bilder zu fassen. Auch dafür bieten sich Mehrfachbilder an, seien sie nun geschichtet (Doppelbelichtung) oder segmentiert (Split-Screen). Zunächst entsteht ein dem Split-Screen ähnliches Verfahren: Die „Inset Scene", wie sie Barry Salt nennt (Salt 2009, S. 38, 61 ff.), blendet über dem Kopf der Figur ein sekundäres Bild als *Dream Balloon* ein, wie es auch in der Laterna Magica und im Comic üblich ist (vgl. Abb. 3.2). Frühe Beispiele sind *Life of an American Fireman* (USA 1903) oder *Aladin ou la lampe merveilleuse* (F 1906). Zunehmend verdrängt wird diese Form von der Doppel-belichtung, wie sie schon 1901 bei einem Alptraum in *Barbe-bleu* vorkommt und dann in den 1920er Jahren im Französischen Impressionismus und Deutschen Expressionismus ausdifferenziert wird, wobei mitunter unklar bleibt, ob es sich um eine paranoide Einbil-dung oder um ein Gespenst handelt (vgl. *Furcht*, D 1917).

Die Gleichzeitigkeit paralleler Handlungen wird im frühen Kino ebenfalls zunächst als „Inset Scene" realisiert: *Santa Claus* (GB 1898) von George Albert Smith blendet seitlich vom Kinderbett ein kreisförmiges Bild ein, das an die Projektion einer Laterna-Magica erinnert. Es zeigt, wie der Weihnachtsmann gerade auf dem Dach durch den Schornstein einsteigt. Den Schnitt zur Parallelhandlung wagt erst Edwin S. Porter in *The Great Train Robbery* (Der große Eisenbahnraub, USA 1903). Eine Verflechtung beider Handlungen in einer Parallelmontage findet sich drei Jahre später in dem Vitagraph-Film *The Hundred to One Shot* (USA 1906), in dem die parallelen Erzählstränge – hier die drohende Zwangs-räumung im Familienhaus, dort der Wettgewinn des Sohnes – in einem glücklichen Ende zusammenlaufen (vgl. Salt 2009, S. 62).

David W. Griffith ist folglich nicht der Erfinder der Parallelmontage. Doch erst Griffith etabliert sie als ein zentrales Element seines Erzählstils und auch seines künstlerischen Erbes, das eng verknüpft ist mit der Entwicklung des Kinos der narrativen Integration. Denn mit der Parallelmontage emanzipiert sich die filmische Erzählung erstmals von der linearen Handlung. Nicht die physische Bewegung der Figur stiftet den Zusammenhang, sondern der Zuschauer. Gleichzeitig ermöglicht die Parallelmontage auch eine moralisch aufgeladene Kontrastierung: In seinem ersten Film mit Parallelmontage, *The Greaser's Gauntlet* (USA 1908), stellt Griffith den unschuldigen Jose, der gelyncht werden soll, dem Bösewicht gegenüber, der seine Gewinne zählt (vgl. Gunning 1991, S. 75–81).

Auch die Parallelmontage hat ihre Vorläufer in den Künsten des 19. Jahrhunderts; Ser-gej Eisenstein führt sie auf Erzähltechniken von Charles Dickens zurück (vgl. Eisenstein o. J.), A. Nicholas Vardac auf das melodramatische Theater (vgl. Vardac 1968), doch erst das Kino fügt eine neue Qualität hinzu: eine präzise Zeitkontrolle und daraus resultierende Dynamik von Suspense und Thrill. Zu Beginn des filmischen Erzählens sind die zeit-lichen Beziehungen zwischen den Einstellungen noch nicht exakt bemessen. Prägnantes Beispiel dafür ist der damals gängige *overlap cut*. Anstatt nahtlos anzuschließen, wird nach einem Schnitt das letzte Ereignis nochmal wiederholt. So zeigt *Life of an American Fireman* die Rettung zunächst im Zimmer, dann in der Außensicht noch einmal. Griffith aber schreibt der Narration die physikalische Zeit unmittelbar ein und intensiviert damit die dramatische Wirkung. In *The Fatal Hour* (USA 1908) wird eine weibliche Detektivin vor einen Zeitzünder mit Revolver gefesselt, der sie Punkt zwölf Uhr erschießen wird. In der Parallelmontage wechselt Griffith zwischen den heranjagenden Befreiern und der Ge-fangenen hin und her, und jedes Mal ist die Zeit auf der fatalen Uhr vorangeschritten. In letzter Sekunde brechen die Polizisten ein und retten sie, bevor die Uhr zwölf schlägt und der Schuss losgeht. Im Gegensatz zu *The Great Train Robbery* ist die zeitliche Struktur durch eine irreversible temporale Logik klar determiniert. Durch die Parallelmontage wird die simple Linearität durch eine komplexere Form der Simultaneität abgelöst, die zugleich ein Spiel mit der Angstlust des Zuschauers eröffnet. Der Effekt ist ein doppelter: Einerseits führt die Parallelmontage zur Intellektualisierung des Films, andererseits intensiviert sie die melodramatische Sensation (Gunning 1994, S. 99–106).

Eine andere Variante von Parallelität erzeugt das Telefonat. Da es zwei entfernte Räume in einem Dialog kurzschließt, wird es in den Jahren 1906 bis 1915 nicht mit einer Parallelmontage, sondern vorzugweise im Split-Screen visualisiert – und nicht erst in den dafür bekannten Romantic Comedys der 1950er Jahre (vgl. *Pillow Talk /Bettgeflüster*, USA 1959). Indem man die beiden Telefonierenden in Bildsegmenten nebeneinander stellt, löst man das Problem, ein akustisches Medium in einem visuellen Medium zu repräsentieren. Der Telefonat-Split-Screen ist auch keine Erfindung des Kinos, wie oftmals angenommen, sondern lässt sich schon auf romantischen Postkarten des 19. Jahrhunderts nachweisen, die den intimen Liebesgruß über das Telefonmotiv inszenieren (vgl. Olsson 2004, S. 150). Wie auf diesen Postkarten etabliert sich auch im Stummfilm eine Split-Screen-Form aus drei Bildfeldern, die in der Regel zunächst vertikal nebeneinander stehen (*L'Affaire Dreyfus*, F 1908), gelegentlich auch in Triangel-Form (*Suspense*, USA 1913; *Die Tango-Königin*, D 1913). Dabei zeigte das mittlere Bildfeld zwischen den beiden Telefonierenden jenen Außenraum, der durch das Medium überwunden wird, z. B. eine Stadt (*Le Grand-père*, F 1910), sogar mit dem Dialog in Schriftzeilen auf den Telefondrähten (*Dick Carter*, D 1914). Es kann aber auch das Telefonat thematisch, assoziativ oder symbolisch illustrieren (*Le Malheur qui n'a pas eu lieu*, F 1911). Ein früher Thriller, der den Split-Screen und die Parallelmontage zur Erzeugung einer Spannungsdramaturgie virtuos zusammenführt und dabei klug die Stärken der jeweiligen Verfahren demonstriert, ist der bereits erwähnte *Suspense* von Lois Weber und Phillips Smalley (vgl. Abb. 3.5). Der in diesem Fall sogar aus drei Feldern bestehende Split-Screen zur Darstellung eines Telefonats ist ein Beispiel dafür, wie sich zu Beginn des narrativen Stummfilms Bildformeln entwickeln, die heute nahezu vergessen sind und darum womöglich schon wieder als experimentell angesehen würden.

DVD-Kompilationen mit exemplarischen Filmen

Georges Méliès – Die Magie des Kinos. Studiocanal 2011.
Lichtspiele und Soziale Frage. Screening the Poor 1888–1914. Edition Filmmuseum,
       64. Film & kunst 2011. (enthält Laterna Magica-Vorstellungen)
Crazy Cinématographe. Europäisches Jahrmarktkino 1896–1916. Edition Filmmu-
       seum, 18. Film & kunst 2007.
Early Cinema – Primitives And Pioneers. BFI 2005.
The Movies Begin: A Treasury of Early Cinema 1894–1913. KinoVideo 2002.

Abb. 3.5 Zwei Varianten, um simultane Handlungen in einem Bild zu vereinen: In einem Split-Screen in Triangel-Form (**a**) wird sowohl der Einbruch des Diebes als auch das Telefonat zwischen der bedrohten Ehefrau und dem alarmierten Familienvater sichtbar. Im Rückspiegel des Automobils (**b**) ist zu sehen, wie die Polizei versucht, den zu seiner Frau rasenden Vater zu stoppen. Beide Beispiele stammen aus *Suspense* (© Rex Motion Picture Companie, USA 1913) von Lois Weber und Phillips Smalley.

Einführungsliteratur

Gaudreault, André. 2011. *Film and Attraction. From Kinematography to Cinema*. Urbana: University of Illinois Press.

Gunning, Tom. 1996. Das Kino der Attraktionen. Der frühe Film, seine Zuschauer und die Avantgarde. *Meteor* 4: 25–34.

Loiperdinger, Martin. Hrsg. 2011. *Early Cinema Today: The Art of Programming and Live Performance* (KINtop – Studies in Early Cinema, 1). Herts: John Libbey Publishing.

Segeberg, Harro. Hrsg. 1996. *Die Mobilisierung des Sehens: Zur Vor- und Frühgeschichte des Films in Literatur und Kunst* (Mediengeschichte des Films, 1). München: Fink.

3.2.2 Deutscher Expressionismus

Dreieckige Fenster, verzerrte Fassaden, schiefe Linien, versehen mit grellen Kontrasten und bevölkert von verstörten Charakteren – die spitzwinklige Ästhetik des filmischen Expressionismus ist eine aggressive Form, die das Auge angreifen will. Seine visuelle Prägnanz scheint den Expressionismus als Musterbeispiel für die Stilanalyse herauszuheben. Sucht man allerdings nach paradigmatischen Filmen, so offenbart sich ein erstes Dilemma. Der kollektive Stil verflüchtigt sich nahezu: Entweder wird er vorzugsweise auf das Paradebeispiel *Das Cabinet des Dr. Caligari* (D 1920) verengt, was sich markant in der Begriffsschöpfung *Caligarimus* ausdrückt, oder aber bis zur Unkenntlichkeit ausgeweitet und auf die gesamte Phase des Weimarer Kinos bezogen wie in Lotte Eisners bekanntem Buch *L'Écran démoniaque* (1952, als *Die dämonische Leinwand* 1955 erstmals auf Deutsch erschienen).

Ein Grund für die fehlende Präzision der Stilbezeichnung „expressionistischer Film" ist die Vermischung des Expressionistischen mit dem Fantastischen. Beide Phänomene weisen Ursprünge im sogenannten *Kunstfilm* auf, eine Tradition, die 1913 in Deutschland mit den Filmen *Der Andere* und *Der Student von Prag* beginnt und von *Der Golem* (D 1915) fortgeführt wird. Analog zum *Film d'art* in Frankreich versucht damals die deutsche Filmwirtschaft, das Kino von seinem Ruf als Medium niederen Vergnügens zu lösen und beim bürgerlichen Publikum als Kunst zu nobilitieren. Gelingen soll dies mit literarischen Stoffen, prominenten Autoren und mit Theaterschauspielern von Rang, insbesondere Stars der Reinhardt-Bühnen: Albert Bassermann (*Der Andere*) und Paul Wegener (*Der Student von Prag, Der Golem*). Mit Motiven wie Doppelgänger und Künstlicher Mensch sowie Adaptionen der Werke von Hanns Heinz Ewers und Gustav Meyrink sucht das Kino Anschluss an die damalige Popularität schaurig-fantastischer Literatur. Auch wenn *Der Student von Prag* mit unheimlichen Bildkompositionen und dämonischen Figuren schon Stilbewusstsein und erste expressionistische Ansätze entwickelt, bleiben er und die anderen beiden Filme in der Raumgestaltung an der Wirklichkeit orientiert. Sie sind fantastisch in ihren Motiven, aber naturalistisch in ihrem Set-Design und keinesfalls expressionistisch. Wiederum müssen expressionistische Filme nicht per se Fantastisches enthalten, wie *Von morgens bis mitternachts* (D 1921) oder *Raskolnikow* (D 1923) beweisen, die psychologische Themen verhandeln. Der zweite Grund für die Verwässerung des Begriffs durch einen zu weitgefassten Filmkorpus ist, dass nicht zwischen expressionistischen Filmen und expressionistischen Elementen in Filmen unterschieden wird (vgl. Kasten 1990,

S. 35). Ein expressionistischer Film wie *Das Cabinet des Dr. Caligari* strebt in allen Gestaltungsbereichen nach einer anti-naturalistischen Stilisierung. *Nosferatu, eine Symphonie des Grauens* (D 1922) hingegen weist expressionistische Bestandteile auf – das starre Spiel von Max Schreck in der Rolle des Vampirs, die Emanzipation der Schatten, die tricktechnischen Verschiebungen ins Irreale durch Zeitraffer und Negativfilm –, doch die Ästhetik des Films wird dominiert durch Aufnahmen, die Friedrich Wilhelm Murnau absichtsvoll und kostspielig an Originalschauplätzen wie in den Karpaten dreht. Aus diesen Differenzierungen ergibt sich, dass eine Minderheit genuin expressionistischer Filme von einer Mehrheit an schaurig-fantastischen, stilisiert-kunstvollen oder mit expressionistischen Elementen versehenen Filmen des Weimarer Kinos abgegrenzt werden muss.

Im Bemühen darum hat sich die Filmwissenschaft wieder auf den frühen Filmtheoretiker Rudolf Kurtz besonnen, der schon 1926 im ersten Standardwerk zum Thema *Expressionismus und Film* einen Korpus von sechs Produktionen festlegt: Neben drei Arbeiten von Robert Wiene – *Das Cabinet des Dr. Caligari*, *Genuine*, (D 1920) und *Raskolnikow* – noch die Filme *Von morgens bis mitternachts*, den heute verschollenen *Das Haus zum Mond* (D 1921) und den Episodenfilm *Das Wachsfigurenkabinett* (D 1924), wobei hier nur eine der drei Episoden als expressionistisch gelten kann (Kurtz 2007). Erweitert wird dieser Kanon später bei Jürgen Kasten um den Film *Verlogene Moral* (D 1921, alternative Titel des Films sind *Torgus* und *Brandherd*). Wie bereits angedeutet, liegt der harte Kern des Stils in der antinaturalistischen Ästhetik, welche die Wirklichkeit weder aufsuchen noch im Studio nachbilden will, sondern das Dekor als subjektiven Ausdruck starker Affekte begreift und in die Verzerrung und Abstraktion treibt. Das Schauspiel wiederum wird geprägt von einer Verfremdung und Versteifung der Körpersprache, die Lichtgestaltung von dramatischen Hell-Dunkel-Kontrasten und autonomen Schatten (vgl. Abb. 3.6 und 3.7). Konstitutiv sind nicht – das muss nochmal betont werden – die für das Weimarer Kino so wichtigen schauerromantischen, märchenhaften oder fantastischen Erzählstoffe, auch wenn diese, wie im Fall von *Das Cabinet des Dr. Caligari* oder *Genuine*, wiederholt eine Rolle spielen. Es wäre sinnvoll, um diesen sehr engen noch einen zweiten, etwas weiteren Kreis von Filmen mit expressionistischen Elementen zu ziehen, zu dem unter anderem Filme zählen wie *Der Golem, wie er in die Welt kam* (D 1920), *Der müde Tod* (D 1921), *Nosferatu, eine Symphonie des Grauens*, *Schatten – eine nächtliche Halluzination* (D 1923), *Orlacs Hände* (D 1924), *Faust – eine deutsche Volkssage* (D 1926) oder *Metropolis* (D 1927).

Erschwert worden ist die Analyse dieses Epochalstils lange Zeit durch zwei Klassiker der Filmliteratur, die deren Wahrnehmung dominiert und dabei den Blick auf die Filme verstellt haben: Siegfried Kracauers *From Caligari to Hitler* (1947) und Lotte Eisners *L'Écran démoniaque* sind kurz nach dem Zweiten Weltkrieg entstanden und in ihrer politischen oder kunsthistorischen Annäherung an die Weimarer Zeit geprägt von der Katastrophe des Dritten Reichs und seinen Verbrechen. Für Kracauer spiegelt sich in den Filmen der Weimarer Kultur, die Despotismus und Verführbarkeit thematisieren, eine gesellschaftliche Mentalität, die in ihrer Sehnsucht nach einem Tyrannen den Nährboden für den Nationalsozialismus bilde (Kracauer 1999). Eisner führt das düster Fantastische und Expressionis-

Abb. 3.6 Expressionistische Licht- und Raumgestaltung: Verzerrte Dekors und gemalte Schatten in spitzwinkliger Ästhetik als Sichtbarmachung psychischer Störungen in *Das Cabinet des Dr. Caligari* (© Decla-Bioscop AG, D 1920)

Abb. 3.7 Ein gleichartiges Beispiel aus *Von morgens bis mitternachts* (© Ilag-Film, D 1921)

tische auf das ‚Wesen' des Deutschen, seine ‚Neigung' zu Makabrem und Schauerlichem zurück und sieht die ästhetischen Vorläufer in der Romantik: „In Deutschland macht der horror vacui einem neuen Grauen Platz, dem wie einst das Märchen der Romantiker die Filmkunst Nahrung zu geben weiß" (Eisner 1990, S. 96). Ende des 20. Jahrhunderts ist man um neue Perspektiven bemüht, die der Komplexität dieser Epoche gerecht werden sollen. Statt den Blick auf das vermeintlich Dämonische zu richten, sieht Thomas Elsaesser in den Filmen Ironie, Lust an der Abstraktion und Spiel mit Scheinwelten am Werk. Statt über den Charakter einer Nation zu spekulieren, weist er auf ökonomische

Gründe hin. Nicht Stil, sondern „Styling" mache den filmischen Expressionismus aus: Er sei „Oberflächeneffekt" eines Produkts, das „Verbraucher-Erwartungen" in einer Zeit stimulieren soll, als der Expressionismus en vogue ist (Elsaesser 1999, S. 44). Für Anton Kaes hingegen sind diese Filme sehr wohl Symptom einer kollektiven Erfahrung, allerdings keiner präfaschistischen, die sozusagen als Antizipation des Nationalsozialismus zu verstehen wäre, sondern einer posttraumatischen in Folge des Ersten Weltkrieges. Motive wie Doppelgänger und Somnambuler, Stilmittel wie verzerrtes Dekor und unzuverlässige Erzählung führt Kaes auf die Identitäts- und Integrationskrisen der heimkehrenden Soldaten zurück (vgl. Kaes 2011). Die Filmwissenschaft ist darum bemüht, die Produktions- und Rezeptionsgeschichte möglichst faktenreich und präzise zu rekonstruieren, um den expressionistischen Stil (vgl. Kasten 1990) oder einen Schlüsselfilm wie *Das Cabinet des Dr. Caligari* (vgl. Brill 2012) in den historischen Kontext einzuordnen.

Als expressionistischer Film par excellence entsteht *Das Cabinet des Dr. Caligari* kurz nach dem Ersten Weltkrieg auf der Grundlage eines Drehbuchs von Hans Janowitz und Carl Mayer: Der Schausteller Caligari (Werner Krauss), der den Somnambulen Cesare (Conrad Veidt) auf dem Jahrmarkt als Attraktion vorführt, instrumentalisiert das willenlose Geschöpf nachts für seine Mordpläne und entpuppt sich selbst als wahnsinniger Direktor einer Psychiatrie. Allerdings stellt sich diese Geschichte in der Rahmenhandlung als Wahn eines unzuverlässigen Erzählers und Dr. Caligari als gütiger, paternalistischer Psychiater heraus. Die Autoren lassen sich von der geheimnisvollen Atmosphäre Prags (Heimatstadt von Janowitz) und der romantischen Schauerliteratur inspirieren; insbesondere Caligari als Bösewicht mit italienischem Namen ruft die Figur Coppola aus der Erzählung *Der Sandmann* (1816) von E. T. A. Hoffmann in Erinnerung. Die Filmarchitekten Walter Reimann, Hermann Warm und Walter Röhrig entwerfen die expressionistisch stilisierten Bauten und gestalten die Kleinstadt Holstenwall als aggressiv verzerrte und in spitzwinklige Dreiecke zergliederte Szenerie. Wie der Expressionismus in den Film gekommen ist, hat Filmhistoriker wiederholt beschäftigt. Gleichgültig, welchem Mitarbeiter man die Idee zusprechen kann, sie erscheint naheliegend zu einer Zeit, als der Expressionismus in Deutschland auf dem Höhepunkt seiner Popularität steht und in Malerei, Architektur und Theater Erfolge feiert. Vor dem Hintergrund der Kino-Debatte, die das Kino als Kunstform etablieren will, wartet man damals schon länger auf eine Überführung des expressionistischen Stils in den Film. Die Decla-Film-Gesellschaft unter der Leitung von Erich Pommer versteht es, durch eine geschickte Werbekampagne (und dem Slogan „Du musst Caligari werden") aus dem Film einen Massenerfolg zu machen.

In *Das Cabinet des Dr. Caligari* finden sich auch erste Elemente expressionistischer Lichtgestaltung: zum einen die auf das Bühnendekor gemalten Licht- und Schatteneffekte, mit denen die Filmarchitekten in den Arbeitsbereich des Beleuchters eingreifen, zum zweiten die starken Kontraste zwischen extrem hellen und dunklen Flächen mit dem Ziel der Dramatisierung und Abstrahierung der Bildhintergründe, zum dritten die Schattenspiele, in denen zentrale Handlungen nicht durch die Figuren, sondern über ihre Abbilder gezeigt werden (vgl. Abb. 3.8). Typisch werden auch steil von oben fallende Spotlichter, da sie

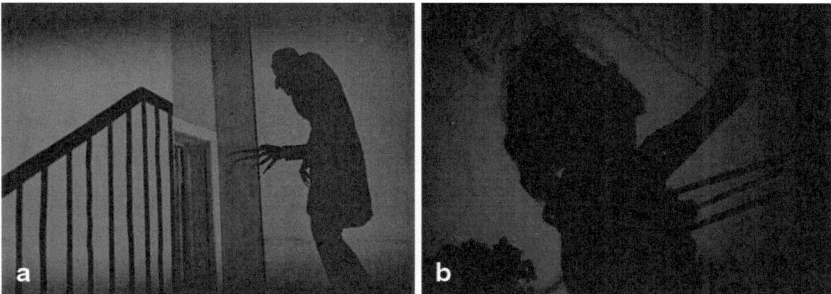

Abb. 3.8 Morde und Gruselgestalten werden im Schattenriss gezeigt: Der harte Kontrast und die geheimnisvolle Silhouette laden sowohl in *Nosferatu* (**a**, © Jofa-Atelier/Prana-Film, D 1922) als auch in *Schatten* (**b**, © PAN Film, D 1923) das Bild mit Spannung auf.

die Gesichter der Darsteller dämonisieren. Dass dieser Lichtstil (→ Kamera- und Licht-stile) in enger Verwandtschaft zum expressionistischen Holzschnitt steht, lässt sich an der außergewöhnlichen Hell-Dunkel-Inszenierung des Films *Von morgens bis mitternachts* nachvollziehen. Ein nach Freiheit dürstender Kassierer bestiehlt die Bank und bricht aus dem trauten Heim aus, in dem sich Mutter, Frau und Tochter marionettenhaft bewegen, um einer attraktiven Dame nachzujagen; er strandet in der Unterwelt von Berlin und nimmt sich schließlich das Leben – kein fantastisches Sujet, sondern ein psychologischer Stoff, der auf die Verlockungen der Stadt im Weimarer *Straßenfilm* vorausweist (→ Neue Sach-lichkeit). Der filmische Raum zeigt keine natürlichen Elemente, ist gemalte Kulisse in verzerrter Geometrie. Die weißen Kanten der Türen und Fenster scheinen grelle Schneisen in ein Bühnenbild zu fräsen, das vollständig in Schwarz gehalten ist. Die Schauspieler werden über ihre mit zackigen Strichen bemalten Kostüme und bleich geschminkten Ge-sichter in die grafische Geometrie des Raumes eingepasst. Oftmals wirkt der Raum nicht dreidimensional, sondern wie eine Kreidezeichnung auf schwarzem Papier; eine eigen-tümliche Spannung baut sich zwischen dem Körper des Schauspielers und dieser zwei-dimensionalen Bühnentextur auf – eine Ästhetik, deren Wirkungen sich bis zur Comic-Adaption *Sin City* (USA 2005) weiterverfolgen ließe (vgl. Abb. 3.9).

Der expressionistische Schauspielstil muss sich von den übertriebenen Posen des thea-tralen Schauspiel-Vokabulars, aber auch der nuanciert-psychologischen Spielweise abhe-ben. Ziel ist es, starke Gefühle in einem ebenso abstrakten wie intensiven Körperausdruck zu verdichten. Die Anspannung und Versteifung der Muskulatur, die Krümmung der Ge-stalt, die Überzeichnung einfacher Gesten, die abrupte Bewegung oder ihre Mechanisie-rung sind beliebte Mittel. Die Maskenhaftigkeit weiß geschminkter Gesichter, schwarz untermalter Augen und wirr toupierter Haare unterstützen die groben Skizzen des expres-sionistischen Körperausdrucks. Auf die Weise gelingt es herausragenden Darstellern wie Werner Krauss und Conrad Veidt, in *Das Cabinet des Dr. Caligari* ihre Erscheinung in das verzerrte, abstrakte Dekor einzufügen oder gar – etwa wenn der Somnambule Cesare an der Wand entlangstreicht, als sei diese die Innenseite seines Bewusstseins – mit ihm zu verschmelzen.

Robert Wiene, der Regisseur von *Das Cabinet des Dr. Caligari*, schafft es nicht, den bahnbrechenden Erfolg des Films mit der Produktion *Genuine* zu wiederholen. Zu funktionalistisch wird hier der Expressionismus eingesetzt. Eine überbordende Ornamentik und Modenschau obskurer Kostüme setzen den Stil zum modischen Effekt herab. Überzeugender gelingt Wiene sein dritter expressionistischer Film, *Raskolnikow*, in dem vor allem die experimentellen Mehrfachbelichtungen auffallen, welche die Fieberträume des Mörders expressiv zur Anschauung bringen. Kaleidoskopische Überlagerungen vervielfachen die Köpfe der Opfer zur Hydra und harmonieren passgenau mit den psychedelischen Deformationen der Straßen, Hinterhöfe und Mansardenzimmer. Ein Mensch, der sich verführen lässt, Schuld auf sich lädt und nun der Anklage seines schlechten Gewissens nicht mehr entkommen kann – diese Handlung von *Raskolnikow* ist paradigmatisch für die Zwischenkriegszeit und ihre Filme.

Betrachtet man den Episodenfilm *Das Wachsfigurenkabinett* aus dem Jahr 1924 als letzten Repräsentanten des expressionistischen Films im Weimarer Kino, wie es Verfechter des engen Kanons tun, dann begrenzt man diesen Epochalstil auf eine kurze Zeitspanne von vier bis fünf Jahren. Erweitert man allerdings den Kreis um jene Filme der Weimarer Zeit, die von expressionistischen Elementen geprägt sind, so rücken auch spätere große Werke ins Blickfeld, bis hin zu *Metropolis* aus dem Jahre 1927 von Fritz Lang. Ein starkes Echo des filmischen Expressionismus findet sich daraufhin in den USA, wo *Das Cabinet des Dr. Caligari* sehr erfolgreich ist. Zum einen lässt sich beobachten, wie die Exilanten Paul Leni, Conrad Veidt oder Karl Freund expressionistische Stilmittel effektvoll in Horrorfilmen der Universal-Studios einsetzen: in *The Cat and the Canary* (*Spuk im Schloss*, USA 1927), *The Man who Laughs* (*Der Mann, der lacht*, USA 1928), *Dracula* (USA 1931) oder *The Mummy* (*Die Mumie*, USA 1932). Zum anderen greifen avantgardistische Filmemacher den Stil begeistert auf. Robert Florey gelingt in *The Love of Zero* (USA 1927) eine anarchisch-komödiantische Version eines expressionistischen Films, ohne den Stil zu parodieren. Vor den Dekors, die stark an *Das Cabinet des Dr. Caligari* erinnern, inszeniert er eine Liebesgeschichte und schafft mit Filmtricks poetische Metaphern: So lässt er in einem weichen Split-Screen die Körperhälfte eines Mannes mit derjenigen einer Frau zu einem figuralen Sinnbild von Trennungsschmerz verschmelzen. Diese Erweiterung des filmischen Expressionismus durch andere Gestaltungsmittel radikalisiert Charles Klein in der Edgar Allan Poe-Verfilmung *The Telltale-Heart* (USA 1928), indem er den Expressionismus auf einen bislang vernachlässigten Bereich anwendet: denjenigen der Montage. In den halluzinativen Sequenzen treibt Klein die Schnittfrequenz in einem schwindelerregenden Tempo bis an die Grenze des Subliminalbildes und erzeugt somit eindrucksvolle Korrelate eines panischen, paranoiden Bewusstseinsstroms.

Neben dem Surrealismus ist der Expressionismus jene Avantgardebewegung, deren Nachwirkungen sich bis in die heutige Zeit nachverfolgen lässt (vgl. Abb. 3.9 und 3.10), sodass sich von einer – wenn auch dünnen – Stiltradition sprechen lässt. Neben dem Remake *Nosferatu – Phantom der Nacht* (D 1979, Werner Herzog) und dem komödiantischen Mitternachtsfilm *Forbidden Zone* (*Totaler Sperrbezirk*, USA 1982) sind es vor allem die von Tim Burton inszenierten oder produzierten Filme, deren Dekors, Kostüme

Abb. 3.9 Nachwirkung des Expressionismus in der Ästhetik. Roberto Rodriguez hat den expressionistischen Antinaturalismus der Comicvorlage in seinem Film *Sin City* (© Dimension Films/ Troublemaker Studios, USA 2005) adaptiert: Die Realität wird in geometrischen Formen und harten Kontrasten abstrahiert; auch Negativbilder finden sich, wie bereits in *Nosferatu*.

Abb. 3.10 Nachwirkung des Expressionismus im Zitat. Bernardo Bertoluccis paradigmatischer 68er-Film *Partner* (© Red Film u. a., I 1968) vereint in sich unter anderem surrealistische und expressionistische Elemente: Die Imitation von Nosferatu zu Beginn des Films ist Vorbote der psychischen Spaltung des Protagonisten, die sich später in einem Doppelgänger manifestiert.

und Charakterzeichnungen sich am filmischen Expressionismus orientieren: zum Beispiel *Beetlejuice* (USA 1988), *Nightmare before Christmas* (USA 1993) oder Tim Burton's *Corpse Bride* (*Corpse Bride – Hochzeit mit einer Leiche*, USA 2005).

Exemplarische Filme

Das Cabinet des Dr. Caligari (D 1920, Robert Wiene)
Von morgens bis mitternachts (D 1921, Karlheinz Martin)
Nosferatu, eine Symphonie des Grauens (D 1922, Friedrich Wilhelm Murnau)
Raskolnikow (D 1923, Robert Wiene)
The Telltale-Heart (USA 1928, Charles Klein)

Einführungsliteratur

Brill, Olaf. 2012. *Der Caligari-Komplex*. München: belleville.
Elsaesser, Thomas. 1999. *Das Weimarer Kino – aufgeklärt und doppelbödig*. Berlin:
    Vorwerk 8.
Kaes, Anton. 2011. *Shell shock cinema: Weimar culture and the wounds of war*. Prince-
    ton: Princeton University Press.

3.2.3 Französischer Impressionismus

Zum französischen Impressionismus zählen die Filme Louis Dellucs, Abel Gances, Jean
Epsteins, Germaine Dulacs, Marcel L'Herbiers und Jean Renoirs zwischen 1915 und
1929. Beeinflusst vom Impressionismus in der Malerei, suchen diese Künstler nach einer
Filmsprache, die über die Visualisierung subjektiver Wahrnehmungen und innerer Emp-
findungen einer Essenz von Wirklichkeit Gestalt verleihen sollte. Ihre Filme verfolgen die
Strategie,

> den Film aus seiner Bindung an herkömmliche theatrale Darstellungsformen und an lineare,
> streng kausale Handlungs- und Erzählmuster zu befreien. Stattdessen suchte man (…) eine
> primär am momentanen subjektiven Erleben interessierte filmische Ästhetik, welche die Rea-
> lität als dynamisches, vielperspektivisches Kontinuum punktueller Eindrücke und flüchtiger
> Impressionen versteht. (Fritz 2002, S. 268)

Susan Hayward beschreibt den filmischen Impressionismus in Abgrenzung zu anderen
Stiltendenzen des französischen Kinos der 1920er Jahre als „pure cinema", als „filmic
representation of the interior life of character (…) through its rhythms and plasticity"
(2005, S. 77 f.). Historisch, aber auch stilistisch lässt sich der Impressionismus in drei
Phasen einteilen:

1. 1918–1922: Vorherrschaft eines Piktorialismus, in dem die eingesetzten ästhetischen
   Verfahren vornehmlich darauf abzielen, innere Erfahrungen sowie psychische Empfin-
   dungen darzustellen.
2. 1923–1924/1925: Hinzutreten einer schnellen, oft auch rhythmischen Montage.

3. 1925–1929: Diffusion der Stile sowie Öffnung zu anderen Formen des Experimentalfilms sowie zur surrealistischen Bewegung (Bordwell 1980, zitiert nach Abel 1984,
   S. 289).

Im Unterschied zum Expressionismus bedienen sich die impressionistischen Regisseure
einer breiteren Palette filmsprachlicher Mittel: Viele ihrer Werke werden außerhalb von
Filmstudios *plein air* gedreht, fangen Licht- und Schattenreflexe, Wolken, Nebel und andere Naturphänomene ein, nutzen Unschärfe und Weichzeichner, erzählen häufig non-li-
near, betonen die Gegenständlichkeit und Sichtbarkeit der Welt, anstatt sie zu abstrahieren
beziehungsweise zu deformieren, arbeiten mit Point of view-Einstellungen, multiperspek-
tivischen Kamerastandpunkten und Verfremdungseffekten wie Zeitlupe, Überblendung,
Filter und Spiegelung. Hinzu treten rhythmische, akzelerierende Montageformen, die extreme Bewusstseinszustände repräsentieren sollen: „Mit den Impressionisten verschieben
sich die Resultate der Bilder von den Erscheinungen der Außenwelt hin zu den Wahrneh-
mungsprozessen" (Fahle 2000, S. 77). So thematisiert Louis Dellucs *Fièvre* (F 1921) den
titelgebenden Zustand des Fiebers einerseits als Begehren, andererseits als Trunkenheit;
Abel Gances *La Roue* (*Das Rad*, F 1923) zeigt modernen Eisenbahnverkehr als labyrinthi-
sches Ineinander aus Schienen, Rädern und Getrieben, aus Dampf und Rauch; Jean Epsteins *Coeur Fidèle* (F 1923) erhebt das Spektakel eines Jahrmarkts mit seinen flüchtigen,
fragmentierten, die Sinne strapazierenden Eindrücken zu einer filmischen Meditation über
das transitorische, vergängliche Wesen der Welt; in *La Glace à trois faces* (*Der dreiflügelige Spiegel*, F 1927) vermischt, kombiniert und konfrontiert Epstein verschiedene subjektive Ebenen von Zeiterfahrung, indem sich drei Frauen an Momente ihrer unerfüllten
Liebe zu ein und demselben Mann erinnern. „Indem etwa der abzubildende Gegenstand
in Wahrnehmungseinheiten zerlegt wird, richtet sich der Sehprozess (…) auf die Erzeu-
gungsmechanismen der Wahrnehmung selbst" (Fahle 2000, S. 77).
    In der filmhistorischen Einordnung des Impressionismus existieren gegensätzliche
Positionen: Wo David Bordwell in seiner Dissertation *French impressionist cinema: film
culture, film theory and film style* (1974) eher formale Ähnlichkeiten zwischen verschiedenen impressionistischen Werken betont, arbeitet Richard Abel in seiner 1984 erschienenen Studie *French Cinema. The First Wave 1915–1929* deren stilistische Heterogenität
heraus und begreift diese als Folge unterschiedlicher narrativer Strategien. Abel und Bordwell sind sich einig, den Stil impressionistischer Filme der 1920er Jahre in Abgrenzung
zu einer auf Linearität, Kontinuität und Plausibilität basierenden Hollywood-Ästhetik
zu verorten. Doch wo Bordwells formalistische Analyse sich auf stilistische Elemente
wie Kameraarbeit, Mise-en-scène, Komposition und Schnitt sowie auf verwendete Kameras und Linsen konzentriert (Bordwell 1980), untersucht Abel in seiner Taxonomie
französischer Avantgarde-Ästhetik Aspekte wie Referenzen, Erzählung und Repräsentation, syntaktische Kontinuität, rhetorische Figuren und narrative Struktur (Abel 1984).
Beide Ansätze beschreiben jeweils unterschiedliche Teilbereiche impressionistischer
Stilistik und vernachlässigen somit andere: Während Bordwells Analyse zum Beispiel
Einstellungsgrößen (wie die Großaufnahme) als Synekdochen und Symbole auffasst und

Kamerabewegungen, -perspektiven sowie Montage als formale Methoden zur Herstellung subjektiver Wahrnehmungsbilder begreift, widmet sich Abel der Tatsache, dass Filme wie *Fièvre*, *Coeur Fidèle* oder *La Glace à trois faces* trotz aller Avantgardismen erklärende Zwischentitel, Parallelmontagen oder melodramatische Genrekonventionen verwenden. Aus heutiger Sicht scheint Bordwells Ansatz einer Stilanalyse, wie wir sie in diesem Lehrbuch vertreten, näher zu stehen.

Regisseure wie Louis Delluc und Jean Epstein haben sowohl in ihren Filmen als auch in ihren theoretischen Texten neue elementare Begriffe in die Filmtheorie eingeführt und das Medium Film somit an Diskurse der Moderne angebunden. In diesem Zusammenhang ist vor allem das sogenannte *Photogénie* zu nennen: Als Spannungsverhältnis zwischen dem „Bild der Realität und der Realität des Bildes, zwischen Immanenz (Eindringen) und Transzendenz (Darüber-hinaus-sein)" (Fahle 2000, S. 58) bezeichnet Photogénie die ambige Fähigkeit des Films, außerfilmische Wirklichkeit einerseits auf ihre Sichtbarkeit zu reduzieren und aufzuzeichnen und sie andererseits als in Zeit und Raum bewegliche filmische Realität wiedererstehen zu lassen. Jean Epstein sieht die Besonderheit der beweglichen Kunst des Films gerade in der „Herstellung von Verbindungen und Übergängen" zwischen Phänomenen der sichtbaren Wirklichkeit, die selbst nur als „fließend und konturlos" (2008, S. 111) zu beschreiben sei. Epstein begreift „filmische Sichtbarkeit", so ließe es sich etwas metaphorischer übersetzen, als „Taumel der Dinge in der Relativität ihrer Zustände" (Fahle 2000, S. 13). Somit wird im impressionistischen Kino das Transitive relevant: zum Beispiel im gestischen und mimischen Spiel der Schauspieler, im Wechsel verschiedener Lichtstimmungen, Kamera- und Objektbewegungen. Indem abgebildete Wirklichkeitsfragmente durch den Fluss der Bilder mobilisiert werden, präsentiert sich das Ephemere dieser Wirklichkeit. Photogénie, so folgert Lorenz Engell,

> ist demnach die Fähigkeit des Films, seine Welt als die seine, eine spezifisch filmische, mit filmischen Mitteln verfertigte und deshalb fundamental auf Sichtbarkeit und Beweglichkeit gründende zu begreifen und zu artikulieren und sich dabei auch anlehnend, absetzend und reflektierend mit Ausdrucksformen moderner Ästhetik auseinander zu setzen. Im „Photogénie" wird der Film in seinen Bildern und in der Art der Bildgebung seiner selbst bewusst. (2000, S. 9)

Vor diesem theoretischen Hintergrund versuchen die impressionistischen Filme von Gance, Delluc, Epstein, Herbier und Dulac, die „physische Konsistenz der Dinge" aufzuweichen und stattdessen einen „Fluss des Erlebens" (Fritz 2002, S. 268 f.) erfahrbar werden zu lassen. Beobachten lässt sich diese Strategie unter anderem in Louis Dellucs *Fièvre*, der von der Wiederbegegnung zweier Liebender erzählt: Die Wirtin Sarah trifft auf ihren früheren Geliebten, den Seemann Militis. Dieser kehrt nach langer Abwesenheit mit seiner Braut, einer jungen Asiatin, nach Marseille zurück. Sarah hingegen hat während Militis Abwesenheit den Wirt Topinelli geheiratet. Der Film parallelisiert Einstellungen des Kneipenraums, in dem Rauch aus den Zigaretten der Gäste aufsteigt, mit Bildern des Hafens, in denen Wellen eine Art schaukelnden Tanz aufführen. Diese vergänglichen Eindrücke beweglicher Phänomene setzen sich räumlich im Tanz und in einer Prügelei zwischen Militis und Topinelli fort, die mit Militis' Tod endet. Sowohl in den Blickkonstruktionen der

Kamera als auch in den Rückblenden bleibt immer wieder offen, wessen subjektive Sicht der Dinge dabei gerade gezeigt wird.

Subjektivität ist auch das Ziel zahlreicher inszenatorischer Strategien in Abel Gances *La Roue*: Gance nutzt eine rhythmische, akzelerierende Montage, um einen Moment extremer Todesangst darzustellen. Bevor Elie, der an einem Ast über einem Abgrund hängt, in die Tiefe stürzt, zieht sein ganzes Leben mit Norma – aufgelöst in einzelne Einstellungen aus der vergangenen Filmhandlung – buchstäblich an seinem inneren (und damit an unserem) Auge vorbei. In einer weiteren berühmten Sequenz versucht Sisif, Selbstmord zu begehen, indem er den Zug, den er steuert, immer weiter beschleunigt, den Tod aller Passagiere in Kauf nehmend. Gance löst die Verzweiflung seines Protagonisten und die Angst der hilflosen, in ihrem Abteil sitzenden Norma in kurze, stroboskopartig aufblitzende Einstellungen auf. Als der Unfall abgewendet ist, fährt der Zug in einen Bahnhof ein, was die Kamera in einer langen Einstellung aus leichter Obersicht einfängt, während sich der Rauch aus dem Schlot der Lokomotive langsam in der Luft auflöst.

Jean Epstein arbeitet in *Cœur Fidèle* ebenfalls mit Metamorphosen innerhalb des einzelnen Filmbilds: So wird die Angst der am Fenster stehenden Marie vor dem herannahenden Petit Paul durch ihr langsames Zurücktreten aus der Groß- in die Nahaufnahme und damit aus dem Schärfebereich des Bildes in die Unschärfe visualisiert. Gleichzeitig fängt die vor dem Fenster positionierte Kamera neben der zurückweichenden Marie das Spiegelbild Petit Pauls ein. Weitere Inszenierungen von Simultaneität finden sich in einer späteren Einstellung, als der Protagonist Jean sehnsüchtig aufs Meer blickt. Durch eine Mehrfachbelichtung unterlegt Epstein dem langsamen Kameraschwenk nach rechts Großaufnahmen Maries, einmal statisch, als ein Bild, das durch die Bewegung der Kamera über die linke Grenze des Bildkaders entschwindet, quasi „zurückgelassen" wird; und einmal dynamisch, als ein Bild, das aufgrund seiner höheren Geschwindigkeit die rechte Grenze des Bildkaders überschreitet, dem Kamerablick quasi „vorauseilt" (vgl. Abb. 3.11).

Darüber hinaus verwendet Epstein immer wieder eine rasante, geradezu stroboskopische Montage, die selbst kleinste Details eines Jahrmarkts – vorbeihuschende Personen, wehende Kleider, fliegendes Konfetti – erfasst und multiperspektivisch aneinanderreiht:

Abb. 3.11 Die Doppelbelichtung gehört neben der Slow Motion zum stilistischen Standardrepertoire des Impressionisten Jean Epstein: Sie markiert wie hier in *Cœur Fidèle* (© Pathé Consortium Cinéma, F 1923) die Synthese verschiedenster, oft nur kurzer Wahrnehmungseindrücke, die nicht mehr auf eine objektive Wirklichkeit verweisen, sondern ein mentales, subjektives Bild einer sich dynamisch verändernden, flüchtigen Realität erzeugen.

Abb. 3.12 Eine Karussellfahrt in *Cœur Fidèle* (© Pathé Consortium Cinéma, F 1923): Wechselnde Perspektiven, Reißschwenks, Jump Cuts, Unschärfen und eine extrem schnelle Montage lösen Realität in subjektive Wahrnehmungssplitter und Wirklichkeitsfragmente auf.

Schiffschaukeln, die Bewegungen von oben nach unten (und umgekehrt) ausführen, ein Karussell, dessen kreisende Fahrt die Kamera sowohl von außen als auch vom Gefährt herunter visualisiert, wobei sie reißschwenkartige Verfremdungen der Bilder bewusst in Kauf nimmt. Abrupte Wechsel in der Bewegungsrichtung und gelegentliche Jump Cuts stören die Kontinuität des Erzählflusses so stark, dass sich auch hier nicht eindeutig zuordnen lässt, ob die Kamera gerade subjektive Wahrnehmungen zeigt beziehungsweise welcher Person diese Wahrnehmungsfragmente zuzuordnen sind (vgl. Abb. 3.12).

Komplementär zu diesen räumlichen Metamorphosen mischt Epstein in *La Glace à trois faces* mentale Zustände wie Erinnerung mit Fantasie und Traum zu einem komplexen „Assoziationsgefüge" (Fahle 2000, S. 153). In drei Episoden vergegenwärtigt der Film anhand der Erinnerungen dreier Frauen – Pearl, eine wohlhabende Engländerin, Athalia, eine russische Künstlerin und Lucie, ein junges Mädchen aus der Arbeiterklasse – Bilder von und Erlebnisse mit ihrem gemeinsamen Geliebten. Diese fügen sich jedoch nie in eine kausale oder lineare Erzählstruktur ein, korrespondieren vielmehr durch visuelle Referenzen wie Gesten, Blicke und Objekte sowie durch filmische Verfahren wie Kreisfahrten, Groß- beziehungsweise Detailaufnahmen. In der Schlusseinstellung inszeniert Epstein einen dreiflügeligen Spiegel, in dessen mittlerem und rechtem Teil sich der mysteriöse Mann spiegelt, wohingegen der linke Flügel des Spiegels leer bleibt. Eine Art Triptychon, in dem Vergangenheit und Gegenwart, Wirklichkeit und Möglichkeit nebeneinander existieren, ineinander fließen, einander gleichzeitig bedingend und negierend, was die anschließende Überblendung verdeutlicht, die das Spiegelbild des Mannes langsam verschwinden lässt.

In Germaine Dulacs *La Coquille et le Clergyman* (*Die Muschel und der Kleriker*, F 1928), der gelegentlich auch dem surrealistischen Film zugerechnet wird, kulminieren filmästhetische Mittel wie Unschärfen, Doppelbelichtungen, Fast- und Slow-Motion, Stopptricks und Spiegeleffekte mit impressionistischen Bildmotiven wie Rauch, Nebel, Wolken und lichtreflektierenden Wasseroberflächen zu irisierenden, vor Lebendigkeit pulsierenden Wirklichkeitseindrücken.

Der impressionistische Film der zwanziger Jahre, so ließe sich zusammenfassen, vertraut der Apparatur der Kamera zwar die optische Fixierung von Realitätsfragmenten an, will das Kino jedoch aus den Zwängen objektiver Repräsentation von Wirklichkeit befreien und es in den Dienst der Erkundung subjektiver, innerer Zustände stellen. Mit dem sogenannten Photogénie glauben die Impressionisten ein Instrument zur filmischen Exploration des Seelenlebens gefunden zu haben: „Die Dinge sind nur im Film sie selbst, weil sie anders sind oder im Begriff stehen, anders zu sein: Das Sein der Dinge im Film ist ihr Werden" (Fahle 2000, S. 45).

Exemplarische Filme

Fièvre (*Fieber*, F 1921, Louis Delluc)
La Roue (*Das Rad*, F 1923, Abel Gance)
Cœur Fidèle (F 1923, Jean Epstein)
La Glace à trois faces (*Der dreiflügelige Spiegel*, F 1927, Jean Epstein)
La Coquille et le Clergyman (*Die Muschel und der Kleriker*, F 1928, Germaine Dulac)

Einführungsliteratur

Abel, Richard. 1984. *French Cinema. The First Wave 1915–1929*. New Jersey: Princeton University Press.
Bordwell, David. 1980. *French Impressionist Cinema: Film Culture, Film Theory and Film Style*. New York: Arno Press.
Fahle, Oliver. 2000. *Jenseits des Bildes. Poetik des französischen Films der zwanziger Jahre*. Mainz: Bender.

3.2.4 Sowjetisches Montagekino

Der Ausdruck Montagekino ist keine Erfindung aus historischem Abstand; er wird zur Bezeichnung der sowjetischen Filme der 1920er Jahre in jener Zeit bereits verwendet. Tatsächlich schlägt sich darin eine neue filmische Erfahrung unmittelbar nieder. In Deutschland, wo diese Filme seit der Vorführung von Sergej Eisensteins *Bronenosez Potemkin* (*Panzerkreuzer Potemkin*, SU 1925) größtes Aufsehen erregen, bezeugen das eindrucksvoll etwa die Schriften Alfred Kerrs (1927) und Walter Benjamins (1977).

Das Zusammenkleben zerschnittener Filmstücke ist beinah so alt wie das Kino selbst. Im sowjetischen Kino aber tritt die Montage nicht nur als dominierendes Stilmittel hervor, sie wird dort auch zum ersten Mal mit geradezu wissenschaftlicher Präzision gehandhabt. Voller Selbstvertrauen in diese neu entdeckte Technik verkündet Eisenstein: Kino, das bedeute „soundsoviele Firmen, ein gewisses zirkulierendes Kapital, einige ‚Stars‘, ein paar Storys. Filmkunst aber ist in erster Linie Montage" (1988, S. 72). Angespornt von den künstlerischen Experimenten der russischen Avantgarde sowie von der Revolution des Jahres 1917, die den Anbruch einer neuen weltgeschichtlichen Epoche verheißt, ist das Sowjetische Montagekino von der Zuversicht erfüllt, mit dem Film „die wichtigste aller Künste" (Lenin) an sich gerissen zu haben; die wichtigste auch insofern, als mit dem Massenmedium Film zugleich die ganze Welt revolutioniert werden soll. Die Kunst der Montage scheint geeignet, sogar den Lauf der Geschichte umzuschneiden.

Am Beginn jener Epoche steht ein sagenhaftes Experiment. Durchgeführt, so heißt es, habe es Lew Kuleschow. Das filmische Material selbst ist nicht überliefert. Kuleschow, der als Jugendlicher schon vor der russischen Revolution beim Film gearbeitet hat, unterrichtet ab 1919 am Staalichen Filminstitut in Moskau. Dort führt er auf verblüffende Weise die Wirkung der Montage vor, indem er in einer Einstellung das Gesicht des Schauspielers Iwan Mosshuchin und in drei weiteren, ihr abwechselnd nachgestellten Einstellungen je einen Teller Suppe, eine verführerische Frau und einen Sarg zeigt. Der seither mit dem Namen Kuleschows verbundene Effekt besteht darin, dass das stets gleiche Gesicht Mosshuchin, das selbst als weithin ausdruckslos beschrieben wird, in der Wahrnehmung der anwesenden Zuschauer abwechselnd Hunger, Lust und Trauer zum Ausdruck bringt, abhängig allein von der jeweils folgenden Einstellung.

Die Montage studiert Kuleschow vor allem am amerikanischen Kino, das sich die von ihm untersuchten Funktionen praktisch längst zunutze gemacht hat (vgl. Kuleshov 1974, S. 184). Im vorrevolutionären russischen Kino, in dem Kuleschow selbst schon als Assistent Jewgeni Bauers gearbeitet hat, spielt sie noch keine entscheidende Rolle. Der eigentümlich russische Stil zeichnet sich vielmehr durch eine Visualisierung innerer Stimmungen, oberflächlich betrachtet: durch langsame Bewegungen und ausgedehntes Verweilen als durch die rasante Darstellung äußerer Handlungen aus (vgl. Tsivian 1991, S. 17). Erst die jungen sowjetischen Filmemacher werden die Dynamik des westlichen Kinos bald einholen und in mancher Hinsicht weit übertreffen. Die Begeisterung gerade für das amerikanische Kino teilen sie mit einer ganzen Generation, sowohl mit Künstlern und Intellektuellen als auch mit dem russischen Kinopublikum. Als Vorbilder des entstehenden sowjetischen Montagekinos üben jedoch ebenso die Filme des französischen Impressionismus maßgeblichen Einfluss aus, insbesondere Abel Gance, bei dem die Montage neben narrativen bereits auch rhythmische und grafische Funktionen erfüllt. Dass die bedeutendsten sowjetischen Filmemacher jener Zeit – Eisenstein, Pudowkin, Kuleschow, Wertow, Dowshenko – keineswegs identische Auffassungen der Montage haben, sei hier nur erwähnt. Einig sind sie sich allerdings darin, dass der Montage die entscheidende konstruktive Funktion bei der Herstellung eines Films zukomme. Ein Film wird ihrer Ansicht nach nicht in erster Linie gedreht, sondern ‚gebaut‘.

Der nach der Revolution ausbrechende Bürgerkrieg, der noch bis zum Ende des Jahres 1920 andauert, ebenso wie die darauf folgende Hungersnot im Land setzen der eigenen Filmarbeit enge Grenzen. Erst ab 1922 kann sich die Filmproduktion in der Sowjetunion unter einigermaßen zivilen Bedingungen entwickeln. Gedreht werden die Filme auf französischem Filmmaterial mit deutschen und amerikanischen Kameras. Der Staat und die Kommunistische Partei spielen dabei von Anfang an eine führende, jedoch noch nicht die allein maßgebliche Rolle, die sie gegen Ende des Jahrzehnts schließlich behaupten. Die größte Sorge bereitet der sowjetischen Kinematografie zunächst der Mangel an technischer Ausstattung. Junge Talente, die nun auch aus anderen Künsten enthusiastisch zum Film drängen, stehen zahlreich bereit. Einige ihrer Namen sind bald in Europa und Amerika besser bekannt als in den meisten Gegenden der Sowjetunion.

Die Montagetechnik wird ebenso wie das Filmmaterial zunächst importiert. Indem jedoch Kuleschow die Wirkung der Montage wie in einem Laborexperiment isoliert vorführt, weckt er erst ein Bewusstsein für die noch ungeahnten Möglichkeiten, die sie der Filmkunst zu bieten hat. Die einzelne Einstellung, so zeigt sein Experiment, empfängt ihre Bedeutung nicht allein aus sich selbst, sondern im Kontrast zu einer anderen Einstellung, für die dasselbe gilt; auch sie wird erst in diesem Zusammenspiel wirklich bedeutsam. Die Einstellungen verhalten sich wie These und Antithese, deren volle Bedeutung erst in einer Synthese aufgeht. Diese aber ist im Film selbst nicht präsent, sie wird im Kopf des Zuschauers vollzogen. Der französische Filmkritiker André Bazin wird dem sowjetischen Montagekino später genau das vorhalten: dass aus zwei Bildern ein unsichtbares drittes entstehe, mithin ein beiden Bildern fremder Sinn, der allein durch die Montage ins Bewusstsein des Zuschauers projiziert werde (vgl. 2009a, S. 92 f.).

Diese über die Bedeutung der Filmaufnahme selbst hinausreichende Kraft der Montage bringt erst das sowjetische Kino drastisch zur Geltung. Im amerikanischen Kino, das in den 1910er Jahren bereits die alternierenden und parallelen Montagen sowie die Einfügung von Detailaufnahmen und subjektiven Einstellungen sehr weit entwickelt hat, dient die Montage jedoch noch in erster Linie als ein Mittel des Erzähllaufbaus. Durch sie werden unterschiedliche Einstellungen so aneinandergefügt, dass der Eindruck eines zeitlichen oder räumlichen Zusammenhangs entsteht. Gezeigt werden können aufeinanderfolgende oder parallel stattfindende Ereignisse. Ebenso können dadurch aber auch kausale oder thematische und assoziative Zusammenhänge hergestellt werden, die keine zeitliche oder räumliche Verbindung erkennen lassen. Diese Funktion der Montage interessiert die sowjetischen Filmemacher weitaus mehr als etwa die Frage nach Kontinuität im Film.

Kraft der Montage, die Dinge oder Figuren thesenhaft gegenüberstellt, beginnt die filmische Sequenz zu argumentieren. Nicht zufällig bildet sich in jener Zeit die Vorstellung
vom Film als einer Sprache heraus; nicht nur im analytischen Sinn, sondern auch ganz
pragmatisch: als die Sprache des Filmregisseurs (vgl. Pudowkin 1961, S. 8 f.). Die Montage wird als ein Mittel der Artikulation erprobt. Sie emanzipiert sich von dem Zweck,
die Wirklichkeit in ihrem äußerlich sichtbaren Zusammenhang darzustellen, und gewinnt
die Möglichkeit, auch unsichtbare, etwa gesellschaftliche und politische Zusammenhänge
sichtbar zu machen. In *Konez Sankt-Peterburga* (*Das Ende von Sankt Petersburg*, SU
1927) etwa bringt Pudowkin in einer ausgedehnten Montagesequenz das Elend der russischen Bauern und der Arbeiter mit der umtriebigen Geschäftigkeit an der Börse in einen
assoziativen Zusammenhang, den der Zuschauer sogleich als kausalen wahrnimmt. Diese
in der Parallelmontage bereits angelegte Möglichkeit der Konstruktion einer filmischen
Rede habe das amerikanische Kino noch nicht wahrgenommen, stellt Eisenstein fest, darum habe es auch „die Montage noch nicht als eine neue Elementarkraft" begriffen; es
sei „ehrsam erzählbeflissen", zeige nur „treu und brav, was sich ereignet" (1973, S. 140).
    Als eine neue Elementarkraft wird die Montage, noch ehe sie in den Revolutionsfilmen
Eisensteins und Pudowkins internationale Berühmtheit erlangt, zunächst im sowjetischen
Dokumentarfilm entdeckt. Dsiga Wertow, der seit 1918 beim Film arbeitet und zunächst
Wochenschauserien wie *Kinonedelja* (Filmwoche) und *Kinoprawda* (Filmwahrheit) herstellt, erkennt die Montage bereits als das entscheidende filmische Mittel zur „Organisation
der sichtbaren Welt" (1973, S. 45). Der Filmemacher, so glaubt er im Gegensatz zu Eisenstein und Pudowkin, solle dabei jedoch in seiner Funktion als Künstler zurücktreten und
sich vielmehr der Aufgabe überlassen, die ihm mit der Aufnahme der Wirklichkeit objektiv
gestellt sei. Bei der Montage habe er nichts anderes zu tun, als die Richtung festzulegen, die
ihm das Material selbst schon anzeigt. Ungeachtet seiner gegensätzlichen Vorstellung von
Filmkunst teilt Wertow allerdings die Auffassung der Montage als fundamentales konstruk-
tives Prinzip, wobei er sich seinerseits auch Eisensteins Theorien für sein Konzept des do-
kumentierenden ‚Filmauges' (*kinoglas*) zu eigen macht. Denn auch Wertow geht es nicht
darum, die sichtbare Wirklichkeit einfach abzubilden, sondern deren Zusammenhänge und
Entwicklungstendenzen erst sichtbar zu machen. Die Montage dient ihm dabei als das entscheidende Stilmittel, das „beliebige Punkte des Weltalls in beliebiger zeitlicher Ordnung
nebeneinander stellt und miteinander verkettet, indem es im Bedarfsfalle alle Gesetze und
Konstruktionsgewohnheiten von Filmsachen verletzt" (Vertov 1973, S. 77). In seinem Film
Tschelowek s kinoapparatom (*Der Mann mit der Kamera*, SU 1929) fügt er aus disparaten
Ereignissen das Geschehen eines Tages in einer Stadt zusammen, die er aus Aufnahmen
unterschiedlicher Städte selbst konstruiert (vgl. Abb. 3.13).
    Der Schnitt, die Unterbrechung des kontinuierlich ablaufenden Films, ist dabei zu-
nächst von größerer Bedeutung als das Zusammenfügen, die Kollision zwischen den Einstellungen wichtiger als die Komposition eines scheinbar bruchlosen Ganzen. Aus der
Not, dass der Film die Wirklichkeit nur in Ausschnitten wiedergeben kann, macht das
sowjetische Kino eine Tugend. Der Bruch, den jeder Einstellungswechsel unweigerlich
darstellt, soll nicht gemildert oder versteckt, sondern als Zusammenstoß unterschied-

Abb. 3.13 Die Kamera als Aufnahmeapparatur wird in *Tschelowek s kinoapparatom* (© VUFKU, SU 1929) sichtbar ausgestellt. Dsiga Wertow folgt hier seiner Theorie des *kinoglas* (‚Filmauges‘): An die Stelle des eingeschränkten menschlichen Auges soll das omnipotente technische Auge der Kamera treten, das die revolutionäre Wirklichkeit sichtbar zu machen vermag.

licher Eindrücke erst recht fühlbar gemacht werden. Während im Kino der „narrativen Integration" (vgl. Gunning 1991, S. 290) jede Einstellung schon die nächste vorbereitet und so der Eindruck ungeschnittener Kontinuität entsteht, ist der Ausdruck Schnitt im sowjetischen Kino ganz buchstäblich zu nehmen. Anstelle einer gedanklichen Summe der Einstellungen, die der Zuschauer im Kopf addiert, soll sich aus dem Kontrast der Einstellungen ein qualitativ neues Produkt ergeben. Die rational kalkulierte Auswahl der Ausschnitte zielt darauf, beim Zuschauer eine sich daraus zwingend – oder zumindest mit hoher Wahrscheinlichkeit – ergebende Assoziation hervorzurufen, wobei allerdings die emotionale Wirkung eine entscheidende Rolle spielt. Drastisch zur Geltung kommt das in einer Sequenz am Ende des ersten Eisenstein-Films *Statschka* (*Streik*, SU 1924), in der dokumentarische Aufnahmen aus einem Schlachthaus und inszenierte Aufnahmen eines niedergeschlagenen Fabrikarbeiterstreiks gegenübergestellt werden: Die streikenden Arbeiter werden dahingeschlachtet wie Vieh.

Die Form des Films, bemerkt Eisenstein dazu, sei allerdings „revolutionärer als ihr Inhalt" (1974, S. 230). Den manipulativen Zweck des Verfahrens, das den Zuschauer zu bestimmten Schlussfolgerungen drängen soll, hält er keineswegs geheim. Es geht ihm um „die Bearbeitung dieses Zuschauers in einer gewünschten Richtung mittels einer Folge vorausberechneter Druckausübungen auf seine Psyche" (Eisenstein 1988, S. 17). Idealerweise sei der Filmemacher somit imstande, die Affekte des Zuschauers wie an einem Faden zu lenken. Was Eisenstein als Montage der Attraktionen bezeichnet, ist nicht im trivialen Sinn bloß als Spektakel, sondern ganz wörtlich als Anziehung zu verstehen. Entscheidend bei der Montage ist die unwiderstehliche Konsequenz, mit der das von Bazin so genannte dritte Bild ins Bewusstsein des Zuschauers projiziert wird. Ihre Wirkung „beruht auf der Kopplung von Sujets im Hinblick auf einen thematischen Effekt" (Eisenstein 1988, S. 22). In *Oktjabr* (*Oktober*, SU 1928) etwa werden abwechselnd missmutige Gesichter und niederfahrende Maschinen gezeigt, die den wachsenden Druck auf die Bevölkerung andeuten – und plötzlich erscheint wie ein Messias Lenin am Finnischen Bahnhof in Petrograd. Durch dieses Überraschungsmoment werden die gesteigerten Erwartungen und emotionalen Spannungen augenblicklich gelöst. Nicht nur die Konfrontation unterschiedlicher Sujets, auch grafische Ähnlichkeiten und thematische Assoziationen spielen bei der Montage eine Rolle; ebenso ungewöhnliche, zum Beispiel schräge oder verkantete Einstellungen sowie der Einsatz von Großaufnahmen, die den Zuschauer direkt ansprechen. Die Großaufnahme eines Gesichts will Eisenstein nicht einfach als Detailansicht verstanden wissen. Indem sie aus dem semantischen Kontext der Einstellungen herausragt, solle sie „nicht in erster Linie zeigen und darstellen, sondern vielmehr bedeuten, bezeichnen, hervortreten lassen" (o. J., S. 115). In seiner bis heute berühmtesten Montagesequenz aus *Bronenosez Potemkin* (*Panzerkreuzer Potemkin*, SU 1925), die in zeitlich exzessiv gedehnter Form ein Massaker auf der Treppe von Odessa darstellt, bringt Eisenstein ebenso ausgiebig auch die Großaufnahme zum Einsatz. Den Stiefeln und Gewehren der scheinbar stets aufs Neue heranrückenden Truppen stellt er die Gesichter der Opfer gegenüber, die aus ihrem szenischen Zusammenhang gleichsam heraustreten und direkt an den Zuschauer appellieren.

Die schockhaften Momente, denen in der Montage der Attraktionen entscheidende Bedeutung zukommt, weichen unterdessen bald komplexeren Einstellungsverknüpfungen. Eisenstein selbst, der jene Ästhetik der Überraschung und Überrumpelung in seinen frühen Filmen perfektioniert hat, bezeichnet das von ihm weiterentwickelte Verfahren als intellektuelle Montage (1975). Das eindrucksvollste Zeugnis dieser Technik gibt er in *Oktjabr*, wo er in rascher Folge ganz unterschiedliche kultische Gegenstände montiert und damit wie in freier Assoziation ein spöttisches Bild der Religion entwirft, das er in gleicher Weise mit der Treue zum russischen Vaterland und zum Zaren verbindet (vgl. Abb. 3.14). Durch die Dynamisierung statischer Gegenstände soll eine Bewegung des Gedankens ausgelöst werden. Eisenstein, schreibt seine Biografin Oksana Bulgakowa, sei auf der Suche nach einer „neue(n) Sprache, die das Denken visualisierte, und sah darin seine Weltmission" (1997, S. 100).

Dieser Mission allerdings, das zeigt sich schon bei der Vorführung des Films, ist wenig Glück beschieden. Als schwer verständlich und abstrus werden seine Montagen von Partei und Presse kritisiert, auch beim sowjetischen Publikum findet der Film kaum Zuspruch. Mit dem Jubiläum der Oktoberrevolution von 1917, der Eisenstein ein filmisches Denkmal setzen soll, geht die kurze Blütezeit des Montagekinos bereits zu Ende. Eines der letzten großen Werke dieses Kinos ist Dowshenkos *Semlja* (*Erde*, SU 1930), in dem durch die Montage insbesondere von Naturaufnahmen auf geradezu lyrische Weise das Leben ukrainischer Bauern dargestellt und mit ihnen gleichsam auch die Landschaft zum Leben erweckt wird. Für solche filmsprachlichen Experimente lässt jedoch die 1928 in die Wege geleitete Reorganisation der sowjetischen Filmindustrie, die zu einer strafferen Zentrali-

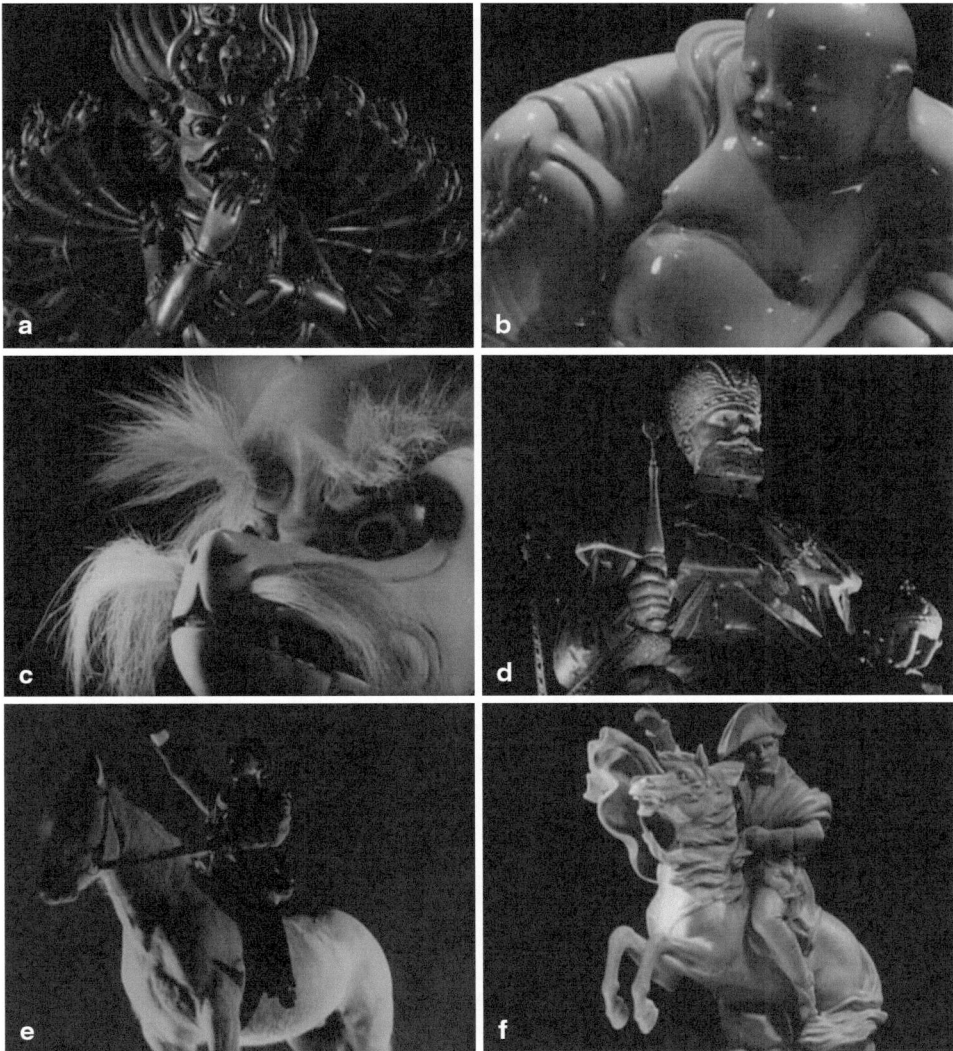

Abb. 3.14 Religiöse Gegenstände aller Art werden in der berühmten intellektuellen Montagesequenz in *Oktjabr* (*Oktober*, © Sovkino, SU 1928) in Beziehung gebracht. Durch die Gleichsetzung mit den Insignien der verhassten Zaren kennzeichnet Sergej Eisenstein diese Herrschaft als anachronistisch. Statuen versteinerter Militärführer weisen die Monarchie als Relikt der Vergangenheit aus.

sierung und damit auch zu einer strengeren Kontrolle der gesamten Filmproduktion führt, bereits immer weniger Raum. Eine Standardisierung der Filmsprache wird, ebenso wie in anderen Ländern, schließlich auch durch die Einführung des Tons befördert. Schwerer als technische Hindernisse und kommerzielle Interessen aber wiegen in der Sowjetunion die politischen Kampagnen, die den Film vor immer neue Aufgaben stellen. Mehr noch als

Begabung wird von Künstlern bald Diensteifer und Gehorsam gegenüber Staat und Partei gefordert. Wenngleich die Filmemacher selbst im Unterschied etwa zu Schriftstellern von Repressionen weithin verschont bleiben, fällt das experimentelle Montagekino der Kulturpolitik Stalins schnell zum Opfer.

Erwähnt werden sollte allerdings, dass dieses Kino, das selbst nur einen Teil der sowjetischen Filmproduktion der 1920er Jahre repräsentiert, schon zu seiner Zeit in der Sowjetunion nicht überaus populär ist. Die meisten Kinobesucher selbst in einer Stadt wie Moskau ziehen dem *Bronenosez Potemkin* den *Robin Hood* (USA 1922, Allan Dwan) mit Douglas Fairbanks vor. Beliebter als Revolutionsfilme sind damals heute nur noch wenig bekannte Filme wie *Medweshja swadba* (*Die Bärenhochzeit*, SU 1925, Konstantin Eggert). Indessen finden sich die der Revolution und der künstlerischen Avantgarde gleichermaßen verbundenen Filmemacher in einer für sie einmalig günstigen Situation. Als junge und in der Filmarbeit oft noch unerfahrene Künstler werden sie mit der Aufgabe betraut, ein sowohl politisch als auch ästhetisch revolutionäres Kino zu schaffen; eines, das die Ideen der neuen Zeit, die man in Moskau und Leningrad im Anbruch wähnt, in die noch unterbelichteten Gegenden der Sowjetunion ebenso wie in die westliche Welt hinausprojizieren soll. Exakte Vorschriften gibt es zunächst kaum, geeignete stilistische Verfahren müssen im Zuge dessen erst erprobt und entdeckt werden. Außergewöhnlich an dieser kurzen, doch umso kraftvolleren Epoche bleibt nicht zuletzt, dass die Filmkünstler selbst zugleich als richtungsweisende Theoretiker ihrer Kunst hervortreten. Kuleschow, Pudowkin, Wertow und Eisenstein, sie alle schreiben auch über Film, und zwar auf einem Niveau, das ihrer Filmarbeit keineswegs spottet. So nah sind künstlerische Produktion und theoretische Reflexion in der Filmgeschichte kaum jemals wieder beisammen gewesen.

Exemplarische Filme

Bronenosez Potemkin (*Panzerkreuzer Potemkin*, SU 1925, Sergej Eisenstein)
Konez Sankt-Peterburga (*Das Ende von Sankt Petersburg*, SU 1927, Wsewolod Pudowkin)
Oktjabr (*Oktober*, SU 1927, Sergej Eisenstein)
Semlja (*Erde*, SU 1930, Alexander Dowshenko)
Tschelowek s kinoapparatom (*Der Mann mit der Kamera*, SU 1929, Dsiga Wertow)

Einführungsliteratur

Bordwell, David. 1988. Historical-Materialist Narration: The Soviet Example. In *Narration in the Fiction Film*, 234–273. London: Routledge.
Gillespie, David. 2000. *Early Soviet Cinema. Innovation, Ideology and Propaganda*. London: Wallflower.

3.2.5   Neue Sachlichkeit

Die Neue Sachlichkeit steht für eine Kunstrichtung in der Weimarer Republik, die ab Mitte der 1920er Jahre nach einer nüchternen und präzisen Wiedergabe von Wirklichkeit strebt. Sie entwickelt sich in Opposition zu den subjektiven Verzerrungen und fantastischen Stoffen des Deutschen Expressionismus. Der Begriff wird von dem Direktor der Mannheimer Kunsthalle, Gustav Friedrich Hartlaub, geprägt, der am 14. Juni 1925 eine gleichnamige Ausstellung zur nach-expressionistischen Malerei eröffnet. Übertragen wird er auch auf Werke der Literatur, Musik, des Theaters und Films. Die Neue Sachlichkeit korreliert zudem mit anderen Phänomenen der Zeit, wie dem Neuen Sehen in der Fotografie oder dem Neuen Bauen in der Architektur. Der Epochalstil endet spätestens mit der Machtübernahme der Nationalsozialisten 1933 und dem nachfolgenden Verbot gesellschaftskritischer Werke. Für das Aufkommen der Neuen Sachlichkeit werden vorrangig gesellschaftliche Veränderungen angeführt. Mit der Einführung des Dawes-Plans, der Reichsmark und dem enormen Zufluss von Krediten aus dem Ausland beginnen sich ab 1924 die Wirtschaft und das gesellschaftliche Leben in Deutschland von der Inflation zu erholen. Im Zuge der Verträge von Locarno entspannt sich auch die politische Situation. Die darauf folgenden Goldenen Zwanziger Jahre, die bis zur Weltwirtschaftskrise 1929 dauern, überdecken als scheinbare Blütezeit die tiefgreifenden Probleme des Landes. „In die ruhige Atmosphäre der wirtschaftlichen Stabilisierung paßten keine Gespenster und Tyrannen, kein verworrenes Aufbegehren und keine Phantastik expressionistischer Gestalten und Dekorationen" (Toeplitz 1979, S. 420). Sowohl Siegfried Kracauer als auch Jerzy Toeplitz sehen die Neue Sachlichkeit kritisch und übertragen damit auf das Kino, was Hartlaub für die Malerei bereits formuliert hat: Die Neue Sachlichkeit sei als „Strömung des Zynismus und der Resignation auf enttäuschte Hoffnungen" zu betrachten (Hartlaub, zit. nach Kracauer 1999, S. 165). Für Kracauer ist sie Ausdruck eines „Lähmungszustands" und einer „Mentalität, die sich jedem Engagement verweigert" (1999, S. 174), in den Augen Toeplitz' rege sie „nicht zu Analyse der Zusammenhänge zwischen den Dingen und den Ereignissen an, sondern sie empfiehlt, die Wirklichkeit in ihrer vorhandenen Form zu billigen" (1979, S. 430). Das Urteil erstaunt mit Blick auf die Malerei – man denke nur an die provokativen Arbeiten von George Grosz und Otto Dix – und das Kino: Denn Georg Wilhelm Papst, der als wichtigster Vertreter der Neuen Sachlichkeit auf diesem Gebiet gelten kann, bringt immerhin so gesellschaftskritische Filme wie *Die freudlose Gasse* (D 1925) oder *Westfront 1918 – Vier von der Infanterie* (D 1930) hervor.

  Filmhistoriker setzen den Übergang vom Expressionismus zum Kino der Neuen Sachlichkeit in der Mitte der 1920er Jahre an. Man darf sich diesen Wechsel nicht als abrupten Bruch vorstellen. Schon während der Hochzeit des expressionistischen Films gibt es realistische Tendenzen: die gesellschaftlichen Analysen in Fritz Langs *Dr. Mabuse, der Spieler* (D 1922) und das psychologische Schauspiel in den *Kammerspielfilmen* des Regisseurs Lupu Pick und Drehbuchautoren Carl Mayer; ihr Film *Scherben* (D 1921) verbindet naturalistische Bilder dampfender Lokomotiven und monotone Alltagszenen mit einer Tragödie im Bahnwärterhaus, *Sylvester – Tragödie einer Nacht* (D 1924) dynamisiert das

Nebeneinander von Arm und Reich über eine bewegte Kamera. Ein Sonderfall ist der kör-perliche und topographische Realismus in den *Bergfilmen* Arnold Fancks (*Der Berg des Schicksals*, D 1924). Der graduelle Übergang vom Expressionismus zur Neuen Sachlich-keit lässt sich an drei herausragenden Filmen nachzeichnen: *Die Straße* (D 1923) erzählt, wie sich ein Kleinbürger in die Unterwelt der Großstadt locken lässt, und legt dabei eine expressionistische Folie über eine soziale Milieustudie; damit initiiert dieser Film einen wichtigen Trend der Neuen Sachlichkeit: den Straßenfilm. *Der letzte Mann* (D 1924) bil-det für Drehbuchautor Carl Mayer den künstlerischen Höhepunkt dessen, was er in *Scher-ben* und *Sylvester – Tragödie einer Nacht* vorbereitet hat: das Porträt eines Menschen, der zwischen sozialen Gegensätzen zerrieben wird. Und *Varieté* (D 1925) schließlich gilt als *Schwellenfilm*, expressionistisch in der Rahmen-, neusachlich in der Binnenhandlung, mit einer Methode, die als „eine registrierende und keine interpretierende" zu bezeichnen ist: „In der Geschichte von den drei Akrobaten gibt es nichts Außergewöhnliches und Berückendes. Und doch verfolgt der Zuschauer ergriffen den Gang der Ereignisse, die Liebesgeschichte der Helden und glaubt an ihre Aufrichtigkeit" (Toeplitz 1979, S. 429). Von *Sylvester* über *Der letzte Mann* bis zu *Varieté* entwickelt sich die Kamera sukzessive von einer statischen zu einer dynamischen Erzählinstanz, die eine zunehmend realistische Nachbildung der Großstadt erforscht. Der Kameramann Karl Freund entfesselt sie in *Der letzte Mann* und tanzt mit ihr auf dem Trapez in *Varieté*.

Zum Ausdruck kommt die Neue Sachlichkeit im Weimarer *Straßenfilm* und *Quer-schnittsfilm*, auch im *Kulturfilm* und *Zillefilm*. Querschnittsfilm und Straßenfilm – die Begriffe stammen von Béla Balázs und Siegfried Kracauer – gelten als Genres, dabei ist der jeweilige Filmkorpus so klein, dass man allenfalls von Minigenres sprechen kann. Neben Karl Grunes *Die Straße* werden *Die freudlose Gasse*, *Dirnentragödie* (D 1927), *Die Carmen von St. Pauli* (D 1928) und *Asphalt* (D 1929) zum Straßenfilm gezählt oder mit ihm assoziiert. Die Straße als Inbegriff von Urbanität und Modernität ist hier ein Ort der Gefahr und Versuchung, der Verbrechen und Prostitution, aber auch der Befreiung aus den engen, geordneten Verhältnissen für den kleinbürgerlichen Protagonisten. Seine Zuneigung zu einer Frau aus der Unterschicht (meistens eine Prostituierte) lässt ihn zum Spielball krimineller Kräfte werden und sich in einer Welt der Spelunken und Bordelle verirren, deren Regeln er nicht durchschaut. Fokussierte der Kammerspielfilm mit seinen halbnahen oder nahen Einstellungen noch Gesicht, Interieur, Alltagsdinge, so öffnet der Straßenfilm durch Halbtotale und Totale die Sicht auf das soziale Milieu (vgl. Kaes 2004, S. 60).

Prototypisch für den Stil der Neuen Sachlichkeit ist die räumliche Dramaturgie in *Die freudlose Gasse*: der Verzicht auf eine Hauptfigur, stattdessen die Verflechtung verschie-dener Lebensläufe, was einhergeht mit einem narrativen Aufriss von Gebäuden, um ein Gesellschaftsbild zu zeichnen. So werden die Arbeiterfamilie Lechner im Keller und die Beamtenfamilie Rumfort im ersten Stock gegenübergestellt. Oben sind zwar Ausstattung und Sitten feiner, aber die Teller aufgrund der Inflation genau so mager bestückt (vgl. Abb. 3.15a, b). In einem anderen Haus entpuppt sich der Modesalon nur als Tarnung für das Bordell im Hinterzimmer, wo sich die Oberschicht zum Amüsement trifft. Wenn

die Börsenspekulanten dort auf „das lustige Wien" und seine „weltberühmten lustigen
Mädchen" anstoßen, so setzt Pabst gezielt die vor Hunger nahezu ohnmächtigen Frauen
in der Warteschlange dagegen (vgl. Abb. 3.15c, d) – satirische Kollisionsmontage und
Zeichen einer schonungslosen Analyse, die zur Verstümmelung des Films durch die Zensur geführt hat. Sieht man im Weimarer Straßenfilm einen Fixpunkt der Neuen Sachlichkeit, so sollte man Vorgänger beachten – den expressionistischen Film *Von morgens bis
mitternachts* – und Nachfolger, wie die beiden Tonfilme *Der blaue Engel* (D 1930) von
Josef von Sternberg und *La Chienne* (*Die Hündin*, F 1931) von Jean Renoir; letzterer er-
öffnete in Frankreich den Poetischen Realismus. Auch *M* (1930) von Fritz Lang führt mit
seinem realistischen Blick auf die Unterwelt den Straßenfilm fort, „nur daß hier nicht die
Großstadt das Individuum überwältigt, sondern umgekehrt das Individuum die Großstadt
terrorisiert" (Kaes 2004, S. 68).

Als „Querschnittfilm" bezeichnet Balázs den heute verschollenen Spielfilm *K 13 513.
Die Abenteuer eines Zehnmarkscheines* (D 1926) von Berthold Viertel. Balázs, der selbst
das Drehbuch geschrieben hat, will damit einen Film ohne Hauptfigur und durchgehende
Handlung realisieren:

Abb. 3.15 Räumliche Dramaturgie und soziale Kontraste in *Die freudlose Gasse* (© Sofar-Film,
D 1925): Auf das Bürgertum im ersten Stock folgt das Proletariat im Erdgeschoss (**a, b**); auf die
Bordellfeier der Reichen im Hinterzimmer die Warteschlange der Hungernden in der Gasse (**c, d**).

Der Zehnmarkschein geht von Hand zu Hand und gibt Schicksal weiter wie eine Ansteckung. Der Weg der Banknote ergibt die einzige Linie der Ereignisse, die einander ins Rollen bringen, ohne innere Beziehung zueinander zu haben. Die Menschen gehen wohl immer wieder aneinander vorbei wie im Nebel und ahnen nicht, dass sie einander Ursache und Schicksal werden. (Balázs 2001, S. 71 f.)

Dieses Prinzip, die Dramaturgie vom Einzelschicksal abzukoppeln und stattdessen kollektive Prozesse zu erzählen, rückt die Montage als Gestaltungsprinzip ins Zentrum; denn der Fokus des Erzählens wandert nun von Aspekt zu Aspekt, Figur zu Figur, Ort zu Ort, um die Rhythmen, in denen das Leben einer Stadt pulsiert, aufzuzeichnen. Bis heute gibt es Spielfilme, die auf diese Weise ein Figurenmosaik ausbreiten (vgl. Tröhler 2007, S. 109 ff.), und manche von ihnen ahmen auch den narrativen Staffellauf von *K 13 513. Die Abenteuer eines Zehnmarkscheines* nach: so der Nachkriegsfilm *In jenen Tagen* (D 1946/1947) von Helmut Käutner, der den Weg eines Autos durch die Hände seiner Besitzer verfolgt (vgl. Treber 2005, S. 74 ff.). Der Begriff Querschnittsfilm aber hat sich zur Kennzeichnung dieser Episodenfilme nicht durchgesetzt. Er bleibt für Filme der 1920er Jahre reserviert, vor allem Experimental- und Dokumentarfilme, später auch Kompilationsfilme.

Zu einem Schlüsselwerk auf diesem Gebiet avanciert *Berlin. Die Sinfonie der Großstadt* (D 1927) von Walter Ruttmann (beteiligt sind auch Karl Freund und Carl Mayer). Der Dokumentarfilm schildert einen typischen Tagesablauf in Berlin: von den frühen Morgenstunden und dem Weg der Angestellten zur Arbeit bis zum Feierabend und dem nächtlichen Vergnügen in den Tanzlokalen. Die Malerei der Neuen Sachlichkeit in ihrer Überschärfe, Schattenlosigkeit und Gegenständlichkeit findet in diesem Montagefilm ein filmisches Pendant: Jedes Bild ist ein authentisches Detail des damaligen Lebens, wird aber zum Rohmaterial für eine Montage, die streng formalistisch gliedert, dynamisiert, rhythmisiert – und somit von den jeweiligen Bedeutungen und Individuen abstrahiert. Auf die Weise spiegelt die Ästhetik des Films die Gleichgültigkeit der Stadt, die sich wie eine Maschine über das Einzelschicksal hinwegsetzt. Schärfer könnte der Gegensatz zu den subjektiven Verzerrungen des Expressionismus nicht ausfallen:

Nicht mehr der Künstler, die Konstruktion konstituierte den ästhetischen Ausdruck. Mit dem Begriff der Montage verband sich die Idee, ästhetische Reflexion unmittelbar aus dem objektiven Wahrnehmungsbewußtsein, das Phantastische aus der verdinglichten Realität hervorgehen zu lassen. (Kappelhoff 1995, S. 26)

Berlin. Die Sinfonie einer Großstadt wäre ohne die Vorarbeit der russischen Revolutionsfilmer (→ Sowjetisches Montagekino) undenkbar. Bekanntheit erlangt dieser Stil damals durch die Berliner Uraufführung von Sergej Eisensteins *Bronenosez Potemkin* (*Panzerkreuzer Potemkin*, SU 1925) am 29. April 1926, ein Film, der in Deutschland für Furore sorgt. Bei Eisensteins Kollegen Dsiga Wertow finden sich bereits 1924 Prinzipien des Querschnittsfilms (*Kinoglaz*, SU), die er in *Tschelowek s kinoapparatom* (*Der Mann mit der Kamera*, SU 1929) um einen selbstreflexiven Gestus erweitert und zur Meisterschaft führt. Die Popularität dieser Städtebilder (im Englischen *city symphony*) lässt sich an Arbeiten aus den USA (*Manhattan*, 1924) und Frankreich verfolgen (*Rien que les heures*, 1926, *Études sur Paris*, 1928, *À propos de Nice*, 1930); auch in Deutschland gibt es weitere Beispiele (*Wochenmarkt auf dem Wittembergplatz*, D 1929). Einen geradezu paradigmatischen Film stellt hier *Menschen am Sonntag* (D 1930) dar, ein Glücksfall kollektiver Zusammenarbeit von Robert und Curt Siodmak, Billy Wilder, Edgar G. Ulmer, Fred Zinnemann und Eugen Schüfftan. Der Film wählt scheinbar zufällig fünf Angestellte aus der Metropole Berlin und erzählt, wie vier von ihnen einen Ausflug zum Wannsee unternehmen. In diese fiktionale Handlung, die von Laien gespielt wird, sind dokumentarische Querschnitte des städtischen Lebens eingeschoben (vgl. Abb. 3.16). Wie die jungen Leute am See toben, scheint so lebensnah, als stamme die Szene aus der heutigen Zeit (drei Jahre danach übernehmen die Nationalsozialisten die Macht). Dem Film, der stilistische Tendenzen des Poetischen Realismus und Italienischen Neorealismus vorwegnimmt, gelingt ein Wechselspiel aus emotionaler Nähe und sachlicher Distanz: „*Menschen am Sonntag* wirkt wie ein Gegenfilm zu Walter Ruttmanns *Berlin. Die Sinfonie der Großstadt* (D 1927). Dort wird die Stadt als Megamaschine definiert, alles Sichtbare einer mechanischen Bewegung unterworfen. Dagegen widmet sich dieser Film den ‚Menschen', interessiert sich für die lebendigen Details, zeigt die andere Seite der hektischen Stadt, die Ruhe eines sommerlichen Sonntages" (Prümm 2006, S. 231).

Ausdruck der Neuen Sachlichkeit sind ebenfalls die abendfüllenden Kulturfilme, mit denen die Ufa ab 1924 ihre Dokumentarfilmproduktion ausbaut darunter Lehr- und Aufklärungsfilme. Der erste und zugleich äußerst erfolgreiche Langfilm ist *Wege zu Kraft und Schönheit* (D 1925) von Wilhelm Prager, der eine gesündere Lebensweise durch Gymnastik und Tanz propagiert und ein aufschlussreiches Zeitdokument der Diskurse der 1920er Jahre darstellt (Lebensreformbewegung, Naturismus). Als Aufklärungsfilm konzipiert ist auch *Geheimnisse einer Seele* (D 1926), der die Lehren von Sigmund Freud popularisieren soll und unter beratender Mitarbeit zweier führender Psychoanalytiker und Freudschüler, Karl Abraham und Hanns Sachs, entsteht (vgl. Sachs 1997, S. 175 f.). In *Geheimnisse einer Seele* inszeniert Georg W. Pabst die Alpträume des Protagonisten in virtuosen Mehrfachbelichtungen als unheimliche Phantasmagorien und bedient sich damit expressionistischer Stilmittel. In den realistisch gehaltenen Therapiestunden werden diese Spukwelten des frühen Weimarer Kinos dann durchgearbeitet, gedeutet und rationalisiert: „Die filmische Erzählung kennt kein Dunkel mehr, das sich nicht auflösen ließe" (Kappelhoff 1995, S. 51). Die Geister des Deutschen Expressionismus werden mit der Psychoanalyse vertrieben.

Wie im Poetischen Realismus besteht schon bei den realistischen Strömungen des Weimarer Kinos eine Affinität der Regisseure zur Arbeiterbewegung. Die Schärfung des Bewusstseins für die soziale Realität führt beinah zwangsläufig zur Auseinandersetzung mit der Not des Proletariats. Mitgefühl für das Leid der Deprivilegierten zu schaffen, darum geht es auch dem Regisseur Gerhard Lamprecht, dessen sozialkritische Werke *Die Verrufenen* (D 1925), *Die Unehelichen* (D 1926) und *Menschen untereinander* (D 1926) als Zillefilme bekannt werden, weil sie ihre Geschichten und Darsteller in den Berliner Arbeitervierteln suchen, dem „Milljöh", dem sich der Maler Heinrich Zille so eindringlich wie populär gewidmet hat. Der bahnbrechende Erfolg von *Bronenosez Potemkin* führt dazu, dass sich in Deutschland eine sozialistische und revolutionäre Filmpraxis formiert. Im

Abb. 3.16 In *Menschen am Sonntag* (© Filmstudio Berlin, D 1930) erfolgt über das Motiv des Lachens ein fließender Übergang vom Individuum zur Gesellschaft, von der Fiktion zur Dokumentation, von dem Picknick der Protagonisten am See (**a**) zum sozialen Querschnitt der Freizeitaktivitäten von Studenten (**b, c**), Reichen und Arbeitern (**d–f**).

Zuge der Weltwirtschaftskrise politisieren sich Ende der 1920er Jahre auch die Künste. Im Proletarierfilm mischt sich Realismus mit Agitation in *Mutter Krausens Fahrt ins Glück* (D 1929) von Piel Jutzi und der Suche nach einer alternativen Formensprache in *Kuhle Wampe oder wem gehört die Welt?* (D 1932) von Slátan Dudow. In den Krisenjahren der Massenarbeitslosigkeit und Verelendung, welche die Nationalsozialisten zur Machtübernahme am 30. Januar 1933 auszunutzen verstehen, scheint die Nüchternheit der Neuen Sachlichkeit nicht mehr zeitgemäß.

Exemplarische Filme

Varieté (D 1925, Ewald André Dupont)
Die freudlose Gasse (D 1925, Georg Wilhelm Pabst)
Geheimnisse einer Seele (D 1926, Georg Wilhelm Pabst
Berlin. Sinfonie einer Großstadt (D 1927, Walter Ruttmann)
Menschen am Sonntag (D 1930, Robert Siodmak, Edgar G. Ulmer)

Einführungsliteratur

Buderer, Hans-Jürgen, Manfred Fath. Hrsg. 1994. *Neue Sachlichkeit: Bilder auf der Suche nach der Wirklichkeit. Figurative Malerei der zwanziger Jahre*. München: Prestel.

Kappelhoff, Hermann. 1995. *Der möblierte Mensch. G. W. Pabst und die Utopie der Sachlichkeit. Ein poetologischer Versuch zum Weimarer Autorenkino*. Berlin: Vorwerk 8.

Lethen, Helmut. 1994. *Verhaltenslehren der Kälte. Lebensversuche zwischen den Kriegen*. Frankfurt am Main: Suhrkamp.

Plumb, Steve. 2006. *Neue Sachlichkeit 1918–1933. Unity and Diversity of an Art Movement*. Berlin: Weidler.

3.3   Tonfilm – 1930–1940er Jahre

3.3.1   Klassisches Hollywoodkino

Hollywood, sagt John Ford, der selbst mehr als hundert Filme dort gedreht hat, sei ein Ort, den man geografisch nicht bestimmen könne. Auf den Raum, den Hollywood in der Filmgeschichte einnimmt, trifft das durchaus zu. Anders als Filmstile sonst, die für einzelne Länder oder Produktionsstätten in bestimmten Epochen kennzeichnend sind, haben sich die formalen Regeln des Hollywoodkinos weit über den Ort und den Zeitraum ihrer Entstehung hinaus als international angesehene Normen behauptet. Das als klassisch bezeichnete Kino Hollywoods umfasst eine Spanne von mehreren Jahrzehnten, die man üblicherweise von der Mitte der 1910er Jahre bis etwa 1960 datiert. Währenddessen schon wird der dort entwickelte Stil andernorts in der Welt vielfach imitiert und variiert. In Hollywood selbst, wo das Studiosystem in den 1950er Jahren allmählich zerfällt, wird der nunmehr klassisch genannte Stil unter sich verändernden Produktionsbedingungen nach und nach modifiziert, jedoch nie ganz aufgegeben. Die im Klassischen Hollywoodkino etablierte Erzählweise dominiert die internationale Spielfilmproduktion noch heute.

Abb. 3.17 Das *Continuity Editing* als Essenz klassischen Erzählens: von der Ferne zur Nähe, von der Etablierung des Handlungsortes und der Figuren im Raum zum Dialog (**a–c**). Das Schuss-Gegenschuss-Verfahren (**d–i**) präsentiert sowohl die Aktionen des Sprechenden wie auch die Reaktionen des Gegenübers. *The Maltese Falcon* (*Die Spur des Falken*, © Warner Bros., USA 1941) beginnt mit einer fürs Klassische Hollywoodkino typischen Eröffnungssequenz.

Der Stil des Klassischen Hollywoodkinos zeichnet sich zunächst dadurch aus, dass er als solcher kaum wahrnehmbar ist. Vorrang hat stets die Story, die sich auf die Handlungen eines oder einiger Protagonisten konzentriert. Die zum Einsatz gebrachten Stilmittel sollen den Fortgang der Erzählung und die Motive der handelnden Figuren verständlich machen und dabei möglichst wenig Aufmerksamkeit auf sich selbst ziehen. Genau das meint die geläufige Rede von der unsichtbaren Regie. Das im Film Gezeigte soll wie von selbst ablaufen, die Erzählung sich selbst erzählen, ohne Erzähler und am besten ohne jeden bemerkbaren künstlerischen Eingriff (vgl. Abb. 3.17). Die zur filmischen Darstellung notwendigen stilistischen Verfahren treten wie die hinter einer Theaterbühne versteckten Operationen zurück hinter die fiktionale Welt, die sie erschaffen. Maßgeblich bei der Wahl der Verfahren sind die Erfordernisse der Story: eine den Konventionen des jeweiligen Genres entsprechende, dem Zuschauer auf Anhieb plausible Darstellung der Handlungsorte und Figuren, ein kausaler Zusammenhang der möglichst rasch aufeinanderfolgenden Ereignisse und schließlich eine Lösung der die Handlung bestimmenden Aufgaben. Die Erzählung ist der Zweck, dem die Stilmittel zu dienen haben.

Der Dominanz der Story verdankt sich auch die seit jeher gerühmte schnelle amerikanische Erzählweise. Im Film soll nichts vorkommen, was zum Fortgang der Handlung nichts beiträgt, eine Aktion sogleich von der nächsten abgelöst werden – wobei es für das Tempo der Erzählung keinen Unterschied ergibt, ob es sich bei der Aktion um einen Wort- oder einen Schusswechsel handelt. Im amerikanischen Kino, das nach dem Ersten Weltkrieg vor allem die Studios in Hollywood produzieren, wird die bis heute am weitesten verbreitete Form des Spielfilms im Grunde erst geschaffen. Seine geschichtlichen Vorbilder wird man eher auf den populären Vaudeville-Bühnen als im traditionellen Theater, in der amerikanischen Short Story eher als in einem episch komplexen Roman finden. Was immer die zu jeder Zeit zahlreichen Kritiker dem Hollywoodfilm zur Last legen: Langatmigkeit und Umständlichkeit gehören zu den seltensten Vorwürfen. Selbst dort, wo der Erzählfluss einmal innehält, wird dessen Dynamik durch spektakuläre Sequenzen aufrechterhalten. Beispielhaft dafür sind Verfolgungsjagden, deren ausgiebige Darstellung den Gang der Erzählung verlangsamt, indem sie ein Handlungsmoment zeitlich weit ausdehnt. Zugleich jedoch wird die Verfolgungsjagd selbst mit ihren Kamerafahrten und zügig aufeinanderfolgenden Schnitten als besonders dynamisch wahrgenommen, so als triebe sie erst die Handlung entscheidend voran. Gerade in solchen Sequenzen gewinnen Stilmittel, die sich ansonsten den Erfordernissen der Story zu beugen haben, auch im Klassischen Hollywoodkino eine ganz eigene Bedeutung. In Anbetracht der Standardisierung der Produktion, die in Hollywood schließlich auf großindustriellem Niveau perfektioniert wird, neigt man dazu, die historische Originalität des dort entwickelten Filmstils zu unterschätzen.

Literatur- und Kunsthistoriker scheuen gewöhnlich davor zurück, stilistische Entwicklungen auf technische oder ökonomische Vorgänge zurückzuführen. Auch in der Filmgeschichte, wo ein Zusammenhang von Technik, Ökonomie und Ästhetik wesentlich deutlicher auszumachen ist, sind solche Beziehungen mit Vorsicht zu studieren. Das Klassische Hollywoodkino führt dem Filmhistoriker einen Fall vor Augen, bei dem wiederum die schamlose Offensichtlichkeit des Zusammenhangs misstrauisch stimmen könnte. Von Beginn an werden dort sämtliche Filmproduktionen unter genau kalkuliertem technischen und finanziellen Aufwand und vor allem in der Erwartung eines möglichst großen Gewinns beim Verkauf beziehungsweise Verleih des fertigen Films unternommen. Das ist an sich nichts Außergewöhnliches, auch andernorts werden Filme nicht primär zur seelischen Erbauung, sondern zum Verkauf produziert. Der Aufbau einer arbeitsteilig operierenden Filmfabrik jedoch stellt ein neues Phänomen dar; an der Ostküste ebenso wie in Europa werden Filme damals noch in Manufakturarbeit hergestellt. Die Filmstudios in Hollywood, das um 1910 herum ein unbekanntes Stück Land in der Nähe der noch unbedeutenden Stadt Los Angeles bezeichnet, entstehen aus dem Konkurrenzkampf unabhängiger Filmproduzenten mit dem Edison-Biograph-Trust, der die neue und schnell wachsende Industrie in den USA bis dahin kontrolliert. Dass die mächtigste Filmindustrie der Welt einst von einer Handvoll Desperados gegründet worden ist, wäre selbst ein geeigneter Stoff für einen Film. Die historischen Umstände werfen ein Licht nicht nur auf die ökonomische, sondern ebenso auf die stilistische Entwicklung des Hollywoodkinos.

Der Konkurrenzkampf, den sie auch untereinander führen, zwingt die Filmproduzenten in Hollywood zu einer in jeder Hinsicht ökonomischen Fabrikation. Sie müssen Filme machen, für die sich das zahlende Publikum in Amerika und auch in Europa und anderswo begeistern kann; zusammen mit der Produktion wachsen auch die Ansprüche und Wünsche der Kundschaft, auf die man es abgesehen hat. Letztlich entscheidet der kommerzielle Erfolg darüber, welche Filme gemacht werden. Unterschiedliche Genres sollen unterschiedliche Bedürfnisse bedienen (vgl. Schatz 1981). Allen gemeinsam ist, dass es sich um unterhaltsame, leicht zugängliche Filmerzählungen handelt; das jeweilige Genre bildet den mit einschlägigen Figuren und Kulissen ausgestatteten Hintergrund, vor dem eine komische oder spannende Handlung dargestellt wird, oft in Verbindung mit einer Liebesgeschichte (vgl. Abb. 3.18). Bei der Zuständigkeit für einzelne Genres entwickelt sich bald eine Arbeitsteilung der Studios untereinander, doch fast alle klassischen Hollywoodfilme, ungeachtet des Genres, folgen einem kanonisierten Storyformat (vgl. 1986, S. 35).

Parallel zur wachsenden Nachfrage des Publikums werden Filme in immer größerer Zahl und jeder einzelne in möglichst kurzer Zeit und zu relativ geringen Kosten hergestellt. Bereits in den 1910er Jahren ist ein Produzent für die Arbeit mehrerer Regisseure verantwortlich, deren Arbeit er kontrolliert. Der Aufbau von Studios ermöglicht die gleichzeitige Herstellung mehrerer Filme an einem Ort. Die fortschreitende Rationalisierung der Produktion nach dem Vorbild des Taylorschen Fabriksystems, in dem jeder Einzelne eine spezielle Aufgabe zugewiesen bekommt – ein Autor schreibt, ein Regisseur inszeniert, ein Schauspieler spielt, ein Komponist komponiert – führt in den 1920er Jahren zur Etablierung dessen, was Janet Staiger als „central producer system" bezeichnet (Bord-

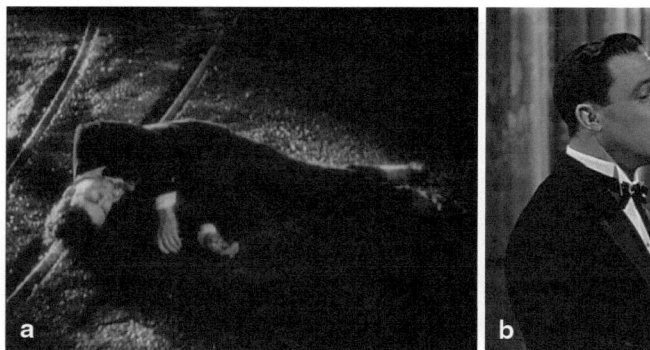

Abb. 3.18 Auch wenn es geschickten Regisseuren wie John Ford, Howard Hawks oder Douglas Sirk häufig gelingt, Sozialkritik zu integrieren, müssen sich Klassische Hollywoodfilme jeden Genres zu einem geschlossenen und befriedigenden Ende runden. Der Kriminalfilm (*Scarface*, © The Caddo Company, USA 1932) endet mit der Bestrafung des Gangsters (**a**), die Liebesgeschichte im Musical (*Singin' in the Rain*, © MGM, USA 1952) mit der Zusammenführung des Paares (**b**). Moralische Integrität wird als gesellschaftlicher Erziehungsauftrag sehr ernst genommen und mit den Vorgaben des Production Code durchgesetzt.

well et al. 1985, S. 128). Irving Thalberg, der zentrale Produzent bei MGM, organisiert und überwacht die Herstellung mehrerer hundert Filme im Jahr. In den 1930er Jahren wird dieses System in den meisten Studios modifiziert, sodass nunmehr eine Gruppe leitender Produzenten sich die Verantwortung für die gesamte Produktion teilt. Das Prinzip einer hierarchisch gestuften Arbeitsteilung jedoch bleibt erhalten. Das entscheidende Wort spricht der zuständige Produzent, der nicht nur für das Budget und die Organisation verantwortlich ist, sondern auch die Arbeit der Autoren, des Regisseurs und den Schnitt des Films überwacht. Nur in Ausnahmefällen fungiert etwa ein Regisseur wie Howard Hawks zugleich als Produzent seines eigenen Films. Aus der Produktionsweise wird ersichtlich, warum das Klassische Hollywoodkino nicht nur genre- und studiospezifische Stile mit zum Beispiel auch unterschiedlichen Beleuchtungstechniken hervorbringt, sondern auch einen eigentümlichen Hollywoodstil, der sich durch genretypische Besonderheiten hindurch in nahezu allen Filmen manifestiert. Mit seinen Horrorfilmen bringt Universal in den 1930er Jahren einen besonders markanten eigenen Studiostil hervor, der im nachfolgenden Kapitel exemplarisch vorgestellt wird.

In Anlehnung an Edgar Allen Poes Erzählung vom entwendeten Brief schreibt David Bordwell über den klassischen Hollywoodstil, er entziehe sich dem Blick gerade dadurch, dass er so schlagend offensichtlich sei (vgl. Bordwell et al. 1985, S. 11). In der Tat ist ein Hollywoodfilm zunächst nichts weniger als geheimnisvoll. Selbst ein Detektivfilm, in dem die Lösung eines Rätsels das zentrale Motiv der Handlung bildet, versorgt gewöhnlich den Zuschauer mit allen zum Verständnis der Erzählung notwendigen Informationen. Die Orte, die Figuren, den Verlauf der Zeit, den kausalen Zusammenhang der Handlungen, all das gibt ein klassischer Hollywoodfilm in aller Regel deutlich zu erkennen. Der Film Noir der 1940er und 1950er Jahre, der in mancher Hinsicht eine Ausnahme von dieser Regel darstellt, sei hier lediglich erwähnt. Interessanter als etwaige Abweichungen erscheint in diesem Zusammenhang die Norm, die das Hollywoodkino sich selbst gibt. Dessen Stil wird häufig mit dem Begriff der Transparenz charakterisiert. Ein klassischer Hollywoodfilm sei demnach so konstruiert, dass er eine scheinbar unvermittelte Sicht auf die dargestellten Ereignisse gewähre, die sich somit als ganz natürlich präsentieren. Als realistisch wäre er vor allem insofern zu bezeichnen, als die dargestellten Handlungen nachvollziehbar und nach Maßgabe der Filmerzählung glaubwürdig erscheinen müssen; das gilt auch für an sich unrealistische Begebenheiten etwa in Horror- oder Science-Fiction-Filmen. Wichtiger als der Bezug zur außerfilmischen Wirklichkeit ist die Plausibilität und Kohärenz der Filmereignisse selbst; wichtiger als die realistische Motivierung der Stilmittel sind, in Bordwells Worten, die kompositionelle und die generische (Bordwell et al. 1985, S. 19).

Mit Hinweis auf die ausführliche Darstellung des klassischen Hollywoodstils und seiner Entwicklung vom Stumm- zum Tonfilm bei Bordwell, Staiger und Thompson sei hier nur ein besonders bedeutsames und einflussreiches Verfahren kurz erläutert: die analytische Montage, die sich in Hollywood bereits in den 1910er Jahren durchsetzt. Die meisten Szenen, aus denen ein Spielfilm sich zum großen Teil zusammensetzt (den nächstgrößten Teil bilden Überleitungssequenzen zwischen den Szenen), werden in diesem

Stil gestaltet. Analytisch heißt diese Art der Montage deshalb, weil, ausgehend von einer Gesamtansicht des Handlungsortes, Einzelheiten des Ortes und der sich dort abspielenden Handlung vorgeführt werden. Hier zeigen sich exemplarisch sowohl die ästhetischen als auch die ökonomischen Motive, die für so viele Hollywood-Stilmittel kennzeichnend sind. Denn die analytische Montage erfüllt einerseits den Anspruch der Filmerzählung, eine Szene so zu gestalten, dass dem Zuschauer sowohl die relevanten Einzelheiten als auch der räumliche und kausale Zusammenhang der dargestellten Ereignisse deutlich vor Augen geführt werden, wobei die Kontinuität zwischen den Einstellungen entscheidend ist für einen möglichst natürlichen Eindruck. Dazu hilft übrigens auch die im klassischen Hollywoodfilm obligatorische Musik, die nicht nur die Handlung einer einzelnen Szene unterstreicht, sondern zudem den Eindruck eines kontinuierlichen Geschehens über die sichtbaren Schnitte hinweg verstärkt. Andererseits erweist sich die Zerteilung der Szene in einen Mastershot und mehrere Groß- und Detailaufnahmen als sehr effizient im ökonomischen Sinne. Einzelne Unzulänglichkeiten können beim Drehen eher toleriert, da später bei der Montage leichter korrigiert werden. Hierbei kann schließlich auch der Produzent noch eine Auswahl treffen und nötigenfalls einzelne Einstellungen neu drehen lassen. Die Möglichkeiten einer nachträglichen Gestaltung sind weitaus größer als bei einer in einer einzigen Einstellung gefilmten Szene. Ähnliches gilt für das zur selben Zeit in Hollywood etablierte Schuss-Gegenschuss-Verfahren, das, meist als Bestandteil der analytischen Montage, seither zum gängigen Repertoire des Spielfilms überall in der Welt gehört.

Andere, spezifischere Stilmittel des Klassischen Hollywoodkinos haben das Ende dieser Ära nicht ebenso unversehrt überstanden, so etwa die bei Studioaufnahmen übliche Dreipunktbeleuchtung oder der Einsatz des sogenannten Weichzeichners bei der Darstellung weiblicher Figuren, die dadurch in sanfteren Zügen und wie von einem leichten Schimmer umgeben erscheinen. Die ideologische Funktion eines solchen Verfahrens ist offenkundig. Der Einfluss der Zensur, nämlich der 1930 eingerichteten Production Code Administration, deren Vorschriften als Hays Code bekannt geworden sind, bliebe bei dieser Gelegenheit zumindest zu erwähnen. Denn die Vorschriften betreffen außer thematischen mitunter auch stilistische Belange, etwa die Frage, wie ein Kuss zwischen einem Mann und einer Frau (homosexuelle Beziehungen stehen von vornherein außer Frage) im Film überzeugend und doch dezent darzustellen sei.

Der in den 1950er Jahren einsetzende Niedergang des Klassischen Hollywoodkinos und seines Studiosystems bedeutet keineswegs das Ende des dort entwickelten Filmstils. Schon in seinen besten Jahren hat dieses System bewiesen, dass es ganz unterschiedliche stilistische Traditionen und Innovationen, die Emigranten aus anderen Kontinenten mitgebracht haben, zu seinen eigenen Gunsten zu integrieren versteht, ohne dadurch den längst erfolgreich etablierten Hollywoodstil grundsätzlich in Frage zu stellen. Ein Grund dafür, dass die ökonomisch umgestaltete Filmindustrie Hollywoods heute noch die erfolgreichste und weltweit populärste ist, bleibt sicherlich in den stilistischen Hinterlassenschaften des Klassischen Hollywoodkinos zu suchen. Beeindruckender als manche neue Technologie erscheint im gegenwärtigen Kino die Beständigkeit vieler Stilmittel, die in Hollywood seit beinahe hundert Jahre schon zum Einsatz kommen.

Exemplarische Filme

Scarface (USA 1932, Howard Hawks)
It Happened One Night (*Es geschah in einer Nacht*, USA 1934, Frank Capra)
Stagecoach (*Ringo*, USA 1939, John Ford)
The Maltese Falcon (*Die Spur des Falken*, USA 1941, John Huston)
All That Heaven Allows (*Was der Himmel erlaubt*, USA 1955, Douglas Sirk)

Einführungsliteratur

Bordwell, David, Janet Staiger, Kristin Thompson. 1985. *The Classical Hollywood Cinema. Film Style and Mode of Production to 1960*. London: Routledge.
Bronfen, Elisabeth, Norbert Grob (Hrsg.). 2013. *Stilepochen des Films. Classical Hollywood*. Ditzingen: Reclam.
Neale, Stephen (Hrsg.). 2012. *The Classical Hollywood Reader*. Abingdon, New York: Routledge.

Der Horrorfilm-Stil der Universal-Studios (1931–1948) Universal ist das Zentrum für Horrorfilme in den 1930er und 1940er Jahren. Wie ein Studio einen prägnanten Filmstil etabliert und einem Genre – indem es dessen wichtigste Klassiker hervorbringt – seinen Stempel aufdrückt, lässt sich an Universals Horrorfilmen exemplarisch nachvollziehen. Ebenso lässt sich anhand dieses Beispiels das komplexe Zusammenspiel von Epochalstil, Studiostil, Individualstil und Genre darlegen. Im Zentrum dieser Filme, die von der Deformation des Körpers und der Besessenheit des Geistes handeln, stehen Monster und Halbwesen – Dracula, Frankenstein, die Mumie oder der Wolfsmensch –, allesamt mythische Figuren aus Literatur und Film, die mit ihren Darstellern zu Ikonen des Kinos verschmelzen. Vorbereitet wird Universals Geschichte dieses Stils schon in der Stummfilmzeit durch monumentale Literaturadaptionen, wie *The Hunchback of Notre Dame* (*Der Glöckner von Notre Dame*, USA 1923) und *The Phantom of the Opera* (*Das Phantom der Oper*, USA 1925), aber auch durch Filme, mit denen der emigrierte Regisseur Paul Leni an den Deutschen Expressionismus anknüpft, wie *The Cat and the Canary* (*Spuk im Schloss*, USA 1927) und *The Man Who Laughs* (*Der Mann, der lacht*, USA 1928).

Es ist der Produzent Carl Laemmle jr., der seiner Vorliebe für Schauerliteratur folgt und 1931 die erfolgreiche Serie der Universal-Horrorfilme gleich mit zwei Klassikern initiieren kann, die zudem die größten Stars des Genres vorstellen: *Dracula* (USA 1931) mit Bela Lugosi und *Frankenstein* (USA 1931) mit Boris Karloff (vgl. Abb. 3.19). Obwohl Universal mit den Horrorfilmen einen eigenen Studiostil prägen kann, fügen sich die Filme in die Ästhetik des Epochalstils. Die erzählerische Effizienz des Klassischen Hollywoodkinos lässt sich an der Exposition von *Dracula* ablesen. In den Schauplatz eingeführt wird der Zuschauer über eine elegante und transparente Annäherung in drei Blenden: von außen nach innen, vom Überblick ins Detail, von dem Gebirgs-Panorama über die Burg-Totale in die Tiefe der Gruft, wo sich Karl Freunds Kamera gleichsam entfesselt und auf

Abb. 3.19 Das Bedrohliche im Universal-Horrorfilm ist vielgestaltig. Die Darsteller der Monster werden aufgrund ihrer markanten Verkörperung und besonderen Masken zu Stars: Allen voran Bela Lugosi in *Dracula* (**a**, USA 1931) und Boris Karloff in *Frankenstein* (**b**, USA 1931) oder *The Mummy* (**c**, USA 1932), aber auch schon Conrad Veidt in *The Man Who Laughs* (**d**, USA 1928), später: Claude Rains in *The Invisible Man* (**e**, USA 1933) und Lon Chaney in *The Wolf Man* (**f**, USA 1941) – sie waren das Faszinosum der Filme und setzten Maßstäbe für die Entwicklung des Horrorgenres (alle Abbildungen © Universal Pictures).

Draculas Sarg zuschwebt, bis der filmische Blick und Draculas erwachende Hand zum Startpunkt der Erzählung kulminieren. Zugleich sind aber viele Motive, die den Horrorfilm-Stil von Universal ausmachen, in dieser Sequenz versammelt. Da ist das Szenenbild, das dem Genre seine klassische Ikonographie schenken wird: die Gruft, der Nebel, die Ratte im Totengerippe. Wenn sich die weiblichen *Gothic*-Vamps aus den Särgen erheben, verführerisch und morbid, in Brautkleidern und mit schwarzen Lippen, dann weist der Film innerhalb der Tradition von Eros und Thanatos (dem Lebens- und Todestrieb) über den Symbolismus und Expressionismus zurück auf die schwarze Romantik, zugleich aber auch voraus auf die spielerische Lust am *Camp* in der Popkultur, wie sie Susan Sontag später thematisieren wird (vgl. Sontag 1995, S. 322 ff.). Im Zentrum steht das ikonische Monster: Bela Lugosis verstörende Mischung aus devotem Charme und hypnotischem Blick zeigt den Vampir als Verführer und grundiert den Film mit einem sexuellen Subtext – der dunklen Glut obsessiven Begehrens, welche die Frau aus Ehe, Heim, Familie lockt und ins Verderben reißt, verkörpert im Dandy, der tagsüber nicht arbeitet, vielfach gedeutet als Heimsuchung des modernen Amerikas durch ein dekadentes Europa.

In Hollywoods ‚goldener Ära‘ der 1930er Jahre perfektioniert das Universal-Studio unter dem Produktionschef Carl Laemmle jr. seinen Horror-Stil, indem es konsequent auf bewährte Qualitäten setzt, um die Kontinuität eines Erfolgsrezepts in neuen Variationen fortzuführen. Eine zentrale Rolle spielen dabei natürlich die Stars Bela Lugosi und Boris Karloff, die bis Ende des Jahrzehnts in nahezu jedem großen Horrorfilm des Studios die Hauptrolle spielen. Doch *Type-Casting*, also die Besetzung nach Typen, mit seinen Vor- und Nachteilen herrscht auch in den Nebenrollen: Edward Van Sloan beispielsweise agiert als der gelehrte Exorzist in *Dracula, Frankenstein, The Mummy* (*Die Mumie*, USA 1932) und *Dracula's Daughter* (*Draculas Tochter*, USA 1936). Unter den Regisseuren ist es James Whale, dem es mit Filmen wie *Frankenstein, The Old Dark House* (*Das Haus des Grauens*, USA 1932), *The Invisible Man* (*Der Unsichtbare*, USA 1933) und *Bride of Frankenstein* (*Frankensteins Braut*, USA 1935) gelingt, eine eigene Handschrift durchzusetzen. Hier demonstriert ein Regisseur, wie ein Individualstil innerhalb eines Studio-Stils maßgeblich an künstlerischem Gewicht gewinnt. *Frankenstein* lebt von Whales Gespür für die Dynamisierung des Raumes (mal mit unüblichen Eröffnungen, mal mit Querfahrten der Kamera durch eine durchlässige Wand), seinem exzentrischem Humor (man beachte das vergnügte Spiel mit den Skeletten) und der berührenden Menschlichkeit, die er den Charakteren schenkt. Atemberaubend bleibt die Erschaffungsszene, die sich als genuin kinetische Bildschöpfung von der Literaturvorlage abhebt: Der Blick führt hinab in das elektrifizierte Laboratorium, aus dem die leblose Kreatur in die Höhe des Turms gefahren wird, gefolgt von der aufwärtsstrebenden Kamera, um dort den Gewitterblitzen ausgesetzt zu werden. Unbeirrt vom Drehbuch, das die Kreatur erstmals durch ein Verbrechergehirn zum Bösen verdammt, zeigen Whale und sein Hauptdarsteller Boris Karloff dessen Verlorenheit: Unfreiwillig in die monströse Existenz geboren, gequält und missverstanden, wird das Halbwesen begreiflicherweise zunehmend mit Hass reagieren – ein innerer Konflikt, der sich im Ausdruck der Hände manifestiert: fragende Hände, suchende Hände, sich sehnende Hände. Die Hände sind der stumme Schrei dieses künstlichen Geschöpfs. James Whale entwickelt sich rasant zum Spitzenregisseur von Universal, lässt sich aber nicht auf Horrorfilme festlegen; seine Melodramen, Kriegs- und Kriminalfilme sind heute zu Unrecht in den Hintergrund gerückt.

Die Tatsache, dass Schauspieler und Regisseure stets mehr im Rampenlicht stehen, darf nicht dazu verführen, die Leistung derer zu übersehen, die dem Studiostil seine eigentliche Prägnanz und Kontinuität verleihen: die Spezialisten in den künstlerischen Abteilungen. Die stilistische Einheit dieses Horrorfilm-Zyklus, dessen Bilder sich im kollektiven Gedächtnis verankert haben, sind einem Maskenbildner wie Jack Pierce, einem Filmarchitekten wie Charles D. Hall und einem Tricktechniker wie John P. Fulton zu verdanken. Ihre Arbeit reicht zum Teil bis in die Stummfilmzeit zurück und hat – im Gegensatz zu wechselnden Stars oder Regisseuren – über Jahrzehnte nahezu *alle* Horrorfilme des Studios akzentuiert. Im Zentrum steht dabei Jack Pierce, der den Universal-Monstern ein unverwechselbares, bizarres und unvergessliches Aussehen zu geben weiß. Er ist es, der schon 1928 Conrad Veidt in *The Man Who Laughs* das schaurig entstellende Grinsen verleiht. Noch 80 Jahre später wird diese Fratze zitiert: in der Erscheinung von The Joker in *The Dark Knight* (USA 2008). Pierce gestaltet auch das mit Fell überwucherte Gesicht von Lon Chaney Jr. in *The Wolf Man* (*Der Wolfsmensch*, USA 1941) und kreiert das Bild des Maskierten in *Phantom of the Opera* (*Phantom der Oper*, USA 1943). Berühmt wird er vor allem für die Masken, die er Boris Karloff präpariert: in *Frankenstein* den kastenförmigen Schädel mit der wulstigen vernarbten Stirn und in *The Mummy* das verweste Gesicht mit den dunkel umrandeten Augen (vgl. Abb. 3.19c). Diese Masken verleiten Boris Karloff dazu, sich einen minimalistischen Schauspielstil von hoher Expressivität zu erarbeiten. Da er sich als Mumie nur steif bewegen darf, legt er seine Energie in die Augen und steuert die Szenen mit einem bösen Blick von hintergründiger Intelligenz.

Um hingegen die Bedeutung des Tricktechnikers John P. Fulton zu verstehen, muss man sich nur *The Invisible Man* ansehen, der einen gänzlich anderen Monstertypus vorstellt, der nicht von der theatralen Maske, sondern vom kinetischen Effekt lebt und damit Jack Arnolds Science-Fiction-Horrorfilme der 1950er Jahre vorwegnimmt. Der Film zieht seine Faszination bis heute aus John P. Fultons Spezialeffekten Zigaretten und Spielkarten schweben in der Luft, Schaukelstühle wippen von alleine, Fahrräder ziehen ihre Bahn – allesamt Objekte, die mit transparenten Fäden geführt werden. Die Kleider und Bandagen des Unsichtbaren lässt Fulton im schwarzen Set mit schwarz vermummtem Schauspieler drehen und diese Bilder von tanzenden Hosen oder Hemden im *Multiple-Printing* zu den Aufnahmen des Hintergrundes kopieren. Ohne James Whales Regie-Stil allerdings würden sich diese Effekte rasch abnutzen. Whale legt bei *The Invisible Man* Gewicht darauf, diese Schauwerte in eine glaubwürdige Szenerie einzubetten. Die zerfurchten Gesichter, der schwere Akzent und die verwohnten Räume der Dorfbewohner schaffen eine urtümliche Atmosphäre, in die das bandagierte Monster einbricht wie ein Außerirdischer.

Nach den bahnbrechenden Erfolgsfilmen *Dracula* und *Frankenstein* setzt das Studio für die neuen Stars Lugosi und Karloff auf weitere Solorollen in Literaturadaptionen wie *The Old Dark House* und *Murders in the Rue Morgue* (*Mord in der Rue Morgue*, USA 1932). Zum teuflischen Duell treten Lugosi und Karloff erstmals in *The Black Cat* (USA 1934) und dann noch einmal *The Raven* (USA 1935) an. Edgar G. Ulmers *The Black Cat* bebildert vor dem Hintergrund des Ersten Weltkriegs das Krankhafte bis Monströse einer Psyche. Auch hier trifft das unschuldige Amerika (ein *Honeymoon*-Paar) auf das kultivierte aber perverse Europa, verkörpert durch Karloff und Lugosi. Lugosis süffisanter Charme kontrapunktiert Karloffs brütende Präsenz. Lugosi spielt betont theatralisch einen abgründigen Arzt, der lustvoll foltert, Karloff hingegen einen diabolischen Architekten, der im Keller die konservierten Frauen seiner nekrophilen Leidenschaft aufbewahrt. Edgar G. Ulmers *The Black Cat* ist ein bizarrer Film, verstörend in seinen sexualpathologischen Unterströmungen, faszinierend in seinen Auslassungen, die andeuten, wie sich das Genre in die Abstraktion führen ließe. Nach den Solorollen und Konfrontationen von Lugosi und Karloff arbeitet Universal fieberhaft an Sequels der Erfolgsfilme *Frankenstein* und *Dracula*. Das Rezept ist einfach: Man rückt weibliche Partner oder Verwandte in den Mittelpunkt, sucht also nach der *Bride of Frankenstein* und dem *Son of Frankenstein* (*Frankenstein Sohn*, USA 1939), *Dracula's Daughter* (*Draculas Tochter*, USA 1936) und *Son of Dracula* (*Draculas Sohn*, USA 1943).

Ein Höhepunkt des Studiostils, bei dem alle Ingredienzen des Konzepts sowie die Talente und Erfahrungen des Studios auf allen Gestaltungsebenen meisterhaft zusammenwirken, ist James Whales *Bride of Frankenstein*. Hier wird Dr. Frankenstein gezwungen, seiner Kreatur eine Gemahlin zu erschaffen; diese aber wird das Monster zugunsten ihres Schöpfers verschmähen. *Bride of Frankenstein* ist Whales letzter Horrorfilm, Resümee und Kondensat, kunstvoll gebaut und künstlich ausgeleuchtet: in höchstem Maße stilisiert. Düsterere Scherenschnitte wechseln ab mit märchenhaft illuminierten Innenräumen. Die Kamera schwebt durch Frankensteins Schloss, begleitet von der symphonischen Filmmusik Franz Waxmans. Wagemutig sind die stilistischen Wechsel: Die Präsentation der *Homunculi*, künstlich geschaffener Miniaturmenschen in Einmachgläsern, hebt sich in ihrer Exzentrik heraus, als wäre es ein eigener Kurzfilm, geht aber unvermittelt über in eine Waldidylle und mündet in eine pastorale Stimmung im Einsiedlerhaus – ohne je die Balance zu verlieren, treibt Whale das Genre zum Äußersten, kulminierend in der Menschwerdung des Monsters, das von dem blinden Einsiedler Sprache, Kultur und Freundschaft zu verstehen lernt. Karloff zeigt dabei ein Wechselspiel zwischen Rohheit, Verletzung, blindwütigem Hass und zarter Freude.

Nach dem Ende der Laemmle-Ära wird in den 1940er Jahren der aus Deutschland emigrierte Curt Siodmak einer der produktivsten Autoren für Universal (vgl. Asper 2005). Einer seiner thematischen Schwerpunkte ist die Persönlichkeitsspaltung: die Gehirntransplantation in der Motivtradition der verrückten Wissenschaftler (*mad* scientists) oder die Werwolf-Metamorphose in der Tradition der Schauerromantik. In beiden Fällen trägt ein Körper zwei Persönlichkeiten in sich, die wechselweise und unkontrollierbar in Erscheinung treten. In *Black Friday* (*Schwarzer Freitag*, USA 1939/1940) ersetzt ein Arzt (Boris Karloff) bei seinem verunglückten Freund die beschädigten Gehirnareale durch die eines Verbrechers. In *The Wolf Man* mutiert Lon Chaney jr. unfreiwillig zur mörderischen Bestie und wird tragischerweise von seinem eigenen Vater erschlagen. 1943 zeigt sich dann, dass die Zeit der ernsthaften Aufarbeitung dieser Horrormythen einer paracineastischen Lust an ihren Versatzstücken weicht: Universal beginnt den Ausverkauf und kombiniert erstmals in *Frankenstein Meets the Wolf Man* (*Frankenstein trifft den Wolfsmenschen*, USA 1943) mehrere Monster in einem Film, was zu Stereotypisierung und inhaltlicher

Nivellierung führt. In letzter, nur logischer Konsequenz werden diese entleerten Chiffren der Parodie preisgegeben. Das Komiker-Duo Abbott und Costello macht nach *Bud Abbott Lou Costello Meet Frankenstein* (*Abbott und Costello treffen Frankenstein*, USA 1948) sukzessive allen Horrorcharakteren den Garaus.

Der dramaturgische Stil dieser Filme beruht auf einem einheitlichen Story-Schema: Ein junges Verlobungspaar gerät in den Bannkreis des Horrors, wobei eine der Figuren gefährdet wird, während die andere ohnmächtig dagegen ankämpft, bis beide am Ende vom Bösen befreit werden und einer glücklichen Zukunft entgegensehen. Das Monströse manifestiert sich im unheimlichen Raum, in der physischen Missgestalt und im abnormen Verhalten: Hybris, Blasphemie, Perversion, Wahnsinn, Sadismus, Todessehnsucht. Fixpunkt dieses Komplexes ist das Spannungsverhältnis zwischen Außen und Innen, Physis und Psyche, Schönheit und Hässlichkeit in Korrelation zum Guten oder Bösen. Die meisten Plots erzeugen im ersten Teil Empathie mit dem Unglück der Hauptfigur oder Sympathie mit dem hehren Plan des Sonderlings. Erst wenn dieser in seinem Begehren scheitert, zum Terror greift und sich zunehmend moralisch diskreditiert, muss er vernichtet werden. Obgleich Projektionsfläche für das Gute, bleibt das Liebespaar austauschbar, was sich im ständigen Wechsel der Darsteller von Film zu Film ausdrückt (vgl. Abb. 3.20), während die Schauspieler der Monstren zu Stars werden.

Der moralische Subtext lässt sich unschwer entschlüsseln. Das junge Liebespaar als Garant für die gesellschaftlichen Institutionen von Ehe und Familie wird von außen und von innen gefährdet. Da ist die Verführung durch einen kultivierten Mann, dessen Eros die Frau aus der Ehe reißt (*Dracula*, *The Mummy*, *The Raven*, *The Black Cat*). Und da ist die Verführung durch den Ehrgeiz im Beruf, der den Mann von seiner Frau entfremdet in *Frankenstein*, *Son of Frankenstein*, *The Invisible Man* oder *The Invisible Ray* (*Tödliche Strahlen*, USA 1936). Die glückliche Zusammenführung des Liebespaares im Happy End als Aufhebung der moralischen Spannung bleibt vordergründig. Denn gerade in der Lust am Unheimlichen, Bizarren, Absonderlichen und in der atmosphärischen Verführung des Zuschauers liegt die Faszination der Filme.

Exemplarische Filme

Dracula (USA 1931, Tod Browning)
Frankenstein (USA 1931, James Whale)
The Mummy (*Die Mumie*, USA 1932, Karl Freund)
The Invisible Man (*Der Unsichtbare*, USA 1933, James Whale)
The Wolf Man (*Der Wolfsmensch*, USA 1941, George Waggner)

Einführungsliteratur

Asper, Helmut G. 2005. *Filmexilanten im Universal Studio*. Berlin: Bertz + Fischer.
Curtis, James. 2003. *James Whale. A New World of Gods and Monsters*. Minneapolis: University of Minnesota Press.
Janovich, Marc (Hrsg.). 2002. *Horror. The Film Reader*. London, New York: Routledge.

Abb. 3.20 Die in Gefahr geratenen Liebenden, die aus den Klauen einer dämonischen Bedrohung gerettet werden müssen: in *Dracula* (**a**, USA 1931), *Frankenstein* (**b**, USA 1931), *The Mummy* (**c**, USA 1932) oder *The Black Cat* (**d**, USA 1934). Häufig wird ein mit allen Anzeichen von Unschuld ausgestattetes Paar zum Auslöser der Geschichte. Der Subtext interessiert sich mehr für die Art der Bedrohung und kurzzeitige Destabilisierung gesellschaftlicher Ordnungen (alle Abbildungen © Universal Pictures).

3.3.2   Sozialistischer Realismus

Der Sozialistische Realismus gehört, was die Kunst betrifft, zu den am wenigsten geschätzten Errungenschaften des sowjetischen Sozialismus. Typisch für ihn ist die Darstellung heroischer Figuren und Motive in biederen klassischen Formen. Als realistisch, sofern man dabei an die Literatur des 19. Jahrhunderts, an die Romane von Balzac, Dickens, Tolstoi und die Dramen von Hebbel oder Tschechow, aber auch an die Neue Sachlichkeit oder den Italienischen Neorealismus im Film denkt, würde man die meisten Zeugnisse des Sozialistischen Realismus kaum gelten lassen. Eine bündige Beschreibung dieses Stils fällt schwer nicht nur in Anbetracht der langen Zeit und des großen Raums, die er vage umfasst, sondern auch insofern, als er sämtlichen Kunstgattungen jener Zeit offiziell vorgeschrieben ist. Eine wichtigere Rolle als immanent künstlerische Entwicklungen spielen politische Entscheidungen, die höheren Orts getroffen werden. Betrachtet man allein den Film, wird man Produktionen aus etwa fünf Jahrzehnten zu berücksichtigen haben, für die

Zeit nach dem Zweiten Weltkrieg auch die anderer Länder Mittel- und Osteuropas, die der Politik der Sowjetunion unterstehen (abgesehen von der Frage, inwieweit dieses Vorbild die Filmproduktion noch in weiteren sozialistisch geführten Staaten wie z. B. China beeindruckt haben mag). Von einem einheitlich ausgebildeten Stil kann über einen so großen Zeitraum nicht die Rede sein; stets werden unter seiner Hoheit auch Filme hergestellt, die sich den ästhetischen Anforderungen entziehen. Die folgende Darstellung konzentriert sich auf die Entstehung des Sozialistischen Realismus und seine Entwicklung in der Sowjetunion.

Der Sozialistische Realismus, der in den 1930er Jahren den Konstruktivismus, Futurismus und andere moderne Konzeptionen ablöst, ist das Produkt einer Kulturrevolution, die sich im Zuge des ersten Fünfjahresplans 1928 bis 1932 ereignet. Seinen historischen Hintergrund bilden die rapide Entwicklung der Schwerindustrie, die mit Gewalt vorangetriebene Verstaatlichung der Landwirtschaft und die Inthronisierung Stalins als unanfechtbarer Führer der Kommunistischen Partei. Im selben Zeitraum wird auch die sowjetische Filmindustrie schrittweise zentralisiert und einer strengeren Kontrolle unterworfen. Eine einzige staatliche Filmbehörde überwacht bald die Produktion aller sowjetischen Studios (vgl. Kepley 1996; Nembach 2001).

Im Jahr 1934, auf dem ersten Allunionskongress der Sowjetschriftsteller, wird der Sozialistische Realismus als verbindliche künstlerische Methode ausgerufen. Der in Angriff genommene Aufbau des Sozialismus, so erklärt der bereits 66-jährige Maxim Gorki in einer richtungsweisenden Ansprache (vgl. Gor'kij 1974), verlange nach einer auf die im Entstehen begriffene neue Wirklichkeit ausgerichteten Literatur, aus der die Menschen Mut und Kraft schöpfen könnten. Vor allem aber müsse sie den Menschen zugänglich und verständlich sein. Volkstümlichkeit wird fortan eine der dringendsten Forderungen an Kunst und Literatur. Die avantgardistischen Experimente, in der Sowjetunion der 1920er Jahre im Dienst der Revolution noch geduldet und sogar gefördert werden jetzt als ‚formalistisch‘ denunziert. Der von nun an verordnete Stil leitet die Restauration längst vergangener Epochalstile ein. Die Zeit der Revolutionen wird für abgeschlossen erklärt, auch in der Kunst. Der sowjetische Sozialismus geht daran, sich seine eigene Klassik zu schaffen.

Im selben Jahr erscheint der Film *Tschapajew* (SU 1934) von Sergej und Georgi Wassiljew. Die Handlung spielt im Bürgerkrieg nach der Revolution, ein äußerst beliebtes Thema der sowjetischen Filmproduktion. Im Unterschied aber zu Filmen wie Pudowkins *Potomok Tschingis-Chana* (*Sturm über Asien*, SU 1928) oder Dowshenkos *Arsenal* (SU 1929) treten nicht nur die Darsteller jetzt als sprechende Figuren mit hörbaren Stimmen auf, umgeben von ebenso laut hörbarem Kanonendonner, es entwickelt sich auch eine dramatische, ganz auf die Figur des Protagonisten zugeschnittene Handlung. Wassili Tschapajew, Kommandant einer Kavalleriedivision der Roten Armee, verkörpert einen neuen Heldentyp des sowjetischen Kinos: einen entschlossenen, mutigen, zuversichtlichen und in diesem Fall, dank der Darstellung Boris Babotschkins, sogar durchaus authentisch wirkenden Helden, in dem der zeitgenössische Zuschauer seinesgleichen wiedererkennen und dem er sich guten Gewissens anvertrauen soll (vgl. Abb. 3.21). Im Unterschied zu den geradezu fantastisch gestalteten Heldenfiguren, die das Kino des Sozialistischen Realismus

Abb. 3.21 *Tschapajew* (©
Lenfilm Studio, SU 1934):
Wassili Tschapajew verkörpert
einen neuen Heldentyp des
sowjetischen Kinos der 1930er
Jahre: entschlossen, mutig und
zuversichtlich.

in den folgenden Jahren hervorbringt, wirkt Babotschkin in der Rolle des ungebildeten
und humorvollen, in seinem Verhalten eher anarchischen Tschapajew tatsächlich realistisch.

Die Revolutionsfilme der 1920er Jahre vermeiden es noch, das Schwergewicht der
Handlung einer einzelnen Figur aufzubürden, deren Charakter und Entscheidungen den
Verlauf des Geschehens maßgeblich bestimmen. Raffinierte Montagen sollen stattdessen
einen Einblick gewähren in gesellschaftliche Zusammenhänge, die gerade nicht vom Handeln eines Einzelnen abhingen, geschweige denn kraft individueller Entschlüsse steuerbar
seien. Solche vergleichsweise abstrakten und nicht ohne weiteres zugänglichen Konstruktionen stoßen bei einem großen Teil des sowjetischen Publikums auf Unverständnis oder
Desinteresse, bei der regierenden Partei bald auf scharfe Kritik. *Tschapajew* überzeugt
schließlich beide: Der Film wird zu einem der größten Erfolge des sowjetischen Kinos.
Stalin, heißt es, habe ihn für einen der besten sowjetischen Film gehalten und ihn angeblich mehr als dreißig Mal gesehen. Ebenso erfolgreich ist die im selben Jahr erscheinende
Musikkomödie *Wessjolije rebjata* (*Lustige Burschen*, SU 1934) von Grigori Alexandrow,
die ein weiteres wichtiges Genre des neuen sowjetischen Kinos und mit der Schauspielerin Ljubow Orlowa auch einen seiner neuen Stars etabliert. Der Held des Sozialistischen
Realismus ist einer, der die Leute mitreißen und zu großen Leistungen anspornen soll.
Diese Funktion erfüllt bereits auch der durch und durch volkstümliche Tschapajew, einer
aus dem einfachen Volk, der selbst durch außergewöhnliche Leistungen zu einem vorbild-
lichen Helden erst heranreift. Was sich hier andeutet, wird schließlich zum entscheidenden
Charakteristikum des neuen sozialistischen Helden, nämlich dessen mythische Überhö-
hung, wenn man so will, eine Übersteigerung des Realismus ins Surreale, bisweilen ins
Metaphysische. Der Held ist demnach nicht mehr ein Abbild wirklicher Menschen, sondern die ideale Verkörperung einer Wirklichkeit, die erst noch geschaffen werden soll. Der
behauptete Realismus ist vielmehr ein Illusionismus, der eine utopische Welt als wirklich
oder wenigstens möglich vor Augen führt (vgl. Bulgakowa 2016).

Aufgabe des Films, so heißt es bei der Allunionskonferenz sowjetischer Filmschaffen-
der im Januar 1935, sei es, die bahnbrechenden Erfolge des Sozialismus zu schildern, und
zwar in einer ebenso schlichten wie enthusiastischen filmischen Ausdrucksweise. Pathetische Gesten bedürfen keiner komplexen Stilisierung. Die Möglichkeiten künstlerischer
Gestaltung sollen, der beabsichtigten Wirkung zuliebe, auf ein Minimum konventioneller

Techniken begrenzt werden. Die Inszenierungen bleiben daher ebenso berechenbar wie die Geschichten, die die Filme erzählen. Die Produktionsbedingungen samt der obligatorischen Zensur aller Filmvorhaben lässt den Künstlern kaum eine andere Wahl, als der neuen Linie zu folgen (vgl. Margolit 1999).

Die auf die Etablierung des Tonfilms folgende Durchsetzung des Sozialistischen Realismus führt, ungeachtet der politischen Ziele, die dieser verfolgt, zugleich zu einer formalen Annäherung an das westliche Unterhaltungskino. Schon zu Zeiten des Stummfilms sind stilistisch konventionelle, auf Spannung oder Komik ausgerichtete Spielfilme in der Sowjetunion weitaus populärer als das im Ausland gefeierte Montagekino. Inzwischen werden die Filme der Ufa und der amerikanischen Studios auch ganz offiziell zum Vorbild genommen. Anders als Eisenstein, Pudowkin und Alexandrow es sich 1928 in ihren „Gedanken über die Zukunft des Hörfilms" ausmalen, leistet die neue Technik auch im sowjetischen Film nach einer sehr kurzen Phase des Experimentierens der Adaption des klassischen Hollywoodstils Vorschub (vgl. Kepley 1995/1996). Boris Schumjatzki, damals Leiter der zentralen staatlichen Filmbehörde, will ein „Kino für Millionen" schaffen (so der Titel eines Buches, das Schumjatzki 1935 in Moskau veröffentlicht). Geplant, wenngleich nicht ausgeführt, wird der Bau eines sowjetischen Hollywood am Schwarzen Meer.

Den in seinem gleichnamigen Roman von 1931 geprägten Begriff „Traumfabrik" hätte der russische Schriftsteller Ilja Ehrenburg schließlich auch auf die sowjetische Filmproduktion beziehen können. Auch deren Forderung nach Realismus ist keineswegs so zu verstehen, dass der Film nun das wirkliche Leben in der Sowjetunion möglichst getreu aufnehmen solle; wenngleich freilich in den gelungensten Werken des Sozialistischen Realismus, wie *Detstwo Gorkogo* (*Maxims Kindheit*, SU 1938) von Mark Donskoj, einem Biopic über das Leben Maxim Gorkis, außer mythischen Verheißungen auch durchaus authentische Eindrücke der Wirklichkeit eine tragende Rolle spielen. Legt man die Forderungen des Sozialistischen Realismus als Maßstab an, wäre ein Film dann besonders gelungen, wenn er genau solche realistischen Eindrücke im Sinne jener Verheißungen transformiert, die dargestellte Wirklichkeit über sich selbst hinausweisen lässt. In vielen Filmen konzentriert sich die Darstellung der gegenwärtigen Wirklichkeit auf zukunftsweisende Motive und Figuren wie Kraftwerke und Fabriken, Stoßarbeiter und junge Enthusiasten der Partei, die das Bild einer idealisierten Zukunft bereits vorwegnehmen sollen. Anschaulich demonstriert hat das Alexander Medwedkin in seinem Film *Nowaja Moskwa* (*Das neue Moskau*, SU 1938), wo am Schluss eine virtuelle Ansicht der Stadt gezeigt wird, die Stalins gigantischen Plänen entsprechen mag jedenfalls nicht dem wirklichen Moskau. Der Palast der Sowjets, der dort zu sehen ist, wird nie gebaut; an seiner Stelle steht heute die wiedererrichtete Christus-Erlöser-Kathedrale. Vorgriffe auf eine als gewiss angenommene Zukunft sind ebenso in Filmen zu finden, die historische Stoffe verarbeiten. Auch in den Darstellungen vergangener Kämpfe soll sich der im Entstehen geglaubte neue Mensch der sozialistischen Gesellschaft bereits zu erkennen geben. Unerschütterliche Zuversicht im Hinblick auf den Sieg des Sozialismus, der Russland aus finsterer Vergangenheit in eine umso leuchtendere Zukunft führen soll, ist das allen Filmen gemeinsame Motiv; das gilt mit Einschränkungen selbst für die Filme, die vom Faschismus in Deutschland handeln. Elend im eigenen Land wird überhaupt nur gezeigt, wenn es sogleich überwunden und ein dafür verantwortlich gemachter Feind zur Rechenschaft gezogen wird. Der traditionellen Dramatik gemäß können die Protagonisten durchaus eine moralische oder politische Wandlung vollziehen, die Charakterisierung der Figuren bleibt insgesamt jedoch eher schlicht; meist folgt sie den aktuellen Kampagnen der Partei, in der Darstellung der Helden sowohl als auch der Feinde. Beliebter als Filme, in denen ein Saboteur oder Spion von einem rechtschaffenen Arbeiter überführt wird, sind indessen Komödien, vorzugsweise mit volkstümlichen musikalischen Einlagen. Noch als der Terror der ‚Säuberungen' wütet, dem zahllose Menschen aus allen Schichten der sowjetischen Gesellschaft zum Opfer fallen, erscheint die Komödie *Wolga-Wolga* (SU 1938) von Grigori Alexandrow, Eisensteins ehemaligem Assistenten. Darin wird erzählt, wie eine Gruppe von Laienschauspielern mit einem Boot zu einer Musikolympiade nach Moskau reist. Der ausgelassen heitere Film erweist sich, wie einige Jahre zuvor *Tschapajew*, als großer Erfolg beim sowjetischen Publikum. Auch er gehört übrigens zu Stalins Lieblingsfilmen.

Unter dem Namen des Sozialistischen Realismus findet sich ein Repertoire ganz unterschiedlicher Genres. Burleske Komödien und Musikfilme gehören ebenso dazu wie historische Filme über die Revolution und den Bürgerkrieg oder Filme über zeitgenössische Themen wie Industrialisierung, Kollektivierung und die Bekämpfung von Feinden. Komik und ideologische Verklärung gehen dabei häufig einher, wie etwa in Alexandrows Cinderella-Musical *Swetlyj put* (*Der helle Weg*, SU 1940), das vom märchenhaften Aufstieg einer jungen Textilarbeiterin handelt, die schließlich im Kreml den Leninorden verliehen bekommt (vgl. Abb. 3.22).

Dem Gebot der Volkstümlichkeit folgen sogar noch die Filme, in denen die höchsten Führer der Partei als Spielfilmhelden dargestellt werden. Zunächst sind das die Lenin-Filme von Michail Romm, *Lenin w oktjabre* (*Lenin im Oktober*, SU 1937) und *Lenin w 1918 godu* (*Lenin im Jahr 1918*, SU 1939), die eine von Stalin umgeschriebene Geschichte der russischen Revolution und der bolschewistischen Partei erzählen. Der geniale Führer, dem Stalin selbst bereits als treuester Gefährte zur Seite gestellt wird, tritt zugleich als anspruchsloser Mann des gemeinen Volkes auf. Überboten wird diese Art der Hagiografie in den späteren Stalin-Filmen von Micheil Tschiaureli, *Kljatwa* (*Der Schwur*, SU 1946) und *Padenije Berlina* (*Der Fall von Berlin*, SU 1950). Doch auch der verehrte Vater der Völker der Sowjetunion, als welcher Stalin sich weihevoll porträtieren lässt, zeugt eher von bäuerlicher Weisheit als von intellektueller Größe. Stets schenkt er den Sorgen der nicht minder idealisierten Menschen aus dem einfachen Volk Gehör, deren Sprache er selber spricht.

In der sakralen Darstellung Stalins, dessen Auftritte von Chorstimmen begleitet werden, erreicht das heroisierende Pathos des Sozialistischen Realismus seinen Höhepunkt. Nach einer zaghaften Liberalisierung der sowjetischen Filmproduktion während des Zweiten Weltkriegs werden die Bestimmungen nach dem Krieg, d. h. mit Beginn des Kalten Krieges, abermals verschärft und bald auch auf andere Länder übertragen. Erst das sogenannte Tauwetter, das Nikita Chruschtschow mit seiner Distanzierung vom Stalinismus ab 1956 einleitet, ermöglicht die Entwicklung eines modernen Kinos in der Sowjetunion, das sich von den Maßgaben des Sozialistischen Realismus emanzipiert.

Abb. 3.22 Slapstick-Elemente kleiden das ideologische Musical *Swetlyj put* (© Mosfilm, SU 1940) in ein humoristisches Gewand, verschleiern die Propaganda aber nicht: Unermüdlich arbeitet Tanja an der Rationalisierung der Arbeitsprozesse. Erst überfordert von einem Webstuhl (**a**), regelt die ‚neue sozialistische Frau' dann die gesamte Produktion (**b**) und wandelt sich auch äußerlich von der einfältigen Bediensteten zur modernen, gebildeten Frau (**c**). Am Ende ihrer Reise aus der Provinz in die Moskau-Metropole bildet sie mit Ingenieur Alexej das ideale sowjetische Paar vor der berühmten Plastik *Arbeiter und Kolchosbäuerin* (1937) von Wera Muchina (**d**).

Exemplarische Filme

Tschapajew (SU 1934, Sergej Wassiljew, Georgi Wassiljew)
Lenin w oktjabre (*Lenin im Oktober*, SU 1937, Michail Romm)
Detstwo Gorkogo (*Maxims Kindheit*, SU 1938, von Mark Donskoi)
Swetlyj put (*Der helle Weg*, SU 1940, Grigori Alexandrow)
Padenije Berlina (*Der Fall von Berlin*, SU 1950, Micheil Tschiaureli)

Einführungsliteratur

Bulgakowa, Oksana. 2007. Stalinismus und Film. In *Reclams Sachlexikon des Films*, Hrsg. Thomas Koebner, 674–678. Ditzingen: Reclam.
Lahusen, Thomas, Evgeny Dobrenko (Hrsg.). 1997. *Socialist Realism Without Shores*. Durham: Duke University Press.

Taylor, Richard. 1991. Ideology as Mass Entertainment. Boris Shumyatsky and Soviet
   Cinema in the 1930s. In *Inside the Film Factory. New Approaches to Russian and
   Soviet Cinema*, Hrsg. Richard Taylor, Ian Christie, 193–216. London, New York:
   Routledge.

3.3.3   Poetischer Realismus

‚Poetischer Realismus' ist zunächst nur ein Etikett unter vielen für einen Epochalstil, mit
dem sich das französische Kino der 1930er Jahre erfolgreich gegen die amerikanischen
Filmproduktionen des Klassischen Hollywoodkinos behaupten kann. Gefeiert werden
diese Tonfilme vor allem für ihre Atmosphäre. Ihre bekanntesten Regisseure sind Jean
Renoir, Marcel Carné, Julien Duvivier, Jean Grémillon, Jean Vigo, Jacques Feyder, René
Clair und Pierre Chenal. Man umschreibt diesen Stil auch als ‚soziale Fantastik', ‚Noir-
Realismus', ‚romantischer Pessimismus', ‚magischer Realismus' oder ‚populistisches
Melodram'. Alle diese Bezeichnungen deuten auf eine Reibung zwischen Utopie und
Wirklichkeit und bilden zusammengenommen verschiedene Facetten dieses Stils ab. Von
Poetischem Realismus spricht erstmals Jean Paulhan, der Herausgeber der Zeitschrift *La
Nouvelle Revue Française*, um die Romane von Marcel Aymé zu charakterisieren, die
zwischen Symbolik und Realismus changieren: allen voran *La rue sans nom* (1929). Als
Pierre Chenal diesen Roman 1934 verfilmt und sich dabei auf Originalschauplätze kon-
zentriert, übernehmen Kritiker diese Bezeichnung auch für das Kino (in der Zeitschrift
Cinémonde, 8. Februar 1934).

   Der Realismus-Begriff rekurriert hier in der Tradition des literarischen Realismus und
Naturalismus (Honoré de Balzac, Emile Zola) auf das Sujet. All diese Filme handeln von
den kleinen und großen Dramen der Arbeiterklasse oder unteren Mittelschicht in ihren
spezifischen (Pariser) Milieus. Poetisch hingegen ist der kunstvolle Einsatz der visuellen
Gestaltungsmittel – Licht, Bauten, Kamera –, mit dem diese präzise definierten sozialen
Welten in eine lyrische Sphäre des Nostalgischen und Tragischen gehoben, damit auch
abstrahiert und zu Chiffren einer gesellschaftlichen Atmosphäre geformt werden. Es sind
Melodramen, die um Liebe, Eifersucht und Flucht kreisen, grundiert von einem melan-
cholischem Unterton, der sich auch in der Musik und den Chansons offenbart und zu einer
Tragödie auswachsen kann, die den scheiternden Helden in Suizid, Totschlag oder Mord
zu treiben vermag.

   Wie Realismus und Poesie interagieren, verdeutlicht vor allem die meisterhafte Filmarchitektur. Die Bauten von Lazare Meerson, Alexandre Trauner, Georges Wakhevitch
oder Eugène Lourié haben wenig gemein mit der widerspenstigen Qualität von Originalschauplätzen, wie sie Jean Renoir in *Toni* (F 1935) aufsucht und der Italienische Neorealismus später zum ästhetischen Ethos erhebt. Die Hinterhöfe, Treppenhäuser, Gassen,
Dächer und Kneipen, die der Poetische Realismus zeigt, sind zwar genau studierte proletarische Milieus in Paris, aber aufwändig im Studio nachgebildete und zu topographischen
Metaphern verdichtete Architekturen: Mikrokosmen, die in ein geheimnisvolles Licht ge-

taucht, mit der Kamera virtuos erkundet und zum symbolischen Ausdruck des filmischen Themas werden (vgl. Abb. 3.23).

So lässt Alexandre Trauners Konzeption des Wohnhauses in *Le jour se lève* (*Der Tag bricht an*, F 1939), in dessen oberster Etage sich François (Jean Gabin) verbarrikadiert hat, das Gebäude als dramatische Vertikale wie ein Turm aus der Stadt herausragen (vgl. Abb. 3.23a). Top-Shots, die in die schwindelerregende Tiefe des Treppenhauses zielen, wo Arbeiterfamilien stehen und den Gang der Polizisten nach oben verfolgen, symbolisieren Gabins Außenseiterrolle in der Höhe seines Zimmers: desillusioniert und gescheitert, losgelöst vom Arbeiterkollektiv, steht er auf der Scheidegrenze zwischen dem Dasein und dem Tod. Es ist eine Warte des Überblicks über die Dächer der Stadt, aber auch über sein eigenes Leben, das François in drei Rückblenden nochmal Revue passieren lässt, um zu verstehen, wieso er schließlich zum Mörder wird. Der ganze Film ist um diese Situation der existentiellen Auflehnung und Enttäuschung gebaut, die als gesellschaftlicher Kommentar über sich hinausweist.

Abb. 3.23 Die nachgebauten Milieus im Poetischen Realismus sind immer auch symbolische Orte. Sie repräsentieren den Außenseiterstatus der Bewohner: ihre Isolation (ein Haus wie ein Turm in *Le jour se lève*, a, © Productions Sigma, F 1939) und Fremdheit (eine Hütte am Hafen in *Le quai des brumes*, b, © Ciné-Alliance, F 1938, eine Absteige in *Hôtel du Nord*, c, © SEDIF, F 1938). Dabei hebt die atmosphärische Beleuchtung den Realismus der Arbeiterwelt ins Poetische (*Le jour se lève*, d).

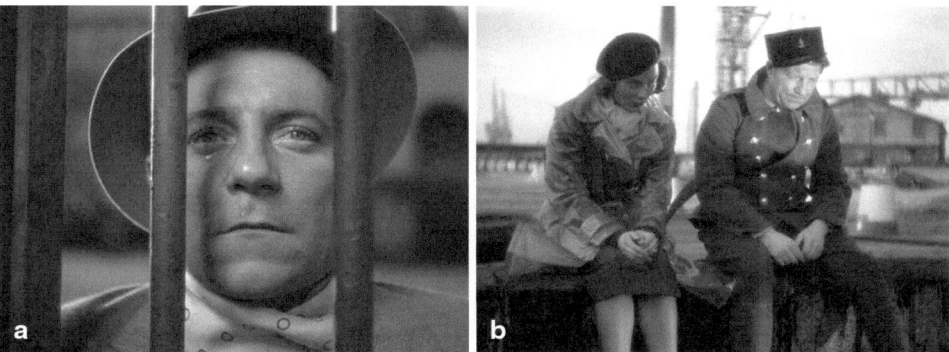

Abb. 3.24 Jean Gabin, der größte Star im Poetischen Realismus, in seiner typischen Rolle des tragischen Helden, der seiner Situation nicht entfliehen kann und dem nur der Ausweg in den Tod bleibt: *Pépé le Moko* (**a**, *Pépé le Moko – Im Dunkel von Algier*, © Paris Film, F 1936), *Le quai des brumes* (**b**, *Hafen im Nebel*, © Ciné-Alliance, F 1938) mit Michèle Morgan.

Jean Gabin, der nach Theaterrollen und oftmals komödiantischen Filmen durch Julien Duviviers *La Bandera* (*Kompanie der Verlorenen*, F 1935) seinen Durchbruch erlebt und dadurch zugleich seine melodramatische Profilierung gewinnt, ist bis zum Beginn des Zweiten Weltkrieges der führende männliche Star in Frankreich, der in fast allen Meisterwerken des Poetischen Realismus zwischen 1935 und 1940 die Hauptrolle spielt und – neben Michel Simon – der Epoche seinen genuinen Stempel aufdrückt (vgl. Barbier et. al. 2007). Gabin, ein Schauspielerkind, erarbeitet sich das Image eines *mauvais garçon au bon cœur*: eines Proletariers, der sich durchschlägt, mehr oder minder kriminell, aber das Herz auf dem rechten Fleck trägt. Sein Gesicht mit der markanten Nase unterstützt den Eindruck der Milieuzugehörigkeit, der fein geschnittene Mund und der bedrückte Blick stärken den Romantizismus seiner Rollen. Minimalistischer Schauspielstil und bewusst naturalistische Milieu-Sprechweise schließlich verschmelzen zu einer Form introvertierter Maskulinität (vgl. Abb. 3.24).

Vorbereitet wird der Poetische Realismus durch René Clairs ersten Tonfilm *Sous les toits de Paris* (*Unter den Dächern von Paris*, F 1930), der beinahe exemplarisch mit einer Kamerafahrt über die Schornsteine der Pariser Dächer hinweg in die Tiefe der Straße hinabsteigt – Staub wird aus dem Fenster gewedelt, eine Prostituierte steht im Hauseingang –, um sich zu einer Gruppe von Arbeitern zu gesellen, die das titelgebende Chanson singen. Gemeinhin wird der Poetische Realismus als Abkehr von der avantgardistischen Kunst der 1920er Jahre betrachtet. Tatsächlich ist die stilistische Zäsur, die der Tonfilm setzt, fundamental. Bebildern Julien Duvivier, Jean Renoir und René Clair im Stummfilm noch Tagträume und Bewusstseinsreisen mit furiosen Mehrfachbelichtungen und Split-Screens, beispielsweise in *Poil de carottes* (F 1925), *La petite marchande d'allumettes* (*Das kleine Mädchen mit den Schwefelhölzern*, F 1928) oder *Les deux timides* (*Die beiden Schüchternen*, F 1928), so geben sie diese komplexen Trick-Kompositionen im Tonfilm auf, um sich auf das szenische Erzählen mit Dialogen zu konzentrieren. Trotz dieses markanten Bruchs sollte aber nicht die Kontinuität übersehen werden, die den Poetischen Realismus mit der Avantgarde verbindet. So melden sich in René Clairs drittem Tonfilm, *À nous la liberté* (*Es lebe die Freiheit*, F 1931), der Dadaismus und Surrealismus zurück, denen Clair zuvor in *Entr'acte* (F 1924) ein filmisches Denkmal gesetzt hat. Clair lässt einen unerklärlichen Wind den Festakt ins Chaos stürzen und Zylinder, Vortragsblätter und Banknoten durcheinander wirbeln. Am Ende des Films gewinnt die Utopie: Der Großkapitalist überlässt seine Grammophon-Fabrik den Arbeitern, die nun – dank der Automatisierung – neben den Fließbändern Karten spielen. Die Maschine führt nicht zur Entfremdung, sondern zur Erlösung von der Arbeit.

Eine Brücke von der Avantgarde zum Poetischen Realismus schlägt auch Jean Vigo. Sein *L'Atalante* (F 1934), der wohl zarteste Film des frühen Poetischen Realismus, mag eine einfache Liebesgeschichte erzählen, die auf einem Binnenfrachter in den Kanälen Frankreichs spielt. Tatsächlich aber verschmelzen hier dokumentarische Aufnahmen der Flusslandschaft zum träumerischen Stimmungsbild, durch das die visuellen Qualitäten der 1920er Jahre immer wieder durchschimmern. So zeigt sich der Französische Impressionismus prägnant in der berühmten Unterwassersequenz, wenn der junge Mann (Jean Dasté) seine Vermisste (Dita Parlo) in schemenhaften Doppelbelichtungen vor sich sieht. Selbst Surrealismus und Slapstick, die in Vigos filmischem Manifest wider die autoritäre Ordnung *Zéro a Conduite* (*Betragen Ungenügend*, F 1932) einer Erziehungsanstalt den Garaus machen, blitzen in *L'Atalante* auf, wenn Michel Simon als exzentrischer Matrose zur Hochform aufläuft. Dieser anarchische Zug in den Anfängen des Poetischen Realismus, der auch Musicalelemente integrieren kann, zeigt, dass ein Epochastil nicht vorschnell homogenisiert werden sollte. Das gilt auch für den Italienischen Neorealismus und seine Grenzgänger *Riso Amaro* (*Bitterer Reis*, I 1949) oder *Miracolo a Milano* (*Das Wunder von Mailand*, I 1951).

Bereitet *Sous les toits de Paris* den Poetischen Realismus vor, so wird der Stil erstmals manifest in Jean Renoirs *La Chienne* aus dem Jahr 1931. Auch bei Renoir kommt die Entwicklung nicht unvermittelt. Zwischen impressionistischen Traumbildern (*La fille de l'eau*, *Die Tochter des Wassers*, F 1924) und surrealem Slapstick (*Sur un air de Charleston*, F 1927) findet er mit der Zola-Verfilmung *Nana* (F 1926) zur dramatischen Fabel. Die Gefährdung des Bürgertums durch das Begehren einer Prostituierten aus der Unterschicht ist auch das Thema von *La Chienne*. Doch nun entzieht sich der Stil der Theatralik der Stummfilmzeit, rückt Alltagsdetails in den Vordergrund und macht radikal Gebrauch vom (damals unüblichen) Originalton. Renoir begreift den Tonfilm als Erweiterung narrativer Möglichkeiten – „Ein Seufzer, das Knarren einer Tür, Schritte auf dem Pflaster können für mich genauso beredt sein wie ein Dialog" (1975, S. 92) – und als Intensivierung des realistischen Ausdrucks: „Damals dachte man nicht daran, den Ton am Drehort aufzunehmen […]. Ich wollte mich stützen auf die Echtheit wirklicher Gebäude, richtiger Straßen, richtigen Verkehrs" (Renoir 1975, S. 94).

Die weitere Entwicklung des Poetischen Realismus wird von den politischen Umständen der 1930er Jahre bestimmt. Die französischen Linken wollen eine faschistische Machtübernahme verhindern, wie sie in Deutschland 1933 – auch durch die Uneinigkeit der Parteien – möglich geworden ist. So vereinigen sich zwischen Juli 1934 und März 1936 Sozialisten, Kommunisten und Radikalsozialisten zur Koalition des *Front populaire* (offiziell: *Rassemblement populaire*), der im Mai 1936 den Wahlsieg erringt. Die neue Regierung unter dem Premierminister Léon Blum erlässt soziale Reformen: unter anderem die Einführung einer Arbeitswoche von 40 Stunden, den Anspruch auf bezahlten Urlaub, die Einführung von Tarifverträgen und Mindestlöhnen. Eine Aufbruchstimmung erfasst das kulturelle Leben und politisiert auch die Kunst. Renoirs Film *Toni*, der das tragische Schicksal eines italienischen Gastarbeiters in der Provence nachzeichnet, ist erster Ausdruck dieses politischen Engagements. Nach einer wahren Begebenheit an Originalschauplätzen und mit Teilen der lokalen Bevölkerung gedreht, nimmt *Toni* Merkmale des Italienischen Neorealismus vorweg, konterkariert aber den eigenen Anspruch durch eine rigoros moralische Konstruktion. In *Le crime de Monsieur Lange* (*Das Verbrechen des Herrn Lange*, F 1936) inszeniert Renoir geschickt die sozialrevolutionären Intentionen Jacques Préverts, des wohl einflussreichsten Drehbuchautors der Epoche. In dem Lehrstück ist der Druckereibetreiber Batala (Jules Barry) ein skrupelloser Unternehmer, der seine Belegschaft ausbeutet, prostituiert oder vergewaltigt. Als Batala vor dem Fiskus flüchtet, schließen sich die Arbeiter zusammen und demonstrieren mit dem erfolgreichen Wiederaufbau der Firma das Potenzial einer Kooperative. Die revolutionäre Spitze des Films ist die Ermordung Batalas durch den Angestellten Lange, der dafür am Ende vor einem improvisierten Arbeitergericht symbolisch freigesprochen wird.

Signifikant für die Hochzeit des Front Populaire im Jahre 1936 sind Renoirs *Les basfonds* (*Nachtasyl*) und Duviviers *La belle équipe* (*Zünftige Bande*), beide mit Jean Gabin in der Hauptrolle. Während *Les bas-fonds* über einen ruinierten Baron, der ins Prekariat abrutscht und dort eine Heimat findet, die Verbrüderung der Klassen feiert und einem Dasein ohne Besitz ein euphorisches Schlussbild setzt, schlägt *La belle équipe* warnende Töne an: Die Solidarität der Arbeiter, die im Lotto gewinnen und gemeinsam ein Landcafé einrichten, bekommt durch Egozentrik und Eifersucht Risse und stürzt das Projekt einer Kommune schließlich in die Krise. Schon ein Jahr später, 1937, zerbricht die Parteienkoalition des Front Populaire an der Finanz- und Außenpolitik; in der Nacht auf den 22. Juni 1937 tritt Blum zurück. Die bittere Enttäuschung über das politische Scheitern der Arbeiterbewegung und der sich ankündigende Zweite Weltkrieg färben die späteren – und heute bekanntesten – Filme des Poetischen Realismus düster ein.

So versammelt Marcel Carnés *Le quai des brumes* (*Hafen im Nebel*, F 1938) beinah exemplarisch die Gestrandeten der Gesellschaft in einer Hütte am Meer (vgl. Abb. 3.23b): Flüchtige und soziale Außenseiter versuchen sich hier ihre Würde zu bewahren, in einer Heterotopie (einem ,Andersort' im Sinne Foucaults), die nihilistischer ausfällt als das Kanalschiff in *L'Atalante* oder das Flusslokal in *La belle équipe*. Was auch in diesem Film passiert – unvermittelt ertränkt sich der Maler und überlässt seine Identität dem Deserteur Jean (Jean Gabin) –, vollzieht sich unwirklich, beinahe fantastisch und in der düstermelancholischen Schwere des Films doch eigentümlich konsequent. Der Nebel, der die Figuren umfängt und ihre Konturen auflöst, korrespondiert mit der durchgängigen Langsamkeit der Bewegungen und der Kraftlosigkeit der Stimmen. In Carnés *Le jour se lève* wirkt Jacques Préverts Fabelkonstruktion wie eine Antwort auf die politische Situation. Ein neuer Batala (erneut Jules Barry) wird als Repräsentant der Dekadenz erschossen. Doch diesmal tritt die Arbeiterschaft nicht für den Täter ein, François bleibt allein zurück und tötet sich schließlich selbst. „Die Aufforderung zur aktiven Volksjustiz verdreht sich, wie in der Tragödie, zum moralischen Selbstgericht" (Sieber 1993, S. 74). Der revolutionäre Optimismus von *Le crime de Monsieur Lange* wird in *Le jour se lève* unter Fatalismus, Todessehnsucht und Desillusionierung begraben. *Le quai des brumes* und *Le jour se lève* der kreativen Allianz Carné-Prévert gelten den französischen Filmhistorikern im Nachhinein als Paradigmen des Poetischen Realismus.

Trotzdem wäre es zu kurz gegriffen, diesen Pessimismus nur auf die gesellschaftlichen Umstände zurückzuführen. Renoirs zweite Zola-Verfilmung, *La bête humaine* (*Bestie Mensch*, F 1938), zeichnet zwar den unausweichlichen – weil genetisch veranlagten – Niedergang des Helden nach, ist aber in seinem Fatalismus kein Novum in Renoirs Werk. Bereits seine Simenon-Verfilmung *La nuit du carrefour* (F 1932) ist durchdrungen von dem, was Leo Braudy „die dunkle Seite des Naturalismus" nennt, eine Erbschaft Emile Zolas: die Erkundung der negativen Seite der menschlichen Natur (vgl. 1989, S. 51). Schon mit *Nana* und *La Chienne* hat Renoir gezeigt, dass er den psychischen Zwang zu Mord und Selbstzerstörung präzise in Welten der Verlorenheit fassen kann. Jean Gabins tragische Helden in *Le jour se lève*, *Le quai des brumes*, *La bête humaine* und auch in *Pépé le Moko* (*Pépé le Moko – Im Dunkel von Algier*, F 1937) sind allesamt Verdammte, denen die Flucht aus ihrem Unglück nicht gelingt. Mit dieser Heldenkonzeption und seinen Atmosphären der Ausweglosigkeit, die Obsession und Mysterium in die Bilder legen, hat der Poetische Realismus den Film Noir maßgeblich inspiriert.

Es ist fraglich, ob man diesen Stil von den politischen Entwicklungen nach 1939 ablösen und seinen Fortbestand bis zum Ende des Zweiten Weltkriegs ausweiten kann. Als Marcel Carné und Jacques Prévert den Stil 1946 in *Les portes de la nuit* (*Pforten der Nacht*, F 1946) zu revitalisieren suchen, wirken seine Elemente wie ausgestellte Zitate, die nicht mehr mit Leben gefüllt sind.

Exemplarische Filme

L'Atalante (*Atalante*, F 1934, Jean Vigo)
Le crime de Monsieur Lange (*Das Verbrechen des Herrn Lange*, F 1936, Jean Renoir)
Pépé le Moko (*Pépé le Moko – Im Dunkel von Algier*, F 1936, Julien Duvivier)
La bête humaine (*Bestie Mensch*, F 1938, Jean Renoir)
Le quai de brumes (*Hafen im Nebel*, F 1938, Marcel Carné)
Le jour se lève (*Der Tag bricht an*, F 1939, Marcel Carné)

Einführungsliteratur

Andrew, James Dudley. 1995. *Mists of regret. Culture and Sensibility in Classic French Film*. Princeton (New Jersey): Princeton University Press.

Braudy, Leo. 1989. *Jean Renoir. The World of his Films*. New York: Columbia University Press.

Sieber, Anja. 1993. *Vom Hohn zur Angst. Die Sozialkritik Jacques Préverts in den Filmen von Marcel Carné*. Rodenbach: Avinus.

3.3.4 NS-Propagandafilm

Die Nationalsozialisten betreiben Propaganda mit dem Ziel, politische Ideen und Wahnvorstellungen systematisch zu verbreiten und zu etablieren, den Willen und das Bewusstsein der Bevölkerung gemäß der nationalsozialistischen Weltanschauung auszurichten. Ebenso wichtig wie die kollektiv geschürte Begeisterung für Volk, Reich und Führer ist dabei der Hass auf Sozialismus, Internationalismus, Liberalismus und vor allem das Judentum, welches die Nazis als die für all das verantwortliche ‚Gegenrasse' schlechthin dämonisieren.

Bereits am 14. Juli 1933 errichtet Reichspropagandaminister Joseph Goebbels eine vorläufige Filmkammer, aus der bald danach die Reichsfilmkammer mit ihren Reichsfilmintendanten und -dramaturgen hervorgeht, die die deutsche Filmindustrie rasch an sich reißen und in die von Goebbels vorgegebene Richtung lenken wird. Gleich zu Beginn der Diktatur werden – sofern sie sich nicht selbst zurückziehen oder emigrieren – sowohl alle jüdischen Filmkünstler entlassen als auch sämtliche weiteren Mitarbeiter der Filmindustrie, die als verdächtig oder politisch unzuverlässig gelten oder die durch kritische Filme bekannt geworden sind, zu denen das Publikum sie möglicherweise in Verbindung hätte setzen können. Eigene, dem Propagandaapparat zweckdienliche Identifikationsfiguren sollen geschaffen und sämtliche Anklänge an die den Nationalsozialisten verhasste Kunst der Zeit der Weimarer Republik zum Verstummen gebracht werden. So wird die bis dahin nicht nur prosperierende, sondern auch ästhetisch innovative deutsche Filmkunst ihrer Protagonisten beraubt. Ihre besten Künstler „werden durch sich politisch anbiedernde Schreiberlinge und zweitklassige Opportunisten ersetzt" (Rentschler 2006a, S. 339). Jeder Film, jedes Foto, jeder Radiobeitrag, jede Nachricht wird nun vor der Publikation zentral erfasst, kontrolliert und nötigenfalls zensiert. Fortan bestimmt die Reichsfilmkammer, „wie das filmische Instrumentarium und das ästhetische Vokabular" (Donner 1995, S. 8) auszusehen haben. Der für diesen Bereich verantwortliche Minister Goebbels ist sich des massenwirksamen Potenzials des Films durchaus bewusst und sieht sich dementsprechend verpflichtet, allen möglicherweise ‚gefährlichen Auswirkungen' des Films entgegenzuarbeiten. Der Film wird zu einem Teil des staatlichen Gleichschaltungsapparats.

Zum theoretischen Fundament dieses Propagandasystems gehört sicherlich auch die 1895 erschienene *Psychologie der Massen* des französischen Psychologen Gustave Le Bon. Die darin aufgestellten Thesen zur Leichtgläubigkeit, Beeinflussbarkeit und Emotionalität sowie zur manipulativen Führung der Massen halten zahlreiche massenpsychologisch wirksame Strategien schon bereit. Viele der darin erläuterten Prinzipien werden, implizit zumindest, auch in den Filmen der NS-Zeit wirksam, scheint die auf ein Massenpublikum ausgerichtete Filmkunst doch das probateste Mittel, möglichst große Teile der Bevölkerung emotional zu affizieren.

Die hohe Zahl von etwa 1100 Filmen, die zwischen 1933 und 1945 entstehen, unter-streicht die Bedeutung des Films für die Nazis. Zugleich aber geht daraus hervor, dass der Film auch im Nationalsozialismus, von signifikanten Ausnahmen abgesehen, vor allem konfektionierte Massenware ist. Neben vordergründig unterhaltsamen Spielfilmen, die den Großteil der gesamten Produktion ausmachen, werden auch zahlreiche nicht-fiktiona-le Formate hergestellt. Auch die Wochenschauen und Kompilationsfilme, die bereits vor-handenes Filmmaterial etwa durch propagandistische Montagestrategien zweckentfrem-den und deren originäre Inhalte umdeuten, ebenso wie die gezielt eingesetzten Lehrfilme, die ein neues Geschichtsbild vermitteln sollen, erreichen ein breites Publikum. Im Bereich des Dokumentarfilms werden insbesondere die Filme Leni Riefenstahls bis heute häufig thematisiert und gleichermaßen kontrovers diskutiert. Vor allem ihre Filme *Triumph des Willens* (D 1934) zum Reichsparteitag der NSDAP in Nürnberg oder ihre beiden Filme zu den Olympischen Spielen in Berlin 1936 – *Olympia – Teil 1: Fest der Völker* und *Teil 2: Fest der Schönheit* (D 1938) – gelten als Musterbeispiele nicht bloß des nationalsozialisti-schen, sondern des propagandistischen Films schlechthin. Umstritten ist vor allem der Zu-sammenhang zwischen den hier virtuos eingesetzten Stilmitteln und der nationalsozialis-tischen Weltanschauung, die sie ebenso enthusiastisch bewerben. Über Riefenstahls Filme sagt etwa Inge Baxmann, sie „entwickelten keine ‚faschistische Ästhetik‘, sondern führten die schon seit den 10er und 20er Jahren entwickelten filmischen Möglichkeiten zu einer neuen Synthese" (1999, S. 84). In der Tat lässt Riefenstahls Regie diese Werke aus der deutschen Massenfilmproduktion herausragen; unter ästhetischen Aspekten scheinen sie mit anderen Filmen jener Zeit kaum vergleichbar – wenngleich auch andere Filmemacher deren ästhetische Strategien zu kopieren versuchen. Die von Baxmann angeführte neue Synthese, die Riefenstahl bewerkstelligt habe, vermag jedoch nicht darüber hinwegzutäu-schen, dass ihre künstlerischen Leitungen sich der nationalsozialistischen Weltanschau-ung bereitwillig andienen. Von diesem Zweck, der Riefenstahls Stil durchaus immanent ist, lässt sich die Form ihrer Filme nicht einfach ablösen.

Diese allerdings bringen, im Unterschied zu Spielfilmen, die meisten ‚Dokumentarfil-me‘ sehr viel direkter und unverschleierter zum Ausdruck. Das gilt insbesondere für Fritz Hipplers 1940 entstandenen pseudodokumentarischen Film *Der ewige Jude* (D 1940), der mit kompilierender Technik Szenen aus den polnischen Ghettos, von Verurteilungen gesellschaftlicher Größen jüdischer Herkunft sowie jüdischer Rituale aneinanderreiht und gehässig antisemitisch kommentiert. Dieser Film soll die Ressentiments gegen die jüdi-sche Bevölkerung aus dem zuvor entstandenen, ebenfalls dezidiert antisemitisch konzi-pierten Spielfilm *Jud Süß* (D 1940) quasi dokumentarisch verifizieren (vgl. Abb. 3.25).

Von den zahlreichen Spielfilmproduktionen sind ‚nur‘ etwa zehn Prozent als eindeutig propagandistisch zu erkennen. Neben Veit Harlans *Jud Süß* seien Hans Steinhoffs die Hit-lerjugend verherrlichende und die kommunistischen Parteien diffamierende *Hitlerjunge Quex* (D 1933), sein antibritischer Film *Ohm Krüger* (D 1941), Karl Ritters kriegsbeja-hender Film *Stukas* (D 1941) oder der ebenfalls unter der Regie Harlans gedrehte *Kolberg* (D 1945) genannt, der die dezimierten deutschen Truppen zum Durchhalten motivieren soll. Dabei ist diesen Filmen eher die Vermittlung nationalsozialistischer Ideologie als etwa ein stilistisches Format gemein. Auch nennenswerte ästhetische Neuerungen, wie

Abb. 3.25 In *Jud Süß* (© Terra-Filmkunst, D. 1940) wird nicht nur der titelgebende Joseph Süß Oppenheimer (Ferdinand Marian, **a**) über sein Aussehen und durch seine Raffgier als Reichtümer hortender Jude stereotypisiert. Auch weitere Charaktere werden optisch als für die damalige Zeit offenkundig ‚jüdisch‘ ausgestellt und mit negativen Eigenschaften ausgestattet. So kommentiert ein Jude zu Beginn das Verhältnis von Oppenheimer und dem Herzog von Württemberg: „Er soll ihm geben. Dass wir können nehmen, nehmen, nehmen!“ (**b**).

sie beispielsweise dem sowjetischen Montagekino zuvor gelungen sind, können diesen Filmen kaum abgewonnen werden. Die Verherrlichung des Führerkults bei gleichzeitiger Konstruktion eines Feindbildes, die Desavouierung politischer Gegner bei gleichzeitiger Glorifizierung des eigenen Militärs artikulieren sich vor allem in einer demagogischen Verzerrung der Realität.

Dass sich in der Fülle der Spielfilmproduktionen vergleichsweise wenige Filme allzu offensichtlicher propagandistischer Strategien bedienen, ist auch auf Goebbels' Taktik zurückzuführen, die Bevölkerung in erster Linie bei Laune und sie somit viel wirksamer bei der Stange zu halten. Scheinbar harmlose, nur untergründig ideologisch eingefärbte Unterhaltungsfilme sollen von einer Beurteilung der Realität überhaupt ablenken und jedwedes kritische Denken lähmen. „Der Film ist für ihn ein Transportriemen der Soll-Werte, mußte stets massenattraktiv bleiben, mußte kleinbürgerliche Idyllen, Optimismus, Frohsinn, Tapferkeit und den Segen der Arbeit präsentieren, Bilder von einem besseren Leben statt Verbrechen, Mord, Negativem“ (Donner 1995, S. 14). In diesem Sinne erachtet Goebbels Unterhaltungsfilme als die beste Propaganda, denn sie scheinen mehr als Lehrfilme dazu geeignet, die Flucht vor der Realität zu erleichtern und eine positive Stimmung in der Bevölkerung aufrechtzuerhalten. „Er behauptete gerne, alle Filme seien politisch, besonders jene, die sich unpolitisch gebärdeten“ (Rentschler 2006a, S. 343). Im Mittelpunkt stehen seichte Komödien, romantische Liebes- und Heimatfilme sowie harmlose Kriminal- und Abenteuergeschichten, die, auf einfachste Formen reduziert, einen wirklichkeitsfernen Zustand entwerfen und im Hinblick auf ihren Eskapismus mit den zeitgleich im faschistischen Italien produzierten *Telefoni bianchi* vergleichbar sind.

Die Herausbildung eines neuen Stils beginnt oftmals als Gegenentwurf zu den zuvor geltenden Konventionen. Im Falle des NS-Kinos erfolgt eine solche Verschiebung ästhetischer Maßstäbe von vornherein aus politischen Motiven, weniger aus der Filmkunst selbst als vielmehr den ihr auferlegten ideologischen Direktiven. Beim NS-Kino von einem

Abb. 3.26 Hitler als gott-
gleiches Wesen in *Triumph des
Willens* (© Leni Riefenstahl-
Produktion, D 1934): Bei der
Ankunft in Nürnberg bewegt
sich der „Führer" durch die
Inszenierung scheinbar schwe-
relos über der Straße.

eigenen Stil zu reden, fällt schwer. Neben der rigorosen Ablehnung aller modernen und
avantgardistischen Elemente des deutschen Kinos der 1920er Jahre steht meist nur der
(was zumindest die Ästhetik, nicht aber die Wirkung betrifft) weitestgehend misslungene
Versuch, den illusionistischen Stil des Hollywood-Kinos zu kopieren und der Bevölkerung originär ‚arische' Identifikationsfiguren zu liefern. „Weimars elektrisierende Mischung aus phantastischer Träumerei und realistischen Exkursionen wird ersetzt durch ein
Kino, das den Raum der Zeit, die Komposition dem Schnitt, den Entwurf der Bewegung
[…] vorzog". (Rentschler 2006a, S. 344)

Durch die Schrumpfung der zuvor vielfältigen deutschen Filmindustrie auf letztlich
drei große und im Grunde miteinander verflochtene Firmen (unter der Leitung der Ufa-
Film GmbH) wird der Film im Nationalsozialismus auch institutionell gleichgeschaltet.
Im Resultat entstehen zumeist nicht weiter hervorzuhebende Filme, die sich mehr als etwa
durch stilistische Kohärenz oder Prägnanz durch ihre stets wiederholte ideologische Tex-
tur ‚auszeichnen', durch ihre auf Alltagsflucht ausgerichtete, indoktrinierende wie anäs-
thesierende Wirkung.

Als stilistisch einflussreich, obgleich ästhetisch und politisch nicht weniger dubios als
das nationalsozialistische Kino insgesamt, kann allein Leni Riefenstahl gelten, die in ihren
Filmen etwa durch eine fatale Ornamentierung der Massen, eine in den Wolken schwebende Kamera (die in *Triumph des Willens* die Ankunft und die Allmacht des ‚Führers'
suggeriert), einen ästhetisch wirkungsvollen Einsatz der Zeitlupe und raffinierter Montagen einen zumindest ausdrucksstarken individuellen Stil entwickelt hat (vgl. Abb. 3.26
und 3.27).

Exemplarische Filme

Hitlerjunge Quex (D 1933, Hans Steinhoff)
Triumph des Willens (D 1934, Leni Riefenstahl)
Olympia – Teil 1: Fest der Völker (D 1938, Leni Riefenstahl)
Jud Süß (D 1940, Veit Harlan)
Der ewige Jude (D 1940, Fritz Hippler)

Abb. 3.27 In *Olympia* (© Leni Riefenstahl-Produktion, D 1936/38) werden Athleten in Untersicht und Zeitlupe in Szene gesetzt, um einen propagandistisch idealisierten „Volkskörper" zu schaffen, der die vermeintliche Stärke des Deutschen Reiches unter Beweis stellen sollte.

Einführungsliteratur

Donner, Wolf. 1995. *Propaganda und Film im ‚Dritten Reich'*. Berlin: TIP.

Loiperdinger, Martin. 1987. *Der Parteitagsfilm „Triumph des Willens" von Leni Riefenstahl. Rituale der Mobilmachung*. Opladen: Leske & Budrich.

Rentschler, Eric. 2006. *Ministry of Illusion. Nazi Cinema and Its Afterlife*. Cambridge (Mass.): Harvard University Press.

3.4 Kino der Moderne – 1940–1970er Jahre

3.4.1 Italienischer Neorealismus

Die Anwendung des Begriffs *neorealismo* (der bereits in der italienischen literatur- und kunstwissenschaftlichen Diskussion der 1930er Jahre vorkommt) durch den italienischen Filmkritiker und -theoretiker Umberto Barbaro im Jahr 1943 entspricht zugleich der Forderung, den italienischen Film für aktuelle soziale Probleme und das Erzählen wirklichkeitsnaher Ereignisse zu sensibilisieren. Dabei nennt Barbaro den Poetischen Realismus in Frankreich als Vorbild. Bei einem der Hauptvertreter, bei Jean Renoir, lernt Luchino Visconti als Regie-Assistent das Filmhandwerk. Visconti wiederum publiziert ebenfalls 1943 sein Manifest *Il Cinema antropomorfico* (Das anthropomorphe Kino), in dem er die Entwicklung hin zu einem anthropozentrischen Kino fordert, das den Menschen in seiner Alltagswirklichkeit in den Mittelpunkt des Films stelle, und damit eine nahezu programmatische Grundlage für die in der Folge entstandenen neorealistischen Filme schafft. Unterstützt wird er unter anderem von Cesare Zavattini, der die Drehbücher zu einigen zentralen Filmen des *Neorealismus* verfasst. Zavattini seinerseits plädiert:

> Wir alle sind Figuren. Die Helden bringen den Zuschauern Minderwertigkeitskomplexe bei. Es ist an der Zeit, den Zuschauern zu sagen, dass sie selbst die wahren Hauptfiguren des Lebens sind. Das Ergebnis wird ein beständiger Appell an das Verantwortungsgefühl und an die Würde jedes Menschenwesens sein. (1964, S. 23)

Den Forderungen gemeinsam ist eine moralische Verpflichtung der Filmemacher gegenüber der Gesellschaft. Dabei wenden sich die Neorealisten sowohl gegen das Hollywood-
Kino als auch (und vor allem) gegen das im faschistischen Italien der 1930er und frühen
1940er Jahre dominante Kino – die sogenannten *Telefoni bianchi*-Filme, die im Milieu der
oberen Zehntausend spielen und die Darstellung gesellschaftlicher Probleme ansonsten
vermeiden. Zwar wird die Anzahl der Filmproduktionen in der Mussolini-Ära immens
gesteigert, doch entsteht daraus lediglich ein Einerlei aus hochgradig artifiziellen Studio-
filmen, die die vom herrschenden Regime propagierten konservativen Werte und straffen
Hierarchien untermauern und dabei erzählerisch naiv wie maniert jeglichen Bezug zur
Alltagswirklichkeit vermissen lassen. Es ist einmal mehr der Bruch mit den vorherrschenden Konventionen des Kinos, aus dem eine neue Strömung hervorgeht, die sich als Einspruch gegen die damals dominierende Konfektionsware lesen lässt und den Film in einen
unmittelbaren gesellschaftlichen Kontext stellt.

Als filmischer Wegbereiter für den *Neorealismus* gilt neben den Filmen des Poetischen
Realismus in erster Linie Viscontis auf James M. Cains Kriminalroman *The Postman Always Rings Twice* (*Wenn der Postmann zweimal klingelt*, 1934) basierendes Regiedebüt
Ossessione (*Ossessione… von Liebe besessen*, I 1943), in dem sich bereits einige der
entscheidenden Elemente des neorealistischen Stils identifizieren lassen (vgl. Abb. 3.28).

Mustergültig gestaltet werden die neorealistischen Prinzipien schließlich zwei Jahre
später in Roberto Rossellinis *Roma, cittá aperta* (*Rom – Offene Stadt*, I 1945), mit dem
der *Neorealismus* seinen endgültigen Durchbruch erlebt. Darin schildert Rossellini die
Aktivitäten einer idealistischen Widerstandsgruppe in Rom zur Zeit der deutschen Besatzung und bildet die kollektiv erfahrene Not der italienischen Bevölkerung ab. Rossellinis
nachfolgender Film *Paisá* (I 1946) erzählt in sechs Episoden, die sich geografisch von
Süden nach Norden, von Sizilien bis hin zur Po-Ebene bewegen, vom Vormarsch US-
amerikanischer Soldaten und dem Widerstand italienischer Partisanen gegen die deutsche
Besatzungsmacht kurz vor Ende des Zweiten Weltkriegs. Sowohl zergliedert als auch verbunden werden die einzelnen Episoden durch Wochenschau-Ausschnitte, die dem Film
einen quasi-dokumentarischen Charakter verleihen und ihn wie eine unmittelbare Chronik
wirken lassen. Neben *Roma, città aperta* und *Paisá* komplettiert *Germania anno zero*
(*Deutschland im Jahre Null*, I u. a. 1948) schließlich jene Filme Rossellinis, die als Herzstück der Strömung oftmals unter dem Begriff ‚neorealistische Trilogie' zusammengefasst
werden. Den Filmen dieser Trilogie ist gemein, dass die darin abgebildeten Geschichten
einen nahen Wirklichkeitsbezug aufweisen, indem sie wahrhaftige Ereignisse der allerjüngsten Vergangenheit oder auch deren Auswirkungen auf die unmittelbare, desillusionierende Gegenwart thematisieren. Damit bieten sie ein Identifikationspotenzial für die
Bevölkerung, weil sie in der Alltagswelt eine entsprechende Gültigkeit finden und dadurch weniger konstruiert wirkten.

Vertreter des ‚einfachen' Volkes rücken in den Mittelpunkt, sie werden zu Hauptfiguren
und aus ihrem Blickwinkel werden viele der Geschichten erzählt (vgl. Abb. 3.29): so beispielsweise die des mittellosen Familienvaters Antonio Ricci in Vittorio De Sicas *Ladri
di biciclette* (*Fahrraddiebe*, I 1948). Der Film nach einem Drehbuch Zavattinis und mit

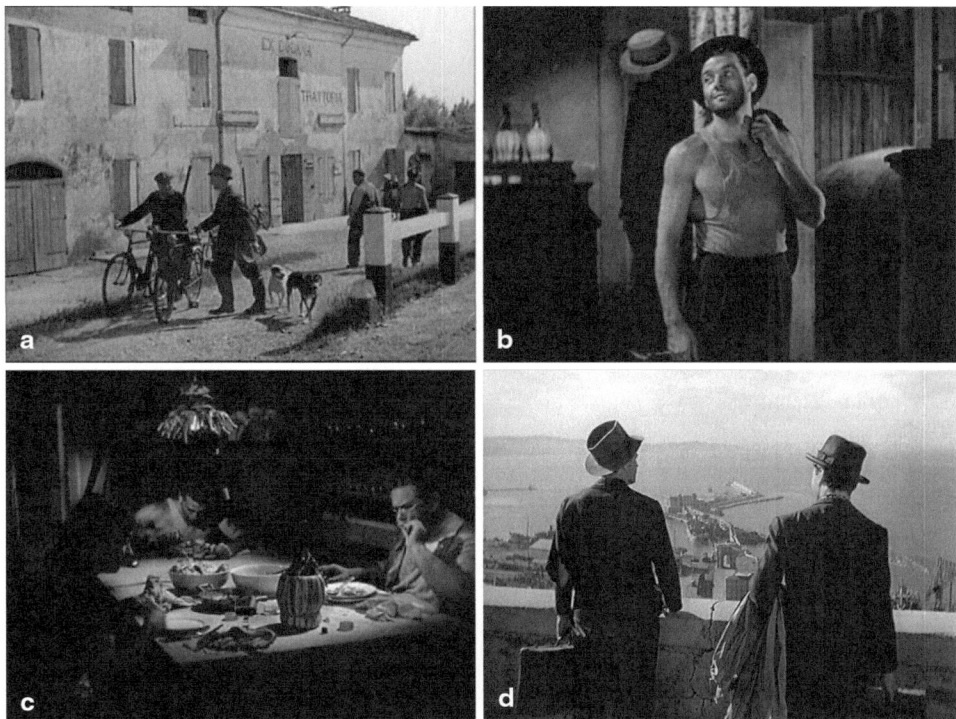

Abb. 3.28 Viscontis Debütfilm *Ossessione* (© ICI, I 1943) ist ein früher Vertreter des Italienischen Neorealismus. Charakteristisch dafür: die Konzentration auf die Alltagsrealität der „kleinen Leute" (**a**), ein Verzicht auf die Auflösung von Dialogszenen im Schuss-Gegenschuss-Verfahren (**b**), eine naturalistische Beleuchtung (**c**) und der Einsatz von weiten Einstellungen (**d**).

De Sica von einem weiteren Hauptvertreter des Neorealismus inszeniert, der mit *Sciuscià* (*Schuhputzer*, I 1946) und *Umberto D* (I 1952) Klassiker dieser Stilrichtung schaffen wird, „erfüllt alle neorealistischen Prinzipien" (Bazin 2009b, S. 337).

Der arbeitslose Ricci erhält unter der Bedingung, dass er ein Fahrrad besitzt, einen Job als Plakatkleber. Um sich der Arbeitslosigkeit zumindest vorübergehend entziehen

Abb. 3.29 *Ladri di biciclette* (© PDS, I 1948).

und dadurch seine Familie versorgen zu können, tauschen er und seine Frau die Bettwä-
sche der Familie bei einem Pfandleiher gegen ein gebrauchtes Fahrrad ein, das ihm dann
während der Arbeit gestohlen wird. Es beginnt eine verzweifelte Suche nach Fahrrad und
Dieb, die Ricci und seinen Sohn durch die Straßen eines verarmten Roms der Nachkriegszeit führt und erfolglos endet. Aus schierer Verzweiflung und Existenzangst beschließt
Ricci, seinerseits ein Fahrrad zu stehlen. Doch vor den verunsicherten Augen seines Sohns
wird er dabei erwischt. De Sica schildert eindrucksvoll und ebenso schonungslos die All-
gegenwart von Armut, Arbeitslosigkeit, Verzweiflung und Kleinkriminalität in einem
durch Krieg aus den Fugen geratenen Land. Das Spektakuläre im Alltäglichen statt im
Außergewöhnlichen zu suchen und den Blick auf Minderprivilegierte, auf Widerstands-
kämpfer (*Roma, città aperta*), zur Arbeitslosigkeit Gezwungene (*Ladri di biciclette*), hart
arbeitende Fischer *(La terra trema /Die Erde bebt,* I 1948) oder auf sich allein gestellte
Kinder und Jugendliche (*Sciuscià*) zu richten darin liegt das bedeutend Neue dieses italienischen Kinos. Es entsteht dabei ein Realismus, der gemäß Roland Barthes zunächst
als ein moralischer zu verstehen ist, die Beziehung des Künstlers zur Wirklichkeit sei
„letztlich immer eine ethische und keine technische Beziehung gewesen; geschichtlich
gesprochen: der Realismus ist ein moralischer Begriff" (Barthes 1956, S. 304). Dieser zei-
tigt allerdings Konsequenzen, die für sich allein genommen keineswegs die stilistischen
Innovationen, die der Neorealismus hervorbringt, beschreiben können.

Die in den neorealistischen Filmen abgebildeten Ereignisse stehen durch ihren dokumentarischen Wert und ihre scheinbar stärkere Unmittelbarkeit der Alltagswirklichkeit
noch näher als im Poetischen Realismus. Doch André Bazin erinnert daran, „daß es in der
Kunst nie einen Realismus gab, der nicht zuallererst und zutiefst ästhetisch ist" (Bazin
2009b, S. 306). Welche ästhetischen Neuerungen lassen sich an den neorealistischen Filmen beobachten? Um die alltäglichen Schicksale auf die Leinwand zu projizieren, sollte
bei der Rollenbesetzung auf Laiendarsteller zurückgegriffen werden. Tatsächlich besteht
das Schauspielerensemble eines Großteils der Filme sowohl aus Laien als auch aus professionellen Darstellern, die bereit sein mussten, „entschlossen auf die Imperative des Schauspiels zu verzichten" (Bazin 2009b, S. 350). Wichtig sei dabei nur, den Berufsdarsteller
nicht in seinem gewohnten Fach spielen zu lassen und dem Starprinzip eine Absage zu
erteilen. „Wenn die Mischung gelungen ist […], erhält man eben jenen außerordentlichen
Eindruck von Wahrhaftigkeit, der die heutigen italienischen Filme [die des Neorealismus]
auszeichnet" (Bazin 2009b, S. 304).

„Die soziale Unmoral des Films entspringt seinen Kosten. Der Film hat seine Moral,
seine Notwendigkeit, seine Qualität noch nicht gefunden, weil er zuviel kostet" (Zavattini
1964, S. 21). Die geringen Produktionskosten entsprechen einerseits dem künstlerischen
und politischen Selbstverständnis der Neorealisten, andererseits stellen sie aufgrund der
geringen finanziellen Mittel der Filmemacher aber auch eine Notwendigkeit dar, die unter
anderem dazu führt, dass an Originalschauplätzen gedreht wird. Ein Verfahren, das den
Filmen gegenüber den artifiziellen Studiokulissen deutlich mehr Authentizität verleiht –
zum Beispiel durch die Verwendung tatsächlich vorhandener Straßen, auf denen sich das
Leben abspielt, statt eigens für den Film konstruierter Bauten (vgl. Abb. 3.30). Dabei wird

Abb. 3.30 Ruinenlandschaften als Originalschauplätze in Rosselinis neorealistischer Trilogie: Sie dokumentieren den Zustand der Städte nach dem Zweiten Weltkrieg. Inmitten der Trümmer finden sich in *Paisá* (**a**, © OFI, I 1946) und *Germania anno zero* (**b**, © SAFDI u. a., I u. a. 1948) verwaiste Kinder.

der Ton mangels technischer Ausrüstung häufig nicht synchron während der Dreharbeiten, sondern erst nachträglich aufgezeichnet. Dieser technische Nachteil bedeutet jedoch nur scheinbar einen ästhetischen Verlust, denn er eröffnet den Regisseuren gleichzeitig neue Möglichkeiten, vor allem in Bezug auf den realistischen Eindruck, den die Filme hinterlassen. „Da sie nun frei sind, ohne Rücksicht auf das Mikrophon mit der Kamera zu spielen, machten sie sich diesen Umstand zunutze und vergrößerten den Spielraum und die Beweglichkeit der Kamera: Sofort stieg der Wirklichkeitskoeffizient an" (Zavattini 1964, S. 311). Das Beobachten des Geschehens aus der Distanz, die Auflösung von Dialogszenen in *two shots* bei gleichzeitigem Verzicht auf die konventionellen *Schuss-Gegenschuss-* und *eyeline match-Verfahren* und die Neigung zu längeren Einstellungen bis hin zu technisch einfachen Plansequenzen sind das Resultat. Dabei wird durch die vergrößerte Einstellungslänge eine längere Deckung von Erzählzeit und erzählter Zeit und damit eine größere Analogie zur Echtzeit respektive zum realen Zeitempfinden erreicht. Als eine weitere reduktionistische Maßnahme sei der Verzicht auf künstliche Beleuchtung und weitestgehend auch auf extradiegetische Musik genannt (in *Ladri di biciclette* wird beispielsweise die Schlusssequenz von effektvoller, der Tragik mehr Emphase verleihender Musik untermalt). Die Reduktion ästhetischer Mittel „führt keineswegs zu einem ästhetischen Rückschritt, sondern bewirkt im Gegenteil einen Fortschritt der Ausdrucksfähigkeit, eine triumphale Weiterentwicklung der Sprache des Films und eine Erweiterung seiner stilistischen Möglichkeiten" (Zavattini 1964, S. 307).

Laut Gilles Deleuze wird das Kino in den 1940er Jahren, und dabei bezieht er sich in erster Linie auf die neorealistischen Filme, modern. Mit dem Begriff der *situation dispersive* beschreibt er die Hinwendung der Filme zu einer partikularisierenden Situation und zu weniger universellen, dafür jedoch im Alltag verhafteten Themen. Um die Strömungen der gesellschaftlichen Situation der Gegenwart zu erfassen, bedurfte es lediglich eines neuen Typus der Erzählung, der fähig sein würde, das Elliptische und Unorganisierte zu verstehen, gleichsam als ob der Film wieder ganz von vorne anfangen und alle Errungenschaften der amerikanischen Tradition in Frage stellen müßte. (Deleuze 1997, S. 283)

Nicht nur *Paisà*, aufgrund seiner deutlichen Episodenstruktur, sondern auch dem Erzähl-muster weiterer neorealistischer Filme haftet etwas Episodisches an. Dabei werden auch für den Plot vermeintlich unwichtige Ereignisse und Szenen in den Vordergrund gerückt (wie die Regenszene in *Ladri di biciclette*). Das Handlungszentrum der Geschichten wird diffuser, immer wieder scheint der Zufall die Dramaturgie zu bestimmen und die Ziel-gerichtetheit weicht einem teils ziellosen Umherstreifen. All diese stilistischen und nar-rativen Parameter führen zwar zu einer stilistischen Verwandtschaft der neorealistischen Filme, aber (auch in diesem Fall) keineswegs zu einer stilistischen Homogenität. Zu unter-schiedlich sind dafür die den Neorealismus maßgeblich prägenden Handschriften der Re-gisseure.

In der Filmgeschichtsschreibung ist es üblich, bei einer als epochal klassifizierten Strö-mung Anfang und Ende zeitlich genau anzugeben. Über die Kernzeit des Neorealismus kursieren unter Filmhistorikern abweichende Auffassungen, doch eine Mehrheit datiert das Ende auf das Jahr 1952 mit dem Erscheinen von De Sicas *Umberto D.* Dieses Ende des Epochalstils ist das Resultat seiner sich in andere Richtungen entwickelnden Leitfi-guren – beispielsweise inszeniert Visconti mit *Senso* (*Sehnsucht*, I 1954) einen Film, der seiner melodramatischen Neigung und seinem historischen Interesse entspricht. Roberto Rossellini konstatiert:

Für mich ist er [der Neorealismus] vor allem eine moralische Position, von der aus ich die Welt betrachte. […] Aber man kommt dahin, andere Sujets zu behandeln, das Interesse ver-lagert sich, man muß andere Wege gehen; man kann nicht ewig in zerstörten Städten drehen. (Rossellini 1987, S. 59)

Es folgt Rossellinis Trilogie der Einsamkeit, für die ihm einige Kritiker Verrat am Neo-realismus vorwerfen. Die Differenzierung der vormals einfachen gesellschaftlichen Struk-turen sowie politische und soziale Umwälzungen tragen zum Erlahmen des Neorealismus bei: „Der Wahlsieg der Christdemokraten 1948 führte schließlich zum Auseinanderbre-chen der labilen antifaschistischen Front, die eine der Grundlagen der Bewegung gewesen ist" (Morandini 2006, S. 324). Der neue politische Kurs fördert nunmehr andere Tenden-zen des italienischen Kinos.

Die Radikalität, mit der die neorealistischen Regisseure das italienische Kino erneuern, und die durchschlagende Kraft der Filme bewirken, dass der Neorealismus das Frühwerk der nachfolgenden Generation italienischer Filmemacher um Federico Fellini, Michelan-gelo Antonioni und Pier Paolo Pasolini immens beeinflusst. Seine Spuren lassen sich noch bis heute in den unterschiedlichsten Kinematografien des Weltkinos nachverfolgen.

Exemplarische Filme

Roma, cittá aperta (*Rom – Offene Stadt,* I 1945, Roberto Rossellini)
Paisá (I 1946, Roberto Rossellini)
Ladri di biciclette (*Fahrraddiebe,* I 1948, Vittorio De Sica)
La terra trema (*Die Erde bebt,* I 1948, Luchino Visconti)
Umberto D (I 1952, Vittorio De Sica)

Einführungsliteratur

Bazin, André. 2009. Der filmische Realismus und die italienische Schule nach der Befreiung. In *Was ist Film?*, hrsg. Robert Fischer, 295–326. Berlin: Alexander Verlag.
Perinelli, Massimo. 2009. *Fluchtlinien des Neorealismus*. Bielefeld: Transcript.
Giovacchini, Saverio. Hrsg. 2011. *Global neorealism: the transnational history of a film style.* Jackson: University Press of Mississippi.

3.4.2 Nouvelle Vague

François Truffaut, Jean-Luc Godard, Claude Chabrol, Jacques Rivette, Eric Rohmer: fünf Namen, die aus der Filmgeschichtsschreibung nicht wegzudenken sind, die als Filmkritiker für die Erneuerung des Kinos plädieren und schließlich selbst zu Filmemachern werden – Namen, die den Epochalstil der Nouvelle Vague maßgeblich bestimmen und die Kinolandschaft nachhaltig prägen, Namen, die eng verbunden sind mit Filmen wie *Les quatre* cents coups (*Sie küssten und sie schlugen ihn,* F 1959) oder *À bout de souffle* (*Außer Atem*, F 1959) oder Begriffen wie der *politique des auteurs*.

Als einer der programmatischen Wegbereiter der Nouvelle Vague muss Alexandre Astruc bezeichnet werden, der mit seinem visionären Aufsatz „Naissance d'une nouvelle avant-garde: la caméra-stylo" (Die Geburt einer neuen Avantgarde: die Kamera als Federhalter, 1948) dem Film – analog der geschriebenen Sprache – die Kraft zuspricht, sämtliche Gedanken des Filmemachers in all ihren Facetten transportieren zu können.

> Lange Zeit ist er [der Film] einerseits nur eine beliebte Jahrmarktsattraktion, ein Vergnügen wie das Boulevardtheater, und andererseits ein Mittel, das Alltagsleben festzuhalten. Nun wird er nach und nach zu einer Sprache. Eine Sprache, das meint: ein Medium, durch das ein Künstler seine Gedanken, so abstrakt sie auch sein mögen, oder überhaupt alles, was ihm am Herzen liegt, ausdrücken kann – wie in einem Essay oder einem Roman. Deshalb nenne ich dieses neue Zeitalter des Films die Epoche der ‚caméra-stylo'. (Astruc 1964, S. 114)

Der Begriff *stylo* (der im Französischen ein Schreibgerät bezeichnet) rekurriert sowohl auf die Ausdrucksfähigkeit des Films als auch auf einen spezifischen Stil, den ein Regisseur seinem Film, insofern er die künstlerische Freiheit über ihn behält, verleihen mag. Astrucs Aufsatz bedeutet einen Schritt dahin, den Film nicht länger als Kunstwerk eines

Kollektivs, nicht länger als in anonyme, industrielle Herstellungsprozesse implementiert zu verstehen, sondern ihn vielmehr als subjektives Produkt eines Individuums, eines Filmemachers zu betrachten. Und auf eben diese Bedeutung der Filmsprache zielt Astrucs Proklamation, die sich daher von der Verwendung des Begriffs bei Boris Eichenbaum abhebt, der bereits in den 1920er Jahren, allerdings unter rein formalistischen Aspekten, konstatierte, „daß die Filmsprache nicht weniger konventionell als jede andere Sprache" (Èjchenbaum 2005, S. 49) sei. Bis Astrucs Gedanken in der Nouvelle Vague tatsächlich ausgeformt und realisiert werden, verstreichen allerdings noch zehn Jahre.

Ein weiterer Wegbereiter der Nouvelle Vague ist zweifelsohne André Bazin, der 1951 (gemeinsam mit Jacques Doniol-Valcroze und Lo Duca) die *Cahiers du cinéma*, eine der einflussreichsten Filmzeitschriften, gründet. Damit schafft er eine Plattform für Truffaut, Godard und all die anderen jungen Cineasten, die ihre Karriere allesamt als Filmkritiker bei den *Cahiers du cinéma* beginnen und zunächst von Bazins Zugang zur Filmkunst maßgeblich geprägt werden. Die Ausgabe 31 der *Cahiers du cinéma* aus dem Jahr 1954 gerät zu einer ganz besonderen – darin enthalten ist Truffauts 14-seitiger polemischer Essay „Une certaine tendance du cinéma français" (Eine gewisse Tendenz im französischen Film), in dem er sowohl Astrucs Ansatz um eine neue Dimension erweitert als auch das etablierte französische Nachkriegskino (von wenigen Ausnahmen abgesehen) kritisiert und mit dem pejorativ gebrauchten Begriff *tradition de qualité* etikettiert. In diesem Aufsatz bekundet Truffaut sein Missfallen an einem konventionellen, realitätsfernen und formlosen Kino – eine Kampfansage. „This article was the departure point for the auteur theory and other fundamental aesthetic positions that would become essential to the New Wave" (Marie 2008, S. 33). Dem *auteur*, dessen Filme von einer persönlichen Handschrift gekennzeichnet sind, wird der *réalisateur* als Hersteller filmischer Konfektionsware gegenübergestellt.

> Nachdem es einmal klar ist, dass ein Film das Produkt eines Autors ist, dass die ‚Stimme' des Autors bekannt ist, konnten sich die Zuschauer dem Film anders als bisher nähern, nicht so, als ob er Realität wäre oder der Traum von Realität, sondern als einer Darstellung, die von einem anderen Individuum gemacht wird. (Monaco 2004, S. 439)

Eben dies ist eine der Haupterrungenschaften der Nouvelle Vague. Durch das Filmesehen und das Schreiben über Filme erwerben die späteren Regisseure zunächst als Filmkritiker ihre profunden Kenntnisse. „Es ist aber nicht nur das Schreiben über Filme, es ist das genaue Studium der Stile und Techniken, das die jungen Kritiker kennzeichnet" und woraus sich „der Wunsch entwickelte, selbst Filme zu machen" (Grob 2006, S. 14). Es sind vor allem die Debütfilme Truffauts, Godards und Chabrols, die die Nouvelle Vague in den Jahren 1958/1959 gedeihen lassen und dafür sorgen, dass sich der ursprünglich aus einer Jugendstudie aus dem Jahr 1957 stammende Begriff in der Filmkunst etabliert. Die Nouvelle Vague, das bedeutete: Aufbruch, Generationenwechsel, eine jugendliche Revolte gegen das etablierte Kino, ein bedeutender Wendepunkt der Filmgeschichte, die Wertschätzung von Autorenfilmern sowie die Entstehung neuer Autoren, verknüpft mit einem modernen, zeitgemäßen Kino.

Abb. 3.31 *À bout de souffle* (© Les Films Impéria u. a., F 1959)

Die Filmemacher der Nouvelle Vague operieren außerhalb des Mainstream-Kinos, abseits der finanzorientierten filmindustriellen Strukturen. Aus ihrer Unzufriedenheit und dem Widerstand gegen das Althergebrachte entwickelt sich das gemeinsame Ziel, dem konservativen Kino „eine neue, junge Sicht der Welt in einer eigenen Form des Ausdrucks, der Expression von *Zeitgeist*" (Grob 2006, S. 18) entgegenzusetzen und eine neue filmische Grammatik zu errichten. Der Stil der Filmemacher lässt sich nicht als ein einheitliches Muster beschreiben, stünde dies doch auch in eklatantem Widerspruch zum eigenen Vorhaben, aus dem schließlich nur eine Verschiebung der vorherrschenden hin zu anderen Konventionen hervorginge. Dennoch lassen sich einige stilistische Parameter und grundlegende Elemente mehr oder weniger ausgeprägt in einer Vielzahl der hervorgebrachten Werke der Nouvelle Vague-Regisseure identifizieren. Einige maßgebliche Entscheidungen betreffen bereits die Produktionsbedingungen. Die Filmemacher drehen vorzugsweise abseits der Studios, häufig auf den Straßen der Metropole Paris, die im hohen Maße geeignet scheinen, die Lebensart und eben den Zeitgeist einer jungen, urbanen Generation festzuhalten (vgl. Abb. 3.31). Gedreht wird mit einem relativ geringen Budget und verhältnismäßig kleinen Filmteams in kurzer Drehzeit. Auf Kunstlicht wird häufig ebenso verzichtet wie auf professionelle schwergewichtige Tonaufzeichnungsapparaturen. Daher greift man auf ein recht lichtsensitives Filmmaterial und kleine mobile Geräte zurück, mit denen sich der Ton als Direktton am Set aufnehmen lässt. Die Filmemacher und Kameramänner verwenden meist leichtgewichtige Handkameras, die Hersteller wie Éclair, Nagra oder Bolex ursprünglich zum Einsatz in Dokumentarfilmen konzipiert und gefertigt haben, und die den Protagonisten auf den Straßen folgen, sie in Cafés begleiten und mit Blicken über ihre Schultern das pulsierende Flair der Straßen einfangen. Die reduzierte Ausrüstung und das geringe Personal garantieren zwar auch niedrige Produktionskosten, führen aber vor allem zu einer größeren Flexibilität und Mobilität und laden ein zum Improvisieren und Experimentieren. Daraus entsteht eine Ästhetik der Unmittelbarkeit, die sich vom konventionellen Kino unterscheidet und die durch zwei weitere Faktoren

 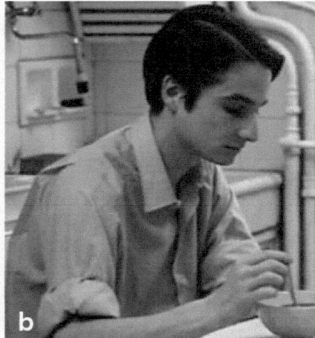 

Abb. 3.32 Obwohl Jean-Pierre Léaud auch mit anderen Regisseuren zusammenarbeitet, bleibt sein Schauspiel untrennbar mit dem Œuvre François Truffauts verbunden, dessen filmisches Alter Ego er im Antoine-Doinel-Zyklus verkörpert, beginnend mit *Les quatre cents coups (Sie küssten und sie schlugen ihn, F 1959,* **a***)*; weitere Filme sind *Baisers volés (Geraubte Küsse, F 1968,* **b***)* und *L'Amour en fuite (Liebe auf der Flucht,* F 1979, **c***)*. Alle Abbildungen: © Les Films du Carrosse.

nochmals gesteigert wird. Zum einen werden viele der Szenen zuvor nicht geprobt und wirken dadurch improvisiert. Zum anderen werden Szenen an öffentlichen Plätzen und Straßen mitunter unangemeldet inszeniert, was immer wieder Blicke der Passanten zur Kamera respektive zu den Darstellenden evoziert.

Die Rollen werden zunächst mit Laien beziehungsweise mit bis dato wenig bekannten Darstellern besetzt, die im Verlauf zunehmende Berühmtheit erlangen und zu Ikonen einer Generation werden: Jean-Paul Belmondo und Jeanne Moreau, Anna Karina und Jean-Pierre Léaud, Anouk Aimée und Jean-Claude Brialy – sie alle beginnen ihre Karriere in der Nouvelle Vague, werden zu Gesichtern und im Fall von Léaud sogar zum Konterfei ihres Regisseurs (vgl. Abb. 3.32). Sie verkörperten junge, sorglose Figuren, teils auch unbesonnene und draufgängerische Anti-Helden, die um universelle Themen wie Liebe und Identität zirkulieren, sich gegen Autoritäten auflehnen und spontan handeln. Ihre ausgestellte Spontaneität wird dabei zu einem zentralen Merkmal der Figuren. Sie findet ihre Entsprechung auch auf der Dialogebene und schlägt sich dort in der Sprache der Figuren nieder. Diese entspricht den Alltagserfahrungen der jungen Filmemacher und bedeutet zugleich einen Verzicht auf allzu konstruiert und preziös wirkende Dialoge. Die Figuren fallen sich häufig ins Wort, sie reden gleichzeitig, was in manchen Szenen zur akustischen Unverständlichkeit des Dialogs überhaupt führen kann. Zudem werden teilweise scheinbar belanglose und im Vergleich zu den herkömmlichen Seherfahrungen übermäßig lang wirkende Dialogszenen wie zwischen Michel und Patricia in *À bout de souffle* inszeniert, in der darüber hinaus eine sexuelle Intimität zwischen den Figuren visualisiert wird, die weit über die der konventionellen Filme jener Zeit hinausgeht.

Neben ihrem improvisierten Charakter bestechen viele der Filme aber auch durch eine sehr durchkomponierte und ausgefeilte Mise-en-scène. Sicherlich auch in Anlehnung an André Bazin nahmen Plansequenzen einen hohen Stellenwert ein – vor allem bei Jacques

Rivette, aber beispielsweise auch bei Godard im Haus von Paul und Camille in *Le mépris* (*Die Verachtung*, F/I 1963) oder in Form langer Kamerafahrten in der fulminanten Schlusssequenz von *Les quatre cents coups* oder in Godards *Weekend* (F/I 1967) machen sie Zeit als solche explizit erfahrbar, indem sie ihr Kontinuum nicht antasten. Dem gegenüber steht ein innovativer, zerstückelnder Montagestil, der insbesondere das Kino Godards prägt. Die Montage fungiert darin als ein Medium der Dekonstruktion, das dekontextualisierte Einzelteile zu einem neuen Ganzen rekombiniert. Mit konventionellen Mitteln der Montage wie dem Schuss-Gegenschuss-Verfahren oder der 180°-Regel wird radikal, aber ohne sich darin zu erschöpfen, gebrochen. Das Collagieren und Zusammenfügen disparater Einstellungen, das Einbinden schon als antiquiert geltender Stilmittel wie die für den Stummfilm typischen Irisblenden, das Einfügen von Achsensprüngen und *jump cuts* erzeugen Irritationsmomente sowie Diskontinuitäten. Sie lenken die Aufmerksamkeit auf die Montage selbst und weisen auf die Materialität des Mediums hin. Ergänzt durch weitere die Illusion störende Momente wie Metalepsen (zum Beispiel als Michel in *À bout de souffle* in die Kamera schaut und den Zuschauer anspricht) entsteht, vor allem bei Godard, ein ganzes Geflecht verfremdender Elemente und Verfahren.

Das sprunghaft assoziative und damit dem Lebensstil der Protagonisten entsprechende Gefühl spiegelt sich neben der Montage auch in der Dramaturgie vieler Nouvelle Vague-Filme wider. Die Nichtbeachtung oder Unterwanderung konventioneller filmischer Erzählmuster, die etwas wie bruchlose Sicherheit gewähren, hat geradezu Methode. Die Geschichten werden in bedeutend loseren Zusammenhängen erzählt, handlungszentrale Ereignisse mitunter elliptisch ausgespart und Kausalitätsketten bewusst durchbrochen. Es wird mit der jeweiligen Situation eher unangemessenen Einstellungsgrößen operiert, auf *establishing shots* verzichtet, sodass Sequenzen wieder und wieder *in medias res* beginnen und eine Zufälligkeit der Dinge nahelegen. Unerwartete, plötzliche Wendungen suggerieren, dass sich der Zuschauer niemals über den weiteren Verlauf sicher sein kann, und die Geschehnisse münden oftmals in ein offenes Ende. Wenn in *Les quatre cents coups* der junge Antoine Doinel ans Meer läuft, an dessen Saum stehen bleibt, in die Kamera blickt und der Film mit diesem *freeze frame* endet, dann wird damit – und das trifft auf viele Filme der Nouvelle Vague zu – eine scheinbar noch nicht beendete Geschichte abgeschlossen und vom Zuschauer eine eigene Interpretation gefordert.

Die Regisseure der Nouvelle Vague sind allesamt profunde Kenner des Kinos; Autodidakten, die ihre Kenntnisse nicht in einer klassischen Ausbildung, sondern im Kinosaal selbst erlangt haben. So lassen sich in ihren Filmen immer wieder Referenzen auf das Filmemachen als solches, Genrereflexionen, Hommagen an Vorbilder oder das Einstreuen von Filmzitaten aus anderen Werken bis hin zu Selbstzitaten erkennen. *Le mépris* oder Truffauts *La nuit américaine* (*Die amerikanische Nacht*, F/I 1973) sind Filme über das Filmemachen. Mehrfach finden Figuren im Kino Trost und Schutz oder lassen sich dort inspirieren. Die Umcodierung US-amerikanischer Kriminalfilm- und Film Noir-Elemente in *Tirez sur le pianiste* (*Schießen Sie auf den Pianisten*, F 1960) und *À bout de souffle*, in dem der Protagonist Michel sogar Humphrey Bogart imitiert, die Musical-Elemente in Godards *Bande à part* (*Die Außenseiterbande*, F 1964) oder die Referenzen an Alfred

Hitchcock in Chabrols Filmen beschreiben nur einige Bestandteile eines in hohem Maße selbstreferenziellen Kinos, das dadurch für ein filmkundiges Publikum, das diese Referenzen zu erkennen vermag, umso attraktiver wird.

Auch wenn sich das Werk der verschiedenen Filmemacher dem Begriff der Nouvelle Vague subsumieren lässt, so wird der *Auteur*-Charakter durch die stark divergierenden Handschriften der einzelnen Vertreter und die nicht nur behauptete, sondern eingelöste Freiheit des Stils schließlich betont: die sozialkritischen, bissigen sowie doppeldeutigen Kriminalgeschichten Chabrols, die essayistischen, collagehaften, sich nahe am Experiment bewegenden Filme Godards, die stark autobiografisch gefärbten, stets die Liebe zum Kino vermittelnden Filme Truffauts, die episodischen Geschichten Rivettes, dazu die Filme Rohmers und jener Filmemacher wie Louis Malle, Agnès Varda oder Alain Resnais, die zum erweiterten Kreis zu zählen sind. All diese Filme kommen dem ausgeprägten Bedürfnis nach Veränderung nach, sind betont subjektive Entwürfe, die nicht bloß die Außenwelt abbilden, sondern innere, gedankliche und damit persönliche Prozesse ihrer Schöpfer auf die Leinwand transkribieren.

„Bezeichnet die Nouvelle Vague eine historische Epoche, ist Nouvelle Vague ein überhistorischer Stilbegriff oder eine allgemeine Bezeichnung für einen Generationswechsel im Kino?" (Frisch 2007, S. 14) Versteht man die Nouvelle Vague als Epochalstil, so scheint es unerlässlich, ihren Anfangs- und Schlusspunkt zu bestimmen. Dabei lässt sich die Frage nach ihrem Beginn (wie zuvor beschrieben) recht eindeutig beantworten. Wann exakt die Nouvelle Vague aber endet, das scheint deutlich schwieriger darzulegen. Gemäß einiger Filmhistoriker endet sie bereits 1964, wiederum andere behaupten, sie ende mit dem Briefwechsel zwischen Truffaut und Godard zu Beginn der 1970er Jahre, in dem sich die beiden gegenseitig des Verrats ihrer Ideale beschuldigen. Oder markiert erst Godard selbst mit seinem Film *Nouvelle Vague* (CH/F 1990) den Schlusspunkt? Oder setzt sie sich bis heute fort? (vgl. Grob et al. 2006, S. 25 f.).

Filmhistorisch betrachtet, lässt sich die Nouvelle Vague mit Sicherheit als Synonym für einen Generationenwechsel im Kino bezeichnen. Die Geburt einer ‚neuen Welle' bleibt zu jener Zeit keineswegs eine singuläre, sich bloß in Frankreich ereignende Erscheinung (vgl. Abb. 3.33). Vielmehr ist das Emporkommen zahlreicher Erneuerungsbewegungen infolge der Nouvelle Vague rund um den Erdball zu beobachten. In zahlreichen Teilen der Welt verändern junge Filmemacher das Kino, dessen weitere Entwicklung sie mit ihrem ganz eigenen Stil nachdrücklich prägen. In Osteuropa ist es die tschechoslowakische Neue Welle mit Miloš Forman, Věra Chytilová und Jiří Menzel in ihrem Zentrum oder Miklós Jancsó im ungarischen Kino. Nelson Pereira dos Santos und Glauber Rocha etablieren das bereits postkoloniale Aspekte thematisierende *cinema novo* in Brasilien, Tomás Gutiérrez Alea initiiert einschneidende Veränderungen im kubanischen Kino. Nagisa Ōshima, Masahiro Shinoda und Yoshishige Yoshida beginnen, ihre künstlerischen Ambitionen abseits der großen Studios zu verwirklichen, und revolutionieren das japanische Kino. Und nicht zuletzt wird auch der Neue Deutsche Film maßgeblich von der Nouvelle Vague beeinflusst. Was all diese Filmemacher verbindet, ist der Wille, die arrivierte Generation abzulösen und Veränderungen herbeizuführen – und der vielleicht bedeutendste Punkt: ihre spürbare Leidenschaft für das Kino.

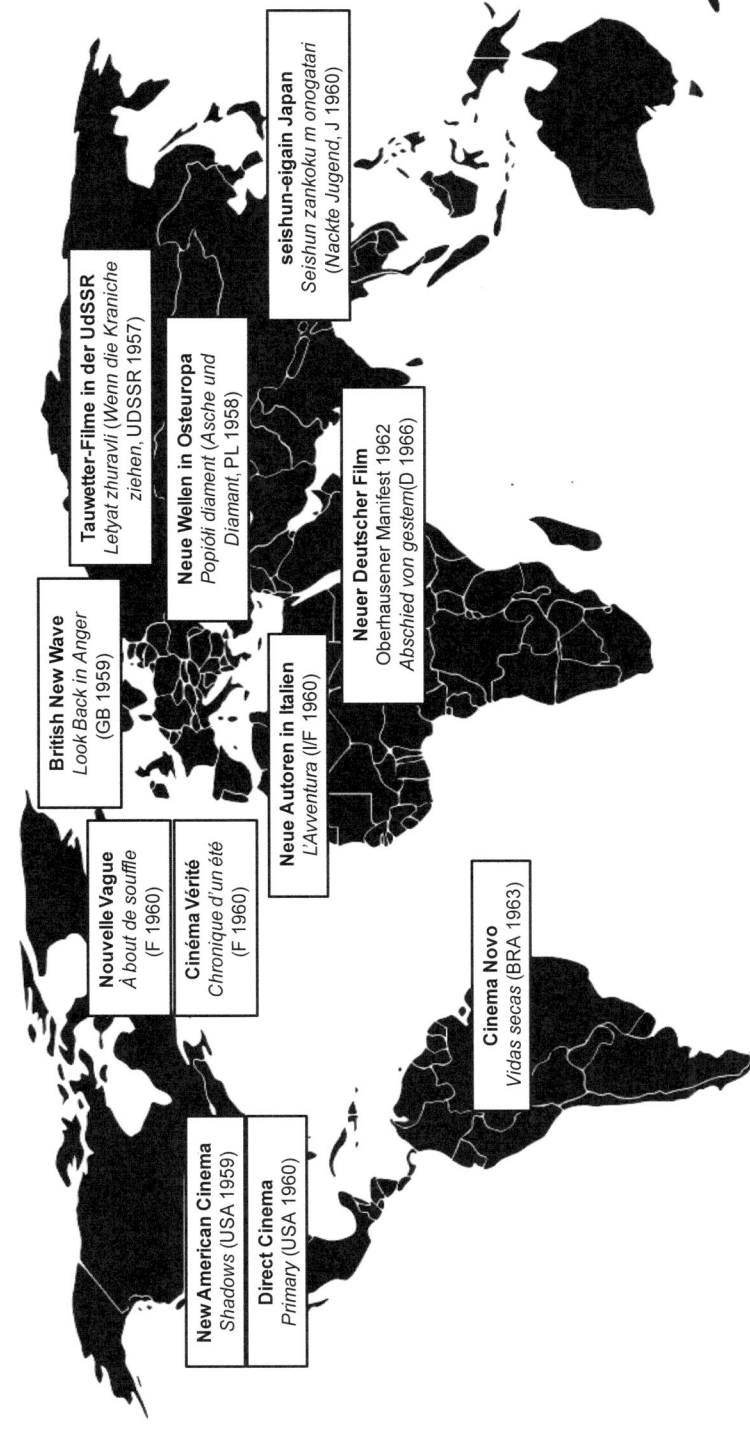

Neue Wellen des Modernen Films um 1960

seishun-eigain Japan
Seishun zankoku m onogatari
(Nackte Jugend, J 1960)

Tauwetter-Filme in der UdSSR
Letyat zhuravli (Wenn die Kraniche
ziehen, UDSSR 1957)

Neue Wellen in Osteuropa
Popióli diament (Asche und
Diamant, PL 1958)

British New Wave
Look Back in Anger
(GB 1959)

Neuer Deutscher Film
Oberhausener Manifest 1962
Abschied von gestern(D 1966)

Nouvelle Vague
À bout de souffle
(F 1960)

Cinéma Vérité
Chronique d'un été
(F 1960)

Neue Autoren in Italien
L'Avventura (I/F 1960)

New American Cinema
Shadows (USA 1959)

Direct Cinema
Primary (USA 1960)

Cinema Novo
Vidas secas (BRA 1963)

Abb. 3.33 Stilistische Umbruchszeit: Um 1960 kommt es in vielen internationalen Kinematografien zu Moderinisierungsbewegungen, die als „Neue Wellen" bezeichnet werden. Diese Infografik vermittelt eine synchronische Betrachtungsweise stilistischer Gestaltung (→ 2.5 Methodik).

Exemplarische Filme

Les quatre cents coups (*Sie küßten und sie schlugen ihn*, F 1959)
À bout de souffle (*Außer Atem*, F 1960, Jean-Luc Godard)
Paris nous appartient (*Paris gehört uns*, F 1961, Jacques Rivette)
Jules et Jim (*Jules und Jim*, F 1962, François Truffaut)
Pierrot le fou (*Elf Uhr nachts*, F 1965, Jean-Luc Godard)

Einführungsliteratur

Greene, Naomi. 2007. *The French New Wave. A New Look*. London: Wallflower Press.
Grob, Norbert et al. (Hrsg.) 2006. *Nouvelle Vague*. Mainz: Bender.
Marie, Michel. 2008. *The French New Wave. An Artistic School*. Malden: Blackwell.

3.4.3   British New Wave

Wie der französischen Nouvelle Vague geht auch der britischen New Wave die Arbeit der Filmkritik voraus. In Großbritannien hat dies bereits eine respektable Tradition: Eine theoretische Auseinandersetzung mit dem Film wird dort in der Zeitschrift *Close Up* schon in den 1920er Jahren auf hohem Niveau geführt. Zwar bei weitem nicht so berühmt wie die von André Bazin mitgegründeten *Cahiers du Cinéma*, nimmt die von Lindsay Anderson, Gavin Lambert, Karel Reisz und Penelope Houston herausgegebene Zeitschrift *Sequence*, die nur wenige Jahre von 1947 bis 1953 erscheint, gleichwohl entscheidenden Einfluss auf die weitere Entwicklung des britischen Films. Ähnlich wie in Frankreich übt man zunächst Kritik am sogenannten Qualitätskino, das in Großbritannien Regisseure wie David Lean, Anthony Asquith und Laurence Olivier repräsentieren, der später die Hauptrolle auch in einem Film der New Wave spielt, nämlich in Tony Richardsons *The Entertainer* (*Der Komödiant*, GB 1960). Krimis und Spionagefilme ebenso wie Komödien und Historienfilme gehören zu den traditionell bewährten Genres der britischen Filmproduktion. Die Autoren von *Sequence* erkennen darin vor allem harmlose gesellschaftskonforme Unterhaltung, die mit viel Routine und wenig künstlerischem Ehrgeiz hergestellt werde. Doch auch der maßgeblich von John Grierson geprägten Dokumentarfilm-Bewegung der 1930er Jahre stehen sie skeptisch gegenüber. Mochten diese Filme in sozialer und politischer Hinsicht durchaus interessant sein, als poetisch werden sie jedenfalls nicht wahrgenommen. Was die Sehnsucht nach Spontaneität und kraftvollem künstlerischen Ausdruck angeht, so sind die britischen Kritiker mit der französischen Filmkritik jener Zeit einig. Was hingegen den Realismus betrifft, der im modernen europäischen Kino der Nachkriegszeit eine herausragende Rolle spielt, so gehen die Briten bald eigene Wege.

Den ersten Schritt unternimmt eine nach dem frühen Ende der Zeitschrift *Sequence* gebildete Gruppe, die kurze Dokumentarfilme auf 16 mm-Material herstellt und im National Film Theatre in London Filmprogramme vorführt, bei denen außer den eigenen Produktionen auch Filme etwa von Claude Chabrol und François Truffaut gezeigt werden. Bekannt wird die Arbeit dieser Gruppe bald unter dem Namen ‚Free Cinema'. Neben den vormaligen Herausgebern der Zeitschrift (mit Ausnahme Penelope Houstons, die weiterhin als Filmkritikerin tätig bleibt) gehören ihr Tony Richardson, John Fletcher, die Italienerin Lorenza Mazzetti und der in Berlin geborene Walter Lassally an, der als Kameramann auch die meisten Filme der nachfolgenden New Wave aufnimmt. Richardson arbeitet zugleich als Regisseur am Theater. Am Royal Court Theatre in London inszeniert er in den 1950er Jahren zwei Stücke von John Osbourne, die er bald darauf auch verfilmt: *Look Back in Anger* (*Blick zurück im Zorn*, GB 1959) und *The Entertainer* (GB 1960). Osbourne ist einer der als ‚Angry young men' bezeichneten jungen britischen Autoren, die in der Literatur bereits die Themen bearbeiten, die schließlich auch in den New Wave-Filmen aufgegriffen werden.

Als frei können die Werke des Free Cinema zunächst insofern gelten, als sie unabhängig von den Produktionsmitteln und den dazugehörigen Konventionen der etablierten britischen Filmindustrie hergestellt werden, von Amateuren also im doppelten Sinne des Wortes: von Anfängern und Filmliebhabern. Befreiend wirken diese Filme aber nicht nur in moralischer und politischer, sondern erst recht in stilistischer Hinsicht. Der didaktische Gestus, mit dem noch John Grierson seine Dokumentationen präsentiert, ist ihnen fremd; der authentische Eindruck wichtiger als der erläuternde Kommentar, auf den sie darum weitgehend verzichten. Ihr Thema ist nicht nur die Arbeit, wie in Lindsay Andersons *Every Day Except Christmas* (GB 1957, koproduziert von Karel Reisz), der das Treiben auf einem Gemüse- und Blumenmarkt im Londoner Covent Garden einfängt, sondern mehr noch die Freizeit: *O Dreamland* (GB 1953), ebenfalls von Lindsay Anderson, porträtiert einen Vergnügungspark in Kent, *Momma Don't Allow* (GB 1955) von Karel Reisz und Tony Richardson stellt einen Londoner Jazzklub, *We Are the Lambeth Boys* (GB 1958) von Karel Reisz einen Jugendklub vor. Im Unterschied zur früheren britischen Dokumentarfilm-Bewegung geben diese Filme keinen Einblick in verborgene Bereiche der Produktion – wie etwa John Griersons *Drifters* (GB 1929), der die Arbeit auf einem Fischtrawler vorführt –, sondern lebhafte Eindrücke des Alltags wieder, und zwar eines Alltags, der sich in jenen Jahren deutlich sichtbar verändert. Parallel zum Niedergang des britischen Empire und unterstützt von einer schnell wachsenden Konsumgüterindustrie entwickelt sich eine Jugendkultur, die weit über den kleinen Kreis der durch Vermögen und Bildung Privilegierten hinausreicht. Insbesondere die Kinder der Arbeiterklasse versprechen sich mehr von ihrem Leben als Arbeit und Aufzucht von Kindern, die ihrerseits Arbeiter werden sollen. Den Filmen des Free Cinema gelingt es, diese Veränderung der traditionell sehr festgefügten britischen Klassengesellschaft in Ausschnitten zu dokumentieren. Tatsächlich handelt es sich hierbei weniger um eine ökonomische als eine kulturelle Veränderung, zum Ausdruck gebracht durch das Lebensgefühl einer Generation, die sich nicht mehr auf Fleiß und Erwerb, Beruf und Familie festlegen lassen will.

Der Gebrauch leicht beweglicher 16 mm-Kameras verleiht diesen Filmen bereits etwas von dem Flair roher Authentizität, das man einige Jahre später, ungeachtet aller sonstigen Unterschiede, an den Werken des französischen Cinéma vérité und des amerikanischen Direct Cinema bewundert. Mit diesen Kameras kann man sich buchstäblich unter die Leute begeben. Anders als die behäbigen Apparate, mit denen in der professionellen Filmindustrie gearbeitet wird, ermöglichen sie spontane Aufnahmen. Im Kontext der britischen Filmgeschichte erscheint noch ein anderer Aspekt bemerkenswert: nämlich die Faszination für das Leben von Leuten, zu denen man sich selbst aus größter Distanz hingezogen fühlt. Die Protagonisten des Free Cinema sind allesamt akademisch gebildet, gefördert wird ihre Arbeit nicht zuletzt vom British Film Institute. Ihr Interesse aber gilt dem proletarischen Milieu aus dem Londoner East End und den nördlichen Industriestädten. Nicht sozialer Aufstieg durch Arbeit, sondern der Anspruch auf Glück – ein anderer, hinter jene Erfolgsgeschichten längst zurückgetretener Aspekt des Liberalismus – ist das Motiv der Filme, und meist handeln sie davon, wie dieser Anspruch an den Erfordernissen einer bürgerlichen Existenz mit Arbeit und Familie zuschanden geht. Diese Themen bearbeiten die Autoren des dokumentarischen Free Cinema in einem durchaus ähnlichen Stil auch in ihren nachfolgenden Spielfilmen, die als British New Wave bekannt werden.

Anders als die Nouvelle Vague lässt sich die britische New Wave, deren Entstehung mit der einer politischen New Left im Großbritannien der 1950er Jahre in engem Zusammenhang steht, sehr genau eingrenzen. Es handelt sich um insgesamt neun Spielfilme, die in einer kurzen Zeitspanne zwischen 1959 und 1963 entstehen. Den ersten Film dieser Gruppe inszeniert mit Jack Clayton allerdings jemand, der nicht dem näheren Umkreis des Free Cinema angehört. *Room at the Top* (*Der Weg nach oben*, GB 1959) erzählt die Geschichte eines ambitionierten Emporkömmlings aus einer kleinen Industriestadt in Yorkshire, der sich seinen Weg nach oben schließlich dadurch verbaut, dass er eine Beziehung nicht nur zur Tochter eines einflussreichen Fabrikanten, sondern zugleich zu einer unglücklich verheirateten älteren Frau unterhält. Letzteres vor allem wird damals als äußerst anstößig empfunden, erst nach einigen Schwierigkeiten gelangt der Film in den britischen Verleih. Sein prompter Erfolg beweist indessen, dass das Publikum an solchen im Kino bisher kaum gezeigten Problemen durchaus interessiert ist. Zu einer historischen Heldengestalt oder einem schlauen Detektiv mag man bewundernd aufblicken; in dem von ganz alltäglichen Schwierigkeiten durchkreuzten Leben eines Joe Lampton (Laurence Harvey) aber können wahrscheinlich die meisten der damaligen Zuschauer etwas von ihrem eigenen wiedererkennen, und dies gerade aus der Distanz, die der keineswegs rundum sympathische Protagonist ihnen zumutet. Der Film nach einem gleichnamigen Roman von John Braine (ebenfalls einer der ,Angry young men') nimmt die typischen Themen der rasch folgenden New Wave-Filme vorweg. Eindrucksvoller aber als in *Room at the Top* selbst kommen diese Motive in Tony Richardsons *Look Back in Anger* und Karel Reisz' *Saturday Night and Sunday Morning* (*Samstagnacht und Sonntagmorgen*, GB 1960) zur Geltung (vgl. Abb. 3.34), und das nicht nur dank der charismatischeren Hauptdarsteller Burt Lancaster beziehungsweise Albert Finney. Im Unterschied zu Jack Clayton, der als Produzent zuvor bereits mehrere Jahre in der Filmindustrie gearbeitet hat, u. a. als Koproduzent von John Hustons *Moby Dick* (USA 1956), bringen Reisz und Richardson ihre Erfahrungen aus dem Free Cinema und dem Theater der ,Angry young men' mit und vor allem die mit diesen Erfahrungen gereifte Ambition, Filme zu machen, in denen eine möglichst realistische, ungekünstelte Darstellung gegenwärtiger gesellschaftlicher Verhältnisse einen ihr angemessenen künstlerischen Ausdruck findet.

Abb. 3.34 Alltag als System, zunächst im Dokumentar- und später auch im Spielfilm: *Saturday Night and Sunday Morning* (*Samstagnacht bis Sonntagmorgen*, © Woodfall Film Productions, GB 1960) ist die Zeit, wenn die Pflicht aufhört und die Zerstreuung beginnt. Der Film porträtiert einen jungen Briten (Albert Finney) in genau diesem Spannungsfeld zwischen repetitiver Fabrikarbeit (**a**), dem wöchentlichen Betrinken im Pub (**b**) und den Problemen einer Affäre (**c-d**).

Kennzeichnend für die Filme der New Wave ist eine recht lose Erzählstruktur, die im Vergleich zu konventionellen Spielfilmen eher als episodisch zu bezeichnen wäre. Wichtiger als die kausale Folge der erzählten Ereignisse und eine daraus resultierende Spannung erscheint die „Dokumentation des individuellen Erlebens und des sozialen Umfelds der Figuren" (Helbig 1999, S. 206). Gedreht werden die Filme mit einer äußerst sparsamen technischen Ausrüstung in Schwarzweiß an Originalschauplätzen, etwa in den beengten Arbeiterwohnungen der nördlichen Industriestädte. Eines der beeindruckendsten Zeugnisse dafür liefert Richardsons *A Taste of Honey* (*Bitterer Honig*, GB 1961), gedreht in der im Nordwesten Englands gelegenen Stadt Salford, deren Häuser und Straßen im Film womöglich noch trostloser aussehen als in der Wirklichkeit, die er dokumentiert (vgl. Abb. 3.35). Bemerkenswert ist der nach einem Drehbuch von Shelagh Delaney entstandene Film auch deshalb, weil der Protagonist nicht wie in den anderen New Wave-Filmen ein Mann, sondern eine junge Frau ist, gespielt von Rita Tushingham in ihrer ersten Filmrolle. Auch dies ein typisches Kennzeichen der New Wave: Anstelle etablierter Schauspieler treten häufig junge, bis dahin noch unbekannte Darsteller auf, die nicht zuletzt dank der New Wave einige Berühmtheit erlangen.

Nach wenigen Jahren schon wird der vor allem auf proletarische Milieus ausgerichtete realistische Stil der New Wave von den weitaus fröhlicheren Eindrücken des ‚Swinging London' der 1960er und 1970er Jahre verdrängt. Verschwunden ist er damit allerdings

Abb. 3.35 *A Taste of Honey* (*Bitterer Honig*, © Woodfall Film Productions, GB 1961) erzählt von
der Suche nach Liebe und Nähe, nach Freude im Alltag und von kurzzeitigem Glück, aber auch
von familiären Konflikten und finanziellen Nöten. Ein Ausbruch scheint nicht möglich, auf Dauer
bleiben die Protagonisten Gefangene des Lebens.

nicht. Der in manchem an die Neue Sachlichkeit der 1920er Jahre erinnernde, jedoch aus
englischen Verhältnissen hervorgegangene, mit ebenso eigentümlich englischen Motiven
ausgestattete Realismus der New Wave-Filme, der sich schon damals nicht auf die so bezeichnete Bewegung allein beschränkt (vgl. Hutchings 2009), kann als stilbildend für das
britische Kino angesehen werden. Einige seiner Elemente findet man, neben ganz anderen Stilrichtungen, in vielen Filmen noch bis heute, etwa im New British Cinema (Mike
Leigh, Ken Loach) oder in *This is England* (GB 2006) von Shane Meadows (vgl. Wayne
2006).

In der britischen Filmkritik werden die als *kitchen-sink dramas* bezeichneten Werke
der New Wave seit den 1980er Jahren mitunter skeptisch beurteilt, sowohl was ihre künstlerische Leistung als auch den zu ihrer Zeit als politisch fortschrittlich wahrgenommenen
Realismus betrifft (vgl. Hill 1986; Palmer 1986). Im Hinblick etwa auf die konventionelle
Darstellung der Geschlechterverhältnisse klingt die Kritik sicherlich plausibel; ähnliche
Vorbehalte werden auch gegenüber den Filmen der Nouvelle Vague geäußert. Weniger
verspielt und weniger geistreich als diese, seien die Filme der britischen New Wave, gerade was die Darstellung von Liebe, Sexualität und Familie anbelangt, eher mit dem amerikanischen Melodram jener Zeit zu vergleichen. Ihr Realismus aber, der die New Wave
einerseits mit früheren Filmemachern wie Humphrey Jennings und andererseits mit dem
New British Cinema verbindet, markiert ihre filmgeschichtliche Bedeutung. Interessanter
als eine vermeintlich radikale Kritik filmischer Repräsentation erscheint, dass es sich beim

Realismus der New Wave nicht um ein beliebig anwendbares Verfahren, sondern um einen aus dem Material selbst hervorgegangenen und an geschichtliche und lokale Gegebenheiten gebundenen Stil handelt, der darum mit Recht als eigentümlich britisch bezeichnet werden kann.

Exemplarische Filme

Room at the Top (*Der Weg nach oben*, GB 1959, Jack Clayton)
Look Back in Anger (*Blick zurück im Zorn*, GB 1959, Tony Richardson)
Saturday Night and Sunday Morning (*Samstagnacht und Sonntagmorgen*, GB 1960, Karel Reisz)
A Taste of Honey (*Bitterer Honig*, GB 1961, Tony Richardson)
This Sporting Life (*Lockender Lorbeer*, GB 1963, Lindsay Anderson)

Einführungsliteratur

Helbig, Jörg. 1999. Free Cinema und New Wave: Die *angry young men* des britischen Kinos. In *Geschichte des britischen Films*, 203–215. Stuttgart: Metzler.
Taylor, B. F., 2006. *The British New Wave: A Certain Tendency?* Manchester: Manchester University Press.

3.4.4   New Hollywood

Das ‚neue Hollywood' meint die filmische Erneuerungsbewegung im US-amerikanischen Kino von der Mitte der 1960er Jahre bis 1976. Zu ihr gehören Regisseure wie Hal Ashby, John Cassavetes, Arthur Penn, Bob Rafelson, Monte Hellman, Terrence Malick, Alan J. Pakula, Robert Altman, Henry Jaglom, Peter Bogdanovich, Francis Ford Coppola, Martin Scorsese und Michael Cimino, aber auch Steven Spielberg, dessen Blockbuster *Jaws* (*Der weiße Hai*, USA 1975) bereits das Ende jener experimentierfreudigen Dekade einläutet. Im Gegensatz zu den geschlossenen Dramaturgien des Klassischen Hollywood, das in seinen Erzählungen stets Natürlichkeit und Transparenz suggeriere, sieht Norbert Grob das New Hollywood einem modernen, d. h. selbstreflexiven Verständnis von Kino verpflichtet, das sich in einem „offenen, brüchigen, inkohärenten Stil" manifestiere (2002b, S. 419).

Gemeinsame Elemente dieses Stils sind zum einen das episodische Erzählen, das heißt die Aufsplitterung klassischer Dramaturgie in Fragmente und Mosaike, eine Tendenz, die sich selbst bei stärker genreverhafteten Regisseuren wie Alan J. Pakula in Form großer Ellipsen zeigt (zum Beispiel in *The Parallax View*, USA 1973). Zum anderen eine Inszenierung von Raum durch Fahrt, Schwenk und Zoom anstelle einer Zerlegung des Raums durch Schnitte (eine Folge des Drehens *on location*, wie es schon die Neorealisten und die Vertreter der Nouvelle Vague praktizieren). Drittens verschiedene Formen und Grade an Subjektivierungen, die zur Ergänzung der klassisch allwissenden Erzählperspektive des Hollywoodkinos in vielen Filmen des New Hollywood auftauchen, so zum Beispiel in Terrence Malicks *Badlands* (USA 1973), Martin Scorseses *Taxi Driver* (USA 1975) sowie in einzelnen Momenten in Arthur Penns *Bonnie and Clyde*. Die Filmemacher des New Hollywood unterwerfen, so Robert Kolker, die „grundlegenden Muster des amerikanischen Filmemachens" einer metafilmischen Untersuchung, indem sie dem Publikum diese Muster, Techniken und Verfahren bewusst machen und reflektieren. Ihre Filme seien somit immer auch ein Versuch, über den klassischen stilistischen Kanon hinauszugehen, der darin bestehe, „die formale Struktur sich selbst auslöschen zu lassen, während sie den Inhalt erschafft" (2001, S. 29).

Das New Hollywood antwortet auf die ökonomische und ästhetische Krise des etablierten Studiosystems: Im sogenannten Goldenen Zeitalter zwischen 1930 und 1950 besitzen die großen Studios – darunter MGM, Warner Bros., 20th Century Fox, Paramount und RKO – eigene Verleihfirmen und Kinos, kontrollieren also Filmproduktion, -distribution und -präsentation. Das Antitrust-Gesetz des Supreme Court von 1948 beendet dieses vertikal integrierte Oligopol und zwingt die ‚Big Five', sich von ihren Lichtspielhäusern zu trennen (vgl. Grob 2002a, S. 259 f.). Als Konsequenz dieser Entflechtung entstehen unabhängige Studios, Independent-Produzenten und Arthouse-Kinos, außerdem sinkt der Einfluss des Hays-Codes, der zwischen 1930 und 1968 als eine Art Selbstzensur des Studiosystems fungiert. Die großen Studios sehen sich mit massiven Gewinneinbußen konfrontiert, weil nun der Absatz ihrer bisher am Fließband abgefilmten Produktionen an eigene Kinoketten nicht mehr gewährleistet ist. In Konkurrenz zum immer populäreren Medium Fernsehen setzt Hollywood weiterhin auf eskapistische Genres wie Komödie und Monumentalfilm und verfehlt damit den Geschmack des Publikums. Dagegen verlangt die seit den 1960er Jahren erstarkende Gegenkultur mit ihrem Protest gegen den alltäglichen Rassismus, gegen politische Attentate (wie zum Beispiel auf Martin Luther King oder Malcolm X) und den Krieg in Vietnam nach einer neuen Art von Filmen, die sich thematisch und stilistisch der sozialen Realität annehmen.

Eine Vorläuferfunktion für das New Hollywood kommt Roger Cormans Produktionsfirma Artist International Pictures (AIP) zu: einem B-Movie-Studio, das durch Filme wie Richard Rushs Bikerfilm *Psych-Out* und Roger Cormans *The Trip* (beide USA 1967) Drogenerfahrungen, Sexualität und andere Themen der späteren Counter Culture bebildert. Cormans Rolle ist auch deshalb zu würdigen, weil AIP als Verleiher die Filme europäischer Autoren wie Bergman und Fellini oder auch Kurosawa in den USA bekannt macht und gleichzeitig als Talentschmiede für junge amerikanische Regisseure wie Monte Hellman (*Beast from a Haunted Cave*, USA 1959) oder Martin Scorsese (*Boxcar Bertha*, USA 1972) fungiert.

Ein erstes Manifest jener Gegenkultur mit ihrer „pessimistischen Tonalität, einer kritischen Intelligenz und Aura der Instabilität und Ambivalenz" (Damann 2007, S. 31 f.) stellt Arthur Penns *Bonnie and Clyde* (USA 1967) dar. Die authentische Geschichte um ein Gangsterpärchen, das während der Großen Depression der 1930er Jahre durch spektakuläre Banküberfälle große Popularität erlangt, zeigt nicht nur junge Menschen in ihrer

Rebellion gegen das Establishment, sondern bewertet tragende Genre-Motive des Gangsterfilms neu: Einerseits erzählt der Film geradlinig von Aufstieg und Fall des Liebespaars, andererseits zeigt er, wie sich junge Menschen zu überlebensgroßen Identifikationsfiguren, zu mythischen Kinohelden stilisieren. Penn bindet durch zahlreiche Großaufnahmen und Over-Shoulder-Einstellungen Blickachsen der Protagonisten mit denen der Zuschauer zusammen und kreiert so eine narrative Struktur, die „Bonnies und Clydes Drang, frei zu sein von den Restriktionen ihrer Gesellschaft und der ökonomischen und emotionalen Armut ihrer Gesellschaft", zu einem „Surrogat für einige grundlegende psychologische, soziale und kulturelle Sehnsüchte und Ängste macht" (Kolker 2001, S. 66). Gleichzeitig bricht der Film diese Strategie in selbstreflexiver Weise, indem die Protagonisten einander fotografieren und so mit ihrem Image spielen. Diese mediale Selbstbespiegelung setzt Penn in einer Sequenz quasi *en abyme*, wenn er seine Protagonisten in ein Kino schickt, wo sie jene Sequenz aus Mervin LeRoys *Golddiggers of 1933* (USA 1933) sehen, in der ein Publikum wiederum eine Musicalnummer genießt. Penns distanzierender Stil zeigt sich ferner in der Öffnung der Fiktion für dokumentarisch wirkende Standbilder und Interviews mit einem Polizisten und einem Passanten, die ihre Erfahrungen mit dem Gangsterpärchen thematisieren, sowie in der Montage: Sowohl in der Exposition als auch bei der finalen Erschießung des Pärchens durch die Polizei (vgl. Abb. 3.36) fragmentieren schnelle Schnitte ohne erkennbaren Rhythmus Körper, Raum und Handlung.

Bonnie und Clyde sind sogenannte *drifters*, die aus der Enge ihrer Arbeiterklassen-Existenz ausbrechen und sich vorwiegend in Autos fortbewegen, die gleichermaßen als Sinnbild ihrer Mobilität und ihres Scheiterns fungieren: Im Verlauf des Films werden mehrere Autos zerstört, das Bildmotiv des Autoschrottplatzes verwendete Penn bereits in *Mickey One* (USA 1965) und *The Chase* (USA 1966).

Der Typus des jugendlichen Drifters, der sich nicht in die bürgerliche Gesellschaft integrieren kann und über diese Dysfunktionalität deren Fixierung auf materiellen Wohlstand, beruflichen Erfolg und soziales Ansehen entlarvt; der aus der Enge und beklemmenden Doppelmoral seines Milieus ausbricht und *on the road* lebt; dessen Reise einerseits neue Bilder von Amerika ermöglicht, andererseits häufig desillusioniert oder gewaltsam endet, bildet die Blaupause für eine große Anzahl von (Anti-)Helden des New Hollywood. Er verbindet *Bonnie and Clyde* mit zwei weiteren wichtigen Vorläuferfilmen dieser Bewegung: zum einen mit Mike Nichols' *The Graduate* (Die Reifeprüfung, USA 1967), dessen Protagonist Benjamin Braddock erst still an der Kommunikationslosigkeit innerhalb seines bürgerlichen Elternhauses leidet, bevor er seine Isolation – zumindest vorläufig – beendet, als er am Ende mit seiner Braut in einem Greyhoundbus vor der Hochzeitsgemeinde flieht; zum anderen mit Dennis Hoppers *Easy Rider* (USA 1969), der die Absage an die Werte des amerikanischen Bürgertums deutlich radikaler artikuliert und dessen sensationelles Einspielergebnis von 19 Millionen Dollar das Tor für eine „transatlantische Nouvelle Vague" (Blumenberg 1976, S. 33) aufstößt.

Die Reise der beiden Hippies Wyatt und Billy durch Amerika resultiert nicht nur in einem weiteren Motorradfilm, sondern avanciert zur Bestandaufnahme amerikanischer Gegenkultur am Ende der 1960er Jahre: Durch Laszlo Kovacs' hochagile Kamera präsen-

Abb. 3.36 Arthur Penn löst die Ermordung des Gangsterpärchens in *Bonnie and Clyde* (© Warner Bros. u. a., USA 1967) in eine Serie kurzer Einstellungen auf, einige sogar nur wenige Frames lang. Die Brutalität der Hinrichtung findet somit ästhetischen Widerhall in der geradezu gewaltsamen Fragmentierung von Raum und Zeit durch die Montage.

tiert sich der Film stilistisch äußerst heterogen: Groß- und Detaileinstellungen auf die verchromten Motorräder wechseln sich ab mit subjektiven Blicken der Protagonisten in die Landschaft (zum Beispiel das Monument Valley); lange, dokumentarisch wirkende Kamerablicke auf das allabendliche Lagerfeuer stehen neben einer manierierten Kreisfahrt an den Mitgliedern einer Hippie-Kommune vorbei. Darüber hinaus bedient sich Hopper bei der Ästhetik des Experimentalfilms, wenn er den Drogenrausch der Protagonisten auf einem Friedhof in New Orleans in körniger 16 mm-Handkamera-Optik, Gegenlichtaufnahmen, Doppelbelichtungen, Unschärfen, Farbfiltern, assoziativ einmontierten Bildern, radikal beschleunigter Montage, Bild-Ton-Entkopplungen, rasanten Schwenks und *preview flash cuts* auflöst, in denen Wyatt seinen eigenen Tod und das Ende ihrer Reise sieht. Auf der Tonebene sind „kakophonische Tonüberlappungen mit Industrielärm und Gebeten" zu hören, sie „manifestieren die Psychodynamik eines Horrortrips, bei dem individuelle Traumata und kollektives Unterbewusstes zusammenzutreffen scheinen" (Damann 2007, S. 81). Ähnlich wie in Bob Rafelsons *Head* (USA 1968) spielt auch die Musik in *Easy Rider* eine tragende Rolle: Songs wie Steppenwolfs *Born to be Wild* (1968), *I Wasn't Born to Follow* (1969) der Byrds oder *If Six was Nine* (1967) von The Jimi Hendrix Experience werden im Film vollständig ausgespielt und dienen nicht der Illustration der Bilder mythischer amerikanischer Landschaften, wie Wim Wenders bemerkt. Im Gegenteil: „Die Bilder handeln vielmehr von ihnen" (1975, S. 11).

Viele Regisseure des New Hollywood lassen sich von der Autorentheorie der Nouvelle Vague beeinflussen, streben nach größtmöglicher künstlerischer Kontrolle vom Drehbuch bis zum Schnitt und sehen ihre Werke als Ausdruck ihrer oft zynisch-desillusionierten Sicht auf Amerika und seine Mythen: Die Grenze (*frontier*) zwischen Natur und Kultur, angeblich vom weißen Mann zum Wohl seiner Zivilisation immer weiter nach außen verschoben, wird in Revisionen des Western-Genres wie Sam Peckinpahs *The Wild Bunch* (USA 1969), Arthur Penns *Little Big Man* (USA 1970) oder Ralph Nelsons *Soldier Blue* (*Das Wiegenlied vom Totschlag*, USA 1970) umgedeutet in die Demarkationslinie zwischen Natur als Ort der Unschuld und einer zunehmend korrupten und gewalttätigen Kultur; der American Dream, das Versprechen umfassender sozialer Mobilität, der Traum des Aufstiegs vom Tellerwäscher zum Millionär, verwandelt sich in John Schlesingers *Midnight Cowboy* (*Asphalt-Cowboy*, USA 1969) oder Roman Polanskis *Chinatown* (USA 1974) in einen Alptraum.

Bob Rafelson gehört zu den New Hollywood-Regisseuren, die sich für eine kurze Zeit jene kreative Autonomie erarbeiten können, die auch europäische Filmautoren der Nouvelle Vague für sich beanspruchten. Für seine Semi-Independent-Produktionsfirma BBS, gegründet 1969 mit Steve Blauner und Bert Schneider und im Verleih der Columbia, kann er sich sogar das Recht auf den sogenannten *final cut*, d. h. die endgültige Gestaltung seiner Filme sichern. In *Five Easy Pieces* (USA 1970) erzählt er die Geschichte eines Mannes auf der Suche nach sich selbst: Der Pianist Robert Eroica Dupea schlägt sich mit Gelegenheitsjobs durchs Leben, driftet seltsam ambitionslos und entfremdet durch ein Leben aus Arbeit, Bowling und kurzen Affären, obwohl er mit der Kellnerin Rayette eine liebende Partnerin besitzt. Der episodisch angelegte, vorwiegend in beobachtender Distanz verharrende Film findet zahlreiche Sinnbilder für Dupeas existenzielle Heimatlosigkeit: In einem Verkehrsstau klettert er auf einen Umzugswagen und entdeckt dort ein altes Klavier, auf dem er ein klassisches Stück spielt, während um ihn herum Automotoren und -hupen dröhnen. Als der Lastwagen abbiegt und Dupea mit ihm aus dem Bildkader verschwindet, gibt sich der Protagonist dieser neuen Bewegung widerstandslos hin, eine Metapher für ein Leben, das nicht aktiv geführt, sondern lediglich erlebt wird. Bevor er am gleichen Abend Rayette bei der Arbeit besucht, zeigt die Kamera in einer kurzen Montagesequenz Orte, an denen Dupea an diesem Tag vorbeiläuft: ein „Adult Theatre", ein heruntergekommener Laden einer Handleserin, ein Friseurladen, eine Straßenkreuzung, untermalt von klassischer Klaviermusik. Rafelson weist Dupeas Leben in Kalifornien durch die Diskrepanz zwischen Bild- und Tonebene als zerrissen aus und reduziert es gleichzeitig auf Banalitäten und Alltägliches. Sein Leben, in dem selbst die Zukunft *used*, verbraucht wirkt, bietet dem Protagonisten keinen Ort zum Verweilen. „So wie nach der Auflösung der jugendkulturellen Bewegung", deren Scheitern Arthur Penn bereits in *Alice's Restaurant* (USA 1969) konstatiert, „plötzlich der Einzelne auf sich selbst zurückgeworfen ist, streben auch die Figuren der Filme von Bob Rafelson (…) nach Selbstfindung und Selbstverwirklichung" (Damann 2007, S. 147). Diese Ideale bleiben für Dupea jedoch unerreichbar, auch die Wiederbegegnung mit seiner bildungsbürgerlichen Familie gerät zum sozialen Desaster: Die Beziehung zu seinem von zwei Schlaganfällen gelähmten Vater bleibt kalt, sein Annäherungsversuch an die Violinistin Catherine, die Freundin seines ebenfalls körperlich beschädigten Bruders Nicholas, scheitert. Für die Erkundung der intimeren Familienbeziehungen beim Abendessen rückt die Kamera in zahlreichen Großaufnahmen enger an die Figuren heran, fängt dadurch jedoch die Kommunikationslosigkeit und Isolation der Charaktere umso treffender ein. In einer späteren Sequenz spielt Dupea emotionslos und etwas steif Klavier, die Kamera schwenkt dabei nach links und fährt in einer Kreisfahrt alte Familienfotos an der gegenüberliegenden Wand ab, bis sie zum zweiten Mal Catherines Gesicht in Großaufnahme einfängt: Das einzig Lebendige in dieser Einstellung sind die beiden Menschen, doch zwischen ihnen stehen die Autorität des Vaters, die elitäre Familie und der Anspruch der Kunst.

Lars Damann unterteilt die Dekade des New Hollywood in zwei Phasen:

1. In der ersten Phase zwischen 1967 und 1972 bemühen sich einige Regisseure bzw. Gruppen von Regisseuren in Kooperation mit den etablierten Studios um ein Kino, das politisch und stilistisch Anschluss an die Moderne sucht.
2. Die zweite Phase von 1972 bis 1976 spiegele hingegen die vorwiegend individuellen Strategien einzelner Filmemacher, „das Hollywoodkino weitgehend innerhalb des Systems über den Genrefilm zu erneuern" (2007, S. 38).

Beispiele für die erste Phase sind die insgesamt fünf Filme der BBS, d. h. neben *Five Easy Pieces* noch Rafelsons *The King of Marvin Gardens* (USA 1972), Jack Nicholsons *Drive, He Said*, Henry Jagloms *A Safe Place* und Peter Bogdanovichs *The Last Picture Show* (alle USA 1971). Hans C. Blumenberg spricht den Regisseuren der BBS eine gemeinsame Ästhetik zu: Sie bebilderten „erdrückende Erfahrungen von Isolation und Entfremdung" durch einen „von elliptischen Raffungen und Auslassungen gekennzeichneten Stil" (1976, S. 50). Dies trifft allerdings auch auf die frühen Filme Hal Ashbys zu: *The Landlord* (*Der Hausbesitzer*, USA 1970) und *Harold and Maude* (*Harold und Maude*, USA 1971) zeigen lebensunfähige, neurotische Antihelden, deren Wege aus der dysfunktionalen Familie ins Leben, aus der klaustrophobischen Enge der Innenräume ins Freie, ins Leben führen. Ashbys Stil zeichnet sich aus durch Zurücknahme von Sprache zugunsten von Gestik und Mimik; langsame, weiche Schwenks und Fahrten, die sich, wie die Kameraarbeit generell, eher den Bewegungen beziehungsweise Blicken der Protagonisten anpassen; elliptische Montage sowie kunstvoller Wechsel zwischen „grimmigem Ernst und angedeutetem Pathos, zwischen Satire und Tragödie" (Pflaum 1976, S. 92).

Das Werk von John Cassavetes beginnt zwar schon 1959 (mit *Faces*) und ist somit ebenso mit dem New American Cinema verbunden, reicht jedoch bis in die 1970er Jahre: Sein Stil betont das Unsaubere, Nichtperfekte und beruht auf einem bewussten Verzicht auf die „tradierte Ästhetik der Kadrierung" (Klein 2009, S. 118) zugunsten von Handkameras sowie auf Improvisation: Diese lässt dem Regisseur die Freiheit, auf Gegebenheiten am Set einzugehen beziehungsweise gewährt dem Schauspieler Freiraum, sich selbst zwischen Drehbuch und (minimalen) Vorgaben des Regisseurs performativ einzubringen und die Rolle sehr frei und spontan zu interpretieren. Ferner geht Cassavetes kreativ mit *On* und *Off* um: Schauspieler, zum Beispiel Gena Rowlands und Peter Falk in *A Woman Under the Influence* (*Eine Frau unter Einfluss*, USA 1974), bewegen sich in den und aus dem Bildkader, die Kamera kann ihnen dabei nicht immer folgen, was einerseits bewusste Unschärfen forciert, andererseits die diegetische Welt außerhalb des Kaders als dynamisch und veränderlich ausweist. Zusammengefasst besteht Cassavetes' Stil in der Reduktion beziehungsweise bewusst fehlerhaften Verwendung filmischer Mittel zur Steigerung der Intensität, der Wirkung des Gezeigten, wobei gerade das Unfertige, Improvisierte oder gar Fehlerhafte eine stärkere „Lebensnähe", „Intensität" sowie eine höhere „Involvierung des Zuschauers in das Geschehen" (Klein 2009, S. 121) bewirke.

Eine zentrale Rolle innerhalb des Epochalstils des New Hollywood nimmt Robert Altman ein. Thomas Koebner zählt als wesentliche Kennzeichen der „Altman-Methode" folgende Stilismen auf:

> (a) die Choreografie oft großer Ensembles von Figuren, bei denen man manchmal zwischen Protagonist und „supporting character" kaum unterscheiden kann (…); (b) die entsprechende Neigung zu episodischer Verästelung, um sich dem Diktat der Einengung auf eine Handlungslinie zu entziehen (…); (c) die Polyphonie der Stimmen und Töne, der sich überlappenden Dialoge, in oft mehreren Tonspuren, eine realistisch tiefgestaffelte Klang- und Geräuschsphäre und (d) eine bewegliche Kamera, die sich aus der Distanz der Totalen, nicht selten mit Hilfe der optischen Annäherung, also durch Zoom, an einzelne Personen und Gesichter heranpirscht. (2006, S. 11 f.)

Bereits in *M. A. S. H.* (USA 1970), einer Abkürzung für Mobile Army Surgical Hospital, seinem einzigen kommerziellen Erfolg, zeigt sich jene „Dezentralisierung des filmischen Raums" (Kolker 2001, S. 483), mit der Altman die Peripherie des Geschehens betont: einerseits visuell durch die gegensätzliche Verwendung von Breitwandformat und Teleobjektiv, andererseits akustisch durch kontrapunktischen Ton und überlappende Dialoge. Diese kunstvolle Zerlegung der Erzählung in heterogene Bilder ohne Verzicht auf deren Kohärenz, diese Fragmentierung der Wahrnehmung ohne Gefährdung von Verstehensprozessen beim Zuschauer formuliert Altman besonders in *Nashville* (USA 1975) aus, wo er mit bis zu 16 Tonspuren experimentiert. In einer Einstellung zeigt er verschiedene Darsteller bei unterschiedlichen Verrichtungen und verändert durch Tonmischung den erzählerischen Fokus. Die daraus entstehenden Dissonanzen und Kontrapunkte spiegeln ein Kunstverständnis, in dem sich Wirklichkeit „kaum noch als Linie oder Entwicklung ausmachen, sondern als gebündelter Widerspruch" fassen lässt (Ungureit 1976, S. 61 bzw. 59).

Ähnlich wie Cassavetes arbeit Altman in den 1970er Jahren mit einem festen Ensemble in Cast und Crew, so zum Beispiel den Produzenten Scott Bushnell und Robert Eggenweiler sowie Thommy Thompson als Regie-Assistenten. Eine weitere stilistische Kontinuität ist der bereits angesprochene Zoom, den Altman immer wieder anstelle von Fahrt und Schwenk als Instrument einsetzt, um Figuren und ihren Beziehungen nachzuspüren: Dabei

Abb. 3.37 Die Helden des New Hollywood sind eigentlich Anti-Helden: Drifters, die sich nicht in die bürgerliche Gesellschaft integrieren, wie Bonnie Parker in *Bonnie and Clyde* (© Warner Bros., **a**) oder die Hippies Billie und Wyatt in *Easy Rider* (© Columbia Pictures Corporation u. a., 1969, **b**), dysfunktionale Charaktere, für die sich der amerikanische Traum nicht erfüllen mag, wie der Konzertpianist Robert in *Five Easy Pieces* (© Columbia Pictures Corporation u. a., 1970, **c**) oder der Vietnam-Veteran Travis in *Taxi Driver* (© Columbia Pictures Corporation u. a., 1976, **d**). Nicht selten stehen sie mit einem Bein in der Illegalität, wie der Spieler John McCabe in *McCabe and Mrs Miller* (© Warner Bros. u. a., 1971, **e**) oder der Privatdetektiv J. J. Gittes in *Chinatown* (© Paramount Pictures u. a., 1974, **f**).

fällt auf, dass die Heldenfigur in Altmans Filmen zugunsten von ambivalenten Außenseitern, Träumern, Süchtigen aufgegeben wird (vgl. Abb. 3.37). Ebenso verfährt er mit klassischen amerikanischen Genres, deren Motive und Erzählmuster er bewusst öffnet, variiert und dekonstruiert. zum Beispiel den Western in *McCabe & Mrs. Miller* (USA 1971), den Kriminalfilm in *The Long Goodbye* (*Der Tod kennt keine Wiederkehr*, USA 1973) sowie den Gangsterfilm in *Thieves Like Us* (*Diebe wie wir*, USA 1974). Altmans Kunst des Fragmentarischen offenbart nicht nur eine implizite Kritik an Amerika, eine tiefgreifende Skepsis gegenüber Mythen wie dem American Dream, sondern kann als „Zerfall der Großen Erzählungen" (Lyotard 1986, S. 55) *avant la lettre* betrachtet werden. Norbert Grob betont an Altmans Werk die Kraft des Offenen und „Dispersiven", durch die er die Künstlichkeit klassischer Erzählmuster immer wieder unterlaufe (2006, S. 70). Dabei wechsele sein

„spontan und improvisiert" wirkender Stil „gelegentlich abrupt ins Elegische oder Tragische beziehungsweise ins Ironische oder Groteske" (Grob 2006, S. 76). Koebner beobachtet in Altmans Werk gar eine „surrealistische Tendenz": Filme wie *Brewster McCloud*
(*Auch Vögel können töten*, USA 1970), *Images* (*Spiegelbilder*, USA 1972) oder *3 Women*
(*Drei Frauen*, USA 1977) erforschten in zum Teil radikaler Weise Innenwelten und stünden
in der Tradition europäischer Filmautoren wie Fellini, Bergman und Buñuel, die seit den
sechziger Jahren verstärkt Träume, Erinnerungen, Imaginationen und Halluzinationen inszeniert haben (2006, S. 43).

Stellvertretend für die zweite Phase des New Hollywood, die Damann zwischen 1972
und 1976 verortet, steht unter anderem Francis Ford Coppola. Früh bei Roger Cormans
AIP an B- und C-Movies geschult, gründet er 1969 seine eigene Produktionsfirma American Zoetrope, um künstlerische Unabhängigkeit zu erlangen. Der wohl bekannteste Film
dieses Studios ist George Lucas' Science Fiction-Dystopie *THX-1138* (USA 1972). Der
enorme Erfolg der ersten beiden Teile von *The Godfather* (*Der Pate*; Teil 1: 1971, Teil 2:
1974) macht Coppola quasi über Nacht zum Millionär und lässt ihn zum neuen Wunder-
kind Hollywoods aufsteigen. Allerdings lässt sich Coppolas eklektizistische Filmästhetik
auf keinen einheitlichen Stil festschreiben, er „vagabundiert durch die Stile mit freien
Assoziationen" (Jansen 1976, S. 76).

Mit *Mean Streets* (*Hexenkessel*, USA 1973) und *Taxi Driver* begründet auch Martin
Scorsese seinen Ruf als junges Regietalent. Beide Filme thematisieren Großstadt und Gewalt, einmal als Gangsterfilm, einmal als existenzialistischer Neo Noir. In *Taxi Driver* jedoch binden *voice-over* und Kameraführung das Publikum in identifikatorischer Nähe an
die entfremdete, zum Teil sogar psychotische Wahrnehmung des Vietnam-Veteranen Travis Bickle, der sich in einem kalten, tristen und elenden New York als Taxifahrer durchschlägt. Scorsese zitiert in *Taxi Driver*, wie Georg Seeßlen nachweist, Kamerafahrten und
Zooms aus Filmen von Hitchcock, Godard oder Antonioni (2003, S. 104), er arbeitet mit
vielen Ellipsen, mit der „Fragmentierung von Raum und Zeit" (Damann 2007, S. 321),
um die Persönlichkeitsstruktur seines modernen Protagonisten erfahrbar zu machen, der
die Flut ambivalenter Sinneseindrücke in der Metropole nicht mehr zu kohärenten Erfahrungen synthetisieren kann. Seine Gewalt, seine Selbststilisierung zum Rächer, der sich
bewaffnet, seinen Körper stählt, um zum Kampf gegen den angeblichen Abschaum auf
den Straßen anzutreten, ist gleichermaßen Ausweis einer beschädigten Persönlichkeit wie
des Einflusses populärer amerikanischer (Film-)Genres: des Melodrams (in der Episode
mit Betsy) sowie des Westerns, dessen zentrale Standardsituation, das Duell, Travis immer
wieder vor dem eigenen Spiegel durchspielt. Martin Scorsese entwirft in *Mean Streets*
und *Taxi Driver* einerseits plausible, weil mit authentischen Details und Stadtbildern ausgestattete Welten, transzendiert diesen Eindruck jedoch immer wieder durch die Überbietung klassischer Genreelemente und den zum Teil delirierenden Einsatz von Gewalt,
deren Bildlichkeit und Wirkung mythische Wirkung erreicht, nicht zuletzt deshalb, weil
sie aus einem tiefen menschlichen Bedürfnis nach Erlösung erwächst. Bausteine seines
Stils sind die Verwendung des Top Shots – von *Who's That Knocking on My Door* (*Wer
klopft denn da an meine Tür*, USA 1967) über *Mean Streets* und *Taxi Driver* bis zu *Gangs*

of New York (USA/I 2002), die ambivalenten Beziehungen zwischen Figurenpaaren – was vor allem in den Mafia- und Gangsterfilmen von *Mean Streets* bis *The Departed* (*Unter Feinden*, USA/HK 2006) zum Ausdruck kommt – sowie die gezielte Verwendung von (Pop-)Musik.

> Martin Scorseses künstlerische Einzigartigkeit ist (…) nicht durch die Radikalität des Stils bedingt (wie bei David Lynch) noch durch die Radikalität der Methode (wie gelegentlich bei Robert Altman), noch durch die Radikalität der darstellerischen Arbeit (wie bei John Cassavetes). (…) Was Scorsese vielmehr über alles dies hinweg bewegt, ist die ungeheure Bewusstheit, mit der die Elemente verbunden sind. Sie türmen wesentlich mehr an Informationen aufeinander, als beim Sehen zu entschlüsseln ist. (Seeßlen 2003, S. 448 f.)

Alan J. Pakulas Karriere hingegen erreicht in der zweiten Hälfte der 1970er Jahre bereits ihren Höhepunkt. Seine Paranoia-Trilogie – *Klute* (USA 1971), *The Parallax View* (*Zeuge einer Verschwörung*, USA 1973) und *All the President's Men* (*Die Unbestechlichen*, USA 1976) – greift die Watergate-Affäre auf und offenbart machtvolle politische Verschwörungen innerhalb des politischen Systems der USA.

Steven Spielberg beginnt seine Karriere ebenfalls während des New Hollywood. Schon das furiose Roadmovie *Duel* (*Duell*, USA 1971), in dem ein Truck einen Autofahrer über die Highways hetzt, offenbart Spielbergs Begeisterung für Technik, die er in seinen späteren Arbeiten wie *Jurassic Park* (USA 1993), *Saving Private Ryan* (*Der Soldat James Ryan*, USA 1998) oder *A. I. – Artificial Intelligence* (*A. I. – Künstliche Intelligenz*, USA 2001) in zunehmend digitaler Inszenierung weiter ausleben wird. Dabei bleibt Spielberg dem klassischen Hollywoodstil verhaftet, wenngleich er diesen gelegentlich transparent macht, zum Beispiel wenn er in *Jaws* den sogenannten *Vertigo*-Effekt, eine Alfred Hitchcocks *Vertigo* (*Aus dem Reich der Toten*, USA 1958) entlehnte Kombination von Ranfahrt und Zoom-Out verwendet (vgl. Abb. 3.38). Spielbergs Kino der Effekte, des Spektakels und der Attraktionen bereitet den Weg für Blockbuster und High-Concept-Movies, die in visueller Opulenz ihr Publikum zu beeindrucken versuchen, dafür aber in Charaktertypologie und Plot-Konstruktion eher traditionelle Züge tragen. Wenn ein Indiana Jones in *Raiders of the Lost Ark* (*Jäger des verlorenen Schatzes*, USA 1981), *Indiana Jones and the Temple of Doom* (*Indiana Jones und der Tempel des Todes*, USA 1984), *Indiana Jones and the Last Crusade* (*Indiana Jones und der letzte Kreuzzug*, USA 1989) und *Indiana Jones and the Kingdom of the Crystal Skull* (*Indiana Jones und das Königreich des Kristallschädels*, USA 2008) familiengerecht die Welt rettet, wird damit narrativ wie ideologisch der Status Quo bewahrt:

> Spielbergs Filme sind offensichtlich handwerklich gut gearbeitet, technologisch überbestimmt, abhängig von filmischen Effekten und im selben Maß entschlossen realistisch wie manipulativ – realistisch, weil sie manipulativ sind (…). Diese Filme schaffen für ihr Publikum angenehme Ersatzwelten für eine unangenehme Welt. (Kolker 2001, S. 366)

Anstelle formaler Experimente oder gesellschaftlicher Kritik ist der Blockbuster, der mit *Jaws* und George Lucas' *Star Wars Episode IV – A New Hope (Krieg der Sterne Episode IV – Eine neue Hoffnung, USA 1977, George Lucas)* seinen Siegeszug im ameri-

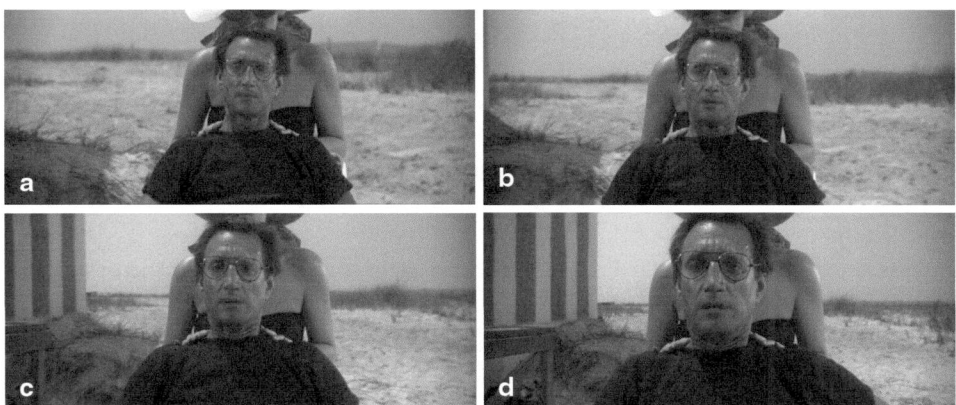

Abb. 3.38 Spielbergs *Jaws* (© Universal Pictures u. a., USA 1975) gilt als Vorreiter des Block-buster- und High Concept-Kinos, das auf klare Konflikte und aufwändige Spezialeffekte setzt. Das postklassische Hollywoodkino behält die Strategien des klassischen zwar bei, erweitert sie aber für ein medienerfahreneres Publikum auf kreative Weise. Der Vertigo-Effekt ist hier einerseits sicht-bare Rede des Erschreckens, erzeugt andererseits als Hommage an Hitchcock einen intellektuellen Genuss für Filmkenner.

kanischen Kino antritt, von ausgefeilten Marketing- und Merchandisingstrategien beglei-tet. *Jaws* spielte 130 Millionen Dollar ein, *Star Wars* sogar 194 Millionen (vgl. Damann 2007, S. 347).

Die stilistische Diversität des New Hollywood erlahmt gegen Ende der 1970er Jahre, die kritische Auseinandersetzung mit amerikanischer (Zeit-)Geschichte und Mythologie findet in Michael Ciminos *The Deer Hunter* (*Die durch die Hölle gehen*, GB/USA 1978) und *Heaven's Gate* (*Das Tor zum Himmel*, USA 1980) ihre vorläufig letzten Höhepunkte. Wirtschaftlich bleiben trotz ihrer Krise die großen Studios in Hollywood tonangebend. Auf der Ebene von Ästhetik und Stil herrscht eine gewisse Kontroverse darüber, wie das Erbe des New Hollywood das Verfertigen von Filmen in der Traumfabrik verändert habe. David Bordwell konzediert zwar eine Integration inszenatorischer Elemente des europäi-schen Autorenkinos der 1960er und 1970er Jahre – Jump Cuts, Zooms, Teleobjektive – in den klassischen Stil, erkennt darin jedoch keinen revolutionären Prozess, sondern eine Absorption, die das Hollywoodkino schon des Öfteren geleistet habe, zum Beispiel mit Elementen des Deutschen Expressionismus oder des Sowjetischen Montagekinos (vgl. 1985, S. 373 f.). New Hollywood-Filme wie *Jaws* und *The Godfather* sieht Bordwell noch immer den grundlegenden Koordinaten des Klassischen Hollywoodkinos – Lineari-tät, Kontinuität und Plausibilität der Handlung – verpflichtet, gleichzeitig sei mit ihnen jedoch ein eklektizistischer „mainstream style" entstanden:

> Long lenses for picturesque landscapes, for traffic and urban crowds, for stunts, for chases, for point-of-view shots of distant events, for inserted close-ups of hands and other details; wide-angle lenses for interior dialogue scenes, staged in moderate depth and often with racking focus; camera movements that plunge into crowds and arc around central elements to establish depth; everything held together by rapid cutting – if there is a current professional norm of 35 mm commercial film style around the world, this synthesis is probably it. (1997, S. 259 f.)

Anders argumentiert zum Beispiel Henry Jenkins: Aus den Modernismen des New Hollywood sei seit Mitte der 1970er Jahre ein neues, postklassisches Kino entstanden, das sich der gestiegenen Medienkompetenz und Filmerfahrung seiner „media-savvy audience" (1995, S. 114) bewusst sei und dies in seiner Ästhetik reflektiere; das Narration und Charakteranlage flexibler handhabe (vgl. Damann 2007, S. 354 ff.) sowie mit „nicht-linearen Kausalketten, Persönlichkeitsmetamorphosen und mehreren auseinander strebenden Handlungssträngen" (Distelmeyer 2008, S. 72) operiere. Für Jens Eder lässt sich das Postklassische einer Ästhetik des Postmodernen subsummieren und mit den Begriffen der Intertextualität, Ästhetisierung, Selbstreferenzialität und Dekonstruktion beschreiben (2008, S. 51). Ferner umfasst der Begriff aber auch institutionelle wie medienwirtschaftliche Dimensionen, beschreibt also ein „Hollywood der internationalen Medienkonglomerate" und „der effektorientierten Filmevents" (Eder 2008, S. 33).

> Die Filmemacher des New Hollywood gehörten zur ersten Generation, die in der Bilderwelt der populären Kultur aufgewachsen sind. Es ging für sie schon nicht mehr um das Entdecken (…), sondern im Gegenteil darum, im Strom der Bilder, welche nicht mehr linear, nicht mehr als geschichtlicher Diskurs mit Schwerpunkten und Ordnungen aufgenommen werden konnten, nicht unterzugehen. (…) Man stand nicht in einer Tradition, wie einst die Meister in Hollywood, sondern man fraß sich durch eine dicke Mauer der Bilder, (…) das Intertextuelle (…) ist viel weniger eine intellektuelle Methode als direkter Reflex der Arbeits- und Lebensbedingungen. Die Mythen des klassischen Erzählkinos verschwanden nicht einfach, sie begannen nur, sich aus der verpflichtenden Mitte zum peripheren Spielmaterial zu entwickeln. Der Pakt der Einheit von Ikonografie, Erzählung und Ideologie ist aufgekündigt. (Seeßlen 2003, S. 9)

Exemplarische Filme

Bonnie and Clyde (USA 1967, Arthur Penn)
Five Easy Pieces (*Ein Mann sucht sich selbst*, USA 1970, Bob Rafelson)
Mean Streets (*Hexenkessel*, USA 1973, Martin Scorsese)
A Woman under the influence (*Eine Frau unter Einfluss*, USA 1974, John Cassavetes)
The Conversation (*Der Dialog*, USA 1974, Francis Ford Coppola)
Nashville (USA 1975, Robert Altman)
Jaws (*Der weiße Hai*, 1975, Steven Spielberg)

Einführungsliteratur

Damann, Lars. 2007. *Kino im Aufbruch. New Hollywood 1967–1976*. Marburg: Schüren.
Jansen, Peter W., und Wolfram Schütte. Hrsg. 1976. *New Hollywood* (Reihe Film, 10). München, Wien: Hanser.
Kolker, Robert. 2001. *Allein im Licht*. München, Zürich: Diana.

3.4.5   Neuer Deutscher Film

Der Begriff bezeichnet eine Epoche in der westdeutschen Filmgeschichte von 1962 bis in die Mitte der 1980er Jahre. In diese Phase fallen Filme von Wim Wenders, Rainer-Werner Fassbinder, Werner Herzog, Alexander Kluge, Volker Schlöndorff, Edgar Reitz, Hans-Jürgen Syberberg, Margarethe von Trotta, Rudolf Thome oder Werner Schroeter. Das titelakzentuierende Adjektiv ‚neu‘ ist hier nicht im Sinne von aktuell, sondern historisierend als neuartig, innovativ und in Abgrenzung zum deutschen Nachkriegsfilm zu verstehen, zu ‚Papas Kino‘, von dessen angeblich biederer Konventionalität und intellektueller Verarmung sich die jungen Regisseure und Regisseurinnen in typisch avantgardistischer Diktion vehement abgrenzen. Trotz breiter stilistischer Heterogenität ihrer Œuvres lassen sich einige gemeinsame Elemente identifizieren: ein offenes, episodisches Erzählen sowie eine eher essayistische und distanzierende statt illusionierende Haltung: Angestrebt werde nicht die „große, sorgfältig gebaute Erzählung, die auf Perfektion aus ist", sondern Filme, die auch „Brüchiges und Fehlerhaftes, Falsches und Unklares" enthielten (vgl. Grob et al. 2012, S. 10).

Geschult an der Autorentheorie der Nouvelle Vague und ausgestattet mit dem kritisch-intellektuellen Furor der 68er-Bewegung, zielen die jungen deutschen Filmemacher auf ein neues Kino jenseits der als opportunistisch, saturiert oder reaktionär verschrienen Produktionen der 1950er Jahre: jener bleiernen Zeit, in der Wirtschaftswunder, Westintegration und Wiederbewaffnung eine schonungslose Abrechnung mit der Nazi-Zeit verhindern.

In dieser Zeit des Verschweigens und Wegsehens, der Akzeptanz personeller und struktureller Kontinuitäten zwischen ‚Drittem Reich‘ und Bundesrepublik, jenem „Jahrzehnt des Heimat- und Schlagerfilms, des Arzt- und Sittendramas, des Krimis und späten Melodrams" (Grob 1993, S. 211) verliert die Bundesrepublik – zwischen 1958 und 1970 – immer mehr Kinobesucher ans Fernsehen, ferner einige traditionsreiche Verleihfirmen sowie die Hälfte ihrer Kinos. Der neue, unabhängige Autorenfilm, den die Speerspitze der jungen deutschen Regisseure – Alexander Kluge, Volker Schlöndorff sowie die Brüder Schamoni – anstelle eines Kinos der Produzenten einfordert, lässt nach seiner emphatischen Proklamation im Oberhausener Manifest 1962 jedoch noch auf sich warten. Erst nach der Gründung erster Filmakademien in Ulm (1962), West-Berlin (1965) und München (1967) und der Einrichtung des Kuratoriums junger deutscher Film (1965) kommen 1966 mit Kluges *Abschied von gestern*, Ulrich Schamonis *Es*, Peter Schamonis *Schonzeit für Füchse* und Schlöndorffs *Der junge Törless* eine Handvoll stilistisch innovativer Filme heraus, die mit der Dominanz der geschlossenen Form brechen und stattdessen offene, häufig nicht-lineare Formen des Erzählens favorisieren: „Das Ideal dieser Filme ist weniger, wie bisher im Produzentenfilm üblich, das glatte Gemälde, sondern das vom Unebenen und Kantigen lebende Relief" (Grob 1993, S. 223). Kluges Schwester Alexandra spielt in *Abschied von gestern* Anita G., „the uneasy drifter", auf ihrer Reise durchs „Wirtschaftswunderland" (Fischer und Hembus 1981, S. 32): „Interviews und Inserts, Gedanken und Geschichten, Zitate und Zeichnungen, alte Fotos und Filme, Dokumentarisches,

Erdachtes, Improvisiertes, Kommentierendes, alles wird Material", das Kluge in episo-
discher, elliptischer Weise und „betont dilettantisch – vieles im Anschnitt, schräg, kan-
tig, oft sogar wacklig, (…) durch Parataxis, Akkomodation, Kontrast" collagiert (Fischer
und Hembus 1981, S. 230) und zu einem „Psychogramm der bundesdeutschen Verhältnisse" (Hickethier 2002, S. 61) montiert. Diese an seinem akademischen Lehrer Adorno
geschulte Ästhetik prägt Kluges Werk bis heute: Seine Filme sind Zeugnis einer skeptischen Aufklärung, treten ein in einen emanzipierenden Dialog mit ihren Zuschauern, die
Splitter und Fragmente geschichtlicher Faktizität mit individuellen Konstruktions- und
Verständnisleistungen konfrontieren sollen, um über diese Verschränkung von *Geschichte
und Eigensinn* (so der Titel eines 1979 mit Oskar Negt verfassten Werks) zu Autoren ihres
eigenen Lebens zu werden. Viele seiner Dokudramen, zum Beispiel *Die Artisten in der
Zirkuskuppel: ratlos* (BRD 1968) oder *Die Patriotin* (BRD 1978) sind assoziative Er-
kundungen deutscher Gegenwart und gleichzeitig non-lineare, dabei durchaus provokante
Explorationen europäischer Geschichte, zum Beispiel wenn Kluge in seiner Episode im
Omnibusfilm *Deutschland im Herbst* (BRD 1977) eine Genealogie politischer (Selbst-)
Morde vom habsburgischen Kronprinzen Rudolf (1889) über Generalfeldmarschall Er-
win Rommel (1944) bis zum Tod der in Stammheim inhaftierten RAF-Terroristen Baader,
Ensslin und Raspe (1977) konstruiert.

Das Kuratorium junger deutscher Film fördert jedoch nicht nur Kluges intellektuelles,
essayistisches Kino, sondern verhilft unter anderem auch Edgar Reitz (*Mahlzeiten*, BRD
1967) und Werner Herzog (*Lebenszeichen*, BRD 1968) zu ihren Erstlingswerken. Reitz'
Stil ist illusionsbrechend, distanzierend, dekonstruktiv: ob als Einzelfall angelegt wie die
filmische Sezierung einer Liebesbeziehung in *Mahlzeiten* (vgl. Abb. 3.39) oder als epo-
chales Geschichtspanorama aus der Sicht des kleines Mannes wie in *Heimat – Eine deutsche Chronik* (BRD 1984), stets konterkariert Reitz allzu gängige Erwartungen der Zuschauer. *Mahlzeiten* mit seinen Voice Over-Kommentaren in verschiedenen Sprechstilen
und Subjektivierungsgraden, der fragmentierenden Montage und den Gattungswechseln
zwischen Fiktivem und Dokumentarischem verweigert ebenso wie *Heimat* mit seinem
Nebeneinander aus Farb- und Schwarzweißaufnahmen und seiner kreativen Verwendung
fotografischer Standbilder eine simple Identifikation des Publikums zugunsten eines komplexen und ambivalenten Bilds von Wirklichkeit und Geschichte sowie der Menschen, die
sie prägen. Darüber hinaus gelingt ihm, zusammen mit Peter Fleischmanns *Jagdszenen
aus Niederbayern* (BRD 1969), eine kritische Revision des deutschen Heimatfilms.

Im Gegensatz zu Reitz, der große Weltläufe im Kleinen, Privaten, Provinziellen spiegelt, zieht es Werner Herzog schon früh aus dem entzauberten Deutschland hinaus, auf
der romantischen Suche nach neuen, ungesehenen und überlebensgroßen Bildern von Natur und Mensch: Beeinflusst vom expressionistischen deutschen Stummfilm – dem er in
Nosferatu – Phantom der Nacht (BRD 1979) ein Denkmal setzt – und dessen Hang zu
„Momenten des Irrationalen, des Visionären, des Mythisch-Mystischen" (Kiefer 1999,
S. 299), erzählt er immer wieder vom titanenhaften, heroischen Aufbegehren eines Einzelnen gegen Natur und Schicksal – und von dessen Wahnsinn und zwangsläufigem Scheitern. *Lebenszeichen* verlegt dieses Drama ins Griechenland des Jahres 1942, *Aguirre – der*

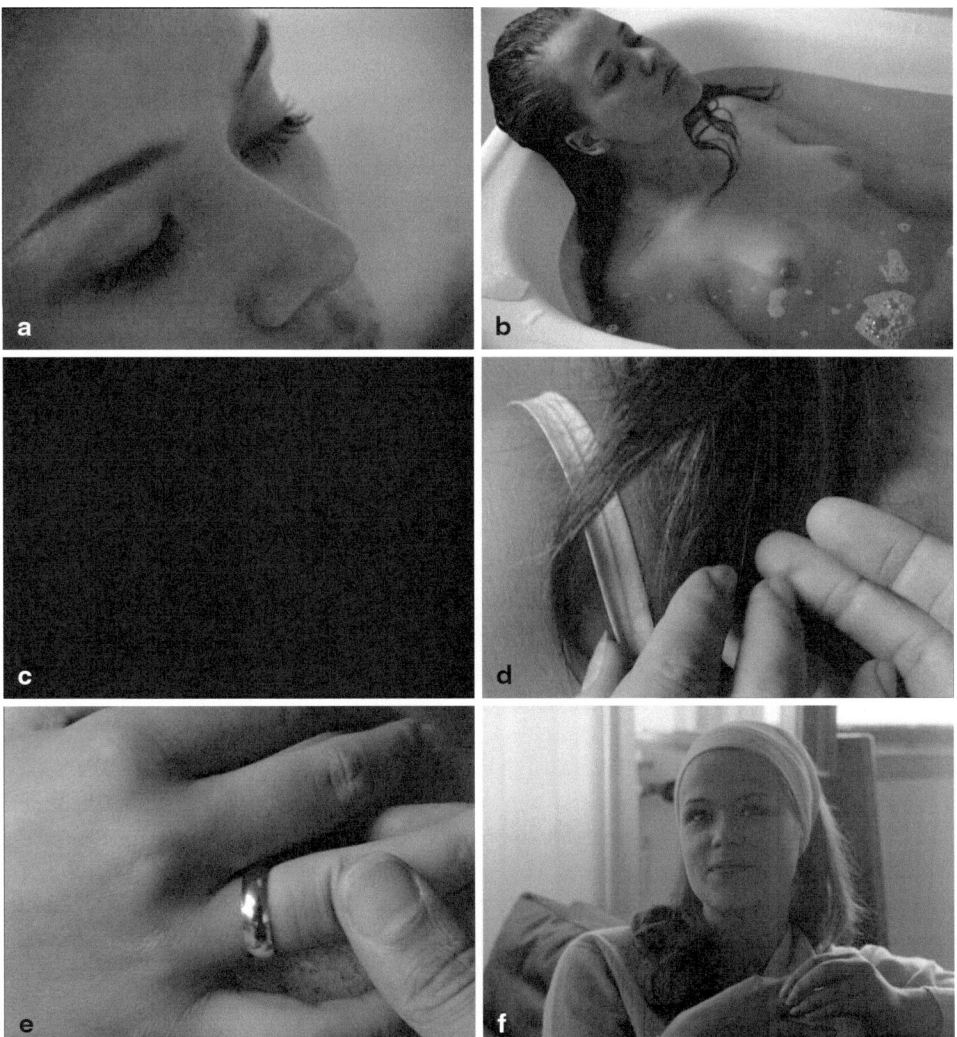

Abb. 3.39 Frühe Werke des Neuen Deutschen Films zeichnen sich durch eine Hinwendung zu epi-
sodischem und elliptischem Erzählen aus. So durchbricht Edgar Reitz in *Mahlzeiten* (© Edgar Reitz
Film/Kuratorium Junger Deutscher Film, BRD 1968) mehrfach die Kontinuität der Narration durch
assoziative Einstellungen oder Schwarzfilm: eine Strategie, die bewusst auf Illusionsbrechung und
Distanz des Publikums zum Geschehen setzt.

Zorn Gottes (BRD 1972) in den Amazonas-Dschungel des 16. Jahrhunderts. Die Hybris
des europäischen Eroberers und das Umschlagen seiner verblendeten Gier nach Macht in
Wahnsinn manifestieren sich im fiebrigen Spiel seines damaligen *acteur fétiche*, Klaus
Kinski, sowie in der finalen Kreisfahrt der Kamera, die der Ausweglosigkeit seiner Suche
filmische Gestalt verleiht. Weitere Stilelemente Herzogs: lange Einstellungen; eine dis-

tanzierende Inszenierung, die den Bildern mehr vertraut als erzählerischen Konventionen; die Verwandlung von Natur in Seelenlandschaften sowie die gezielte Aufladung der Bilder durch Musik: Elektronik-Klänge Popol Vuhs in *Aguirre*, klassische Kompositionen (zum Beispiel Mozart) in *Jeder für sich und Gott gegen alle* (BRD 1974), der eines der zentralen Themen Herzogs orchestriert: das Gewaltverhältnis zwischen Gesellschaft und Individuum. In filmischen Tableaux, dominanten Blautönen und dem oft holzschnittartigen Spiel der Laiendarsteller zeigt Herzog die Versuche der Biedermeier-Kultur, sich das naturwüchsige Findelkind Kaspar Hauser anzuverwandeln sowie dessen Widerstand gegen die kulturelle Dressur – eine Zivilisationskritik, die Herzogs Werk seit seinem frühen Dokumentarfilm *Herakles* (BRD 1965) beziehungsweise seit *Auch Zwerge haben klein angefangen* (BRD 1970) durchzieht und gleichzeitig als Abgesang auf die emanzipatorischen Visionen der 68er-Generation fungiert.

Thematisch verwandt mit *Jeder für sich und Gott gegen alle* sind auch Volker Schlöndorffs Filme *Die verlorene Ehre der Katharina Blum* (BRD 1975) und *Die Blechtrommel* (BRD 1979): Auch sie behandeln die Gewalt der Gesellschaft gegenüber dem Individuum, verweisen jedoch stärker auf zeitgeschichtliche Hintergründe der 1970er Jahre. Katharina Blum wird Opfer einer unheilvollen Koalition aus „Sensationspresse und Polizeiapparat" (Wydra 1999, S. 614), bis sie als Reaktion auf deren menschenverachtende Mechanismen den Journalisten Tötges erschießt; Oskar Matzerath weigert sich bereits als Dreijähriger, weiter zu wachsen, ein symbolischer Protest gegen Familie und Gesellschaft zu einer Zeit, als deren Wertesystem vom Nationalsozialismus usurpiert wird. Mal leicht, mal dramatisch, mal burlesk, mal grotesk – der durch Hospitanzen bei Louis Malle, Alain Resnais und Jean-Pierre Melville filmhandwerklich beschlagene Schlöndorff beherrscht die Techniken des Erzählens virtuos, unterwirft die Form seiner Filme jedoch stets dem Inhalt der Erzählung. So sind *voice-over* und eine teilweise sehr niedrig postierte Kamera Ausweise der identifikatorischen Nähe zu Oskar, kein wiedererkennbares stilistisches Muster. In *Die verlorene Ehre der Katharina Blum* arbeiten Schlöndorff und von Trotta besonders mit Spiegelungen, um über die visuelle Verdopplung der Protagonisten deren Sichtbarkeit zu betonen und so den brutalen Eingriff der Staats- und Medienmacht in das Leben einzelner Bürger zu visualisieren.

Den wohl größten Hang zur Stilisierung weist Rainer Werner Fassbinders Werk auf: Bereits in seinen beiden ersten Antitheater-Produktionen *Liebe ist kälter als der Tod* und *Katzelmacher* (beide BRD 1969) wirken die Protagonisten durch die Mise-en-scène wie im Bildkader eingefroren; lange Totalen, nur gelegentlich unterbrochen durch kurze Kamerafahrten, unterstreichen ihre emotionale Stasis; bewusstes Posieren der (Laien-)Darsteller, artifizielle (oder völlig verweigerte) Sprache und gezieltes Ausstellen von Genreversatzstücken unterlaufen Illusionierung und Identifikation. Diese beiden Filme nehmen bereits wichtige Stilismen und Themen Fassbinders vorweg – Liebe und Gewalt, Individuum und Gruppe sowie Korruption durch Macht:

> Es geht um die Schwierigkeiten, die die Leute mit ihren Beziehungen haben; über die armselige Art, mit der sie mit ihren Empfindungen und mit dem Nächsten umgehen; über die Ausbeutbarkeit der Gefühle; über die Dialektik von Glück und Erfolg. (Hembus und Fischer 1981, S. 59)

Mit einer Gruppe assoziierter Schauspieler (unter anderem Hanna Schygulla, Margit Carstensen, Ingrid Caven, Irm Hermann, Kurt Raab, Harry Baer, Hans Hirschmüller, Klaus Löwitsch) dreht Fassbinder zwischen 1966 und 1982 mehr als 40 Filme, viele davon beeinflusst von den Melodramen Douglas Sirks: So transponiert zum Beispiel *Angst essen Seele auf* (BRD 1974) Sirks bittere Fabel über die Unmöglichkeit schichtenübergreifender Liebe in *All that Heaven allows* (*Was der Himmel erlaubt*, USA 1955) in den bundesrepublikanischen Alltag der 1970er Jahre. Wo Sirks oberflächliches Happy End noch den Konventionen des Klassischen Hollywoodkinos Rechnung trägt, geht Fassbinder reflexiv mit Genrekonventionen um: Der Blick der Kamera greift immer wieder observierende, kontrollierende Blicke diegetischer Figuren auf das Liebespaar auf und entlarvt gleichzeitig den Zuschauerblick als voyeuristisch. Liest man Fassbinders Filme mit Thomas Elsaesser nicht chronologisch nach ihrem Entstehungsdatum, sondern nach den historischen Epochen, die sie abbilden, entsteht ein geradezu balzacsches Panorama deutscher Geschichte: vom Preußen des späten 19. Jahrhunderts (*Effi Briest*, BRD 1972–1974) über das Berlin der Weimarer Republik (*Berlin Alexanderplatz*, BRD 1979/1980), die nationalsozialistische Terrorherrschaft von der Machtübernahme bis zur Befreiung (*Eine Reise ins Licht*, BRD 1977/1978; *Lili Marleen*, BRD 1980/1981; *Die Ehe der Maria Braun*, BRD 1978/1979), die Nachkriegs- und Wirtschaftswunderzeit (*Lola*, BRD 1981; *Die Sehnsucht der Veronika Voss*, BRD 1981/1982) bis hin zur unmittelbaren Zeitgeschichte der 1960er und 1970er Jahre (*Händler der vier Jahreszeiten*, BRD 1972; *Angst essen Seele auf*, BRD 1974; *Die dritte Generation*, BRD 1978/1989). Gleichzeitig insistiert Elsaesser,

> dass Fassbinders Filme (…) kein autonomes, fiktionales Universum erschaffen, sondern Medienwelten, das heißt visuelle und akustische Referenzräume für Zeitungsnachrichten, Pressefotografien, populäre Musik und vor allem andere Filme. (2001, S. 390)

Immer wieder auffällig: die avancierte, auf sich selbst aufmerksam machende Montage, die inneren Kadrierungen durch Spiegel, Tür- und Fensterrahmen, welche die Bewegungs- und Handlungsunfähigkeit der Protagonisten unterstreichen (vgl. Abb. 3.40); eine lakonische Inszenierung, kalte Lichtsetzung und leitmotivischer Musikeinsatz: zum Beispiel Rocco Granatas Schlager *Buona Notte* (1963) in *Händler der vier Jahreszeiten*, der das Dilemma des Kleinbürgers treffend allegorisiert: „Alles, was du willst, kannst du nicht haben". Für das Psychodrama *Martha* (BRD 1973) setzen Fassbinder und sein Kameramann Michael Ballhaus erstmalig das Kamera-Stilmittel der Kreisfahrt ein: Die Begegnung mit dem smarten Helmut Salomon verdreht der Protagonistin buchstäblich den Kopf, die kreisende Kamera macht aber bereits die Ausweglosigkeit der Situation deutlich. In Fassbinders Kino ist eine Zunahme des Stilisierten und Artifiziellen zu konstatieren: Ist das karge, kontrastreiche Schwarzweiß seiner frühen Filme auch Konsequenz billigster Produktionsverhältnisse, rekonstruieren seine Kostüm- und Ausstattungsfilme der 1970er Jahre historische Epochen in zum Teil karnevalesker Überbietung; sein letzter Film – *Querelle – Ein Pakt mit dem Teufel* (BRD 1982) – steht in seiner Farbmelange aus Orange, Gelb, Blau und Rot sowie seinem wie choreographiert wirkenden Schauspiel bereits dem französischen Cinéma du Look mit seinen ästhetisierten Oberflächen nahe,

Abb. 3.40 Figuren in Fassbinders Filmen wie *Händler der vier Jahreszeiten* (© Tango Film, BRD 1972, **a, b**) oder *Angst essen Seele auf* (© Tango Film, BRD 1974) leiden an Entfremdung und Isolation. Die Kamera übersetzt den Gefühlszustand durch innere Kadrierungen. In *Angst essen Seele auf* wird die Außenseiterstellung Emmis und Jolandas durch gleiche Einstellungen verdeutlicht, denn beide sind „sozial Geächtete" und verbringen ihre Mittagspause allein (**c, d**).

überzeichnet das Drama aus Homosexualität und Masochismus in der Arena einer Brester Taverne jedoch immer wieder bis zur Groteske.

Die schwachen Männerfiguren verbindet Fassbinders Kino mit dem von Wim Wenders. Allerdings stehen die von Rüdiger Vogler (Philip Winter in *Alice in den Städten*, BRD 1974) oder Hanns Zischler (Robert Lander in *Im Lauf der Zeit*, BRD 1976) gespielten Drifterfiguren nicht für Macht- und Ohnmachtsexzesse in privaten Beziehungen, wie sie Fassbinder zur Bebilderung seiner These vom Fortleben des Faschismus in der Bundesrepublik inszeniert, vielmehr lassen sich an ihren Reisen und ihrem beredten Schweigen die Erfahrungen einer „skeptischen Generation" (Schelsky 1957) auf der Suche nach einer eigenen Identität jenseits von barbarischer nationalsozialistischer Vergangenheit und enger spießbürgerlicher Gegenwart festmachen. Diese Suche führt sie in der Tradition des Road Movies nicht nur durch deutsche, sondern vor allem durch amerikanische Landschaften: über Highways, vorbei an Tankstellen und Motels mit ihren Werbetafeln und Strommasten. Dabei stülpt Wenders nicht den Räumen seine Erzählung auf, sondern beobachtet sie in langen Totalen und Kamerafahrten – seit *Summer in the City* (BRD 1970) tauch auch immer wieder der Kamerablick aus einem Flugzeug auf die Tragfläche auf (vgl. Buchka 1983, S. 68) –, um die Narration aus diesen „Passagen, Atmosphären, Haltungen" (Mauer 2012, S. 207) zu entwickeln. Claudia Lenssen sieht in Wenders Kino des präzisen Sehens (und Hörens) die

> äußerste Synthese zwischen der dokumentarischen Authentizität der Schauplätze und der Artifizialität ihrer Fiktionen. Sie sind so auch fotografische Erinnerungsbilder an das Gesicht des Jahrzehnts, an jene spezifische Hässlichkeit der ausufernden Städte und Verkehrsadern, und gleichzeitig Suchbilder nach Landschaften, die Weite und Fluchtmöglichkeiten verheißen. (1993, S. 265)

In vielen seiner Filme arbeitet Wenders mit der „Wechselwirkung von Musik und Bildern" (Wenders 2006, S. 23), erhebt „Jukebox und Automobil (…) zur Keimzelle seiner Narration und Ästhetik" (Mauer 2012, S. 210). So will er seinem Publikum Momente der Kontinuität, der organischen Kohärenz in der Wahrnehmung ermöglichen, anstatt diese durch Montage zu fragmentieren. In diesem Sinne steht Wenders Kino in der Tradition eines filmischen Realismus, der reale Orte und Bewegungen sucht und findet.

Im Gegensatz dazu gehört das Werk Hans Jürgen Syberbergs wohl zu den manieriertesten und unzugänglichsten des Neuen Deutschen Films. Seine Filme *Ludwig – Requiem für einen jungfräulichen König* (BRD 1972), *Karl May* (BRD 1974) und vor allem der siebenstündige *Hitler, ein Film aus Deutschland* (BRD 1977) genießen im Ausland hohes Renommée, die amerikanische Kulturkritikerin Susan Sontag lobt Syberbergs Konglomerat aus Romantik und Surrealismus und erkennt ein avanciertes „Montageprinzip" am Werk, das vor allem *Hitler* zu einem „Mosaik von Stilzitaten" (1980, S. 12) mache. Syberbergs Kritiker, darunter ein Großteil der deutschen Filmkritik, kanzeln seine Filme hingegen als pathetisch oder schlicht einfältig ab. Sicherlich hat Syberberg mit unverständlichen, zum Teil sogar ärgerlichen Äußerungen über deutsche Geschichte, Nationalsozialismus und Nachkriegszeit (zum Beispiel in seinem 1990 erschienenen Buch *Vom Unglück und Glück der Kunst in Deutschland nach dem letzten Kriege*) selbst dazu beigetragen, dass sein Werk als „amalgam of camp and kitsch, seen through the mythology of Wagner or Nietzschean philosophy" (Elsaesser 1989, S. 269) betrachtet wird und heute weitgehend vergessen ist. Syberbergs Stil aber basiert auf einer ausgeklügelten Montage, die – wie in *Parsifal* (BRD 1983) – eine Simultaneität des historisch Disparaten erzeugt: Motive der Arthus-Legende werden verknüpft mit assoziativen Verweisen auf Karl Marx oder Ludwig II. In Rückprojektionen ist dazu unter anderem ein Gemälde von Delacroix (*La Liberté*, 1830) zu sehen. Bernd Kiefer sieht in Syberberg einen Filmkünstler, dessen „Montage-Kunst nicht mehr auf ein rationales Deutungsmuster von Geschichte und von Sinn der Geschichte" verweise, sondern in antirationalem Gestus einen „Willen zum Mythos" offenbare (1993, S. 232).

Die Arbeiten von Regisseurinnen wie Helke Sander, Elfi Mikesch, May Spils, Marianne Lüdcke, Claudia von Alemann, Ulrike Ottinger oder Dorothea Neukirchen werden von der Filmhistoriografie leider häufig vernachlässigt, genannt werden im Kontext des Neuen Deutschen Films meist nur Margarethe von Trotta (als Co-Regisseurin von *Die ver-*

lorene Ehre der Katharina Blum, BRD 1975, und mit ihren Filmen *Das zweite Erwachen der Christa Klages*, BRD 1977, beziehungsweise *Die bleierne Zeit*, BRD 1981), Doris Dörrie (*Männer*, BRD 1985), Helma Sanders-Brahms (*Unter dem Pflaster ist der Strand*, BRD 1975 beziehungsweise *Deutschland bleiche Mutter*, BRD 1980) oder Monika Treut (*Verführung: Die grausame Frau*, BRD 1985, oder *Die Jungfrauenmaschine*, BRD 1988). Einen gemeinsamen stilistischen Nenner dieser Werke zu finden, ist schwer, allgemein kann man jedoch eine Vielzahl von Brüchen mit der Fiktion durch dokumentarische Verfahren, *voice-over*, Off-Kommentare oder Inserts konstatieren. Dass einige Filmprojekte im Kollektiv entstehen, autobiografische Bezüge aufweisen oder von authentischen Erfahrungen von Frauen in einer männlich dominierten Gesellschaft handeln, wird zuweilen als Einfluss des Feminismus auf die „Filmproduktion von Frauen in Deutschland" (Knight 1995, S. 61) gewertet. In *Deutschland bleiche Mutter* rekonstruiert Helma Sanders-Brahms in sehr persönlicher Weise die Beziehung ihrer Eltern vor dem Hintergrund des Nationalsozialismus: Durch die Verwendung von Wochenschaumaterial und von ihr selbst eingesprochenen Off-Kommentaren verfremdet sie nicht nur die inszenierten Spielszenen, sondern problematisiert damit gleichzeitig die Verfahren objektiver Geschichtsschreibung, indem sie ihre eigene, subjektive Fiktionalisierung von Vergangenheit ebenso als Arbeit an und mit Bildern zeigt.

In vielen filmhistorischen Studien werden Wenders, Herzog und Fassbinder als die drei großen Filmautoren des Neuen Deutschen Films genannt:

> Wenn man Herzog als den Regisseur der Stille und des Unheimlichen, Wenders als den Regisseur der Landschaft und der Melancholie bezeichnete, dann wäre Fassbinder der Regisseur der Innenräume und der Groteske. Bei Herzog stellt die Farbe einen charakteristischen Überschuß über die lineare Erzählform dar, bei Wenders die Musik und bei Fassbinder funktionieren die Experimente mit der Montage, dem Licht und der Schärfe im selben Sinne. (Lenssen 1993, S. 271)

Erweitert man das Blickfeld, nimmt die Vielfalt der Werke und Œuvres verständlicherweise zu: um diejenigen Filmemacher, die sich im Kontext etablierter Genres bewegen (Lemke, Klick und Thome); um andere, die stärker themenbezogen arbeiten (Schlöndorff, von Trotta); da sind diejenigen, die eher distanzierend und didaktisch vorgehen (Kluge, Fassbinder) und jene, die mit und an Mythen arbeiten (Herzog, Syberberg, in gewisser Hinsicht auch Wenders).

> Der Neue Deutsche Film ist die bisher längste kreative Phase in der deutschen Filmgeschichte. Sie endete jedoch künstlerisch im Nirgendwo, nachdem wichtige Protagonisten aufgegeben oder sich aus der Welt verabschiedet hatten. (Grob et al. 2012, S. 11)

Exemplarische Filme

Abschied von Gestern (BRD 1968, Alexander Kluge)
Aguirre – der Zorn Gottes (BRD 1972, Werner Herzog)

Händler der vier Jahreszeiten (BRD 1972, Rainer Werner Fassbinder)
Im Lauf der Zeit (BRD 1976, Wim Wenders)
Die Blechtrommel (BRD 1979, Volker Schlöndorff)
Die bleierne Zeit (BRD 1981, Margarethe von Trotta)

Einführungsliteratur

Elsaesser, Thomas. 1989. *New German Cinema. A History*. New Brunswick: Rutgers University Press.
Grob, Norbert, Hans-Helmut Prinzler und Eric Rentschler. 2012. *Neuer Deutscher Film*. Stuttgart: Reclam.
Knight, Julia. 1995. *Frauen und der Neue Deutsche Film*. Marburg: Schüren.

3.5 Postmoderne und Postklassik – 1980–1990er Jahre

3.5.1 Blockbuster

Der Begriff *blockbuster* leitet sich angeblich von Luftminen mit hoher Explosionswirkung ab (vgl. Neumann 2002, S. 82 f.). Den Kern seiner Stilistik bilden „einfache, prägnante, klar und schnell kommunizierbare Filmkonzepte und konkrete Handlungsmuster" (Blanchet 2003, S. 158), eingebettet in eine spektakuläre audiovisuelle Inszenierung (vgl. Abb. 3.41).

Als Bezeichnung für teuer produzierte und finanziell äußerst erfolgreiche Filme setzt sich der Begriff seit den 1950er Jahren durch, obwohl derartige Produktionen schon seit der Stummfilmzeit Hollywoods existieren. So erzielt zum Beispiel King Vidors *The Big Parade* (*Die große Parade*, USA 1925) einen Bruttoerlös von 5,1 Millionen Dollar. In der Tonfilmära spielen Victor Flemings, George Cukors und Sam Woods *Gone with the Wind* (*Vom Winde verweht*, USA 1939) und King Vidors *Duel in the Sun* (*Duell in der Sonne*, USA 1946) in den ersten Jahren ihrer Vermarktung sogar zweistellige Millionenbeträge ein, kosten allerdings auch hohe Summen, *Duel in the Sun* zum Beispiel knapp 6,5 Millionen Dollar (vgl. Hall 2002, S. 11 f.).

In erster Linie ist der Blockbuster also eine filmökonomische Kategorie: Das klassische amerikanische Studiosystem ist bis zum Antitrust-Gesetz von 1948 als vertikal integriertes Oligopol organisiert, das heißt, die großen Studios besitzen eigene Verleihfirmen und Kinoketten und somit die Kontrolle über „den gesamten Produktionsprozess vom Ankauf von Filmstoffen, über die Dreharbeiten in den zugehörigen Anlagen und Kulissen, bis hin zur Ausstrahlung in den hauseigenen Kinos" (Blanchet 2003, S. 89). Nach der Zerschlagung ihres Oligopols müssen sie hingegen Lichtspielhäuser für mehrere Vorführungen an aufeinanderfolgenden Tagen buchen. Diese Termin-Blöcke zahlen sich aus: Sie geben dem Publikum die Möglichkeit zu wählen, wann es den Film sehen will, garantieren den Kinos (einigermaßen) feste Einnahmen und den Studios finanzielle sowie organisato-

Abb. 3.41 Wenige folgen dem Credo des Blockbuster-Kinos so zielstrebig wie Steven Spielberg. Sei es ein heimatloses Alien wie in *E. T. the Extra-Terrestrial* (**a**, USA 1982) oder ein Konflikt zwischen Mensch und Natur wie in *Jaws* (**b**, USA 1975) – die Kombination von realistischen Inszenierungen des Fantastischen, visuellen Attraktionen, stringenter Handlung, Action und Humor haben Spielberg zum kommerziell erfolgreichsten Regisseur der Filmgeschichte gemacht. Beide Abbildungen: © Universal Pictures u. a.

rische Planungssicherheit. Ist ein Film jedoch besonders erfolgreich und verlangt das Publikum nach weiteren Vorstellungen, gerät diese sorgfältige Terminplanung durcheinander – der Block wird gesprengt (*busted*). Um den kommerziellen Erfolg ihrer Großproduktionen – wie zum Beispiel Cecil B. DeMilles *The Ten Commandments* (*Die zehn Gebote*, USA 1956) – zu erhöhen, konzipiert man regelrechte *roadshows* (vgl. Hall 2002, S. 12), bei denen Filme zum Teil mehrere Monate lang durch die größten Kinos der USA touren. Beworben werden diese pompösen Veranstaltungen über ihre Stars sowie als exklusive Spektakel modernster Filmtechnik: So versprechen William Wylers *Ben-Hur* (USA 1959, vgl. Abb. 5.20) oder David Leans *Lawrence of Arabia* (*Lawrence von Arabien*, USA 1962) mit ihrem 65 mm-Filmmaterial und extremen Breitwandformaten (2,76:1 bzw. 2,20:1) größeren Detailreichtum und sensationelle Bildeindrücke.

Allerdings können auch die überdimensionalen Roadshows den dramatischen Zuschauerverlust des Kinos an das neue Medium Fernsehen und schließlich den Untergang des klassischen Studiosystems um 1960 nicht verhindern. Im Gegenteil, mit ihrer Ausrichtung auf das klassische Familienpublikum verfehlen die Studios ein neues, junges, gebildetes Publikum, das mit hochbudgetierten Musicals wie Robert Wises *The Sound of Music* (*Meine Lieder – meine Träume*, USA 1965) nichts mehr anfangen kann. Eine Reaktion auf diese Krise ist zunächst die „incorporation of Hollywood studios into giant industrial conglomerates" (Kramer 1998, S. 302). Die Music Corporation of America (MCA) übernimmt 1962 Universal, Gulf & Western 1966 Paramount; Warner wird 1967 Seven Arts einverleibt, 1968 geht United Artists an die Transamerica Corporation. Mittlerweile haben die Studios mehrfach die Besitzer gewechselt und Hollywood in ein „hoch kapitalisiertes System" verwandelt, „das industriell geträumte Abenteuer fabriziert" (Grob 2002a, S. 263). Dieser Einflussgewinn ökonomischer Interessen in Hollywood setzt eine umfassende Professionalisierung in Gang, denn der Verlust ihrer Kinos und damit „der Kontrolle über den Ausstrahlungssektor" hat die Umsätze der Majors radikal einbrechen lassen, was „erstmals die fließbandartige Filmmassenproduktion der Studios" sowie „die Rentabilität des bislang üblichen Angestelltenbetriebs" (Blanchet 2003, S. 129) in Frage stellt. Traditionelle Produktionsverfahren, in denen ein Studio Künstler langfristig an sich bindet, um mehrere Filme zu realisieren, werden durch das sogenannte *package-unit-system* ersetzt, in dem individuelle Produzenten zunächst einzelne Filmprojekte organisieren sowie Cast und Crew zusammenstellen, um erst danach große Studios als Geldgeber zu gewinnen (vgl. Blanchet 2003, S. 89 ff.). Auf der Ebene der Vertriebs- und Marketingstrategien wächst das Bewusstsein, Synergieeffekte zwischen verschiedenen Vermarktungssegmenten zu schaffen und zu nutzen. Die Roadshow wird sukzessive durch den *saturation release* ersetzt, bei dem mehrere Kinos in einer Stadt parallel bespielt und die Vorführungen wenige Tage vorher gezielt und massiv beworben werden (vgl. Blanchet 2003, S. 166). Nach dem Ende der finanziellen Krise 1971 drängen verstärkt Filme auf den Markt, bei denen der große Publikums- und Kassenerfolg im Vorfeld gezielt kalkuliert werden. Francis Ford Coppolas *The Godfather Part 1* (*Der Pate Teil 1*, USA 1972) beispielsweise erzielt auf der Basis des Bestseller-Romans von Mario Puzo bei einem Kinostart in landesweit über 350 Lichtspielhäusern einen Gewinn von über 80 Millionen Dollar Steven Spielbergs *Jaws* (*Der weiße Hai*, USA 1975), ebenfalls die Verfilmung eines populären Romans, bringt es auf 464 Kinos und 120 Millionen Dollar (vgl. Hall 2002, S. 20 ff., sowie Blanchet 2003, S. 144). *Jaws* wird zusätzlich von einer nationalen Print- und Fernsehwerbekampagne flankiert und kann daher als erster moderner Blockbuster gelten (vgl. Abb. 3.41b).

Steven Spielberg wird die Aussage zugesprochen, das Thema eines guten Films müsse sich in maximal 25 Worten zusammenfassen lassen. Bei *Jaws* gelingt es ihm sogar in einem, denn der Titel spricht Thema und Konflikt des Films bereits an: die Bedrohung durch den gewaltigen und mit messerscharfen Zähnen bewehrten Kiefer des riesigen Hais. Aus den Erfolgen von *Jaws* und George Lucas' *Star Wars – A New Hope* (*Krieg der Sterne – Eine neue Hoffnung*, USA 1977) entsteht die Marketingstrategie des *high concept*,

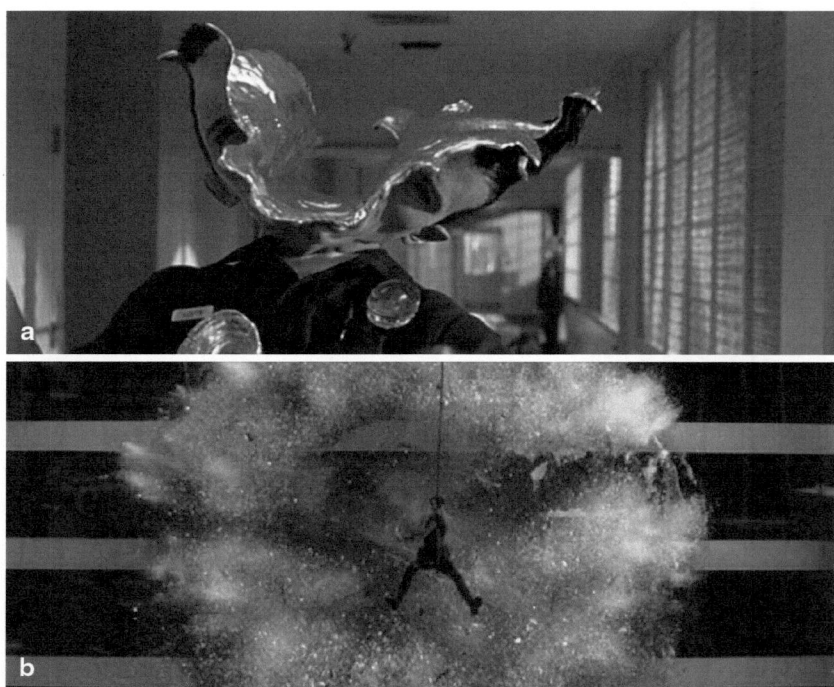

Abb. 3.42 Die Ästhetik des Blockbusters ist geprägt von spektakulären Schauwerten und sensationellen Effekten, wie zum Beispiel in *Terminator 2 – Judgment Day* (© Carolco Pictures u. a., USA 1991, **a**) und *The Matrix* (© Warner Bros. u. a., USA 1999, **b**).

die Eingängigkeit und Prägnanz zu den wichtigsten Aspekten einer Filmstory erhebt, um zum einen das Studio zum Kauf des Stoffs und zum anderen die Zuschauer ins Kino zu bringen.

> Basically, it means that the story idea alone is sufficient to attract an audience, regardless of casting, reviews, and word of mouth. If that single sentence describing your story idea (it is a story about a ___ who wants to ___.) is enough all by itself to get people to line up or tune to see the movie, then it has a high concept. (Hauge 1991, S. 25)

Der in wenigen Worten zusammenzufassende Inhalt ermöglicht im Vorfeld der Veröffentlichung eines Films eine hocheffiziente, aussagekräftige Bewerbung durch Kino- und Fernseh- (heute auch: Internet-)Spots, Trailer, Poster und Anzeigen. Während und nach der Kinoauswertung beginnt in der Regel die Vermarktung einer breiten, mit dem Film assoziierten Produktpalette, vom klassischen T-Shirt bis zu aktuellen Produkten wie Videospielen oder Klingeltönen. Der Blockbuster bildet somit

> eine ideale Voraussetzung für den Entwurf von charakterisierenden Titeln, synoptischen Slogans, Printanzeigen, Trailern und Press Kits für sämtliche Formen der Crossover-Werbung, die in entsprechender Kombination schon lange vor dem Start eines Films Schemata einrasten lassen und mehr oder weniger gefestigte und hohe Erwartungshaltungen beim Rezipienten wecken. (Blanchet 2003, S. 158)

High Concept als *die* Strategie des postklassischen Hollywoodkinos läutet schließlich auch eine Renaissance des Blockbusters ein. Seit den 1980er Jahren werden gerade solche kapitalintensiven Produktionen, die einen ebenso großen kommerziellen Erfolg anstreben, sowohl an den Kinokassen (den sogenannten *box offices*) als auch in der Zweit- und Drittverwertung auf DVD beziehungsweise Blu-Ray und im Fernsehen, „in zunehmendem Maße direkt und von vorneherein für eine optimale Vermarktung über die Medien konzipiert" (Blanchet 2003, S. 151 f.). Die durch die Bewerbung angefachten Erwartungen des Publikums in Bezug auf Star-Performances oder Genrekonventionen wirken sich jedoch in der Regel normierend auf die ästhetisch-dramaturgische Konzeption des einzelnen Werks aus: Allzu komplizierte Themen und komplexe Erzählweisen werden durch die Anforderungen des High Concept bereits im Voraus eliminiert; die Handlung folgt wie im Klassischen Hollywoodkino generell den Geboten der Linearität, Kausalität und Plausibilität; hinsichtlich Schnitt und Montage unterwirft man sich weitgehend den Vorgaben des Kontinuitätssystems; dramaturgisch tendieren Filmerzählungen im postklassischen Kino „to be omniscient, highly communicative, and only moderately self-conscious" (Bordwell 1986, S. 22). Das heißt, in der Regel weiß man als Zuschauer mehr als einzelne Charaktere; die Erzählung hält nur wenige Informationen zurück und thematisiert die Künstlichkeit, die jedem Erzählvorgang innewohnt, nur in geringem Maße.

Die Dominanz von Merchandise und Product Placement fördert die in Hollywood seit jeher starke Tendenz zur Standardisierung von Erzählung und Handlung. Blockbuster operieren nicht zuletzt dehalb „oft mit sehr dünnen Geschichten, flachen Figuren und einer mitunter zum Episodischen neigenden Dramaturgie" (Blanchet 2003, S. 76), um ihr Publikum nicht zu überfordern. Stattdessen soll es Zeit und Muße haben, die Attraktionswerte des Produkts zu genießen, die – wie bereits aus den 1950er Jahren bekannt – entweder aus Stars oder State-of-the-art-Technik bestehen. Ein gutes Beispiel für einen Regisseur, der diese Strategie verinnerlicht hat, ist James Cameron. *Terminator 2: Judgment Day* (*Terminator 2 – Tag der Abrechnung*, USA 1991) und *Titanic* (USA 1997) werben einerseits mit Stars wie Arnold Schwarzenegger beziehungsweise Leonardo DiCaprio, beeindrucken aber vor allem durch die Computertricktechnik des Morphing, durch die stufenlose Veränderungen einer filmischen Form in eine andere möglich sind. So kommen die zum Teil spektakulären Transformationen des aus Flüssigmetall bestehenden Gegenspielers T-1000 zustande (vgl. Abb. 3.42a). In *Avatar* (*Avatar – Aufbruch nach Pandora*, USA/GB 2009) übernehmen Motion Capture-Verfahren und 3D-Stereoskopie die Rolle des Morphing. Seit dem Siegeszug der *computer generated imagery* (CGI) sind Produktionskosten von über 100 Millionen Dollar für Blockbuster die Regel, und auch die Gewinne liegen normalerweise im dreistelligen Millionenbereich: So hat zum Beispiel *Titanic* mehr als 200 Millionen Dollar gekostet und über 600 Millionen eingespielt (vgl. Hall 2002, S. 22).

Seit den 1990er Jahren, vor allem aber durch den Siegeszug des Internets und der sozialen Netzwerke, eröffnen sich den Studios und Produzenten neue Vermarktungswege. Facebook, Twitter, Youtube und andere Kanäle lassen die gezielte Bewerbung nicht nur eines einzelnen Films, sondern sogar einer singulären Vorführung zu, die zum Beispiel durch die Anwesenheit des Regisseurs oder Hauptdarstellers aufgewertet werden soll.

Betrachtet man die umfangreichen Fan-Arbeiten im *Star Trek*-Kosmos, die Adaptionen von Kinofilmen in Videospielen oder die lebhaften Diskussionen in Internetforen beziehungsweise -blogs zu George Lucas' zweiter *Star Wars*-Trilogie (USA 1999/2002/2005) oder Peter Jacksons Adaptionen von *The Lord of the Rings/Der Herr der Ringe* (NZ/USA 2001–2003), wird klar, dass sich das Blockbusterkino in Hollywood immer mehr in eine Art Eventkino verwandelt. Ein Film wie *The Matrix* (USA/AU 1999, vgl. Abb. 3.42a) inspiriert nicht nur zwei Sequels und ein Computerspiel, nicht nur wissenschaftliche Diskurse von der Filmwissenschaft über die Theologie bis zur Neurologie, sondern bringt einen eigenen popkulturellen Kosmos hervor. Dass die klassisch linear erzählte Geschichte mit ihren doch sehr berechenbaren Konflikten und Lösungen traditionelle Opfermythen reanimiert und bisweilen in reaktionäres Gedankengut abdriftet, kann die Begeisterung am *Matrix*-Universum nicht mindern.

Vor diesem Hintergrund wäre die eingangs erwähnte Analogie des Blockbusters zu einer Fliegerbombe nochmals zu differenzieren: Seine Sprengkraft und Effizienz zielen weniger in die (analytische) Tiefe, dafür ist seine (populäre) Breitenwirkung umso höher.

Exemplarische Filme

The Godfather Part 1 (*Der Pate Teil 1*, USA 1972, Francis Ford Coppola)
Jaws (*Der weiße Hai*, USA 1975, Steven Spielberg)
Star Wars – A New Hope (*Krieg der Sterne – Eine neue Hoffnung*, USA 1977, George
    Lucas)
Titanic (USA 1997, James Cameron)
The Matrix (*Matrix*, USA/AU 1999, Lana und Andy Wachofski)
Lord of the Rings – The Fellowship of the Ring (*Der Herr der Ringe – Die Gemeinschaft des Rings*, NZ/USA 2001, Peter Jackson)

Einführungsliteratur

Blanchet, Robert. 2003. *Blockbuster. Ästhetik, Ökonomie und Geschichte des Postklassischen Hollywoodkinos*. Marburg: Schüren.
Hall, Sheldon. 2002. Tall Revenue Features: The Genealogy of the Modern Blockbuster. In *Genre and Contemporary Hollywood*, hrsg. Steven Neale. London: BFI.

3.5.2 Postmoderne

Auch wenn die Postmoderne im Kino nur einen relativ kurzen filmhistorischen Abschnitt – nämlich die 1980er und frühen 1990er Jahre – bezeichnet, erscheint sie rückblickend als die „bislang letzte bedeutende internationale Filmkultur" (Felix 2002b, S. 8). Als man beginnt, Filme als ‚postmodern' zu etikettieren, existieren in der Literatur, Architektur und Philosophie schon breite Diskurse zur Postmoderne und zu ihrem Verhältnis zur Moderne.

Nach einer Hochphase postmoderner Ästhetiken in den 1980er und frühen 1990er Jahren ist das akademische Interesse an ihr seit der Jahrtausendwende spürbar abgeflaut, ebenso wie an der Frage, ob die Postmoderne als Phase innerhalb des Projekts der Moderne zu betrachten sei oder als radikale Abkehr von ihr (vgl. Klotz 1994).

Erstmals in die Diskussion bringen den Begriff Postmoderne amerikanische Literaturwissenschaftler in den 1960er Jahren, die ihrer Gegenwartsliteratur nachlassende künstlerische Innovativität und Phantasie unterstellen. Sie sehen die literarische Moderne eines James Joyce oder eines T. S. Eliot an ihr Ende gelangt. Leslie Fiedler fordert in seinem programmatischen Aufsatz „Cross the Border – Close the Gap" (Überquert die Grenze – schließt den Graben, 1969) eine neue Kritik jenseits des elitären Literaturbetriebs, die der Doppelstruktur einer neuen, postmodernen Literatur gerecht werde. Diese ziele nicht mehr allein auf ästhetische Strenge und intellektuelle Tiefe, sondern auf „Vision, *ekstasis*" (1984, S. 694). In ihrem Beharren auf einer stilistischen Vielfalt, die auch das Mythische, Romantische und Sentimentale nicht ausschließt, löse sie die Grenzen zwischen Künstler, Publikum und Kritik auf und schaffe eine Verbindung von „Wirklichkeit und Fiktion sowie von elitärem und populärem Geschmack" (Welsch 2002, S. 16). Ähnlich wie Fiedler mahnt auch die Kritikerin Susan Sontag eine „new sensibility" (1964, S. 296 und 322) gegenüber den ästhetischen Potenzialen des Alltags an und rehabilitiert damit populäre Formate und Genres wie Kitsch und Schnulzen, Western oder Pornographie.

In der Architekturtheorie spiegelt sich diese Überschreitung der bis in die 1960er Jahre ehernen Grenze zwischen Hoch- und Massenkultur in der Abkehr vom Funktionalismus des Bauhaus, dessen *International Style* (Mies van der Rohe, Gropius, Le Corbusier) eine pragmatische Ästhetik der klaren, geometrischen Formen und der abstrakten Rationalität favorisiert (vgl. Jencks 1980).

Für den Philosophen Jean-François Lyotard antwortet die Postmoderne, die sich analog zum Aufkommen der postindustriellen Medien- und Dienstleistungsgesellschaft entwickelt, auf das Problem, dass der rationalen, fortschrittsorientierten Moderne der Glaube an eine stetige, vernunftbegründete Modernisierung offensichtlich abhanden gekommen sei. Ihre Einheitsvorstellungen und Leitideen hätten sich erschöpft. Der in diesem Zusammenhang immer wieder zitierte „Zerfall der großen Erzählungen" (Lyotard 1986, S. 55) meint die Unmöglichkeit, noch von Geschichte zu sprechen; von Sinn, der dieser Geschichte eingeschrieben sein könnte; und von einem Subjekt, das Geschichte und Sinn wahrnehmen kann. Die Reaktionen auf die leergelaufene Fortschrittsmaschine der Moderne fallen unter den postmodernen Philosophen dementsprechend höchst unterschiedlich aus: Wolfgang Welsch schwört postmodernes Denken auf Toleranz, Offenheit und „radikale[r] Pluralität" (Welsch 2002, S. 4) ein, ein Konzept, auf dem zum Beispiel ein Begriff wie die ‚multikulturelle Gesellschaft' fußt. Für den italienischen Kulturkritiker Umberto Eco lässt die Erschlaffung des Projekts der Moderne nur noch eine Haltung der Ironie zu, des metasprachlichen Spiels eingeweihter Kenner.

> Die postmoderne Antwort auf die Moderne besteht in der Einsicht und Anerkennung, daß die Vergangenheit, nachdem sie nun einmal nicht zerstört werden kann (…) auf neue Weise ins

Auge gefaßt werden muß: mit Ironie, ohne Unschuld. Die postmoderne Haltung erscheint mir wie die eines Mannes, der eine kluge und sehr belesene Frau liebt und daher weiß, daß er ihr nicht sagen kann: ‚Ich liebe dich inniglich‘, weil er weiß, daß sie weiß (und daß sie weiß, daß er weiß), daß genau diese Worte schon, sagen wir, von Liala geschrieben worden sind. Es gibt jedoch eine Lösung. Er kann ihr sagen: ‚Wie jetzt Liala sagen würde: Ich liebe Dich inniglich‘. (1986, S. 78 f.)

Der Prager Medienphilosoph Vilém Flusser deutet die Krisendiagnose der Postmoderne hingegen zu einer Chance um, sich vom „Subjekt zum Projekt" (1998) zu wandeln: In Flussers Vision wird der Mensch der Zukunft – in einer Welt der Neuen Medien intersubjektiv vernetzt – siehe vorherige Anmerkung neue Informationen suchen und verbreiten. Weitaus pessimistischer beurteilt der französische Soziologe und Medientheoretiker Jean Baudrillard die postindustrielle Gesellschaft und ihre Bildersysteme: Neben dem Überfluss standardisierter Waren oder Werte überschwemme uns im *Posthistoire* eine Flut redundanter Zeichen und Bilder, die jeden wahrhaftigen Zugang zur Wirklichkeit unterbinden. In diesem Zeitalter der „Simulation", in dem Historienfilme Vergangenheit „perfekt" nachstellen, eine Retromode die nächste jagt und Zeichen anstatt auf eine irgendwie geartete „Realität" nur noch aufeinander verweisen, werde das Reale selbst „hyperreal", eine Fiktion, ein mediales Phantom, ein „Simulakrum" (1978, S. 50 ff.; vgl. auch Baudrillard 1991). Analog zu Baudrillards Endzeitvision einer medial atrophierten Gesellschaft sieht der amerikanische Kulturwissenschaftler Fredric Jameson den nachmodernen Status Quo als eine neue Qualität ökonomischer Machtverteilung (1989, S. 47 und 49). Wo der klassische Kapitalismus des 19. Jahrhunderts in erster Linie Waren produziere und damit, nach orthodox marxistischer Theorie, Menschen von der Arbeit entfremde, stelle er nun auch Zeichen her und fragmentiere damit unsere Wahrnehmungen und Identitäten. Jameson wertet die Trennung zwischen Hoch- und Massenkultur als Phänomen des „heutigen multinationalen Kapitalismus", der Kitsch und Ramsch in nie gekannter Oberflächlichkeit, Nostalgie und Reizüberflutung, in extremem Stileklektizismus und Spektakel präsentiere. Dem „fragmentierten postmodernen Subjekt" sei die Sinnhaftigkeit einer Welt, in der Vergangenes als euphorische „Intensität", als emotionaler Jetztzustand ohne historischen, existenziellen Bezug wie in einem gigantischen medialen Themenpark erlebt werden kann, längst verloren gegangen (Jameson 1989, S. 59 f.).

Vor diesem Hintergrund bezeichnet Jürgen Felix den postmodernen Film der 1980er Jahre als Produkt, in dem sich eine „Ästhetisierung des Lebensstils" und eine „Lust am Trivialen" (2002b, S. 156) manifestiere. Dieses Lebensgefühl sei eng verknüpft mit tiefgreifenden Veränderungen in den westlichen Industrienationen und dem Aufkommen der Informationsgesellschaft: Die Auflösung tradierter Vorstellungen und Verhaltensmuster, zum Beispiel in Familie oder Beruf, die Zunahme von Freizeit, die explosive Zunahme von Informations- und Erlebnisangeboten sowie die Vervielfältigung medialer Kanäle, die diese Tendenzen abbilden, eröffnen nach Felix ein neues, radikales Nebeneinander individueller Lebensentwürfe, deren ästhetische Potenziale meist mediale Vorbilder besitzen, aber gleichzeitig emphatisch bejaht werden. Jens Eder spricht der Postmoderne einen „Oberflächenrausch" zu und sieht ihre prototypischen filmischen Vertreter geprägt durch

Abb. 3.43 Bilder im postmodernen Film zehren von anderen Bildern und werfen die Frage auf, wie sehr das vermeintlich Reale Nachahmung des Medialen ist. Eine Armbanduhr ist nicht nur eine Armbanduhr in *La lune dans le caniveau* (© Gaumont u. a., F 1983) sondern popkulturelles Zeichen des ausschließlich medial konstruierten Disney-Universums (**a**). Das Auftauchen von Loretta (Nastassja Kinski), unter dem Werbespruch „Try Another World", problematisiert die Echtheit von Gefühl und Identität in einer von Werbung durchdrungenen Welt (**b**).

„Intertextualität, Spektakularität und Ästhetisierung, Selbstreferenzialität sowie durch Anti-Konventionalität und dekonstruktive Erzählverfahren" (2008, S. 11).

Wenn Jean-Jacques Beineix in *La lune dans le caniveau* (*Der Mond in der* Gosse, F 1983) Schauplätze, Dekor, Charaktere und Dialoge bis zur völligen Künstlichkeit überzeichnet und in der exzessiven Verwendung von Werbebannern und -slogans ein Leben aus zweiter Hand inszeniert, dessen sich die Protagonisten stets bewusst sind, entsteht ein artifizielles Lebensgefühl der Ablösung beziehungsweise Unzugänglichkeit von Realität, ein Erlebnismodus, in dem Gefühle und Wahrnehmungen von medial generierten Bildern besetzt sind (vgl. Abb. 3.43); in denen Bilder zum Modell für eigenes Erleben werden; in dem politisches Engagement und gesellschaftliches Bewusstsein einem Bewusstsein für Stil, für Oberfläche, für den „look" der Realität weichen. Beineix zählt mit Luc Besson zum Kern des Cinéma du look, das in formaler Perfektion die Popkultur umarmt und seine Themen nicht mehr in der Wirklichkeit, sondern in den Kunstwelten des Kinos sucht. Zu diesen Kunstwelten, so Felix, sei eine Rezeptionshaltung zwischen „Ironie und Identifikation" (2002b, S. 153) vonnöten: Das Publikum soll gleichzeitig in die Geschichte hineingezogen werden als auch kritische Distanz zu ihr bewahren.

Mittel dieser Doppelstrategie ist – auch im Kino – ein ambivalenter Rückgriff auf Geschichte, die für die Postmoderne immer wieder zu einer Art Selbstbedienungssupermarkt wird: Über eine Ästhetik des Zitats sowie des Pastiche, einer neutralen, d. h. weder überhöhenden noch ironisierenden Anverwandlung von Aussagen, Stilen und Inszenierungsmustern, entsteht in vielen postmodernen Filmen der Eindruck eines permanenten Déjavu. Diese Bastelarbeit aus Versatzstücken der Vergangenheit werde in den 1980er und 1990er Jahren von immer größeren Publikumsschichten geschätzt, da, wie Eder ausführt, die Zunahme an Freizeit vor allem in den westlichen Industrienationen mehr Beschäftigung mit Medienprodukten zulasse (Fernsehen, Video, Internet, Computer, Musik) und somit ein immer medienaffineres Publikum hervorbringe, das den eklektischen Mix aus Stilen und Bezügen, die ‚Bricolage‘ von Artefakten aus Hoch- und Popkultur, zu schätzen wisse (vgl. Eder 2008).

Ein postmoderner Science-Fiction-Film wie Ridley Scotts *Blade Runner* (*Der Blade Runner*, USA 1982) ist dementsprechend nicht nur als Genre-Mix, also gleichzeitig als Science-Fiction-, Kriminalfilm oder Film Noir lesbar, sondern vereint Science-Fiction-Motive wie dystopische Zukunftsszenarien und Ängste vor neuen Technologien mit einer Variation des Prometheus-Mythos (das Problem des Menschen, der sich in Selbstüberschätzung zum Schöpfergott aufschwingt). Dies ermöglicht vor einem eher philosophischen Hintergrund beunruhigende Überlegungen zum Wesen des Menschen: Wenn die künstlichen Wesen im Film, die Replikanten, zu mehr Mitgefühl und Mitleid fähig sind als die Menschen, die sie geschaffen haben, was ist Menschlichkeit dann noch wert? Wenn sich die Hauptfigur Deckard (ein Anklang an den Philosophen René Descartes, der im 17. Jahrhundert die Trennung von Geist und Körper behauptet) spätestens im Director's Cut von 1991 selbst als Replikant entpuppt, was ist dann überhaupt noch das Menschliche? Und da Scotts Werk in mehreren autorisierten Fassungen vorliegt (so zum Beispiel als US Theatrical Release von 1982, Director's Cut von 1992 oder als Final Cut aus dem Jahr 2007), stellt sich bei dieser Veröffentlichungspolitik natürlich auch die postmoderne Frage, was noch Original und was Kopie sei.

Die Postmoderne ist weiterhin geprägt durch Tendenzen der Intermedialität, der Wechselbeziehungen zwischen Medien wie Film, Theater, Malerei und Literatur, und der Doppelcodierung, d. h. der Bedeutungsschichtung von Bildern: Francis Ford Coppola verwandelt in *One from the Heart* (*Einer mit Herz*, USA 1982) die Stadt Las Vegas – als Glücksspielmetropole selbst ein architektonischer Hybrid – über omnipräsent eingesetzte Anzeigetafeln, Werbeflächen, Kinofassaden sowie Verweise auf Entertainment und Performance in das filmische „Kunstprodukt eines Kunstprodukts" (Jansen 2002, S. 36). Coppola lässt Stile aus beinahe sämtlichen Epochen der Menschheitsgeschichte im Studio nachbauen und mit aufwändigen elektronischen Effekten verfremden. Vor dem Hintergrund dieser hyperrealen Kulisse agieren die Protagonisten wie im Bewusstsein ihrer eigenen Inszeniertheit, sie reflektieren in Haltung und Handlung Zeichensysteme von Medien- und Massenkommunikation der US-Gesellschaft der frühen 1980er Jahre (vgl. Abb. 3.44).

Auch Peter Greenaway kann als Großmeister des postmodernen Autorenkinos gelten, wenngleich sein ästhetischer Manierismus gleichzeitig als Ausweis seiner artistischen Be-

Abb. 3.44 Explosion des Artifiziellen: Für *One from the Heart* (© Zoetrope Studios, USA 1981) schafft Francis Ford Coppola in seinen Zoetrope-Studios eine Simulation von Las Vegas: Die glitzernden Oberflächen der Casino-Architektur erscheinen perfekter als das Vorbild und somit geradezu hyperreal (**a**). Auch die Protagonisten streben nach einem Leben jenseits der Realität und bewegen sich wie Kunstfiguren durch gemalte Kulissen (**b**).

Abb. 3.45 Peter Greenaway legt seine Filme als kunsthistorische und philosophische Verweissysteme an: *The Draughtman's Contract* (© British Film Institute/Channel Four Television, GB 1982) parallelisiert die Arbeit eines Malers mit der eines Filmemachers. Die akkuraten Zeichnungen des Protagonisten problematisieren das Verhältnis von Realität und Inszenierung. Eine objektive Abbildung der Wirklichkeit scheint nicht mehr möglich.

gabung als Maler, Autor, Filmregisseur und Multimedia-Künstler zu werten ist. In *The Draughtman's Contract* (*Der Kontrakt des Zeichners*, GB 1982) arbeitet Greenaway mit einer Vielzahl kunsthistorischer Verweise und Bezüge auf europäische Hochkultur und verwandelt seinen Film somit in ein multimedial lesbares System für Eingeweihte (vgl. Abb. 3.45). Die selbstreflexive Thematisierung des eigenen Mediums findet sich auch in *The Pillow Book* (*Die Bettlektüre*, NL/GB/F/LU 1996). Dort kreiert Greenaway unter anderem durch die Blue-Box-Technik virtuelle, hochsymbolische Räume, legt Schriftzeichen auf Wände und die nackte Haut der Darsteller, lässt Kamerabewegungen einer westlichen Leserichtung folgen und eröffnet so einen Austausch zwischen Film-Körper und Film-Text, der über das reine Darstellen und Erzählen auch das Publikum als Voyeur mit in den erotischen Reigen der Zeichen einbezieht. Greenaways Filme können als Palimpseste bezeichnet werde, sie funktionieren wie wiederbeschriebene Manuskriptseiten, als audiovisuelle Schrift hinter der Schrift hinter der Schrift.

Das amerikanische Kino nach dem Ende des New Hollywood reflektiert die Postmoderne in mehreren Stiltendenzen: Zum einen im Aufkommen eines starken Independentkinos, zum anderen in Form eines postklassischen Kinos, das sich ebenfalls durch starke Selbstreferenzialität und Intertextualität sowie durch Strategien der Ironisierung und Dekonstruktion klassischer Genrekonventionen und Narrative auszeichnet.

Vor allem David Lynch gilt in cinéphilen Kreisen seit seinen frühen Filmen wie *Eraserhead* (USA 1977) oder *Blue Velvet* (USA 1986) als angesagter Regisseur: Seine Filme zeichnen sich aus durch starke Romantisierungen und Dämonisierungen, kruden Humor, die Darstellung extremer Gewalt, die Mehrfachcodierung von Zeichen sowie eine komplexe Dramaturgie und Bildsprache. Häufig von bekannten Motiven und Standardsituationen klassischer Filmerzählungen oder Genres ausgehend, werden diese jedoch schrittweise in dunkles, abgründiges, paradoxes und angstbesetztes Terrain überführt. Wenn Jeffrey Beaumont in *Blue Velvet* gleich zu Beginn ein abgeschnittenes Ohr findet, beginnt eine „surreale Revision einer klassischen Detective Story, in der die eigentliche Kriminalgeschichte fast völlig in den Hintergrund tritt, um den Blick in die dunklen Abgründe hinter den fadenscheinigen, kleinbürgerlichen Fassaden freizugeben" (Rauscher 2005).

Einerseits kopiert Lynch immer wieder Themen und Motive des Americana, einer Art amerikanischer Folklore, andererseits dekonstruiert er die Perspektive auf diese Bilder von Amerika radikal: Der freundlich winkende Feuerwehrmann zu Beginn des Films findet sein finsteres Pendant in einem korrupten Polizisten, das friedliche Lumberton verwandelt sich durch subjektivierende Kamerafahrten, zum Beispiel in ein menschliches Ohr, in eine fantasmatische Alptraumwelt.

Lynch entkoppelt immer wieder Bild und Ton, vielleicht am eindrucksvollsten in der Sequenz in *Mulholland Dr.* (*Mulholland Drive*, F/USA 2001), als eine Sängerin im Club Silencio während ihrer Performance zusammenbricht, ihr Gesang jedoch weiterhin zu hören ist. Oft unterliegt dem Visuellen in Lynchs Filmen ein dumpfes Dröhnen ohne erkennbare diegetische Quelle, ein eher somatisch-sinnlich als rational-intellektuell wahrnehmbares Phänomen, das körperliches Unbehagen erzeugt. Die Popsongs, die seine Filme durchziehen, sind nie reines akustisches Dekor, sondern besitzen leitmotivische, Figuren charakterisierende oder Handlungen kommentierende Qualitäten: In *Blue Velvet* transformiert Lynch Roy Orbisons *In Dreams* (1963) vom schnulzigen Lovesong zum vielschichtigen Porträt des Verhältnisses zwischen Jeffrey und dem psychopathischen Killer Frank. Dieser intoniert: „In dreams I walk with you. In dreams I talk to you. In dreams you're mine, all the time" und droht Jeffrey „Love letters straight from my heart" an.

Lynchs Filme zitieren ausgiebig aus der Filmgeschichte: Jeffreys Vater, der im Garten einen Schlaganfall erleidet, erinnert an den Gärtner in *L'arroseur arrosé* (F 1896) der Gebrüder Lumière; die Kleinstadtidyllen in *Blue Velvet*, *Wild at Heart* (*Wild at Heart – Die Geschichte von Sailor und Lula*, USA 1991) oder der Serie *Twin Peaks* (1990/1991) sind Reminiszenzen an Alfred Hitchcocks *Shadow of a Doubt* (*Im Schatten des Zweifels*, USA 1943). *Wild at Heart* zitiert von der Wahl der Sujets (Reise, Sexualität) und Symbole (zum Beispiel Zigaretten, Autos) immer wieder Ästhetiken der Werbung, den Protagonisten sind ihre medialen Vorbilder – Elvis Presley beziehungsweise Dorothy aus *The Wizard of Oz* (*Der Zauberer von Oz*, USA 1939) – auf den Leib inszeniert (vgl. Abb. 3.46); Frank

Abb. 3.46 In David Lynchs *Wild at Heart* (© PolyGram Filmed Entertainment/Propaganda Films, USA 1991) setzen sich die Protagonisten aus medialen Versatzstücken der Popkultur zusammen: Comics, Märchen, Popsongs und Werbung. Sailor (Nicolas Cage, **a**) ist von Aussehen und Habitus ein Abbild Elvis Presleys (zum Vergleich ein Bild aus *Jailhouse Rock*, © MGM u. a., USA 1957, **b**), was durch entsprechende Gesangseinlagen während des Films noch unterstützt wird.

Booth in *Blue Velvet* treibt Gesten der traditionellen amerikanischen *Rebel Heroes* James Dean und Marlon Brando einerseits ins Absurde, andererseits ins Manische.

Ferner kreiert Lynch intertextuelle Bezüge zwischen seinen eigenen Filmen: Feuer oder der Mittelstreifen eines Highways, der sich im Dunkel der Nacht verliert, sind visuelle Metaphern, die sowohl *Wild at Heart* als auch *Lost Highway* (USA 1997) prägen. Lynch, der zunächst Malerei studiert hat, öffnet seine Filme gerne für psychoanalytische und wahrnehmungstheoretische Fragestellungen: In *Lost Highway, Mulholland Drive* oder *Inland Empire* (*Eine Frau in Schwierigkeiten*, F/PL/USA 2006) tauschen Protagonisten die Identitäten, Ursache-Wirkungs-Verhältnisse werden ein ums andere Mal umgedreht, filmische Realität immer wieder aufs Neue mediatisiert. Seine Filme sind lesbar als postmoderne Vernunftkritik, die die Rationalität von Geschichten, wie sie zum Beispiel im Kino erzählt werden, als Konstruktion und Konvention entlarvt und so Erwartungen an die Plausibilität der Handlung oder die psychologische Motivation der Charaktere immer wieder unterläuft.

Die philosophischen Implikationen der Postmoderne und ihre zum Teil radikalen Bildexperimente werden in den 1980er Jahren sukzessive vom amerikanischen Mainstreamkino absorbiert und fließen in das sogenannte postklassische Kino (manchmal auch:

postmodernes Genrekino) ein, das die Konventionen des Klassischen Hollywoodkinos kreativ dehnt und erweitert. Der Autodidakt Quentin Tarantino, der durch seinen Gangsterfilm *Reservoir Dogs* (*Wilde Hunde*, 1992) zu einem Star des Independent-Kinos wird, variiert in *Pulp Fiction* (1994) Versatzstücke des Gangsterfilms, indem er bekannte Geschichten von Kleinkriminellen, von Gier und Begier erzählt, diese jedoch dramaturgisch und ästhetisch durch Ironie, Spektakel und Zitat überbietet. Durch eine Erzählhaltung, die mehr Wert legt auf Eleganz, Selbstreflexivität und Coolness als auf Linearität und Kontinuität, bleiben Hintergründe des Verbrechens sowie psychologische Motivation der Täter unklar, der Film besitzt auf den ersten Blick weder einen roten Faden noch einen logischen Schluss. *Pulp Fiction* beginnt nicht mehr mit einem klassischen *establishing shot*, der den Zuschauer wie selbstverständlich in die Handlung hineinführt, sondern mit einem halbnahen *two-shot* auf das Räuberpärchen. Die eben angesprochene Übersichtseinstellung wird stattdessen später nachgereicht. Erzählerische Kontinuität erreicht Tarantino hauptsächlich durch seine Hauptpersonen und wiedererkennbare Orte. David Bordwell spricht in diesem Zusammenhang von einer „intensified continuity" (2002, S. 16).

Tarantinos Stil ist in besonderem Maße geprägt durch Zitate aus Film- und Popgeschichte (vor allem im Restaurant Jake Rabbit Slim's), Ästhetisierung von Gewalt und episodisches, non-lineares Erzählen. In *Pulp Fiction* werden drei Handlungsstränge verknüpft: Einerseits geht es um das Gangster-Pärchen Pumpkin und Honey Bunny, die ein Diner überfallen; ferner um die Profikiller Vince und Jules, die für ihren Boss Marcellus Wallace einen Aktenkoffer zurückholen sollen; drittens um den Boxer Butch Coolidge, der Marcellus betrügen will. Ferner schiebt Tarantino verschiedene Episoden ein, so begleitet zum Beispiel Vince Marcellus' Frau Mia in ein Restaurant und rettet ihr anschließend das Leben, weil sie versehentlich eine Überdosis Heroin zu sich nimmt. Eine andere Episode besteht aus Butchs Erinnerungen an die Armbanduhr seines Vaters.

Pulp Fiction bricht nicht nur lineares Erzählen und geschlossene Dramaturgie auf, sondern dekonstruiert klassische Spannungsdramaturgien und spielt gezielt mit Publikumserwartungen: Bei Butchs Boxkampf wird genau jenes blutige Spektakel, das die Zuschauer aus dem Boxerfilm kennen, nicht gezeigt; wenn Butch gegen Ende des Films nach einer Waffe sucht, um Marcellus zu Hilfe zu eilen, findet er nacheinander einen Hammer, eine Motorsäge und schließlich ein Samuraischwert. In dieser Überbietungsstrategie stecken einerseits filmische Zitate (zum Beispiel auf Tobe Hoopers *The Texas Chainsaw Massacre / Blutgericht in Texas*, USA 1974), andererseits postmoderne Mehrfachcodierung und Spiel mit der Vorkenntnis des Publikums.

Zur Postklassik zählen neben Tarantino auch die Coen-Brüder (zum Beispiel mit *Barton Fink*, 1991, vgl. Abb. 3.47) oder Jim Jarmusch (zum Beispiel mit *Down by Law*, 1986). Mit der Reanimation des Blockbusters seit der Mitte der 1970er Jahre und dem Aufkommen von High Concept und der ästhetischen Ausrichtung filmischer Großproduktionen an den Erfordernissen komplexer Marketingstrategien, findet eine Popularisierung postmoderner Stilistiken wie Pastiche und Virtualität, ‚Retro' und Futurismus statt. Spätestens mit *The Matrix* (USA 1999, Lana und Andy Wachowski), einem der großen postklassischen Blockbuster der 1990er Jahre, wird klar, dass postmoderne Ästhetik endgültig im Mainstreamkino angekommen ist.

Abb. 3.47 In *Barton Fink* (© Circle Films/Working Title Films, USA 1991) drehen die Coen-Brüder das klassische Abbildungsverhältnis der Kunst zur Natur, wie es das Konzept der Mimesis vorsieht, um: Das Postkartenmotiv (**a**) wird vom Filmbild (**b**) nachgeahmt. Filmische Realität wird fiktionalisiert und mediatisiert.

Exemplarische Filme

The Draughtman's Contract (*Der Kontrakt des Zeichners*, GB 1982, Peter Greenaway)
One from the Heart (*Einer mit Herz*, USA 1982, Francis Ford Coppola)
La lune dans le caniveau (*Der Mond in der Gosse*, F 1983, Jean-Jacques Beineix)

Wild at Heart (*Wild at Heart – Die Geschichte von Sailor und Lula*, USA 1991, David Lynch)
Barton Fink (USA 1991, Joel Coen)
Pulp Fiction (USA 1994, Quentin Tarantino)

Einführungsliteratur

Bordwell, David et al. 1998. *Die Filmgespenster der Postmoderne*. Frankfurt am Main: Verlag der Autoren.
Christen, Thomas. 2008. Postmoderne und Film. In *Einführung in die Filmgeschichte: New Hollywood bis Dogma 95*, hrsg. Thomas Christen und Robert Blanchet, 358–394. Marburg: Schüren.
Eder, Jens. 2008. *Oberflächenrausch. Postmoderne und Postklassik im Kino der 90er Jahre*. Hamburg: LIT.

3.5.3 Cinéma du Look

Der Begriff bezeichnet eine postmoderne Stiltendenz im französischen Kino der 1980er und 1990er Jahre, die das eigene Kunstwollen emphatisch ausstellt. Gleichzeitig werden unter diesem Begriff die Werke von nur drei Regisseuren zusammengefasst: Jean-Jacques Beineix, Luc Besson und – mit Einschränkung – Léos Carax. Der Stil ihrer frühen Filme ist „characterised not by any collective ideology but rather by a technical mastery of the medium, a cinephile tendency to cite from other films, and a spectacular visual style (*le look*)" (Austin 1996, S. 119). Das Cinéma du Look sucht seine Themen nicht mehr in der sozialen Wirklichkeit, sondern zieht sich in die Mythologie des Kinos, in die eigenen Kunstwelten zurück. Mit ihrer Faszination für Popkultur, für die Ästhetik des Comics, des Musikvideos und der Werbung nehmen sie eine explizite Gegenposition zur führenden französischen Filmzeitschrift *Cahiers du Cinéma* ein, die seit den 1950er Jahren für ein auf Gesellschaftskritik und Authentizität geeichtes Autorenkino steht (obwohl Carax sogar zeitweise für die *Cahiers* schreibt). Aus der Sicht der *Cahiers* mangelt es dem Cinéma du Look an politischen und sozialen Themen, realistischen Plots und psychologischer Motivation. Und tatsächlich begegnet man in Filmen wie *Diva* (F 1981), *La lune dans le caniveau* (*Der Mond in der Gosse*, F/I 1983), *Boy meets Girl* (F 1984), *Subway* (F 1985) oder *37°2 le Matin* (*Betty Blue*, F 1986) und *Mauvais Sang* (*Die Nacht ist jung*, F 1986) Subjekten, die nur aus Versatzstücken aus Genrefilmen zu bestehen scheinen; an die Stelle von erzählerischer Kohärenz treten die Schönheit der Inszenierung, das sinnliche Spektakel, die Selbstreferenzialität der Bilder, die auf kein Außen mehr verweisen, sondern lediglich auf einen immanent filmischen Kosmos (vgl. Pizzera 2010).

Bereits in Jean-Jacques Beineix' *Diva* dominiert eine eklektizistische Ästhetik, die scheinbar Unvereinbares kombiniert: einerseits eine ans *cinéma de qualité* der 1930er und 1940er Jahre erinnernde, detailverliebte Mise-en-scène, dazu teure, aufwändige Studiosets, artifizielle Neonlicht-Aufnahmen in kaltem Blau sowie hochstilisierte, zentralperspektivisch aufgebaute Bildkompositionen; andererseits Stilelemente der Nouvelle Vague: Improvisation, On location-Aufnahmen, intertextuelle Bezüge und die Bricolage von Genreversatzstücken. So lässt sich *Diva* einerseits als Thriller lesen, der Korruption innerhalb der Pariser Polizei thematisiert, und andererseits als Opernfilm, der – ein weiterer Ausweis der Postmodernität des Cinéma du Look – selbstreflexiv das Verhältnis von Original und Kopie behandelt. Beide Plots – sowohl *High Art* als auch *Pulp Fiction* – sind um Tonbänder und Aufnahmetechnik herum organisiert (vgl. Abb. 3.48): Der Postbote Jules hat eine illegale Aufnahme der Diva Cynthia Hawkins angefertigt und damit die auratische Einzigartigkeit der Arie *Ebben, n'andrò lontana* aus Alfredo Cantalanis Oper *La Wally* (1892) der seriellen Reproduktion preisgegeben; zufällig gerät Jules in Besitz eines Tonbands, auf dem eine ermordete Prostituierte den Polizeikommissar Saporta eines Verbrechens beschuldigt. Beineix' Film erhebt die Reproduktion in Form von Zitat und Pastiche – einer neutralen, weder ironisierenden und überhöhenden Bezugnahme – zum Kennzeichen der Welt: Die Diva stimmt der Aufnahme schließlich zu; das Tonband überführt den Kommissar; ein zerstörter Citroën taucht als exakte Kopie wieder auf. Darüber hinaus zeigt eine Wand in Jules' Wohnung ein Gemälde, auf dem das Autorennen aus Nicholas Rays *Rebel without a Cause* (*... denn sie wissen nicht, was sie tun*, USA 1955) zu sehen ist – eine typische Mehrfachcodierung, die filmhistorisch beschlagenen Zuschauern einen zusätzlichen Lustgewinn verschafft, jedoch ohne inhaltlichen Bezug, denn Jules ist kein gesellschaftlicher Außenseiter oder Rebell, sondern Staatsangestellter.

La lune dans le caniveau treibt die Re-Inszenierung medialer Versatzstücke auf die Spitze, bietet sich dar wie ein permanentes Déja-vu, ein Fest „fanatischer Künstlichkeit (…), wie sie nur in den Kriminalromanen der ‚Schwarzen Serie' und im Kino der Studioära existiert hat" (Felix 2002a, S. 47): Beineix vermählt Motive des Melodrams (ein

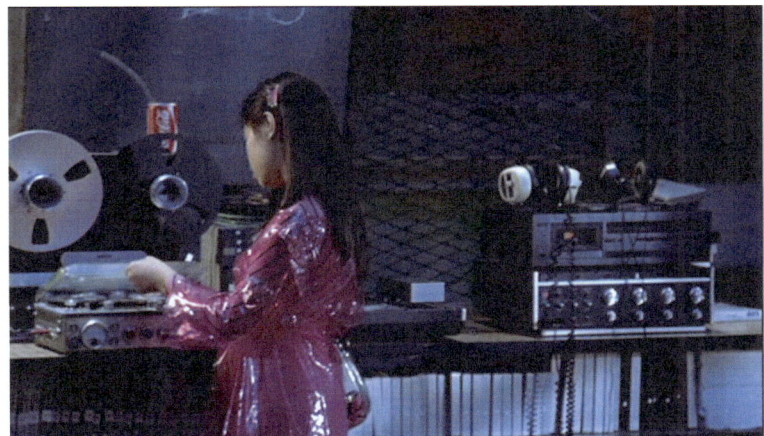

Abb. 3.48 Mehrfach codierte Bilder sind ein Stilmerkmal postmoderner Ästhetik: Die Aufnahme- und Wiedergabetechnik in *Diva* (© Les Films Galaxie u. a., F 1981) besitzt nicht nur dramaturgische Funktion für den Plot, sondern dient zusätzlich als Metapher für eine neue Weltordnung: eine Gesellschaft, die aus der Epoche der Produktion heraus- und ins Zeitalter der Reproduktion eintritt.

Hafenarbeiter zwischen zwei stereotypen Frauenfiguren) mit Elementen des Thrillers (ein Frauenmörder treibt sein Unwesen). Sein Inszenierungsstil hingegen erinnert an Werbefilme: Bereits in der Exposition wird eine Frauenleiche ausgeleuchtet und von der Kamera abgefilmt wie ein teures Konsumobjekt; extreme Farben, irreale Lichtsetzungen, Kamerapositionen, die sich keiner diegetischen Figur zuordnen lassen und ein Ort und Zeit der Handlung mythisierender Voice-Over verweisen auf Erzähltechniken des Märchens. „Try another world" schreit es denn auch von einem Werbeplakat herunter, was selbst die Träume der Protagonisten von einem besseren Leben als der Werbung entsprungene Kunstwelten entlarvt:

> Jedes narrative Element, jeder Schauplatz und jede Figur der Geschichte – ob die laszive Bella, der kaputte Bruder Gérards oder der dekadente Bruder Laurettas, ob die schmuddelige Hafenkneipe, der exotisch illuminierte Hinterhof oder die wie in einem Industriewerbefilm erscheinenden Docks – ist Klischee, mehr noch: ausgestelltes Klischee. (Felix 2002a, S. 47)

Auch in Luc Bessons *Subway* findet man diese überdeutliche Visualisierung eines Erlebnismodus, in dem Gefühle und Wahrnehmungen von medial generierten Bildern besetzt sind, in dem artifizielle, ästhetische Konstrukte zum Modell für eigenes Erleben werden, in dem sich Wünsche und Träume der Protagonisten im Verlangen nach den standardisierten Träumen einer populären Massenkultur erschöpfen. Die Protagonisten Fred und Héléna machen keine authentischen Erfahrungen, ihre Sprache und Gesten sind nur Kopien, die sich jedoch als neue Authentizität gebärden. Anhand eingestreuter Fragen wie „Gehen Sie manchmal ins Kino?" bis zum melodramatisch überhöhten „Liebst Du mich ein bisschen?" im Augenblick von Freds Tod zeigt sich Bessons Strategie einer Weigerung, seine Figuren zu psychologisieren, eine Strategie, die man in Anlehnung an Fredric Jameson

Abb. 3.49 Stilistischer Eklektizismus als ästhetisches Programm der Postmoderne: In *Subway* (© Gaumont u. a., F 1984) tragen die Protagonisten sowohl den bürgerlichen Smoking als auch platinblond gefärbte Haare (**a**). Und Frank Sinatra steht gleichberechtigt neben Sokrates und Jean-Paul Sartre (**b**).

als Fragmentierung der Subjekte im Sinne eines Verlusts von Tiefendimension (1989, S. 55 ff.) beschreiben könnte. Freds Motiv, Hélénas Mann zu erpressen, ist nicht Geldgier, sondern hemmungsloser Hedonismus, diese hingegen langweilt sich im Gefängnis ihres bürgerlichen Lebens, ihre Suche nach emotionalen Intensitäten lässt sie Fred in die Unterwelt der Métro folgen, womit der Plot auch als Pastiche der Orpheus-Sage lesbar wird. Die postmoderne Welt von *Subway* scheint nur noch mit Ironie rezipierbar, soviel wird gleich zu Beginn des Films deutlich (vgl. Abb. 3.49): Das Insert „To be is to do (Socrate) – To do is to be (Sartre) – Do be do be do (Sinatra)" verabschiedet Hochkultur ebenso spielerisch wie Fred am Ende des Films ein Orchester ausbezahlt und nach Hause schickt, um stattdessen seine Band auftreten zu lassen. Ähnlich wie *Diva* oder *La lune dans le caniveau* zeigt sich auch *Subway* stilistisch heterogen: Freds Outfit vereint Smoking und eine platinblonde Punk-Frisur; Verfolgungsjagden durch die Métro werden einmal hochdynamisch in videoclipartigem Stakkato, Untersichten und verkanteten Perspektiven gefilmt, kurz darauf folgen lange Kamerafahrten ohne Schnitt; die Musik Eric Serras wirkt oft extradiegetisch, weil sie aus dem Off erklingt, erweist sich dann aber als diegetisch, wenn die Lautquelle – oft sind es die Musiker aus Freds Band – im Bildkader erscheint; konventionelle Muster der Spannungserzeugung werden verweigert, banale Schweißarbeiten in der Métro hingegen durch Licht und Musik zu audiovisuellen Performances überhöht; dramaturgisch bezieht sich *Subway* auf Gangsterfilm, Film Noir, Musical und Polizeifilm, wirft aber am Höhepunkt der Erzählung jeglichen Realismus über Bord, wenn der kurz zuvor erschossene Fred plötzlich von den Toten erwacht.

So wie die Mediatisierung filmischer Realität in *Subway*, die durch mehrfachcodierte Bilder und eklektizistische Stilistik erreicht wird, keine Authentizität der Story, der Charaktere oder Milieus mehr zulässt, so ist die Subkultur keine Gegenkultur, kein Antagonismus zur bürgerlichen Gesellschaft mehr. An die Stelle einer gesellschaftskritischen tritt eine grundsätzlich affirmative, ironische Haltung zu Geschichte und Mensch, ein Spiel mit Oberflächlichem. Das Cinéma du Look, zeitgleich zur Ablösung der bürgerlich-liberalen Regierung unter Valéry Giscard d'Estaing 1981 entstanden, reagiert auf den Verlust politischer Utopien nach 1968: Wo in Paris damals Tausende für eine neue, antikapitalistische Gesellschaft demonstrieren, ist der in *Subway* dargestellte Underground vollkommen unpolitisch. In einer Welt, in der alles, selbst die Parolen der Revolution, ja sogar die Erinnerungen an sie, zur Ware geworden ist, wird alles künstlich. Und in einer Welt, in der alles künstlich ist, zählt nicht mehr das richtige politische Bewusstsein, sondern der richtige Stil, der richtige ,Look': Wenn das Cinéma du Look ein Lebensgefühl nach dem Ende der Ära politischer Utopien wiedergibt, dann legt es – zumindest in Gestalt der Filme von Jean-Jacques Beineix und Luc Besson – womöglich nahe, gerade das Artifizielle und Nichtauthentische als neue Authentizität der 1980er Jahre zu betrachten.

Léos Carax' frühe Filme *Boy meets Girl* und *Mauvais Sang* weisen vergleichbare Stilelemente auf wie *Diva* oder *Subway*: Genres oder dramaturgische Konzepte (wie zum Beispiel ,Boy meets Girl' als Grundmuster melodramatischer Erzählungen) bilden allerdings nur die Hülle für ästhetisch perfekte Rekonstruktionen und Pastiches der Filmgeschichte. Das konstrastreiche Schwarzweiß in *Boy meets Girl* verweist auf Darstellungskonventionen, die Figur der Anna in *Mauvais Sang* auf Weiblichkeitsentwürfe der Stummfilmära. Ob überwiegend lange, elegische Einstellungen in *Boy meets Girl*, akzelerierende Montage in *Mauvais Sang* oder avanciertes Spiel mit Licht und Schatten in beiden Werken, Carax' filmhistorische Vorbilder – von Griffith bis Godard – sind stets deutlich sichtbar. Doch im Unterschied zu Beineix und Besson begnügt sich Carax nie mit nostalgischen Pastiches:

> Carax has before him cinema history as a whole but he does not adopt a nostalgic stand. (…) He does not demand a return to mute expression in order to go back to a golden age, but instead intends silent cinema as an element which constantly puts into crisis the cinema our age is bound to live. He adopts silent expression in order to permanently question an art form that is in danger of stagnation. (Bañuz 2006)

In dieser Hinsicht bleibt Carax einem filmischen Modernismus verpflichtet, der seit *Les amants du Pont-Neuf* (*Die Liebenden von Pont-Neuf*, F 1991) immer selbstbewusster neben das Artifizielle und Künstliche seiner Filme tritt: *Les amants du Pont-Neuf* enthält zwar ebenfalls romantische „Postkartenmotive" (Vossen 2002, S. 108) der ältesten Pariser Brücke und tendiert (vor allem in der von Feuerwerk illuminierten Wasserskifahrt auf der Seine) immer wieder zum visuellen Exzess, beginnt jedoch mit einer minutenlangen, scheinbar dokumentarischen Exposition in einer Sozialstation, wo die Kamera im Stile des Cinéma Vérité ausgemergelte Körper und menschliches Elend beobachtet (vgl. Abb. 3.50). In der Melville-Adaption *Pola X* (F/D/JAP et al. 1999) fällt der junge Schriftsteller Pierre aus seiner affirmativen Bohème-Existenz in wütendes Aufbegehren

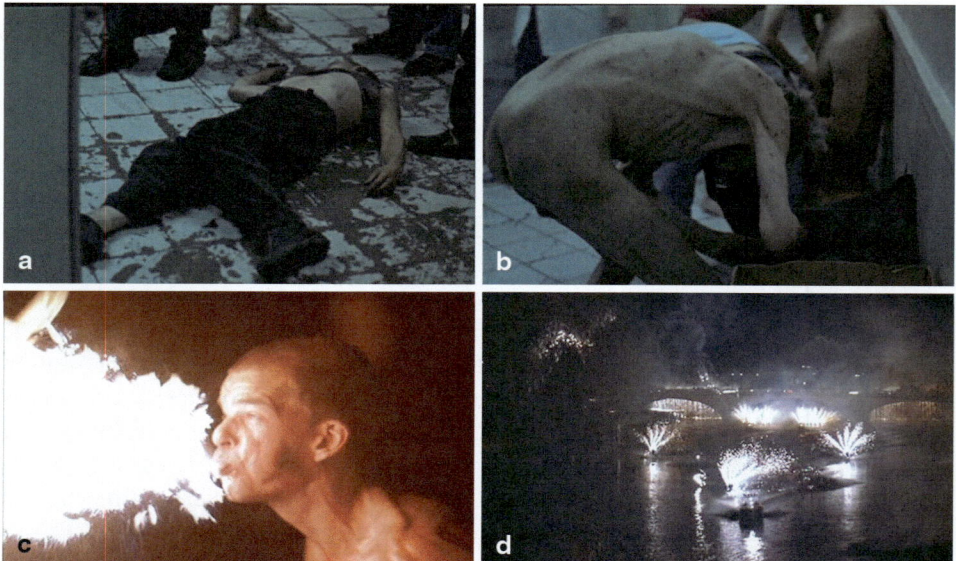

Abb. 3.50 Léos Carax nimmt innerhalb des Cinéma du Look einen Sonderstatus ein: Seine stilistische Vielfalt umfasst nicht nur das Naturalistische (**a, b**) und das Spektakuläre (**c, d**) wie in *Les amants du Pont-Neuf* (© Gaumont u. a., F 1991)…

gegen die bourgeoisen Werte seiner Familie und gesellschaftlichen Schicht. Dies spiegelt sich synekdochisch in der sukzessiven Zertrümmerung seines Mopeds sowie in der Abwendung von der zarten Lucie und der (auch sexuellen) Hinwendung zu seiner Schwester Isabelle. Carax zeigt Pierre und Lucie ganz in Weiß, in romantischer Zweisamkeit und High-Key-Ausleuchtung, die inzestuöse Beziehung zu Isabelle hingegen in erdig dunklen Tönen, Jump Cuts und diskontinuierlicher Montage. Der Tabubruch des Inzests wird flankiert von der visuellen Grenzüberschreitung der expliziten Darstellung von Fellatio und Penetration. An *Pola X* wird deutlich, dass Carax' Agenda niemals deckungsgleich ist mit der postmodernen Ästhetik des Cinéma du Look, denn ihm geht es um nichts weniger als die Suche nach der sozialen Rolle des Künstlers in der Gesellschaft: Aufklärer, Ankläger und Suchender nach Wahrheit und Wahrhaftigkeit. Ebenso ist sein jüngstes Werk, *Holy Motors* (F/D 2012), zugleich exaltiertes Spiel mit kinematografischen Möglichkeiten und philosophische Sinnsuche nach der Funktion der Kunst (vgl. Abb. 3.51). Sein filmisches Alter Ego, Denis Lavant, heißt in *Boy meets Girl*, *Mauvais Sang* und *Les amants du Pont-Neuf* nach Carax' erstem Vornamen Alex, in *Holy Motors* nach seinem zweiten Oscar. Stilistische Parallele zwischen allen vier Filmen: die Parallelfahrt, die Lavants geradezu explosiver Physis Raum verleiht. Durch Lavant gibt sich Carax in seinen Filmen immer auch selbst preis, weist die Suche seiner Protagonisten als seine eigene aus: Und dieses Projekt lässt sich weniger anhand der Demarkationslinie von Authentizität und sozialem Realismus einerseits beziehungsweise Illusion und Kitsch andererseits fassen. Vielmehr sind seine ‚Holy Motors' Maschinen zur Produktion von Sinnbildern. Und selbst wenn

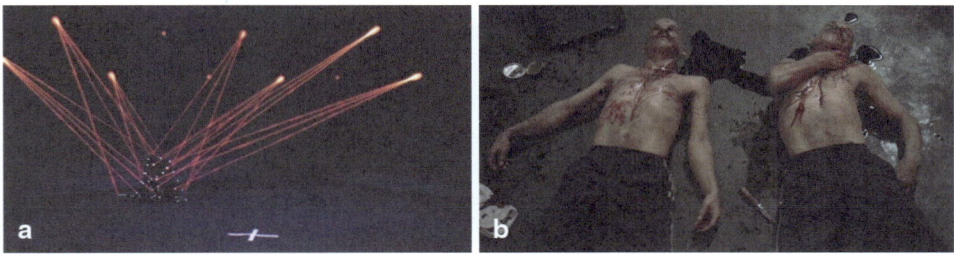

Abb. 3.51 … sondern auch abstrakte, traumartige oder surrealistische Inszenierungen wie in *Holy Motors* (**a, b**, © Pierre Grise Productions u. a., F/D 2012). Sie zeigen jedoch keine Ironie, sondern bebildern metareflexiv die Suche ihres Regisseurs nach Sinn und Identität.

sie Zitate sind, dienen sie bei Carax nicht als Ausweis der Allmacht eines Regisseurs, der sich lustvoll aus dem Museum der Filmgeschichte bedient, sondern stets als konsistente Illustration einer Idee: der Klage über die Sinnlosigkeit menschlicher Existenz oder des Wunsches nach neuem Leben, alternativen Identitäten.

Carax hat die Erfahrung der Postmoderne gemacht, ihre Kritik an der Moderne erfahren und bebildert. Sein Kino steht dem Projekt der Moderne jedoch immer noch nah, wenn er von der Schwierigkeit erzählt, Künstler zu sein und Filme zu machen in einer Welt, die „aus den Fugen" ist – wie es ein Shakespeare-Zitat zu Beginn von *Boy Meets Girl* und *Pola X* benennt.

Exemplarische Filme

Diva (F 1981, Jean-Jacques Beineix)
La lune dans le caniveau (*Der Mond in der Gosse*, F/I 1983, Jean-Jacques Beineix)
Subway (F 1985, Luc Besson)
Mauvais Sang (*Die Nacht ist jung*, F 1986, Léos Carax)
Les amants du Pont-Neuf (*Die Liebenden von Pont-Neuf*, F 1991, Léos Carax)

Einführungsliteratur

Austin, Guy. 1996. *Contemporary French Cinema*. Manchester: Manchester University Press.
Pizzera, Johanna. 2010. *Cinéma du look: Spiegel einer Generation*. Saarbrücken: VDM.

3.5.4 US-Independent

Die unscharfe Verwendung des Begriffs ‚US Independent' und der Wandel der Bewegung in den 1990er und 2000er Jahren lassen heutzutage nur noch eine vorsichtige, differenzierende Annäherung an das Phänomen zu. Zunächst ist mit ‚Independent Film' eine Produktionsweise bezeichnet: die Gestaltung und Vermarktung von Filmen unabhängig von großen Hollywood-Firmen. Das impliziert in der Regel eine filmpolitische Stoßrichtung: Widerstand gegen die nationale (und internationale) Vormachtstellung der Major-Studios. Diese Macht ist nicht nur eine ökonomische, sondern auch eine thematische und ästhetische, denn die Hegemonie Hollywoods definiert, welche Geschichten auf welche Weise erzählt werden und welche Kreativen in einer hierarchischen Arbeitsteilung sie erzählen dürfen. Daher ist das unabhängige Kino häufig auch eines der stilistischen Opposition, das andere Erzählungen, andere Weltbilder, andere Milieus, andere Gestaltungsformen auf die Leinwand bringen will und für sich eine größere künstlerische Freiheit proklamiert. Dieser Widerstand lässt sich historisch bis in die Frühzeit des klassischen Studiosystems zurückverfolgen. Prägnantes Beispiel ist die Gründung von United Artists im Jahr 1919 als ein Versuch prominenter Filmkünstler, sich dem Diktat der ‚Big Five‘ (MGM, Paramount, 20th Century Fox, Warner Bros., RKO) zu entziehen und einen selbstbestimmten Produktionsraum zu schaffen. Auch die Biografien großer amerikanischer Regisseure wie Orson Welles, Nicholas Ray oder Sam Fuller lesen sich als Kampf von Unangepassten (*mavericks*), die ihren Individualstil mühsam innerhalb oder außerhalb des Systems durchsetzen müssen (vgl. Andrew 1999, S. 13–39). Auf dieser Bedeutungsebene betrachtet, zieht sich das Independent-Kino als alternative Produktionsform durch die gesamte Filmgeschichte der USA.

Die Epoche hingegen, in denen der Begriff ‚US Independent Film‘ zu einem Markenzeichen im internationalen Arthouse-Kino wird, beginnt in den 1980er Jahren. Eine entscheidende Rolle für das Bekanntwerden dieser Filme spielen internationale Festivals wie die von Cannes, Venedig, Locarno und New York sowie das Sundance-Festival, wo man außerhalb der Vermarktungskette Hollywoods die Aufmerksamkeit von Kritikern und Verleihern erregen kann. Ihre Wurzeln hat die Bewegung in subkulturellen Strömungen innerhalb des Low-Budget-Sektors: Experimentalfilme der 1940er Jahre (unter anderem Maya Deren, Kenneth Anger), B-Movies und Midnight Movies der 1960er und 1970er Jahre, die Sexualität, Gewalt und Drogentrips zeigen (unter anderem Roger Corman, Russ Meyer, George A. Romero), und Undergroundfilme aus New York, die vom *New American Cinema* bis zum *Cinema of Transgression* reichen (u. a. Andy Warhol, Charlie Ahearn, Richard Kern). Vor allem aber ist das US-Independent-Kino ein kreativer Nachfolger des innovativen New Hollywood. Tatsächlich ist die New-Hollywood-Ära eine Zeit, in der sich die Studios notgedrungen für die Wagnisse junger Regisseure aus dem B-Movie-Bereich und die Themen der Gegenkultur öffnen. Dadurch verwischt sich die Linie zwischen den beiden Produktionssphären, und Hollywood findet über progressive Filme zu einer künstlerischen Erneuerung. Erst Ende der 1970er Jahre mit dem Aufkommen des Blockbuster-Kinos nach den Kassenschlagern *Jaws* (*Der weiße Hai*, USA 1975) und *Star Wars – A New Hope* (*Krieg der Sterne – Eine neue Hoffnung*, USA 1977) wird der Begriff ‚Independent Film‘ zu einem filmpolitischen Reizwort. Der kreative Nachwuchs – der keinen Zugang mehr zu einem Studio-System findet, das nun spektakuläre Filme für ein internationales Massenpublikum produziert – besinnt sich auf den geistigen Vater der Independent-Bewegung zurück: John Cassavetes, der mit befreundeten Schauspielern und

Abb. 3.52 Das Werk von Jim Jarmusch durchzieht eine Sympathie für Außenseiter. Drei Gefährten versuchen in *Stranger than Paradise* (© Cinesthesia Productions u. a., USA 1984) ihren Platz in der Welt zu finden.

Abb. 3.53 In *Down by Law* (© Black Snake u. a., USA 1986) sind die drei Sinnsucher Gefangene ihres Lebens und ungleiche Insassen einer Zelle. Aus Ablehnung entwickelt sich scheue Sympathie. Beide Filme präsentieren das Schicksal ihrer Helden in Bildern, die Zeit dafür lassen, die Charaktere kennen und schätzen zu lernen.

kleinen Budgets, mit Handkamera und ohne festes Drehbuch aufwühlende, quasidoku-mentarische Zeitbilder schuf. Nach *Shadows* (*Schatten*, USA 1959), einem Meilenstein des unabhängigen Kinos, intensivierte Cassavetes seine Ästhetik der Momentaufnahmen, des Fragments und der eruptiven Affekte, die das geregelte Mittelklasseleben aufspren-gen – in den Filmen *Faces* (*Gesichter*, USA 1968), *Husbands* (USA 1970) und *A Woman Under the Influence* (*Eine Frau unter Einfluss*, USA 1974).

Es ist also gerade Hollywoods Blockbuster-Kino, welches das Interesse an alternati-ven Filmen verstärkt. Vorreiter sind David Lynchs surrealer Horrorfilm *Eraserhead* (USA 1977), John Sayles Debüt *Return of the Secausus Seven* (*Die Rückkehr nach Secaucus*, USA 1979) und Wayne Wangs *Chan Is Missing* (*Chan ist verschwunden*, USA 1982). Einen Wendepunkt markiert *Stranger than Paradise* (USA 1984) des New Yorker Re-gisseurs Jim Jarmusch (vgl. Abb. 3.52 und 3.53). Der Schwarzweißfilm erzählt eine leise Geschichte, die drei verlorene Sinnsucher auf ihrem *roadtrip* nach Cleveland und Florida begleitet. Nicht *bigger than life* will dieser Film sein, sondern das Leben einfangen, wie es sein kann: seltsam, spröde, eintönig, aber auch humorvoll und poetisch. Mehr als die Preise, die *Stranger than Paradise* in Cannes oder Locarno gewinnt, sorgt die Tatsache für Aufregung, dass ihn die ehrwürdige National Society of Film Critics 1984 als erstes Independent-Werk überhaupt zum besten Film des Jahres wählt. Während sich die Filmwirtschaft darüber empört, dass sie von einem *10-cent-movie* – der Film hat nur 110.000 Dollar gekostet – in den Schatten gestellt wird, beflügelt der Erfolg andere junge Regisseure wie Spike Lee und Kevin Smith. Zwischen 1984 und 1989 finden immer mehr Filme aus dem US-Independent-Kino internationale Aufmerksamkeit, darunter auch David Lynchs surrealer Psychothriller *Blue Velvet* (USA 1986), der nach einer Kamerafahrt in ein abgetrenntes Ohr die Sphäre von Voyeurismus, Sadismus und Gewalt erkundet, die eine Kleinstadt hinter ihren weißen Gartenzäunen versteckt.

1989 kommt es zu einem zweiten Durchbruch für die Bewegung. In Cannes sorgen gleich drei Independent-Filme für Furore: *Do the Right Thing* (USA 1989) von Spike Lee, *Mystery Train* (USA 1989) von Jim Jarmusch und vor allem *Sex, Lies and Videotape* (*Sex, Lügen und Video*, USA 1989) von Steven Soderbergh, der die Goldene Palme gewinnt und zum internationalen Publikumserfolg sowie ersten großen Gewinn für die Firma Miramax avanciert. Miramax, von Bob und Harvey Weinstein gegründet, etabliert sich 1989/1990 als erfolgreichste Produktions- und Verleihfirma für Independent-Filme und wird daraufhin von den Hollywood-Studios als ernsthafte Konkurrenz wahrgenommen. Filme von Miramax gewinnen in den 1990er Jahren zahlreiche Oscars und erzielen schließlich Einspielergebnisse bis zu 300 Millionen Dollar mit Filmen wie *Shakespeare in Love* (USA 1998) oder *Chicago* (USA, D, CAN 2002). Die Hollywoodstudios reagieren rasch, um den offensichtlich lukrativen Markt zu erobern, kaufen kleinere, unabhängige Produktionsfirmen auf und gründen Tochtergesellschaften, die persönliche oder innovative Filme unter dem Label ‚Independent' vermarkten, wie Sony Pictures Classics (1992), Fox Searchlight Pictures (1995), Paramount Vantage (1998), Focus Features (2002) oder Warner Independent Pictures (2003). Filme, die aus dieser Vermischung der beiden Produktionssphären hervortreten, werden mit dem Begriff ‚Indiewood' bezeichnet. Nach der Übernahme von Miramax durch Disney im Jahr 1993 markiert das Ausscheiden der Weinstein-Brüder aus ihrer eigenen Firma im Jahr 2005 und die Auflösung des Unternehmens durch Disney im Jahr 2010 den Niedergang einer Ära, in der das Etikett ‚Independent-Film' zu einer wirkungsvollen Marketing-Strategie geworden ist. Die Tatsache, dass Filme mit eigenwilliger Ästhetik und individueller Weltsicht in das Produktions- und Vermarktungskalkül der Hollywoodstudios aufgenommen werden, zeigt an, dass der Independent-Begriff spätestens seit Ende der 1990er Jahre nicht mehr als Produktionskategorie funktioniert, sondern eher noch als Stilbegriff.

Den Independent-Film als Stil zu beschreiben, ist allerdings kein leichtes Unterfangen, denn die Filme sind heterogen und die Filmemacher keiner einheitlichen Kulturszene zugehörig. Man kann den US-Independent-Film zunächst einmal grob als ein Kino verstehen, das mit unabhängig produzierten Low-Budget-Filmen beginnt, als ein Autorenkino, das dem Filmemacher die relative Freiheit lässt, seine künstlerische Vision zu gestalten,

Abb. 3.54 Narrative Knotenpunkte, die alle Handlungsfäden eines Multiplots bündeln, sind meist katastrophale Ereignisse, wie das Erdbeben hier in *Short Cuts* (© Fine Line Features u. a., USA 1993), aber auch der Krötenregen in *Magnolia* oder Autounfall in *L. A. Crash*.

und als ein sozial engagiertes, kritisches und formal experimentierfreudiges Kino, das interessiert ist am Charakterporträt und einem realistischen Abbild US-amerikanischer Wirklichkeit. Gänzlich unabhängig und frei von kommerzieller Logik ist dieses Kino nie. Nicht nur hinter Indiewood, auch hinter dem Independent-Film stehen Produktionsfirmen, die Geld investieren, Profit erzielen müssen und deswegen die Erwartungen ihres Nischenpublikums erfüllen wollen. Independent-Filme definieren sich erst über die Abgrenzung vom Mainstream; es braucht diesen Vergleich, um sich erfolgreich auf dem Filmmarkt zu positionieren (vgl. Newman 2011, S. 21 f.). Die Tatsache, dass es sich nicht um radikal unkonventionelle Filme handelt, sondern um Filme, die *andere* Konventionen entwickeln, macht es aber möglich, stilistische Übereinstimmungen zu beschreiben.

Zentrales Stilmerkmal des Independent-Kinos ist das Experimentieren mit Erzählformen. Damit liefert es wichtige Impulse für die weltweite Blütezeit eines *cinema of narration* in den 1990 und 2000er Jahren. Um die Unterschiede zu verstehen, mag man sich die Erfolgsformel von Hollywoods Dramaturgien in Erinnerung rufen: Aktive Helden müssen sich gegen Widrigkeiten durchsetzen, um ihr Ziel zu erreichen. Die monothematische Erzählung wird linear, in sich steigernder Kausalverkettung bis zum Höhepunkt entwickelt und maximal durch einen Subplot mit einer (heterosexuellen) Liebesgeschichte erweitert: „Statt dem intellektuell-analytischen Vergnügen des Entdeckens und Vergleichens analoger Situationen steht das ungebrochene, emotionale Miterleben des dargestellten Problemlösens im Vordergrund" (Eder 2000, S. 84).

Der Independent-Film setzt an verschiedenen Punkten dieses Systems an, löst die Schrauben und verstellt die Achsen des Erzählens: zum ersten durch den *multiplot*, der mehrere Geschichten auf einmal verfolgt. Die Parallelmontage wird hier zum bestimmenden Prinzip (vgl. Abb. 3.54 und 3.55). So gleichen die Erzählwege den unzähligen Gleisen auf einem Rangierbahnhof, die durch Weichen und Drehkreuze miteinander verbunden sind und vom Erzähler überwacht und geschaltet werden. Auch wenn David Wark Griffith der Pionier ist, so bleibt Robert Altmans gesellschaftskritisches Werk der Referenzpunkt für das Independentkino. In den Filmen *Nashville* (USA 1975) und *Short Cuts* (USA 1993) modelliert er aus Erzählpartikeln ganze Städte und schafft somit ein „Panorama der amerikanischen Gesellschaft" (Wach 2006, S. 78). Ihm eifern so erfolgreiche Indiewood-Filme

Abb. 3.55 Manchmal entsteht der Zusammenhang rein thematisch durch ein abstraktes Bild, wie die Parallelität der Taxifahrten in verschiedenen Zeitzonen (*Night on Earth*, © JVC u. a., USA 1991).

wie *Magnolia* (USA 1999) und *Crash* (*L. A. Crash*, USA/D 2004) nach. Auch sie porträtieren nicht ohne Grund die postmoderne Metropole Los Angeles. Die Unterscheidung zwischen Zentrum und Peripherie ist hier aufgehoben, sodass in den Filmen jede Figur und jedes Detail gleichrangiges Gewicht bekommt. Dass dabei der Zuschauer herausgefordert ist, die Motive in Beziehung zu setzen, um daraus Erkenntnisse über Sozietäten und Traditionen abzuleiten, ist auch bei Jim Jarmusch das Ziel. Jarmusch, der weniger von Altman, mehr von literarischen Vorbildern wie den *Canterbury Tales* (1387) von Geoffrey Chaucer geprägt ist, verwebt die Geschichten nicht, sondern schlägt sie nacheinander auf wie Buchkapitel. Der Faden, der sich durch diese Episoden zieht, ist die Reise: der Figuren, die dabei auf skurrile Menschen treffen (*Broken Flowers*, USA/F 2005), oder des Zuschauers, der in Hotelzimmern, Taxis oder Cafés diversen Geschichten begegnet (*Night on Earth*, USA/F/D et al. 1991, *Coffee and Cigarettes*, USA/J/I 2003). Dadurch entstehen Einblicke in unterschiedliche Kulturen, Städte und Landschaften. Extremform dieser Narration ist sicherlich *Slacker* (*Rumtreiber*, USA 1991) von Richard Linklater, der auf seinem Erzählweg alle paar Minuten abbiegt, von Passant zu Passant springt und somit im Laufe eines Tages 40 verschiedenen Außenseitern durch Austin (Texas) folgt.

Nach der Auffächerung der Geschichte wird die Vertauschung ihrer Erzählfolge zum zweiten Experimentierfeld der Bewegung. Quentin Tarantinos Gangsterfilm *Pulp Fiction* (USA 1994) bringt beides zusammen und macht ein Massenpublikum auf das US-Independent-Kino aufmerksam. Die Schwarze Komödie fasziniert nicht nur mit ihrer Mischung aus absurden Dialogen, überzogener Gewalt und popkulturellen Referenzen, sondern auch mit der Verschachtelung von drei Geschichten, deren Zeitsprünge nicht gekennzeichnet werden. Man ist verblüfft, dass die markanteste Hauptfigur – der coole Gangster Vincent Vega (John Travolta) – mitten im Film erschossen wird und 20 Minuten später wieder auftaucht. Der Zuschauer sieht sich am Ende gezwungen, das Zeit-Puzzle zu sortieren (vgl. Krützen 2010, S. 232–257). Rückwärts gar erzählt *Memento* (USA 2000), der zweite große Erfolg dieser Narrationsweise. Verflochten wird der rückläufige Handlungsstrang (in Farbe) mit einem vorwärts erzählten Handlungsstrang (in Schwarzweiß). Wenn beide

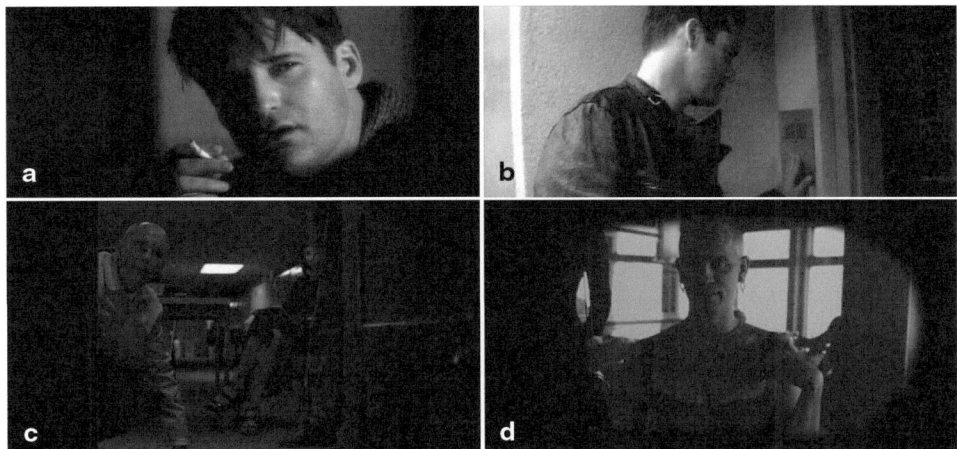

Abb. 3.56 Eine Art Kurzschluss der Identitäten als Zeichen instabiler Erzählwelten: Ein Mann hört die Hausklingel und ist zugleich derjenige, der draußen klingelt (*Lost Highway*, **a-b** © October Films u. a., F/USA 1997); John Malkovich gelangt über ein Portal in sein eigenes Bewusstsein, und jede Person, die er sieht, verfügt über sein Gesicht und spricht permanent seinen Namen aus (*Being John Malkovich*, **c-d** © Astralwerks u. a., USA 1999).

am Ende ineinander übergehen, ist man nicht am Schluss, sondern in der Mitte der Geschichte angelangt. Begründet ist diese permanente Desorientierung des Zuschauers in der psychischen Störung der Hauptfigur Leonard Shelby (Guy Pearce), die unter anterograder Amnesie leidet und nach wenigen Minuten das Erlebte vergisst.

Das dritte narrative Experiment besteht in der Destabilisierung der erzählten Welt. Unklar ist ihr ontologischer Status, als unzuverlässig erweist sich die Erzählinstanz, weil sie dem Zuschauer entscheidende Informationen unterschlägt (*underreporting*) oder Trug- und Wahnbilder als Tatsachen vorgaukelt (*misreporting*) (vgl. Hartmann 2007, S. 36 ff.). Zum Inbegriff doppelbödiger Thriller wird das Kino David Lynchs, der nach einer gescheiterten Karriere in Hollywood mit *Blue Velvet* erfolgreich zum Independent-Film zurückkehrt. In dem hypnotischen Neo-Noir *Lost Highway* (F/USA 1997) erwachsen aus einer Beziehungskrise Tötungsphantasien, die in eine Zeitschleife kulminieren, aus der weder die Figuren noch der Zuschauer einen Ausweg finden. Um nicht zu akzeptieren, dass der Protagonist schlichtweg zweimal existiert, wird der zweite Teil des Films als Halluzination, Traum oder Jenseitsreise interpretiert (vgl. Abb. 3.56a, b). Solch eine Vertauschung oder Verdopplung von Identitäten im Zuge einer spiralförmigen Bewegung, die sich immer tiefer in die Schichten einer Psyche schraubt, führt David Lynch in *Mulholland Dr. (Mulholland Drive*, F/USA 2001) und *Inland Empire (Eine Frau in Schwierigkeiten*, F/PL/USA 2006) fort. Ein helleres, mehr komödiantisch-absurdes Gegenstück bilden die Spielfilme der Musikvideo-Künstler Spike Jonze und Michel Gondry – wie die nach Drehbüchern von Charlie Kaufman entstandenen *Being John Malkovich* (USA 1999; Abb. 3.56c, d) oder *The Eternal Sunshine of a Spotless Mind* (*Vergiss mein nicht*, USA

2004), Filme, die im nächsten Hauptkapitel (→ Individualstil: Drehbuch) näher behandelt werden.

Ein zweites Stilmerkmal des unabhängigen Kinos ist die Sensibilität für Minderheiten, Subkulturen oder interkulturelle Konflikte in den USA. Der Independent-Film wird zur Plattform für das *Asian American Cinema* (das Kino asiatischer Amerikaner ab 1982), *New Black Cinema* (das neue Kino der Afroamerikaner ab 1986), *Native American Cinema* (das Kino der amerikanischen Ureinwohner ab 1989) oder *New Queer Cinema* (das neue schwul-lesbische Kino ab 1991). Auch hier bildet die Geschichte des Hollywoodfilms einen wenig rühmlichen Kontrast: Amerikaner indigener, afrikanischer oder chinesischer Herkunft werden in diskriminierender bis rassistischer Weise stereotypisiert, lange Zeit sogar von Weißen gespielt, die sich entsprechend anmalen (*Black Face*-Tradition). Erstmals angeprangert und durch differenzierte Darstellungen ersetzt werden diese Klischees in den 1970er Jahren durch Filme wie *Little Big Man* (USA 1970) und *A Man Called Horse* (*Der Mann, den sie Pferd nannten*, USA 1970) mit Blick auf Native Americans oder *Sweet Sweetback's Baadasssss Song* (*Sweet Sweetbacks Lied*, USA 1971) und *The Killer of Sheep* (*Schafe töten*, USA 1979) mit Blick auf Afroamerikaner. Aber erst in der Epoche des Independent-Films verstärken sich diese Impulse zu international sichtbaren Bewegungen. Ein künstlerischer Ursprung liegt hierbei im New Yorker Independent-Kino. Absolventen der Filmschule an der New Yorker Universität zeichnen sich durch eine besondere Sensibilität für die Vielfalt der Sprachen und Lebensformen in der Metropole aus, durch ein Interesse für das Durcheinander und Miteinander der Kulturen, oftmals gepaart mit einer Affinität zur europäischen Filmästhetik: Martin Scorsese erkundet in den 1970ern das Spannungsfeld des italoamerikanischen Milieus von Little Italy (*Streets /Hexenkessel*, USA 1973), Spike Lee in den 1980ern das Leben der Afroamerikaner in Brooklyn (*She's Gotta Have It /Nola Darling*, USA 1986), Jim Jarmusch das der Post-Punk-Szene an der Lower East Side (*Permanent Vacation /Dauernd Ferien*, USA 1980), Ang Lee widmet sich zu Beginn der 1990er Jahre den Schwierigkeiten chinesisch-amerikanischer Familien in New York (*Tui shou /Pushing Hands*, TW 1992, *Xi yan /Das Hochzeitsbankett*, TW/USA 1993) und folgt damit den Arbeiten von Wayne Wang, der in *Chan Is Missing* und *Dim Sum – A Little Bit of Heart* (*Dim Sum – Etwas fürs Herz*, USA 1985) mit sanftem Humor Identitätskonflikte in San Franciscos Chinatown beschreibt.

Was die Darstellung indigener Amerikaner betrifft, so bemüht sich auch Hollywood in den 1990er Jahren darum, alte Indianer-Klischees zu vermeiden. In dieser Dekade kommen die Bürgerrechtsbewegungen der 1960er und 1970er Jahre in den Institutionen an, gehört der Respekt vor Multikulturalität zum guten Ton, formulieren Native Americans – als Anwälte, Politiker, Journalisten oder Filmemacher – Widerstand gegen die Zweckentfremdung ihrer Kultur in Werbung, Medien und Sport (Kilpatrick 1999, S. 120 f.). Trotzdem entdecken junge Filmwissenschaftler wie Jacquelyn Kilpatrick (1999), Armando José Prats (2002) und Angela Aleiss (2005) den radikaleren Bruch mit Indianer-Stereotypen vor allem in den US-Independent-Filmen: Paradigmatisch sind hier *Dead Man* (USA/D/J 1995) und *Smoke Signals* (CDN/USA 1998). Vorreiter ist das Roadmovie *Powwow Highway* (*Zwei Cheyenne auf dem Highway*, GB 1989), das tradierte Formeln des Hollywoodkinos in einem komödiantischen Genre-Crossover umpflügt, um dafür die Cheyenne-Kultur in die Gegenwart zu transferieren (vgl. Anderson 1998, S. 137–152). Schon hier spielt Gary Farmer die Hauptrolle und wird, wie auch für seine Rollen in *Dead Man* und *Smoke Signals*, für den *Independent Spirit Award* nominiert. *Smoke Signals*, Debüt des Cheyenne-Regisseurs Chris Eyre, ist der erste von Native Americans komplett geschriebene, produzierte, gespielte und inszenierte Spielfilm; das gleiche erreicht drei Jahre später *Atanarjuat – The Fast Runner* (*Atanarjuat – Die Legende vom schnelle Läufer*, CDN 2001) für die Inuit. Gilt *Smoke Signals* als gelungene Selbstdarstellung aus den eigenen Reihen, so wird *Dead Man* als intelligentester Blick von außen angesehen, weil Jarmusch sowohl das Klischee der blutrünstigen Rothaut wie des edlen Weisen vermeidet und statt dessen mit der Figur Nobody einen schillernden Grenzgänger zwischen den Kulturen schafft, der uns am Ende in ein authentisch nachgebildetes Makah-Dorf führt.

Weitere Stilmerkmale des Independent-Kinos seien im Folgenden nur kursorisch genannt, zum einen die postmoderne Reflexion von Film- und Popkultur durch zahlreiche Zitate in einem Genre-Mix, der mit dem Vorwissen eines medienkompetenten Publikums spielt; Joel und Ethan Coen (*Blood Simple/Blood Simple – Eine mörderische Nacht*, USA 1984, *Fargo/Fargo – Blutiger Schnee*, USA/GB 1996, *The Big Lebowski*, USA/GB 1998) und Quentin Tarantino (*Reservoir Dogs/Reservoir Dogs – Wilde Hunde*, USA 1992, *Jackie Brown*, USA 1997, *Kill Bill*: *Vol. 1*, USA 2003) haben auf diese Weise den Gangsterfilm neu definiert und sich dann weiteren Genres zugewandt. Zum zweiten sind Grenzüberschreitungen kennzeichnend, die tabuisierte Themen, extreme Gewalt oder echten Geschlechtsverkehr auf die Leinwand bringen; das Spektrum reicht hier vom komödiantischen Reigen der Sexualpraktiken (*Shortbus*, USA 2006) zu provokanten Milieustudien, die Missbrauch und Isolation von Jugendlichen in weißen amerikanischen Vorstädten aufdecken, in Filmen von Todd Solondz (*Welcome to the Dollhouse/Willkommen im Tollhaus*, USA 1995, *Happiness*, USA 1998) oder Larry Clarke (*Kids*, USA 1995, *Ken Park*, USA/NL/F 2002). Zum dritten das Charakter-Porträt, das einer spektakulären Handlung übergeordnet wird und Hand in Hand mit dem Realismus einhergeht, der viele Independent-Filme auszeichnet (*The Wrestler*, USA/F 2008). Damit korreliert auch eine Art der Entdramatisierung, wie sie Filme von Sofia Coppola prägen (*Lost in Translation/Lost in Translation – Zwischen den Welten*, USA/J 2003) sowie eine Form von Minimalismus, wie ihn Gus van Sant mit langen Einstellungen umsetzt (*Elephant*, USA 2003). Viertens sind ästhetische Wagnisse zu nennen, die oft durch die Digitalisierung begünstigt werden: So ist *Timecode* (USA 2000) von Mike Figgis ein durchgängiger Split-Screen-Film mit vier Bildfeldern, in denen jeweils eine 90-minütige Aufnahme ohne Schnitt gezeigt wird, sodass der Zuschauer simultan vier Handlungsfäden verfolgt, die sich kreuzen oder treffen. Und so lässt Todd Haynes in *I'm Not There* (USA/D/CLN 2007) das Leben von Bob Dylan nicht von einem Schauspieler verkörpern, sondern von sechs verschiedenen Darstellern, darunter Cate Blanchett. Dieser Film löst sich von den Genre-Strukturen des Bio-Pic und umkreist in seinen Episoden popkulturelle, philosophische und filmästhetische Kontexte, die Bob Dylan und seine Musik geprägt haben oder von ihm geprägt werden.

Nicht vergessen darf man, dass der Independent-Film ein gattungsübergreifendes Phänomen ist und ebenfalls einflussreiche Dokumentarfilme hervorgebracht hat. Michael Moores investigative Satiren, in denen er Verantwortliche direkt konfrontiert, bahnen politischen Dokumentarfilmen den Weg ins Kino (*Roger & Me/Roger und ich*, USA 1989, *Bowling for Columbine*, CLN/USA/D 2002, *Fahrenheit 9/11*, USA 2004). Dass die Demokratisierung der Produktionsmittel durch die erschwinglichen digitalen Kameras und Schnittprogramme dem No-Budget-Sektor des Independent-Kinos einen Schub gegeben hat, lässt sich gut an dem virtuos montierten Dokumentarfilm *Tarnation* (USA 2003) von Jonathan Caouette zeigen: eine sensible Aufarbeitung der eigenen Familiengeschichte, in dieser Intimität nur möglich als Ein-Personen-Projekt und darin vergleichbar der Freiheit eines Schriftstellers, der seine Gedanken direkt zu Papier bringt.

Exemplarische Filme

Blood Simple (*Blood Simple – Eine mörderische Nacht*, USA 1984, Joel Coen)
Do the Right Thing (USA 1989, Spike Lee)
Lost Highway (USA 1996, David Lynch)
Dead Man (USA 1999, Jim Jarmusch)
Tarnation (USA 2003, Jonathan Caouette)
I'm Not There (USA 2007, Todd Haynes)

Einführungsliteratur

Hiller, Jim. 2002. *American Independent Cinema: A Sight and Sound Reader*. London: BFI.
King, Geoff. Hrsg. 2013. *American Independent Cinema: Indie, Indiewood and Beyond*. London: Routledge.
Newman, Michael Z. 2011. *Indie: An American Film Culture*. New York: Columbia University Press.
Tzioumakis, Yannis. 2006. *American Independent Cinema: An Introduction*. Edinburgh: Edinburgh University Press.

3.6   Gegenwart – 2000–2010er Jahre

3.6.1   Digitalisierung: CGI, 3D, digitale Effekte

Das Medium Film hat seit jeher mit optischen Tricks und Effekten gearbeitet. Schon George Méliès' Stopptricks, oft unter Einsatz von Rauchpfannen verwendet, ermöglichen scheinbar magische Auf- und Abtritte filmischer Figuren. Zur Zeit des absoluten Films, einer Avantgarde-Bewegung der 1920er Jahre, erstellt Walter Ruttmann die Falkentraum-Sequenz in Fritz Langs *Nibelungen Teil 1 – Siegfrieds Tod* (D 1924) als abstraktes

Kunstwerk innerhalb eines narrativen Spielfilms. Doch seit den späten 1970er Jahren, mit George Lucas' *Star Wars – A New Hope (Krieg der Sterne – Eine neue Hoffnung*, USA 1977), gewinnt der Computer als neues Werkzeug einer nunmehr zunehmend digitalen Bildproduktion und -bearbeitung sukzessive an Einfluss. Dieses Instrument, von immer leistungsfähigeren Prozessoren angetrieben, ermöglicht heute einen völlig neuen Stil – von der Produktion eines Films bis zu seiner ästhetischen Ausgestaltung durch computergenerierte Bilder (*computer generated imagery* oder CGI) und 3D-Stereoskopie. Kern dieses neuen Stils ist für Gundolf S. Freyermuth der „kategoriale Sprung der Filmkunst von einer analog-abbildenden zu einer digital-bildenden Kunst", der filmisches Erzählen immersiver und – womöglich schon in naher Zukunft – auch interaktiver werden lassen könnte (2000, S. 206 ff.).

Um Wesen und Bedeutung jener neuen digitalen Bilder zu erfassen, lohnt zunächst ein Rückblick auf das analoge, fotografische Filmbild: Analoge Darstellungen sind „gebunden an materielle Vorgänge: es handelt sich im weitesten Sinn um einen Prägeprozeß, bei dem Abdrücke, Spuren, Zeichen von etwas auf materiellen Trägern gespeichert werden" (Hoberg 1999, S. 13). Filmbilder entstehen durch optisch-chemische Prozesse: Durch das Okular der Kamera trifft Licht auf die lichtempfindliche Emulsion des Filmstreifens. Das so entstehende Bild ist der Realität insofern analog, als es die Wirklichkeit buchstäblich abbildet, d. h. ein Spiegelbild dessen darstellt, was sich im Augenblick der Belichtung vor der Kamera befindet. Vor diesem Hintergrund wird verständlich, warum das fotografische Filmbild immer wieder als Authentizitätsausweis, als Spur des Realen bezeichnet wird. Analoge Filmbilder erreichen ein bislang unbekanntes Maß an Detailtreue, dafür wird der Prozess der Realitätsabbildung mehr und mehr der handwerklich-künstlerischen Imagination des Menschen entrissen und technisiert. Lediglich Standort, Blickwinkel und Wahrnehmungsinteresse bleiben der aufnehmenden Person überlassen, den Abbildungsvorgang selbst übernimmt der Apparat. Durch ihn wird Realität wahrnehmungstechnisch beherrsch- und reproduzierbar, allerdings auch immer stärker manipulierbar.

Digitale (englisch *digit* = Ziffer; Finger) Bilder hingegen sind die „Visualisierung von […] mathematischen Daten" (Hoberg 1999, S. 25), entweder durch Digitalisierung analoger Bilder, deren Informationen in Zahlencodes umgerechnet werden, oder umgekehrt durch die computergestützte grafische Visualisierung, gegebenenfalls auch Animation, von Zahlencodes. Im ersten Fall nutzt man in der Regel eine Art Scanner, der analoge Bilder einliest, im zweiten ein optisches Ausgabegerät, zum Beispiel einen Laser, wie er aus CD-, DVD- oder BluRay-Brennern bekannt ist. Digitale Bilder vollziehen stets eine Abstraktion von der Wirklichkeit, verweisen also nicht mehr notwendigerweise auf etwas Reales, sie sind vielmehr Projektionen, teilweise sogar Vor-Bilder unserer Imagination. In ihnen ist jeder Bildpunkt (Pixel) genau mathematisch berechen- und veränderbar:

> Ein solches Bild hat mit dem Begriff der Abbildung nicht mehr viel gemein: es ist ein Mosaik von frei veränderlichen Teilchen, die nicht mehr materiellen Gesetzen folgen, sondern mathematischen. Seine Herkunft aus der Informationsverarbeitung macht das Bild zu einem virtuellen, zu einem möglichen, das so oder auch anders sein könnte. (Hoberg 1999, S. 28)

Natürlich verändern die Umwälzungen der Computertechnologie auch die Produktion eines Films. Digitale Kameras machen den Prozess des Einlesens analoger Bildinformationen unnötig. In der Postproduktion erleichtert der Siegeszug des Digitalen nicht nur Farbkorrekturen, Retuschen oder das nachträgliche Einfügen beziehungsweise Entfernen von Personen und Objekten, sondern auch den sogenannten *non-linearen Schnitt*: ein verlustfreies Montieren digitalisierter Sequenzen durch bequemes Einfügen einzelner Segmente unter Wahrung der Bild-Ton-Synchronität.

Medienhistorisch betrachtet, liegt einer der wesentlichen Anwendungsbereiche digitaler Spezialeffekte in der Modernisierung altbekannter analoger Techniken. Ein Beispiel hierfür ist das *matte painting*, bei dem Teile von Filmsets (zum Beispiel Gebäude oder Naturlandschaften) auf Glas oder Leinwand gemalt, sodann abgefilmt und anschließend – natürlich perspektivisch korrekt – in die Spielhandlung eingefügt werden (vgl. Abb. 3.57). Sollen sich auch die gemalten Bereiche bewegen, spricht man von *travelling matte painting* (oder *Wandermasken*). Die Matte-Technik kommt in Hollywood seit Edwin S. Porters *Missions of California* (USA 1907) häufig zum Einsatz, weil sie kostspielige Außenaufnahmen ersetzt und damit eine günstigere Produktion ermöglicht (vgl. Giesen und Meglin 2000, S. 19 ff.). Andererseits benötigen sowohl das Malen von Kulissen als auch ihre mechanische Integration in real gefilmte Einstellungen Konzentration und Zeit, für Victor Flemings *Gone with the Wind* (*Vom Winde verweht*, USA 1939) arbeitet ein ganzes Team von Kunstmalern, um die zahlreichen Hintergrundbilder, zum Beispiel einen grandiosen Sonnenuntergang oder brennende Städte, anzufertigen (vgl. Hoberg 1999, S. 19 ff.). „Matte Paintings, Miniaturfotografie, Masken, Puppen, Kulissen, Rück- und Frontprojektionen, Blue Screen, Travelling Matte und optische Komposition", so Robert Blanchet, „sind (…) vornehmlich im Raum des profilmischen Bereichs angesiedelt (…), während es digitale Technologien eben erlauben, die fotografische Aufnahme selbst zu verändern oder unmittelbar ein fotorealistisches Bild oder Bildelement zu schaffen" (2003, S. 193). Ersetzt werden *matte paintings* zunächst durch die ebenfalls analoge Technik des *chroma keying*, bei dem Schauspieler vor einem monochromen (blauen oder grünen) Hintergrund (*blue screen*) spielen, den man später entweder durch andere Realfilmaufnahmen oder durch elektronisch erzeugte Hintergründe ersetzt. Im zunehmend digital produzierten Kino hingegen, zum Beispiel in George Lucas' zweiter *Star Wars*-Trilogie (USA 1999/2002/2005), in Peter Jacksons Dreiteiler *The Lord of the Rings* (*Der Herr der Ringe*, NZ/USA 2001–2003) oder in Zack Snyders Mythenepos *300* (USA 2006) entstehen Landschaftspanoramen, Massen- und Schlachtenszenen hauptsächlich im Computer und werden oft mit real gedrehten Spielszenen verschmolzen. Dieses *digital compositing* ersetzt das Collagieren oder Fotomontieren im analogen Zeitalter. In *Forrest Gump* (USA 1994) findet diese Technik auf verblüffende Weise Verwendung: Robert Zemeckis kopiert seinen schüchternen, unscheinbar wirkenden Protagonisten häufig in dokumentarische Aufnahmen aus Film oder Fernsehen hinein. Für die Szene mit John F. Kennedy sucht der Special Effects-Dienstleister – das von George Lucas Mitte der 1970er Jahre gegründete Industrial Light & Magic (ILM) – eine mit Handkamera auf 16 mm gedrehte Aufnahme Kennedys aus den 1960er Jahren heraus, in denen er einer Frau gratuliert. Für die digitale

Abb. 3.57 Effekte im frühen Stadium des analogen Zeitalters: Mit Hilfe des *matte painting* werden die Sets von *Gone with the Wind* (© MGM u. a., USA 1939) in vielen Szenen ergänzt. Dabei werden aufwändige Landschaften erstellt (**a**) oder Innenräume in der Höhe erweitert, um sie damit größer und erhabener wirken zu lassen (**b**).

Komposition hat der Forrest Gump-Darsteller Tom Hanks vor dem *blue screen* die Aufgabe, die Bewegungen der Frau zu imitieren, andererseits muss Kennedy aus der Originaleinstellung entfernt und seine Lippenbewegungen durch Animation den im Drehbuch vorgegebenen Dialogsätzen angepasst werden (vgl. Abb. 3.59). Schließlich werden beide Materialien im Computer zusammengefügt (vgl. Hoberg 1999, S. 191 ff.). *Forrest Gump* ist Teil einer filmgeschichtlichen Entwicklungstendenz, Körper, Gesten sowie ganze Räume aus ihrem historischen Kontext zu reißen und zu virtuellen Realitätseindrücken zu verschmelzen. George Lucas zum Beispiel gibt an, in *Star Wars – Phantom Menace (Krieg der Sterne – Die dunkle Bedrohung*, USA 1999) seien nicht nur mehr als die Hälfte der

Abb. 3.58 a Die Technik des *motion capture* ist ein substanzieller Schritt auf dem Weg, digital generierte Bilder real wirken zu lassen. Der Performance von Andy Serkis ist es zu verdanken, dass die im Computer konstruierte Figur des Gollum natürlich erscheint (in den *The Lord of the Rings*-Filmen, © New Line Cinema u. a., NZ/USA 2001–2003). **b** Auch in *Rise of the Planet of the Apes* (*Planet der Affen: Prevolution*, USA 2011) und *Dawn of the Planet of the Apes* (*Planet der Affen: Revolution*, © TSG Entertainment u. a., USA 2014) wirken Mimik und Gestik des von ihm verkörperten Schimpansen Caesar durch eine große Bandbreite an Ausdrucksmöglichkeiten authentisch: wie ein eigenständig denkendes und fühlendes Wesen.

Sets digital entstanden, sondern auch etwa 50 Prozent der Charaktere. Nachdem die Bilder vom Zwang zur Abbildung befreit worden sind, bieten *character design* beziehungsweise *character animation* Filmemachern eine weitere Freiheit: ihre Protagonisten nach eigenen Wünschen und Fantasien zu gestalten. Paradebeispiele sind die Figuren Gollum aus Peter Jacksons *The Lord of the Rings* und Jar Jar Binks aus Lucas' zweiter *Star Wars*-Trilogie, deren Aussehen und Mimik digitale Erzeugnisse darstellen, wenngleich ihre Bewegungen auf den digitalisierten Bewegungen der Schauspieler Andy Serkis (vgl. Abb. 3.58a und b) beziehungsweise Ahmed Best beruhen. Dieses *proxy*-Verfahren ist heutzutage

> ein Kinderspiel (…). Mit einer Videokamera wird die Mimik eines realen Schauspielers in Echtzeit aufgenommen, ein Mustererkennungsprogramm analysiert die Bewegungsabläufe von aufgeklebten Referenzpunkten (…) – und schon können die Daten übertragen werden. (Giesen und Meglin 2000, S. 43)

Über Einfluss und Wirkung digitaler Bilder ist seit ihrem Siegeszug viel spekuliert worden. Die Katastrophenvisionen Jean Baudrillards, der schon seit den 1970er Jahren ein

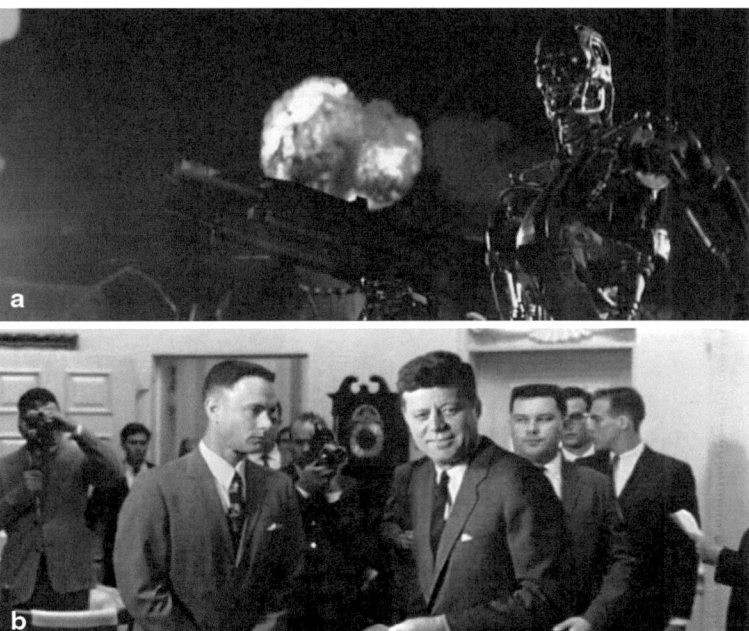

Abb. 3.59 a Computergraphische Methoden ermöglichen es einerseits, digital erzeugte Körper in real gefilmte Landschaften einzufügen wie in *Terminator 2 – Judgment Day* (© Caralco Pictures u. a., USA 1991). **b** Andererseits lassen sich Schauspieler in historische Filmaufnahmen hineinkopieren wie in *Forrest Gump* (© Paramount Pictures, USA 1994).

neues Zeitalter der Simulation heraufziehen sieht, scheinen auf den ersten Blick durch die Ausführungen zu *Forrest Gump* auf fatale Weise bestätigt, da dessen *computer generated imagery* den klassischen Anspruch des Filmbildes auf Authentizität radikal unterläuft und reale Stationen amerikanischer Zeitgeschichte audiovisuell fiktionalisiert. Almuth Hoberg hingegen kennzeichnet die „Wirkungen der computergenerierten Bilder" etwas nüchterner als „Immaterialisierung der Bewegung und Virtualisierung des Bildzusammenhangs", deren „Zusammenwirken zur Steigerung des Illusionierungspotentials und des filmischen Tempos" führt (1999, S. 9).

Bemerkenswert dabei ist jedoch, wie Rolf Giesen behauptet, dass sich digitale Bildproduktion häufig negativ auf Schauspielstile auswirke, da das Agieren in einer *blue box* oder *green box* Einfühlung in die jeweilige Szene erschwere und ein spontanes, kreatives Interagieren mit Objekten und anderen Figuren behindere. Interessant erscheint auch die Tatsache, dass wesentliche Teile der Special Effects-Industrie (darunter Industrial Light & Magic) trotz der geradezu revolutionären Möglichkeiten der Digitaltechnologie weitgehend fotorealistische Charaktere und Welten kreieren, womöglich ein Beleg für die auch im digitalen Kino fortlebende Dominanz des Realismus. Unternehmen wie Pixar Animation Studios, 1979 gegründet und heute Teil der Walt Disney Company, zeigen in ihren großen Erfolgen wie *Toy Story* (USA 1995), *Finding Nemo* (*Findet Nemo*, AU/USA

2003) oder *WALL·E* (*WALL·E – Der Letzte räumt die Erde auf,* USA 2008) cartoonartige Protagonisten mit menschlichen Gesichtszügen oder zumindest humanen Eigenschaften. Auch im digitalen Zeitalter scheint sich demnach die anthropomorphe Grundausrichtung des Mediums Film zu bestätigen.

Exemplarische Filme

Forrest Gump (USA 1994, Robert Zemeckis)

The Lord of the Rings: The Return of the King (*Der Herr der Ringe: Die Rückkehr des Königs*, NZ/USA 2003, Peter Jackson)

Star Wars – Revenge of the Sith (*Star Wars – Die Rache der Sith,* USA 2005, George Lucas)

WALL·E (*WALL·E – Der Letzte räumt die Erde auf*, USA 2008, Andrew Stanton)

Avatar (*Avatar – Aufbruch nach Pandora*, USA/UK 2009, James Cameron)

Einführungsliteratur

Giesen, Rolf, und Claudia Meglin. 2000. *Künstliche Welten. Tricks, Special Effects und Computeranimation im Film von den Anfängen bis heute.* Hamburg: Europa.

Hoberg, Almuth. 1999. *Film und Computer. Wie digitale Bilder den Spielfilm verändern.* Frankfurt am Main: Campus.

Freyermuth, Gundolf S. 2000. Synthetische Realitäten. *C'T – Magazin für Computertechnik* 16: 206–210.

3.6.2 Berliner Schule

Wenn es seit dem Niedergang des Neuen Deutschen Films Werke gibt, die man einem spezifischen Gruppenstil zuordnet, dann sind es meist jene, die unter dem Etikett ‚Berliner Schule' zusammengefasst werden. Das Fundament bilden die seit Mitte der 1990er Jahre entstandenen Filme von Thomas Arslan (unter anderem *Geschwister*, D 1997, *Dealer*, D 1999, *Der schöne Tag*, D 2001), Christian Petzold (zum Beispiel *Die innere Sicherheit*, D 2000, *Wolfsburg*, D 2003, *Gespenster*, D 2005) und Angela Schanelec (vor allem *Plätze in den Städten*, D 1998, *Mein langsames Leben*, D 2001, *Marseille*, D 2004), die gemeinsam als erste Generation der Berliner Schule bezeichnet werden. Es folgte in den 2000er Jahren eine weitere, zweite Generation junger deutscher Filmemacher, deren Werk aufgrund thematischer sowie stilistischer Ähnlichkeiten ebenfalls dieser Schule zugerechnet wird; dazu gehören unter anderem Maren Ade, Valeska Grisebach, Benjamin Heisenberg und Christoph Hochhäusler. Die beiden letztgenannten sind zudem Mitbegründer und Herausgeber der Filmzeitschrift *Revolver*, die seit 1998 erscheint und als publizistische Plattform den Diskurs dieser Filmemacher abbildet.

Doch auf welcher Grundlage, aufgrund welcher Gemeinsamkeiten der filmischen Werke entsteht die verbindende Bezeichnung? Die drei genannten Filmemacher der ersten Generation haben allesamt an der Deutschen Film- und Fernsehakademie Berlin (dffb) studiert und dort ihr Handwerk unter anderem bei Harun Farocki und unter dem Einfluss Hartmut Bitomskys erlernt. Die Filmemacher kennen sich, treten aber zu keinem Zeitpunkt als geschlossene Gruppe mit einem gemeinsamen Programm auf. Der Begriff ‚Berliner Schule' ist keine Selbstbezeichung, sondern eine Erfindung, oder vielmehr Wiederverwendung, seitens der Presse; als Berliner Schule bezeichnet man auch bereits ein renommiertes didaktisches Modell in der Pädagogik sowie eine Stilrichtung innerhalb der elektronischen Musik. Auf die erwähnten Filmemacher bezogen wird der Ausdruck erstmals im September 2001 von Merten Worthmann in einer Kritik von Schanelecs *Mein langsames Leben* in *Die Zeit*. Weitere Filmkritiker wie Rainer Gansera, Katja Nicodemus oder Rüdiger Suchsland übernehmen und verbreiten den Begriff daraufhin. Parallel dazu kursiert in der französischen Filmkritik der Begriff ‚Nouvelle Vague Allemande'. Eine Gemeinsamkeit zwischen der Berliner Schule und der Nouvelle Vague mag darin bestehen, dass die Filmemacher mit dem vorherrschenden Kino ihrer Zeit brechen wollen und die Individualität des Filmemachens betonen. Charakteristisch für beide Strömungen sind auch die Bevorzugung von Originalton und der Verzicht auf das Drehen in Studios. Dass trotz der positiven Kritik der große kommerzielle Erfolg der Filme an den Kinokassen ausbleibt, lässt sich sicherlich auch auf ihr stilistisches Erscheinungsbild zurückführen, das für das Massenpublikum zu sperrig und dadurch ungewöhnlich ist. Aber welche gemeinsamen stilistischen Aspekte lassen sich an dem Werk der heterogenen, losen Gruppe beobachten?

Die deutsche Kinolandschaft wird in den 1990er Jahren von Beziehungskomödien dominiert. Nach der Jahrtausendwende treten Aufarbeitungen historischer Stoffe wie *Good Bye, Lenin!* (D 2003) oder *Der Untergang* (D/AT/I 2004) in den Vordergrund und erlangen internationale Aufmerksamkeit. Inhaltlich heben sich die Filmemacher der Berliner Schule von diesem Kino dadurch ab, dass sie ihre Geschichten im Kleinen und Privaten, im gesellschaftlich Alltäglichen abseits des Unterhaltungskinos suchen. Ihre Filme bilden Figuren aus der Mittelklasse und deren sozialen Mikrokosmos im Hier und Jetzt ab und reflektieren deren zunehmende soziale Unsicherheit, ohne dabei Alternativen zum gegenwärtigen gesellschaftlichen Zustand anzubieten. Dem kommerziellen Filmbetrieb suchen sie sich möglichst zu verweigern und besinnen sich stattdessen vielmehr auf das Filmemachen als Kunst.

Die aus der Alltagswelt stammenden Protagonisten, teilweise von Laiendarstellern verkörpert, agieren reduziert bis zur Antiexpressivität. Indem das minimalistische Minenspiel (→ Schauspielstil) nur wenige Emotionen nach außen transportiert, verwehrt es dem Zuschauer den Zugang zur Innenwelt der Figuren und deckt sich oftmals nicht mit dem Inhalt des Gesagten (vgl. Abb. 3.60). Ohnehin bleibt die Anzahl der Dialogpassagen begrenzt, und selbst die gleichförmige Intonation vieler Gespräche wirkt emotionslos. Die Backstory der Figuren wird weitestgehend oder gänzlich ausgespart, man sieht sie im Hier und Jetzt auf der Suche nach etwas, das dem Zuschauer durch den fehlenden Einblick in

Abb. 3.60 Vermehrt greifen die Regisseure auf innere Rahmungen zurück, um den Raum auch ohne Bewegung der Kamera zu strukturieren. Häufig werden Glasscheiben als Gliederungselemente genutzt. Diese sind allerdings nicht ganz durchsichtig: Der Blick dahinter wird dem Zuschauer ebenso verwehrt wie der Blick in das Seelenleben der passiven Protagonisten. Deren Opazität wird durch das semipermeable Glas versinnbildlicht, wie in *Mein langsames Leben* (**a–c**, © Schramm Film/ZDF, D 2001) und *Der schöne Tag* (**d**, © FBB u. a., D 2001).

das Innenleben der Figuren verschlossen bleibt und sich oftmals auch ihnen selbst nicht zu erschließen scheint. So befindet sich in Petzolds *Yella* (D 2007) die gleichnamige, rätselhafte Protagonistin auf der Suche nach einer spürbaren Wirklichkeitserfahrung abseits ihres Alltags, die aber, wenn überhaupt, nur in der Möglichkeitswelt ihrer imaginierten Reise existiert und letztlich doch zur Desillusionierung führt. Die Figuren wirken oftmals intransparent und unentschlossen, so als könnten sie ihre Motive selbst nicht einschätzen oder gar formulieren. Daraus resultiert eine Ziellosigkeit, die im Gegensatz zur Zielorientiertheit der Figuren des klassischen Kinos steht. Opazität und Richtungslosigkeit finden eine Analogie in einem scheinbar intentionslosen Erzählmodus. Auf eine handlungslogische und zielgerichtete Verkettung kausal aufeinanderfolgender Ereignisse wird oftmals verzichtet, die Regeln der klassischen dramaturgischen Form werden verwässert oder eliminiert, Wende- und Höhepunkte ihres exponierten Status beraubt. Mittels einer elliptischen Erzählweise werden zentrale Handlungselemente ausgespart, sodass innerhalb der Dramaturgie immer wieder Leerstellen entstehen. Diese Vorgehensweise erzeugt in spannungsdramaturgischer Sicht eher Neugier als *suspense*. Obwohl die Filme dadurch episodisch wirken und ihr loser Zusammenhalt weniger durch eine Ursache-Wirkungs-Logik sondern mehr durch Zufälle motiviert wird, zerfallen sie nicht in Fragmente. Dabei werden nicht alle Handlungsbögen, nicht alle Konflikte zu Ende geführt und die Filme münden meist in einen offenen Schluss.

Beschrieben werden die Filme der Berliner Schule häufig als eine konsequente Rückkehr zum visuellen Erzählen. Stilprägende Kameramänner wie Reinhold Vorschneider
oder Jürgen Jürges beobachten mit ihrer Kamera das Geschehen mit einer gewissen Dis-
tanziertheit. Die Kamera interveniert nicht, sie agiert nicht autonom und ihre Bewegungen
bleiben meist auf ein Minimum reduziert. Die Halbtotale und die Halbnahe sind typische
Einstellungsgrößen der Berliner Schule – nah genug, um die Ereignisse zu beobachten,
weit genug entfernt, um eine Distanz zu den handelnden Figuren aufrecht zu erhalten.
Optisch erinnern die Bilder dabei mitunter ans Fernsehen. Doch befinden sich die Figuren häufig nicht in konventionellen, zentralen Positionen des Bildes, und die Schärfe
betont den Bildmittelgrund. Die Reduktion der Kamerabewegungen bewirkt starre, eine
Geschlossenheit suggerierende Bildkader, in denen die Kamera verharrt. Gleichzeitig
werden die Kader geöffnet, indem die Figuren sie betreten und verlassen wie eine Bühne,
über deren Grenzen hinaus sich elementare Ereignisse ereignen. Die Kamera scheint sich
jedoch zu weigern, ihre Position zu verlassen, sodass ein Teil des Geschehens im visuellen
Off stattfindet (vgl. Abb. 3.61).

Die Einstellungslängen überschreiten die herkömmliche Dauer des zeitgenössischen
Kinos und konfrontieren den Zuschauer mit stillen, ereignisarmen Momenten voller Lang-
samkeit. Dabei wird der dramatische Wert so mancher Einstellung gezielt überschritten.
Ohnehin durchbricht die Montage die geläufige Einstellungshierarchie, indem sie auf

Abb. 3.61 In *Mein langsames Leben* (**a, b**, © Schramm Film/ZDF, D 2001) beharrt die Kamera
auf ihrem Standpunkt. Statt der Hauptfigur zu folgen, die aus dem Bildkader tritt, verbleibt sie bei
dem Gespräch eines unbekannten Pärchens. Nebensächliches wird zu gleichberechtigter Handlung
erhoben. In *Der schöne Tag* (**c, d**, © FBB u. a., D 2001) hingegen wird durch das Verweilen auf dem
Gesicht der Protagonistin auch das Off in die Handlung einbezogen: Zwar wird ihre Mimik im Profil
gezeigt, doch der Zugriff auf die Emotionen bleibt verwehrt.

einen spürbaren Wechsel unterschiedlicher Einstellungslängen verzichtet. Nur selten wird in signifikanten Passagen die Schnittfrequenz erhöht, um durch die erzeugte Dynamik das Geschehen zu emphatisieren. Vielmehr stellt die Montage sämtliche Einstellungen gleichberechtigt nebeneinander. Ganz gleich, ob in einer Einstellung viel oder wenig passiert, allen wird die gleiche Aufmerksamkeit zuteil ohne besondere Gewichtung durch die Montage. Wenn dem Nicht-Geschehen das gleiche Interesse beigemessen wird, dann ergibt sich in diesen Momenten die Möglichkeit, dem Zuschauer den Blick für die Bilder in besonderem Maße zu öffnen. Abgebildet wird das Alltägliche, doch das uns Vertraute erscheint verfremdet, weil ihm in der Alltagswelt weniger Beachtung geschenkt wird.

All die beschriebenen Elemente ergeben in ihrer Summe ein qualitativ neues Ganzes. Sie erzeugen einen filmischen Ausdruck, der auf einer Reduktion der ästhetischen Mittel basiert (→ Minimalismus). Diese Ästhetik der Kargheit spiegelt sich in dem melancholischen Grundton der Filme wider und wird zudem unterstützt durch den Verzicht auf einführende Establishing Shots, das Wiederaufgreifen von Master Shots oder die Aufgabe des konventionellen Schuss-Gegenschuss-Verfahrens sowie die weitgehende Abwesenheit extradiegetischer Musik. Die Filme der Berliner Schule oszillieren zwischen einem filmischen Alltagsrealismus (→ Realismus) und einem hochgradig stilisierten Einsatz filmästhetischer Verfahren. Das Gezeigte ist genau gewählt und auch bewusst arrangiert, vermittelt aber stets das Gefühl, dass die in ihrer Bedeutung unterschiedlichen Momente analog zur Alltagswirklichkeit gleichwertig sind.

Die kennzeichnenden Stilmerkmale der Berliner Schule finden sich gleichsam gebündelt in den Filmen Angela Schanelecs. Doch auch abseits davon, etwa im österreichischen Kino, vor allem der *coop 99*-Gruppe um Jessica Hausner und Barbara Albert, lassen sich zum Teil ähnliche stilistische Ausprägungen entdecken. Sämtliche Hauptvertreter der Berliner Schule sind nach wie vor aktiv (auch wenn sich Thema und Ästhetik ihrer Filme etwas verändert haben), und junge Filmemacher (wie Jan Schomburg oder Jan Krüger) nähern sich ihrem Stil nach wie vor an und werden darum in der Filmkritik weiterhin mit der Berliner Schule assoziiert.

Exemplarische Filme

Die innere Sicherheit (D 2000, Christian Petzold)
Der schöne Tag (D 2001, Thomas Arslan)
Mein langsames Leben (D 2001, Angela Schanelec)
Milchwald (D 2003, Christoph Hochhäusler)
Über uns das All (D 2011, Jan Schomburg)

Einführungsliteratur

Abel, Marco. 2013. *The Counter-Cinema of the Berlin School*. Rochester: Camden House.

Heberlein, Jana. 2012. *Die Neue Berliner Schule. Zwischen Verflachung und Tiefe. Ein ästhetisches Spannungsfeld in den Filmen von Angela Schanelec.* Stuttgart: ibidem.

Schwenk, Johanna. 2012. *Leerstellen – Resonanzräume. Zur Ästhetik der Auslassung im Werk des Filmregisseurs Christian Petzold.* Baden-Baden: Nomos.

3.6.3   New French Extremity

Den Terminus *New French Extremity* (manchmal auch: *New French Extremism*) benutzt erstmals im Jahr 2004 der Filmkritiker James Quandt. In seinem Beitrag im Artforum Magazin mit dem Titel „Flesh and Blood: Sex and Violence in Recent French Cinema" verwendet er ihn als Sammelbegriff für eine Reihe zeitgenössischer französischer Filme, die um die Jahrtausendwende entstehen und in denen er ein gemeinsames grenzüberschreitendes Potenzial entdeckt. Zu den Hauptvertretern dieser Strömung zählen Filmemacher wie Gaspar Noé, Bruno Dumont, Claire Denis, Philippe Grandrieux oder Marina de Van. Quandt beschreibt dieses Kino als „suddenly determined to break every taboo, to wade in rivers of viscera and spumes of sperm, to fill each frame with flesh, nubile or gnarled, and subject it to all manner of penetration, mutilation, and defilement" (2004, S. 20). Die Grenzüberschreitung ist der Kern des Stils: in dem, *was* dargestellt wird, und in der Art, *wie* es dargestellt wird. Gewalt und Sexualität stehen im Zentrum und werden gewöhnlich miteinander verbunden. Im Vordergrund sind plötzlich einsetzende Gewaltexzesse, gegenüber anderen ebenso wie sich selbst, Vergewaltigungen und Zerstümmelungen des Körpers, ein Sich-selbst-Verzehren und Selbstopferung, kannibalistische Triebe und die Todessehnsucht zwischen Liebe und Sexualität. Daraus resultiert ein extrem auf Körperlichkeit ausgerichtetes Kino, das Tim Palmer darum als *cinéma du corps* bezeichnet (vgl. Palmer 2006).

Die radikale Verletzung und Schändung des menschlichen Körpers, die ungefilterte Entladung abgründiger menschlicher Urtriebe stellt eine stilbildende Gemeinsamkeit zwischen den Filmen her. Allerdings driftet die inszenatorische Ausgestaltung bei den Vertretern mitunter weit auseinander, sodass von einem Kollektivstil keine Rede sein kann. Das reizüberflutete Kino eines Gaspar Noé präsentiert sich vollkommen anders als die reduzierte Ästhetik eines Bruno Dumont. Was sie verbindet, ist das Extreme ihres Stils.

Seine drei Kinofilme, *Seul contre tous* (*Menschenfeind*, F 1998), *Irréversible* (*Irreversibel*, F 2002) und *Enter the Void* (F/D/I et al. 2009) bringen Gaspar Noé (geb. 1963) den Ruf eines *enfant terrible* des Kinos ein. Vor allem *Irréversible* sorgt bei seiner Premiere während der Filmfestspiele in Cannes 2002 aufgrund seiner expliziten Gewaltdarstellung für einen Eklat. Doch bereits in *Seul contre tous*, der den Werdegang eines namenlosen, soziopathischen Misanthropen und Schlachters schildert, dessen Verbitterung sich zunehmend in Gewaltausbrüchen äußert, offenbart sich mit Noés filmischem Talent zugleich auch sein unbändiger Wille, mit den Darstellungskonventionen und -tabus des herkömmlichen Kinos zu brechen. Stilistisch bedeutsam sind die eingewobenen Zwischentitel, die das Geschehen auf der Leinwand parzellieren, aber keineswegs Ruhe stiften und etwa

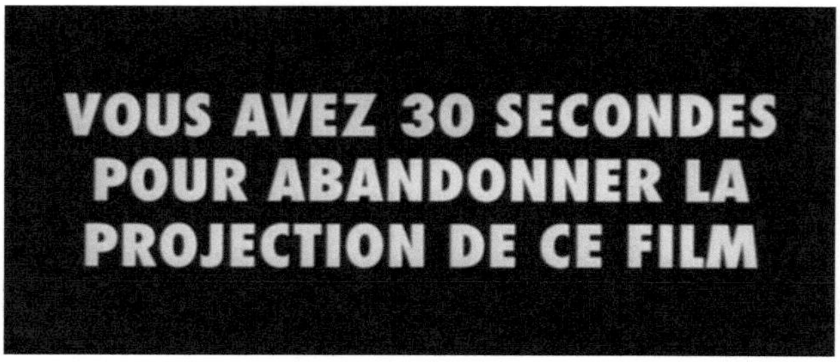

VOUS AVEZ 30 SECONDES POUR ABANDONNER LA PROJECTION DE CE FILM

Abb. 3.62 Gaspar Noés Filme testen die Grenzen des Empfindens aus, sie sind Angriff auf Sinne und Sehgewohnheiten. *Seul contre tous* (© BUF u. a., F 1998) reflektiert die Schlagkraft der Bilder, indem er kurz vor Schluss den Zuschauern 30 Sekunden Zeit gibt, den Kinosaal zu verlassen.

Zeit zur Reflexion gewähren (vgl. Abb. 3.62). Aufgrund ihres unvermittelten Auftauchens fungieren sie vielmehr als zusätzliche Angriffe auf die Perzeption des Zuschauers. Eingeblendet werden Schlagworte wie ‚Moral‘ oder ‚Gerechtigkeit‘ oder Redensarten wie ‚Der Tod öffnet keine Tür‘, die wie Bruchstücke eines moralischen Manifests wirken. Die Gedanken der Hauptfigur werden maßgeblich durch ihren inneren Monolog mittels ungewöhnlich langer *voice-over*-Passagen inszeniert und öffnen den Zugang zu einer absonderlichen Gedankenwelt, die kontinuierlich auf die Rezipienten einströmt. Stakkatoartige Schnitte, Jump Cuts und Verkantungen verstärken den ebenso unangenehmen wie ungestümen und herausfordernden Impuls des Films und visualisieren ein aus den Fugen geratenes Leben. Daraus resultiert eine Desorientierung, die wiederum durch den Verzicht auf Establishing Shots intensiviert wird. Neue Szenen beginnen häufig mit Groß- oder Detailaufnahmen eines Körperteils und scheinen dabei zunächst dem narrativen Kontext entrissen, weil sie keine räumliche Referenz bieten. Zudem fährt die Kamera unvermittelt und ohne ersichtliche narrative Motivierung rasend schnell auf Objekte und Körperfragmente zu, auf der auditiven Ebene begleitet von einem elektrisierenden, an das Abfeuern einer Schusswaffe erinnernden Soundeffekt.

Dem Ton kommt auch in Noés weiteren Filmen eine verstörende Bedeutung zu. Zahlreiche Szenen in *Irréversible* und *Enter the Void* werden auf der Tonspur um unangenehm vibrierende Klangmuster ergänzt, die mit dem Geschehen anscheinend nichts zu tun haben. Das Nebeneinander verschiedener dissonant wirkender Tonelemente wird besonders in der Eröffnungssequenz von *Irréversible* deutlich. Im Nachtclub ‚Rectum‘ verbinden sich verschiedene Dialoge, weitere menschliche Geräusche und Objektgeräusche mit der Musik des Clubs und grollenden, niedrigfrequenten Klängen, die eine Einordnung der verschiedenen Töne vehement erschweren und die Konzentration auf bestimmte Tonelemente nahezu unmöglich machen. Der drastische Gewaltakt, der sich im Nachtclub ereignet, wird durch die anachronische, die Zeit verkehrende Erzählweise des Films erst im Nachhinein motiviert beziehungsweise erklärt. *Irréversible* besteht aus zwölf Sequenzen, die entgegen ihrem kausalen Ablauf präsentiert werden, sodass der Film mit dem Endpunkt der erzählten Geschichte beginnt und mit ihrem Beginn endet. Der Gewaltakt am Anfang

Abb. 3.63 Fatalistisches Zentrum von *Irréversible* (© Canal+ u. a., F 2002) ist eine neun minütige Vergewaltigung-Szene. Die Gnadenlosigkeit des insistierenden Kamerablicks erscheint nihilistisch und wirft Fragen nach der moralischen Limitierung des Zeigbaren auf.

wirkt dadurch noch irrationaler. Für den Zuschauer bleibt dieses Ereignis nur zu bewerten als das, was es jedenfalls ist: eine ungefilterte Eruption von Grausamkeit.

Zu Beginn des Films spiegelt die Kamera die aufwühlende Rastlosigkeit der Figuren wider, ohne sich dabei aber konsequent an ihnen zu orientieren. Während sie ruhelos gleitend, und ohne von Schnitten unterbrochen zu werden, in waghalsigen Bewegungen den Schauplatz einfängt, wirkt sie gleichermaßen orientierungslos wie autonom. Immer wieder verlässt sie das Zentrum der Handlung, scheint sich auf Nebensächliches zu richten, einen Anhaltspunkt zu suchen. Dabei fährt sie unentwegt durch den filmischen Raum und führt vollkommen entfesselte, grenzenlose Bewegungsmanöver aus. Zur Ruhe gelangt die Kamera erst in der verstörenden Sequenz, in der Alex, eine der Hauptfiguren, nachts in einer Unterführung brutal vergewaltigt wird. Die plötzliche Bewegungslosigkeit der Kamera verleiht dieser Szene zusätzlich zu ihrem Inhalt einen exponierten Stellenwert, der durch die Dauer des Gezeigten nachdrücklich an Intensität gewinnt. Knapp zehn Minuten lang filmt die Kamera ohne jegliche Bewegung, von einem fixen Standpunkt knapp über dem Boden aus, dieses Ereignis in einer nüchternen Halbtotalen (vgl. Abb. 3.63).

In den Filmen Bruno Dumonts (geb. 1958) kommt es sehr häufig vor, dass die Kamera unbewegt starre Bildkader von langer Dauer präsentiert. Im Gegensatz zu der für Noé charakteristischen Bewegungsdynamik, der Überlagerung mehrerer Tonspuren und der zahlreichen visuellen Reize beherrscht Dumonts Filme eine Ästhetik der Reduktion. Der ehemalige Philosophiedozent und Industriefilmer Dumont setzt auf Verzicht, die filmischen Mittel werden nicht in ihrer Ausdrucksstärke heruntergepegelt, lediglich in ihrer Quantität reduziert. Hier herrscht das Schweigen, die Entleerung wird zum Prinzip (→ Minimalismus). In den langen Einstellungen verlieren sich die Figuren in Totalen und Panoramaaufnahmen, und oftmals verliert auch die Kamera sie aus dem Blick. Landschaften werden in Dumonts Filmen häufig gezeigt, doch sind diese ebenso ausdruckslos wie seine Figuren und ebenso karg wie seine Filmästhetik. Die zersiedelten Landschaften Südflanderns in *L'humanité* (*Humanität*, F 1999) oder die kalifornische Wüste in *Twentynine Palms* (F/D/USA 2003) konfrontieren die Figuren und ebenso die Zuschauer mit dem Nichts. Die losen sozialen Gefüge werden von einer Kommunikationsunfähigkeit dominiert, die sich in den sparsam eingesetzten Dialogen niederschlägt. In den Vordergrund rückt die Körper-

sprache der Figuren, die zwischen Teilnahmslosigkeit und (sexueller) Aggressivität chan-
giert. Narrative Auslassungen und unspektakuläre Bilder, die den Zuschauer zwingen, sich
die wenigen Figuren und Motive genau anzuschauen, durchziehen Dumonts Werk. Doch
auch bei ihm kommt es unvermittelt zu Gewaltdetonationen. Dabei wechselt die Kamera
mehrfach abrupt in schockierende Nahaufnahmen, beispielsweise wenn der Protagonist
David in *Twentynine Palms* von einer Gruppe Unbekannter mit einem Baseball-Schläger
malträtiert und vergewaltigt wird und wenige Augenblicke später seine Begleiterin Katia
mit zahlreichen Messerstichen tötet. Ähnlich regungslos wie in *Irréversible* verharrt die
Kamera in *L'humanité* auf der geschundenen Vagina einer Mädchenleiche.

Wiederum andere, aber ebenfalls extreme stilistische Verfahren bestimmen das Werk
des Regisseurs Philippe Grandrieux (geb. 1954). Vor allem in *Sombre* (F 1998), der die
Geschichte eines Serienkillers erzählt, der, den Etappen der Tour de France folgend, rei-
henweise Frauen ermordet. Aber auch in *La vie nouvelle* (F 2002) bedient sich Grandrieux einer verstörenden, experimentellen Ästhetik. Er dreht mit minimal geöffneten Blenden, sodass selbst bei Tageslichtaufnahmen dunkle Grauabstufungen dominieren und nur
Konturen der Figuren sichtbar sind, die dann bei den Wärmekameraaufnahmen in *La vie
nouvelle* wie Magma erscheinen. Die narrativen Elemente lösen sich zunehmend in Abstraktion auf, und so werden Grandrieux' Filme oftmals mit denen des Experimentalfilmers
Stan Brakhage in Verbindung gesetzt oder mit denen des Impressionismus (→ Französischer Impressionismus) assoziiert.

In Claire Denis' *Trouble Every Day* (F/D/JAP 2001) kulminiert ein zügelloses sexuelles
Begehren in blutigem Vampirismus bis hin zum Kannibalismus, gefilmt in nahen, beinahe
erdrückenden und lang andauernden Einstellungen. In Marina de Vans *Dans ma peau*
(*In My Skin*, F 2002) verliert die Protagonistin Esther zunehmend die Kontrolle über ihr
Selbst, und Autoerotik wird zu Autoaggression (vgl. Abb. 3.64). Die Ich-Dissoziation und
die zerschneidende Selbstverstümmelung spiegeln sich in Split-Screens wider, die zu Beginn des Films in eine Negativ- und eine Positivaufnahme und am Ende gänzlich zerfallen.

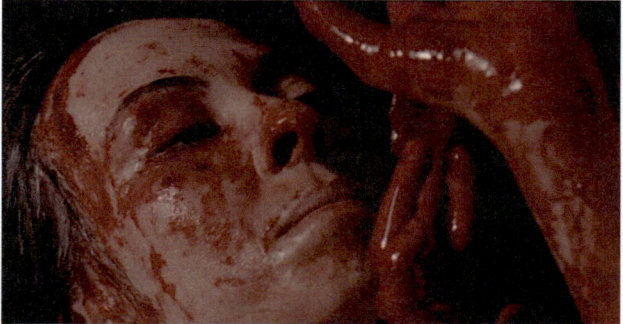

Abb. 3.64 Erfüllung durch Zerstörung: Zeigt *Trouble Every Day* eine direkte Symbiose von sexueller und körperlicher Fleischeslust, die eine Frau an ihren männlichen Opfern auslebt, so entdeckt die
hier zu sehende Protagonistin (Marina de Van) in *Dans ma peau* (© Canal+ u. a., F 2002) unerwartete Befriedigung, als sie ihren Körper gewaltsam zu erkunden und zu verzehren beginnt.

Die Filme der New French Extremity bilden eine Vielfalt stilistischer Möglichkeiten ab. Ihre Gemeinsamkeit besteht in einer expliziten Gewaltdarstellung an der Grenze zur Unerträglichkeit, häufig mit Sexualität kombiniert und meist ohne eine erklärende, psychologische Motivation. Die Verschmelzung eines intellektuellen Arthouse-Kinos mit Elementen von Körperhorrorfilmen, wie sie David Cronenberg in seinem Frühwerk inszeniert, stellt ein weiteres gemeinsames Charakteristikum dar. Ebenso das Ausreizen filmstilistischer Möglichkeiten, das in unterschiedliche Richtungen ausschlägt – von übertrieben-exzessiv über experimentell-avantgardistisch bis hin zu minimiert-reduktionistisch.

Neben den erwähnten Filmen werden unter anderem auch einige Werke einer neuen französischen Horrorfilmwelle, wie *Martyrs* (F 2008), *À l'intérieur* (*Inside*, F 2007) oder *Haute tension* (*High Tension*, F 2003), aufgrund ihrer Analogien zu den hier besprochenen Filmen zur New French Extremity gezählt. Weiter ausgeweitet wird der Begriff, wenn generell von einem New Extremism in Europa gesprochen wird, dem auch Filme des Dänen Lars von Trier, des Schweden Lukas Moodysson oder des Österreichers Ulrich Seidl zugeordnet werden.

Exemplarische Filme

Sombre (F 1998, Philippe Grandrieux)
L'humanité (*Humanität*, F 1999, Bruno Dumont)
Dans ma peau (*In My Skin*, F 2002, Marina De Van)
Irréversible (*Irreversibel*, F 2002, Gaspar Noé)
Martyrs (F/CAN 2008, Pascal Laugier)

Einführungsliteratur

Beugnet, Martine. 2007. *Cinema and Sensation: French Film and the Art of Transgression*. Edinburgh: Edinburgh University Press.
Horeck, Tanya, und Tina Kendall. Hrsg. 2013. *The New Extremism in Cinema: From France to Europe*. Edinburgh: Edinburgh University Press.
Palmer, Tim. 2011. *Brutal Intimacy: Analyzing Contemporary French Cinema*. Middletown: Wesleyan University Press.

3.7 Stile in anderen Gattungen

3.7.1 Dokumentarfilm

Als Filmwissenschaftler den Dokumentarfilm theoretisch erfassen wollen, erleben sie eine Überraschung: Die Gattung verschwindet unter ihrem Zugriff. Man versucht, den Dokumentarfilm entweder über die Trennung vom Spielfilm oder über die Verbindung mit der außerfilmischen Wirklichkeit zu definieren. Beides misslingt. Theoretiker, die dem

Abb. 3.65 Das Dokument eines Naturereignisses im fantastischen Film: Das Produktionsfoto zeigt Clark Kent (Christopher Reeve) vor den Niagarafällen, bevor er als Superman einem abgestürzten Kind hinterher fliegen wird (*Superman II/Superman II – Allein gegen alle*, © Dovemead Films u. a. USA 1980).

Dokumentarfilm einen direkten Wirklichkeitsbezug attestieren, können dies anhand der Merkmale eines Films nicht belegen. Ob eine Person sich selbst verkörpert oder eine Rolle spielt, ob eine Geschichte wahr ist oder erfunden, ob ein Bild inszeniert oder gar retuschiert (beziehungsweise computerbearbeitet) wird, lässt sich nicht immer zweifelsfrei an einem Film nachweisen, sondern oftmals nur über die Recherche des Kontextes, zum Beispiel durch Befragung des Produktionsteams. Auch die Auffassung, nur dem Dokumentarfilm sei eine indexikalische Spur der Wirklichkeit eingeschrieben, lässt sich nicht aufrecht erhalten, vollzieht sich doch der gleiche kameratechnische Vorgang bei der Aufnahme eines Spielfilms. „Die aus der Subjektlosigkeit der photographischen Technik abgeleitete Authentizität filmischer Bilder, die eine privilegierte Referentialität des Dokumentarfilms begründen soll, gilt entweder für jedes filmische Bild oder für keines" (Hohenberger 2006, S. 21). Es mag erstaunen, dass sich auch die Abgrenzung vom Spielfilm als schwierig herausstellt. Sicherlich ist dieser im Unterschied zum Dokumentarfilm eine Gattung des So-tun-als-ob: Im Schauspiel geschulte Personen schlüpfen in die Rolle einer Figur, und aufgezeichnete Räume, Kulissen und Requisiten ergeben eine Welt, die allegorisch für eine andere stehen soll. Nun gibt es allerdings auch Spielfilme, in denen die Darsteller sich selbst verkörpern und trotzdem eine geschriebene Rolle spielen (*Coffee and Cigarettes*, USA/J/I 2003). Und es kann Szenen im Dokumentarfilm geben, die mit Schauspielern eine historische Situation nachspielen (sogenannte *re-enactments*). Zudem dokumentiert auch ein Spielfilm die Wirklichkeit (vgl. Abb. 3.65): Er zeigt die Körper von Schauspielern, die von Film zu Film altern – man vergleiche Jack Nicholson in *Easy Rider* (USA 1969) und in *About Schmidt* (USA 2002) – oder die innerhalb einer Langzeitproduktion heranwachsen (wie Ellar Coltrane in *Boyhood*, USA 2014, vgl. Abb. 3.66); und der Spielfilm kann den realen Zustand der Häuser, Straßen und Landschaften dokumentieren, beispielsweise das zerstörte Wien der Nachkriegszeit in dem stilisierten Thriller *The Third Man* (*Der*

Abb. 3.66 Langzeitdokumentation eines alternden Körpers im Spielfilm: Um das Erwachsenwerden real am Hauptdarsteller Ellar Coltrane zeigen zu können, benötigte Richard Linklater 12 Jahre Produktionszeit (*Boyhood*, © IFC Productions/Detour Filmproduction, USA 2014).

dritte Mann, GB/USA 1949). Da sowohl dokumentarische Aspekte im Spielfilm als auch fiktionalisierende Aspekte im Dokumentarfilm enthalten sein können, ist es schwierig, den Dokumentarfilm eindeutig über den Gegensatz zum Spielfilm zu bestimmen.

Als Ausweg aus diesem Dilemma wird meist eine semio-pragmatische Perspektive favorisiert, die schlichtweg fragt: Was führt eigentlich dazu, dass wir als Zuschauer einen Film als Dokumentarfilm betrachten? Welche filmischen Signale setzen diese Lesart in Gang? Nennen wir sie mit Roger Odin, dem Begründer der Semio-Pragmatik, eine „dokumentarisierende Lektüre" (2006, S. 260 ff.), so heben wir die aktive Rolle des Zuschauers bei der Gattungszuschreibung hervor. Diese Signale sind nichts anderes als stilistische Formen, die sich untersuchen lassen und somit eine Abgrenzung zum Spielfilm ermöglichen. Auf die Weise umgeht man das Problem, über den Wahrheitsgehalt eines Dokumentarfilms spekulieren zu müssen. Entscheidend ist dabei, dass Filme nicht als geschlossene Einheit betrachtet werden, sondern als ein offenes System aus verschiedenen, miteinander kommunizierenden Ausdrucksebenen: „Stimmenpluralität" nennt das Roger Odin (2006, S. 264). Daher kann der Zuschauer innerhalb eines Films zwischen verschiedenen Lektürearten – einer dokumentarisierenden oder fiktionalisierenden – wechseln, je nach Stilmittel. Dieser Ansatz ermöglicht, auch im fiktionalen Film Bestandteile zu isolieren, denen die Zuschauer einen realen Ursprung zusprechen, beispielsweise die Niagarafälle in *Superman II*, die den Hintergrund für die spektakuläre Rettungsaktion des fliegenden Superhelden bilden (vgl. Abb. 3.65). Kurz: Dokumentarfilme sind Filme, deren Signale eine dokumentarisierende Lektüre provozieren (meist schon im Vorspann) und über die Gesamtdauer des Films hinweg steuern.

Diese Signale oder ‚stilistischen Figuren' lassen sich zu Ensembles gruppieren, die Unterkategorien des Dokumentarfilms ergeben wie den pädagogischen Film, die Wochenschau oder Reportage. Sieht man einen Lehrenden, der einem in direkter Anrede Wissen vermittelt, dabei Schemata und Grafiken verwendet, um die Erklärungen zu illustrieren, so kann man anhand dieser Merkmale auf den pädagogischen Film schließen. Verwackelte Handkamerabilder, abrupte Zooms, mangelhafte Ausleuchtung, harte Schnitte, Direktton mit hohem Geräuschpegel, Blicke in die Kamera und direktes Anreden des Kameramanns – das sind stilistische Figuren einer Reportage (vgl. Odin 2006, S. 268 f.). Ein Spielfilm kann diese Stilmittel der Reportage adaptieren, um einen bestimmten Realitätseffekt zu erzielen. Überschneiden sich zwei Lektüreanweisungen, lässt sich von einem *hybriden Film* sprechen. Vermischen sie sich so sehr, dass der Zuschauer nicht mehr weiß, ob er eine dokumentarisierende oder fiktionalisierende Lektüre wählen soll, handelt es sich um einen *zweideutigen Film*. Wird der Zuschauer zu einer Lektüre verführt, die sich im Nachhinein als falsch herausstellt, könnte man von einem *täuschenden Film* (vgl. Odin 2006, S. 270 f.) sprechen oder den gängigeren Begriff der *mockumentary* verwenden. Ein Film wird also zum Dokumentarfilm durch das Zusammenwirken dreier verschiedener Kräfte: dem Produktionsteam, das diesen Lektüremodus vorstrukturiert, dem filmischen Artefakt, das über ein Ensemble stilistischer Figuren den Lektüremodus lenkt und dem Zuschauer, der auf diese Signale mit einer dokumentarisierenden Lektüre reagiert.

Wie systematisieren wir nun dokumentarische Filmstile, um sie genauer beschreiben zu können? Hilfreich ist eine Unterteilung in sechs stilistische Paradigmen, die Bill Nichols entwickelt hat: poetischer Modus und expositorischer Modus, observatorischer Modus und partizipatorischer Modus, reflexiver und performativer Modus (2010, S. 31 f.). Der poetische Modus (*poetic mode*) organisiert sein Material nach formalen Mustern – visuellen und akustischen Rhythmen, motivischen Ähnlichkeiten und atmosphärischen Wirkungen – und steht somit in Kontakt mit dem Avantgarde- oder Experimentalfilm. Exemplarische Werke sind *Berlin – Die Sinfonie der Großstadt* von Walter Ruttmann, *Regen* von Joris Ivens (NL 1929) oder *Koyaanisqatsi* (*Koyaanisqatsi – Prophezeiung*, USA 1982) von Godfrey Reggio. Der expositorische Modus (*expository mode*) ordnet das Material hingegen zu einer logischen, informierenden Argumentationskette, die von einem *voice-over*-Sprecher formuliert und durch die Bilder belegt wird; viele Zuschauer sehen darin den Prototyp des Dokumentarischen. Der observatorische Modus (*observational mode*) weist diese Kontrolle des Materials nach poetischen oder rhetorischen Kriterien zurück und will einer direkten, unverfälschten Lebenswirklichkeit Geltung verschaffen, indem er der Kamera keine Einflussnahme und der Montage keine verbalen oder musikalischen Kommentare erlaubt. Der partizipatorische Modus (*participatory mode*) allerdings glaubt nicht an diese Form der unbeteiligten Beobachtung und begreift den Filmemacher selbst als notwendigen Bestandteil der Wirklichkeit, die er porträtiert, sodass seine Einflussnahme auch nicht verleugnet werden soll; daher stellt dieser Modus die Interaktion zwischen dem Filmemacher und den sozialen Akteuren (meist in Form von Interviews) ins Zentrum. Der reflexive Modus (*reflexive mode*) macht den Zuschauer auf die dokumentarische Konstruktion von Wirklichkeit aufmerksam, problematisiert also die

Methodik der filmischen Repräsentation und reflektiert die Wirkungsästhetik. Richtet der partizipatorische Modus die Aufmerksamkeit auf das Verhältnis zwischen Filmemacher und sozialem Akteur, so wird nun das Verhältnis des Films zum Zuschauer zum Thema. Beim performativen Modus (*performative mode*) stellt der Filmemacher seine subjektive Wirklichkeit ins Zentrum, nicht nur das Erleben und Nachdenken, sondern auch Erinnerungen, Träume und Assoziationen, für deren Darstellung er sich kreative Freiheiten in der Gestaltung herausnimmt. Der Unterschied zum partizipatorischen Modus liegt in einer Verschiebung von außen nach innen: Während der Filmemacher im partizipatorischen Modus ein gesellschaftliches Phänomen über die Interviewaussagen anderer rekonstruiert, erforscht er im performativen Modus die eigene Wirklichkeit stellvertretend für den gesellschaftlichen Kontext. Beispiele sind *Tarnation* (USA 2003) von Jonathan Caouette oder *Vals Im Bashir* (*Waltz with Bashir*, ISR/F/D et al. 2008) von Ari Folman.

Diese sechs Stilformen treten selten in Reinform auf, sondern mischen sich innerhalb eines Films; oftmals lassen sich Schwerpunkte feststellen. Nichols begreift sein Modell einerseits als Systematisierung koexistierender Stilformen, andererseits auch als grobe historische Abfolge: Dem poetischen Modus (= 1920er Jahre, Avantgarde) folgen der expositorische (= 1930er Jahre, Britische Dokumentarfilmschule), der observatorische (= 1960er Jahre, Direct Cinema) und partizipatorische Modus (= 1960er Jahre, Cinéma Vérité), der reflexive Modus (= 1970er Jahre) und schließlich der performative (= 1990–2000er Jahre). Daraus lassen sich drei Stufen ableiten: eine erste Phase (1920–1950er Jahre), in der die dokumentierte Wirklichkeit dem filmischen Konzept untergeordnet wird, eine zweite Phase (1960er Jahre), in der man aufgrund neuer technischer Möglichkeiten glaubt, der Wirklichkeit ohne manipulative Beeinflussung folgen zu können, was bereits zur gleichen Zeit und zunehmend in der dritten Phase (1960er Jahre bis heute) problematisiert wird – über Formen der Interaktion, Dekonstruktion oder Subjektivierung (vgl. Abb. 3.67).

Ein zweites Modell (vgl. Abb. 3.68) lenkt den Blick auf ästhetische Verfahren, insbesondere verschiedene Muster der ‚Adressierungsweise' und differenziert dabei grundlegend zwischen einer direkten und einer indirekten Form der Wissensvermittlung (vgl. Nichols 2010, S. 72 ff.). Bei der direkten Adressierung wendet sich ein *Sprecher* oder ein *sozialer Akteur* (im Interview) direkt an den Zuschauer beziehungsweise an die Kamera. Unterscheiden lässt sich, ob er im Bild (On) zu sehen ist oder aus dem Off beziehungsweise Over spricht. Bei einer indirekten Adressierung ist kein Sprecher vorhanden; der Zuschauer gesellt sich den Dialogen und Interaktionen der sozialen Akteure zu, ohne von ihnen bewusst wahrgenommen zu werden.

Werner Herzogs Dokumentarfilme, zum Beispiel *Grizzly Man* (USA 2005) oder *Encounters at the End of the World* (*Begegnungen am Ende der Welt*, USA/CAN/D 2007), sind durch eine direkte Adressierung gekennzeichnet. Herzogs prägnante *voice-over*-Stimme begleitet und steuert das Bildmaterial in nicht-synchroner Weise. Wenn er, was selten vorkommt, selbst zu sehen ist, dann als der Fragesteller leicht abseits im Bild. Die Interviewpartner hingegen sprechen in synchroner Adressierung direkt in die Kamera. Diese Stilmittel heben hervor, dass der Autorenfilmer Herzog das dokumentarische Material gesammelt, zusammengestellt und kommentiert hat, um dem Zuschauer seine persön-

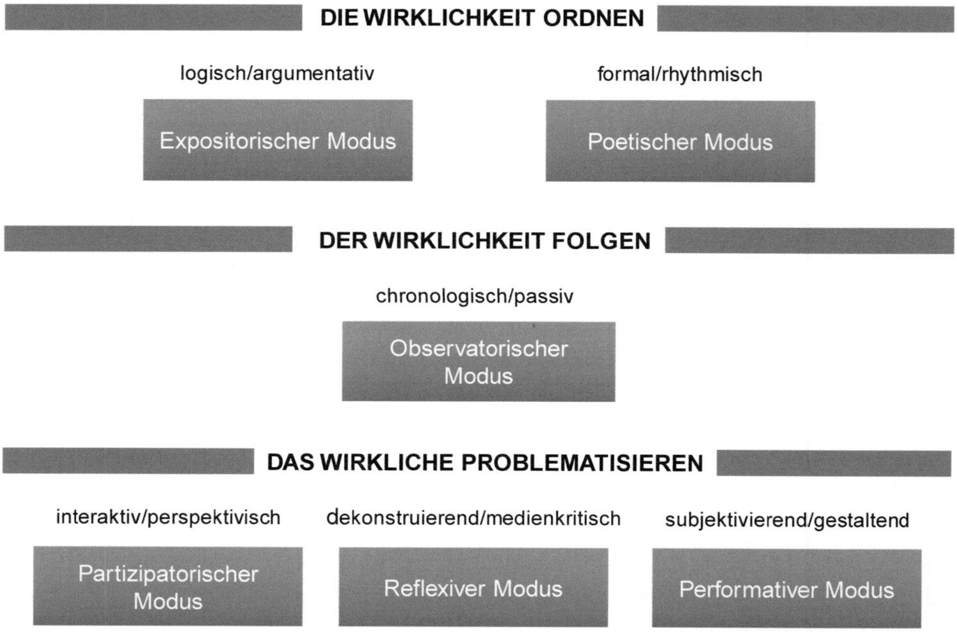

DIE WIRKLICHKEIT ORDNEN

logisch/argumentativ   formal/rhythmisch

| Expositorischer Modus | Poetischer Modus |

DER WIRKLICHKEIT FOLGEN

chronologisch/passiv

| Observatorischer Modus |

DAS WIRKLICHE PROBLEMATISIEREN

interaktiv/perspektivisch   dekonstruierend/medienkritisch   subjektivierend/gestaltend

| Partizipatorischer Modus | Reflexiver Modus | Performativer Modus |

Abb. 3.67 Die sechs Modi nach Bill Nichols (2010, S. 31 f.)

DIREKTE ADRESSIERUNG

	synchron (On)	nicht-synchron (Off/Over)
Sprecher	Autorität (Reporter spricht in Kamera)	Allwissender Kommentar (wird von Bildern illustriert)
Charaktere	Interviewperson (Zeuge spricht in Kamera)	Stimme der Interviewperson (wird von Bildern illustriert)

INDIREKTE ADRESSIERUNG

	synchron (On)	nicht-synchron (Off/Over)
Sprecher	--	--
Charaktere	Sozialer Akteur (wird von Kamera observiert)	Stimme des sozialen Akteurs (wird von Bildern illustriert)

Abb. 3.68 Direkte und indirekte Adressierung nach Bill Nichols (vgl. Nichols 2010, S. 72 ff.).

liche Sicht auf die Dinge zu vermitteln. Im Bereich der indirekten Adressierung beginnt hingegen die dargestellte Welt, sich vom Zuschauer abzugrenzen und als eigenständige, unabhängig vom Betrachter existierende Diegese zu wirken. Die gefilmten Personen sprechen nicht zur Kamera, sondern miteinander, werden beobachtet in einer Alltagssituation. Je kontinuierlicher die Handlung und je unauffälliger Kamera und Schnitt agieren, umso mehr verliert sich für den Zuschauer das Gefühl, einer dokumentarischen Konstruktion beizuwohnen.

Allerdings sollte dieses Modell nicht dazu verleiten, damit den Dokumentarfilm kategorisch vom Spielfilm abzugrenzen, schließlich lassen sich alle Stilmittel der direkten Adressierung auch im fiktionalen Film einsetzen. Wohl aber wird die direkte Adressierung und Durchbrechung der vierten Wand im Spielfilm eher vermieden, um die Glaubwürdigkeit der fiktionalen Welt aufrecht zu erhalten. Daher ermöglicht uns Nichols' Ordnung, wiederum die *Stilmittel* des Dokumentarischen von denjenigen des Spielfilms zu trennen und zudem im Modus der indirekten Adressierung einen Übergangsbereich zu definieren, in dem sich beide berühren: *narrative Dokumentarfilme*, die eine Ereigniskette verfolgen, aber nicht die vierte Wand durchbrechen, und *realistische Spielfilme*, die eine Ereigniskette inszenieren, aber mit authentischen Orten und Personen eine quasidokumentarische Wirkung erzielen. Mit diesem Modell lassen sich auch *mockumentaries* stilistisch besser fassen: als Spielfilme, die oftmals Stilmittel der direkten Adressierung einsetzen, um sich als Dokumentarfilm zu tarnen und somit die Erwartungen der Zuschauer an die Gattung zu unterlaufen.

Ein drittes Modell legt den Gegensatz zwischen *argumentativer* und *narrativer* Struktur zu Grunde (vgl. Nichols 2006, S. 150 ff.). Trotz der Tendenz des Dokumentarfilms zum Erklären und des Spielfilms zum Erzählen können beide Gattungen sowohl Argumentation als auch Narration nutzen. Während die narrative Ordnung auf eine direkte Adressierung verzichten kann, lässt sich die argumentative Ordnung leichter über die direkte Adressierung bewältigen, weil man Thesen und Beweisführung mit den Aussagen von Sprecher oder Interviewpartner entwickeln kann. Mit der indirekten Adressierung zu argumentieren – nur über Bilderfolgen, ohne Sprache – ist ebenfalls möglich und auch reizvoll, aber etwas schwieriger und offener für Deutungen. Ein prägnantes Beispiel findet sich zu Beginn der Food-Doku *We feed the World* (A 2005) von Erwin Wagenhofer (vgl. Abb. 3.69). Gezeigt wird der Entstehungsprozess von Brot, das auf dem Fließband landet, sodass der Zuschauer die Auslieferung an Bäckereien erwartet. Stattdessen purzeln die Brotlaibe vom Fließband auf einen Abfallberg. Wagenhofer hat den Verkaufsprozess, bei dem diese Waren übrig geblieben sind, einfach ausgespart und vermittelt somit ohne Worte, dass die Überflussgesellschaft Lebensmittel direkt für die Müllhalde produziert. Der erklärenden und der erzählenden Struktur ließe sich als dritte Variante noch die poetische (in Anlehnung an den poetischen Modus) hinzufügen, die über visuelle oder musikalische Rhythmen zu faszinieren sucht und daher auch mit Stilmitteln der indirekten Adressierung funktioniert.

Weil im Dokumentarfilm das Ereignis vor der Kamera in der Regel nicht fingiert wird, sondern tatsächlich geschieht, sind die Stilformen dieser Gattung im hohen Maß mit einer

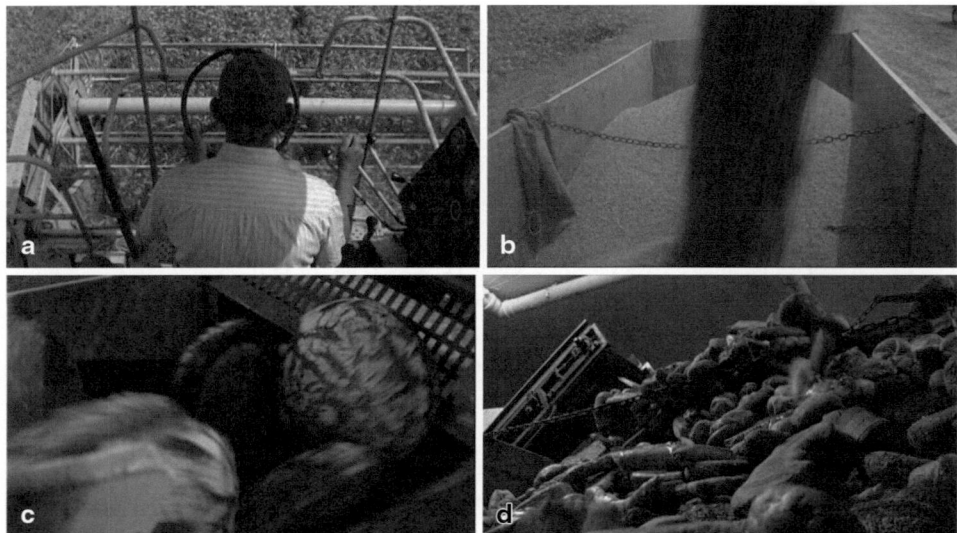

Abb. 3.69 Aufnahmen in indirekter Adressierung, die sich in ihrer Anordnung zum ironischen Kommentar verbinden (*We feed the world*, © Allegro Film, A 2005)

moralischen Haltung verbunden oder resultieren gar daraus. Am deutlichsten wird diese Verschränkung von Ethik und Stil bei der Dokumentation eines realen Todes. Vivian Sobchack macht darauf aufmerksam, dass das Zeigen eines realen Todes sowohl die Kamerainstanz als auch den Betrachter moralisch in die Pflicht nimmt (vgl. 2006, S. 179). Rechtfertigen lassen sich Aufnahme und Betrachtung nur, wenn der Filmemacher nicht aktiv an dem Tod beteiligt gewesen ist und ihm keine unterlassene Hilfeleistung vorgeworfen werden kann. Diese moralische Entlastung sieht Sobchack bei einer Reihe von Blickformen erfüllt, die sich über ihre ästhetischen Verfahren als Stilmittel klassifizieren lassen. Beim *zufälligen Blick* trifft den Filmemacher keine Schuld, weil er nicht auf das gezeigte Ereignis vorbereitet ist (wie Abraham Zapruders Amateuraufnahme der Ermordung John F. Kennedys am 22. November 1963); stilistische Merkmale sind eine abrupte, suchende, nicht kalkulierte Kameraführung. Beim *hilflosen Blick* wird der Filmemacher durch Hindernisse entlastet, die sein Eingreifen vereiteln; stilistische Merkmale sind beispielsweise Totalen oder Zoom-Objektive, welche die räumliche Entfernung markieren. Beim *gefährdeten Blick* wird die Bedrohung, der sich der Filmemacher selbst ausgesetzt sieht, in der Kadrierung spürbar: durch Erschütterungen (von Explosionen) oder das Verreißen der Handkamera (beim Weglaufen). Beim *eingreifenden Blick* zeigt sich das Engagement des Filmemachers in der nervösen Dynamik, mit der er beispielsweise sein Versteck verlässt (auch sein Versteck hinter der Kamera) und konfrontativ einschreitet, eventuell auch selbst sichtbar wird oder gar stirbt. Beim *menschlichen Starren* lassen sich – allerdings nicht immer zweifelsfrei – Schock und Ungläubigkeit des Filmemachers an der Reaktionslosigkeit der Kamera erkennen, die wie gelähmt scheint. Gesondert zu diskutieren ist der *professionelle Blick* eines Kriegsberichterstatters, da dieser in einem Zwischenbereich zwischen moralischem und unmoralischem Handeln operiert, denn das Nicht-Eingreifen wird in diesem Fall nur über den journalistischen Auftrag legitimiert, die Situation für die Öffentlichkeit festzuhalten (vgl. Sobchack 2006, S. 184–190). Christian Freis Dokumentarfilm *War Photographer* (CH 2001) thematisiert diesen Konflikt nicht nur inhaltlich, sondern überträgt ihn formal auf den Zuschauer, indem er eine Spezialkamera an dem Fotoapparat von James Nachtwey installiert, sodass der Zuschauer seine Subjektive teilt und die Entscheidung, den Auslöser zu drücken, unmittelbar nachempfinden kann. Der ethische Aspekt des Stils ist eine Besonderheit der dokumentarischen Gattung:

> Dokumentarischer Raum konstituiert und verankert sich als ethischer Raum; er besteht aus der objektiv sichtbaren Gesamtheit von subjektiven visuellen Reaktionen und persönlicher Verantwortung gegenüber einer Welt, die man mit anderen Menschen teilt. (Sobchack 2006, S. 183 f.)

Die Geschichte des Dokumentarfilms beginnt früher als die des fiktionalen. Die Filme, die Auguste und Louis Lumière im Dezember 1895 in Paris vorgeführt haben, bezeichnet man heute gemeinhin als Dokumentarfilme. Nach dem oben Gesagten mag man eine solch allgemeine Kennzeichnung für unzulänglich halten oder sich fragen, was denn hier auf welche Weise und zu welchem Zweck dokumentiert werde. Die Frage nach dem Was beantworten zunächst schon die Titel der Filme: *La Sortie de l'Usine Lumière à Lyon* (*Arbeiter verlassen die Lumière-Werke*) und *L'Arrivée d'un train en gare de La Ciotat* (*Die Ankunft eines Zuges auf dem Bahnhof in La Ciotat*). Von einem Dokumentarfilm würde man erwarten, dass er ein Ereignis wiedergibt, für die Nachwelt festhält, es unter bestimmten Aspekten darstellt und untersucht oder in bestimmter Absicht darüber informiert. Die kurzen Filme der Brüder Lumière erfüllen immerhin zwei der genannten Funktionen, indem sie das im Titel angezeigte Geschehen wiedergeben und festhalten. Inwieweit es sich hier um vorgefundene Ereignisse oder um Inszenierungen handelt, darüber ist einiges schon gesagt worden. Auch wenn das in den Filmen Gezeigte ganz authentisch wäre, könnte man sich allerdings fragen, ob Gegenstand der Dokumentation tatsächlich das Verlassen der Lumière-Werke beziehungsweise die Ankunft eines Zuges auf dem Bahnhof in La Ciotat sei. Die gefilmten Ereignisse scheinen doch eher zufällig gewählt, so als habe man sie ausgesucht allein deshalb, weil sie sich durch ihre Bewegung eignen, die besondere Qualität der Kinematografie zu dokumentieren. Denn darum vor allem geht es: die Demonstration einer neuen Technik. Gegenstand der Dokumentation ist an erster Stelle das Kino selbst. Die Neugier auf den Film, auf die im Film wiedergebene, sichtbare bewegte Wirklichkeit überwiegt in den frühen Jahren des Kinos zumeist das Interesse an besonderen Gegenständen, selbst wenn es sich um wirklich Besonderes handelt wie etwa den berühmten Schriftsteller Lew Tolstoi, der an seinem 80. Geburtstag im Jahr 1908 aufgenommen wird. Als Hauptattraktion erscheint die scheinbar leibhaftige Gegenwart Tolstois, dessen sichtbare Bewegung, die der Film festhält und unabhängig von Ort und Zeit wieder lebendig werden lassen kann.

Nach den Anfängen wird auch die weitere Entwicklung des Dokumentarfilms in Epochalstile gruppiert. Da die Gattung allerdings weniger Beachtung bei Kritikern und Histo-

rikern findet, gibt es hier bei weitem nicht so viele, differenzierte und bekannte Einteilungen wie beim Spielfilm. Im Folgenden werden exemplarisch einige zentrale Bewegungen
vorgestellt.

Der frühe sowjetische Dokumentarfilm Mit dem Ersten Weltkrieg endet auch die
Kindheit des Films. Ist das Kino bis dahin vor allem ein Bereich, in dem sich Lust und
Neugierde auslassen, wird es nunmehr zu einer kriegswichtigen Industrie. Parallel zur
Entwicklung des Langspielfilms, dessen paramilitärische Funktion, ungeachtet aller
künstlerischen Leistungen, in der ablenkenden Unterhaltung der städtischen Massen
bestehen soll, wird der dokumentarische Film als ein der Presse mindestens ebenbürtiges
Mittel der Aufklärung und Propaganda entdeckt und entsprechend zugerüstet. Zwar hat
es Wochenschaufilme vereinzelt auch vorher schon gegeben. Der politische Dokumentarfilm aber wird in diesem Krieg eigentlich erst geboren. Jetzt geht es nicht mehr nur
darum zu zeigen, wie Arbeiter eine Fabrik verlassen oder eine elektrische Bahn die Straße
entlangfährt. Die frappierend realistischen Qualitäten des Films, die in vielen arglosen
kleinen Darbietungen die Zuschauer schon in Staunen versetzt haben, können schließlich auch dazu eingesetzt werden, das Publikum zu überwältigen, es emotional angreifbar
und somit für ansonsten schwache Argumente empfänglich zu machen. Textkommentar
und, weitaus wirkungsvoller, Montage sollen dem Zuschauer die Richtung weisen. Der
Dokumentarfilm macht sich hierzu auch im Spielfilm schon bewährte Stilmittel zunutze
und entwickelt sie seinen Zielen gemäß weiter. Aus der Demonstration der Wirklichkeit
wird Argumentation, aus der bloßen Reproduktion Rhetorik. Die Kriegspropagandafilme
bedienen sich dieser Mittel freilich in erster Linie zu manipulativen Zwecken. Doch in der
hier entdeckten Rhetorik des Films sind auch Möglichkeiten einer durchaus kritischen und
selbstreflexiven filmischen Dokumentation bereits vorgezeichnet. Wie die nachfolgende
Entwicklung des Dokumentarfilms zeigt, sind Aufklärung und Propaganda so leicht gar
nicht auseinanderzuhalten.

Es ist kein Zufall, dass der Dokumentarfilm sich im revolutionären Russland schneller
als anderswo zu einer neuartigen Kunstgattung von vordem ungeahnten stilistischen Qualitäten weiterentwickelt – wenngleich Dsiga Wertow, der erste bedeutende Künstler und
praktische Theoretiker auf diesem Gebiet, stets betont, dass er alles andere als Kunst im
Sinn habe. Anders als die westlichen Industrieländer, die nach dem Endes des Ersten Weltkriegs vor allem ihre Spielfilmproduktion steigern und nunmehr friedliche Unterhaltung
zu kommerziellen Zwecken herstellen, befindet sich Russland weiterhin im Krieg, und
zwar in einem Bürgerkrieg, der auf die Oktoberrevolution von 1917 folgt und erst 1921
zu Ende geht. Etliche Produzenten, Regisseure, Techniker und Schauspieler haben das
Land nach der Revolution verlassen. Diejenigen, die sich der am Boden liegenden Filmproduktion nun bemächtigen, sind zumeist Amateure, denen Enthusiasmus und Einfallsreichtum die fehlende Erfahrung ersetzen müssen. Nur wenige, die schon zu Zeiten des
Zaren beim Film gearbeitet haben, bleiben der sowjetrussischen Filmindustrie erhalten.
Jewgeni Bauer entbietet mit *Umirajuschtschi lebed* (*Der sterbende Schwan*, SU 1917)
einen Abschiedsgruß des alten russischen Films; er selbst stirbt im gleichen Jahr. Sein

einstiger Assistent Lew Kuleschow liefert mit *Na krasnom fronte* (*An der roten Front*, SU 1920, verschollen) die Parole für den revolutionären russischen Film. Allen technischen Unzulänglichkeiten der nur spärlich vorhandenen Mittel zum Trotz sind immerhin die gesellschaftlichen und politischen Voraussetzungen für Experimente mit dem „Waffensystem Filmkamera" (Kittler 1986, S. 195) überaus günstig. Nach sowjetischem Vorbild entstehen in den folgenden Jahren auch im Westen kommunistische Dokumentarfilm-Bewegungen, die es sich zur Aufgabe machen, die Lebensverhältnisse der Arbeiter in ihren Ländern zu zeigen und vorzugsweise über Arbeitskämpfe und Streiks berichten; so z. B. die Workers Film and Photo League in den USA.

Dsiga Wertow, der sich zuvor an Tonexperimenten versucht hat, arbeitet seit 1918 für die Filmwochenschau *Kinonedelja* (Filmwoche), bald darauf produziert er seine eigene Serie *Kinoprawda* (Filmwahrheit). Seine frühen Kurzfilme, anders als die seit *Kinoglas* (*Film-Auge*, SU 1924) entstandenen längeren Arbeiten, sind noch ganz von der Not der Verhältnisse geprägt, aus denen sie hervorgegangen sind, und ihr Zweck besteht hauptsächlich in den Nachrichten, die sie übermitteln. Sie stellen, weithin unstilisiert, Ereignisse aus dem Bürgerkrieg sowie die Folgen der Hungernot dar, die er im Land hinterlässt. In diesen journalistischen Arbeiten aber endeckt Wertow bereits die technischen, das heißt auch stilistischen Möglichkeiten des Films (vgl. Hicks 2007, S. 5–21). Aus dieser frühen Erfahrung rührt schließlich seine schroffe Ablehnung von Schauspiel und Fiktion. „Mit der Demonstration unseres revolutionären Alltags", erklärt er, „schlagen wir dem Gegner die Waffen aus der Hand" (1973, S. 44). Der Bürgerkrieg, der die Entwicklung der gesamten Sowjetunion auf fatale Weise prägt, formt in beträchtlichem Maße auch die des sowjetischen Films, insbesondere des Dokumentarfilms. Vor diesem Hintergrund mag man verstehen, warum Wertow „schnelle Fortbewegungsmittel", „leichte Handkameras" und „eine Armee von Beobachtungskinoki" (1973, S. 47) verlangt (Kinoki, was man etwa als ‚Filmäugler' übersetzen könnte, lautet der Name der von Wertow gegründeten Filmgruppe). Entscheidend bei der Filmarbeit sei die „Überrumpelungsaufnahme – die alte Kriegsregel: Augenmaß, Schnelligkeit, Angriff" (2000, S. 12). Zu berücksichtigen bleibt zudem, dass in Russland damals noch Analphabeten den bei weitem größten Teil der vor allem ländlichen Bevölkerung stellen. Wertow hat den Ehrgeiz, ein „Filmalphabet" (1973, S. 10) zu schaffen, das die Revolution in die Weiten des eigenen Landes und schließlich in die ganze Welt hinausbefördern soll. Er selbst ist mit seiner Filmwerkstatt in einem Agitationszug in Russland und den neuen Unionsrepubliken unterwegs. Dabei macht er die Erfahrung, dass auch die Wahrnehmung bewegter Bilder besondere Fähigkeiten verlangt, die erst einmal erworben werden müssen (vgl. seinen Bericht über eine „Filmvorstellung auf dem Lande", 1973, S. 35).

Wertows Kinematografie des Faktums (*kinematografija fakta*) erhebt den Anspruch, die ungestellte, darum jedoch nicht unverändert hinzunehmende Wirklichkeit zu zeigen, wie sie wirklich sei – und ebenso real auch verändert werden könne. Seine offen erklärte Absicht ist es, den Menschen zusammen mit der Wirklichkeit, in der sie (und Menschen anderswo) leben, zugleich die selbsttätige Gestaltung ihrer Wirklichkeit als greifbare Möglichkeit vor Augen zu führen. In steter Veränderung, auch das sollen seine Filme

Abb. 3.70 Mehrfach wird der Zuschauer direkt adressiert in dem Film *Schestaja tschast mira* (© Sovkino, SU 1926), in dem Dsiga Wertow ein visuelles Kompendium der neuen Sowjetunion präsentiert. Die geschickte Montage führt nicht nur die verschiedenen Kulturen eines riesigen Landes zusammen, sondern auch die Gewalten der Technik auf der einen (**a**) und der Natur auf der anderen Seite (**b**).

demonstrieren, sei die gegenwärtige Wirklichkeit ohnehin schon begriffen. Kulturelle Aufklärung und politische Propaganda gehen Hand in Hand. In *Schestaja tschast mira* (*Ein Sechstel der Erde*, SU 1926) fügt Wertow Aufnahmen aus unterschiedlichen Teilen des Landes zusammen, um die stattfindende Umgestaltung auch der vermeintlich rückständigsten Gebiete des riesigen Landes zu zeigen (vgl. Abb. 3.70). Wozu er sich allerdings, entgegen seinem puristischen Programm, auch schriftlicher Kommentare bedient. Wie die meisten Filmemacher, die zugleich als Theoretiker ihrer Werke hervortreten, nimmt auch Wertow in der praktischen Arbeit pragmatische Rücksichten.

Den kunstgeschichtlich vorbelasteten Ausdruck Stil vermeidet er zur Beschreibung seiner Arbeit. Gleichwohl sind stilistische Prinzipien in seinen Filmen leicht zu erkennen. Einige davon hebt er selbst immer wieder hervor: am häufigsten die Reduktion auf einerseits die Kamera, andererseits die Wirklichkeit, in die sie vorzudringen habe. Man brauche, erklärt Wertow, weder Ateliers noch Dekorationen, weder Regisseure noch Schauspieler, erst recht keine vorab verfassten Szenarien. Die Kamera, das Filmauge, wie er es nennt, soll die vorgefundene Wirklichkeit selbst ins Visier nehmen. Dazu sei sie weitaus besser imstande als das menschliche Auge. Die Filmkamera ermögliche es, „tiefer in die sichtbare Welt einzudringen, um die visuellen Erscheinungen zu erforschen und aufzuzeichnen, um nicht zu vergessen, was geschieht und was man in Zukunft zu berücksichtigen hat" (1973, S. 41). Die Kamera ist dabei nicht unbeteiligter, möglichst gut versteckter Beobachter, sondern wird selbst zum Akteur, manchmal sogar zu einem vor der aufnehmenden Kamera sichtbaren Akteur. Auf spielerische Weise führt Wertow das in seinem bis heute bekanntesten Film *Tschelowek s kinoapparatom* (*Der Mann mit der Kamera*, SU 1929) vor, im strengen Sinne weniger ein Dokumentarfilm – denn Gegenstand der Dokumentation ist nicht die fiktive Stadt, die sich aus Aufnahmen unterschiedlicher Städte zusammensetzt – als eine programmatische Demonstration dessen, wozu das Filmauge imstande sei. Der Aufbau seiner Filme, sagt Wertow, ergebe sich nicht aus einem vorab geschriebenen Drehbuch, sondern allein aus der „Organisation des Alltagsmaterials" (1973, S. 46). Dazu aber bedarf es der Montage, die sogar schon vor der Aufnahme, nämlich während der Beobachtung der aufzunehmenden Ereignisse einsetzt. Um das Leben zu filmen, wie es ist – so die Forderung der Kinoki –, muss es aus verschiedenen Blickwinkeln gefilmt und das Aufgenommene wiederum montiert werden. Der Filmemacher habe sich dabei der Aufgabe zu überlassen, die ihm mit der Aufnahme der Wirklichkeit objektiv gestellt sei. Bei der „Organisation der sichtbaren Welt" (1973, S. 45) habe er die Richtung festzulegen, die ihm das Material selbst bereits anzeigt. So vehement er jeden Kunstanspruch von sich weist, so kunstvoll geht er selbst jedoch mit dem Material um.

In der Sowjetunion der 1920er Jahre wird Wertow bemerkenswerterweise genau das vorgeworfen, was ihn schließlich weit über seine Epoche hinaus berühmt macht, nämlich die ausgreifende Stilisierung des Materials, die dessen Bedeutung als historisches Zeugnis in den Hintergrund treten lasse. Raffinierte Kamerabewegungen, oft kombiniert mit Auto- oder Zugfahrten, außergewöhnliche Perspektiven, im genauen Sinne des Wortes konstruktive Montagen und Überblendungen, unter grafischen eher als gegenstandsbezogenen Aspekten zusammengesetzte Sequenzen – all diese durchaus anerkannten künstlerischen Leistungen hält man Wertows dokumentarischem Anspruch zugleich entgegen. Viktor Schklowski etwa lobt Wertow als ingeniösen Filmkünstler und sagt damit vielmehr, als Dokumentarist werde er seinen Aufgaben nicht gerecht (vgl. 2005).

Ein strengeres Konzept von Dokumentarfilm verficht Esfir Schub, die seit den frühen 1920er Jahren als Schnittmeisterin beim Filmstudio Goskino arbeitet und zum zehnjährigen Jubiläum der Oktoberrevolution erstmals mit zwei eigenen Regiearbeiten hervortritt: *Weliki put* (*Der große Weg*, SU 1927) und *Padenije dinastii Romanowych* (*Der Fall der Dynastie Romanow*, SU 1927), zugleich ihre bis heute bekanntesten Werke (vgl. Roberts

1999, S. 50–72). Wertows Anweisung an den Film: „nicht zu vergessen, was geschieht und was man in Zukunft zu berücksichtigen hat" (1973, S. 41), nimmt Schub genau beim Wort. Aufgabe des Films sei es, die gegenwärtige Epoche für künftige Generationen auf-zuzeichnen und in lebendigen Bildern aufzubewahren. Entscheidend nicht, ob Lenin sich vor der Kamera gut bewege, sondern dass seine leibhaftige Bewegung festgehalten werde (vgl. Shub 1994b). Während sie Eisenstein für sein Vorhaben kritisiert, die Oktoberrevo-lution nachzustellen (vgl. Shub 1994a), begibt sie sich ihrerseits auf die Suche nach Auf-nahmen der tatsächlichen historischen Ereignisse. Denn inszenierte Handlungen, glaubt Schub, würden im Lauf der Zeit häufig an Kraft verlieren, da sie nach ihrer künstlerischen Darstellung beurteilt, die Aufzeichnung authetischer Begebenheiten hingegen mit der Zeit als historisches Dokument als immer wertvoller angesehen würde (vgl. Hagener 2007, S. 176). Mit ihren fast ausschließlich aus Archivmaterial bestehenden Filmen begründet sie ein neues dokumentarisches Genre: den *Kompilationsfilm*. Ihre eigene künstlerische Arbeit setzt dabei erst ein bei der Auswahl des zur damaligen Zeit nur äußerst mühsam zu beschaffenden Materials, das Schub unter historischen, thematischen, doch auch ästhe-tischen Gesichtspunkten zusammenfügt und sehr sparsam mit einleitenden, häufig ironi-schen Zwischentiteln kommentiert. Im Vergleich zu Wertows poetischen Dokumentarfil-men wirken Schubs Kompilationsfilme sehr prosaisch. Die stilistische Gestaltung nimmt sich selber zurück zugunsten der Präsentation des vorgefundenen Materials, das durch Montage und Kommentar gleichsam zum Sprechen gebracht wird. Zu berücksichtigen bleibt freilich, dass auch Schub bei ihrer Arbeit eine historisierende Perspektive einnimmt, aus der sie die vorhandenen Aufnahmen aus früherer Zeit, allein schon durch die Art ihrer Zusammenstellung, im Sinne der zu ihrer Zeit geltenden Geschichtsauffassung deutet.

Die britische Dokumentarfilm-Bewegung Was die Motivation betrifft, hat die in den späten 1920er Jahren entstehende britische Dokumentarfilm-Bewegung mit dem sowjeti-schen Dokumentarfilm auf den ersten Blick einiges gemein. Auch in Großbritannien sind es staatliche Institutionen, die die Produktion der Filme fördern. Und wie in der Sowjet-union steht dabei das „Bewußtsein sozialer Verantwortung" (Grierson 2006, S. 97) an erster Stelle. Doch weder handelt es sich beim Empire Marketing Board, bei dem John Grierson, der Initiator der Bewegung, nach dem Erfolg seines ersten Films *Drifters* (GB 1929) eine Filmabteilung einrichtet, um eine auch nur im entferntesten revolutionäre Organisation noch geht es dabei um kommunistische Propaganda. In politischer Hinsicht handelt es sich vielmehr um ein gemäßigt sozialdemokratisches Gegenstück zu den in den 1920er und 1930er Jahren nach sowjetischem Beispiel auch in vielen westlichen Ländern gegründeten ‚proletarischen' Dokumentarfilmgruppen. Als größte soziale Errungenschaft erachtet Grierson den (schon bestehenden) Staat, von dem darum auch die Lösung sozialer Probleme am ehesten zu erwarten sei (vgl. Aitken 2009, S. 178; dazu auch Swann 1989). Das Medium Film soll dabei ganz buchstäblich die Rolle eines Vermittlers übernehmen, der in einer demokratischen Öffentlichkeit unerlässlich sei. Indem er alltägliche Begeben-heiten aufzeichnet – wie in *Drifters* die Arbeit auf einem Fischtrawler – und sie einem nicht unmittelbar beteiligten und darüber noch kaum informierten Publikum vorführt, soll der Dokumentarfilm die Öffentlichkeit über bestimmte Bereiche des gesellschaftlichen Lebens in Kenntnis setzen und so eine fundierte Diskussion darüber erst ermöglichen. Anders als Esfir Schub geht es Grierson nicht zuerst um Konservierung historischer Ereignisse, sondern um die Bereitstellung von Bildern einer für die Mehrheit der Bevölkerung ansonsten unsichtbaren Gegenwart, die auf diese Weise zur Verhandlung gestellt wird. Wie Schub allerdings besteht Grierson auf einer authentischen, ganz prosaischen Wiedergabe der Wirklichkeit. Die Kunst des Dokumentarfilms besteht seiner Auffassung nach gerade darin, bei der Darstellung der Wirklichkeit auf stilistische Kunstgriffe möglichst zu verzichten. Mit ähnlichen Argumenten, wie sie in der Sowjetunion gegen die Arbeit Dsiga Wertows vorgebracht werden, kritisiert er etwa Walter Ruttmanns Film *Berlin – Die Sinfonie der Großstadt* (D 1927). Grierson zufolge handelt es sich tatsächlich eher um eine Sinfonie als um eine Dokumentation. Zwar befasse sich dieser Film „grundsätzlich mit Bewegungen und dem Aufbau von Einzelbildern zu Bewegungen" (2006, S. 95), doch dramatische Effekte seien hier letztlich wichtiger als die Darstellung des wirklichen Lebens der Stadt. „Trotz allen Lärms um Arbeit und Fabriken und dem Saus und Braus der Großstadt sagt uns *Berlin* nichts Wesentliches. Oder vielmehr, wenn der Film etwas gebracht hat, dann allenfalls jenen Regenschauer am Nachmittag" (2006, S. 95 f.). Grierson sieht sich vielmehr als Moralist denn als Künstler, wobei er selbst hier keinen wesentlichen Unterschied macht. Seine Aufgabe als Künstler sei es, „den Beobachtungen und den Bewegungen einen tieferen Sinn" (2006, S. 96) zu geben, einen solchen Sinn jedoch nicht von außen, etwa aus eigener Beurteilung hinzuzugeben, sondern in der Wirklichkeit selbst zu entdecken. Mit dem Film, dieser „neuen und lebensnahen Kunstform" (2006, S. 92), die an keinen bestimmten Ort gebunden ist, biete sich die Möglichkeit, auch ein bis dahin kaum wahrgenommenes Stück Leben aufzunehmen und es durch die filmische Darstellung zu „beseelen" (2006, S. 96). Im Unterschied zum fiktionalen könne der dokumentarische Film eine intime Vertrautheit erzeugen und dadurch eine viel größere Wirkung erreichen.

Grierson ist vor allem als Produzent, Organisator und zugleich eine Art Wegweiser der Gruppe tätig, der unter anderem Basil Wright, Paul Rotha, Alberto Cavalcanti und Humphrey Jennings angehören. Paul Rotha, politisch und künstlerisch radikaler als Grierson, tritt selbst auch als Theoretiker des Dokumentarfilm hervor (vgl. Rotha 1935). Als Regisseur realisiert Grierson, der Gründer der Bewegung, nur einen einzigen Film: den schon erwähnten *Drifters*, der bei seinem Erscheinen große Beachtung findet und der nachfolgenden Bewegung die Richtung weist. Der Reportagestil, in dem er die beschwerliche Arbeit der Fischer auf ihrem Trawler vorführt, wird in jener Zeit als durchaus modern wahrgenommen, ähnlich wie die Werke der Neuen Sachlichkeit in Deutschland. Im Vergleich zu solchen künstlerischen Bewegungen – betrachtet man etwa einen Film wie Slátan Dudows *Zeitprobleme. Wie der Arbeiter wohnt* (D 1930), der aus der Darstellung der elenden Lebensverhältnisse der Berliner Arbeiter sogleich auch politische Konsequenzen zieht – würde man Griersons Ansatz jedoch eher als journalistisch bezeichnen. Die Kamera rückt möglichst nah ans Geschehen heran, ohne sich darin einzumischen. Die Montage dient allein der Darstellung der unterschiedlichen Aspekte der Arbeit und unternimmt keinen Versuch, die dargestellten Ereignisse zu dramatisieren oder politisch zu bewerten. Dennoch mag man auch in einer solcherart um Objektivität bemühten Zusammenstellung zumindest implizit politische Absichten entdecken, in diesem Fall etwa die Forderung nach Verbesserung der Arbeitsbedingungen auf den Fischerbooten. Die Experimente der filmischen Avantgarde seiner Zeit sind Grierson schließlich bekannt. Auch er selbst bedient sich, wenngleich auf subtilere Weise, der Montage als eines Mittels der Zusammen- und Gegenüberstellung von Ereignissen, aus denen er eine für den Zuschauer sichtbare Wirklichkeit erst schafft.

Der von Grierson etablierte Reportagestil wird in folgenden Werken der britischen Dokumentarfilm-Bewegung fortgebildet und variiert, nicht nur thematisch, sondern auch stilistisch. Die Einführung des Tons spielt dabei eine wichtige Rolle, etwa in *Song of Ceylon* (GB 1934) von Basil Wright, wo der Einsatz industrieller Geräusche eine Dramatisierung der Darstellung unterstützt; die hier dokumentierte Welt dürften britische Zuschauer ohnehin als reichlich exotisch wahrgenommen haben. Dramatisierende Verfahren kommen auch bei der Darstellung vergleichweise banaler Ereignisse zum Einsatz, wie in dem Film *Night Mail* (GB 1936) von Harry Watt und Basil Wright, der die nächtliche Fahrt eines Postzuges von London nach Schottland dokumentiert. Hier ist der sowjetische Einfluss deutlicher noch als bei Grierson selbst zu erkennen; als Vorbild dient nicht zuletzt der Expeditionsfilm *Turksib* (SU 1929) von Viktor Turin. Ihren letzten Höhepunkt erreicht die britische Dokumentarfilm-Bewegung im Zweiten Weltkrieg. Wenn ihre Filme zuvor eher als sozialkritisch aufgenommen werden, stehen sie nun, ganz offen und ausdrücklich, an der Seite der britischen Regierung im Kampf gegen Nazideutschland. Aus den vielen Propagandafilmen jener Zeit ragen sie durch ihre stilistischen Qualitäten, die sich den Erfahrungen einer bald zehnjährigen Filmarbeit verdanken, jedoch weit heraus. Exemplarisch genannt seien hier Harry Watts *Target For Tonight* (GB 1941) über den Einsatz der Royal Air Force und Humphrey Jennings' *Fires Were Started* (GB 1943) über die Arbeit der Londoner Feuerwehr während der deutschen Luftangriffe (vgl. Abb. 3.71).

Humphrey Jennings (vgl. Logan 2011) ist unter den Filmemachern der von Grierson initiierten Bewegung zugleich derjenige, dessen Werk bedeutenden Einfluss auch auf die nächste britische Dokumentarfilm-Bewegung ausübt, nämlich auf das Free Cinema der 1950er Jahre (→ British New Wave). Während der von Grierson inspirierte journalistische Ansatz von den jungen Filmemachern um Lindsay Anderson eher geringgeschätzt wird, entdecken sie in Jennings' Werken die – allerdings ganz unaufdringliche – künstlerische Handschrift, die sie für wichtiger erachten als große gesellschaftspolitische Themen. Wie die Autoren des Free Cinema wendet sich auch Jennings bereits scheinbar ganz unspektakulären Gegenständen zu. In *Spare Time* (GB 1939) führt er die Freizeitbeschäftigungen von Arbeitern und ihren Familien in Manchester und Sheffield vor Augen und entwirft damit eines der ersten filmischen Porträts der proletarischen Kultur Englands. Auch bei diesem Film handelt es sich vordergründig um einen journalistischen Bericht. Nur gibt es darin eigentlich nichts Bedeutendes zu berichten. Die gezeigten Menschen erscheinen so banal wie das, was sie tun, die ebenso unprätentiöse filmische Beobachtung dieser alltäg-

Abb. 3.71 Der Dokumentarfilm *Fires Were Started* (© Crown Film Unit, GB 1943) nähert sich über die klare Dramaturgie und Stilmittel (wie das Schuss-Gegenschuss-Verfahren) Konventionen des Spielfilms an. So beginnt er mit der Ankunft eines Neulings bei der Feuerwehr, präsentiert Rituale der Mannschaft und findet seinen finalen Höhepunkt im Löscheinsatz. In der heroischen Darstellung der Londoner Feuerwehr legt Regisseur Humphrey Jennings Wert auf die Kameradschaft und den unerschütterlichen Kampfgeist im Dienst für die gute Sache.

lichen Belanglosigkeiten aber zeugt von einer großen impressionistischen Kraft, die noch auf heutige Filmzuschauer wirkt.

Dokumentarfilm in Lateinamerika Die ästhetischen Qualitäten ebenso wie die sozialen und politischen Funktionen des Dokumentarfilms, die oben am Beispiel der Sowjetunion und Großbritanniens veranschaulicht werden, kehren in der Geschichte dieser Filmgattung in wechselnder Formation an unterschiedlichen Orten der Welt wieder. Die Aufgaben, die Filmemacher sich stellen oder denen sie sich gegenübersehen, sind dabei freilich nach der gegebenen historischen Situation genauer zu bestimmen. Daraus ergeben sich auch stilistische Besonderheiten. Als ein weiteres Beispiel hervorgehoben sei hier, unangemessen knapp und summarisch, der lateinamerikanische Dokumentarfilm (vgl. hierzu die Beiträge in Burton 1990). Wie in Großbritannien, wo aus dem Free Cinema die British New Wave hervorgeht, sind auch in vielen Ländern Lateinamerikas der Dokumentarfilm und die Spielfilme der seit den 1950er Jahren entstehenden Neuen Wellen thematisch und ästhetisch eng verbunden. Dokumentarisierende Verfahren finden sich auch in vielen Spielfilmen wieder, etwa in denen des frühen brasilianischen Cinema Novo. Die Geschichte des Dokumentarfilms reicht in Lateinamerika, ähnlich wie in Europa, bis auf die frühen Wochenschauen zurück. In Mexiko insbesondere werden solche Filme nach der Revolution von 1910 in großer Zahl produziert, um die vor sich gehenden Veränderungen im Land zu dokumentieren und vorzuführen. Die politische Brisanz des Dokumentarfilms in Lateinamerika lässt sich in jenen frühen, künstlerisch anspruchslosen Wochenschauen schon erkennen. Später erst findet die politische Radikalität der Filme auch ästhetisch versierte Ausdrucksformen. Im Unterschied zur britischen Dokumentarfilm-Bewegung beschränkt sich der lateinamerikanische Dokumentarfilm nicht auf Bildungsfunktionen in einer schon vorhandenen, zumindest formell demokratischen Öffentlichkeit. Eine solche gilt es vielmehr erst zu schaffen. Selbst wo die Filme aufklärerische oder regelrecht erzieherische Ziele verfolgen, zeichnet sie vor allem ihre kämpferische Haltung aus, die sich auch in der stilistischen Gestaltung niederschlägt. Die Aufgaben und Absichten sind freilich andere als in Europa. Es geht dort unter anderem um eine Erforschung der jeweils eigenen, vor allem der sogenannten indigenen, präkolumbianischen Kultur, um die Bestimmung der eigenen Nation in Abgrenzung zur einstigen Kolonialmacht, um die Darstellung gesellschaftlicher Gegensätze und gewalttätiger Konflikte, letztlich um eine politische Transformation der bestehenden Gesellschaften. In vielen Ländern herrschen über Jahrzehnte hinweg oligarchische Cliquen und Militärs, die die Mehrheit der Bevölkerung in Armut halten. Filme, die unter solchen Bedingungen entstehen und sich mit den Verhältnissen mal reflexiv, mal aggressiv auseinandersetzen, sind häufig geprägt von Wut und Stolz zugleich. Ein sehr beeindruckendes Zeugnis dieser Art ist *La Hora de los Hornos* (*Die Stunde der Hochöfen*, ARG 1968) von Fernando Solanas und Octavio Getino, ein Werk von 240 Minuten Länge über die Geschichte und Gegenwart Argentiniens – und auch über eine bessere Zukunft, die implizit in Aussicht gestellt wird. Politisch ist der Film in manchem umstritten, stilistisch markiert er einen der Höhepunkte des lateinamerikanischen Dokumentarfilms, der hier zur Form eines episodischen Romans gefunden hat, in dem unterschiedliche dokumentarische Genres zusammengeführt werden: Kompilationsfilm, Reportage, Essay, Kulturfilm. Auch im europäischen Kino übrigens hat dieser Film seine Spuren hinterlassen. Chris Markers *Le Fond de l'air est rouge* (*Rot liegt in der Luft*, F 1977) wäre ohne das argentinische Vorbild wahrscheinlich ein anderer Film geworden.

Zumindest Santiago Álvarez bleibt in diesem kurzgefassten Hinweis auf den lateinamerikanischen Dokumentarfilm noch zu erwähnen. Er ist nicht nur einer der bedeutendsten Dokumentaristen Lateinamerikas, der unterschiedliche Modelle für eine filmische Aneignung und Rekontextualisierung von Wirklichkeit entwirft, sondern auch einer, der auf Kuba nach der Revolution von 1959 die im Vergleich zu anderen Ländern des Kontinents günstigsten Bedingungen vorfindet. Neben zahlreichen Dokumentationen über die Kubanische Revolution und die nachfolgende Entwicklung der dortigen Gesellschaft macht er auch Filme, die sich mit Problemen anderer Länder befassen. Eines seiner weltweit bekanntesten Werke ist der knapp fünfeinhalb Minuten lange Kompilationsfilm *Now* (CUB 1965), der rassistische Gewalt und eine dagegen protestierende Bürgerrechtsbewegung in den USA zeigt. Anders als die gleichsam geschichtswissenschaftlichen Kompilationsfilme Esfir Schubs besteht dieser kleine Film aus rasch aufeinanderfolgenden Stücken aktueller Newsreels, die begleitet oder vielmehr angetrieben werden von Lena Hornes Interpretation des Songs *Hava Nagila*. In *Now* experimentiert Álvarez nicht nur mit der sogenannten Maschinengewehrfeuer-Montage, er liefert unfreiwillig auch eine Vorlage für zahllose kommerzielle Musikvideos. Sehr viel ruhiger hingegen wirkt seine im Stil eines filmischen Gedichts gestaltete Dokumentation *79 Primaveras* (*79 Lenze*, CUB 1969), eine Hommage an den im selben Jahr verstorbenen Hồ Chí Minh und die von ihm geführte vietnamesische Befreiungsbewegung. Die beiden hier zitierten, sehr unterschiedlichen Filme von Santiago Álvarez lassen das stilistische Repertoire des lateinamerikanischen Dokumentarfilms vielleicht von ferne exemplarisch ermessen.

Direct Cinema und Cinéma Vérité Innerhalb der Dokumentarfilmgeschichte markiert die US-amerikanische Bewegung des Direct Cinema einen radikalen epochalen Bruch, dessen Bedeutung aus heutiger Sicht nur nachzuvollziehen ist, wenn man sich die ungünstigen Bedingungen dokumentarischer Arbeit vor 1960 in Erinnerung ruft. Aufgrund der großen, schweren 16 mm-Synchronton-Ausrüstung war das Verfolgen spontan sich entwickelnder Ereignisse mit Originalton kaum möglich, und Interviews, die mehrfach wiederholt werden mussten, wirkten oftmals künstlich und gestellt. In der Regel verzichtete man daher auf Originalton und überdeckte die Limitierung mit einem Off-Kommentar, dem die Bilder untergeordnet waren.

Dieser Erklärdokumentarismus beziehungsweise expositorische Modus der 1930er bis 1950er Jahre missfällt dem ehemaligen *Live*-Journalisten Robert Drew aufgrund der Distanz zur dargestellten Realität und ihrer Instrumentalisierung für die Botschaft des Textes. Drew will einen neuen Fernsehjournalismus in den USA schaffen, dessen Reportagen hinter die Kulissen vordringen und dort reale Geschehnisse beobachten sollen, ohne zu intervenieren. Die Logik des Textes soll durch eine Logik der Bilder und eine der dramatischen Handlung abgelöst werden, der Zuschauer nicht belehrt, sondern im Stil der indirekten Adressierung den Ereignissen wie in einem Spielfilm folgen. Dramatische Spannungsbögen, die sich aus den Krisenmomenten der Akteure ergeben, sollen das Publikum sinnlich ansprechen, es emotional involvieren und so die Einsicht in die Zusammenhänge intensivieren (vgl. Beyerle 1997, S. 67).

Zur Initialzündung des Direct Cinema wird Drews Dokumentarfilm *Primary* (*Vorwahlkampf*, USA 1960) über die Wahlkampagne des Senators John F. Kennedy gegen Hubert Humphrey im Bundesstaat Wisconsin. Die aufsehenerregende Tatsache, dass Kamera und Ton in *Primary* den Politikern hinter die Bühne oder in die Hinterzimmer folgen können und dort ihr Verhalten in scheinbar unbeobachteten Momenten einfangen, ist einer Reihe technischer Neuerungen zu verdanken. Allen voran resultiert die neue Beweglichkeit aus der Entwicklung von 16 mm-Handkameras und tragbaren Tonbandgeräten (der Schweizer Firma Nagra), die so leise arbeiten, dass sie für Originaltonaufnahmen aus nächster Nähe genutzt werden können. Sind sie in *Primary* noch mit einem Kabel verbunden, so führt Richard Leacocks Idee, beide Geräte über eine Uhr zu synchronisieren, dazu, dass sich Kamera- und Tonmann unabhängig voneinander im Raum bewegen und zu den Geschehnissen verhalten konnten. Die neue Freiheit wird durch die Erfindung des Zoomobjektivs weiter potenziert. Es erlaubt Raumkontrolle ohne Standpunktwechsel. Der Kameramann bleibt unauffällig im Hintergrund und fokussiert wechselnde, relevante Geschehnisse im Raum und insbesondere Personen aus nächster Nähe, ohne sich dabei aufzudrängen. Nicht zuletzt lassen neues hochempfindliches Filmmaterial und lichtstarke Objektive das Drehen in Innenräumen ohne zusätzliche Beleuchtung zu.

In *Primary* erfüllt der Kampf zwischen zwei Gegnern, der auf einen Höhepunkt mit Sieg oder Niederlage zusteuert, auf ideale Weise Drews Vorstellung einer dramatischen Krisenstruktur. Mit Richard Leacock und Albert Maysles an der Kamera sowie Donn Alan Pennebaker im Schnittraum, allesamt Mitglieder der Drew Associates, vereint dieser Klassiker herausragende Dokumentarfilmer, die sich in der Folgezeit von Drew trennen, wichtige Werke der Direct-Cinema-Bewegung drehen und den Stil eines *uncontrolled cinema* oder observatorischen Modus auf ihre Weise prägen. Dabei halten sie an der Fokussierung eines Protagonisten fest, geben aber Drews Krisenstruktur auf, weil sie das Schema als Zwang empfinden. Vor allem bei der Arbeit an *The Chair* (USA 1963) kommt es unter den Drew Associates zu Diskussionen. Der Film schildert den Kampf des Rechtanwalts Don Moore um das Leben des zum Tode verurteilten Afroamerikaners Paul Crump und beschreibt die letzten Tage vor der drohenden Hinrichtung auf dem elektrischen Stuhl. Leacock und Pennebaker kritisieren, dass Drew zugunsten des Story-Schemas, das dem populären Hollywood-Courtroom-Drama entspricht, die Zusammenhänge simplifiziere, künstlich dramatisiere und den Dokumentarfilm in die Nähe des Spielfilms rücke.

Richard Leacocks erster Film nach der Trennung von Drew ist *Happy Mother's Day* (USA 1963), der so kritisch wie einfühlsam den Medienrummel um eine Familie nach der Geburt von Fünflingen thematisiert. In *A Stravinsky Portrait* (USA 1964) zeigt Leacock, dass die Direct-Cinema-Methode auch ohne Spannungsdramaturgie interessante Filme hervorbringen kann, wenn eine vertraute Nähe zu den Akteuren aufgebaut und somit – wie im Falle des berühmten Komponisten – unbefangene Gespräche mit Freunden und Kollegen aufgenommen werden können (vgl. Roth 1982, S. 15). Donn Alan Pennebaker dreht mit *Don't Look Back* (USA 1967) einen Film, der nahezu ohne Voice-Over-Kommentar auskommt und sich ganz auf seinen Protagonisten Bob Dylan konzentriert, um diese Ikone der Folk-Kultur aus nächster Nähe erfahrbar zu machen (vgl. Abb. 3.72a):

> Im Grunde ist der Filme wie ein einziger langer privilegierter Moment angelegt, als 96-minütiges Close-up von Dylan, das gerade deshalb fasziniert, weil es nicht den Versuch unternimmt, ihn zu erklären und dadurch seines Charismas zu berauben, sondern ihn statt dessen über seine Körpersprache, das Wechselspiel seiner Mienen, den Klang seiner Stimme intuitiv in seinen vielfältigen, nie vorhersehbaren Reaktionen erfaßt. (Beyerle 1997, S. 205)

Das Direct Cinema ist Teil einer länderübergreifenden Hinwendung zum Realismus in den 1960er Jahren und entwickelt sich parallel zur Nouvelle Vague in Frankreich, dem Free Cinema in England, dem Cinema Novo in Brasilien und dem New American Cinema in den USA (vgl. Abb. 3.33). Allen gemeinsam ist, dass sie gegen die Vormachtstellung und Produktionsstrukturen eines wirklichkeitsfernen Unterhaltungskinos revoltieren und der gesellschaftlichen Realität näherkommen wollen. Spielfilmregisseure erkennen rasch das Potenzial der *Direct*-Methode. Jean-Luc Godard, Jacques Rivette und Eric Rohmer in Frankreich oder John Cassavetes in den USA nutzen die handliche Synchrontontechnik, um eine neue Intimität in der Schilderung urbaner Alltagssituationen zu erreichen.

Abb. 3.72 Bob Dylan bei einer improvisierten Party im Hotelzimmer: ein privilegierter Einblick für den Zuschauer, den der Direct-Cinema-Stil von Donn Alan Pennebaker unauffällig eingefangen hat (*Don't Look Back*, © Leacock-Pennebaker, USA 1967, **a**). Rechts das Cinéma Vérité von Jean Rouch und Edgar Morin, die sich mit Menschen aus Paris vor die Kamera setzen – in diesem Fall mit Marceline Loridan Ivens –, um über ihre Ansichten, Erinnerungen und Gefühle im Sommer 1960 zu sprechen in *Chronique d'un été (Paris 1960)* (© Argos Films, F 1961, **b**).

> Ein neuer, starker Zusammenhang bindet das Kino ans Leben – vereint sie und artikuliert sie in ein und derselben *Sprache*: Das Leben wird nicht mehr durch das Kino ‚repräsentiert', das Kino ist nicht mehr sein Bild oder Modell: Beide sprechen sie nun zusammen aus und produzieren sich in und mit Hilfe dieser Aussprache,

schreibt im Jahr 1969 Jeans-Louis Comolli (2006, S. 226 f.). Die Auswirkungen des Direct Cinema feiert er als Revolution, vergleichbar derjenigen des Tonfilms. Indem sie eine kostengünstige und damit unabhängige Produktion von Filmen erlaubt, schaffe sie eine Nische, in der man Traditionen über Bord werfen und vielseitig experimentieren könne. Darin liege die politische Stoßrichtung des Direct Cinema: Als neue Möglichkeit mache sie erstmals die ökonomischen Zwänge und ästhetischen Konventionen der Kinoindustrie sichtbar (vgl. ebd., S. 227 f.).

Es ist kaum verwunderlich, dass die neuen Möglichkeiten euphorische Reaktionen und programmatische Aussagen hervorrufen. Man feiert das Direct Cinema als den Beginn einer objektiven Wiedergabe von Wirklichkeit und Aufzeichnung ungestörter Realität, sodass der *flow of life* im Schneideraum kaum noch arrangiert werden müsse (vgl. Beyerle 1997, S. 89). Diese Vorstellung wird von selbstreflexiven Dokumentarfilmen und dekonstruktivistischen Positionen der Dokumentarfilmtheorie in den 1970er Jahre vehement in Frage gestellt, nicht zuletzt weil eine anwesende Kamera immer auch Einfluss auf das Verhalten der Personen habe, weil vorher Absprachen getroffen werden müssten, weil von der Bildauswahl bis zur Montage ein subjektiver Prozess der Selektion und Komposition stattfinde und die Übersetzung der außerfilmischen Wirklichkeit in Filmbilder nie Identität, sondern stets Nachahmung erzeuge (vgl. Bruzzi 2006, S. 73 ff.). Die massive Kritik hat teilweise zu einer Diskreditierung der Bewegung geführt, sodass aus heutiger Sicht geraten ist, die Filme des Direct Cinema, losgelöst von den programmatischen Aussagen der Zeit, neu zu sehen und in ihrer Intensität neu zu erfahren.

In Frankreich entwickelt sich ab 1960 mit dem Cinéma Vérité ein anderer Umgang mit der Handkamera- und Synchrontontechnik, die Nichols als partizipatorischen Modus bezeichnet. Der Begründer Jean Rouch ist nicht von ungefähr ein Ethnograph, der zwischen 1947 und 1960 verschiedene Feldforschungen in Westafrika mit der Kamera durchführt und sensibilisiert ist für den Eingriff in eine Kultur, den die Anwesenheit eines fremden Filmteams darstellt: „Immer, wenn ein Film gedreht wird, wird die Privatsphäre verletzt", schreibt er und plädiert weniger für eine beobachtende denn eine „teilnehmende Kamera" und die „unersetzliche Qualität eines wirklichen Kontakts zwischen Filmemacher und Gefilmten" (1978, S. 11). Das Cinéma Vérité will nicht über die Präsenz der Kamera hinwegtäuschen, schließlich hieße das, einen wesentlichen Bestandteil der Realität zu unterschlagen. Wenn es eine Wahrheit gibt, die durch den Dokumentarfilm zu ergründen sei, dann könne diese nur aus der direkten Interaktion zwischen Filmemacher und Akteuren erwachsen, die sich in der Regel über Gespräche und Interviews artikuliert. Das schließt auch etwaige Selbstinszenierungen ein, die der Akteur im Bewusstsein einer Aufnahmesituation wählt: als ein Ringen um Identität, welches Selbstbilder und Wunschvorstellungen offenbart, wie es bei den Akteuren in Rouchs Films *Moi, un noir* (F 1957) der Fall ist, die sich selbst filmbezügliche Namen geben, wie Edward G. Robinson, Tarzan, Eddi Constantine oder Dorothy Lamour.

Fast parallel zu *Primary* entsteht auch der Durchbruchsfilm der Cinéma-Vérité-Bewegung, *Chronique d'un été (Paris 1960)* (F 1961) von Rouch und dem Soziologen Edgar Morin, und er führt die partizipatorische Methode gleich zu Beginn modellhaft vor: Statt sich hinter dem Apparat zu positionieren, setzen sich die beiden Regisseure vor die Kamera und erklären Marceline, ihrer ersten Interviewpartnerin, die vage Idee für den Film, mehr als Vorschlag denn als Direktive (vgl. Abb. 3.72b). Auch die dritte Kommunikationsinstanz in der Situation, die Kamera, wird explizit thematisiert: Rouch fragt, ob es vorstellbar sei, dass Interviewpartner trotz Kamera auf natürliche Weise antworteten; Marceline Loridan-Ivens entgegnet, sie fühle sich von der Kamera eingeschüchtert. Statt, wie bis dato üblich in ethnographischen Filmen, den Blick auf exotische Völker in der Ferne zu richten, wollen Rouch und Morin die eigene Kultur erforschen und ein Panorama der Pariser Befindlichkeiten im Sommer 1960 aufnehmen. Man richtet Fragen an Passanten wie „Êtes-vous heureux?" („Sind Sie glücklich?"). Und die nur sechs Kilogramm leichte Handkamera, die der Kanadier Michel Brault benutzt, erlaubt dabei große Handlungsfreiheit. Brault wird „zur lebenden Kamera, zum ,Kino-Auge' Wertows", erklärt Jean Rouch und pointiert nochmal den Unterschied zu den amerikanischen Kollegen:

> Im Bereich des ethnographischen Films erscheint mir diese Technik als besonders brauchbar, weil sie dem Kameramann erlaubt, sich einer Handlung – als einer Funktion des Raumes – anzupassen, um nicht einfach Realität, wie sie sich vor dem Sucher entfaltet, abzubilden, *sondern um Realität zu erzeugen.* (1978, S. 11 f.; Hervorhebung der Verf.)

Die Digitalisierung und ihre Folgen Der nächste tiefgreifende Umbruch in der Geschichte des Dokumentarfilms vollzieht sich Mitte der 1990er Jahre, als die Vorteile des digitalen Films (→ Digitalisierung, CGI, 3D, digitale Effekte) von den Filmemachern immer deutlicher erkannt und genutzt werden. Die Scheu vor dem neuem Material ist hier weitaus geringer als im Spielfilmbereich, weil viele Dokumentarfilmregisseure bereits mit Videokameras Erfahrungen gesammelt haben. Mit den von Sony und Panasonic im Jahr 1996 produzierten DV-Kameras lassen sich erstmals digitale Dokumentarfilme drehen, die auf 35 mm transferiert und somit professionell in Kinos ausgewertet werden können.

> Mit DV entstanden einige Dokumentarfilme, die durch Nähe zu den Protagonisten lebten und davon, dass mit den kleinen, unscheinbaren Kameras überall gedreht werden konnte, da Videokameras heute weltweit zum Alltag gehören und man als Dokumentarfilmer nicht mehr auffällt. (Hoffmann 2006, S. 208)

Auf Mini-DV-Kameras realisiert Wim Wenders 1999 den Musikfilm *Buena Vista Social Club* (D/USA/F et al.), der über eine Million Zuschauer ins Kino lockt und damit den Dokumentarfilm als lukratives Geschäft für die Kinoauswertung interessant macht. Wer hier noch argumentiert, dass die Schwächen des digitalen Bildes von der Kraft der Musik kompensiert worden seien, wird spätestens im Jahr 2005 eines Besseren belehrt, als Phillipp Gröning mit der Sony HDCAM einen veritablen Kino-Hit landet. Sein Dokumentarfilm *Die große Stille* (F/CH/D) lässt sich nur ohne Filmteam und künstliche Beleuchtung realisieren. Gröning teilt vier Monate lang alleine das Leben der Karthäuser-Mönche im Kloster. Dabei schafft er einen ruhigen, langsamen Film, der die Erfahrung von Einkehr und Kontemplation auf die Aufnahmen überträgt und mit seinen poetischen Bildern einen Schauwert erzeugt, welcher der Konkurrenz aus analog gedrehten 35 mm-Filmen im Kino standhalten kann (vgl. Abb. 3.73a).

Die digitale Aufnahme- und Wiedergabetechnik führt Ende der 2000er Jahre zu einer Wiederkehr des 3D-Films, weil sie die Schwächen des analogen Stereoskopie-Verfahrens behebt. Als James Camerons milliardenschwerer Blockbuster *Avatar* (*Avatar – Aufbruch nach Pandora*, USA) im Jahre 2009 einen 3D-Boom in den Kinos auslöst, der bis heute anhält, weitet sich auch für den Dokumentarfilm das Feld der ästhetischen Möglichkeiten. 3D-Dokumentarfilme gibt es zwar schon vorher, allerdings mehr in privilegierten IMAX-Kinos, so wie Camerons *Ghosts of the Abyss* (*Die Geister der Titanic*, USA 2003), der Tauchexpeditionen zum 1912 gesunkenen Wrack der RMS Titanic begleitet. Als aber gestandene deutsche Autorenfilmer mit langjähriger Dokumentarfilm-Erfahrung wie Werner Herzog mit *Cave of Forgotten Dreams* (*Die Höhle der vergessenen Träume*, F/USA/D et al. 2010) und Wim Wenders mit *Pina* (D/F/GB 2011) die digitale 3D-Technik verwenden, wird die Öffentlichkeit auf die künstlerischen Qualitäten des Verfahrens für die dokumentarische Erforschung kultureller Phänomene aufmerksam. Vor allem *Pina* über das Tanztheater der Choreographin Pina Bausch demonstriert auf faszinierende Weise, wie sich mit dem 3D-Verfahren die Tiefe des Bühnenraums und die simultanen Bewegungen der Körper plastischer und somit präziser zeigen lassen (vgl. Abb. 3.73b). Nicht nur der Realitätseindruck selbst verstärkt sich in besonderer Weise beim Dokumentarfilm durch die immersive Wirkung des stereoskopischen Verfahrens, auch die Nähe zu den Akteuren scheint sich zu intensivieren.

Abb. 3.73 Die Digitalisierung erlaubt es Filmemachern, ohne Team Dokumentarfilme für das Kino zu realisieren (*Die große Stille*, **a**, © Arte u. a., F/CH/D 2005) und mit dem 3D-Verfahren den dokumentarischen Raum neu zu erforschen (*Pina*, **b**, © Neue Road Movies u. a., D/F/GB 2011).

Was mit der Handkamera- und Synchrontontechnik in den 1960er Jahren beginnt, wird durch Digitalisierung, Internet und Handy-Kameras in einer Weise potenziert und auch demokratisiert, so dass sich das einseitige Kommunikationsverhältnis und die daraus resultierende Machthierarchie zwischen Fernsehsender und Zuschauer, zwischen Produzenten und Konsumenten destabilisiert. Ob beim Sumatra-Andamanen-Beben am 26. Dezember 2004 oder dem im Dezember 2010 beginnenden Arabischen Frühling: Die Aufnahmen der Tsunami-Katastrophe oder der Militärgewalt gegen die Protestbewegungen, die in den Nachrichten der Fernsehsender laufen, sind von Augenzeugen mit Handy-Kameras aufgezeichnet worden. Neben den Vernetzungsmöglichkeiten von Facebook, Twitter, Blogs und Foren führen Online-Videoportale (wie YouTube, Vimeo oder spezifischer: The Hub), die es den Benutzern ermöglichen, ihre Filme hochzuladen, dazu, dass durch Amateuraufnahmen eine Gegenöffentlichkeit geschaffen werden kann. Im Arabischen Frühling spielt der Zusammenhang von Fernsehen, Internet und Mobiltelefonen eine entscheidende Rolle für die politische Entwicklung und den Umsturz der Machthaber. Während das ägyptische

Abb. 3.74 Mit digitalen Camcordern schaffen Amateure oder Videoaktivisten Gegenöffentlichkeit zur staatlichen Repression. Hier der Familienvater Emad Burnat mit seinen fünf zerstörten Kameras, die jeweils ein Kapitel des palästinensischen Kampfs gegen die israelische Siedlungspolitik dokumentiert haben (*Five Broken Cameras*, © Alegria Productions, PS/ISR/F et al. 2011).

Abb. 3.75 In *Burma VJ: Reporter i et lukket land* (© Kamoli Films, DK 2008) filmt ein Videojournalist die Demonstrationen der buddhistischen Mönche gegen die Militärdiktatur in Myanmar im Jahr 2007; das Bildmaterial musste heimlich außer Landes geschmuggelt werden.

Staatsfernsehen mit Propagandasendungen die Proteste auf dem Tahir-Platz verleugnet, werden Handy-Fotos und -Filme der blutigen Niederschlagung verbreitet, somit staatliche Zensur ausgehebelt und sowohl die Bevölkerung mobilisiert als auch die Weltöffentlichkeit informiert. Organisationen, wie das bereits 1992 gegründete WITNESS, statten Videoaktivisten in Entwicklungsländern mit Kameras aus, damit sie Menschenrechtsverletzungen dokumentieren können (vgl. Cizek 2006). Dokumentarfilme wie *Burma VJ: Reporter i et lukket land* (*Burma VJ – Berichte aus einem verschlossenen Land*, DK 2008) oder *Five Broken Cameras* (PS/ISR/F et al. 2011) zeigen die Arbeit von Videoaktivisten in Myanmar oder in den palästinensischen Autonomiegebieten, die teilweise unter Lebensgefahr den Widerstand der Bevölkerung gegen staatliche Willkür, Gewalt und Unterdrückung aufnehmen (vgl. Abb. 3.74 und 3.75).

Die Digitalisierung und das Internet bringen eine ganz neue, originäre Form des Dokumentarischen hervor: die sogenannte Webdokumentation (vgl. Mundhenke 2015). Der Regisseur gibt in diesem Fall die Kontrolle über den linearen Ablauf und dramaturgischen

Aufbau seines Stoffs auf; offeriert wird dem Benutzer auf einer Webseite eine Art Themen-
raum, der ihm verschiedenste Materialien bietet: Filme, Fotos, Interviews, O-Töne, Info-
Graphiken, Zeitleisten, Karten. Der Rezipient hat die Möglichkeit, seinen Lektüreweg
– also die Reihenfolge, Dauer und Wiederholungen seiner Navigation – selbst festzulegen.
Insbesondere der deutsch-französische Kultursender arte produziert solche innovativen
Webdokumentationen. Die Seite *Gaza-Sderot: Das Leben trotz allem* (http://gaza-sderot.
arte.tv/de) präsentiert 40 kurze Filme über den Alltag von sechs Palästinensern und sechs
Israelis, die vom 26. Oktober bis 23. Dezember 2008 jeweils getrennt von zwei Filmteams
diesseits und jenseits der Grenze gedreht werden (vgl. Abb. 3.76). Sie können auf der

Abb. 3.76 Die Webdokumentation *Gaza-Sderot: Das Leben trotz allem* (© Arte) ermöglicht dem
User vierzig Kurzfilme auf verschiedene Weise abzurufen: über den Zeitpunkt ihrer Aufnahme,
über die porträtierten Personen (**a**), die Drehorte (**b**) oder Themen. Es ist ein doppelter Versuch,
verfestigte Denkweisen in Frage zu stellen: zum einen durch das simultane Filmen des Alltags auf
beiden Seiten der Grenze, zum anderen durch das non-lineare, interaktive und multiperspektivische
Angebot an den Rezipienten.

Webseite nach verschiedenen Ordnungskriterien (Zeit, Leute, Orte, Themen) sortiert und angeschaut werden. Das Bonmot, jeder Zuschauer sehe im Kinosaal einen anderen Film, wird hier Wirklichkeit. Welche thematischen oder motivischen Echo-Effekte entstehen und welche Zusammenhänge somit einsichtig werden, ist bei einer Webdokumentation von User zu User verschieden.

Exemplarische Filme

Tschelowek s kinoapparatom (*Der Mann mit der Kamera*, SU 1929, Dsiga Wertow)
Drifters (GB 1929, John Grierson)
Chronique d'un été (Paris 1960, F 1961, Jean Rouch, Edgar Morin)
Don't Look Back (USA 1967, Donn Alan Pennebaker)
La Hora de los Hornos (*Die Stunde der Hochöfen*, ARG 1968, Fernando Solanas, Octavio Getino)
Five Broken Cameras (PS/ISR/F et al. 2011, Emad Burnat, Guy Davidi)
Pina (D/F/GB 2011, Wim Wenders)

Einführungsliteratur

Hohenberger, Eva. Hrsg. 2006. *Bilder des Wirklichen. Texte zur Theorie des Dokumentarfilms*. Berlin: Vorwerk 8.
Nichols, Bill. 1991. *Representing Reality. Issues and Concepts in Documentary*. Bloomington: Indiana University Press.
Zimmermann, Peter, und Kay Hoffmann. Hrsg. 2006. *Dokumentarfilm im Umbruch. Kino – Fernsehen – Neue Medien*. Konstanz: UVK (Close Up, 19).

3.7.2 Experimentalfilm

Der Begriff Experimentalfilm umfasst stilistische Verfahren und Ansätze, die in erster Linie die Materialität und Medialität des Mediums herausstellen und neue Formen erproben: vom Einsatz verschiedener Filmformate oder Unschärfen über die Entkopplung von Bild und Ton bis zur gezielten Zerstörung des Filmstreifens im Akt der Projektion. Im Gegensatz zum Spielfilm verzichten Experimentalfilme in der Regel auf eine von fiktionalen Charakteren getragene Handlung und suchen Wege zu einem *reinen Kino* (*cinéma pur*), ohne Einflüsse anderer Medien wie Literatur (die zum Beispiel Drehbuch und Dialoge bestimmt) oder Theater (das unter anderem Schauspielstile beeinflusst). Filmgeschichtlich betrachtet, entstehen Experimentalfilme oft jenseits der kommerziellen Strukturen der Filmindustrie und häufig im Umfeld sogenannter *Avantgarden* (frz. Vorhut), zum Beispiel des Dadaismus oder Surrealismus in den 1910er und 1920er Jahren. Darüber hinaus erweisen sich auch spezielle Filmfestivals oder Kunstzentren wie das New Yorker Museum of Modern Art oder die Documenta als wichtiger Nährboden für den Experimentalfilm.

Prinzipiell können alle Aspekte filmischer Gestaltung experimentell untersucht werden: Bruce Conners Arbeiten zum Beispiel arbeiten mit vorgefundenem Bild- und Tonmaterial (*found footage*), das durch Montage neu arrangiert, geloopt oder verzerrt wiedergegeben wird. Conners *A Movie* (USA 1958) etwa reiht Verfolgungsjagden und Unfälle aus Wochenschauen, Dokumentar- und Spielfilmen zu einem Querschnitt durch die amerikanische Filmkultur zusammen. Andere Experimentalfilmer problematisieren die Filmkamera als Aufnahmeapparatur, indem sie zum Beispiel den Filmstreifen anritzen, bemalen oder mit Gegenständen bekleben, was während der Projektion abstrakte Formenspiele hervorruft. Eine weitere Spielart der Gattung führt die Montage in neue, bislang unbekannte Gestaltungsbereiche: einerseits auf der Ebene des Montagerhythmus, wenn zum Beispiel Einstellungen mit hoher Schnittfrequenz kombiniert werden; andererseits auf einer assoziativen Ebene, wenn Einzelbilder hintereinander geschnitten werden, die keinerlei inhaltlichen oder dramaturgischen Bezug zueinander aufweisen; drittens auf einer strukturellen Ebene, wenn Einstellungen nicht aufgrund künstlerischer Intentionen, sondern auf der Basis mathematischer Berechnungen montiert werden.

Seit den 1960er Jahren unterzieht der Experimentalfilm auch das Dispositiv Kino einer kritischen Revision: Filme werden nicht mehr nur im Vorführsaal, sondern zunehmend auch in anderen sozialen Räumen projiziert, dabei mit Darbietungen anderer Medien wie zum Beispiel Tanz oder Theater zu einem *expanded cinema* verknüpft. So entstehen regelrechte Installationen, die ästhetische, ideologische oder institutionelle Determinanten des Mediums Film unterlaufen. Auch das Publikum wird zunehmend in das Ereignis der Aufführung eingebunden und vollendet das *happening* durch seine Teilnahme, anstatt reglos im dunklen Kino zu sitzen und, stur in eine Richtung schauend, die Leinwand zu fixieren.

An dieser Stelle soll beispielhaft eine frühe filmgeschichtliche Experimentalfilmströmung vorgestellt werden, die durch abstrakte Gestaltung geometrischer Formen das Phänomen der Bewegungsillusion untersucht.

Der Absolute Film Diese Avantgarde-Bewegung erlebt am Sonntag, den 3. Mai 1925, mit der gleichnamigen Matinee im Berliner Ufa-Theater ihren Höhepunkt. Im Rahmen dieser Veranstaltung, organisiert von der Novembergruppe und der Kulturabteilung der Ufa, werden Hans Richters *Film ist Rhythmus* (*Rhythmus 21*, D 1923), Viking Eggelings *Symphonie Diagonale* (*Diagonal-Symphonie*, D 1924), Walter Ruttmanns *Opus 2, 3* und *4* (D 1921–1925), Fernand Légers und Dudley Murphys *Ballet Mécanique*, (F 1924), Francis Picabias und René Clairs *Entr'acte* (F 1924) sowie Ludwig Hirschfeld-Macks *Dreiteilige Farbensonatine* (D 1923/1924) gezeigt (wobei letzterer kein Film, sondern eine musikalische Performance ist, vgl. Abb. 3.77).

Die Matinee erscheint aus heutiger Sicht eher wie ein Panorama verschiedener avantgardistischer Strömungen, die Film nicht als narrative, sondern als konstruktivistische und kinetische Kunst betrachten. Dies ist der gemeinsame Nenner zwischen abstrakten Künstlern, die den Film vom Zwang zur Gegenständlichkeit befreien wollen, Vertretern eines reinen Kinos, die das bloße Verfilmen literarischer oder theatraler Stoffe ablehnen, und Anhängern einer quasi inhaltslosen, auf die reine Materialität des Werks und die anthro-

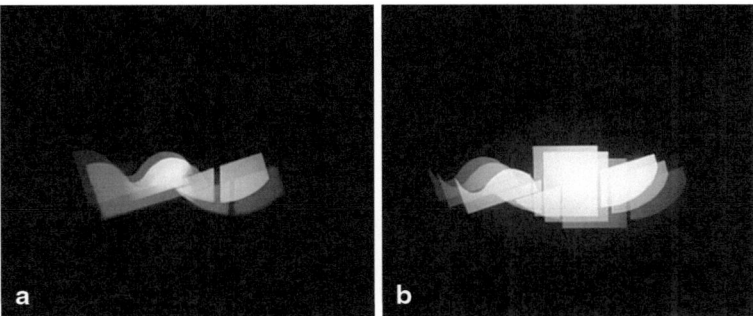

Abb. 3.77 Rekonstruierte Fassung von *Sonatine Nr. 2* (© Ludwig Hirschfeld-Mack, D 1923/1924). Auf Grundlage von erhaltenen Partiturskizzen und Beschreibungen haben Corinne Schweizer und Peter Böhm die Farbenlichtspiele von Ludwig Hirschfeld-Mack rekonstruiert. Mittels beweglicher Schablonen wird farbiges Licht auf die Leinwand projiziert, das zu einer Abfolge bewegter geometrischer Formen im Takt der Musik rhythmisiert wird.

pologischen Rezeptionsmöglichkeiten des Publikums (Sehen, Hören) reduzierten Kunst. In diesen drei Avantgarde-Bewegungen manifestiert sich ein Verständnis von Film, das, anders als im konventionellen Spielfilm, „narrative Strukturen und (…) figurative Elemente" hinter sich lässt, um „durch Komposition, Bewegung und Rhythmus von Farben und Formen eine neue, rein visuelle Filmsprache zu gestalten" (Müller 2002, S. 9).

Ein Fundament jener Suche nach einer neuen Filmsprache ist die zu Beginn des 20. Jahrhunderts einsetzende Welle der Abstraktion in den bildenden Künsten, beispielhaft zu beobachten im Werk Wassily Kandinskys: „Nicht der inhaltsgeladene Gegenstand zählte, sondern die inhaltsfrei gewordene Formerscheinung des Artefaktfragments, das aus dem Lebenszusammenhang herausgenommen und in ein Ästhetisches verwandelt wird" (Klotz 1994, S. 33). Die absoluten Filmer übernehmen von der abstrakten Malerei das Postulat ästhetischer Autonomie und weisen den Zwang zur mimetischen Realitätsabbildung, ja sogar jeglichen Verweischarakter auf oder Funktionsverhältnis zur Wirklichkeit zurück – sie betrachten ihre Kunst als ‚rein', setzen sie ‚absolut'. Paradigmatisch präsentiert dies Henri Chomettes Kurzfilm *Cinq minutes de cinéma pur* (F 1926), in dem zunächst geometrische Figuren wie Kreise, Kugeln oder Würfel, im zweiten Teil jedoch Naturaufnahmen (Bäume, Sträucher, ein See) erscheinen. Chomette gelingt es, künstliche Formen wie lebendige Materie darzustellen, Naturphänomene hingegen in abstrakte Formen aufzulösen. Sein Film, ohne literarische oder theatralische Vorlage realisiert und vollkommen non-narrativ, ist reine Komposition: Er parallelisiert Glaskugeln und Trauben, kontrastiert den schwarzen Studiohintergrund mit dem konturlos weiß überstrahlten Himmel sowie senkrechte Lichtbalken mit tiefdunklen Baumstämmen – unter den Bedingungen der autark Lichtspielkunst Kino verwandelt Chomette Wirklichkeit und Kunst in die Negativfotografie der jeweils anderen (vgl. Fahle 2000).

Ähnliche Verfahren der Abstrahierung realer Objekte wenden auch Man Ray, Fernand Léger sowie Hans Richter an: Sie reißen Partikel der Wirklichkeit (in Légers *Ballet Mécanique* eine schaukelnde Frau, ein lächelnder Mund, ein Hut; in Richters *Filmstudie*, D

Abb. 3.78 Die Montage in *Entr'acte* (© Les Ballets Suedois, F 1924) rhythmisiert Fragmente der Wirklichkeit zu abstrakten Formenspielen.

1926, Augäpfel und Gesichter) aus dem Lebenszusammenhang heraus und organisieren sie in filmischen, d. h. visuellen Rhythmen neu. Auffällig bei Léger ist auch die Vervielfältigung der Objekte durch Spiegelungen, so dass die Abstraktion von der Realität sich auch durch Variation des verwendeten Realitätspartikels im Bildfenster vollzieht. Ein weiteres Stilmittel in Légers mechanischem Ballett sind simple Stopptricks, durch die Beine von Schaufensterpuppen zum Tanzen gebracht werden. Im ersten Teil von René Clairs *Entr'acte* wechseln sich real gefilmte Objekte mit abstrakten Lichtreflexen ab. Das Spiel der Formen – Säulen, Treppenstufen, Schachbrettmuster und ähnliches – wird seinerseits immer wieder in kurze Narrationsfragmente – zwei Männer spielen Schach, ein Zug Trauernder folgt einem Sarg – eingebettet (vgl. Abb. 3.78).

Ein weiterer Impulsgeber für den absoluten Film ist die Musik. Als ungegenständlichste aller Künste arbeiten ihre Kompositionen zentral mit dem Faktor Zeit. Viking Eggeling und Walter Ruttmann orientieren sich explizit an musikalischen Begrifflichkeiten und versuchen in ihren frühen Filmen, rhythmische Bewegungen in der Zeit zu verlängern und zu variieren. In Eggelings *Symphonie Diagonale* findet ein temporal genauestens strukturierter Wechsel entstehender und vergehender graphischer Muster statt, die nicht mit Kategorien filmischer Raumgestaltung oder gar Mise-en-scène, sondern eher mit Begriffen wie Takt und Intervall zu beschreiben sind. Ruttmanns *Lichtspiel Opus 1* (D 1921) arbeitet mit

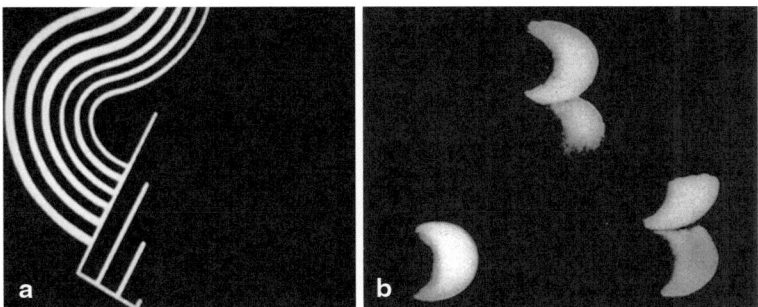

Abb. 3.79 Viking Eggelings *Symphonie Diagonale* (**a**, © Viking Eggelings, D 1924) und Walter Ruttmanns *Opus 1* (**b**, © Walter Ruttmann, D 1921) ordnen abstrakte Formen, die auf den Filmstreifen gemalt werden, zu rhythmischen Bewegungsmustern in der Zeit an.

Formenvariationen, deren auffällige Blau- und Grünfärbung als Dominanten mit entsprechenden (visuellen) Kontrapunkten erscheinen (vgl. Abb. 3.79). Ruttmann lässt in seinen Filmen nicht nur pulsierende Formen durchs Bildfenster flottieren, sein *Lichtspiel Opus 4* (D 1925) enthält bereits jene rhythmischen graphischen Gestaltungselemente, die auch später im Prolog seines Experimentalfilms *Berlin – Die Sinfonie der Großstadt* (D 1927) wiederkehren.

Auch die Ästhetik des Bauhaus nimmt Einfluss auf Ästhetik und Programmatik des Absoluten Films. Die Novembergruppe, Mitorganisator der Matinee ‚Der Absolute Film‘, gründet sich im Zuge der Novemberrevolution 1918 zur Feier der Demokratie und besteht zu einem wesentlichen Teil aus dem Bauhaus nahestehenden Künstlern wie Walter Gropius oder László Moholy-Nagy. Der strenge Konstruktivismus und kalte Funktionalismus der Bauhaus-Tradition mit seinen klaren, geometrischen Formen und seiner pragmatischen Ästhetik der einfachen Linien weist in der Abstraktion der Form und Rationalisierung der Mittel starke Parallelen zu den einfachen geometrischen Formen – Quadrate, Rechtecke, Linien – in den Werken Richters oder Ruttmanns auf. Moholy-Nagy begreift das Absolute in der Kunst als Arbeit an den essenziellen Grundlagen gestalterischer, d. h. architektonischer ebenso wie bildnerischer Komposition: den Beziehungen zwischen „Formen, Farben, Helligkeitswerten, Lagen, Richtungen" (Mank 1993, S. 82). In seinem Film *Ein Lichtspiel, schwarz, weiß, grau* (D/SU 1930) ist genau das zu sehen: rotierende, mobile Gegenstände und ihre Reflexionen in rhythmischer Variation, befreit von jeglicher dramaturgischer Klammer. Um diese Effekte zu erzielen, baut Moholy-Nagy einen speziellen ‚Licht-Raum-Modulator‘. Seine Komposition unterwirft nicht nur die Objekte, sondern auch das Licht der künstlerischen Zielsetzung, da er Richtung, Stärke beziehungsweise Bündelung des Lichts als zeitgebundene Intensität begreift und einsetzt (vgl. Mank 1993, S. 81 ff.).

Oskar Fischinger gilt vielen als der berühmteste Protagonist des absoluten Films, nicht nur wegen seines internationalen Erfolgs, sondern auch weil es ihm gelingt, die Ästhetik des Absoluten Films in die Tonfilmära zu übersetzen. Bis zu seiner Übersiedlung nach Hollywood im Jahr 1936 schafft er abstrakte Kunstfilme wie seine 14 *Studien* (D

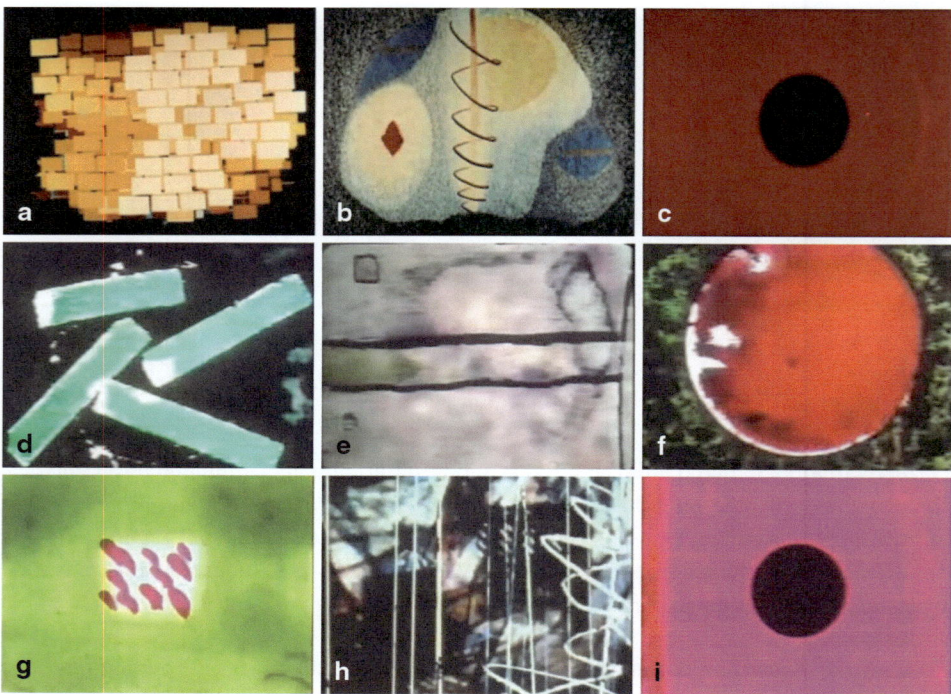

Abb. 3.80 In den USA beeinflussen Fischingers Arbeiten – vor allem der mit Öl auf Plexiglas realisierte *Motion Painting No. 1* (USA 1947, **a–c**, © Fischinger Studio) – Vertreter des abstrakten amerikanischen Films: zum Beispiel Harry Smith (*Early Abstractions*, © Harry Smith, USA 1939–1956, **d–f**) oder Hy Hirsh (*Scratch Pad*, © Hy Hirsch, USA 1960, **g–i**). Darüber hinaus spielen sie eine wichtige Rolle für die Arbeiten der Komponisten John Cage und Edgar Varese sowie bei der Entstehung des Musikvideos.

1928–1932), allesamt Musikfilme im weiteren Sinne, weil sie Musikstücke in abstrakte Animation umsetzen. In *Studie 6* (D 1930) zum Beispiel tanzen grafische Figuren zu dem populären Stück *Los Verderones* (1929) von Jacinto Guerrero durchs Bild. Die Formen beruhen auf mehreren hundert Kohlezeichnungen Fischingers, die er als Negative für seinen Film verwendet (vgl. www.filmportal.de). Das Synchronisationsproblem zwischen Klang und visueller Bewegung löst er durch die präzise Segmentierung der Schallplatten in einzelne Einheiten beziehungsweise Takte, deren Länge durch die Drehzahl der Schallplatte berechnet werden kann. Aus der Länge der Takte wiederum ergibt sich die Zahl von Einzelbildern im Film. Seine Experimente mit Hell und Dunkel, Schwarz- und Weißwerten, Form und Bewegung, Raumtiefe suggerierenden Diagonalen sowie mit der Synchronisation von Bild und Ton machen Fischinger so populär, dass er ab *Studie 9* (D 1931) mehrere Angestellte für sich zeichnen lässt. Ab 1932 arbeitet Fischinger in Farbe (vgl. Abb. 3.80) und, wie Richter und Ruttmann vor ihm, als Werbefilmer: *Kreise*, auch als *Alle Kreise erfasst Tolirag* (D 1932) bekannt und nach dem Farbverfahren des Ungarn Bela Gaspar – Gaspar Color – entwickelt, gilt als der erste europäische Farbfilm, *Muratti greift ein*

(D 1934) als einer der berühmtesten Werbefilme der Filmgeschichte. Durch Stopptricks animiert Fischinger Zigaretten zu einem abstrakten Tanz auf mehreren Bildebenen, den er mit einem Marsch von Paul Linke unterlegt. In *Kreise* verwendet er Musik von Richard Wagner und Edvard Grieg und schafft eine „Choreographie der abstrakten Elemente", ein „Beziehungssystem, in dem visuelle und akustische Bilder sich gegenseitig steigern und erhellen" (Herbst 1993, S. 41).

Der Absolute Film steht für eine filmhistorische Phase vor der strengen Dichotomisierung zwischen anspruchsvoller Kunst und banaler Unterhaltung, zwischen Underground und kommerzialisierter Massenproduktion, paradigmatisch zu beobachten in den Werbefilmen Oskar Fischingers, die avantgardistische Ansätze mit populären Themen und Motiven verbinden. Absolute Filme besitzen zahlreiche Schnittmengen zu dadaistischen beziehungsweise surrealistischen Filmen (→ Surrealismus), die ebenfalls oft mit Abstraktionen arbeiten. So verwenden sowohl Marcel Duchamp in *Anémic Cinéma* (F 1926) als auch Jean Cocteau in *Le Sang d'un Poète* (F 1930) rotierende Kaleidoskope. Im Gegensatz zu den Werken des Absoluten Films nutzen Dadaismus und Surrealismus jedoch immer wieder die Schrift (als Zwischentitel oder Tafel), um die rationale Logik von Kommunikation zu unterlaufen. Ebenso wie die meisten Avantgarde-Bewegungen des 20. Jahrhunderts besitzt auch der Absolute Film eine selbst- beziehungsweise medienreflexive Seite, seine Werke spiegeln die eigenen Verfahren und Entstehungsbedingungen: In Fernand Légers *Ballet Mécanique* ist die Aufnahmeapparatur der Kamera mehrfach in einer Spiegelung zu sehen; zu Beginn von László Moholy-Nagys *Ein Lichtspiel, schwarz, weiß, grau* hält eine Hand einen Filmstreifen ins Bild. Der Rekurs aufs eigene Medium dient auch im Absoluten Film der Rückversicherung, nichts Natürlichem beizuwohnen, sondern etwas apparativ Verfertigtes, einen Film zu sehen. Auch der Absolute Film vertritt den Anspruch aller Avantgarden, Kunst in Lebenspraxis zu überführen, und zwar insofern, als seine Vertreter im Medium Film die Utopie einer „universalen Sprache von reiner Form" (Rees 1998, S. 91) verwirklicht sehen. Diese soll eine politische und gesellschaftliche Transformation befördern, aus der in Abkehr vom Individualismus eine neue Kunst der und für die Massen hervorgeht. Sie

> betrachteten ihre Kunst als Teil eines neuen Ganzen, in dem die Kunst nicht mehr dem Einzelnen vorbehalten sein würde, sondern als Teil des Ganzen gestaltend wirksam wäre. In diesem Sinne wollte der Künstler selbst nicht mehr länger das schöpferisch-geniale Individuum der bürgerlichen Kultur sein, sondern sich dem Anspruch hingeben, als Teil das Ganze mitzugestalten. (Mank 1993, S. 83)

Wie diffus und politisch fragwürdig diese Konzepte rückblickend wirken, zeigt die Tatsache, dass Walter Ruttmann, der noch 1924 die abstrakte Falkentraum-Sequenz für Fritz Langs *Nibelungen* und zwei Jahre später die Hintergründe für den ersten abendfüllenden Animationsfilm, Lotte Reinigers *Die Abenteuer des Prinzen Achmed* (D 1926), erstellt, sich in den 1940er Jahren dem nationalsozialistischen Regime andient, für das er mehrere Propagandafilme realisiert. Mit der Machtübernahme der Nazis 1933 geht die für die Filmgeschichte so produktive Phase des Absoluten Films in Deutschland zu Ende.

Exemplarische Filme

Film ist Rhythmus (*Rhythmus 21*, D 1923, Hans Richter)
Symphonie Diagonale (*Diagonal-Symphonie*, D 1924, Viking Eggeling)
Opus 2, 3 und *4* (D 1921–1925, Walter Ruttmann)
Ballet Mécanique, (F 1924, Fernand Leger/Dudley Murphy)
Entr'acte (F 1924, Francis Picabia/René Clair)
Alle Kreise erfasst Tolirag (D 1932, Oskar Fischinger)

Einführungsliteratur

Gehr, Herbert. Hrsg. 1993. *Sound & Vision. Musikvideo und Filmkunst*. Frankfurt am Main: Deutsches Filmmuseums.
Rees, A. L. 1998. Das Kino und die Avantgarde. In *Geschichte des internationalen Films*, hrsg. Geoffrey Nowell-Smith, 89–98. Stuttgart: Metzler.

Literatur

Abel, Marco. 2013. *The counter-cinema of the Berlin school*. Rochester: Camden House.
Abel, Richard. 1984. *French cinema. The first wave 1915–1929*. Princeton: Princeton University Press.
Aitken, Ian. 2009. The British documentary film movement. In *The British cinema book,* Hrsg. Robert Murphy, 177–184. London: BFI.
Aleiss, Angela. 2005. *Making the white man's Indian: Native Americans and hollywood movies*. Wesport: Praeger.
Anderson, Eric Gary. 1998. Driving the red road. „Powwow Highway" (1989). In *Hollywood's Indian: The portrayal of the native American film,* Hrsg. Peter C. Rollins und John E. O'Connor, 137–152. Lexington: University Press of Kentucky.
Andrew, Geoff. 1999. *Stranger than Paradise. Mavericks – Regisseure des amerikanischen Independent-Kinos*. Mainz: Bender.
Andrew, James Dudley. 1995. *Mists of regret. Culture and sensibility in classic french film*. Princeton: Princeton University Press.
Asper, Helmut G. 2005. *Filmexilanten im Universal Studio*. Berlin: Bertz + Fischer.
Astruc, Alexandre. 1964. Die Geburt einer neuen Avantgarde: die Kamera als Federhalter. In *Der Film. Manifeste, Gespräche, Dokumente,* Hrsg. Theodor Kotulla, 111–115. München: Piper.
Austin, Guy. 1996. *Contemporary French cinema*. Manchester: Manchester University Press.
Balázs, Béla. 2001. *Der Geist des Films*. Frankfurt a. M.: Suhrkamp.
Bañuz, Christian Checa. 2006. *Great directors* (Issue 41: Léos Carax). http://sensesofcinema.com/2006/great-directors/carax. Zugegriffen: 27. März 2013.
Barr, Charles. 2009. Before *Blackmail*. Silent British cinema. In *The British cinema book*. 3. Aufl., Hrsg. Robert Murphy, 145–154. London: BFI.
Barthes, Roland. 1956. Probleme des literarischen Realismus. *Akzente* 3:303–307.
Baudrillard, Jean. 1978. Geschichte – Ein Rétro-Szenario. In *Kool Killer oder der Aufstand der Zeichen,* 49–58. Berlin: Merve.
Baudrillard, Jean. 1991. *Der symbolische Tausch und der Tod*. München: Fink.

Baxmann, Inge. 1999. Ästhetisierung des Raums und nationale Physis. Zur Kontinuität politischer Ästhetik vom frühen 20. Jahrhundert zum Nationalsozialismus. In *Ästhetik des Politischen – Politik des Ästhetischen,* Hrsg. Karlheinz Barck und Richard Faber, 79–96. Würzburg: Königshausen & Neumann.

Bazin, André. 2009a. Die Entwicklung der Filmsprache. In *Was ist Film?* Hrsg. Robert Fischer, 90–109. Berlin: Alexander.

Bazin, André. 2009b. Der filmische Realismus und die italienische Schule nach der Befreiung. In *Was ist Film?* Hrsg. Robert Fischer, 295–326. Berlin: Alexander.

Benjamin, Walter. 1977. Erwiderung an Oscar A. H. Schmitz. In *Gesammelte Schriften.* Bd. II., Hrsg. Rolf Tiedemann und Hermann Schweppenhäuser, 751–755. Frankfurt a. M.: Suhrkamp.

Berger, Jürgen. 1981. Die Projektion. Anmerkungen zur Geschichte der Laterna Magica. In *Laterna Magica – Vergnügen, Belehrung, Unterhaltung. Der Projektionskünstler Paul Hoffmann (1829–1888),* Hrsg. Historisches Museum Frankfurt, 29–54. Frankfurt a. M.: o. A.

Beugnet, Martine. 2007. *Cinema and sensation: French film and the art of transgression.* Edinburgh: Edinburgh University Press.

Beyerle, Monika. 1997. *Authentisierungsstrategien im Dokumentarfilm. Das amerikanische Direct Cinema der 60er Jahre.* Trier: WVT.

Blanchet, Robert. 2003. *Blockbuster. Ästhetik, Ökonomie und Geschichte des Postklassischen Hollywoodkinos.* Marburg: Schüren.

Blumenberg, Hans.-C. 1976. Das *Neue Hollywood.* In *New Hollywood* (Reihe Film 10), Hrsg. Peter W. Jansen und Wolfram Schütte, 23–58. München: Hanser.

Bordwell, David. 1980. *French impressionist cinema: Film culture, film theory and film style.* New York: Arno Press.

Bordwell, David. 1986. Classical hollywood cinema. Narrational principles and procedures. In *Narrative, apparatus, ideology. A film theory reader,* Hrsg. Philip Rosen, 17–34. New York: Columbia University Press.

Bordwell, David. 1997. *On the history of film style.* Cambridge: Harvard University Press.

Bordwell, David. 2002. Intensified continuity. Visual style in contemporary American film. *Film Quaterly* 55 (3): 16–28.

Bordwell, David, Janet Staiger, und Kristin Thompson. 1985. *The classical hollywood cinema. Film style and mode of production to 1960.* London: Routledge.

Bordwell, David, et al. 1998. *Die Filmgespenster der Postmoderne.* Frankfurt a. M.: Verlag der Autoren.

Braudy, Leo. 1989. *Jean Renoir. The world of his films.* New York: Columbia University Press.

Brewster, David. 1856. *The stereoscope: Its history, theory, and construction.* London: John Murray. https://archive.org/stream/stereoscopeitsh00brewgoog#page/n6/mode/2up. Zugegriffen: 4. April 2014.

Brill, Olaf. 2012. *Der Caligari-Komplex.* München: Belleville.

Bruzzi, Stella. 2006. *New documentary.* 2. Aufl. New York: Routledge.

Buchka, Peter. 1983. *Augen kann man nicht kaufen. Wim Wenders und seine Filme.* Frankfurt a. M.: Hanser.

Bulgakowa, Oksana. 1997. *Sergej Eisenstein. Eine Biographie.* Berlin: Potemkin.

Bulgakowa, Oksana. 2016. *Sinnfabrik. Fabrik der Sinne.* Berlin: Potemkin Press.

Cizek, Katerina. 2006. Die Handicam-Revolution. In *Dokumentarfilm im Umbruch. Kino – Fernsehen – Neue Medien,* Hrsg. Peter Zimmermann und Kay Hoffmann, 213–234. Konstanz: UVK (Close Up 19).

Christen, Thomas. 2008. Postmoderne und Film. In *Einführung in die Filmgeschichte: New Hollywood bis Dogma 95,* Hrsg. Thomas Christen und Robert Blanchet, 358–394. Marburg: Schüren.

Comolli, Jean-Louis. 2006. Der Umweg über das direct. In *Bilder des Wirklichen. Texte zur Theorie des Dokumentarfilms,* hrsg. Eva Hohenberger, 218–239. Berlin: Vorwerk 8.

Damann, Lars. 2007. *Kino im Aufbruch. New Hollywood 1967–1976.* Marburg: Schüren.

Deleuze, Gilles. 1997. *Kino I. Das Bewegungs-Bild*. Frankfurt a. M.: Suhrkamp.

Distelmeyer, Jan. 2008. Die Tiefe der Oberfläche. Bewegungen auf dem Spielfeld des postklassischen Hollywood-Kinos. In *Oberflächenrausch. Postmoderne und Postklassik im Kino der 90er Jahre,* Hrsg. Jens Eder, 63–95. Hamburg: LIT.

Donner, Wolf. 1995. *Propaganda und Film im „Dritten Reich".* Berlin: TIP.

Eco, Umberto. 1986. Postmodernismus, Ironie und Vergnügen. In *Nachschrift zum ‚Namen der Rose',* 76–84. München: Hanser.

Eder, Jens. 2000. *Dramaturgie des populären Films. Drehbuchpraxis und Filmtheorie*. Münster: LIT.

Eder, Jens, Hrsg. 2008. *Oberflächenrausch. Postmoderne und Postklassik im Kino der 90er Jahre*. Hamburg: LIT.

Eisenstein, Sergej M. 1974. Zur Frage eines materialistischen Zugangs zur Form. In *Schriften 1,* Hrsg. Hans-Joachim Schlegel, 230–238. München: Hanser.

Eisenstein, Sergej M. 1975. Intellektuelle Montage. In *Schriften 3,* Hrsg. Hans-Joachim Schlegel, 242–243. München: Hanser.

Eisenstein, Sergej M. 1988. Das dynamische Quadrat. In *Schriften zum Film,* Hrsg. Oksana Bulgakowa und Dietmar Hochmuth. Leipzig: Reclam.

Eisenstein, Sergej M. o. J. Dickens, Griffith und wir. In *Gesammelte Aufsätze I,* 60–136. Zürich: Arche.

Eisner, Lotte H. 1990. Die dämonische Leinwand. Frankfurt a. M.: Fischer.

Ėjchenbaum, Boris. 2005. Probleme der Filmstilistik. In *Poetika Kino. Theorie und Praxis des Films im russischen Formalismus,* Hrsg. Wolfgang Beilenhoff, 20–55. Frankfurt a. M.: Suhrkamp.

Elsaesser, Thomas. 1989. *New German cinema. A history*. New Brunswick: Rutgers University Press.

Elsaesser, Thomas. 1999. *Das Weimarer Kino – aufgeklärt und doppelbödig*. Berlin: Vorwerk 8.

Elsaesser, Thomas. 2001. *Rainer Werner Fassbinder*. Berlin: Bertz.

Engell, Lorenz. 2000. Vorwort. In *Jenseits des Bildes. Poetik des französischen Films der zwanziger Jahre,* Hrsg. Oliver Fahle, 7–10. Mainz: Bender.

Epstein, Jean. 2008. Kinoanalyse oder Poesie aus industrieller Fertigung. In *Jean Epstein. Bonjour Cinéma und andere Schriften zum Kino,* Hrsg. Nicole Brenez und Ralph Eue, 110–117. Wien: SYNEMA – Gesellschaft für Film und Medien.

Eroms, Hans-Werner. 2008. *Stil und Stilistik. Eine Einführung*. Berlin: Schmidt.

Fahle, Oliver. 2000. *Jenseits des Bildes. Poetik des französischen Films der zwanziger Jahre*. Mainz: Bender.

Felix, Jürgen. 2002a. Jean-Jacques Beineix. In *Filmregisseure,* Hrsg. Thomas Koebner, 45–48. Stuttgart: Reclam.

Felix, Jürgen. Hrsg. 2002b. *Die Postmoderne im Kino. Ein internationaler Reader*. Marburg: Schüren.

Fiedler, Leslie. 1984. Überquert die Grenze – Schließt den Graben. Über die Postmoderne. In *März-Mammut. März-Texte,* Hrsg. Jörg Schröder, 673–697. Herbstein: März.

Fischer, Andres, und Veit Loers, Hrsg. 1997. *Im Reich der Phantome. Fotografie des Unsichtbaren*. Ostfildern-Ruit: Hatje Cantz.

Fischer, Robert, und Joe Hembus. 1981. *Der Neue Deutsche Film 1960–1980*. München: Goldmann.

Flusser, Vilém. 1998. *Vom Subjekt zum Projekt*. Frankfurt a. M.: Fischer

Freyermuth, Gundolf S. 2000. Synthetische Realitäten. *C'T – Magazin für Computertechnik* 16:206–210.

Frisch, Simon. 2007. *Mythos Nouvelle Vague. Wie das Kino in Frankreich neu erfunden wird*. Marburg: Schüren.

Fritz, Horst. 2002. Impressionistischer Film. In *Sachlexikon des Films,* Hrsg. Thomas Koebner, 268–269. Stuttgart: Reclam.

Giesen, Rolf, und Claudia Meglin. 2000. *Künstliche Welten. Tricks, Special Effects und Computeranimation im Film von den Anfängen bis heute*. Hamburg: Europa.

Gor'kij, Maksim. 1974. Über sowjetische Literatur. In *Sozialistische Realismuskonzeptionen. Dokumente zum 1. Allunionskongreß der Sowjetschriftsteller,* Hrsg. Hans-Jürgen Schmitt und Godehard Schramm, 51–84. Frankfurt a. M.: Suhrkamp.

Gray, Frank. 2004. The kiss in the tunnel (1899). G. A. Smith and the emergence of the edited film in England. In *The silent cinema reader,* Hrsg. Lee Grieveson und Peter Krämer, 51–61. London: Routledge.

Greene, Naomi. 2007. *The French new wave. A new look*. London: Wallflower Press.

Grierson, John. 2006. Grundsätze des Dokumentarfilms. In *Bilder des Wirklichen. Texte zur Theorie des Dokumentarfilms,* Hrsg. Eva Hohenberger, 90–102. Berlin: Vorwerk 8.

Grob, Norbert. 1993. Film der sechziger Jahre. In *Geschichte des deutschen Films,* Hrsg. Wolfgang Jacobsen, Anton Kaes, und Hans-Helmut Prinzler, 207–244. Stuttgart: Metzler.

Grob, Norbert. 2002a. Hollywood. In *Sachlexikon des Films,* Hrsg. Thomas Koebner, 256–263. Stuttgart: Reclam.

Grob, Norbert. 2002b. New Hollywood. In *Sachlexikon des Films,* Hrsg. Thomas Koebner, 418–423. Stuttgart: Reclam.

Grob, Norbert. 2006. Bruch der Weltenlinie, Bilder der Auflösung. Neun Annotationen zu Altman und New Hollywood. In *Robert Altman. Abschied vom Mythos Amerika,* Hrsg. Thomas Klein und Thomas Koebner, 63–77. Mainz: Bender.

Grob, Norbert, et al. Hrsg. 2006. *Nouvelle Vague*. Mainz: Bender.

Grob, Norbert, Hans-Helmut Prinzler, und Eric Rentschler. 2012. *Neuer Deutscher Film*. Stuttgart: Reclam.

Gunning, Tom. 1994. *D. W. Griffith and the origins of American narrative film. The early years at biograph*. Urbana: University of Illinois Press.

Gunning, Tom. 1996. Das Kino der Attraktionen. Der frühe Film, seine Zuschauer und die Avantgarde. *Meteor* 4:25–34.

Hagener, Malte. 2007. *Moving forward, looking back. The European avant-garde and the invention of film culture, 1919–1939*. Amsterdam: Amsterdam University Press.

Hall, Sheldon. 2002. Tall revenue features: The genealogy of the modern blockbuster. In *Genre and contemporary hollywood,* Hrsg. Steven Neale, 11–26. London: BFI.

Hartmann, Britta. 2007. Von roten Heringen und blinden Motiven. Spielarten falscher Fährten im Film. In *Falsche Fährten in Film und Fernsehen,* Hrsg. von Patric Blaser, Andrea B. Braidt, Anton Fuxjäger, und Brigitte Mayr, 33–52 (Maske und Kothurn Jg. 53, H. 2–3). Wien: Böhlau.

Hauge, Michael. 1991. *Writing screenplays that sell*. New York: Harper Collins.

Hayward, Susan. 2005. *French national cinema*. London: Routledge.

Heberlein, Jana. 2012. *Die Neue Berliner Schule. Zwischen Verflachung und Tiefe. Ein ästhetisches Spannungsfeld in den Filmen von Angela Schanelec*. Stuttgart: Ibidem.

Helbig, Jörg. 1999. *Geschichte des britischen Films*. Stuttgart: Metzler.

Herbst, Helmut. 1993. Mit der Technik denken: Konstruktion einer Augenmusik. In *Sound & Vision. Musikvideo und Filmkunst,* Hrsg. Herbert Gehr, 36–41. Frankfurt a. M.: Schriftenreihe des Deutschen Filmmuseums.

Hickethier, Knut. 2002. Abschied von gestern. In *Filmklassiker* (Bd. 3: 1965–1981), Hrsg. Thomas Koebner, 60–64. Stuttgart: Reclam.

Hicks, Jeremy. 2007. *Dziga Vertov. Defining Documentary Film*. London: Tauris.

Hill, John. 1986. *Sex, class and realism. British cinema*, 1956–1963. London: BFI.

Hoberg, Almuth. 1999. *Film und Computer. Wie digitale Bilder den Spielfilm verändern*. Frankfurt a. M.: Campus.

Hoffmann, Kay. 2006. Digitalisierung – technische und ästhetische Innovation. In *Dokumentarfilm im Umbruch. Kino – Fernsehen – Neue Medien,* Hrsg. Peter Zimmermann und Kay Hoffmann, 65–74. Konstanz: UVK (Close Up 19).

Hohenberger, Eva. 2006. Dokumentarfilmtheorie. Ein historischer Überblick über Ansätze und Probleme. In *Bilder des Wirklichen. Texte zur Theorie des Dokumentarfilms,* Hrsg. Eva Hohenberger, 9–33. Berlin: Vorwerk 8.

Horeck, Tanya, und Tina Kendall, Hrsg. 2013. *The new extremism in cinema: From France to Europe.* Edinburgh: Edinburgh University Press.

Hutchings, Peter. 2009. Beyond the new wave: Realism in British cinema, 1959–1963. In *The British cinema book.* 3. Aufl., Hrsg. Robert Murphy, 304–312. London: BFI.

Jameson, Fredric. 1989. Postmoderne – zur Logik der Kultur im Spätkapitalismus. In *Postmoderne. Zeichen eines kulturellen Wandels,* Hrsg. Andreas Huyssen und Klaus R. Scherpe, 45–102. Reinbek bei Hamburg: Rowohlt.

Janovich, Marc, Hrsg. 2002. *Horror. The film reader.* London: Routledge.

Jansen, Peter W. 2002. Einer mit Herz. In *Die Postmoderne im Kino. Ein internationaler Reader,* Hrsg. Jürgen Felix, 31–37. Marburg: Schüren.

Jansen, Peter W., und Wolfram Schütte. 1976. *Francis Ford Coppola* (Reihe Film, 33). München: Hanser.

Jencks, Charles. 1980. *Die Sprache der postmodernen Architektur. Die Entstehung einer alternativen Tradition.* Stuttgart: DVA.

Jenkins, Henry. 1995. Historical poetics. In *Approaches to popular film,* Hrsg. Joanne Hollows und Mark Jancovich, 99–122. Manchester: Manchester University Press.

Kaes, Anton. 2004. Film in der Weimarer Republik. In *Geschichte des deutschen Films.* 2. Aufl., Hrsg. Wolfgang Jacobsen, Anton Kaes, und Hans Helmut Prinzler, 39–98. Stuttgart: Metzler.

Kaes, Anton. 2011. *Shell shock cinema: Weimar culture and the wounds of war.* Princeton: Princeton University Press.

Kaplan, Louis. 2008. *The strange case of William Mumler: Spirit photographer.* Minneapolis: University of Minnesota Press.

Kappelhoff, Hermann. 1995. *Der möblierte Mensch. G. W. Pabst und die Utopie der Sachlichkeit. Ein poetologischer Versuch zum Weimarer Autorenkino.* Berlin: Vorwerk 8.

Kasten, Jürgen. 1990. *Der expressionistische Film. Abgefilmtes Theater oder avantgardistisches Erzählkino? Eine stil-, produktions- und rezeptionsgeschichtliche Untersuchung* (Film- und Fernsehwissenschaftliche Arbeiten). Münster: MakS Publ.

Kepley, Vance, Jr. 1995/1996. Pudovkin, socialist realism, and the classical hollywood style. *Journal of Film and Video* 47 (4): 3–16.

Kepley, Vance, Jr. 1996. The first perestroika: Soviet cinema under the first five-year plan. *Cinema Journal* 35 (4): 31–53.

Kerr, Alfred. 1927. *Russische Filmkunst.* Berlin: Ernst Pollak.

Kiefer, Bernd. 1993. Kulturmontage im Posthistoire. Zur Filmästhetik von Hans-Jürgen Syberberg. In *Montage in Theater und Film,* Hrsg. Horst Fritz, 229–248. Tübingen: Francke.

Kiefer, Bernd. 1999. Werner Herzog. In *Filmregisseure,* Hrsg. Thomas Koebner, 299–303. Stuttgart: Reclam.

Kilpatrick, Jacquelyn. 1999. *Celluloid Indians: Native Americans and film.* Lincoln: University of Nebraska Press.

Kittler, Friedrich. 1986. *Grammophon Film Typewriter.* Berlin: Brinkmann & Bose.

Klein, Thomas. 2009. So viel Verwirrung stiften wie möglich. John Cassavetes. In *Kino des Minimalismus,* Hrsg. Norbert Grob, Bernd Kiefer, et al., 116–127. Mainz: Bender.

Klotz, Heinrich. 1994. *Kunst im 20. Jahrhundert. Moderne – Postmoderne – Zweite Moderne.* München: Beck.

Knight, Julia. 1995. *Frauen und der Neue Deutsche Film.* Marburg: Schüren.

Koebner, Thomas. 2006. Von Verrückten und Tollhäusern. Ein Querschnitt durch die Filme. In *Robert Altman. Abschied vom Mythos Amerika,* Hrsg. Thomas Klein und Thomas Koebner, 10–62. Mainz: Bender.

Kolker, Robert. 2001. *Allein im Licht*. München: Diana.

Kracauer, Siegfried. 1999. *Von Caligari zu Hitler. Eine psychologische Geschichte des deutschen Films*. Frankfurt a. M.: Suhrkamp.

Kramer, Peter. 1998. Post-classical hollywood. In *The Oxford guide to film studies,* Hrsg. John Hill und Pamela Church Gibson, 289–309. New York: Oxford University Press.

Krützen, Michaela. 2010. *Dramaturgien des Films. Das etwas andere Hollywood*. Frankfurt a. M.: Fischer.

Kuleshov, Lev. 1974. The principles of montage. In *Kuleshov on Film. Writings of Lev Kuleshov,* Hrsg. Ronald Levaco. Berkeley: University of California Press.

Lenssen, Claudia. 1993. Film der siebziger Jahre. Die Macht der Gefühle. In *Geschichte des deutschen Films,* Hrsg. Wolfgang Jacobsen, Anton Kaes, und Hans-Helmut Prinzler, 245–280. Stuttgart: Metzler.

Logan, Philip C. 2011. *Humphrey jennings and British documentary film: A re-assessment*. Farnham: Ashgate.

Loiperdinger, Martin. 1987. *Der Parteitagsfilm „Triumph des Willens" von Leni Riefenstahl. Rituale der Mobilmachung*. Opladen: Leske & Budrich.

Lyotard, Jean-François. 1986. *Das postmoderne Wissen: ein Bericht*. Graz: Passagen.

Mank, Thomas. 1993. Die Kunst des Absoluten Films. In *Sound & Vision. Musikvideo und Filmkunst,* Hrsg. Herbert Gehr, 72–87. Frankfurt a. M.: Schriftenreihe des Deutschen Filmmuseums.

Margolit, Evgenij. 1999. Der Film unter Parteikontrolle. In *Geschichte des sowjetischen und russischen Films,* Hrsg. Christine Engel, et al., 99–103. Stuttgart: Metzler.

Marie, Michel. 2008. *The French new wave. An artistic school*. Malden: Blackwell.

Mauer, Roman. 2012. Alice in den Städten. In *Neuer Deutscher Film,* Hrsg. Norbert Grob, Hans-Helmut Prinzler, und Eric Rentschler, 207–215. Stuttgart: Reclam.

Monaco, James. 2004. *The new wave. Truffaut, Godard, Chabrol, Rohmer, Rivette*. 3. Aufl. New York: Harbor Electronic.

Morandini, Morando. 2006. Italien: Vom Faschismus zum Neorealismus. In *Geschichte des Internationalen Films,* Hrsg. Geoffrey Nowell Smith, 318–326. Stuttgart: Metzler.

Müller, Marion. 2002. Abstrakter Film/absoluter Film/Cinéma pur. In *Sachlexikon des Films,* Hrsg. Thomas Koebner, 9–12. Stuttgart: Reclam.

Müller, Wolfgang G. 2009. Epochenstil/Zeitstil. In *Rhetorik und Stilistik,* Hrsg. Ulla Fix, et al., Bd. 2, 1271–1285. Berlin: de Gruyter.

Mundhenke, Florian. 2015. Von der medialen Hybridisierung zur intermedialen Konvergenz des Dokumentarfilms: Der Fall der Webdokumentation. In *Transmediale Genre-Passagen. Interdisziplinäre Perspektiven,* Hrsg. Ivo Ritzer und Peter W. Schulze, 253–265. Wiesbaden: Springer Fachmedien.

Nembach, Eberhard. 2001. *Stalins Filmpolitik. Der Umbau der sowjetischen Filmindustrie 1929–1938*. St. Augustin: Gardez.

Neumann, Kerstin-Luise. 2002. Blockbuster. In *Sachlexikon des Films,* Hrsg. Thomas Koebner, 82–83. Stuttgart: Reclam.

Newman, Michael Z. 2011. *Indie: An American film culture*. New York: Columbia University Press.

Nichols, Bill. 2006. Dokumentarfilm – Theorie und Praxis. In *Bilder des Wirklichen. Texte zur Theorie des Dokumentarfilms,* Hrsg. Eva Hohenberger, 148–164. Berlin: Vorwerk.

Nichols, Bill. 2010. *Introduction to documentary*. 2. Aufl. Bloomington: Indiana University Press.

Nowell-Smith, Geoffrey, Hrsg. 1998. *Geschichte des internationalen Films*. Stuttgart: Metzler.

Odin, Roger. 2006. Dokumentarischer Film – dokumentarisierende Lektüre. In *Bilder des Wirklichen. Texte zur Theorie des Dokumentarfilms,* Hrsg. Eva Hohenberger, 259–275. Berlin: Vorwerk 8.

Olsson, Jan. 2004. Framing silent calls: Coming to cinematographic terms with telephony. In *Allegories of communication. Intermedial concers from cinema to the digital* (Stockholm Studies in Cinema, 4), Hrsg. John Fullerton und Jan Olsson, 157–192. Bloomington: Indiana University Press.

Palmer, Robert Barton. 1986. What was new in the British new wave? Reviewing room at the top. *Journal of Popular Film and Television* 14 (3): 125–135.

Palmer, Tim. 2006. Under your skin: Marina de Van and the contemporary French cinéma du corps. *Studies in French Cinema* 6 (3): 171/1. doi:10.1386/sfci.

Palmer, Tim. 2011. *Brutal intimacy: Analyzing contemporary French cinema.* Middletown: Wesleyan University Press.

Perinelli, Massimo. 2009. *Fluchtlinien des Neorealismus.* Bielefeld: Transcript.

Pflaum, Hans Günther. 1976. Hal Ashby. Erschütterung zum Leben. In *New Hollywood.* (Reihe Film 10), Hrsg. Peter W. Jansen und Wolfram Schütte, 83–92. München: Hanser.

Pizzera, Johanna. 2010. *Cinéma du look: Spiegel einer Generation.* Saarbrücken: VDM.

Plumb, Steve. 2006. *Neue Sachlichkeit 1918–1933. Unity and Diversity of an Art Movement.* Amsterdam: Rodopi.

Prats, Armando José. 2002. *Invisible natives. Myth & identity in the American western.* Ithaca: Cornell University Press.

Prümm, Karl. 2006. Menschen am Sonntag. In *Filmklassiker. Beschreibungen und Kommentare. Teil: 1. 1913–1945.* 5. Aufl., Hrsg. Thomas Koebner. Stuttgart: Reclam.

Pudowkin, W. I. 1961. *Filmtechnik. Filmmanuskript und Filmregie,* Hrsg. Leonore Kündig. Zürich: Arche.

Quandt, James. 2004. Flesh and Blood. Sex and Violence in Recent French Cinema. Artforum. http://www.artforum.com/archive/issue=200402&id=6199. Zugegriffen: 25. März 2014.

Rauscher, Andreas. 2005. *Die Metamorphosen von Lynchland. Hermetische Filmwelten, offene Texte und der Rasenmäher-Mann auf dem LOST HIGHWAY.* http://www.andreas-rauscher.de/david_lynch.htm. Zugegriffen: 1. März 2014.

Rees, A. L. 1998. Das Kino und die Avantgarde. In *Geschichte des internationalen Films,* Hrsg. Geoffrey Nowell-Smith. Stuttgart: Metzler.

Renoir, Jean. 1975. *Mein Leben und meine Filme.* München: Piper.

Rentschler, Eric. 2006a. Deutschland: Das „dritte Reich" und die Folgen. In *Geschichte des Internationalen Films,* Hrsg. Geoffrey Nowell Smith, 338–347. Stuttgart: Metzler.

Rentschler, Eric. 2006b. *Ministry of illusion. Nazi cinema and its afterlife.* Cambridge: Harvard University Press.

Riegl, Alois. 1901. *Die spätrömische Kunst-Industrie nach den Funden in Österreich-Ungarn.* Wien: Druck und Verlag der Kaiserlich-Königlichen Hof- und Staatsdruckerei.

Roberts, Graham. 1999. *Forward Soviet! history and non-fiction film in the USSR.* London: Tauris.

Rossellini, Roberto. 1987. Interview von Maurice Schérer und François Truffaut (Original 1954). In *Roberto Rossellini,* Hrsg. Peter W. Jansen und Wolfram Schütte, 59–74. München: Hanser.

Roth, Wilhelm. 1982. *Der Dokumentarfilm seit 1960.* München: Verlag C. J. Bucher GmbH.

Rotha, Paul. 1935. *Documentary film.* London: Faber and Faber.

Rouch, Jean. 1978. Die Kamera und der Mensch. In *Jean Rouch,* Hrsg. Freunde der Deutschen Kinemathek e. V., 2–22. Berlin: Deutsche Kinemathek.

Sachs, Hanns. 1997. Psychoanalyse. Rätsel des Unbewußten. In *G. W. Pabst,* Hrsg. Wolfgang Jacobsen, 175–184. Berlin: Argon.

Sadoul, Georges. 1948. *Histoire générale du cinéma II: Les pionniers du cinéma, 1897–1909.* Paris: Denoël.

Sadoul, Georges. 1982. *Geschichte der Filmkunst*. Frankfurt a. M.: Fischer.

Sadoul, Georges. 1946. Early film production in England: The origin of montage, close-ups, and chase sequence. *Hollywood Quarterly* 1 (3):249–259.

Salt, Barry. 2009. *Film style and technology: History and analysis*. 3. Aufl. London: Starword.

Schatz, Thomas. 1981. *Hollywood genres. Formulas, filmmaking, and the studio system*. Philadelphia: Temple University Press.

Schelsky, Helmut. 1957. *Die skeptische Generation. Eine Soziologie der deutschen Jugend*. Düsseldorf: Eugen Diederichs Verlag.

Schlappner, Martin. 1958. *Von Rossellini zu Fellini*. Zürich: Origo.

Schwenk, Johanna. 2012. *Leerstellen – Resonanzräume. Zur Ästhetik der Auslassung im Werk des Filmregisseurs Christian Petzold*. Baden-Baden: Nomos.

Seeßlen, Georg. 2003. *Martin Scorsese*. Berlin: Bertz.

Shub, Esfir. 1994a. This work cries out. In *The film factory. Russian and Soviet cinema in documents 1896–1939*, Hrsg. Robert Taylor und Ian Christie, 217. London: Routledge.

Shub, Esfir. 1994b. We do not deny the element of mastery. In *The film factory. Russian and Soviet cinema in documents 1896–1939*, Hrsg. Robert Taylor und Ian Christie, 185–186. London: Routledge.

Sieber, Anja. 1993. *Vom Hohn zur Angst. Die Sozialkritik Jacques Préverts in den Filmen von Marcel Carné*. Rodenbach: Avinus-Verlag.

Šklovskij, Viktor. 2005. Wohin schreitet Dziga Vertov? In *Poetika Kino. Theorie und Praxis des Films im russischen Formalismus*, Hrsg. Wolfgang Beilenhoff, 285–288. Frankfurt a. M.: Suhrkamp.

Sobchack, Vivian. 2006. Die Einschreibung des ethischen Raums – Zehn Thesen über Tod, Repräsentation und Dokumentarfilm. In *Bilder des Wirklichen. Texte zur Theorie des Dokumentarfilms*, Hrsg. Eva Hohenberger, 165–194. Berlin: Vorwerk 8.

Sontag, Susan. 1964. One culture and the new sensibility. In *Against interpretation*, 293–304. New York: Farrar, Straus & Giroux.

Sontag, Susan. 1980. Syberbergs Hitler. In *Syberbergs Hitler-Film*, Hrsg. Klaus Eder, 7–32. München: Hanser.

Sontag, Susan. 1995. *Kunst und Antikunst. 24 literarische Analysen*. Frankfurt a. M.: Fischer.

Sowinski, Bernhard. 1994. Epochenstil. In *Historisches Wörterbuch der Rhetorik*, Hrsg. Gert Ueding, Bd. 2, 1319–1325. Tübingen: Niemeyer.

Swann, Paul. 1989. The British Documentary Film Movement, 1926–1946. Cambridge: Cambridge University Press.

Toeplitz, Jerzy. 1979. *Geschichte des Films. Bd. 1, 1895–1928*. Berlin: Henschel.

Treber, Karsten. 2005. *Auf Abwegen. Episodisches Erzählen im Film* (Filmstudien, 42). Remscheid: Gardez!

Tröhler, Margrit. 2007. *Offene Welten ohne Helden. Plurale Figurenkonstellationen im Film* (Zürcher Filmstudien, 15). Marburg: Schüren.

Tsivian, Yuri. 1991. Early Russian cinema: Some observations. In *Inside the film factory. New approaches to Russian and Soviet cinema*, Hrsg. Richard Taylor und Ian Christie, 7–30. London: Routledge.

Tzioumakis, Yannis. 2006. *American independent cinema: An introduction*. Edinburgh: Edinburgh University Press.

Ungureit, Heinz. 1976. Robert Altman. In *New Hollywood* (Reihe Film, 10), Hrsg. Peter W. Jansen und Wolfram Schütte, 59–82. München: Hanser.

Vardac, Nicholas A. 1968. *Stage to screen: Theatrical method from Garrick to Griffith*. New York: Benjamin Bloom.

Vertov, Dziga. 1973. *Schriften zum Film*, Hrsg. Wolfgang Beilenhoff. München: Hanser.

Vertov, Dziga. 2000. *Tagebücher/Arbeitshefte*, Hrsg. Thomas Tode. Konstanz: UVK.

Vossen, Ursula. 2002. Léos Carax. In *Filmregisseure,* Hrsg. Thomas Koebner, 106–108. Stuttgart: Reclam.

Wach, Margarete. 2006. Zufallskombinationen im offenen Netz der Lebenswege. Das episodische Erzählprinzip in SHORT CUTS und die Folgen. In *Robert Altman,* Hrsg. Thomas Klein und Thomas Koebner, 78–105. Mainz: Bender.

Wayne, Mike. 2006. The performing northern working class in British cinema. Cultural representation and its political economy. *Quarterly Review of Film and Video* 23:287–297.

Welsch, Wolfgang. 2002. *Unsere postmoderne Moderne*. Berlin: Akademie Verlag.

Wenders, Wim. 1975. *Texte zu Musik und Filmen*. Berlin: Freunde der Deutschen Kinemathek e. v.

Wenders, Wim. 2006. „In no city, and no country". Flüchtige Notizen zum Unterwegs-Sein. In *Road movies,* Hrsg. Norbert Grob und Thomas Klein, 21–39, Mainz: Bender.

Wydra, Thilo. 1999. Volker Schlöndorff. In *Filmregisseure,* Hrsg. Thomas Koebner, 613–617. Stuttgart: Reclam.

www.filmportal.de/film/studie-6_20c3a54a732040dea16d8c0b4fb671fd. Zugegriffen: 24. Juni 2013.

Zavattini, Cesare. 1964. Einige Gedanken zum Film. In *Der Film: Manifeste, Gespräche, Dokumente*. Bd. 2, Hrsg. Theodor Kotulla, 11–27. München: Piper.

Zglinicki, Friedrich von. 1979a. *Der Weg des Films 1: Textband*. Hildesheim: Olms.

Zglinicki, Friedrich von. 1979b. *Der Weg des Films 2: Bildband*. Hildesheim: Olms.

Individualstile

4

4.1 Einleitung

Bei der Analyse eines Individualstils wird in dem Werk eines Künstlers nach signifikanten Eigenarten geforscht. Wiederkehrende Merkmale lassen auf eine charakteristische Arbeitsweise des Künstlers schließen und sich als seine Handschrift, sein Fingerabdruck oder Markenzeichen deuten. Markant kommen solche Merkmale zum Vorschein, wenn sich unterschiedliche Maler dem gleichen Motiv widmen, verschiedene Regisseure den gleichen Stoff inszenieren oder das Remake eines Films produziert wird. Auftretende Unterschiede unterstreichen dabei die Unabhängigkeit des Stils vom Inhalt und etablieren den Individualstil als Kategorie, die sich aus der Summe der zur Anfertigung eines künstlerischen Werkes angewandten Verfahren ergibt.

Im Unterschied zu anderen Künsten (Malerei, Bildhauerei, Literatur), die einen Einzelschöpfer kennen, ist der Herstellungsprozess des Films allerdings technischer, kollektiver und meist industrieller Natur. Ein Film kann von einer Person geschaffen werden (was in Experimental-, Amateurfilm oder Videokunst auch der Fall ist); doch beruht die Mehrzahl der Filme, insbesondere der Spielfilme, auf der gemeinsamen Urheberschaft eines kreativen Teams, bei dem jeder Gestaltungsbereich von einem Hauptverantwortlichen mit spezifischen Fähigkeiten konzipiert wird (dabei noch unterstützt durch Assistenten). Dennoch werden Filme vorrangig auf den Individualstil des Regisseurs zurückgeführt und gruppiert; es ist das älteste und bis heute dominante Modell der Filmgeschichtsschreibung. Den anderen Gestaltungsbereichen wird nur selten Rechnung getragen. Keineswegs selbstverständlich ist also, was das folgende Kapitel versucht: Individualstile nicht nur bei der Regie, sondern auch im Fach Drehbuch, Schauspiel, Kamera und Licht, Montage, Filmmusik und Sound Design, Architektur und Ausstattung zu beschreiben.

© Springer Fachmedien Wiesbaden 2016
C. Hesse et al., *Filmstile,* Film, Fernsehen, Neue Medien,
DOI 10.1007/978-3-531-19080-8_4

Filmgeschichte wird heute, nicht ausschließlich, aber insbesondere in ihren populären Varianten als Geschichte eines Kinos der Regisseure geschrieben, produziert, rezipiert, historisiert. Die Kategorie ‚Auteur' bringt Ordnung ins filmhistorische Kontinuum: eine Struktur, ein System und meist auch eine Hierarchie. (Felix 2003, S. 16)

Jürgen Felix widmet sich in einem empfehlenswerten Aufsatz der Frage, wieso das Autorenprinzip aus der Literatur auf den Filmregisseur übertragen worden sei und sich bis heute derart hartnäckig behaupten könne und hebt dazu insbesondere zwei historische Entwicklungen hervor: die bereits erwähnte *Kunstfilm*-Bewegung aus dem Jahr 1913 ($\rightarrow$ Deutscher Expressionismus) und die *politique des auteurs* von 1953 ($\rightarrow$ Nouvelle Vague).

Mit dem Ziel, dem Film als Massenmedium der Unterhaltungsindustrie etwas von seinem Warencharakter zu nehmen und ihm vielmehr die Reputation eines Kunstwerks zu verleihen, kann die Kunstfilm-Bewegung neue Käuferschichten aus bürgerlichen Kreisen ins Kino locken und damit auch Theaterkritiker. Die Tatsache, dass sie im Feuilleton erstmals Filme von Max Reinhardt, Paul Wegener oder Max Mack besprechen und interpretieren, markiert den Beginn einer Historisierung von Filmen nach dem Modell künstlerischer Urheberschaft. Blickt man in die USA, so scheint sich dies bereits zwei Jahre später erfolgreich zu bewähren: *The Birth of a Nation* (USA 1915) wird als künstlerischer Höhepunkt des Kinos gefeiert und begründet die Reputation David Wark Griffiths als erstem Meisterregisseur der Filmgeschichte. Zum einen ist es die Filmindustrie, die mit dem künstlerischen Rang und Individualstil eines Regisseurs wirbt (beispielsweise mit der *entfesselten Kamera* Friedrich Wilhelm Murnaus), zum anderen der junge Berufszweig der Filmjournalisten, die in den neu gegründeten Filmzeitschriften der 1920er Jahre über das ‚Genie' eines Abel Gance oder René Clair oder Fritz Lang schreiben – eine Kanonisierung, die in den 1930er Jahren auch Museen wie die Cinémathèque Française oder das Museum of Modern Art aufgreifen (vgl. Bordwell 1999, S. 22–25). Die *politique des auteurs* schließlich, die auf François Truffauts Artikel „Une certaine tendance du cinéma français" (1954) und weitere Texte von Jacques Rivette oder Jean-Luc Godard in der französischen Filmzeitschrift *Cahiers du Cinéma* zurückgeht, verstärkt noch die künstlerische Bedeutung des Regisseurs. Neu ist hierbei, dass auch einem Regisseur von Genrefilmen innerhalb der industriellen Strukturen Hollywoods der Status eines ‚Autors' zugesprochen wird. Eine *écriture* (persönliche Handschrift) und *vision du monde* (persönliche Weltsicht) sei auch in Western, Thrillern, Komödien, Kriegsfilmen von Alfred Hitchcock, Howard Hawks, Nicholas Ray oder Sam Fuller zu finden. Auch wenn es von den *Cahiers*-Kritikern so nicht intendiert ist, führt diese Proklamation zu einer Abwertung der künstlerischen Urheberschaft in anderen Bereichen der Filmproduktion (vor allem des Drehbuchautors): Alle beteiligten Künstler werden somit zu Handwerkern und Ausführenden eines Regisseurs. Stellt man die Filmliteratur über Regisseure derjenigen über Kameramänner, Filmkomponisten, Drehbuchautoren, Cutter oder Sound Designer gegenüber, so ist das Missverhältnis eklatant.

Dass sich ein Regisseur nicht als Urheber aller ästhetischen Merkmale eines Films, sondern zunächst wie ein Gastgeber verstehen kann, der verschiedene Künstler zu einem Projekt einlädt, dann wie ein Dirigent, der das Zusammenspiel dieser Persönlichkeiten im

Dienste des gemeinsamen Werks orchestriert, lässt sich paradigmatisch an dem Film *Down by Law* (USA 1986) von Jim Jarmusch zeigen. Die Künstler erhalten die Möglichkeit, ihr jeweils eigenes Potenzial zu entfalten, und bleiben in ihrem charakteristischen Stil klar erkennbar. Der Kameramann Robby Müller, bekannt für seine schwarzweißen Roadmovie-Impressionen, der Sänger Tom Waits, berühmt für seine exzentrischen Bluessongs, der Komiker Roberto Benigni, der mit liebenswürdiger Emphase improvisiert, der Musiker John Lurie und seine eklektizistischen Kompositionen aus Jazz und Ethno-Klängen – all diese markanten Individualstile ergänzen sich und bringen doch einen homogenen Film hervor, der den Stil von Jarmuschs Vorgängerfilmen aufgreift, weiterführt und verstärkt. Das formale Gefüge eines Films ist die Summe von Individualstilen, und im glücklichen Fall eine harmonische (oder dezidiert disharmonische) Einheit. Erfolgreiche Filmregisseure bilden oftmals langjährige Kooperationen und engagieren sogar wiederholt die gleichen Schauspieler, weil sie diesen Mitarbeitern vertrauen, ihre Kompetenzen und ihren Stil schätzen, ästhetische Vorstellungen teilen oder sich rasch auf eine gemeinsame Linie verständigen können. Daher ist es stets interessant zu beobachten, wie sich ein Individualstil verändert, wenn solche langjährigen Kollaborationen enden, ein Regisseur beispielsweise seinen Kameramann wechselt oder umgekehrt.

Obwohl der Begriff Individualstil im Gegensatz zum Epochalstil den einzelnen Künstler hervorhebt, müssen dabei Verbindungen zum jeweils vorherrschenden Kollektivstil beachtet und in der Analyse mit diskutiert werden. Denn ein Individualstil hält spezifische Charakteristika bereit, die sich einem parallel vorhandenen Epochalstil entweder bewusst widersetzen oder aber in anderer Art und Weise als besondere Abweichungen auffallen. Es bestehen also immerfort Wechselwirkungen zwischen Individual- und Epochalstil. Dass sich ein Epochalstil durch das Imitieren oder Kopieren eines populären zeitgenössischen Individualstils entwickelt, ist ebenso denkbar, wie dass ein Künstler „im Laufe seiner persönlichen Stilentwicklung unterschiedliche, von Epochenstilen geprägte Phasen durchläuft" (Müller 2009, S. 1272). Wie das Paradigma des Individualstils mit demjenigen des Nationalstils korreliert, zeigt sich daran, dass meist von einem Kanon der Meisterregisseure und der Summe ihrer Individualstile auf den Nationalstil eines Landes geschlossen wird (vgl. Bordwell 1999, S. 21). So identifiziert man das Weimarer Kino mit den Namen Robert Wiene, Fritz Lang, Friedrich Wilhelm Murnau, Georg Wilhelm Pabst: Wiene mit seinen expressionistischen Verzerrungen, Lang mit seinen ornamentalen Bauten, Murnau mit seinen poetischen Atmosphären, Pabst mit seinen dramatischen Kontrasten – sie alle haben das internationale Bild des deutschen Stummfilms der 1920er Jahre maßgeblich geprägt.

Filmgeschichte als Wirkungsfeld von Individualstilen zu verstehen, ist nur eine mögliche Lesart, die, wie alle Geschichtsmodelle, Vor- und Nachteile besitzt. Unserer tendenziell anthropomorphen Wahrnehmung kommt es entgegen, stilistische Merkmale einer Person zu zuzuweisen. Das vereinfacht es, die Komplexität ästhetischer Interaktionen in identifizierbaren Figuren zu bündeln und darüber die Verständigung im Produktions- oder Rezeptionsprozess zu steuern. Es ist weniger abstrakt als jene theoretische Gegenposition, die sich aus der poststrukturalistischen Diskurstheorie speist und die Position des Autors

negiert: Stile werden hier als Muster symbolischer Äußerungen verstanden, die sich losgelöst vom Individuum aufgrund gesellschaftlicher Prozesse und Strukturen formen. Der
zweite Vorteil besteht darin, dass Körper und Biografie eines Individuums Anhaltspunkte
für die Stilanalyse geben können. So stecken Gesicht, Leib, Stimme, Beweglichkeit und
Alter eines Schauspielers – auch wenn sie durch Kostüm, Maske und Beleuchtung modelliert werden können – einen gewissen Rahmen für das Rollenprofil ab. Aus der Ausbildung, künstlerischen Praxis und den persönlichen Erfahrungen eines Künstlers lässt sich
ein Zusammenhang konstruieren, der in ein Verhältnis zu den stilistischen Entwicklungen
in seinem Werk gesetzt wird, sei er nun Regisseur, Kameramann oder Komponist.

Allerdings können beide Vorteile sich schnell als Nachteile erweisen, wenn eine Analyse nach Individualstilen andere Kontexte (ökonomische, politische, kulturelle) gänzlich
ausblendet, also starke Einflüsse vernachlässigt wie technische Entwicklungen, Genre-
Traditionen, die Erwartungen des Publikums, die Kritik der Presse, das ökonomische Kal-
kül von Studio oder Verleih, das arbeitsteilige System der Filmindustrie, die Interessen-
vertretung der Verbände, die Filmpolitik eines Landes oder Bedingungen internationaler
Kooperationen und Märkte. Zudem kann die Beschränkung auf biografische Hintergründe
dazu führen, dass man einem konstruierten Image erliegt, den genauen Blick auf das Werk
verliert und Feinheiten verwischt oder gar falsche Zusammenhänge erzeugt. Nicht zuletzt
kann der Blick auf den Individualstil dazu verleiten, die Dynamik und das Prozesshafte der
kollektiven Zusammenarbeit zu übersehen. Filme sind, wie bereits erörtert, das Produkt
kreativer Austauschprozesse einer großen Anzahl von Personen, deren Ideen, Einflüsse,
Vorbilder zirkulieren, sich verbinden und konkretisieren. Gemeinsam wird nach Lösungen gesucht, ausprobiert, verworfen, entschieden. Die jüngere Filmwissenschaft versucht
daher, neben dem Individualstil des Regisseurs auch die stilprägenden Leistungen der
anderen am Film beteiligten Künstler und deren Zusammenwirken zu erforschen. Karl
Prümm plädiert beispielsweise dafür, mit dem Begriff *Mise-en-images* die „prozesshafte
Stilgebung" seitens des Kameramanns zu würdigen, der schließlich derjenige sei, der den
vom Regisseur inszenierten Raum in ein Bild und somit in eine „ganz eigene fotografische
Form" überträgt (Prümm 2006, S. 16).

4.2   Regiestile

Der Regisseur, heißt es, bekleidet die wichtigste Position bei der Herstellung eines Films,
zumindest was die künstlerische Gestaltung betrifft. Er ist verantwortlich für die Reali-
sation des Sujets nach Vorlage eines Drehbuchs. Was genau dabei die Aufgaben des Regisseurs seien, ist jedoch so allgemein und eindeutig kaum zu beantworten. Als einer der
ersten hat es in den 1920er Jahren der russische Regisseur Wsewolod Pudowkin versucht,
der sich in seinem Buch über *Filmtechnik und Filmregie* (1961) ausführlich auch über
die Entwicklung des Drehbuchs, Führung der Schauspieler, Kamerabewegung, Montage
und anderes mehr äußert. In der Filmgeschichte selbst findet man, was die Arbeit des

Regisseurs anbelangt, sehr unterschiedliche Auffassungen, die sich auf unterschiedliche Produktionsverhältnisse beziehen.

Im Studiosystem des Klassischen Hollywoodkinos ist der Regisseur hauptsächlich, wenn nicht ausschließlich, für die Inszenierung vor der Kamera zuständig; in sonstigen Belangen kann er den Produzenten bestenfalls beraten. Dieser nämlich führt die Aufsicht über die gesamte Herstellung des Films, und er hat sich schließlich für das fertige Produkt gegenüber dem Studio zu verantworten. Ihm obliegt nicht nur die Finanzierung und organisatorische Planung, die man üblicherweise zu den Aufgaben eines Filmproduzenten rechnet. Von der Entwicklung des Drehbuchs über die Besetzung der Rollen bis hin zur Montage und musikalischen Gestaltung hat er sämtliche Aufgaben zu delegieren und er selbst die jeweils letzten Entscheidungen zu treffen. Nötigenfalls kann er sogar in die Inszenierung eingreifen und Änderungen am Drehort veranlassen.

Im sogenannten Autorenkino hingegen gilt der Regisseur, gemäß der *auteur*-Theorie der französischen Filmkritik der 1950er Jahre (vgl. Bazin 1957; Wollen 1998), als der Autor seines Werks, dem Schriftsteller ebenbürtig. Die Bezeichnung Autor bezieht sich dabei nicht auf das Verfassen des Drehbuchs, wie manchmal irrtümlich angenommen. Es soll vielmehr den Regisseur als den maßgeblich verantwortlichen künstlerischen Schöpfer, als Filmemacher schlechthin herausstellen. Der Produktionsprozess eines Films ist allerdings im Unterschied zur Herstellung etwa eines Gedichts, was Planung und Organisation sowie den Einsatz technischer Apparate betrifft, immerhin so komplex, dass er nur in den seltensten Fällen von einem Autoren allein bewältigt werden kann; dergleichen findet man am ehesten bei Amateurfilmen. Hingegen wird man häufig auf Regisseure stoßen, die für mehr als die Inszenierung verantwortlich sind, etwa zugleich als Mitautoren des Drehbuchs, als Schauspieler oder als Produzenten fungieren (vgl. Abb. 4.1). Wenn von Regiestil die Rede ist, mag außer Betracht bleiben, in welchen Funktionen sonst

Abb. 4.1 Klassische *auteurs* der ersten Stunde und Protagonisten der Nouvelle Vague sind Jean-Luc Godard und François Truffaut. Ihre künstlerische Urheberschaft an den Filmen ist hoch. Sogar den Auftritt vor der Kamera scheuen sie nicht. Godard beschränkt sich in *À bout de souffle* (*Außer Atem*, © Les Films Impéria u. a., F 1960, **a**) auf eine winzige Nebenrolle, Truffaut spielt in *La nuit americaine* (*Die amerikanische Nacht*, © Les Films du Carrosse u. a., F 1973, **b**) sogar eine der Hauptrollen.

noch ein Regisseur an der Gestaltung eines Films beteiligt ist. Indessen ist die Filmregie, selbst wenn man darunter allein die Inszenierung vor der Kamera versteht, weder von der Kameraarbeit noch von der Beleuchtung und der Montage einer Szene scharf zu trennen. So wie bei der Inszenierung die spätere Montage gewöhnlich schon berücksichtigt wird, entwickeln sich Montagetechniken oftmals aus Problemen der Inszenierung, die dadurch gelöst werden, dass man sie vom Drehort in den Schnittraum verschiebt.

Was die Kunst der Filmregie betrifft, so bleibt vorweg daran zu erinnern, dass sie, von allen sonstigen Unwägbarkeiten abgesehen, in beträchtlichem Umfang von technologischen Bedingungen und ökonomischen Interessen, manchmal auch von politischen Direktiven abhängig ist. Was man künstlerische Freiheit nennt, ist dadurch von vornherein empfindlich eingeschränkt, und dies umso mehr, wenn die Produktionsfirma außer ihrem Ruf auch viel Geld zu verlieren hat. Aus kommerzieller Sicht bietet ein künstlerisches Experiment stets auch eine kleine Chance auf einen großen Coup, doch in jedem Fall bedeutet es ein sehr hohes Risiko, das nur selten jemand einzugehen bereit ist. Die überwältigende Mehrheit der für Kino, Video und Fernsehen produzierten Filme lässt daher etwas wie einen individuellen Stil wohl bei einzelnen Darstellern, jedoch kaum bei der Regie erkennen. Andererseits findet man in der gesamten Filmgeschichte doch so viele Regisseure mit einem mehr oder minder kunstvoll ausgeprägten eigenen Stil, dass eine Beschreibung ihrer Werke und ihres Stils auf so knappem Raum in einer bloßen Aufzählung mündete. Im Folgenden sollen vor allem einige Aspekte der historischen Entwicklung der Filmregie – und der Mise-en-scène insbesondere – erörtert werden.

Unter dem der mittelalterlichen französischen Verwaltungssprache entlehnten Begriff Regie wird seit dem 18. Jahrhundert die Leitung künstlerischer Inszenierungen verstanden. Seine Herkunft aus der Verwaltungssprache ist dem Begriff lange Zeit noch daran anzumerken, dass der Regisseur oft auch den Intendanten eines Theaters bezeichnet. Die Inszenierung auf der Bühne wird herkömmlich vor allem als Aktualisierung eines dramatischen Textes aufgefasst, dessen Autorität die Bedeutung der Aufführung bei weitem überwiegt. Erst mit dem modernen Theater, wie es etwa Max Reinhardt und Wsewolod Meyerhold im frühen 20. Jahrhundert etablieren, emanzipiert sich die Regie als eigenständige Kunst vom Drama.

Auch in der Geschichte des Films ist die Regie als spezifische Funktion das Produkt einer fortschreitenden Arbeitsteilung, die wiederum einhergeht mit der künstlerischen Entwicklung des Films. Die frühesten Filmemacher würde man kaum als Regisseure im strengen Sinne des Wortes bezeichnen. Sie sind häufig alles zugleich: Produzent, Kameramann, Bühnenbildner, Beleuchter, manchmal auch Hauptdarsteller. Unter den Aufgaben, die sie zu bewältigen haben, ist die Regie nur eine von vielen, und oft nicht einmal die anspruchsvollste. Die künstlerischen Möglichkeiten sind theoretisch unbegrenzt, niemand hat bisher Regeln für den Film aufgestellt, und stilistische Konventionen gibt es noch nicht. Praktisch aber erweist sich das Fehlen solcher Konventionen zugleich als Erschwernis, denn es bedeutet, dass jede Möglichkeit erst einmal erkannt oder erdacht und schließlich erprobt werden muss. Wenn nicht ein Mangel an Fantasie oder Talent des Filmemachers, so sind es zumeist technische Gegebenheiten, die der künstlerischen Gestaltung Grenzen setzen, die es ihrerseits zu überwinden oder zu umgehen gilt. Die Autorität literarischer Vorlagen spielt dabei, anders als auf dem Theater, zunächst keine entscheidende Rolle. Zwar gibt es schon im frühen Kino erstaunlich zahlreiche Versuche, etwa Stücke von Shakespeare zu verfilmen; am ehesten gelungen sind wohl diejenigen, die sich auf einen witzigen Einfall wie das Erscheinen des Geistes von Hamlets Vater beschränken, d. h. sich auf filmische Möglichkeiten der Darstellung (in diesem Fall auf optische Tricks) besinnen. Eine halbwegs angemessene Inszenierung eines dramatischen Textes ist aufgrund der fehlenden Stimmen der Schauspieler und auch in Anbetracht der erst rudimentär ausgebildeten ‚Sprache' des Films selbst kaum möglich. Seine Sprache aber wird der Film nicht zuerst in den großen Traditionen der Literatur oder der Malerei finden. Auch künstlerische Reputation erwirbt er sich nicht durch gelegentliche Bemühungen, hochangesehene Bühnenwerke zu adaptieren, sondern vielmehr dadurch, dass er seine eigenen, spezifisch filmischen Stilmittel erprobt, ganz ungeachtet der trivialen Stoffe, deren er sich bedient.

Die Inszenierung, wie man sie von der Tradition des Theaters her versteht, insbesondere Schauspielerführung, ist bei der historischen Entwicklung der Filmregie zunächst nur ein Element unter anderen. Aufnahmen ohne Ton und von wenigen Minuten Länge setzen solchen Ambitionen ohnehin enge Grenzen. Zudem verfügt kaum ein Filmemacher jener Zeit über einschlägige Erfahrungen. Stilistisch geprägt wird das Kino zuallererst durch den Einfallsreichtum von Leuten, die zu ihrer Zeit kaum jemand als Künstler angesehen hätte. Ehe Theaterregisseure und Literaten sich dem Film zuwenden, sind es vor allem technisch interessierte Tüftler und Zauberkünstler wie Georges Méliès, die dem neuen Medium seine Ausdrucksmöglichkeiten entdecken. Die Pioniere des Kinos entstammen zumeist entweder der fotochemischen Industrie oder den Vaudeville- und Varietétheatern, wo einem von der sogenannten Hochkultur weithin ausgeschlossenen Publikum leichte, teils auch derbe Unterhaltung geboten wird. Zaubertricks, Musik und Bewegung, vom Tanz bis hin zur Akrobatik, spielen hier eine wichtigere Rolle als sprachliche Darbietungen. Ähnliches gilt für den frühen Film. Die gesprochene Sprache muss hier vollständig ersetzt werden durch körperliche Bewegung und durch gesteigertes Grimassieren und Gestikulieren. Mit der Großaufnahme des Gesichts tritt die Mimik als bedeutendes Moment der Darstellung erstmals deutlich hervor. Subtile mimische Reaktionen können dadurch erst sichtbar gemacht werden, wenngleich im frühen Kino bezeichnenderweise noch das auf Varietébühnen eingeübte Grimassieren überwiegt. Der Improvisationskunst der Schauspieler kommt dabei größere Bedeutung zu als detaillierten Regieanweisungen. Die dargestellten Handlungen, in ihrem Umfang eher einem Sketch als etwa einer Kurzgeschichte vergleichbar, sind so leicht nachvollziehbar, dass schriftliche Zwischentitel, die mit der Entwicklung des langen Spielfilms in den 1910er Jahren zur Regel werden, zum Verständnis noch nicht erforderlich sind. Ebenso wie der Blick in die Kamera ist auch der Gestus des Zeigens auf bestimmte Gegenstände oder Handlungen noch sehr gebräuchlich. Erst als diese Verbindung zum Publikum unterbrochen und der fiktionale Raum geschlossen wird, ersetzen Zwischentitel die direkte Adressierung des Zuschauers.

Auch bei einer denkbar schlichten filmischen Darbietung muss entschieden werden, wer oder was an welchem Ort, in welchem Winkel und von welcher Position aus aufgenommen, in welchem Licht und mit welchem Objektiv gedreht werden soll, wer was vor der Kamera zu tun und sich wohin zu bewegen hat – all diese Entscheidungen hat üblicherweise der Regisseur, in Absprache mit Schauspielern, Kameraleuten, Beleuchtern usw., zu treffen. Im frühen Kino nehmen sich dessen Aufgaben noch recht übersichtlich aus; dies nicht nur aus technischen Gründen, da noch nicht über den Einsatz von Ton und Farbe, nicht über Montagesequenzen oder komplizierte Kamerabewegungen, welche die damals gebräuchlichen Apparate nicht erlauben, und auch nicht über die mündliche Artikulation der Schauspieler befunden werden muss. Es hat, wie oben angedeutet, auch damit zu tun, dass sich differenzierte stilistische Konventionen filmischer Darstellung noch nicht herausgebildet haben. Vorherrschend ist der sogenannte Tableau-Stil: Eine Szene wird in einer einzigen Einstellung aufgenommen, meist nach dem Vorbild der Guckkastenbühne, aus der Perspektive eines Zuschauers, der mittig vor der Bühne Platz nimmt; die Kamera dabei etwa auf Brusthöhe, manchmal sogar noch tiefer. Die Szene ist weithin gleichmäßig ausgeleuchtet, und die Schauspieler befinden sich wie in einer Reihe von links nach rechts, in der jeder Anwesende jederzeit sichtbar ist. Der filmische Raum erscheint flach wie die Oberfläche eines Gemäldes; die dritte Dimension kommt bei der Gestaltung der Szene noch kaum in Betracht. Dies gilt, wiederum mit Einschränkungen, für die typischen Innenaufnahmen jener Zeit. Vorzugsweise bei Außenaufnahmen findet man bereits auch diagonale Bewegungen vom Hinter- in den Vordergrund. Das bekannteste Beispiel dafür liefert die einfahrende Eisenbahn in Lumières *L'Arrivée d'un train en gare de La Ciotat (Die Ankunft eines Zuges auf dem Bahnhof in La Ciotat, F 1895)*.

Des typischen Tableau-Stils bedienen sich auch die meisten Arbeiten von Georges Méliès. Und doch ist er einer der wenigen, wenn nicht der einzige, der bereits etwas wie einen individuellen Regiestil zu erkennen gibt, und zwar einen für das frühe Kino sehr charakteristischen. Über eine ganze Reihe von Filmen schafft Méliès ein Genre, das man als fantastischen Film bezeichnet. Die wichtigsten Mittel, die er, abgesehen von Kamera und Darstellern (darunter er selbst), in seinem lichtdurchlässigen Studio in Montreuil zum Einsatz bringt, sind selbstgebastelte, bemalte Kulissen und Filmtricks: eine durch die Aufnahmetechnik selbst ermöglichte Manipulation der Aufnahme, verborgen durch die bei der Vorführung erzeugte Illusion von Kontinuität. Mittels Doppelbelichtung und *stop motion* lässt Méliès innerhalb einer Szene Figuren und Dinge plötzlich auftauchen und wieder verschwinden. Er verändert Proportionen, lässt etwa einen Kopf aufpumpen und dadurch grotesk anwachsen (*L'homme à la tête en caoutchouc*, F 1901). Hinzu kommen artifiziell gestaltete Kulissen. In einem seiner bekanntesten Filme, *Le Voyage dans la lune (Die Reise zum Mond*, F 1902), gibt es eine Rakete und eine Mondlandschaft aus Pappmaché zu sehen. Die meisten Filmhistoriker dürften heute darin übereinstimmen, dass das frühe Kino seine Attraktivität buchstäblich den Attraktionen und nicht an erster Stelle der Narration zu verdanken habe. Bei Méliès ist beides schwer zu trennen. Er schafft einige der bedeutendsten und einflussreichsten filmischen Attraktionen jener kurzen Epoche und legt zugleich den Grundstein für eine epochenübergreifende Gattung, die man bis heute als Erzählfilm, als fiktionalen oder als Spielfilm kennt.

Méliès' optische Tricks verraten nebenbei auch etwas über die eigentümliche Natur des Films. Denn ein Darsteller auf der Leinwand kann nur deshalb plötzlich zum Verschwinden gebracht werden, weil er selbst gar nicht materiell anwesend ist: „Der Film kann alle Wirklichkeiten aufnehmen – außer der leibhaftigen Präsenz des Schauspielers" (Bazin 2004b, S. 183). Georg Lukács bemerkt schon 1913, dass die Projektionen auf der Leinwand „eben nur Bewegungen und Taten von Menschen sind, aber *keine Menschen*. Dies ist kein Mangel des ‚Kino', sondern seine Grenze, sein principium stilisationis" (1972, S. 143). Anders als im Theater befindet sich der Zuschauer im Kino in einer zeitlichen und räumlichen Distanz zum Dargestellten, das an einem anderen Ort gewesen und stets schon vergangen ist, wie gegenwärtig und wirklich es ihm auch erscheinen mag. Der Realitätseindruck des Films, der in vieler Hinsicht stärker wirkt als der eines leibhaftig präsenten Dramas auf der Bühne – das betrifft häufig auch die Spielweise der Darsteller, die nah vor der Kamera subtiler, wenn man will, auch authentischer agieren können als der Schauspieler oben auf der Bühne –, verdankt sich gerade der Unwirklichkeit der projizierten Realität. Und daraus ergeben sich für den Filmregisseur ganz andere Aufgaben, auch andere Möglichkeiten. Anders als der Regisseur auf dem Theater hat er es mit der Konstruktion von Einstellungen zu tun; was wie lange sichtbar sein soll, kann er von einem Augenblick auf den nächsten bestimmen. Die auf die Leinwand geworfene Bühne ist darum so beweglich und jederzeit austauschbar, weil sie im Kino nicht wirklich da ist, ebensowenig wie die Darsteller. Was dies betrifft, hat man den Film zu Recht eher mit der Malerei als dem Theater zu vergleichen.

Es gibt aber noch einen weiteren sehr bedeutsamen, in der Geschichte der Filmtheorie häufig vernachlässigten Unterschied zum Theater, nämlich die Perspektive. Wenn etwa Béla Balázs, um die Bedeutung der Montage für die Entwicklung der Filmkunst herauszustellen, gegen das „photographierte Theater" (1972, S. 156) des frühen Kinos polemisiert und behauptet, es gebe hier wie im Theater eine räumliche Totalität, eine unveränderliche Perspektive und eine ebenso unveränderliche Distanz des Zuschauers zum Geschehen, so ist das durchaus richtig für den Film – aber nicht für das Theater. Eine einzige, durch die Kamera festgelegte Perspektive gibt es nur im Film, im Theater hingegen findet man so viele unterschiedliche Perspektiven wie Zuschauer, die auf unterschiedlichen Plätzen vor der Bühne sitzen. Selbst ein Film, der aus einer einzigen, in unveränderter Perspektive aufgenommenen Einstellung besteht, ist darum keineswegs theatralisch, sondern genuin filmisch. Jeder Zuschauer, gleich, wo im Kino er Platz nimmt, betrachtet das Geschehen auf der Leinwand aus derselben Perspektive. Die trügerische Analogie zum Theater rührt geschichtlich vor allem daher, dass dazu als Beispiele jene oben erwähnten Tableau-Filme herangezogen werden, in denen der filmische Raum und mithin die Perspektive kaum zur Geltung kommen. Doch genau dieser zentralperspektivisch geordnete Raum ist für die filmische Inszenierung von entscheidender Bedeutung. Deutlich sichtbar wird das erst mit zunehmender Tiefe des aufgenommenen Raums. Dem Filmregisseur eröffnet die perspektivische Fixierung Möglichkeiten, die ein Theaterregisseur nicht hat, weil dieser damit rechnen muss, dass etwa ein links vor der Bühne sitzender Zuschauer Dinge sieht, die jemand in der Mitte nicht sehen kann. Im Film bekommt jeder Zuschauer ausschließlich das zu sehen, was die Kamera ihm zeigt. Dies kann ein Filmregisseur sich zunutze machen, indem er Objekten und Figuren im Raum unterschiedliche Bedeutungen zuweist, je nachdem, wo im Vorder-, Mittel- oder Hintergrund er sie sich bewegen lässt, wobei eine Figur eine andere verdecken oder selbst hinter einer anderen verschwinden kann; mit solcher Präzision wäre das auf keiner Theaterbühne möglich.

Nicht erst und nicht ausschließlich in der Montage also findet der Film ein Mittel der Darstellung, das ihn von theatralischen Inszenierungen abhebt. Bei David Bordwell heißt es, „the director directs not just actors and crew but also the viewer's attention" (1999, S. 164). Zu diesem Zweck kommt auch die Mise-en-scène, die Anordnung beweglicher Objekte und Figuren im szenischen Raum nach Maßgabe der durch die Kamera bestimmten Perspektive, als eine ebenso spezifisch filmische Art der Darstellung in Betracht. Sie kann alternativ zur Montage, das heißt zur Auflösung der Szene in unterschiedliche Einstellungen, die jeweils eine Figur oder ein Detail hervorheben, oder auch in Kombination mit dieser eingesetzt werden. Während allerdings die Montage sehr früh schon als ein, wenn nicht *das* Stilmittel des Films schlechthin auch theoretisch vielfach beschrieben wird, weckt die Mise-en-scène, das vermeintlich noch ganz theatralische Element der Darstellung, relativ wenig Interesse – was auch daran liegt, dass spätestens in den 1920er Jahren die Montage tatsächlich als dominierendes Stilmittel hervortritt. Hingegen avanciert die Mise-en-scène zu einem filmtheoretischen Begriff erst in den 1940er Jahren, als André Bazin den exzessiven Gebrauch der Schärfentiefe in Filmen wie *Citizen Kane* (USA 1940) und *The Magnificent Ambersons* (*Der Glanz des Hauses Amberson*, USA 1942) von Orson Welles hervorhebt (Bazin 1980, S. 120 ff.). Die vom Vordergrund bis in die Tiefe des Raums hinein scharf gestochene Einstellung ist jedoch, ebenso wie die ausgedehnte Plansequenz (vgl. Abb. 4.2), eine extravagante Ausnahme – wie sie Bazin außer bei Welles auch etwa bei Jean Renoir und William Wyler vorfindet –, nicht das stilistische Kennzeichen einer Epoche.

In den 1910er Jahren aber sind, vorzugsweise im europäischen Kino, lange und tiefe Einstellungen mit komplizierten Bewegungen der Figuren bereits so gebräuchlich und ästhetisch mindestens so weit entwickelt, wie die zur selben Zeit sich herausbildende analytische Montage. Bordwell nennt dieses Jahrzehnt, das in der Filmhistoriografie lange Zeit hauptsächlich mit Griffith und der Entwicklung der Montage assoziiert worden ist, „a golden age of depth staging" (1999, S. 175). Die Schärfentiefe (*deep focus*) stellt dabei nur eine Ausnahme dar; *depth staging* bezeichnet allgemein die Inszenierung in tiefem Raum, unabhängig davon, welche Bereiche in der Aufnahme scharf gestochen sichtbar sind. Bei noch feststehender Kamera wird der filmische Raum bis in den sprichwörtlich hintersten Winkel hinein erschlossen und somit Möglichkeiten der Inszenierung geschaffen, die hinter denen der Montage keineswegs zurückstehen; im Unterschied zu dieser kann die räumliche Inszenierung das Verhältnis der Figuren zueinander sogar genauer veranschaulichen. Indem die Kamera sich der Tiefe des Raums bemächtigt, kann sie innerhalb einer

Abb. 4.2 Die wohl berühmteste Plansequenz der Filmgeschichte: der Beginn von
Touch of Evil (*Im Zeichen des
Bösen*, © Universal International Pictures, USA 1958)
von Orson Welles. Auf dem
Zeitzünder der Kofferraum-
Bombe wird exakt die Dauer
der Plansequenz eingestellt.
(a) Kunstvolle Kamerabewegungen durchmessen den
Raum, ausgeklügelte Choreo-
grapien zahlreicher Komparsen
umspielen zwei Handlungs-
stränge um zwei Paare. **(b)**
Über den Wissensvorsprung
des Zuschauers wird Suspense
aufgebaut. Wenn nach gut drei
Minuten die Bombe explodiert,
greift der Schnitt.

einzigen, äußerlich unveränderten Einstellung im Innern gleichsam mehrere ineinander
verschachtelte Einstellungen hervorbringen. Die Aufmerksamkeit des Zuschauers richtet
sich im Verlauf der Szene nicht nur auf unterschiedliche Figuren, sondern auch auf unterschiedliche, räumlich gestaffelte Ebenen des Bildes, je nachdem, wohin sich die Handlung verlagert. Exakt choreografierte Szenen, wie sie der frühere Theaterregisseur Victor
Sjöström in einem Film wie *Ingeborg Holm* (S 1913) zustande bringt, mit mehr oder
weniger subtilen, dabei keineswegs gekünstelten Bewegungen der Figuren, die genau auf
die Handlung und die Bedeutung jeder einzelnen Figur abgestimmt sind, wären auf einer
Theaterbühne so nicht realisierbar. Erst die Perspektive, noch ohne jedwede Bewegung
der Kamera, ermöglicht es, die Aufmerksamkeit des Zuschauers so genau – und im Vergleich zur Montage zugleich so unaufdringlich – zu lenken (vgl. Abb. 4.3).

Man mag viele plausible Gründe dafür finden, warum eine solche auf den ersten Blick
stoische Art der Inszenierung bald außer Gebrauch kommt und durch Montagesequenzen
weitgehend ersetzt wird. Zwingende Gründe gibt es allerdings nicht. Die geduldige Mise-
en-scène ist denn auch aus der Filmgeschichte nie verschwunden, wenngleich sie in der
Façon des europäischen Kinos der 1910er Jahre ein beinah einzigartiges stilgeschichtli-
ches Phänomen bleibt. In dynamischerer Form findet man sie schon in den 1920er Jahren
etwa bei Murnau wieder, wo die Montage ihrerseits zugunsten gedehnter Einstellungen
mit bewegter Kamera zurücktritt. Bei Jean Renoir und Orson Welles taucht sie später in
Kombination mit Kamerafahrten, zudem mit der seither berühmten Schärfentiefe wieder
auf. Selbst herausragende Stilisten des Montagekinos wie Sergej Eisenstein und Alfred

Abb. 4.3 In *Ingeborg Holm* (© Svenska Biografteatern AB, S 1913) demonstriert der frühere Theaterregisseur Victor Sjöström mustergültig, was eine filmische Inszenierung, auch ohne Kamerabewegung und Montage, leisten kann: allein dadurch, dass die Figuren in einem tiefen, perspektivisch
fixierten Raum hervor- und zurücktreten, sichtbar und unsichtbar werden. Die Tragik der Szene,
in der Ingeborg Holm ihre Kinder bei den Behörden einer neuen Adoptivmutter überlassen muss,
erschließt sich ohne jeden Zwischentitel allein aus den wechselnden Positionen der Figuren im Raum

Hitchcock entwerfen in Filmen wie *Iwan Grosny* (*Iwan der Schreckliche*, SU 1944/1946)
beziehungsweise *Rope* (*Ein Cocktail für eine Leiche*, USA 1948) genau choreografierte
lange Einstellungen, in denen die Anordnung und Bewegung der Figuren im Raum höchste Bedeutung gewinnt, wohingegen die Montage den so gestalteten Szenen (in Hitch-

cocks *Rope* scheinbar nur eine einzige) weithin äußerlich bleibt. Während insbesondere Einstellungen mit Schärfentiefe sich auf Innenaufnahmen beschränken, wo die vorhandene Raumflucht den gewünschten Effekt noch verstärkt, findet man eine komplexe Mise-en-scène im modernen Kino nicht mehr vornehmlich nur in Kammerspielszenen. Die Beweglichkeit der Kamera erlaubt solche Arrangements ebenso bei Außenaufnahmen, wobei die Dynamik des Geschehens vor der Kamera sich zu einem beträchtlichen Teil in deren eigene Bewegung hinein verlagert. Auch die Montage kann dabei eine entscheidendere, wiewohl in ganz anderer Hinsicht konstruktive Rolle spielen als beim traditionellen *continuity editing*. In Alain Resnais *L'Année dernière à Marienbad* (*Letztes Jahr in Marienbad*, F 1961) etwa wird die Orientierung des Zuschauers in den tiefen Räumen, in denen die Darsteller sich bewegen, durch elliptische Montagen gestört, die einerseits die Kontinuität der Handlung unterbrechen und zugleich ganz unterschiedliche Handlungsorte zusammenfügen.

Wenn nicht gerade solche im besten Sinne des Wortes dichterischen Verfahren, die in den 1960er Jahren, sozusagen auf einem intellektuellen Höhepunkt der Filmgeschichte, nicht einmal so außergewöhnlich sind, wie sie heute scheinen mögen, so wird man dennoch manche der hier exemplarisch genannten Formen der Inszenierung auch im zeitgenössischen Kino wiederfinden, sei es als Neugestaltung von Altbewährtem oder als bewusst eingesetztes Zitat von längst Vergangenem. Unbestreitbar neu ist aber die Welt des digitalen Kinos. Die Tiefe des Raums, in welche die Kamera bei Sjöström vor hundert Jahren ruhig hineinblickte, kann eine virtuell entfesselte, bisweilen geradezu rasende Kamera wie im Flug erhaschen. Mit dem Computer, der dabei die Stelle der alten Filmkamera einnimmt, kann sogar der Raum, und mit ihm die nur noch scheinbar gefilmte Welt, erst hervorgebracht werden. Eine diesen Möglichkeiten ebenbürtige Kunst der Mise-en-scène bleibt noch zu schaffen.

Exemplarische Filme

Ingeborg Holm (S 1913, Victor Sjöström)
Der letzte Mann (D 1924, Friedrich W. Murnau)
Citizen Kane (USA 1940, Orson Welles)
Rope (*Ein Cocktail für eine Leiche*, USA 1948, Alfred Hitchcock)
Csend és kiáltás (*Stille und Schrei*, H 1968, Miklós Jancsó)

Einführungsliteratur

Bordwell, David. 1999. Exceptionally Exact Perceptions: On Staging in Depth. In *On the History of Film Style*, 158–271. Cambridge (Mass.): Harvard University Press.
Gibbs, John. 2013. *Mise-en-scène: Film Style and Interpretation*. New York: Columbia University Press

4.3   Drehbuchstile

Dem Individualstil von Drehbuchautoren wird in der Filmgeschichtsschreibung bislang
wenig Beachtung gezollt. Wenn man sich entgegen der dominanten Präsenz von Regisseuren und Schauspielern (und der *politique des auteurs*, die den Regisseur als alleinigen
Urheber begreift) anderen Künstlern zuwendet, so liegt es näher, den leichter zugänglichen Stil eines Kameramanns, Filmkomponisten oder Filmarchitekten zu bestimmen.
Obwohl der Drehbuchautor mit seiner künstlerischen Vision, die er in seinem Drehbuch
entwirft, die Grundlage für zahlreiche Entscheidungen am Set stiftet, scheint sein Stil mit
der filmischen Realisierung unsichtbar zu werden. Das Drehbuch ist am Ende der Produktionsphase Makulatur:

> Seine Seiten sind durchgestrichen oder sogar herausgerissen, zum Zeichen, daß diese Szene
> abgedreht ist. Der fertige Film scheint das Drehbuch verzehrt zu haben. Und mit ihm, so hat
> es – was die Filmrezeption betrifft – häufig den Anschein, ist auch der Autor verschwunden.
> Nur wenige Drehbuchautoren werden in den Filmgeschichten über die vereinzelte bloße Nen-
> nung ihres Namens hinaus gewürdigt. (Kasten 1994, S. 7 f.)

Am ehesten kann das Konzept des *auteur* noch bei Filmemachern Berechtigung anmelden,
die Drehbuch und Regie in Personalunion verantworten. Viele, wie Billy Wilder, Preston
Sturges, Paul Schrader oder Quentin Tarantino, machen sich zunächst als Drehbuchautoren einen Namen, bevor sie ihre Stoffe selbst realisieren können. So gesehen impliziert die
besondere Wertschätzung der Autorenfilmer immer auch eine Analyse von Drehbuchstilen
(man denke nur an die offenen Enden bei Michelangelo Antonioni, die Diskontinuität und
Selbstreflexion bei Jean-Luc Godard, die komödiantischen Erzählexperimente bei Woody
Allen oder die Multiplots bei Robert Altman); selten allerdings wird dabei zwischen dem
Stil des Autorenfilmers als Drehbuchautor und seinem Stil als Regisseur unterschieden.
Tatsächlich aber kann diese Unterscheidung produktiv sein, auch bei Regisseuren, die
sich ganz auf ihre Inszenierung verlassen, also ohne festes Skript arbeiten und erst beim
Drehen die Geschichte entdecken (wie John Cassavetes, der frühe Wim Wenders oder
Wong Kar-Wai); denn auch hier ist das Ergebnis selbstverständlich ein narratives Werk,
das sich – mag es noch so offen strukturiert sein – unter dramaturgischen Gesichtspunkten
betrachten lässt (vgl. Abb. 4.4).

Äußerst fragwürdig wird das Autorenkonzept, wenn das Drehbuch nicht vom Regisseur verfasst ist. Die These, dass visionäre Regisseure wie Alfred Hitchcock oder Howard
Hawks trotz verschiedener Drehbuchautoren ihren renommierten Individualstil durchsetzen können, entweder weil sie jeden Stoff an ihre Vorlieben assimilieren oder passgenau
Skripte geliefert bekommen, tendiert immer dazu, den kreativen Anteil der Autoren her-
abzuwürdigen: zu Ausführenden, die nur ausarbeiten, was ihnen der Meister vorgegeben
hat (vgl. Felix 2003, S. 22–30; vgl. Bildhauer 2007, S. 173). Dabei steht und fällt die
Brillanz ihrer Filme meist mit der Qualität des Drehbuchs. Gerade Hitchcock ist aufgrund
der Komplexität von Thriller-Handlungen angewiesen auf exzellente Drehbuchautoren
wie Charles Bennett, John Michael Hayes oder Ben Hecht (vgl. Stempel 1991, S. 192 ff.).

Abb. 4.4 Regisseure, die ohne
fertiges Drehbuch arbeiten
und den Drehprozess als Ent-
deckungsreise nutzen wollen,
bedienen sich hierfür oft der
episodischen Dramaturgie des
Roadmovies, wie Wim Wen-
ders in *Im Lauf der Zeit* (©
WDR u. a., BRD 1976, **a**) oder
Wong Kar-Wai in *Chun gwong
cha sit* (*Happy Together*, ©
Block 2 Pictures u. a., HK u. a.
1997, **b**).

Noch problematischer ist es, den Regisseur als Einzelschöpfer zu verstehen, wenn die
Charakteristik seines Werks in der langjährigen, geradezu symbiotischen Zusammenarbeit
mit einem Drehbuchautor wurzelt. Werden beide darüber erstmals international bekannt,
kann es zum Konflikt um die Urheberschaft kommen, wie bei dem Autor Guillermo Arriaga und dem Regisseur Alejandro González Iñárritu, die nach dem bahnbrechenden Erfolg
ihrer Multiplot-Trilogie im Streit auseinandergehen (vgl. Pötting 2009, S. 94). Die wenigsten Autoren besitzen eine derart große Reputation, dass ihr Wirken trotzdem sichtbar
bleibt, wie Jean-Claude Carrière, den nicht nur seine Karriere mit Luis Buñuel bekannt
gemacht hat, sondern auch seine wiederholte Zusammenarbeit mit Pierre Étaix, Jacques
Deray, Louis Malle, Volker Schlöndorff, Peter Brook, Miloš Forman, Andrzej Wajda und
Jean-Paul Rappeneau. Mit diesen Regisseuren verbinden ihn jeweils spezifische Stile (wie
die surrealistischen Gesellschaftssatiren im Falle von Buñuel), dennoch lässt sich nach
einer durchgängigen Handschrift in Carrières Gesamtwerk forschen.

Erhält man allerdings Einblick in das Drehbuch einer Filmproduktion, kehrt sich das
Phänomen der Unsichtbarkeit um. Denn mit dem Drehbuch liefert der Autor – im Gegenzug zu anderen Künstlern – einen „eigenständigen, isolierbaren und damit recht genau
analysierbaren Werkbeitrag innerhalb der arbeitsteiligen Filmproduktion" (Kasten 1994,
S. 13). In der Stummfilmzeit bleibt dieser Beitrag sogar im Film selbst unmittelbar sichtbar: in den Zwischentiteln, für die im Klassischen Hollywoodkino spezialisierte Autoren

mit literarischem Ausdruck engagiert werden (wie Anita Loos). Liegt ausschließlich der Film vor, so richtet sich die Analyse des Drehbuchstils auf Merkmale der Dramaturgie (der Struktur des Erzählens aus Konflikten, Wendepunkten und Auflösung), sei diese nun spannungsvoll oder ereignisarm, linear organisiert oder verschachtelt, auf einzelne Helden ausgerichtet oder in ein Figurenmosaik zersplittert, straff kausal entwickelt oder in Episoden aufgelöst, elegant im Ausgestalten von Standardsituationen oder radikal im experimentellen Bruch mit Konventionen. Wiederkehrende Genres, Themen, Motive und Milieus, aber auch markante Figurenkonzepte und -konstellationen charakterisieren ebenfalls den Autor, genauso wie seine Präzision in der historischen Recherche, sein psychologisches Einfühlungsvermögen und die philosophische Komplexität seiner Weltsicht. Selbstredend macht es dabei einen Unterschied, ob es sich um ein Originaldrehbuch oder um die Adaption eines Romans, Theaterstücks, Comics oder Computerspiels handelt. Eine Möglichkeit, die Formenvielfalt von Drehbüchern nach verschiedenen stilistischen Koordinaten zu unterteilen, ist das Story-Dreieck des Drehbuchdidaktikers Robert McKee, an dessen Spitzen er den *Archeplot, Miniplot* und *Antiplot* stellt (vgl. McKee 2000, S. 53–70). Der Archeplot, den er als klassisches Prinzip des Erzählens begreift, etabliert ein kausal logisches, lineares Geschehen in einer konsistenten filmischen Welt; im Zentrum steht ein aktiver Protagonist, der sich an einem äußeren Konflikt abarbeitet und dadurch die Geschichte vorantreibt, bis ein geschlossenes Ende alle aufgeworfenen Fragen auflöst. Der Miniplot reduziert die Eigenschaften des Archeplots, indem er einem Protagonisten auch Passivität zugesteht, innere Konflikte ins Zentrum einer Charakterstudie stellt, den Schicksalen mehrerer Hauptfiguren folgt oder am Ende Fragen unbeantwortet lässt. Der Antiplot hingegen wendet sich auf provokante Weise gegen das Klassische, kehrt seine Prinzipien um: Seine Ereignisse sind unlogisch oder von Zufällen bestimmt, seine Erzählwelten grotesk oder unzuverlässig, seine Zeitstränge diskontinuierlich oder verworren. Außerhalb dieser Formen platziert McKee den *Nonplot*, der seinen Figuren keine Veränderung zugesteht und eine Aneinanderreihung von Geschehnissen ohne Handlungsbogen darbietet. So hilfreich McKees Gegensatzpaare für die formale Analyse sind (geschlossenes versus offenes Ende; äußerer versus innerer Konflikt; einzelner Protagonist versus mehrere Protagonisten; aktiver versus passiver Protagonist; lineare versus nicht-lineare Zeit; Kausalität versus Koinzidenz; konsistente versus inkonsistente Realität; Veränderung versus Stillstand der Story), so unpassend sind zum Teil die Filmbeispiele, die er seinen Kategorien zuordnet (vgl. McKee 2000, S. 57 f.).

Drehbuchautoren in Hollywood Schwierig ist die Erfassung eines Drehbuchstils in der hochindustrialisierten und -budgetierten oder seriellen Filmproduktion, wie sie insbesondere die Major-Studios in Hollywood bestimmt. Produzenten von Fernsehserien oder Filmreihen wie der James Bond- oder der Harry-Potter-Reihe passen die verschiedenen Regisseure und Drehbuchautoren in den Gesamtstil ein, wobei die Offenheit für individuelle Handschriften von Fall zu Fall unterschiedlich ist. An Blockbusterfilmen arbeitet ein ganzes Team aus Drehbuchautoren, bei denen jeder Beteiligte auf einen Arbeitsschritt spezialisiert ist (Plot-Struktur, Dialoge, Gags, etc.). Metro-Goldwyn-Mayer ist dafür bekannt, dass hier mitunter bis zu zehn Autoren parallel, teilweise sogar in Unkenntnis voneinander an einem Drehbuch geschrieben haben, wobei ungerechterweise nur derjenige, der den letzten Arbeitsschritt ausführte, den Credit erhielt (vgl. Stempel 1991, S. 71). Auch ‚Script Doctors' wie Robert Towne, die bei der Verbesserung unausgegorener Manuskripte zentrale Ideen einbrachten, werden oftmals nicht genannt.

Im Klassischen Hollywoodkino prägt jedes Major-Studio (und hier vor allem der Produktionschef) seinen eigenen Drehbuchstil: Metro-Goldwyn-Mayer unter Irving Thalberg tendiert zum Episodischen, weil man für kraftvolle Szenen, in denen die Stars zur Geltung kommen sollen, einen loseren narrativen Zusammenhang in Kauf nimmt; der Drehbuchstil bei Twentieth Century Fox unter Darryl Zanuck legt hingegen mehr Wert auf die dramaturgische Fortbewegung der Geschichte und ist bereit, dafür interessante Szenen zu opfern, die MGM zum Zentrum eines Films ausgebaut hätte; und der Drehbuchstil bei Warner Brothers unter Hal B. Wallis ist geprägt von einer Multiplikation der Ingredienzen – mehr Charaktere, mehr Beziehungen und mehr Plot-Komplikationen als zwingend notwendig wären (vgl. Stempel 1991, S. 75–88). Zentrale Schaltstelle in den Major-Studios sind die *story departments*, in denen Lektoren vielversprechende Stoffe (auch aus Literatur, Theater, Oper) auswählen und für die Produktion vorbereiten oder den Drehbuchautoren zur Adaption zuweisen. Dass daraufhin ein detailliertes Drehbuch ausgearbeitet und zum verbindlichen Ausgangspunkt für den arbeitsteiligen Produktionsprozess festgelegt wird, hat Thomas Harper Ince angeregt, der eng mit dem Drehbuchautor C. Gardner Sullivan kooperiert. Ince perfektioniert eine narrative Methode, die schließlich zum Nationalstil des amerikanischen Mainstream-Kinos auswächst:

> What Ince did was use the screenplay as part of a style, as well as a process, of filmmaking that emphasized a smooth flowing continuity. The scripts, the notes on the scripts, and the cutting of the film all add up to films that told stories clearly and cleanly. […] What Ince's films do, at their best, is catch the audience up in a story and propel the viewer through it. (Stempel 1991, S. 47 f.)

Innerhalb der Studios kommt es unter den fest angestellten Drehbuchautoren, Regisseuren und Schauspielern zu langjährigen Kooperationen – insbesondere, wenn ihre Zusammenarbeit durch einen bahnbrechenden Erfolg gekrönt ist. Dadurch bilden sich spezifische Stile aus. Bei Columbia wirkt Robert Riskin wesentlich am ‚Touch' des Regisseurs Frank Capra mit, indem er gesellschaftskritische Komödien mit geistreichen Dialogen schreibt, so zum Beispiel in *It Happened One Night* (*Es geschah in einer Nacht*, USA 1934), *Mr. Deeds Goes to Town* (*Mr. Deeds geht in die Stadt*, USA 1936) oder *You Can't Take It With You* (*Lebenskünstler*, USA 1938). Bei Universal ist es John Balderston, der in den 1930er Jahren die literarischen Stoffe aus der Schauerromantik für Filmklassiker wie *Dracula* (USA 1931), *The Mummy* (*Die Mumie*, USA 1932) oder *Bride of Frankenstein* (*Frankensteins Braut*, USA 1935) zu adaptieren versteht, abgelöst in den 1940er Jahren von dem deutschen Exilanten Curt Siodmak, der sich unter anderem für die Drehbücher zu *The Wolf Man* (*Der Wolfsmensch*, USA 1941) und *Son of Dracula* (*Draculas Sohn*, USA 1943) verantwortlich zeichnet. Es gibt auch Drehbuchautoren, die darauf spezialisiert sind, für einen Schauspielstar zu schreiben (beispielsweise C. Garner Sullivan für Filme mit William S. Hart; John Lee Malhin für Filme mit Jean Harlow oder mit Clark Gable; Casey Robinson für Filme mit Bette Davis).

Im Klassischen Hollywoodkino sind die meisten Drehbuchautoren Angestellte der Major-Studios. Unter den wenigen, die unabhängig und für verschiedene Produktionsfirmen arbeiten, ragen vor allem Ben Hecht und Jules Furthman heraus. Ben Hecht, der zunächst als Reporter für Tageszeitungen in Chicago tätig ist, verfasst mit der Story-Vorlage zu *Underworld* (*Unterwelt*, USA 1927) und dem Drehbuch zu *Scarface* (*Narbengesicht*, USA 1932) das „Alpha und Omega der Hollywood-Gangsterfilme" (Corliss 1985, S. 6). Kennzeichnend für ihn sind Geschichten, die menschliche Abgründe ausloten und zwischen Liebe und Hass, Faszination und Ekel, Glorifizierung und Ernüchterung changieren. Sein Markenzeichen ist auch der zynische Humor, der nicht nur in den Drehbüchern für Howard Hawks, sondern auch in den Arbeiten für Alfred Hitchcock zur Geltung kommt: in *Spellbound* (*Ich kämpfe um Dich*, USA 1944) und *Notorious* (*Berüchtigt*, USA 1946). Auch nach dem Niedergang des klassischen Studio-Systems, als sich die Regisseure des New Hollywood am europäischen Autorenfilm orientieren, gibt es einflussreiche Drehbuchautoren, die sich souverän in verschiedenen Genres bewegen, zwischen Western, Science-Fiction, Polit-Thriller, Roadmovie oder Komödie, wie Rudy Wurlitzer (*Glen and Randa*, USA 1971, *Two-Lane Blacktop / Asphaltrennen*, USA 1971, *Pat Garrett and Billy The Kid / Pat Garrett jagt Billy The Kid*, USA 1973), William Goldman (*Butch Cassidy and the Sundance Kid*, USA 1969, *The Stepford Wives / Die Frauen von Stepford*, USA 1975, *Marathon-Man / Der Marathon Mann*, USA 1976, *All the President's Men / Die Unbestechlichen*, USA 1976), Buck Henry (*The Graduate / Die Reifeprüfung*, USA 1967, *Catch-22 / Der böse Trick*, USA 1970, *What's Up, Doc? / Is Was, Doc?*, USA 1972), Robert Towne (*The Last Detail / Das letzte Kommando*, USA 1973, *Chinatown*, USA 1974, *Shampoo*, USA 1975) oder John Milius (*Jeremiah Johnson*, USA 1972, *Apocalypse Now*, USA 1979). Immer lassen sich aber auch stilistische Vorlieben feststellen, wie beispielsweise die selbstzerstörerischen, narzisstischen Helden und die Themen Macht und Rache bei Paul Schrader (*Taxi Driver*, USA 1976, *Obsession / Der schwarze Engel*, USA 1976, *Raging Bull / Wie ein wilder Stier*, USA 1980), der mehrere Drehbücher für Martin Scorsese schreibt.

In der europäischen Filmgeschichte gibt es Drehbuchautoren, die ganze Epochalstile mit ihren Werken prägen, sodass ihr Name zum Synonym für die jeweilige Bewegung wird wie Jacques Prévèrt im Poetischen Realismus oder Cesare Zavattini im Italienischen Neorealismus, allen voran: Carl Mayer im Deutschen Expressionismus, dessen Stil hier kurz beschrieben sein soll.

Carl Mayer (1894–1944) Er ist einer der ersten bedeutenden Drehbuchautoren der Filmgeschichte und prägt zwei einschlägige und gegensätzliche Richtungen des Weimarer Kinos: neben dem Expressionistischen Film (*Das Cabinet des Dr. Caligari*, D 1920, *Genuine*, D 1920, *Verlogene Moral*, D 1921) auch den Kammerspielfilm (*Scherben*, D 1921, *Hintertreppe*, D 1921, *Sylvester*, D 1924), der die Neue Sachlichkeit vorbereitet,

Abb. 4.5 Carl Mayer schreibt das Drehbuch zu *Der letzte Mann* (© UFA, D 1924) in rhythmisierter, bildhaft lyrischer Sprache und verlangt die Entfesselung der Kamera: „Groß: Schon bläst er los. Gar blähendes Gesicht. Weil/empor sein Horn ragt. Dessen Trichter tief hinein/sich zeichnet./Und da: (Als flöge der Apparat in des Portiers Richtung schräg empor:)/Zeichnet sich vogelperspektivischer immer der Hornist/(Dessen Ton so bildhaft gleichsam emporfliegt)./Und da! (Schnittbild)/Wohnstube. Größer: Der Portier: Die Pfeife zwischen den Lippen noch. So lauscht er hinab./Wohlig erstarrt". (zit. nach Kasten 1994, S. 182)

dessen Schlüsselwerk *Berlin – Die Sinfonie der Großstadt* (D 1927) ebenfalls von Mayer initiiert wird. Vor allem aber wird Mayer zum Drehbuchautor des Regisseurs Friedrich Wilhelm Murnau; die Zusammenarbeit beginnt 1920 und umfasst sieben Werke, darunter die beiden Filmklassiker *Der letzte Mann* (D 1924) und *Sunrise: A Song of Two Humans* (*Sonnenaufgang*, USA 1926/1927). Carl Mayer gilt als „Pionier des Filmdrehbuchs" und „Meister der geistigen Fotografie" (Hempel 1968, S. 100 u. 107). Seine Originalität zeigt sich in einer filmischen Schreibweise, die Gesten, Kameraverfahren, Raum- und Lichtinszenierung in Momentaufnahmen rhythmisiert, poetisch verdichtet und dabei zunehmend auf Zwischentitel verzichtet, während er die Beweglichkeit der Kamera auszuweiten sucht (vgl. Abb. 4.5). So geht auch eine Errungenschaft des Weimarer Kinos – die *entfesselte Kamera* – nicht auf eine Idee des Regisseurs Murnau oder seines Kameramanns Karl Freund zurück, sondern auf Mayer, die dieser bereits in dem Drehbuch zu *Sylvester* einbringt und für *Der letzte Mann* weiter ausbaut (vgl. Hempel 1968, S. 136 f.; vgl. Kasten 1994, S. 8).

Abb. 4.6 In *Scherben* (a, © Rex-Film GmbH, D 1921) und *Sunrise: A Song of Two Humans* (b, © Fox Film Corporation, USA 1926/1927) nach Drehbüchern von Carl Mayer dringen Fremde aus der Stadt in ländliche Familien ein: Kaltherzig entfachen sie sexuelles Begehren, sodass Unschuldige zu Sündern werden und unter ihrer Gewissenslast zusammenbrechen.

Mayers melodramatische Drehbücher kreisen um labile Existenzen in zerrütteten Ehen und Familien. Erotik und Sexualität dringen zerstörerisch ein und stürzen die Beteiligten in eine Tragödie (vgl. Abb. 4.6). Die linear entwickelte Handlung arbeitet sich in die widersprüchliche Tiefe seiner verzweifelten Charaktere vor, die zwischen ihrer persönlichen Obsession und den gesellschaftlichen Normen zerrieben werden, meist im Tod oder im Wahnsinn enden. In Mayers Drehbüchern, so schreibt Jürgen Kasten, wird „in radikaler Konzentration auf das Wesentliche und in zum Teil extremer Formreduktion die Forderung nach Entrümpelung der Szene und einfachster Symbolgestaltung umgesetzt" mit dem Ziel „einer dichteren Schilderung von Menschenschicksalen bei gleichzeitiger Erhöhung der dramatischen Intensität" (1994, S. 251).

Als Beispiel für zwei prominente Drehbuchstile jüngerer Zeit, die in den 2000er Jahren Trends des alternativen Erzählkinos zur Meisterschaft führen (Multiplot, Anachronie, Unzuverlässigkeit, Selbstreflexivität), seien im Folgenden die Arbeiten von Guillermo Arriaga und Charlie Kaufman genauer vorgestellt.

Guillermo Arriaga (geb. 1958) Der mexikanische Schriftsteller Arriaga verfasst die Drehbücher zu den von Alejandro González Iñárritu inszenierten Filmen *Amores Perros* (*Amores Perros – Von Hunden und Menschen*, MEX 2000), *21 Grams* (*21 Gramm*, USA 2003) und *Babel* (F/USA/MEX 2006): allesamt komplexe, multiperspektivische Verschachtelungen, wie er sie bereits in seinem Roman *Un dulce olor al muerte* (1994) erprobt hat (vgl. Pötting 2009, S. 92). Dramaturgischer Initialpunkt ist jedes Mal ein Unfall, bei dem ein Auto oder eine Gewehrkugel in das Leben anderer (meist bessergestellter) Menschen einschlägt und irreversiblen Schaden anrichtet. Die Kollision von Lebenswelten und die kausalen Verzweigungen, die sich daraus ergeben, bilden hier die narrative Grundformel, um ein soziales oder kulturelles Gefüge, sei es nun lokal oder global, in seinen wechselseitigen Abhängigkeiten zu durchleuchten. Historisch lässt sich ein

Bogen spannen von den literarischen Grundrissen der Großstadt eines John Dos Passos (*Manhattan Transfer*, 1925) oder Alfred Döblin (*Berlin Alexanderplatz*, 1929) über die Querschnittsfilme der Neuen Sachlichkeit und die Episodenfilme des Neorealismus bis zur filmischen Hochzeit multipler Plots in den 1990er Jahren des US-Independentfilms (vgl. Treber 2005).

In *Amores Perros* repräsentiert Arriaga die 21-Millionen-Metropole Mexiko-Stadt in drei exemplarischen Settings: Die Unterschicht verkörpert Octavio (Gael García Bernal), der sich über blutige Hunde-Wettkämpfe einen Weg aus dem Moloch zu bahnen sucht; das Bürgertum wird von dem Privatgelehrten El Chivo (Emilio Echevarría) vertreten, der als Guerillero für die Revolution der Armen kämpfen wollte; die Oberschicht, bestehend aus Hochglanz-Models und verfeindeten Bankiers, offenbart ihren moralischen Abgrund erst nach dem Zusammenprall mit den unteren Klassen. Bindeglieder in der Geschichten-Trias sind ein Hund namens Gofi, der von der ersten Episode über den Unfall in die dritte Episode weitergereicht wird und die ihrerseits verketteten Ereignisse auslöst, und der Obdachlose El Chivo, dessen hybrides Figurenkonzept (Privatgelehrter, Ex-Revolutionär und Outlaw) eine integrative Aufgabe in der gesamten Dramaturgie erfüllt. Nicht nur überwindet er stellvertretend die Konflikte der vorherigen Episoden (die Motive ‚abwesende Väter‘ und ‚feindliche Brüder‘), er transzendiert auch die Aggressionen aller Figuren, wenn er seine Rolle als Auftragskiller beendet. *21 Grams* wiederholt, wenn auch abgemildert, eine ähnliche Konstellation wie *Amores Perros*: Auch hier entstammt der Unfallverursacher Jack Jordan (Benicio del Toro) dem sozialen Brennpunkt, und er rast in das Familienleben der bessergestellten Christina (Naomi Watts). Der todkranke Mathematik-Dozent Paul (Sean Penn), der durch den Tod von Christinas Ehemann ein Spenderherz erhält, ist ein bürgerlicher Intellektueller und Lehrer wie El Chivo und wie er ein Wanderer zwischen den Welten: Mittler zwischen Arm und Reich, Leben und Tod, ebenso katalytisches Zentrum der Gesamthandlung. In dem Werdegang dieser beiden Figuren bebildern diese zersplitterten Filme eine dramaturgische Entwicklung mit kathartischem Ausgang. Fast ein halbes Jahrhundert nach dem lateinamerikanischen Revolutionskino der 1960er Jahre schimmern in Arriagas Drehbüchern Rudimente linker Ideen durch: Den Intellektuellen wird die Aufgabe übertragen, die Klassengegensätze, die im Film als tragische Verwicklungen erscheinen, symbolisch (El Chivu) oder durch Selbstopfer (Paul) zu versöhnen. Arriagas Erzählexperimente stoßen nicht immer auf Gegenliebe. So wird das Verdrehen von Raum und Zeit in *21 Grams* als Effekthascherei kritisiert. Dabei unterstreicht das scheinbare Erzählchaos den emotionalen Aufruhr der Figuren, die Fragmentierung repräsentiert das Zerreißen ihres Lebenszusammenhangs; und durch die Tatsache, dass Ursache und Wirkung nie aufeinanderfolgen, lässt sich der Täter nicht leichtfertig verurteilen und auch das Opfer nicht, wenn es zum Täter wird (vgl. Abb. 4.7). Der Wirbel der Erzählpartikel wird zudem motiviert durch Pauls Gedankenstimme, die in der Intensivstation den Tod erwartet, sodass sich die Anachronie als flimmernder *stream of consciousness* eines Sterbenden lesen lässt (vgl. Bildhauer 2007, S. 180 f.).

In *Babel*, dem ambitioniertesten Film der Trias, wird das soziale Spannungsfeld nun auf eine global-kulturelle Ebene gehoben und mit der Brisanz internationaler Politik ver-

Abb. 4.7 Durch Sprünge zwischen Figuren, Räumen und Zeiten fordert der Film *21 Grams* (© This Is That Productions, USA 2003) die Zuschauer heraus, selbst einen Zusammenhang herzustellen.

setzt: Denn hier trifft das Gewehrgeschoss muslimischer Jungen – im übermütigen Spiel abgefeuert – ein amerikanisches Touristen-Paar im Reisebus (Brad Pitt, Cate Blanchett). Die beiläufige Nachricht, dass die Medien den Unfall als terroristischen Anschlag deuten, findet seine Resonanz im hysterischen Misstrauen der Reisegruppe (Franzosen, Briten, Amerikaner) gegenüber dem muslimischen Dorf, dessen Hilfsbereitschaft eigentlich keinerlei Anlass dafür liefert. In *Babel*, dessen Titel auf die biblische Sprachverwirrung anspielt und dessen Geschichten sich in vier Ländern und fünf Sprachen ereignen, wurzelt die eigentliche Misskommunikation im Grundübel der Fremdenangst, die zur paranoiden Abriegelung und Diskreditierung führt. In *Babel* stehen am Ende gerade die deprivilegierten Kulturen als Leidtragende da, während das Unglück in der US-amerikanischen und in der japanischen Familie zur Versöhnung führt. Eine bittere Ironie der globalisierten Kettenreaktion: Die sogenannte Erste Welt wird durch die Dritte Welt glücklich gestoßen. Nicht nur in *Babel*, auch in den anderen Filmen dient ein Mythos aus dem Alten Testament als Bezugspunkt (Kain und Abel in *Amores Perros* und Hiob in *21 Grams*). Arriagas Themen und Motive – „die Wüste, die Stille, die Jagd, verbotene Liebe, eine im Wandel begriffene Gesellschaft, das Leben, der Tod, Trauer, Schuld und Sühne, das Schicksal und das Ausgeliefertsein des Menschen" (Pötting 2009, S. 94) – sind auch Grundkonstanten in seinen Romanen.

Charlie Kaufman (geb. 1958) Der Drehbuch-Stil des US-Amerikaners Charlie Kaufman wird über Verfilmungen von Michel Gondry und Spike Jonze bekannt, Regisseure, die das Musikvideo in den 1990er Jahren revolutionieren. Ihre Experimentierfreude korrespondiert mit Kaufmans narrativen Grenzgängen. Kaufmans Themen umkreisen philosophische Fragen nach der Identität des Menschen im Spannungsverhältnis zwischen

Wirklichkeit und Kunst, Einsamkeit und Beziehung, Natur und Zivilisation. Im Mittelpunkt steht eine intellektuelle *Loser*-Figur: ein missachteter oder sich selbst verachten-
der Künstler (Puppenspieler, Drehbuchautor oder Theaterregisseur), der selbstmitleidig
die Kommerzialisierung des Kulturbetriebs für sein Unglück verantwortlich macht und
zwischen Selbstüberschätzung und Minderwertigkeit pendelt, zugleich ein schüchterner,
passiver Mann, der sich in seiner Sehnsucht nach einer Frau selbst im Wege steht. Dabei
schlägt Kaufman einen humorvoll-poetischen Ton an, sodass man seine Geschichten als
Komödien für Intellektuelle mit denen von Woody Allen vergleichen kann. Die Absurdi-
täten entstehen aus surrealen Konstruktionen (→ Surrealismus), wie das halbhohe Stock-
werk 7½ und der geheime Tunnel zum Bewusstsein eines Stars (*Being John Malkovich*,
USA 1999), die Maschine zum Löschen von Erinnerungen (*Eternal Sunshine of the Spotless Mind / Vergiss mein nicht*, USA 2004), der Nachbau New Yorks in einem gigantoma-
nischen Theaterstück (*Synecdoche, New York*, USA 2008). Aber auch auf dramaturgischer
Ebene zählen kuriose Einfälle zu Kaufmans Markenzeichen: der Flashback eines Affen,
der die klassische *backstory wound* parodiert; eine atemberaubende Verfolgungsjagd
durch die Schachtelräume des Unbewussten; oder ein Identitätskurzschluss, der zu einer
absurden Multiplikation von John Malkovich führt, sodass er in einem Café hunderte von
Rollen gleichzeitig zu spielen scheint (*Being John Malkovich*).

Nicht selten erzählt Kaufman seine Geschichten gleichsam an Schnittstellen intertextueller und intermedialer Diskurse. So schreibt *Human Nature* (*Human Nature – Die Krone der Schöpfung*, F/USA 2001) Franz Kafkas Erzählung *Ein Bericht für eine Akademie*
(1917) fort, indem der Film eine Kaspar-Hauser-Figur nach ihrer Zivilisierung im Laboratorium wieder im Walde auswildern lässt, bis sie die Öffentlichkeit an der Nase herum-
führt und sich emanzipiert. Und *Being John Malkovich* eröffnet mit einem intermedialen
Vexierspiel: einem Theatervorhang, der den Blick auf ein Puppenspiel freigibt, in dem
sich die Marionette ihrer Unmündigkeit bewusst wird, um dann gegen den Puppenspieler
mit kuriosen Saltos zu revoltieren; der Applaus kommt vom Band, denn ein Publikum gibt
es nicht – eine für Kaufmans Werk paradigmatische Desillusionierung. Paradoxe Spiegelungen (Mise en Abyme) und Durchbrechungen der Erzählebenen (Metalepsen) sind
typisch. So wie er in *Being John Malkovich* den Schauspieler Malkovich sich selbst verkörpern ließ, platziert Charlie Kaufman in *Adaptation.* (*Adaption: Der Orchideendieb*,
USA 2002) die eigene Person als Drehbuchautor in das Zentrum der Geschichte und au-
thentisiert seine Figur über fingierte Making-Of-Aufnahmen (vgl. Abb. 4.8a). Zugleich
stellt er seinem Selbst den erfundenen Zwillingsbruder Donald Kaufman zur Seite (ebenfalls Nicholas Cage), um über das im Gegensatz vereinte Paar nicht nur psychologische
Dichotomien (intro- und extravertiert) zu verhandeln, sondern widerstreitende Positionen
der Filmdramaturgie: Charlie als Künstler im Geiste europäischer Autorenfilm-Traditio-
nen verabscheut die Plot-Standards der Drehbuchratgeber, Donald als Pragmatiker im
Geiste des Hollywood-Mainstreams geht das Schreiben (und das Leben) dafür leichter
von der Hand (vgl. Abb. 4.8b). Da das Drehbuch, an dem Charlie scheitert, zugleich der
Film ist, den wir als Zuschauer sehen, reagiert der Stil der Narration augenblicklich, wenn
Donald im dritten Akt die Oberhand gewinnt: Auf einmal werden die Figuren aktiv und

Abb. 4.8 In *Adaptation*. (©
Beverly Detroit u. a., USA
2002) wird fingiertes Making-
Of-Material vom Vorgänger-
film *Being John Malkovich*
eingeschnitten und somit
der Drehbuchautor Charlie
Kaufman (Nicholas Cage) als
Hauptfigur etabliert (**a**), dessen
erfundener Zwillingsbruder
Donald eine entgegengesetzte
Perspektive auf die Welt und
das Drehbuchschreiben verkörpert (**b**).

durchrasen mit kuriosen Wendungen populäre Standardsituationen. *Adaptation*. ist eine
„Reflexion über den kreativen Prozess […] – nicht ohne Seitenhiebe auf das Filmgeschäft,
die Drehbuchpraxis und das Schicksal der Drehbuchautoren" (Bildhauer 2007, S. 196).

In *Eternal Sunshine of the Spotless Mind* löst das Löschen der Erinnerungen eine rückwärts ablaufende Erzählung aus, die sich von dem schmerzhaften Ende zu den glücklichen
Anfängen der Liebesbeziehung vorarbeitet, bis der Protagonist Joel (Jim Carrey) versucht,
seine letzten Erinnerungen in geheime Gedächtniszonen zu retten. Kaufmans Drehbücher
verschieben ein paar Prämissen unseres Realitätsverständnisses, um die ewige Geschichte von Liebe und Trennung, Einsamkeit und Fremdheit wieder neu erzählen zu können.
Durch diese Kniffs gelingt es ihm, auf unterhaltsame Weise essenzielle Aussagen zu treffen, in diesem Fall: dass der Mensch mit seinen Erinnerungen auch seine Identität verliert,
dass schmerzhafte Erfahrungen sinnstiftender Teil des Lebens sind und der emotionale
Kern einer Liebesbeziehung verschüttet, aber nicht entfernt werden kann. Wenn sich Joel
und Clementine (Kate Winslett) schließlich mit gelöschtem Bewusstsein neu füreinander
entscheiden, dann trotz all der Dinge, die sie aneinander verachten werden und sich jetzt
schon auf Kassette anhören müssen.

Exemplarische Filme

Drehbücher von Carl Mayer:
Das Cabinet des Dr. Caligari (D 1920, Robert Wiene; Ko-Autor: Hans Janowitz)

Hintertreppe (D 1921, Paul Leni)
Der letzte Mann (D 1924, Friedrich Wilhelm Murnau)

Drehbücher von Charlie Kaufman:
Being John Malkovich (USA 1999, Spike Jonze)
Adaptation. (*Adaption.*, USA 2002, Spike Jonze)
Eternal Sunshine of the Spotless Mind (*Vergiss mein nicht*, USA 2004, Michel Gondry)

Drehbücher von Guillermo Arriaga:
Amores Perros (*Amores Perros – Von Menschen und Hunden*, MEX 2000, Alejandro
   González Iñárritu)
21 Grams (*21 Gramm*, USA 2003, Alejandro González Iñárritu)
The Three Burials of Melquiades Estrada (*Three Burials – Die drei Begräbnisse des
   Melquiades Estrada*, USA/F 2005, Tommy Lee Jones)

Einführungsliteratur

Kasten, Jürgen. 1994. *Carl Mayer: Filmpoet. Ein Drehbuchautor schreibt Filmge-
   schichte*. Berlin: Vistas.
Ottersbach, Béatrice. Hrsg. 2007. *Drehbuchautoren-Bekenntnisse*. Konstanz: UVK.
Stempel, Tom. 1991. *Framework. A History of Screenwriting in the American Film*.
   New York: Continuum.

4.4   Kamera- und Lichtstile

Erinnert man sich an vor längerer Zeit gesehene Filme, so sind es häufig nur Fragmente, die im Gedächtnis bewahrt werden. Manchmal bleibt ein bestimmtes Ereignis, eine signifikante Szene haften, dann wieder erinnert man sich an den spezifischen Ausdruck einer Figur oder an die Filmmusik. Oftmals jedoch sind es einzelne, charakteristische Bilder, die zunächst im Gedächtnis aufflackern und als bruchstückhafte, visuelle Kompositionen unsere Erinnerung an einen Film prägen und synekdochisch die einzigartige Atmosphäre, eine affektive Stimmung oder einen spezifischen Look des jeweiligen Films repräsentieren. Maßgeblich modelliert werden diese Bilder durch das visuelle Organ des Films – die Kamera – und damit untrennbar verbunden durch das Filmlicht. Dementsprechend bilden sich in der Filmgeschichte verschiedene Kamera- und Lichtstile aus, die die Fähigkeit besitzen, die intendierte Wirkung der Bilder durch eine spezifische Ästhetik zu unterstreichen.

Bei der Analyse des fertigen Produkts besteht die meist nicht lösbare Schwierigkeit, zu unterscheiden, inwiefern das visuelle Resultat durch kleinteilige, präzise Arbeitsanweisungen eines Kamera kundigen Regisseurs zustande kommt oder ob es auf der Leistung des Kameramannes basiert, der adäquate Bilder für die Vision des Filmemachers erst finden muss. Bei dem Großteil der filmischen Werke wird das Verhältnis zwischen diesen beiden Polen oszillieren. Einige Regisseure binden ihre Kameraleute frühzeitig in den Entstehungsprozess ein, betrachten sie als unerlässlichen Bestandteil dieses Prozesses und gestehen ihnen eine größere Freiheit zu. Bei anderen agieren sie mehr als Nebenfiguren, verantwortlich für die handwerkliche Umsetzung konkreter Vorstellungen oder für die bloße Bebilderung eines Sachverhalts. Manche Filmemacher haben sehr präzise, andere wiederum lediglich vage Vorstellungen davon, wie die visuelle Ästhetik ihres Films am Ende aussehen soll; manche messen der Bildgestaltung einen sehr hohen Stellenwert zu, andere sehen die erzählte Geschichte im Vordergrund und die Bildgestaltung eher als Beiwerk.

> Die Rolle des Kameramannes ist zentral, zugleich aber auch funktional. Während der Entstehung eines Films ist er sowohl technisch wie stilistisch der Repräsentant des imaginären Ganzen. Er muß das gemeinsam mit dem Regisseur entworfene Endresultat in seinem Kopf vorwegnehmen, technische Entscheidungen in ihren ästhetischen Konsequenzen durchdenken, die stilistische Kontinuität gewährleisten und dennoch hat er eine bloß dienende Funktion. Sich der Konzeption des Regisseurs und den Erfordernissen der filmischen Erzählung zu unterwerfen, gehört zu den unumgänglichen Voraussetzungen seiner Profession. (Prümm 2000, S. 16 f.)

Immer wieder bringt die Filmgeschichte Regie- / Kamera-Gespanne mit einem gemeinsamen künstlerischen Interesse hervor, bei denen sich jeweils beide Künstler gegenseitig beeinflussen und ergänzen und aus deren Zusammenarbeit herausragende Filme entstehen: Ingmar Bergman und Sven Nykvist, Jean-Luc Godard und Raoul Coutard, Friedrich Wilhelm Murnau und Karl Freund, Sergej Eisenstein und Eduard Tissé, Martin Scorsese und Michael Ballhaus, Francis Ford Coppola und Gordon Willis, Wim Wenders und Robby Müller, Wong Kar-wai und Christopher Doyle oder Eric Rohmer und Néstor Almendros. Nicht umsonst engagiert beispielsweise Woody Allen für einige seiner Filme den Kameramann Sven Nykvist, um den von ihm stets bewunderten ‚Bergmann-Look‘ zu erzielen. Nichtsdestotrotz wird die Kameraarbeit in der wissenschaftlichen Auseinandersetzung mit dem Medium Film häufig vernachlässigt. Karl Prümm sieht die Beschäftigung mit der Kameraarbeit und der damit untrennbar verbundenen Bildkonstruktion als einen Aspekt, der sich allzu häufig jenen populären filmanalytischen Verfahren unterordnen muss, die sich vornehmlich ideologiekritischer, strukturalistischer sowie narratologischer oder psychoanalytischer, kurzum, wesentlich abstrakterer Grundlagen als des konkreten filmischen Bildes bedienen.

Die primäre Aufgabe des Kameramanns besteht darin, technische Hilfsmittel und ästhetische Anforderungen in Einklang zu bringen. Dabei ist die Kameraarbeit technischen Voraussetzungen unterworfen. Auf der einen Seite bestimmt häufig das vorhandene Budget, welche technischen Apparaturen für die Produktion zur Verfügung stehen (können). Auf der anderen Seite diktiert im Lauf der Filmgeschichte auch der aktuelle Stand der technischen Entwicklungen die Auswahl der Apparaturen. Doch das Verhältnis zwischen den Entwicklungen technischer Innovationen und dem Anspruch und Bedarf der Filmproduktionen ist immer auch ein dialektisches, denn die Weiterentwicklung der Kameras beruht nicht nur auf Erfindungen der technologischen Industrie, sondern ebenso auf Inspirationen und dem Ideenreichtum aus der filmischen Praxis. Im Rahmen der zunehmenden Digitalisierung verändert sich auch das Filmbild. Es erlangt, ästhetisch betrachtet, eine grundsätzlich andere Qualität und weist stilistisch zum Beispiel gänzlich andere Farbqualitäten und einen geringeren Kontrastumfang als 35 mm-Filmmaterial auf. Zudem steigt durch die Entwicklung neuer Verfahren die Einflussnahme der Postproduktion auf das filmische Bild, sodass zahlreiche Parameter des Filmbildes nachträglich bearbeitet beziehungsweise gar umgestaltet werden können.

Den Kameraleuten obliegt es, in einem gewählten stilistischen Rahmen die ästhetischen Möglichkeiten der vorhandenen technischen Apparaturen auszuschöpfen. Selbst zu Beginn der Filmgeschichte, als man mit ebenso schweren wie schwerfälligen Kameras operieren muss, die nur ein Minimum an Mobilität zulassen und mit lichtschwachen Objektiven ausgerüstet sind, stellt sich bereits die Frage des Kamerastandpunktes, der Perspektive und der Kadrierung, also welcher Bildausschnitt für die jeweilige Einstellung gewählt wird, als auch die Frage, bei welchen Lichtverhältnissen gefilmt wird. Rasant schreitet der technische Fortschritt voran, und immer komplexere Apparaturen werden gefertigt: einerseits verändern sich die Kameras selbst, sie werden lichtstärker, kleiner und leichter – andererseits werden zahlreiche technische Hilfsmittel entwickelt, die entweder, direkt an der Kamera angebracht, das Bild beeinflussen (wie Blenden und Filter) oder aber als externe Ergänzung die Beweglichkeit verbessern (wie Kamerawagen, das Legen von Schienen und Kamerakräne). Mit der Entwicklung des Farbfilms wird das filmische Bild näher an die Alltagswirklichkeit herangeführt und beschert so zugleich ein neues grundlegendes ästhetisches Auswahlkriterium, das bis heute fortbesteht, wenngleich es aufgrund der Vorherrschaft des Farbfilms wesentlich seltener in Betracht gezogen wird. Filme wie Jim Jarmuschs *Dead Man* (USA, u. a. 1995), Michael Hanekes *Das weiße Band – Eine deutsche Kindergeschichte* (D, u. a. 2009) oder Michel Hazanavicius' *The Artist* (F, u. a. 2011) zeugen davon, auch wenn die Auswahl auf unterschiedlichen Motivationen beruht und sie ebenso unterschiedliche materielle Verfahren nutzten.

Die Handkamera wird bereits in den 1920er Jahren unter anderem von Dsiga Wertow und Abel Gance eingesetzt, doch mit Beginn des Tonfilms wird ihr zunächst ein Ende gesetzt. Die Handkamera gerät in Vergessenheit, bis sie in den 1950er Jahren in den Dokumentarfilmen des Cinéma Verité wiederentdeckt wird, um dann über diesen Umweg auch in den narrativen Film wieder Einzug zu halten. Vor allem die Filmemacher und Kameramänner der Nouvelle Vague wissen die Leichtigkeit und Bewegungsfreiheit der Handkameras für ihre ästhetischen Anliegen zu nutzen. Seitdem, vor allem heute, gehören Handkameras mit ihren instabilen Bildern und dem durch sie hervorgerufenen Authentizitätseffekt zum gängigen stilistischen Repertoire. Sie prägen zum Beispiel die Filme der *Dogma 95*-Gruppe (als selbstauferlegte Reduktion technischer Hilfsmittel) oder Found footage-Horrofilme wie *Blair Witch Project* (USA 1999), die *[Rec.]*- oder die *Paranormal Activity*-Reihe, die damit ganz bewusst eine Amateurfilmer-Ästhetik schaffen und die Wahrhaftigkeit des Gezeigten suggerieren (vgl. Abb. 4.9 und 4.10). Als Garrett Brown in

Abb. 4.9 *The Blair Witch Project* (*Blair Witch Project*, © Haxan Films, USA 1999) ist nicht der erste Horrorfilm, der vorgibt, zufällig gefundene Aufnahmen (Found Footage) zu präsentieren, verleiht dieser Täuschung aber sowohl ästhetisch als auch über das virale Marketing eine enorme Wirkungskraft. Mittlerweile haben sich Umfeld und Technik pseudodokumentarischer Horrorfilme weiter entwickelt. *The Blair Witch Project* benötigt nur zwei Handkameras.

Abb. 4.10 Die *Paranormal Activity*-Filme, die vom Wald in urbane Milieus umziehen, erweitern das stilistische Spektrum: von Überwachungskameras zu Laptop-Webcams als Bestandteil einer von räumlichen Zwängen losgelösten Multiperspektive in *Paranormal Activity 4* (© Paramount Pictures u. a., USA 2012).

den späten 1970er Jahren die Steadicam entwickelt, die mittels eines Gestells und verschiedener daran angebrachter Gewichte ruckartige Bewegungen ausbalancieren kann, wird damit eine Technik geschaffen, die die Mobilität einer Handkamera mit den gleitenden Bewegungen schienengeführter Kamerafahrten kombiniert. Im Kino können mittels Steadicam produzierte Bilder erstmals in Stanley Kubricks *The Shining* (GB/USA 1980) bewundert werden, in dem sowohl in den langen labyrinthischen Fluren des Overlook-Hotels als auch im Labyrinth davor lange Kamerafahrten, in denen die Kamera scheinbar knapp über dem Boden entlang schwebt, zu sehen sind. Durch die Steadicam kann auf das zeitintensive Legen von Schienen verzichtet werden, und es besteht keinerlei Gefahr, dass zu irgendeinem Zeitpunkt verlegte Schienen ungewollt im Bild sichtbar werden, was zuvor häufig zu einer Längenlimitierung von Kamerafahrten geführt hat.

Die Auswahl der Technik ist immer auch durch grundlegende ästhetische Entscheidungen bedingt. Werden für einen Film beispielsweise eher unbewegte Einstellungen bevorzugt, soll die Kamera viele und dabei möglichst fließende Bewegungen ausführen, ihr Vorhandensein bewusst inszeniert oder mittels Handkamera eine Unmittelbarkeit zum Geschehen erzeugt werden? Welches Bildformat bringt die gewünschte ästhetische Wirkung hervor? Sind vornehmlich Innen- oder Außenaufnahmen vorgesehen oder soll es stattdessen eher Tag- oder Nachtaufnahmen geben? In *Barry Lyndon* (GB/USA 1975) versucht Stanley Kubrick, die Stimmung der als Vorlage dienenden Rokoko-Gemälde möglichst exakt einzufangen, und verwendet deshalb Kerzen als einzige Lichtquelle. Zu diesem Zweck greift er auf ein extrem lichtstarkes Zeiss-Objektiv zurück, das ursprünglich für die NASA entwickelt worden ist.

Licht und Lichtsetzung nehmen maßgeblichen Einfluss auf das Filmbild. Einer möglichst naturalistischen Lichtgestaltung steht eine betonte Künstlichkeit gegenüber. Neben der Richtung sind Qualität und Quantität basale Eigenschaften des Filmlichts, das bestimmte Figuren oder Objekte akzentuieren, modellieren und demaskieren, das erhellenden wie verschleiernden Charakter annehmen kann, das Stimmungen erzeugen oder in bestimmte Richtungen zu lenken vermag. Im Zusammenspiel von Densität, Farbtemperatur, Gradationskurve und Modulation werden Strukturen hervorgehoben, Texturen sichtbar gemacht und Räumlichkeit erzeugt. Das Filmlicht erfüllt nicht nur eine dramatische, sondern häufig auch eine narrative Funktion, denn es wird zum integralen Bestandteil der Geschichte. Dabei werden viele charakteristische Beleuchtungsstile des Films aus der Malerei adaptiert oder ihr regelrecht entlehnt, wie etwa der sich durch seine ausgeprägten Hell-Dunkel-Kontraste auszeichnende Chiaroscuro-Stil aus der Spätrenaissance- und Barockmalerei. Als emblematische Beleuchtungsstile treten im Klassischen Hollywoodkino vor allem der *low key*- und der *high key*-Stil hervor. Bei letzterem wird primär durch diffuses Licht ein sehr ausbalanciertes Beleuchtungsniveau angestrebt, das durch seine ausgeglichene Helligkeit eine optimistische Grundstimmung (z. B. in den Screwball-Comedies) hervorruft und damit ein Gegenstück zum pessimistischen, kontrast- wie schattenreichen *low key*-Stil (z. B. im Film Noir) bildet, der sich wiederum aus Einflüssen des expressiven deutschen Kamerastils und des Poetischen Realismus speist.

Die nachfolgenden Beispiele sollen kursorisch einige stilbildende Aspekte der Kamera und des Lichts im Film verdeutlichen:

Eng verbunden mit dem Begriff der ‚entfesselten Kamera‘ ist der Name Karl Freund und vor allem seine Kameraführung in Friedrich Wilhelm Murnaus *Der letzte Mann* (D 1924). Freund setzt den bereits früh in der Filmgeschichte gehegten Wunsch, die Kamera vom Stativ zu befreien, konsequent um. Zwar ist er nicht der Erste, der dies tut, aber seine Aufnahmen sind von einer zuvor kaum gesehenen Beweglichkeit gekennzeichnet, die er später in Fritz Langs *Metropolis* (D 1926) und Walter Ruttmanns *Berlin – Sinfonie der Großstadt* (D 1927) perfektioniert (→ Neue Sachlichkeit). Seine entfesselte Kamera scheint sämtliche Hindernisse und Barrieren überwinden und durchdringen zu können. Aufgrund der Beweglichkeit und Dynamik bei erhaltener Flüssigkeit der Bewegungen ließe sich etwa die Kameraarbeit von Gaspar Noé und Benoît Debie in *Irreversible* (2002) als ein zeitgenössischer Nachfahre dieses Stils beschreiben (→ New French Extremity) (vgl. Abb. 4.11).

Die Kameramänner Alain Marcoen und Benoît Dervaux prägten gemeinsam mit den Regisseuren Jean-Pierre und Luc Dardenne den Begriff der *corps-caméra*, der zum einen auf die Positionierung der Kamera nah am Körper der handelnden Figur verweist und zum anderen zugleich ihre lebendigen, durch einen menschlichen Körper (im Kontrast zu

Abb. 4.11 Blicke, die sich von physischen Einschränkungen gelöst haben, erweitern Gaspar Noé und Benoît Debie nach *Irréversible* in *Enter The Void* (© BUF u. a., F/D/I/CAN 2009). Nach dem Tod des Protagonisten dokumentiert die Kamera die Wanderung seines seelischen Auges durch ein artifiziell gestaltetes Tokio. Sie ist in der Lage, mit Hilfe des Lichts zu reisen, sich in den Geist anderer Menschen einzuklinken und in einer scheinbar ununterbrochenen Plansequenz jedes räumliche Hindernis zu umgehen, woraus sich zumeist durchkomponierte Aufsichten in ausgefallener Perspektive ergeben.

maschinell) ausgeführten Bewegungen beschreibt. Gepaart mit einem Objektiv mit einer 25 mm-Brennweite, die der des menschlichen Sehens entspricht, und einer Kamera, die scheinbar unwissend immer erst mit leichter Verzögerung auf die Bewegungen der Figuren reagiert, erreichen sie mit ihrem Stil eine wirkliche Präsenz der Bewegung und bereiten so eine außergewöhnliche Erfahrung von Unmittelbarkeit und Authentizität (→ Realismus). In diesem Kontext stellt sich immer auch die Frage, ob die Kamera sich auf die Abbildung der sich vor ihr ereignenden Geschehnisse konzentriert oder ob sie darüber hinaus zusätzlich autonom agiert, sich nicht bloß von zentralen Ereignissen leiten lässt und ihr Suchbewegungen oder selbständige Abschweifungen zugestanden werden. Damit korrespondiert auch die Frage nach der durch die Kamera vermittelten Erzählhaltung und -perspektive

(z. B. die Integration subjektiver Einstellungen etc.), wobei sich teilweise auch kulturell bedingte Unterschiede zeigen. Im japanischen Film wird die Kamera aufgrund der niedrigeren Sitzpositionen in Innenräumen meist wesentlich näher am Boden platziert als in europäischen oder amerikanischen Filmen, bei Landschaftsaufnahmen entstehen dadurch häufig niedrigere Horizontlinien.

Für Michael Hanekes Filme zeichnen die Kameraoperateure Christian Berger und Jürgen Jürges verantwortlich. Ihre Kamera wirkt meist nüchtern protokollierend, häufig bleibt sie unbewegt und fokussiert ein ums andere Mal eher nebensächlich erscheinende Objekte, und das mit einer Dauer, die den dramatischen Wert der Einstellung übersteigt. Dabei werden mitunter Teile des zentralen Geschehens nicht erfasst oder nur die indirekten kausalen Folgen eines Geschehens abgebildet. Signifikante Ereignisse werden in das visuelle Off verlagert, Schwarzfilm fragmentiert und separiert wie ein Zeilenabstand die einzelnen Szenen voneinander. Erzeugt wird ein Blick, der sich zwar teilweise in nur kurzer Entfernung zu den Figuren zeigt, nie aber allzu intim wird und vor allem jegliche Bewegung, die zur Identifikation einlüde oder die Distanz zwischen dem Zuschauer und dem Geschehen durchbräche, vehement verweigert.

Den Schwarzfilm als Negation des Bildes, als Hinweis auf dessen Abwesenheit mit dessen eigenen Mitteln und als ein unausgesprochenes Verbot macht bereits Jordan Cronenweth zur Methode, indem er ihn, die Konventionen missachtend, in einigen Werken als selbstverständlich etabliert. Darüber hinaus hat seine von kontrastreichen Kompositionen geleitete Kameraarbeit in Ridley Scotts *Blade Runner* (USA 1982) „mit seiner elektrisch-blauen Atmosphäre, seinen permanenten Suchscheinwerfern und vor Schmutz dampfenden Straßen den Look des Science-Fiction nachhaltig geprägt" (Brandlmeier 2008, S. 197). Ohnehin treten spezifische Kamera- oder Lichtstile häufig in Umbruchphasen eines Genres oder in den ersten Stadien neuer Epochalstile auf und werden dann in den nachfolgenden Filmen konsequent weiterentwickelt oder kopiert. Gordon Willis etwa kreiert in *The Godfather* (*Der Pate*, USA 1972) einen neuen Stil innerhalb des Gangsterfilms. Er erreichte dies unter anderem durch den revolutionären Einsatz des Oberlichts als Führungslicht und oft einzige *low key*-Lichtquelle. Raoul Coutards Kamera formt durch ihre Beweglichkeit und gleichermaßen durch ihre Selbstreflexivität entscheidend den Stil der Nouvelle Vague. Coutard operiert vorzugsweise mit indirektem Licht und nimmt dabei zahlreiche Plansequenzen auf, die einerseits einer genauen Vorbereitung und Kalkulation bedürfen, andererseits aber durch ihre Bewegung das Filmische am Film betonen und zudem Probleme lösen, die durch Anschlüsse oder die Handlungsachse entstehen können.

Einer der bis heute renommiertesten Kameramänner ist Sven Nykvist, der bekannt geworden ist vornehmlich durch seine Arbeiten mit Ingmar Bergman, später auch Filme von Roman Polanski oder Andrej Tarkowskij visuell gestaltet. Berühmt ist Nykvist für seine ‚Graphit-Ton-Bilder'. Künstliches Studiolicht lehnt er zunächst als falsch ab, weil es keinerlei Logik besitze. So beginnt „die Suche nach dem natürlichen Licht oder zumindest nach einer Lichtsetzung, die dieses nur unterstützt oder simuliert, dem sog. logischen Licht" (Brandlmeier 2008, S. 331). Mittels präziser Beobachtungen und Aufzeichnungen gelangt Nykvist zu Erkenntnissen, die ihm zu seinem reduzierten, mit wenigen Lichtquel-

Abb. 4.12 Was wird gezeigt, was bleibt verborgen? Gerade in Ingmar Bergmans *Persona* (© SF, S 1966) lässt sich diese eigentlich formelle Frage ebenso auf das Leben der beiden Protagonistinnen anwenden. Ein auf den ersten Blick naturalistischer Ansatz geht mit einer dennoch entrückten Stimmung in den Bildern von Sven Nykvist einher, expressive Hell-Dunkel-Kompositionen und ein genauer Blick für die gestalterischen Möglichkeiten des Schattens prägen sein stilistisches Werk.

len auskommenden Stil führen, der stets von einer dichten Atmosphäre und äußerster Genauigkeit bestimmt ist (vgl. Abb. 4.12). Nykvist gelingt es allein mit seiner Lichtsetzung unterschiedlichste Grundstimmungen zu erzeugen und durch seine zahlreichen nahen Einstellungen, in denen die Konzentration auf die Augen der Figuren (oft von Spiegelreflexen begleitet) zentrale Bedeutung gewinnt, einen psychologischen Zugang zu den Figuren zu öffnen.

Die stilbildende Rolle der Kamera führt schließlich dazu, dass der Autorenbegriff in der Filmwissenschaft nicht mehr lediglich den Regisseuren vorbehalten bleibt, sondern durchaus mit Recht auch auf Kameraleute als ‚Kameraautoren' übertragen wird, die schließlich die ersten Zuschauer des Films sind. Entscheidend dabei bleibt freilich die Zusammenarbeit mit dem Regisseur. „Der Schlüssel zur fotografischen Stimmung eines Films ist meine Beziehung zum Regisseur. Wir müssen gemeinsam entscheiden, wie der Film aussieht", so Raoul Coutard (Ettedgui 2000, S. 57).

Exemplarische Filme

Filme von Karl Freund:
Michael (D 1924, Carl Theodor Dreyer)
Der letzte Mann (D 1924, Friedrich Wilhelm Murnau)
Metropolis (D 1927, Fritz Lang)
Dracula (USA 1931, Tod Browning)

Filme von Raoul Coutard:
À bout de souffle (*Außer Atem*, F 1960, Jean-Luc Godard)
Le mépris (*Die Verachtung*, F 1963, Jean-Luc Godard)
Bande à part (*Die Außenseiterbande*, F 1964, Jean-Luc Godard)
Z (*Z – Anatomie eines politischen Mordes*, F/ALG 1969, Costa-Gavras)

Filme von Sven Nykvist:

Persona (S 1966, Ingmar Bergman)

Vargtimmen (*Die Stunde des Wolfs*, S 1968, Ingmar Bergman)

Le locataire (*Der Mieter*, F 1976, Roman Polanski)

Offret (*Opfer*, SWE/GB/F 1986, Andrej Tarkowskij)

Einführungsliteratur

Brandlmeier, Thomas. 2008. *Kameraautoren. Technik und Ästhetik*. Marburg: Schüren.

Dunker, Achim. 2001. *„Die chinesische Sonne scheint immer von unten". Licht- und Schattengestaltung im Film*. 3. Aufl. München: TR Verlag.

Prümm, Karl et al. (Hrsg) 2000. *Kamerastile*. 2. Aufl. Marburg: Schüren.

4.5   Schauspielstile

Schauspielerinnen und Schauspieler in Film und Fernsehen fungieren nicht nur dramaturgisch als Träger der Handlung, sie können abstrakte Ideen oder Thesen eines Filmregisseurs buchstäblich verkörpern sowie durch ihre charismatische, körperliche Präsenz zu Identifikationsfiguren, ja sogar zu Stars avancieren. Die Leistung von Schauspielern besteht darin, eine andere, meist fiktive Figur zu verkörpern. Durch die Art und Weise, wie sie ihre Rolle interpretieren und präsentieren, erweitern sie das Bedeutungsspektrum der Filmerzählung. Hier eröffnet sich eine Perspektive, individuelle wie epochale Schauspielstile zu identifizieren und einander gegenüberzustellen. Zunächst seien jedoch einige generelle Parameter benannt, die Arbeitsweise und Wirkung des Schauspiels in Film und Fernsehen determinieren:

Erstens tritt dem Zuschauer in audiovisuellen Medien nicht der Körper des Darstellers an sich entgegen, sondern sein Abbild. Das Medium Film ersetzt also, ganz im Gegensatz zum Theater, die Gegenwart des Schauspielers im Hier und Jetzt durch eine medial vermittelte Präsenz. Im Theater befindet sich der Schauspieler in weitgehend gleichbleibender Entfernung zum Publikum, sein Körper ist in der Regel vollständig zu sehen (Ganzheitlichkeit), in seinem Spiel folgt er der in der dramatischen Vorlage festgelegten Akt- und Szenenabfolge (Kontinuität) und behält dabei die Kontrolle über Sichtbarkeit und Wirkung des eigenen Körpers. Eine Tatsache, die durch die Einheit von Darstellungszeit und dargestellter Zeit im Theater begünstigt wird. Beim Film hingegen wird nach Drehplan, d. h. meistens diskontinuierlich gearbeitet. Ferner entsteht ein Film erst in der Postproduktion am Schneidetisch oder am Computer, was den Einfluss des Schauspielers auf die Wirkung seines Spiels stark schmälert. Zusätzlich zur Montage spielt auch die Kamera eine besondere Rolle, da sie häufig die Körper der Darsteller fragmentiert, sodass diese ihre Darbietung der Kadrierung anpassen und ihren Ausdruck auf einzelne Körperteile konzentrieren müssen. Neben Kamera und Montage wirken auch das Drehbuch, die Licht- und Farbästhetik sowie Mise-en-Scène und Tongestaltung auf das Schauspiel ein.

Zweitens stehen Schauspielern grundsätzlich zwei Verfahren offen, wie sie ihre Darbietungen gestalten: Setzen sie im Dienste und Verlauf einer Filmerzählung Körper und
Stimme intentional ein, um nicht-sichtbare Affekte in sichtbare Handlungen (Gestik, Proxemik) beziehungsweise Gesichtsausdrücke (Mimik) zu übersetzen (vgl. Löffler 2004,
S. 219 ff.), wird dafür der Terminus *Acting* verwendet. So spielt zum Beispiel Jeremy
Irons in David Cronenbergs *Dead Ringers* (*Die Unzertrennlichen*, CAN/USA 1988) die
eineiigen Zwillinge Beverly und Elliott Mantle. Um sie für das Publikum unterscheidbar
zu machen, variiert er gezielt Stimme, Sprachduktus und Habitus. Soll hingegen der reine
Schauwert des menschlichen Körpers betont werden, spricht man von *Performing* (vgl.
Naremore 1988, S. 19 u. 23). Wenn Michael Madsen in Quentin Tarantinos *Reservoir
Dogs* (USA 1991) zu einem Radiosong tanzt, dabei einem Polizisten das Ohr abschneidet
und wie in ein Mikrofon hineinspricht, steht weniger die narrative Funktion des Schauspiels, sondern die „Sinnlichkeit der Anschauung" (Hickethier 2000, S. 266) im Mittelpunkt. Nicht immer lassen sich jedoch Acting und Performing so sauber trennen.

Drittens haben Schauspielerinnen und Schauspieler vergleichbare Alternativen bei der
Aneignung ihrer Rollen, also dem Prozess zwischen dem ersten Lesen des Drehbuchs und
der finalen Ausbildung konkreter gestischer oder mimischer Manierismen, die den zu ver-
körpernden Charakter lebendig machen. Zwei Pole der Rollenaneignung lassen sich einander gegenüberstellen: In der Tradition des russischen Theaterregisseurs Konstantin Stanislawski und des New Yorker Actor's Studio steht die Auffassung, Schauspieler sollten
höchstmögliche Empathie für den darzustellenden Charakter aufbringen und sich völlig
mit ihm identifizieren, um eine unauflösliche Identität von Schauspieler und Rolle zu suggerieren. Dafür wenden Schauspieler bestimmte ‚Methoden' an: Sie zapfen ihr emotionales und Erfahrungsgedächtnis an und erlernen psychologische Techniken, die ihnen sogar
das Verkörpern von Erlebnissen erlauben, die sie selbst niemals hatten (vgl. Blank 2001,
S. 18 und 98). Das Ziel des Method-Actings besteht in realistisch-naturalistischer Wiedergabe und maximaler Authentizität des Spiels. Der diametral entgegengesetzte Pol strebt
eine bewusst verfremdende Anlage des Schauspiels an, die auf Bertolt Brechts Konzept
des sozialen Gestus basiert. Schauspieler sollen demnach niemals in ihrer Rolle aufgehen,
sondern stets Distanz zu ihr wahren, das heißt konsequent die Illusion einer Einheit von
Darsteller und fiktivem Charakter durchbrechen. Schauspieler müssen den sozialen Status
ihrer Rolle kennenlernen, um zu den Gesetzmäßigkeiten im Denken und Handeln einer
Figur vorzustoßen. Sichtbar werden demnach entindividualisierte, typisierte Gesten, zum
Beispiel der Arbeiter oder der Bürger. Letztlich macht der Schauspieler auf diese Weise
unsichtbare gesellschaftliche Machtverhältnisse sichtbar und ermöglicht dem Publikum
eine intellektuelle Auseinandersetzung mit dem Gezeigten.

Für die Analyse von Schauspielstilen können derartige Aneignungstheorien ebenso
wie Informationen aus dem Produktionskontext eines Films nützlich sein, im Zentrum
sollte jedoch die Beobachtung konkreter physischer, sprachlicher und stimmlicher Zeichen eines Schauspielers stehen. Auf dieser Grundlage kann entschieden werden, ob eine
Darbietung eher glaubwürdig und authentisch oder distanzierend und verfremdend wirkt.
Gerade weil das Medium Film aufgrund seines hohen Realitätsindexes eine diskontinuierliche, parzellierte und fragmentierte körperliche Darbietung in naturalistisch und glaub-

würdig erscheinende Darstellungen verwandelt, ist immer zu berücksichtigen, dass die jeweiligen Vorstellungen dessen, was natürlich oder authentisch sei, kulturellen Einflüssen unterworfen sind.

Besonders augenfällig wird dies bei der Betrachtung sogenannter Schauspielcodes: Darunter sind Techniken des Körper-, Sprach- und Stimmeinsatzes gemeint, die dem Publikum so vertraut sind, dass konventionalisierte Bedeutungen erzeugt werden können (vgl. McDonald 1998, S. 31). In der Frühphase des Kinos, also ungefähr bis 1913, dominiert ein expressiver, aus dem Theater stammender Code das Filmschauspiel: Starke melodramatische Gefühle wie Liebe und Schmerz, Freude und Entsetzen oder Angst und Schrecken drücken sich immer wieder in weit aufgerissenen Augen und Mündern, ausgestreckten Armen, generell in einer großen Körperspannung und extremen Brüchen im Bewegungsfluss aus. Dieser *histrionic code* (vgl. Pearson 1992, S. 38 ff.) mit seinen festgefügten Pathosformeln wirkt aus heutiger Sicht übertrieben und unecht, weil die Arbeit des Schauspielers an und mit Darstellungskonventionen so deutlich ins Auge fällt. Ab ungefähr 1910 jedoch können durch technische Entwicklungen längere und narrativ komplexere Filmerzählungen realisiert werden. Dies verlangt Charaktere mit mehr Tiefe und demnach eine realistischere Anlage der Rollen. Vor allem in den Biograph-Filmen David Wark Griffths entsteht ein sogenannter *verisimilar code* (vgl. Pearson 1992, S. 43 ff.), der das Schauspiel eher reduziert (in Teilen sogar unsichtbar macht), mit alltäglichen und beiläufigen Gesten versieht und so der Erfahrungswirklichkeit des Publikums anpasst. Aus diesem Grund gewährleistet dieser Code noch heute hohe Glaubwürdigkeit:

Im Folgenden sollen nun zwei Beispiele für Schauspielstile vorgestellt werden, die einerseits das bisher Gesagte konkretisieren, andererseits individuelle Leistungen bei der Verkörperung fiktiver Figuren herausarbeiten.

Asta Nielsen (1881–1972) Die Filmkarriere der dänischen Schauspielerin beginnt mit Urban Gads *Afgrunden* (*Abgründe*, DK 1910), der sie in Deutschland – nicht zuletzt aufgrund einer erotischen Tanzeinlage – quasi über Nacht zum Star macht und ihr großen Einfluss auf die Gestaltung zukünftiger Filmprojekte sichert, darunter sowohl Dramen wie *Hamlet* (D 1921, Svend Gade) oder *Die freudlose Gasse* (D 1925, Georg Wilhelm Pabst) als auch Komödien wie *Kurfürstendamm* (D 1920, Richard Oswald). Ihre Porträts von Frauen in tragischen Krisen, die ausbrechen wollen aus beengenden Lebensentwürfen und als Konsequenz immer wieder in Elend und Not versinken, bringen ihr den Beinamen ‚Die Duse des Films' ein. In *Die freudlose Gasse* spielt sie Maria Lechner, genannt Mizzi, die während der Inflationszeit in Wien zum Straßenmädchen absinkt und später sogar zur Mörderin wird.

Hermann Kappelhoff stellt am Spiel der Nielsen ihre Fähigkeit zur „Entwicklung des Affekts" heraus, der sich in der „kontinuierlichen Steigerung und Entwicklung" sowie in „rhythmisierenden Gliederungen der mimischen und gestischen Bewegung" (1994, S. 117) manifestiere. So gelinge es ihr, mit minimalen Mitteln (→ Minimalismus) selbst starkes melodramatisches Pathos zu visualisieren, ihr Gesicht bleibe dabei „scheinbar ohne Regung und doch in einer kontinuierlichen Veränderung begriffen" (1994, S. 118).

An Nielsens Darbietungen konkretisiert Béla Balázs seine Theorie des Schauspielers als eigentlichem Dichter des Kinos. Für Balázs spiegeln ihre Darbietungen „das große, vollständige Gebärdenlexikon der sinnlichen Liebe" (1982, S. 139). Doch im Gegensatz zu vielen anderen Schauspielerinnen der Stummfilmzeit, wie etwa Brigitte Helm, setzt Nielsen nicht auf große pathetische Gesten und radikales *overplay*. Aufgerissene Augen und Münder, tränenreiche Mimik, Hände, die sich zu Fäusten ballen oder die Haare raufen, sieht man bei ihr so gut wie gar nicht. Im Gegensatz zum expressiven, histrionischen Stil reiht Asta Nielsen nicht einfach nur Posen aneinander, sondern gestaltet detaillierte und glaubwürdige Übergänge zwischen verschiedenen emotionalen Zuständen (vgl. Abb. 4.13). Dabei sind es besonders Elemente des *verisimilar code*, Reduktion und Kontinuität, die ihr Schauspiel als modern ausweisen.

Darüber hinaus hat Asta Nielsen vor allem ihre Gesichtsmuskulatur trainiert, um in Großaufnahmen „Nuancen, Intensität, Verlaufsform und Rhythmus von Gesichtsbewegungen" wiederzugeben (Löffler 2004, S. 227). Sie nutzt die Macht der Nah- und Großaufnahme, die das Gesicht des Schauspielers dem Publikum in intimer Nähe, manchmal sogar in Übergröße präsentiert und den Fluss der Bilder damit für einen Moment anhält, in effizienter Weise, um eine unverwechselbare Mikrodynamik mimischer Details zu kreieren, die gleichermaßen zur Identifikation wie zur erotischen Projektion einlädt. Balázs schätzt ihre Gabe, sogar das Mienenspiel ihres Partners auf ihrem eigenen Gesicht zu reflektieren und dadurch einen innigen Kontakt zu ihm zu suggerieren. Doch in erster Linie wird ihr eigenes Gesicht immer wieder zur Arena, in der große emotionale Gegensätze verhandelt werden, nicht indem sie konfrontativ aufeinanderprallen, sondern indem sie sorgfältig strukturiert und sukzessive präsentiert werden.

Dieser Eindruck ist auch ein Produkt der Maske: Die Augenbrauenstriche werden bewusst weit oben geschminkt, um die Augenpartie zu vergrößern; die Augenlider mit dunklen Schattierungen versehen, die selbst leichte Veränderungen deutlich sichtbar werden lassen und vor allem Nielsens auffällige Blicke aus den Augenwinkeln unterstreichen, mit denen sie „den Zwiespalt zwischen der Neugier auf das Unerhörte und der Beharrungskraft des Körpers" (Koebner 1997, S. 75) sowie das Drama des „Gegensatzes männlicher Herrschaft und weiblichen Glücksverlangens" (Schlüpmann 1990, S. 106) visualisiert. Für Heide Schlüpmann liegt die filmhistorische Bedeutung Asta Nielsens vor allem in der Tatsache, dass sie der männlich dominierten Epoche des Wilheminismus sowie der bürgerlichen Kultur der Weimarer Republik selbstbewusste Weiblichkeitsentwürfe entgegensetzt und somit die Gleichberechtigung der Frau gleichsam unausgesprochen einfordert. Doch auch ohne seine (geschlechter-)politische Dimension wäre Asta Nielsens Schauspielstil als einer der Reduktion und Konzentration zu beschreiben; ein Stil, der durch sorgfältige Beobachtung gestischer wie mimischer Details Bewegungsabläufe präzise analysieren und im Spiel glaubhaft modellieren kann. Da sich diese Fähigkeiten und Techniken Nielsens über mehrere Rollen hinweg in ähnlicher Weise manifestieren, ihre mediale Persönlichkeit jedoch trotz wechselnder Rollen relativ deutlich spürbar bleibt, lässt sich ihr Schauspielstil als *personification* bezeichnen (vgl. McDonald 1998, S. 31 f.).

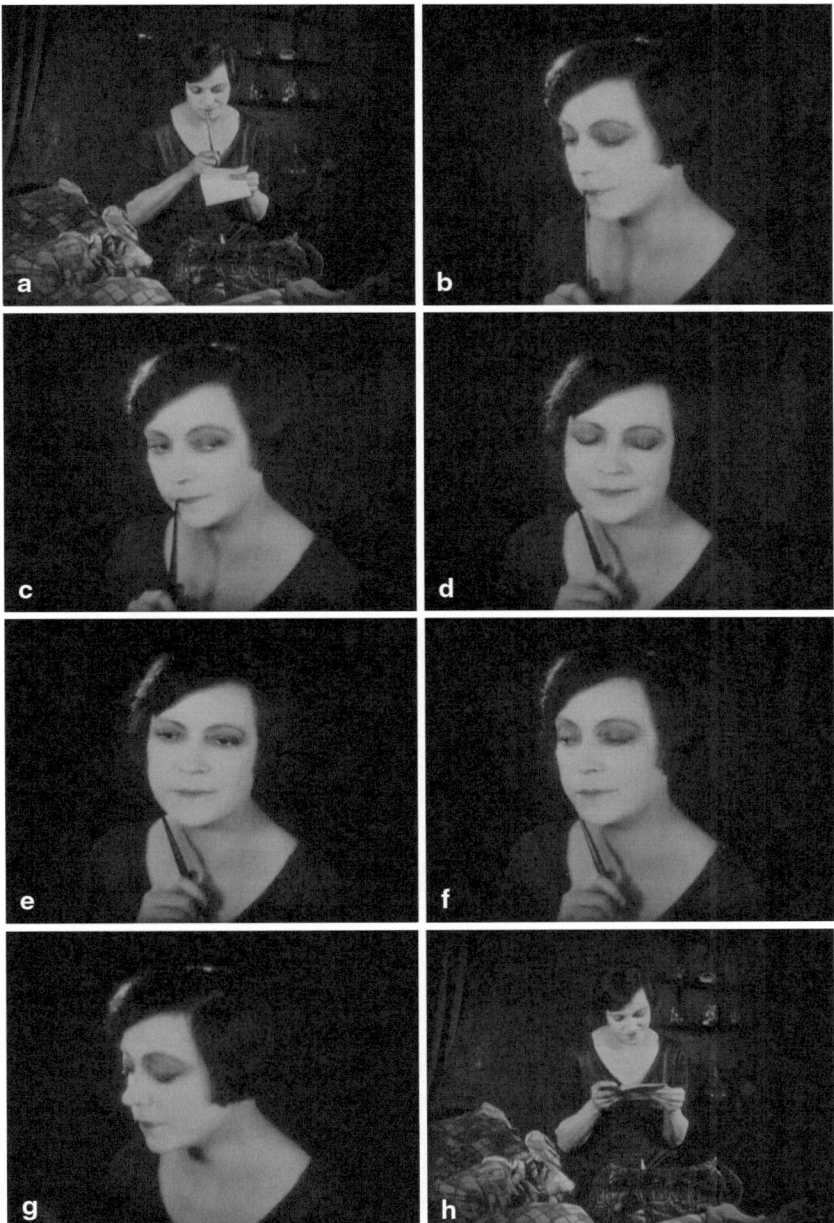

Abb. 4.13 Asta Nielsen verleiht ihren Figuren eine realistische Glaubwürdigkeit, weil sie Bewegungen ebenso wie Gefühlszustände sehr sorgfältig analysiert und als Entwicklung darbieten kann, wie zum Beispiel in Pabsts *Die freudlose Gasse* (© Sofar-Film, D 1925). Vor allem durch minimale Bewegungen der Augen erzeugt sie subtile Bedeutungsverschiebungen.

Christian Bale (geb. 1974) Als jüngeres Beispiel für den Einfluss des Method-Acting mag der britische Schauspieler Christian Bale dienen, dessen körperliche Verwandlungen an den berühmten Method-Actor Robert De Niro erinnern, der für Martin Scorseses *Raging Bull* (*Wie ein wilder Stier*, USA 1980) 27 Kilogramm Gewicht zunimmt, um Niedergang und körperlichen Zerfall seiner Figur, des italoamerikanischen Boxers Ray LaMotta, darzustellen. Obwohl Bale sich selbst nicht in der Tradition der ‚Methode' sieht und deren psychologisch fundierte Aneigungstechniken zurückweist, gewinnt er seine bisher wichtigsten Auszeichnungen für die eindrucksvolle und durchaus selbstreflexive Arbeit an der eigenen Physis (vgl. Abb. 4.14): Für die Rolle des psychopathischen Investmentbankers Patrick Bateman in Mary Harrons *American Psycho* (USA 2000) trainiert er sich mehrere Kilo Muskelmasse an und isoliert sich von den anderen Schauspielern, um die wachsende Entfremdung seines Charakters nachvollziehen zu können. Vier Jahre später hungert er sich für Brad Andersons *The Machinist* (*Der Maschinist*, ESP 2004) auf 55 Kilogramm herunter und experimentiert mit Schlaflosigkeit, um der somnambulen Wahrnehmung des Protagonisten Trevor Reznik Gestalt zu verleihen (vgl. Sternagel 2006). Bereits ein Jahr später spielt Bale Bruce Wayne in Christopher Nolans *Batman begins* (USA/UK 2005), was erneut ein anstrengendes körperliches Training erfordert und das Performative des eigenen Spiels in besonderer Weise reflektiert: Der Schauspieler Christian Bale verändert seine Physis in radikaler Weise, um in die Rolle eines Mannes zu schlüpfen, der Körper und Willen stählt, um jemand anderes, nämlich ein Superheld zu werden.

In David O. Russells Boxerdrama *The Fighter* (USA 2010) verkörpert er erneut ein menschliches Extrem: den abgehalfterten, cracksüchtigen Ex-Boxer Dicky Eklund, dessen Drogenexzesse ihn sukzessive den Kontakt zur Wirklichkeit verlieren lassen, während sein jüngerer Bruder (Mark Wahlberg) vor seinem Durchbruch als Boxer steht und Dickys Hilfe gebrauchen könnte. Wieder unterzieht Bale seinen Körper einer Abmagerungskur und liefert eine hochkonzentrierte Performance voller fahriger, hektischer und nervöser Bewegungsabläufe, für die er einen Golden Globe sowie einen Academy Award als Bester Nebendarsteller erhält. 2013 zeichnen ihn beide Gremien als Besten Hauptdarsteller für seine Darbietung in *American Hustle* (USA 2013) aus. In dieser Gangsterkomödie wird Bales Physis in beinahe grotesker Weise inszeniert: Wir sehen seine Figur Irving Rosenfeld zu Beginn des Films vor einem Spiegel, mit massiger „Wampe" (Häger 2014, S. 36), wie sie ihr Toupet anlegt und mit Haarspray fixiert. An der Oberfläche eine ironische Destruktion jener Hypermaskulinität, die einen so wichtigen Pol in Bales Rollenbiographie darstellt, tatsächlich jedoch die Ouvertüre eines Werks, das die aktuelle Tendenz zur Optimierung der eigenen Existenz im Zeitalter von Facebook und anderen sozialen Netzwerken bereits in den 1970er Jahren aufspürt.

Bales Schauspielstil zeigt sich weniger in einer ausgefeilten Mikrodynamik des Gesichts als vielmehr in der exzessiven Arbeit an der eigenen Physis. So gelingt es ihm, nicht nur sein Gewicht und folglich seine Körpersprache jeder neuen Rolle anzupassen,

Abb. 4.14 Christian Bale steht in der Tradition des Method-Actings: Für Filme wie *The Fighter* (**a**, © Closest to the Hole Productions u. a., USA 2010), *American Psycho* (**b**, © AM Psycho Productions u. a., USA 2000) oder *American Hustle* (**c**, © Columbia Pictures u. a., USA 2013) unterzieht er seinen Körper radikalen Veränderungen – seien es Abmagerungskuren oder extremes Training. Er arbeitet nicht primär mit der Mikrodynamik seines Gesichts, setzt dafür ganz auf die Proxemik seines ganzen Körpers.

sondern über die physische auch die psychologische Konstitution seiner Charaktere erfahrbar zu machen. Durch diese sicht- und hörbare Anverwandlung ließe sich sein Schauspielstil auch als *impersonation* bezeichnen, die eine Differenz zwischen Darsteller und Rolle im Zuge einer möglichst realistischen Darstellung so minimal wie möglich hält.

In seinen actionorientierteren Rollen – als Batman oder als John Connor in *Terminator Salvation* (*Terminator 4: Die Erlösung*, USA 2009) zeigt die Kamera seinen Körper entsprechend häufiger in Halbtotalen und Halbnahen, dynamisiert ihn in den Kampfsequenzen durch schnelle Schnitte und Schwenks. Bale, der bereits mit 13 Jahren für seine Rolle in Steven Spielbergs Kriegsdrama *Empire of the Sun* (*Das Reich der Sonne*, USA 1987) ausgezeichnet wird, scheint besonders an Rollen interessiert zu sein, die „the limits of both character and actor" (Donnelly 2007) ausloten. Seine Rollenbiografie ist eine Geschichte des Über-sich-Hinausgehens, der beinahe dionysischen Verzehrung und Selbstveraugabung.

Selbstverständlich existieren weitaus mehr Ansätze und Verfahren zur Verwandlung einer realen Person in eine fiktive Rolle. Die beiden hier vorgestellten Beispiele sollen lediglich individuelle Aneignungs- und Repräsentationstechniken vorstellen und zugleich als Beispiel dienen, wie sich auch epochenspezifische, das heißt überindividuelle Codes in schauspielerische Darbietungen einschreiben können.

Exemplarische Filme

Asta Nielsen
Hamlet (D 1921, Svend Gade)
Die freudlose Gasse (D 1925, Georg Wilhelm Pabst)
Christian Bale
The Machinist (*Der Maschinist*, ESP 2004, Brad Anderson)
American Hustle (USA 2013, David O. Russell)
Beispiele für besondere schauspielerische Performance: Jeremy Irons beziehungsweise Michael Madsen
Dead Ringers (*Die Unzertrennlichen*, CAN/USA 1988, David Cronenberg)
Reservoir Dogs (USA 1991, Quentin Tarantino)

Einführungsliteratur

Hickethier, Knut. 1999. Der Schauspieler als Produzent. Überlegungen zu einer Theorie des medialen Schauspielers. In *Der Körper im Bild: Schauspielen – Darstellen – Erscheinen*, hrsg. Heinz B. Heller, Karl Prümm, Birgit Peulings, 9–30. Marburg: Schüren.

Naremore, James. 1988. *Acting in the Cinema*. Berkeley: University of California Press.

Pearson, Roberta. 1992. *Eloquent Gestures. The Transformation of Performance Style in the Griffith Biograph Films*. Berkeley: University of California Press.

4.6   Montagestile

Das Zusammenfügen von Bildern dürfte als Verfahren bald so alt sein wie die Idee des Kinos, die einer kryptischen Bemerkung André Bazins zufolge (2004a, S. 43) die Menschen immer schon hatten. Von einer Montage könnte man dabei jedoch allenfalls rückblickend sprechen. Denn dieser originär technische Begriff bekommt seine künstlerische Bedeutung erst im Film. Zumindest seit etwa 1908 gibt es nur noch wenige Filme, die ganz ohne Montage auskommen. Von einem individuellen Montagestil hingegen spricht man üblicherweise nur dann, wenn ein solcher besonders herausragt und auch als besonders dominant gegenüber anderen Stilverfahren zu erkennen ist. Wer einen solchen, in der Regel in mehreren Werken etablierten Montagestil maßgeblich hervorgebracht haben mag, scheint allerdings, im Unterschied etwa zu Drehbuchstilen, nicht eindeutig auszumachen. Nur in den seltensten Fällen ist für den Stil der Montage der ausführende Cutter verantwortlich; meist handelt er auf Anweisung des Regisseurs oder Produzenten, wobei letzterer wiederum oftmals eher auf einen möglichst konventionellen und wenig individuellen Stil Wert legt. In der Filmkritik ebenso wie in der Filmwissenschaft ist es daher üblich – und in den meisten Fällen sicherlich auch nicht unangebracht –, einen individuell markanten Montagestil dem Regisseur zugute zu halten.

Vorab einige technische Bemerkungen zur Montage: In der Aufnahme der Bewegung, der das Kino seinen Namen verdankt, ist die Montage als Verfahren bereits vorgezeichnet. Denn die scheinbar kontinuierliche Bewegung, die man bei der Vorführung einer Filmeinstellung zu sehen bekommt, ist ihrerseits das Resultat einer Art unsichtbarer Montage, bei welcher der Projektor virtuell wieder zusammenfügt, was die Kamera auseinandergenommen hat. Eine Filmaufnahme bedeutet, technisch betrachtet (von der Tonaufzeichnung einmal abgesehen), nichts anderes als die Zerlegung einer kontinuierlichen sichtbaren Bewegung in eine Serie von Fotografien, die als Negative auf einem Filmstreifen festgehalten werden. Diese Fotoserie kann nach chemischer Entwicklung des Films ein Projektor in sichtbare Bewegung zurückverwandeln. Als solche stellen sich die rasch nacheinander auf die Leinwand geworfenen Bilder zumindest dem Zuschauer dar, der darin dank der Nachbildwirkung auf der Netzhaut eine ununterbrochene Bewegung wahrnimmt. Wer jedoch statt des projizierten Films einen Filmstreifen betrachtet, auf dem die einzelnen Kader als diskrete Einheiten noch sehr genau zu erkennen sind, hat die Möglichkeit der Montage greifbar schon vor Augen.

Genauer müsste man dabei von Schnitt und Montage sprechen, denn beides ist mit dem geläufigen Begriff der Montage gemeint. Ein Filmstreifen wird an einer bestimmten Stelle zwischen zwei Kadern zerschnitten und mit einem anderen Stück Film zusammengeklebt. Der Eindruck kontinuierlicher Bewegung wird dadurch freilich zerstört, denn Schnitt und Einstellungswechsel sind auch für den Zuschauer sichtbar, und er wird dies umso deutlicher bemerken, je weniger er einen Zusammenhang zwischen den montierten Filmstücken erkennen kann. In den meisten Filmen findet man daher eine Art der Montage vor, die den Schnitt zwischen den Einstellungen wenn nicht zu verbergen, so doch möglichst plausibel und wenig störend erscheinen zu lassen sucht. Die Illusion von Kontinuität, die die Filmprojektion selbst innerhalb jeder Einstellung erzeugt, kann auch die Montage dadurch unterstützen, dass sie die aufeinanderfolgenden Einstellungen in eine möglichst enge räumliche, zeitliche oder kausale Beziehung setzt und sie so gleichsam ineinanderfließen lässt.

Die Montage kann einen Wechsel des Ortes oder des Zeitpunkts anzeigen, ebenso einen Wechsel der Perspektive oder der Einstellungsgröße am selben Ort zur selben Zeit. Aus dem Wechsel der Einstellungen, aus der Frequenz sowie aus der Stärke ihres Kontrasts zueinander ergibt sich zudem ein bestimmter Rhythmus des Films. Die Montage ist das, wie manche behaupten, für den Film charakteristischste, sicherlich aber das gebräuchlichste Stilmittel zur räumlichen und zeitlichen Organisation des Dargestellten. Meistens findet man, gemäß den Erfordernissen des narrativen Zusammenhangs, eine räumliche, zeitliche oder kausale Beziehung zwischen den Einstellungen. Es lassen sich jedoch auch Aufnahmen von Figuren, Objekten und Ereignissen zusammenfügen oder gegenüberstellen, die etwa in einer thematischen, womöglich rein assoziativen Beziehung zueinander stehen. Außerdem ermöglicht es die Montage, nicht-kinematografische Bilder oder Texttafeln (zum Beispiel Zwischentitel) in den Film einzubauen. Alternativ zum sogenannten harten Schnitt, bei dem eine Einstellung unmittelbar auf die andere folgt, können die Einstellungen durch den Einsatz unterschiedlicher Blenden verbunden werden.

Der Begriff Montage bezieht sich in der Regel auf einen Einstellungswechsel in den eben genannten Varianten. Daneben gibt es andere Möglichkeiten der filmischen Montage im weiteren Sinne des Wortes, wie etwa den Split-Screen, bei dem zwei oder mehrere Einstellungen zugleich nebeneinander auf der Leinwand erscheinen, oder die sogenannte innere Montage, d. h. eine Plansequenz, bei der innerhalb einer einzigen, außergewöhnlich langen Einstellung mehrere Orte oder Ereignisse vorgeführt werden. Aus dieser Art der Montage, vielmehr des Verzichts auf Montage im geläufigen Sinne des Wortes, hat Miklós Jancsó in seinen Filmen der 1960er Jahre einen sehr eigentümlichen Stil entwickelt. Anders als etwa bei Theo Angelopoulos, der sich eines vordergründig ähnlichen Stils bedient, verströmen die aus wenigen Einstellungen bestehenden Filme Jancsós jedoch keineswegs Ruhe, im Gegenteil, ausgedehnte Bewegungen der Kamera und der aufgenommenen Figuren erzeugen höchste Dynamik.

Als ein Mittel der Artikulation (wörtlich Gliederung) erfüllt die Montage im Film eine analytische und eine konstruktive Funktion. Handlungen, Figuren und Objekte können durch sie optisch zergliedert und die einzelnen Stücke auf eine Weise zusammengefügt werden, dass sie die Aufmerksamkeit des Zuschauers auf bestimmte Sachverhalte lenken und diesen zu bestimmten Schlussfolgerungen verleiten. Im engeren Sinne beziehen sich die Begriffe der analytischen und der konstruktiven Montage auf die Auflösung einer Szene. Während die analytische Montage, ausgehend von einer Gesamtansicht des Handlungsortes und der Figuren, die Szene in unterschiedliche Einzelansichten zerlegt, Nahaufnahmen von Gegenständen oder Gesichtern etwa, geht die konstruktive Montage umgekehrt von solchen Einzelansichten in Nahaufnahme aus, ohne dass im Verlauf der Szene eine Gesamtansicht des Handlungsortes gezeigt wird. Ein Beispiel dafür findet sich in Robert Bressons *Pickpocket* (F 1959, Schnitt: Raymond Lamy); David Bordwell (2012)

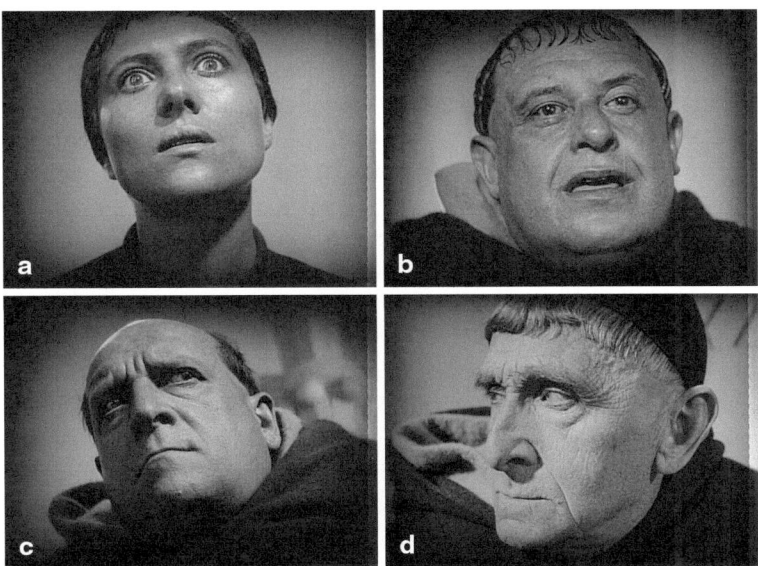

Abb. 4.15 Die Tribunal-Szene aus *La Passion de Jeanne d'Arc* (© Société générale des films, F 1928) wird nahezu ausschließlich über die Mimik der Beteiligten gestaltet, das Umfeld bleibt nebensächlich. Bereits in wenigen Bildern wird damit durch die Kombination von Großaufnahmen der zentrale Konflikt zwischen der religiös entrückten Jeanne d'Arc (**a**) und den herrisch dogmatischen Richtern (**b–d**) deutlich.

erläutert die Sequenz in einer anschaulichen Videoanalyse. Gezeigt wird ein Diebstahl auf einer belebten Straße am hellichten Tag. Es gibt jedoch, anders als bei der weitaus gebräuchlicheren analytischen Montage üblich wäre, keine Gesamtansicht vom Ort des Geschehens und auch keine der beiden handelnden Figuren, die diese in ihrem räumlichen Verhältnis zueinander zeigen würde. Die zentrale Handlung, der Diebstahl, wird in einer kurzen Serie von Nah- und Detailaufnahmen dargestellt, beginnend mit den Beinen der beiden sich begegnenden Figuren. Den Zusammenhang dieser Einstellungen muss der Zuschauer gleichsam rein induktiv erschließen, er kann ihn nicht aus einer zuvor gesehenen Gesamtansicht der Szene ableiten. Daher bezeichnet man diese Art der Montage als konstruktiv. In der hier beschriebenen Sequenz erweist sie sich als besonders geeignet, um die Geschicklichkeit des Taschendiebs, eines der zentralen Themen des Films, wirkungsvoll zu veranschaulichen, allein von subtilen Bewegungen und Handgriffen ausgehend. Carl Theodor Dreyer gestaltet (mit der Cutterin Marguerite Beaugé) dem Prinzip der konstruktiven Montage sogar einen ganzen Film (vgl. Abb. 4.15). *La Passion de Jeanne d'Arc* (*Die Passion der Jungfrau von Orléans*, F 1928) besteht fast ausschließlich aus Naheinstellungen der handelnden Figuren, es gibt keine *establishing shots* und keine Rückorientierung auf den Raum der Handlung; „das ganze Drama verlagert sich in den Gesichtsausdruck" (Bordwell 2001, S. 65). In der Filmgeschichte weitaus gebräuchlicher, und zwar einfach deshalb, weil sie übersichtlicher und leichter verständlich ist als die konstruktive, ist allerdings die seit den 1910er Jahren bereits etablierte analytische Montage.

Im frühen Kino beschränkt sich die Montage zunächst hauptsächlich auf Szenenwechsel, wie man sie in behäbigerer Form bereits aus dem Theater kennt, sowie auf die Verknüpfung unterschiedlicher Schauplätze, die der Film anders als das an die Bühne gebundene Theater rasch nacheinander vorführen kann. Nicht zufällig sind Verfolgungsjagden schon im frühen Kino sehr beliebt. Einstellungswechsel innerhalb einer Szene, etwa einen *cut-in*, wie man ihn um 1900 bereits in einigen Filmen von George Albert Smith findet (der daneben auch die subjektive Einstellung, den *point-of-view shot*, erstmals verwendet → Frühes Kino), bleiben noch bis in die 1910er Jahre hinein die Ausnahme. Selbst David W. Griffith, der lange Zeit als einer der Erfinder der analytischen Montage angesehen wird, bedient sich des *cut-in* erst ab 1912 (vgl. Gunning 1994, S. 264 ff.). Die Möglichkeiten der Montage werden in den ersten Jahrzehnten der Kinematografie erst allmählich entdeckt und erprobt, von unterschiedlichen Leuten an unterschiedlichen Orten, und meist sehr viel später erst als stilistische Normen etabliert. Ihre Entwicklung ist eng verbunden mit der des narrativen Kinos, das gegen Ende der 1910er Jahre bereits über ein beträchtliches Repertoire konventioneller Montageverfahren verfügt, die man in zahlreichen Filmen noch bis heute wiederfinden kann. Was vordem der Literatur vorbehalten bleibt, ermöglicht die Montage als ein Mittel der Artikulation auch dem Film, nämlich „komplexe Sujetkonstruktionen zu entfalten, Fabel-Parallelen zu entwickeln, den Handlungsort nach Belieben zu wechseln, Details zur Geltung zu bringen" (Ėjchenbaum 2005, S. 35).

Griffith erfindet selbst wahrscheinlich kaum eines der Montageverfahren, die er in seinen Filmen ausgiebig verwendet. Dennoch gilt er mit Recht als einer der ersten Filmemacher, die einen individuellen Stil auf diesem Gebiet hervorbringen. Seine historische Leistung besteht darin, dass er die zu seiner Zeit bereits bekannten, zumeist erst sporadisch eingesetzten Montageverfahren kombiniert und im Hinblick auf ihre narrativen Funktionen systematisiert. Das gilt etwa für die Parallelmontage, bei der zwei oder mehrere Handlungsabschnitte im Wechsel von einem zum anderen gezeigt werden, für die oben schon erwähnte analytische Montage, durch die eine Szene in mehrere Einstellungen unterschiedlicher Größe (Totale oder Halbtotale, Großaufnahmen) aus unterschiedlichen Perspektiven zerlegt wird, und für den erzählerisch motivierten Einsatz von *point of view-shots*. Auch die später so bezeichnete 180-Grad-Regel, die besagt, dass die Kamera an verschiedenen Orten in einem Halbkreis vor der zu filmenden Szene aufgestellt werden muss, die Handlungsachse selbst jedoch nicht überschreiten darf, um die räumliche Orientierung des Zuschauers über die unterschiedlichen Einstellungen hinweg nicht zu behindern, wird erst durch die Filme Griffith' zur Regel. Was schließlich unter dem Begriff des *continuity editing* zusammengefasst wird: eine als möglichst bruchlos empfundene, auf die Herstellung räumlicher, zeitlicher oder kausaler Beziehungen ausgerichtete Montage – anders ausgedrückt: die Illusion von Kontinuität auf Grundlage der Diskontinuität, die jeder Schnitt unweigerlich erzeugt –, findet sich in seinem Werk exemplarisch ausgebildet. Vor dem Hintergrund der Filmproduktion seiner Zeit ist zu erkennen, dass Griffith bereits einen erstaunlich komplexen Montagestil entwickelt. Das Besondere daran springt allerdings dem rückschauenden Betrachter vor allem deshalb kaum mehr ins Auge, weil die dort eingesetzten Verfahren sich bald als ästhetische Normen im amerikanischen und schließlich auch im internationalen Spielfilm durchsetzen. Mit seinen ambitioniertesten Versuchen wie der vier historische Epochen umfassenden Parallelmontage in *Intolerance* (*Intoleranz*, USA 1916) geht Griffith mit den Cuttern Rose und James Smith seiner Zeit so weit voraus, dass ihm zunächst kaum jemand folgen mag. Mit seiner Entwicklung der Montage zu einem der – wenn nicht *dem* – bedeutendsten Stilmittel des narrativen Kinos hingegen leistet er tatsächlich die Pionierarbeit, für die er seit den frühesten Filmgeschichtsbüchern gerühmt wird. „Die Komposition der Bewegungs-Bilder", so drückt es Gilles Deleuze aus, habe Griffith als „eine große organische Einheit verstanden. Das ist seine Entdeckung" (1989, S. 50).

Als „große organische Einheit" kommen die von Griffith etablierten Verfahren jedoch erst viele Jahre später vollauf zur Geltung. Erst mit der Einführung des Tonfilms Ende der 1920er Jahre und der darauf folgenden Standardisierung auch der Montagetechniken behauptet sich jene Art der Filmkomposition als maßgebliche Norm in der internationalen Spielfilmproduktion. Schon in der klassischen Epoche des Stummfilms, in dem auf das Ende des Ersten Weltkriegs folgenden Jahrzehnt, bedienen sich die meisten – und nicht zufällig auch die erfolgreichsten – Filme jener Zeit der Griffith'schen Verfahren, d. h. einer auf Optimierung der Filmerzählung ausgerichteten Montage. Allerdings werden zur gleichen Zeit auch ganz andere Möglichkeiten der visuellen Gestaltung erprobt. Das gilt keineswegs nur für das Sowjetische Montagekino, in dessen Protagonisten die Filme Griffith' ihre enthusiastischsten Bewunderer und zugleich schärfsten Kritiker finden; ein Kino, in dem die Montage nicht Kontinuität und organische Einheit herstellen, sondern im Gegenteil Kollision und Konflikt zum Ausdruck bringen soll. Sergej Eisenstein insbesondere setzt darüber hinaus die Montage sogar als ein Mittel der intellektuellen Argumentation und der freien Assoziation ein. Im Kino des Deutschen Expressionismus hingegen spielt die Montage eine untergeordnete Rolle gegenüber Bühnenbild, Schaupiel und Lichtsetzung; von der Dynamik der amerikanischen Erzählweise sind diese Filme weit entfernt. Eine ganz andere Art von Dynamik entwickeln unterdessen die Filme des Französischen Impressionismus, in denen die Montage eine sehr bedeutende Rolle spielt, dabei jedoch nicht narrative, sondern rhythmische und grafische Funktionen im Vordergrund stehen. Ähnliches gilt für die Versuche des abstrakten Films in Deutschland, etwa die frühen Werke Hans Richters. Im Experimentalfilm sind solche grafischen, parametrischen, assoziativen, wie auch immer künstlerisch motivierten, jedenfalls nicht narrativen Funktionen der Montage zuhauf zu finden. Ein besonders bemerkenswertes, weil außergewöhnlich strenges Beispiel dafür liefert der Film *Zorns Lemma* (USA 1970) von Hollis Frampton, in dem die Montage zu einer genuin filmischen Demonstration mathematischer Logik eingesetzt wird.

Stets bleibt die Montage in Kombination mit dem Schnitt zu beurteilen. Jene nimmt im Film eine kompositorische oder konstruktive Funktion wahr, dieser hingegen eine destruktive. Luis Buñuel und Salvador Dalí führen dies mit dem Schnitt durch ein Auge sehr drastisch vor. Diese Einstellung aus *Un Chien andalou* (*Ein andalusischer Hund*, F 1929), die längst zu den berühmtesten der Filmgeschichte gehört, darf als eine programmatische Stellungnahme aufgefasst werden: Der Schnitt durch das Auge bewirkt einen Schock beim

Zuschauer. Ähnliches gilt für den Schnitt als Stilmittel in diesem Film. Die Schockwir-
kung, die ein plötzlicher Schnitt auslösen kann, macht sich bereits Eisenstein in seinen
frühen Filmen sehr gezielt zunutze, etwa in *Statschka* (*Streik*, SU 1924), wo er in einer
Sequenz der inszenierten Niederschlagung eines Fabrikarbeiterstreiks dokumentarische
Aufnahmen aus einem Schlachthaus gegenüberstellt. Bei Buñuel und Dalí aber dient der
durch den Schnitt ausgelöste Schock nicht der emotionalen Verstärkung eines rationalen
Arguments, sondern im Gegenteil der Repräsentation des Unbewussten, aus dem ver-
drängte Bilder plötzlich und ganz unwillkürlich hervordringen, ohne dass sich aus ihrer
Verknüpfung sogleich ein Sinn ergäbe. Das Drehbuch zu *Un Chien andalou*, erinnert sich
Buñuel, sei „nach einer sehr einfachen Regel geschrieben" worden: „keine Idee, kein Bild
zuzulassen, zu dem es eine rationale, psychologische oder kulturelle Erklärung gäbe; [...]
nur Bilder zuzulassen, die sich aufdrängten, ohne in Erfahrung bringen zu wollen, warum"
(1999, S. 142). Die Montage in diesem Film mag von ferne dem Verfahren ähneln, das die
Psychoanalyse als freie Assoziation bezeichnet. Ebenso wenig wie in der Psychoanalyse
aber sind die hier montierten Assoziationen als ganz beliebige und zufällige zu betrachten.
Es geht um zwanghafte Ideen, Bilder, die sich aufdrängen, wie Buñuel es ausdrückt, und
um dies filmisch zum Ausdruck zu bringen, bedient sich die Montage etwa metaphorischer Verfahren; visuelle Analogien spielen dabei eine wichtige Rolle. Eine ganz andere
Art der assoziativen Montage erprobt Buñuel viele Jahre später mit der Cutterin Hélène
Plemiannikov in *La Fantôme de la liberté* (*Das Gespenst der Freiheit*, F 1974), wo sie als
ein Mittel der episodischen Plotkonstruktion eine narrative Funktion erfüllt. Wobei allerdings die zusammengefügten narrativen Sequenzen zunächst nur einen flüchtigen und zufälligen Zusammenhang aufweisen, der darin besteht, dass eine Nebenfigur einer Episode
unverhofft als Hauptfigur der folgenden in Erscheinung tritt.

Während die Montage im konventionellen Spielfilm allgemein darauf ausgerichtet ist,
kausalen Zusammenhang herzustellen und eine Kontinuität von Raum und Zeit zu gewährleisten, zeichnen sich viele der avancierten Filme der 1950er bis 1970er Jahre, Auto-
renfilme oder Arthouse-Filme oder wie immer man sie nennen mag, nicht zuletzt dadurch
aus, dass sie jene Erwartungen düpieren – jedoch nicht, indem sie die Konventionen der
Spielfilmmontage schlicht ignorieren, sondern indem sie sie aufgreifen und umfunktionie-
ren. Das kann, wie bei den *jump cuts* in Jean-Luc Godards *A bout de souffle* (*Außer Atem*,
F 1959, Schnitt: Cécile Decugis), einfach dadurch geschehen, dass Momente des Geschehens innerhalb einer Einstellung übersprungen werden. Was in der konventionellen
Szenenauflösung gleichsam heimlich geschieht, nämlich eine durch Einstellungswechsel
unsichtbar gemachte Verdichtung der erzählten Zeit, wirkt beim *jump cut* offensichtlich
und gerade deshalb irritierend, weil hier die Kontinuität innerhalb einer Einstellung plötzlich zerstört wird. Raffiniertere elliptische Montagen mit Sprüngen sowohl im Raum als
auch in der Zeit findet man in den frühen Filmen von Alain Resnais. In *Muriel ou le
Temps d'un retour* (*Muriel oder Die Zeit der Wiederkehr*, F 1963) zum Beispiel bedienen er und seine Cutter Kenout Peltier und Eric Pluet sich des Schuss-Gegenschuss, eine
der am weitesten verbreiteten Montagetechniken zur Darstellung eines Dialogs. Bei Resnais allerdings teilen die Dialogpartner weder Zeit noch Raum; der scheinbar so vertraute

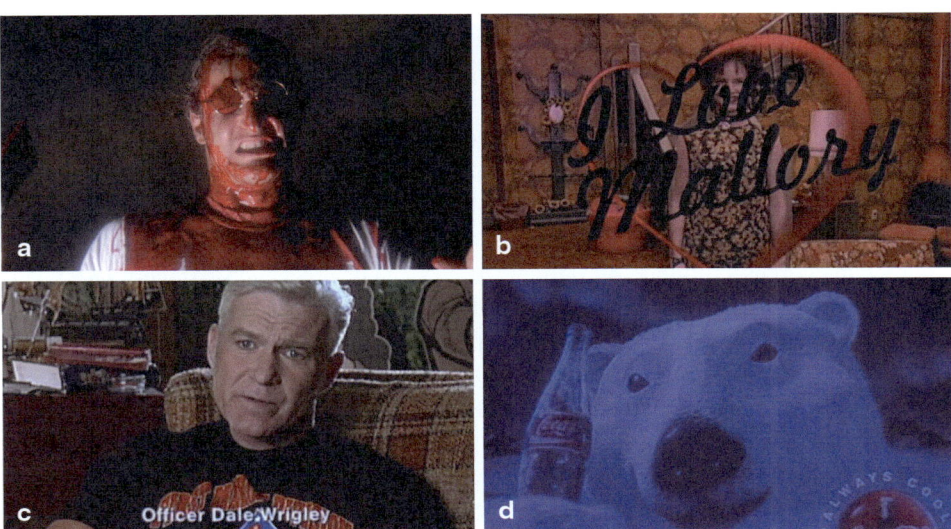

Abb. 4.16 Ein regelrechtes Schnittgewitter lässt Oliver Stone in *Natural Born Killers* (© Warner Bros. u. a., USA 1994) auf den Zuschauer los. Er kombiniert Schwarzweiß mit Farbaufnahmen, bindet Subliminalbilder in den Erzählfluss ein (**a**), wechselt unvermittelt zu grobkörniger Sitcom-Optik (**b**), TV-Reportagen (**c**) oder Werbeeinblendungen (**d**) und stellt durch Mittel wie Doppelbe-lichtungen oder offenkundige Rückprojektionen seinen Film und damit das Medium selbst als etwas Gemachtes und Inszeniertes aus. Viel Kritik erntet Stone insbesondere für die explizite Gewaltdar-stellung, jedoch ist gerade die Kombination verschiedener Stile Teil einer Reflexion über die Macht der Medien und die Mechanismen ihrer Wirkung.

Schuss-Gegenschuss dient vielmehr dazu, ein komplexes Spiel der Erinnerung in Gang zu setzen. Die Szene wird ganz buchstäblich aufgelöst.

Experimentelle Montagen wie die eben beschriebenen haben in die populären Genres, die den größten Teil der Filmproduktion ausmachen, indessen kaum Eingang gefunden (vgl. Abb. 4.16). Im Bereich des konventionellen Spielfilms, den beispielhaft das Klassische Hollywoodkino repräsentiert, beschränkt sich die Montage auf zwei elementare Funktionen: die Auflösung der Szenen, aus denen Spielfilme hauptsächlich bestehen (üblicherweise nach den Prinzipien der oben erläuterten analytischen Montage), und die Verknüpfung der Szenen durch sogenannte Passagen; Übergänge, die ihrerseits aus einem einfachen Schnitt oder auch aus komplexeren Sequenzen bestehen können, in denen etwa eine Figur auf ihrem Weg zum Ort der nächsten Szene verfolgt wird. Den Grundstein für diese über viele Jahrzehnte und viele Länder hinweg etablierte Art der Montage, die in konventionellen Spielfilmen bis heute zu finden ist, legt bereits Griffith. Gleichwohl haben sich auf der Grundlage dieses Prinzips ganz unterschiedliche Montagestile entwickelt, je nach Genre und epochenspezifischen Konventionen. Aus dem Prinzip selbst lässt sich nicht schließen, aus wie vielen Szenen ein Film zu bestehen habe, wie genau die einzelnen Szenen aufzulösen und zu verknüpfen seien. Alfred Hitchcock erprobt, ohne gegen dieses Prinzip oder gegen die Regeln der Spielfilmdramaturgie grundsätzlich zu verstoßen, zahlreiche Möglichkeiten der Montage in seinen Filmen: beschleunigte Parallelmontagen und schnell geschnittene Verfolgungsjagden ebenso wie die innere Montage in *Rope* (*Ein Cocktail für eine Leiche*, USA 1948). Und mit seiner bekanntesten Filmsequenz, dem Mord unter der Dusche in *Psycho* (USA 1960), nimmt er mit seinem langjährigen Cutter George Tomasini in verdichteter Form eine Tendenz vorweg, die sich erst Jahrzehnte später bemerkbar macht. Ab etwa 1980 erhöht sich die durchschnittliche Schnittfrequenz eines Spielfilms im Vergleich zur Epoche des Klassischen Hollywoodkinos erheblich, während die durchschnittliche Einstellungslänge sich entsprechend verringert. Diese Veränderung betrifft in erster Linie den populären Spielfilm, doch nicht alle Genres gleichermaßen: Melodramen zum Beispiel kaum, Actionfilme (und Actionszenen in sonstigen Genrefilmen) hingegen ganz besonders. Nicht zuletzt die Entwicklung dieses Genres seit den 1970er Jahren – dabei wäre nicht nur an Hollywood und die amerikanischen Exploitationfilme, sondern insbesondere auch an das asiatische Actionkino zu denken – dürfte der allgemeinen Beschleunigung von Schnitt und Montage in der Filmproduktion Vorschub geleistet haben. Dabei spielen sicherlich auch der Einsatz populärer Musik im Spielfilm ebenso wie die Entwicklung unterschiedlicher Medien und Medienformate eine Rolle; man denke etwa an die sogenannte Fernsehästhetik im Unterschied zum Breitwandkino, das eher lange Einstellungen bevorzugt. Ob oder in welcher Weise sich die Tendenz zur „Maschinengewehrfeuer-Montage" – dieser Ausdruck wird geprägt für die Filme des kubanischen Dokumentarfilmemachers Santiago Álvarez, z. B. *Now* (CUB 1965; vgl. Mraz 1990) – fortsetzen wird, bleibt zu sehen. Die technische Entwicklung des Kinos, und die Rede ist hier insbesondere von aufwändigen Blockbuster-Produktionen, stellt heute bereits auch andere Möglichkeiten der Darstellung bereit, etwa virtuelle Kamerafahrten durch computergenerierte Landschaften, die, um ihre Wirkung zu entfalten, nicht zwingend der schnellen Montage bedürften, mit der sie häufig kombiniert werden.

Exemplarische Filme

Intolerance (*Intoleranz*, USA 1916, David W. Griffith)
Statschka (*Streik*, SU 1924, Sergej Eisenstein)
Un Chien andalou (*Ein andalusischer Hund*, F 1929, Luis Buñuel, Salvador Dalí)
L'Année dernière à Marienbad (*Letztes Jahr in Marienbad*, F 1961, Alain Resnais)
Now (CUB 1965, Santiago Álvarez)

Einführungsliteratur

Bordwell, David, Kristin Thompson. 2010. The Relation of Shot to Shot: Editing. In *Film Art. An Introduction*, 223–268. New York: McGraw-Hill.
Reisz, Karel, Gavin Millar. 2010. *The Technique of Film Editing*. Burlington (Mass.), Oxford: Focal Press.

4.7 Stile in Filmmusik und Sound-Design

So wie sich das Filmbild in der Zeit entwickelt, entfaltet sich der Filmton im Raum. Auf diese Weise umhüllt der dreidimensionale Ton das zweidimensionale Bild (mit Stimmen, Geräuschen und Musik); er umhülle das Bild wie das Aquarium einen „kleinen Fisch", schreibt der Spezialist für Filmton Michel Chion (in Palm et al. 1999, S. 38). Chion polemisiert damit gegen die allgemeine Vernachlässigung des Tons gegenüber dem Bild, zugleich umschreibt er mit seiner Metapher des „Tonaquariums" die räumliche Qualität des Filmtons: nicht nur das Umfassende, sondern auch die Immaterialität und schwere Lokalisierbarkeit des Klangs, der im Gegensatz zum Bild keinen Rand hat und keinen Rahmen. In dieser Offenheit liegt das Potenzial von Filmmusik und Sound-Design, die Chance, Bilder mit extradiegetischen oder kontrapunktischen Klängen oder gar irrealen Tönen zu verknüpfen und somit neue assoziative, emotionale Verbindungen zu kreieren. Auf diese Weise lässt sich eine fruchtbare Spannung zwischen Leinwand und Akustik herstellen. Das Bild wird nicht verdoppelt durch den Ton, sondern entgrenzt und übersteigert.

Da die Musik meist im Nachhinein dem fertig geschnittenen Film hinzugefügt wird, bleibt sie als autonome Kunstform erhalten und lässt sich gesondert auf einem Tonträger veröffentlichen oder als Konzert aufführen. Aus dieser exponierten, autonomen Position der Filmmusik folgt, dass sich der Individualstil eines Komponisten im Filmteam und im Filmwerk leicht identifizieren lässt. Musikwissenschaftler hat dieser Umstand dazu verführt, einen Score wie eine für sich stehende Symphonie zu erforschen. Das wird der Arbeit eines Komponisten aber nicht gerecht. Stilanalysen bei Filmkompositionen müssen das Wechselverhältnis einerseits zwischen der Filmmusik und den visuellen Geschehnissen auf der Leinwand, andererseits zwischen der Filmmusik und anderen akustischen Phänomenen (Stimmen und Geräusche) berücksichtigen. Nicht jede Musik ordnet sich dem Bild unter oder arbeitet ihm zu, doch immer wird Musik gewählt, weil sie in einen besonderen Dialog mit den visuellen Geschehnissen tritt: Klangliche Formen korrespondieren mit visuellen Formen und wecken oder verstärken auf diese Art Stimmungen, Emotionen, Gedanken, Erinnerungen.

Einer der bedeutendsten Filmkomponisten der USA ist Bernhard Herrmann (1911–1975). Nach einem Studium der Komposition und Orchesterleitung in New York und Juilliard arbeitet er ab 1934 für den Sender CBS als Komponist und Dirigent von Hörspielmusik. Dort lernt er auch den jungen Orson Welles kennen, für dessen legendäre Fake-Radioreportage *War of the Worlds* (30.10.1938) er die Musikanteile zusammenstellt. Mit seiner Filmmusik für *Citizen Kane* (USA 1941) beginnt Herrmanns Karriere in Hollywood, bei der er sich nie an ein bestimmtes Studio binden muss. Herrmann kann bei *Citizen Kane* schon in der Produktionsphase Einfluss auf das Drehen und Schneiden der Szenen nehmen: So wird die Montagesequenz aus Frühstücksszenen, die den Niedergang der Ehe Kanes erzählt, nach Herrmanns bereits komponierter Musik montiert (vgl. Cooke 2001, S. 21).

Berühmt wird Herrmann für seine langjährige Zusammenarbeit mit Alfred Hitchcock. Hier entwickelt sein Stil eine prägnante, spannungsreiche Form, die die Ästhetik der Filmmusik nachhaltig beeinflusst. Herrmann arrangiert und dirigiert alle seine Kompositionen selbst. So kann er über eine ungewöhnliche Auswahl und Kombination von Instrumenten einen spezifischen Klang ansteuern und sich schon beim Schreiben auf die Tonfarbe des Instruments verlassen. Das führt zu einem Stil, der weniger auf Melodielinien, mehr auf repetitive Muster und scharfe Dissonanzen setzt, ohne das romantische Erbe der klassischen Filmmusik aufzukündigen.

> Die Tonspur eines Films ist ein äußerst heikles Medium. Wenn man entsprechend fachmännisch zu Werke geht, können ein einfaches tiefes Flötensolo, das Klopfen einer Basstrommel oder die Töne verhalten klingender Hörner oft mehr bewirken als das Drauflosspielen eines halben Hunderts von Musikern. (Hermann, zit. nach Thomas 1995, S. 184)

Dieses Bewusstsein für Klänge gewann Herrmann bei seiner Hörspielarbeit. Bei seiner wohl berühmtesten Filmmusik – Hitchcocks *Psycho* (USA 1960) – verwendet er nur Streichinstrumente und reduziert entsprechend der Schwarzweißaufnahmen des Films auch das Farbspektrum des Orchesters. In *Journey to the Center of the Earth* (*Reise zum Mittelpunkt der Erde*, USA 1959) nutzt er die Wucht von fünf Orgeln und ergänzt einen Serpent: ein nahezu vergessenes mittelalterliches Blasinstrument, dessen tiefer Bass den Weg ins Innere der Erde weisen soll (vgl. Cooke 2001, S. 22). Für *The Day the Earth Stood Still* (*Der Tag, an dem die Erde stillstand*, USA 1951) erzeugt Herrmann die mysteriöse, futuristische Gesangslinie des Titelstücks über ein Theremin (Instrument mit elektromagnetischem Schwingungsfeld), und bei *The Birds* (*Die Vögel*, USA 1963) – ein Film, der gänzlich auf Filmmusik verzichtet – arbeitet er mit den Experimentalmusikern Oskar Sala und Remi Gassmann zusammen, welche die angsterregenden Vogelschreie an einem Trautonium (einem Vorläufer des Synthesizers) modulieren.

Die verstörende Wirkung der legendären Duschszene in *Psycho* verdankt sich nicht nur der Montage, sondern auch zu großen Teilen der Filmmusik von Bernard Herrmann. Das über unzählige Bildsplitter suggerierte Einstechen des Messers in den nackten Kör-

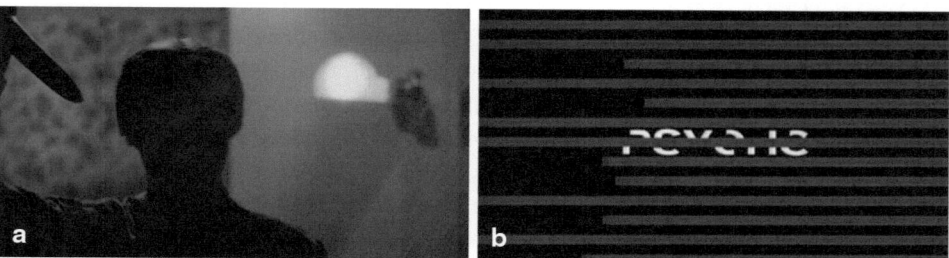

Abb. 4.17 Die Brutalität der berühmten Duschszene entsteht durch Analogien zwischen visuellen und akustischen Verfahren, die das Niedermetzeln eines nackten Menschen suggerieren (**a**). Bereits der graphische Vorspann, der die Leinwand nahezu zerschneidet (**b**), verweist auf das gewaltsame Grundmotiv von *Psycho* (© Shamley Productions, USA 1960).

per Janets (Marion Crane) verstärkt Herrmann mit schrillen, spitzen Geigen-Glissandi, die wie „akustische Messerstiche" wirken (Kloppenburg 2009, S. 148 f.), aber auch wie hohe, wahnsinnige Schreie und in ihrer mechanischen Repetition unmenschlich erscheinen: als gewaltsamer Einbruch des Irrationalen in einen intimen Raum (vgl. Abb. 4.17a). Wenn Janet schließlich erstochen an den Kacheln hinuntergleitet, befördern düstere Kontrabasstöne diese Abwärtsbewegung in den Tod: Es klingt wie das Getriebe eines alten Fahrstuhls, der Etage für Etage unerbittlich in die Tiefe fährt, bis er im Totenreich angekommen ist. Zur akustischen Kompositioin zählen aber auch das Sprenkeln des Wassers aus der Duschbrause und das Gurgeln im Abfluss – diegetische Geräusche, die Herrmann nicht mit Musik überdeckt. Gerade durch den Kontrast mit diesen leisen Alltagslauten wird die Ungeheuerlichkeit des Geschehenen hervorgehoben.

Neben *Psycho* artikuliert sich Herrmanns Stil sehr prägnant in Hitchcocks *Vertigo* (*Vertigo – Aus dem Reich der Toten*, USA 1958) und *North by Northwest* (*Der unsichtbare Dritte*, USA 1959). Jedes Mal bietet die abstrakte grafische Titelanimation von Saul Bass ein visuelles Spielfeld für Herrmanns Ouvertüre (vgl. Abb. 4.17b). Ein zentrales Stilmerkmal Herrmanns sticht dabei hervor: seine Vorliebe für atonale Ostinatofiguren, also kurze, beharrlich wiederholte Tonfolgen, die eine nervöse Dynamik aufbauen.

> In seinen Filmmusiken für Hitchcock verweigern Ostinatofiguren hartnäckig ihre Auflösung in konventionelle Melodien, stattdessen werden die sich fragmentarisch wiederholenden Muster zu kaleidoskopischen musikalischen Texturen geformt, die eine fragile Balance zwischen Sicherheit und Unsicherheit halten. Das Gefühl der Unsicherheit wird in erster Linie durch eine dissonante harmonische Sprache vermittelt, die sich am Ende längerer Melodien gegen eine Auflösung in vertraute Harmonien sperrt: So endet die Titelsequenz von *Der unsichtbare Dritte* ohne Auflösung, während der Schluss von *Psycho* von einer unaufgelösten Dissonanz begleitet wird, die den Zuschauer voller Unbehagen zurücklässt. (Cooke 2001, S. 25)

Die Ostinatofigur in *Vertigo* besteht aus auf- und absirrenden Harfen und Pizzicato-Streicher im Dreivierteltakt, welche die sinusartigen Wellen und schwindelerregenden Formen der graphischen Komposition nachzeichnen und eine delierende Stimmung erzeugen. Sie werden mehrfach durchstoßen von abgründigen Bläserakkorden. Sie künden sowohl das kommende Unheil als auch die Gewalt der Gefühle an, die sich in Eruptionen Bahn brechen wird. Unerwartet wechseln die tänzerischen, halluzinativen Harfen in einen Sechsachtel-Takt und bereiten somit auf das Trügerische der kommenden Handlung vor.

Einen gänzlich anderen Stil entwickelt in den 1970er Jahren der Argentinier Lalo Schifrin, der sich zunächst als Jazz-Pianist und Arrangeur des Dizzy-Gillespie-Quintetts einen Namen macht, bevor er zum Film kommt. Schifrin besitzt die Fähigkeit, urbane Atmosphären und subkulturelle Milieus mit einem stark vom Jazz inspirierten Score zu dynamisieren. Seine synkopischen Rhythmen, jazzigen Klangfarben und Integration von elektrischen Rock-Instrumenten im Orchester ergeben eine nervöse, spannungsreiche Musik, die stilbildend für Kriminalserien wird (vgl. Kloppenburg 2012, S. 273). Da sein markanter Score immer leicht für sich steht, harmoniert er besonders gut mit einem bestimmten Figurentypus: coolen Einzelgängern, wie sie Steve McQueen in *The Cincinnati*

Kid (USA 1965) und *Bullitt* (USA 1968) spielt oder Clint Eastwood in der Harry-Calla-han-Reihe (u. a. *Dirty Harry*, USA 1971) und den Filmen von Don Siegel (unter anderem *Coogan's Bluff*, USA 1968). Schifrin ist nicht der Erste, der diesen Sound für Milieustu-dien nutzt. Bereits 1951 nimmt Alex North Jazz-Elemente in den symphonischen Score von *A Streetcar Named Desire* (*Endstation Sehnsucht*, USA 1951) auf; als Durchbruch gilt Elmer Bernsteins Komposition für *The Man with the Golden Arm* (*Der Mann mit dem goldenen Arm*, USA 1955). Dass der Bereich der Filmmusik auch die Möglichkeit bietet, den Individualstil eines prominenten Musikers einzubinden, der keine Berührung mit dem Filmgeschäft aufweist und an der Filmproduktion selbst nicht beteiligt ist, lässt sich exemplarisch an *L'Ascenseur pour l'échafaud* (*Fahrstuhl zum Schafott*, F 1958) von Louis Malle zeigen, für den Miles Davis spontan den Soundtrack zusagt, als er sich 1957 auf einer Europa-Tournee in Paris befindet. Miles Davis und Louis Malle führten zum ersten Mal Kino und Jazz in ihrem jeweiligen autonomen Kunstverständnis zusammen, indem sie eine Improvisation des Soundtracks vor der Leinwand vornehmen. In lediglich vier Stunden werden 16 Takes aufgenommen, in denen Davis Themen variiert, die er wäh-rend der Tournee zuvor skizziert hat. Erstaunlich ist die Konzentration, Intensität und Ex-aktheit, mit der die Musiker die introvertiert-tragische Stimmung des melodramatischen Thrillers in jedem Part hervorbringen. Der minimalistische Trompetenstil, mit dem sich Miles Davis bewusst von dem Vorbild Dizzy Gillespie abgrenzt, scheint wie geschaffen für den Film. Sein Sinn für Pausen, für wenige und langgezogene Töne öffnet atmosphä-risch geladene Räume, in denen die Bilder düsterer Urbanität nachhallen können.

Mitte der 1970er Jahre beginnt eine der engsten und finanziell erfolgreichsten Koope-rationen zwischen Regisseur und Filmkomponist: die von Steven Spielberg und John Wil-liams. Für nahezu alle Spielberg-Filme schreibt Williams die Musik, darunter *Jaws* (*Der weiße Hai*, USA 1975), die *Indiana Jones*-Filme (1981–2008), *E.T. the Extra-Terrestrial* (*E.T. – Der Außerirdische*, USA 1982) und *Schindler's List* (*Schindlers Liste*, USA 1993). Darüber hinaus komponiert Williams für George Lucas den Score der *Star-Wars*-Saga (1977–2005) und für den Spielberg-Schüler Chris Columbus unter anderem die Musik der ersten beiden Harry-Potter-Filme (2001/2002). Williams gilt als Spezialist für gro-ße sinfonische Orchesterwerke und läutet mit seinen spätromantischen Kompositionen für Blockbusterfilme die Wiederkehr der klassischen Filmmusik in Hollywood ein, deren Boom bis heute anhält (vgl. Moormann 2010, S. 20 f.). Williams lässt sich auf kein Genre festlegen; er vermag den dramaturgischen Ablauf und atmosphärischen Rahmen verschie-denster Geschichten zu bedienen, kann aber insbesondere dem Abenteuer- und Science-Fiction-Genre über Melodien mit großer Strahlkraft neue Impulse geben. Charakteristisch ist für Williams eine komplexe Gestaltung der Leitmotivtechnik. Sowohl Personen als auch Situationen ordnet er spezifische musikalische Themen zu, die sich im Laufe der Handlung verändern und erweitern. Auf diese Weise erschließt er nach und nach die emo-tionale Vielschichtigkeit eines Charakters, vermag zudem wichtige Motive der Erzählung in Erinnerung zu rufen und zu vertiefen. So erhält in *E.T. the Extra-Terrestrial* das zentrale Thema der Kommunikation eine eigene musikalische Akzentuierung, die in jedem Ver-ständigungsversuch zwischen Außerirdischem und Erdbewohnern durch die Piccoloflöte vorgetragen und zunehmend durch weitere Blasinstrumente (Hörner, Oboen, Blechbläser) erweitert wird (vgl. Moormann 2010, S. 216). In diesem Film zeigt sich exemplarisch auch, wie ausgiebig Williams mit seiner Musik sowohl die äußeren Bewegungen der Figuren und Kamera verstärkt als auch die inneren Gefühlsregungen in die Klangfarben des Orchesters übersetzt, insbesondere um die emotionale Anteilnahme des Publikums an dem fremdartigen E.T. zu erhöhen:

> So können beispielsweise tremolierende Streicher und deren chromatische Aufwärtsschritte E.T.s Angst und Panik transportieren, als er vor seinen Verfolgern durch den Wald flüchtet. Solch beklemmende Gefühle drücken ebenfalls dissonante Aufwärtsläufe des Klaviers mit Tritonusverknüpfungen und Tritonusakkorden der Streicher aus, während sich der Wissenschaftler im Raumfahreranzug dem hilflosen, kranken Wesen nähert. Dessen körperliche und seelische Schmerzen scheinen schneidend hohe Orchesterstimmen und Tritoni zu artikulieren. (Moormann 2010, S. 201)

In *E.T. the Extra-Terrestrial* sind Schauspiel, Bildgestaltung und Dramaturgie derart dicht mit der nicht-diegetischen und 77 Minuten umfassenden Filmmusik verwoben, dass diese wie eine eigenständige non-verbale Erzählinstanz auftritt. Moormann begreift den Film denn auch als „Filmoper" im Stile eines wagnerischen „Gesamtkunstwerks" (Moormann 2010, S. 228).

Von diesen opulenten sinfonischen Scores, die ein Stilmerkmal sowohl des klassischen als auch des postklassischen Hollywoodkinos sind, setzen sich US-Independent-Regisseure wie Quentin Tarantino und Jim Jarmusch, aber auch Autorenfilmer des internationalen Arthouse-Kinos wie Aki Kaurismäki ab. Sie prägen die Filmmusik ihrer Werke durch einen eigenwilligen Musikgeschmack und eine sorgfältige Auswahl an Songs, welche die Handlung kommentieren und mitunter auch als CD-Kompilation einen großen Absatz finden. Damit knüpfen sie an eine Tradition an, die mit *Easy Rider* (USA 1969) von Dennis Hopper und Peter Fonda einsetzt. Kaurismäki, der sogar zwei Roadmovies mit der Folk-Punk-Band Leningrad Cowboys inszeniert (*Leningrad Cowboys Go America*, FIN 1989, *Leningrad Cowboys Meet Moses*, FIN 1994), integriert finnische Rockmusik in seine Filme und verdichtet auf die Weise seine melancholisch-nostalgischen Atmosphären. Zu Kaurismäkis Markenzeichen zählt, dass er den Live-Auftritt einer Band zu einem exponierten Moment in seinem Film erweitert. Die stoische Performance in klassischer Besetzung (Schlagzeug, Bass, zwei E-Gitarren, Gesang) lässt die Handlung in den Hintergrund treten, weil sowohl die Figuren als auch der Film der intradiegetischen Musik andächtig lauschen. Ein Abendkonzert findet in der magisch-realistischen Containersiedlung in *Mies Vailla Menneisyyttä*; (*Der Mann ohne Vergangenheit*, FIN/D/F 2002) statt, wenn Marko Haavisto & Poutahaukats den Song *Paha Vaanii* (1991) zum Besten geben. Jarmusch besetzt Hauptrollen wiederholt mit Musikern wie John Lurie, Tom Waits, Screamin' Jay Hawkins, Joe Strummer, Iggy Pop oder den White Stripes (vgl. Abb. 4.18). Er lässt seine Figuren gezielt CDs einlegen und Musik hören, um Autofahrten durch amerikanische Städte und Landschaften zu einem atmosphärischen Klangbild zu verdichten, wie in *Ghost Dog – The Way of the Samurai* (*Ghost Dog – Der Weg des Samurai*, USA/F/D

Abb. 4.18 Musik ist bei
Jim Jarmusch stets mehr als
akustische Untermalung.
In *Mystery Train* (© JVC
Entertainment Networks,
USA 1989) verknüpft Elvis
Presleys Song *Blue Moon* den
Handlungsstrang von Johnny
(*oben links*), gespielt von dem
legendären Punk-Musiker Joe
Strummer, mit demjenigen des
Hotelangestellten Night Clerk
(*unten rechts*), gespielt von
der Soul-Legende Screamin'
Jay Hawkins. Auch in den
Dialogen wird Elvis Presley
permanent thematisiert. Zudem
wird die Figur Johnny „Elvis"
genannt und optisch an diesen
angelehnt. So ergeben Bilder
und Musik ein unauflösbares
Geflecht.

1999) oder *Broken Flowers* (USA/F 2005). Wie sein Freund Aki Kaurismäki schenkt auch
Jarmusch der Live-Performance einer Band ein autonomes Segment im Film und charak-
terisiert darüber die jeweilige Kultur von Orten wie Sevilla, Detroit oder Tanger in *The
Limits of Control* (USA/J 2009) oder *Only Lovers Left Alive* (D/GB/GR 2013).

Der Hongkong-Regisseur Wong Kar-Wai schneidet bekannte Gesangsstücke aus der
Jazz- und Popgeschichte unvermittelt ein, um die Handlung auf eine Weise zu öffnen, wie
man es sonst aus Musicals gewohnt ist. So unterstreicht *Quisas Quisas Quisas* von Nat
King Cole das Ungewisse und Unbestimmte in *Fa yeung nin wa* (*In the Mood for Love*,
HK/F 2000). während in dem Film *Chun gwong cha sit* (*Happy Together*, HK/J/COR
1997) der gleichnamige Song von The Turtles einen ironischen Kontrapunkt setzt und
California Dreaming von The Mamas and the Papas in *Chung Hing sam lam* (*Chungking
Express*, HK 1994) das Fernweh der weiblichen Hauptfigur vermittelt. Für Wong ist die
Musik ein Ausgangspunkt, um die Stimmung des Films zu imaginieren und ein Tempo
für Inszenierung und Montage zu finden. Langsame Tanz-Rhythmen sind es im Falle sei-
ner Nostalgie-Filme, mit denen er seinen Kindheits-Erinnerungen an die 1960er Jahre in
Hongkong nachspürt. Sie entfalten einen träumerischen und wehmütigen Charakter: die
Cha-Cha-Cha- und Rumba-Stücke von Xavier Cugat in *Ah fei zing zyun* (*Days of Being
Wild*, HK 1990), die Tangos aus dem Album *Tango Apasionado* von Astor Piazzolla in
Happy Together oder der Walzer *Yumeji's Theme* von Shigeru Umebayashi in *In the Mood
for Love*. Sieben Mal fügt Wong *Yumeji's Theme* unverändert ein und erzeugt so einen

filmischen Refrain, der den Zuschauer verführen, bezaubern und ihm den Schmerz von Sehnsucht und Verlust nahebringen soll. In Zeitlupe zeigt er dabei, wie sich die Wege von Su Li-zhen (Maggie Cheung) und Chow Mo-wan (Tony Leung) in einem Treppenaufgang kreuzen. Die Erotik der Andeutung und Verweigerung zeichnet das Violinsolo nach: über das Drängen langgezogener Vorhalte, die sich stets erst im nächsten Takt auflösen. Indem Wong das Hongkong-Milieu derart mit Musik der westlichen und lateinamerikanischen Kultur auflädt, taucht er die Gesichter und Körper in eine Atmosphäre, die nicht dem historischen Kontext entspricht, sondern eine mentale Innenwelt ausgestaltet. Während die Kamera durch diese engen Räume der Vergangenheit schwebt, schöpft der Film aus dem Spannungsfeld zwischen konfuzianischer Gefühlskontrolle und romantischer Expressivität Momente der inneren Verlorenheit.

Sound-Design Den Stil eines Sound-Designers zu bestimmen, ist für den Filmwissenschaftler kein leichtes Unterfangen. Die Analyse scheitert oft daran, dass im Studium kaum tontechnische und -theoretische Kenntnisse vermittelt werden. Der Schwerpunkt liegt meist auf der Bild-, Montage- oder Schauspielgestaltung, also dem Sichtbaren, das einfacher beschreibbar erscheint als der flüchtige Filmton: dieses „polyphone" und „elastische akustische Feld" der Klänge und Geräusche (Chion in Palm et al. 1999, S. 39), welches das Bild unmerklich begleitet wie ein „tanzender Schatten" (Murch in Chion 1994, S. XXIV). Schallquellen zu identifizieren, die man nicht sieht, fällt dem Gehör schwer; die Klang-Charakteristik treffend zu beschreiben, erfordert sprachliche Kompetenzen (und nicht nur Fachbegriffe); die Verfremdung, Vermischung und künstliche Erzeugung von Klängen zu dechiffrieren, verlangt im Idealfall das Wissen eines Toningenieurs. Bezeichnenderweise ist ein Standardwerk in diesem Bereich – Barbara Flückigers Buch *Sound Design* (2010) – von einer Tonmeisterin verfasst worden. Trotzdem darf diese Kunstform, die wesentlich zur Filmwirkung beiträgt, nicht übergangen werden. Die Pioniere des heutigen Sound-Designs haben unterschiedliche Gestaltungsaspekte vorangetrieben und dabei eigene Stile geprägt.

Bahnbrechend sind vor allem die 1970er Jahre in den USA (→ New Hollywood). Begünstigt werden die Innovationen von im wesentlichen drei Entwicklungen: erstens dem Aufkommen neuer Audio-Technologien, die es Schnitt- und Tonmeistern wie Walter Murch, Ben Burtt oder Jim Webb erleichtern, originäre Klangwelten zu konstruieren und das metaphorische oder psychologische Potenzial des Tons aufzuzeigen (vgl. Whittington 2007, S. 2), zweitens der Sensibilität von New-Hollywood-Regisseuren wie Steven Spielberg, George Lucas, Francis Ford Coppola, Robert Altman oder Martin Scorsese für die Bedeutung des Tons, drittens der Blüte der Horror- und Science-Fiction-Genres und ihrem Bedarf nach fantastischen Geräuschen, die das Experimentieren mit Klängen notwendig macht. Neue Sounds werden für Monster und Roboter, Luftschleusen, Laserschwerter oder Raumschiffe kreiert und zu Klanglandschaften für unheimliche oder futuristische Räume errichtet. Diese Schöpfungen führen dazu, dass Tongestaltung nicht mehr nur als Handwerk, sondern als Kunst betrachtet wird. Die eigentümlichen Klänge lassen sich in eine Tradition einordnen, die bis zu Luigi Russolos Intonarumori (1914) und Russolophon

(1924) im Italienischen Futurismus zurückreicht: den Vorläufern der Musique Concrète, die das Geräusch in einen musikalischen Rang gehoben hat.

Für Walter Murch ist das, was die Begründer der Musique Concrète (Pierre Schaeffer, Pierre Henry) mit Geräuschen arrangieren, eine Offenbarung: „Ich konnte eine Verwandtschaft zu dem feststellen, was ich versucht hatte – gewöhnliche Töne zu nehmen, sie rhythmisch anzuordnen und damit auf dem Band eine Art Musik zu komponieren" (Murch in Ondaatje 2005, S. 7). Als die ersten tragbaren Tonbandgeräte auf den Markt kommen, ist Murch elf Jahre alt. Er zeichnet Originalgeräusche auf und emanzipiert sie von ihrem Ursprung, indem er sie rückwärts oder in anderer Geschwindigkeit abspielt beziehungsweise neu zusammenmischt: Wie für das Kino geschaffen ist diese Technik, weil sich auf die Weise eine Situation (oder ein Lebewesen) andersartig akustisch bekleiden lässt.

Vielschichtige Klangkompositionen sind Murchs Markenzeichen. Im Science-Fiction-Film *THX 1138* (USA 1971) ist es das komplexe Gewebe aus elektronisch verzerrten oder automatisierten Stimmen, das die futuristische Atmosphäre der Diktatur schafft. Murch montiert verfremdete Stimmen, tieffrequente Töne und kontrapunktisch, oftmals ironisch eingesetzte Musik zu einem akustischen Raum, der sich wie eine Glocke über den visuellen Raum stülpt. *THX 1138* lässt sich auch ohne Bild als durchgängige Klangkomposition rezipieren, gewoben aus elektronischem Rauschen, Dröhnen und Fräsen, aus spitzen, harten, hallenden und quietschenden Tonfetzen, gemischt mit der sinfonischen Musik Lalo Schifrins und der permanenten Berieselungsmusik, mit der das technokratische Regime alle Räume beschallt.

Diese *source music* – also Musik, die am Set tatsächlich aus den Lautsprechern kommt – wird nach der Aufnahme üblicherweise ausgesondert. Murch aber nutzt sie. Auf diese Weise erzielt er in *The Rain People* (*Liebe niemals einen Fremden*, USA 1969), *American Graffiti* (USA 1973) oder *The Godfather* (*Der Pate*, USA 1972) eine realistische Atmosphäre und kann – indem er sie mit den Schauspielerstimmen oder dem Score mischt – den Schwerpunkt der Erzählung von einer Ebene auf die andere verlagern.

> Ich war […] immer schon von der Möglichkeit fasziniert, durch den Ton die Perspektive zu verschieben, besonders in einer Szene wie der Hochzeitsfeier im Paten – die Verschiebung von den Hochzeitsgeräuschen draußen zu ihrer Wahrnehmung von drinnen, bis man, auch wenn man wieder draußen ist, unterschiedliche Perspektiven hört. (Murch in Ondaatje 2005, S. 96 ff.)

Auch für *American Graffiti* entwirft Murch eine fortwährende musikalische Kulisse, diesmal aus 40 Originalsongs, die George Lucas ausgesucht hat. Dadurch soll ein Eindruck von der Omnipräsenz der Rock'n'Roll- und Surfer-Musik zu Beginn der 1960er Jahre vermittelt werden. Die Songs begleiten das nächtliche Umherfahren in der Stadt (das sogenannte *cruising*) gleich einem Orgelton und kommentieren die Handlung wie ein griechischer Chor. Für die Jugendlichen ist die Radiomusik eine Energiequelle, aus der sie ihr persönliches Lebensgefühl zapfen. Murch spielt die Songs in ähnlichen Räumen ab, bearbeitet die Aufnahme, indem er Hall hinzufügt oder Frequenzen ausfiltert, und suggeriert auf diese Weise, dass die Musik aus den kleinen Lautsprechern der Autos kommt, mit den

Abb. 4.19 Ikonische Momente im Science-Fiction-Film entstehen auch durch die Klänge. Die Gefühle des Roboters R2-D2 in *Star Wars* (© Lucasfilm/Twentieth Century Fox Film Corporation, USA 1977) werden über sein sympathisches elektronisches Zwitschern vermittelt, das Intonationen von Singvögeln und Papageien zu imitieren scheint.

Autos an den Passanten vorbeizieht oder sich dröhnend in der Turnhalle ausbreitet und dann zunehmend verdichtet, wenn die Intensität zwischen den Tanzenden steigt. Da kein Budget für zusätzliche Filmmusik bleibt, kommt Murch auf die Idee, einen Ersatz mit Geräuschen zu schaffen. Er dramatisiert die Szenen über das Pfeifen eines Güterzuges, einen verzerrten Herzschlag oder Wolfsgeheul. Murch ist es, der dem Begriff „Sound-Designer" zum Durchbruch verhilft, indem er sich diesen Credit für die Tongestaltung in *Apocalypse Now* (USA 1979) geben lässt. Für seine umfangreichen Bearbeitungs- und Wiederaufnahmetechniken, seine Experimente mit Ton-Perspektiven, Audio-Filtern und Bild-Ton-Metaphern erhält Murch viel Anerkennung (vgl. Whittington 2007, S. 20).

Neben Walter Murch ist Ben Burtt der zweite große Innovator des Sound-Designs in den 1970er Jahren. Burtt setzt mit seiner Arbeit für den ersten *Star-Wars*-Film im Jahr 1977 einen neuen Standard, den er mit den weiteren Folgen der *Star Wars*-Saga sowie *The Invasion of the Body Snatchers* (*Die Körperfresser kommen*, USA 1978), *E.T. the Extra-Terrestrial* und der Indiana-Jones-Reihe ausbaut. Burtts Spezialität ist die Kreation künstlicher Stimmen für Außerirdische und Roboter (wie R2-D2, E.T. oder WALL·E, vgl. Abb. 4.19). Um den Zuschauer von dem Klang eines Phänomens zu überzeugen, rückt Burtt von den sterilen Geräuschen früherer Science-Fiction-Filme ab und forscht nach vertrauten Höreindrücken im Alltag, die mit der benötigten Gefühlsqualität besetzt sind.

> Nehmen wir an, ich suche den Klang für ein kraftvolles Raumschiff. Was sind die kraftvollen Klänge, die wir aus dem Alltag kennen? Donner, das Gebrüll eines großen Tieres, ein Jet. […] Die Menschen wissen es nicht, aber sie sind mit Knöpfen aller Art ausgestattet, die man nur bedienen muss. Wenn man den richtigen Knopf erwischt, gibt ihnen das ein bestimmtes Gefühl. (Burtt zit. nach LoBrutto 2012b, S. 192)

Die Tatsache, dass Zuschauer heute eine spezifische Vorstellung davon besitzen, wie Laserschwerter, Lasergeschosse oder Roboter zu klingen oder zu sprechen haben, beruht im

Abb. 4.20 Ein Lichtschwertkampf in *Star Wars* (© Lucasfilm/Twentieth Century Fox Film Corporation, USA 1977) bezieht seine Spannung nicht nur aus Schauwerten, auch aus dem elektronischen
Summen und Peitschen, das die Gefahr der Waffe bewusst hält und das Duell rhythmisch begleitet.

wesentlichen auf Burtts ikonischen Tonkreationen (vgl. Abb. 4.20). Zentrale Methode ist
die Mischung von Lauten aus heterogenen Quellen: tierischen, menschlichen, technischen
Ursprungs, sodass ein eigenständiger Klangkörper synthetisiert werden kann. Sound „bestimmt in hohem Maße die Glaubwürdigkeit und das Tempo eines Films. Man kann mit
ihm Emotionskurven kontrollieren. Man kann Menschen mitreißen. Man kann sie ver-
schrecken, sie entspannen, sie beruhigen – nur mit Klang" (Burtt zit. nach LoBrutto 2012b,
S. 196). Die größte Herausforderung entsteht, wenn Science-Fiction-Filme animiert und
somit losgelöst von realen Räumen entstehen, wie im Falle von *WALL·E* (*WALL·E – Der
Letzte räumt die Erde auf*, USA 2008). Eine komplette Welt aus Klängen muss Burtt für
diesen Film aufbauen. Er beruft sich dabei auf Vorbilder wie Jimmy MacDonald, den
Sound-Designer der Disney-Studios, der eigentümliche Geräuschinstrumente bauen lässt,
um damit den Slapstick-Kollisionen und -Verfolgungsjagden sowie den Tierstimmen in
den Zeichentrickfilmen eine passende Akustik zu verleihen, wobei diese Geräusche sich
in die für Disney typische sinfonische Musikalisierung der Handlung einzufügen haben.
Im Falle von *WALL·E* spitzt sich die Herausforderung dadurch zu, dass die zentrale Liebesbeziehung eine zwischen Robotern ist und über das feinfühlige Austarieren ihrer künstlichen Stimmen erzählt werden muss.

Auch zwischen Sound-Designern und Regisseuren gibt es langjährige künstlerische
Partnerschaften. So wie Walter Murch für Francis Ford Coppola, Ben Burtt und Gary
Ridstorm für George Lucas und Steven Spielberg arbeiten, wirken Alan Splet für David
Lynch (zum Beispiel beim verstörenden Soundtrack von *Eraserhead*, USA 1977) oder
Skip Lievsay für die Coen-Brüder. In Frankreich ist es Jacques Maumont, der für zentrale
Werke von Jean-Luc Godard und Jacques Tati – insbesondere auch *Playtime* (*Tatis herr-
liche Zeiten*, F/I 1967) – den Ton gestaltet. Manchmal entwickelt sich die Technik des
Sound-Designers gar zum Schlüssel für den Regiestil. Das Herzstück von Robert Altmans
Inszenierungen sind polyphonische Gewebe aus Stimmen. Obwohl es damals bereits Er-

fahrungen mit überlappenden Dialogen in den schnell gesprochenen Screwball-Komödien von Howard Hawks, Frank Capra oder Preston Sturges gibt, ist Altmans Vorhaben, bis zu acht Gespräche gleichzeitig in einem Raum aufzunehmen, eine neue Herausforderung. Lösen kann das Problem der Tonmeister Jim Webb, ein Spezialist für Mehrstimmigkeit im Film. Webb, bereits in seinen Musikdokumentationen mit dem Problem der Live-Aufzeichnung konfrontiert, beginnt in den 1970er Jahren, mit Funkmikrophonen und Mehrspurrekordern zu experimentieren (Webb zit. nach LoBrutto 2012a, S. 252). Auf diese Weise gelingt es ihm, Einzelstimmen in dem Stimmenwirrwar von *Nashville* oder *A Wedding* (*Eine Hochzeit*, USA 1979) zu isolieren, sodass sie dann im Studio gemischt werden können. Da alle Sprecher gleichzeitig mit Mikrofonen aufgenommen werden, gibt es keine Tonperspektive mehr. Webbs stützt somit auf auditiver Ebene die auktoriale Erzählperspektive von Altmans Gesellschaftspanoramen.

Exemplarische Filme

Bernard Herrmann
The Day the Earth Stood Still (*Der Tag, an dem die Erde stillstand*, USA 1951, Robert
    Wise)
Vertigo (*Vertigo – Aus dem Reich der Toten*, USA 1958, Alfred Hitchcock)
Psycho (USA 1960, Alfred Hitchcock)

Lalo Schifrin
The Cincinnati Kid (USA 1965, Norman Jewison)
Bullitt (USA 1968, Peter Yates)
Dirty Harry (USA 1971, Don Siegel)

John Williams
Jaws (*Der weiße Hai*, USA 1975, Steven Spielberg)
E.T. the Extra-Terrestrial (*E.T. – Der Außerirdische*, USA 1982, Steven Spielberg)
Schindler's List (*Schindlers Liste*, USA 1993, Steven Spielberg)

Walter Murch
THX 1138 (USA 1971, George Lucas)
American Graffiti (USA 1973, George Lucas)
Apocalypse Now (USA 1979, Francis Ford Coppola)

Ben Burtt
Star Wars – A New Hope (*Krieg der Sterne – Eine neue Hoffnung*, USA 1977, George
Lucas)
E.T. the Extra-Terrestrial (*E.T. – Der Außerirdische*, USA 1982, Steven Spielberg)
WALL·E (*WALL·E – Der Letzte räumt die Erde auf*, USA 2008, Andrew Stanton)

Einführungsliteratur

Chion, Michel. 1994. *Audio-vision. Sound on Screen.* New York: Columbia University Press.

Flückiger, Barbara. 2010. *Sound Design: die virtuelle Klangwelt des Films.* 4. Aufl. Marburg: Schüren. (Zürcher Filmstudien 6)

Kloppenburg, Josef. Hrsg. 2012. *Das Handbuch der Filmmusik. Geschichte – Ästhetik – Funktionalität.* Frankfurt am Main: Laaber-Verlag.

4.8   Stile in Filmarchitektur und Ausstattung

Die Architektur als der planvoll gebaute Raum und die Ausstattung als die ebenso planvolle Ausgestaltung des Raums sind eng miteinander verschränkt. Im filmischen Produktionsprozess zeichnen sich die Mitglieder des Art Department, etwa der Art Director, der Set Designer oder der Production Designer, für Architektur und Ausstattung verantwortlich. Dabei unterscheidet sich das Aufgabenfeld dieser Berufsbezeichnungen von Produktion zu Produktion, weshalb sich nicht klar definieren lässt, wer im jeweiligen Fall für die Architektur und wer für die Ausstattung die Verantwortung trägt. Unter dem Begriff Kulisse versteht man einerseits den für die Inszenierung gebauten Raum, oftmals wird aber auch das Dekor, die Möblierung beziehungsweise die Einrichtung dazu gezählt, also mitunter Objekte, die sich im Grunde eher der Ausstattung als der Architektur zuordnen ließen. Letztlich umfasst die Ausstattung sämtliche Objekte, die den architektonischen Raum ausfüllen – vom Kleiderschrank bis zum Kaffeelöffel. Dass aber schließlich keine trennscharfe Grenze zwischen Architektur und Ausstattung im Film existiert, zeigt beispielhaft Eric Rohmers Begriff des ‚Architekturraums‘, der den gesamten, in der vorfilmischen Realität arrangierten Raum bezeichnet und zu dem Rohmer sowohl Landschaften und Gebäude als auch sämtliche Objekte und Figuren zählt. Allgemein ließe sich die Architektur im Film einer, räumlich betrachtet, makrostrukturellen Ebene und die Ausstattung einer eher mikrostrukturellen zuordnen. Fest steht, dass beide gemeinsam den filmischen Raum etablieren, in dem sich schließlich die Handlungen eines Films ereignen, und dass diese Bestandteile des Raums ausgewählt, entworfen, konstruiert und arrangiert werden müssen.

Bereits Rudolf Arnheim konstatiert, dass sich kein dreidimensionales Objekt in seiner kohärenten Gesamtheit einzig von einem festen Punkt aus als solches erfassen lasse. Vielmehr sei dafür eine Vielzahl von Einzelansichten nötig. Diese spiegeln sich im Film durch Kamerabewegungen und die Konstruktion des filmischen Raums durch Montage wider. Diese grundlegenden filmischen Verfahren machen den abgebildeten Raum trotz der Flächigkeit des zweidimensionalen Mediums als einen dreidimensionalen erfahrbar. Ebenso ermöglichen sie die Wahrnehmung des Raums über seine rein funktional geplante Gebrauchsform hinaus. Räume werden ästhetisch aufgeladen und mit Bedeutungsinhalten gefüllt, indem sie aus bestimmten Perspektiven oder in bestimmten Einstellungsgrößen inszeniert werden. Architektur und Ausstattung sind als filmische Komponenten eminenter

Abb. 4.21 Cedric Gibbons
bemüht sich in *Gaslight* (*Das
Haus der Lady Alquist*, ©
MGM, USA 1944) um eine
originalgetreue viktorianische
Einrichtung, die in ihrer für das
Melodrama typischen reichen
Ausstattung dem opulenten Stil
von MGM entspricht (**a**). Die
Innenräume des Anwesens,
etwa Paulas Schlafzimmer,
werden bis zu erdrückender
Enge mit Gegenständen versehen und versinnbildlichen
damit ihren psychischen
Zustand. Die verwinkelten,
in dichtem Nebel gelegenen
Gassen, in denen sich Gregory
bewegt, unterstreichen hin-
gegen seine zwielichtigen
Machenschaften und seinen
Plan, Paula in den Wahnsinn
zu treiben (**b**).

Bestandteil des filmischen Raums, den sie grundieren. Sie liefern das optische Korsett
eines Films und beeinflussen damit auch dessen Stil (vgl. Abb. 4.21). Arrangement und
die Anatomie der Ausstattungsobjekte können sowohl ein flaches Bild als auch eine zusätzliche räumliche Tiefe begünstigen. Die Beschaffenheit der Oberflächentexturen kann
den plastischen Eindruck eines Gegenstandes bestimmen und je nach ihren Licht reflek-
tierenden Eigenschaften eine völlig eigene Atmosphäre konturieren und Objekten eine
nahezu haptische Qualität verleihen.

Ähnlich der auditiven Ebene werden Architektur und Ausstattung im filmwissenschaftlichen Diskurs meist nur marginal behandelt. Dabei tragen sie maßgeblich zur Verortung
eines Films in einen geografischen, zeitlichen, sozialen oder kulturellen Kontext bei. Sie
sind mitverantwortlich für den spezifischen Look eines Films und bilden quasi den physischen Rahmen, in dem sich die Narration entfaltet. Sie evozieren bestimmte Gefühle und
Stimmungen und können zur Identität einer Figur beitragen oder eine der Konstituenten
eines Genres sein.

> Architecture sets a scene, conveying information about plot and character while contributing to the overall feel of a movie. In more discreet ways, filmmakers can use their cameras to make statements about the built – or unbuilt – environment, or use that environment to comment metaphorically on any of a variety of subjects, from the lives of the characters of their films to the nature of contemporary society. (Lamster 2013, S. 1)

So vielfältig die von Architektur und Ausstattung wahrgenommenen Funktionen, so vielgestaltig ist auch ihr Erscheinungsbild. Daher erscheint es sinnvoll, zunächst einige grundlegende Parameter festzulegen, die die unterschiedlichen Ausformungen auf einer ersten basalen Ebene voneinander abgrenzen. Grundsätzlich lässt sich zwischen Filmen, die in Studios, und solchen, die an Originalschauplätzen inszeniert werden, unterscheiden. Im letzteren Fall wird auf bereits existierende Architektur zurückgegriffen, im ersteren Studiobauten eigens für den Film konstruiert. Häufig existieren auch Mischformen. Dass ein Film an Originalschauplätzen gedreht wird, muss nicht ausschließen, dass die dort bestehende Architektur für die besonderen Absichten des Films in einem gewissen Grad modifiziert wird. Genauso kann es sich bei Studiobauten auch um mehr oder weniger originalgetreue Nachbauten oder Miniaturmodelle einer zu anderer Zeit oder an anderem Ort vorhandenen Architektur handeln – z. B. der Mount Rushmore in Alfred Hitchcocks *North by Northwest* (*Der unsichtbare Dritte*, USA 1959). Vor allem frühe fiktionale Filme entstehen hauptsächlich im Studio. In Europa tritt etwa durch den Neorealismus oder die Nouvelle Vague, deren Filmemacher aus unterschiedlichen Gründen auf den Straßen drehen, eine richtungsweisende Veränderung ein. Fortan werden Filme vermehrt an Originalschauplätzen gedreht. „It was […] a deliberate attempt to dislodge the importance of set design and the creation of artificial worlds in studios" (Bergfelder 2007, S. 12). Gerade bei vielen nachfolgenden Filmen, die man einem filmischen Realismus zuordnen kann, entwickelt sich dieses Vorgehen zu einem Markenzeichen, so zum Beispiel bei den Brüdern Dardenne oder Pedro Costas. In den USA vollzieht sich dieser Wandel erst später. Zwar entstehen unter dem Eindruck neuer Dokumentarfilme, vor allem aber der ganz realen Erfahrung des Zweiten Weltkriegs Filme wie Jules Dassins *Naked City* (*Die nackte Stadt*, USA 1948) und Elia Kazans *On the Waterfront* (*Die Faust im Nacken*, USA 1954) abseits der beengenden Studios. Als epochal neuer Stil manifestiert sich dieser Wandel aber erst in der Phase des New Hollywood – durch Filme wie Arthur Penns *Bonnie & Clyde* (USA 1967) oder Dennis Hoppers *Easy Rider* (USA 1969). Im europäischen Kino geht die Hinwendung zu Originalschauplätzen auch einher mit einer Ablehnung der allzu stilisierten Studiofilme. Dazu ist allerdings zu bemerken, dass die Künstlichkeit des im Studio geschaffenen Raums, gerade im Klassischen Hollywoodkino, möglichst unauffällig oder gar unsichtbar bleiben, nicht als artizifielles Design hervortreten soll. Der Art Director Oscar Werndorff fordert: „Good art direction must give you the atmosphere of the picture without being too noticeable. […] the art director's job is to provide them [the characters] with a background – and a background it should remain at all costs" (Werndorff zit. nach Bergfelder 2007, S. 13). Dies wird durch eine Reihe filmstilistischer Mittel bewerkstelligt. Durch den Einsatz bestimmter Kameraperspektiven kann eine Geschlossenheit tatsächlich offener Räumen suggeriert, durch die Lichtsetzung gewisse Unzulänglichkeiten der Bau-

Abb. 4.22 Van Nest Pol-
glase gestaltet den Look der
Musicals mit Fred Astaire und
Ginger Roger: Die luxuriöse
Ausstattung mit Art déco-
Dekorationen in *Top Hat* (*Ich
tanz' mich in dein Herz hinein*,
© RKO Radio, USA 1935)
steht in keinem Verhältnis zur
Depressionszeit in den USA.

Abb. 4.23 Stephen Goossons
Stil gestaltet sich facettenreich:
Für *Just imagine* (© Fox Film
Corporation, USA 1930, David
Butler) schafft er, inspiriert
durch *Metropolis* (D 1927),
futuristische Stadtbilder und
Marsfantasien.

substanz kaschiert werden. Da es sich beim Klassischen Hollywoodkino um ein figuren-
zentriertes Kino handelt, tritt die Architektur ohnehin meist in den Hintergrund. Nichtsdestotrotz trägt die langfristige studiointerne Beschäftigung von Production Designern
und die Wiederverwendung einiger Sets oder ihrer Elemente zu einem Wiedererkennungs-
wert der Filme bei, die aus einem bestimmten Studio stammen. An der Herausbildung der
jeweiligen Studiostile sind auch Production Designer in beträchtlichem Maße beteiligt
(vgl. Abb. 4.22, 4.23, 4.24, und 4.25).

Die äußerst detailreichen Sets von Stephen Goosson für Fox, die opulenten Sets eines
Cedric Gibbons für MGM oder die Arbeiten von Van Nest Polglase, die RKO schließlich
den Ruf eines ‚Designer-Studios‘ einbringen, das zwar weniger bekannte Schauspieler
unter Vertrag hat, dies aber mit einem fulminanten Set-Design kompensiert. Bei Paramount etablieren europäische Exilanten wie Hans Dreier so etwas wie einen filmischen

Abb. 4.24 In *Lost Horizon* (*In den Fesseln von Shangri-La*, © Columbia Pictures Corporation, USA 1937) verbirgt sich hinter einer tibetanischen Berglandschaft ein Lama-Kloster, das sich als Solitär moderner westlicher Architektur nicht in die Umgebung eingliedern will.

Abb. 4.25 Und für *It happened one night* (*Es geschah in einer Nacht*, © Columbia Pictures Corporation, USA 1934) oder *Meet John Doe* (*Hier ist John Doe*, USA 1941) entwirft Stephen Goosson pastorale Landschaftsausschnitte.

Bauhaus-Stil und schaffen in den 1930er Jahren durch den Bau lichtdurchlässiger, halbtransparenter Studiowände in Verbindung mit verchromten Elementen einen signifikant diffusen Lichtstil. Dieser wird durch die nahezu monochromen, überwiegend in weiß gehaltenen Sets unterstützt, die eine gänzlich andere Stimmung vermitteln als die stark mit Schwarzweiß-Kontrasten spielenden Sets bei RKO. Darüber hinaus werden durch die gezielte Verwendung neuer Baukunststoffe glatte Hochglanzoberflächen kreiert, die durch das auftreffende Licht und seine Reflexe eine sehr eigenständige Studioästhetik auf die Leinwand transportieren.

Der Art Director Henry Bumstead bemerkt: „Wir konnten alles bauen. Stadt-Sets für London, Paris, New York – was auch immer. Einen Tag arbeitete man im Gothic-Stil, am nächsten schuf man Art Nouveau" (Ettedgui 2000, S. 8). So zeitintensiv und kostspielig die Studiobauten selbst auch sind, so sparen sie andererseits Reisekosten und oftmals schwer zu erlangende oder auch gebührenpflichtige Drehgenehmigungen, sind wetterunabhängig und daher in höherem Maße kontrollierbar. Darüber hinaus bieten sie den Vorteil, dass sie für die Filminszenierung eigens konstruiert und dementsprechend so ausgerichtet werden können, dass sich Kamera und Scheinwerfer problemlos positionieren, integrieren und bewegen lassen. Gerade bei Innenaufnahmen an Originalschauplätzen macht sich die räumliche Beschränkung oftmals bemerkbar. Die architektonisch bedingte Enge kann dazu führen, dass, wenn man einen größeren Ausschnitt des Raumes abbilden will, auf kürzere Brennweiten zurückgreifen muss, die einen anderen ästhetischen Eindruck als Normalobjektive erzeugen. Dieses Problem kann bei Studiobauten dadurch umgangen werden, dass man entweder einen Raum entwirft oder sogenannte Sprungwände (Wände eines künstlichen Studiobaus, die mühelos entnommen und wieder eingesetzt werden können) entfernt, um der Kamera den gewünschten Abstand zum Geschehen einzuräumen. Im digitalen Zeitalter ermöglichen rein computergenerierte Bauten eine nahezu unbegrenzte Inszenierungsfreiheit.

Ferner lässt sich unterscheiden, ob ein Film überwiegend in geschlossenen Räumen, die sich weiter in private und öffentliche unterteilen lassen, oder im Freien spielt. Bei Innenaufnahmen steht eher die Ebene der Ausstattung, bei Außenaufnahmen eher die der Architektur im Vordergrund. Spielt sich das Geschehen in einer urbanen oder ruralen Umgebung, gestalten die Schauplätze eine historische Zeit oder sind sie mit der jeweiligen Gegenwart verbunden, sollen sie eine utopische Zeit oder eine fantastische Welt (→ Fantastik) symbolisieren – all diese Fragen haben grundlegenden und maßgeblichen Einfluss auf das architektonische Erscheinungsbild eines Films. Panoramaaufnahmen von Städten und anderen Handlungsorten werden bevorzugt bereits in einleitenden *establishing shots* in Szene gesetzt, um unmissverständlich den Raum zu etablieren, in dem die nachfolgenden Ereignisse stattfinden. Bei sich in Städten abspielenden Filmen wird häufig die Abbildung ikonografischer Bauwerke favorisiert – die New Yorker Skyline, der Eiffelturm, die Golden Gate Bridge, der Kreml oder der Markusplatz. Solche Aufnahmen sind häufig ausreichend, um eine bestimmte Stadt als Handlungsort einzuführen.

Die Stadt ist seit jeher ein zentraler Handlungsort des Kinos. Ihre Affinität zum Film wird hinlänglich von Theoretikern wie Walter Benjamin, Georg Simmel und Siegfried Kracauer beschrieben. In einigen Filmen steht sie dem ländlichen Leben gegenüber als ein Ort der Gefahr und Verführung wie in Aki Kaurismäkis *Juha* (FIN 1999) oder in *Sunrise: A Song of Two Humans* (USA 1927), mit dem Friedrich Wilhelm Murnau zugleich die moderne Stadt im Film (wenn auch nur kurz) von ihrer reinen Kulissenfunktion befreit und sie als Handlungsort etabliert. Am Beispiel New Yorks zeichnet Donald Albrecht verschiedene Sichtweisen auf eine Stadt nach, die im Laufe der Filmgeschichte mehrfach umcodiert werden. Sowohl die Handlungen als auch die Stadt selbst wird beispielsweise in Folge der Weltwirtschaftskrise als ein positiv assoziierter Möglichkeitsraum inszeniert oder in Filmen Woody Allens romantisiert. Dieses Bild wandelt sich zu einem Bild sozialer Kontraste, in dem nicht mehr ausschließlich die Schauwerte der Stadt, sondern gleichermaßen ihre Niederungen gezeigt werden. In den 1970er Jahren schließlich wird sie zu einem Bild nicht mehr nur der Entzauberung, sondern auch der Entfremdung.

Filmarchitektonisch bedeutsam und verbunden mit einem enormen konzeptionellen Aufwand sind allerdings Inszenierungen von Städten, die in ihrer abgebildeten Form nicht existieren. Beeinflusst von den utopischen Phantasien der architektonischen Moderne, entstehen in den 1920er Jahren mit der totalitären Marsstadt in Jakow Protasanows *Aelita* (*Aelita – Der Flug zum Mars*, SU 1924) und in Fritz Langs *Metropolis* (D 1927) visionäre Stadtbilder. „Die Schöpfer der Metropole im Film […] setzten große Mühe daran, eine Vielfalt von einprägsamen urbanen Räumen zu schaffen, die Teile einer komplexen drei-dimensionalen Einheit bilden" (Neumann 1996, S. 34). In *Metropolis* sticht vor allem die Mehrschichtigkeit der Stadt heraus; geprägt wird sie durch die unterirdischen, riesigen Katakomben, die überirdischen Hochhäuser, umsäumt von mehreren Verkehrsebenen, und dem gigantischen, alles überschattenden Neuen Turm Babel. Nicht nur in *Metropolis* mit seinen unterirdischen Räumen als metaphorische Orte der Unterdrückung, auch in weiteren Filmen werden aufgrund ihrer Stadtarchitektur metaphorische Assoziationen (wie die Stadt als Labyrinth) geweckt, die die reine Funktionalität der Bauwerke übersteigen. In zahlreichen dystopischen Filmen werden die Gebäude eines unwirtlichen, städtischen Lebensraums als übermächtig, erdrückend und steril dargestellt. Sämtliche der reinen Funktionalität missdienlichen Elemente scheinen eliminiert, die Ausstattung auf ein Minimum reduziert. Im Gegensatz dazu entwirft Ridley Scott mit *Blade Runner* (USA 1982) einen Film, der sowohl qualitativ als auch quantitativ von architektonischen und Ausstattungs-details durchtränkt ist. Das übervölkerte Los Angeles des Jahres 2019 ist darin ein Produkt des Retrofittings, dem ständigen Um- und Nachrüsten der Stadtarchitektur, wodurch ein nahezu organisch wirkendes Gewebe aus Relikten veralteter, abgelöster Technologien, aus Leitungen und Röhren entsteht, das die Gebäude überwuchert. Darüber hinaus stellt *Blade Runner* eine eindrucksvolle Verbindung zwischen Vergangenheit und Zukunft her, die sich nicht nur zu Beginn des Films in der Hades-Landschaft, sondern in sämtlichen Details des Films widerspiegelt. „Ich brachte praktisch meine ganze Architekturbibliothek ins Studio und wir mischten ägyptisch mit Art Deco, Stromlinienstil mit Klassizismus und Frank Lloyd Wright mit Antonio Gaudi", so Lawrence G. Paull, der Production Designer des Films (zit. n. Neumann 1996, S. 148). Dieser Synkretismus verschiedenster architektoni-scher Stile lässt sich vor allem in Filmen der Postmoderne (→ Postmoderne) beobachten, in ihnen verdichten sich letztlich – gemäß dem Prinzip der Bricolage – unterschiedliche historische Stile zur gleichen Zeit. Manchmal steht dabei die Künstlichkeit eines Sets in Form einer betonten Kulissenhaftigkeit im Vordergrund: beispielhaft die windschiefen Häuser im Expressionistischen Film, die vielmehr dem expressionistischen Geist als der Abbildung der Lebenswirklichkeit entsprechen; der dezidiert bühnenhafte, tableauartige Aufbau der Settings in einigen Filmen des britischen Regisseurs Peter Greenaway; die in ungewöhnlicher Fülle mit Ausstattungselementen überladenen Filme des Cinéma du Look oder die Werke Terry Gilliams.

Gerade der Bau unmöglicher Architekturen, die durch die Nichtbeachtung der Regeln der Statik und der euklidischen Geometrie Naturgesetze außer Kraft setzen, betont die Il-

Abb. 4.26 Paris wird im Traum zusammengeklappt wie ein Sandwich: Der Production Designer Guy Hendrix Dyas entwarf die surrealen Architekturen von *Inception* (© Warner Bros. u. a., USA 2010).

lusionskraft des Kinos. In Dario Argentos *Inferno* (I 1980) existiert in den Zwischenböden der Stockwerke eines Hauses ein eigenes Universum, in *The Shining* (*Shining*, GB/USA 1980) gibt es Räume, die sich eigentlich überlappen müssten, in *Being John Malkovich* (USA 1999) führt eine versteckte Tür in der Etage 7½ unmittelbar in das Gehirn John Malkovichs, und in Christopher Nolans *Inception* (USA/GB 2010) verweisen die veränderlichen und somit manipulierbaren Architekturen der Traumwelt auf die Konstruiertheit der Filmarchitektur schlechthin (vgl. Abb. 4.26).

Innerhalb eines Genres lassen sich konventionelle, immer wieder aufgegriffene produktionsästhetische Verfahren erkennen – angefangen bei der Ausrichtung der Straßen im Western, von denen Henry Bumstead berichtet, er habe sie stets von Osten nach Westen laufen lassen, um dem Kameramann bei Tagesanbruch und Dämmerung zu ermöglichen, mit Gegenlicht zu arbeiten (vgl. Ettedgui 2000, S. 23). Andererseits können Ausstattungen aber auch einen Bruch mit solchen Konventionen bewirken. Die von Dean Tavoularis sorgfältig ausgestatteten Settings führen nicht nur zu einer gestalterischen Einheitlichkeit der unterschiedlichen Zeitebenen und Drehorte in der *The Godfather*-Trilogie (*Der Pate*, USA 1972–1990), sondern tragen ebenso zum Tableaustil der Filme bei, der sie merklich von vorherigen Gangsterfilmen abhebt (vgl. Abb. 4.27).

Einige der höchst beeindruckenden filmarchitektonischen Bauwerke stammen aus der Hand Ken Adams – der ‚War Room' in *Dr. Strangelove or: How I Learned to Stop Worrying and Love the Bomb* (*Dr. Seltsam, oder wie ich lernte, die Bombe zu lieben*, USA/GB 1964, vgl. Abb. 4.28), das Innere von Fort Knox in *Goldfinger* (GB 1964) oder die riesige Kommandozentrale im Vulkankrater in *You only live twice* (*Man lebt nur zweimal*, GB 1967). „Ich bin überzeugt davon, dass man als Production Designer eine Realität erfinden kann, die das Publikum mehr akzeptiert als die Realität selbst" (Adam 1995, S. 30). Adam stellt die individuelle Kreation über die Nachahmung der Wirklichkeit. Er versucht stets, dem Drehbuch angemessene visuelle Körper zu schaffen. Diese Körper wachsen bei ihm meist zu überlebensgroßen Bauten aus. Seine Arbeiten werden häufig als stilisiert sowie reduziert beschrieben. Kupfer, Messing (Materialien, die zuvor eher

Abb. 4.27 Dean Tavoularis, der Setdesigner der *The Godfather*-Trilogie (© Paramount Pictures, USA 1972–1990), ist bekannt dafür, seine Räume mehrfach zu schichten und durch Einsatz unterschiedlicher Farben im Bildvorder- und -hintergrund eine zusätzliche Tiefe zu verleihen.

Abb. 4.28 Adams Konstruktionen der ‚Machträume' – wie hier in *Dr. Strangelove or: How I Learned to Stop Worrying and Love the Bomb* (© Columbia Pictures Corporation/Hawk Films, USA/GB 1964) – erzeugen nicht nur dramatische Monumentalität, sondern übersetzen auch die aggressive Atmosphäre in die harte Geometrie der Formen, deren kraftvolle Linienführung noch von den Kohlestrichen seiner Entwürfe zeugt.

Abb. 4.29 Der Pariser Bahnhof Montparnasse im Jahre 1931: Dante Ferettis Poetisierung der Historie in *Hugo* (*Hugo Cabret*, © Paramount Pictures u. a., USA 2011)

selten in der Filmarchitektur Verwendung fanden) und tonnenweise Stahl sind elementare Bestandteile seiner Werke – aus ihnen formte er insbesondere in den James Bond-Filmen eine Melange aus Zeitgeist und Exotik. Adams Konstruktionen der ‚Machträume‘ zeugen von einer schier unbegrenzten Fantasie, was jedoch nicht verhindert, dass sie als überaus glaubwürdig wahrgenommen werden. Gekennzeichnet sind sie neben ihrer Massivität und beeindruckenden Größe durch zahlreiche Rundungen, die immer wieder durch charakteristische dreieckige Elemente signifikant gebrochen werden.

Der italienische Production Designer Dante Ferretti beginnt seine Karriere mit Arbeiten für Federico Fellini und Pier Paolo Pasolini. Seine Werke bestechen durch eine minutiöse historische Authentizität, erweitert um eine poetische, imaginative Dimension. Das historische Paris in *Hugo* (*Hugo Cabret*, USA 2011, vgl. Abb. 4.29), seine Vision eines historischen London in *Sweeney Todd: The Demon Barber of Fleet Street* (*Sweeney Todd: Der teuflische Barbier aus der Fleet Street*, USA/GB 2007) oder die mysteriöse Darstellung des Mittelalters in *Der Name der Rose* (BRD/I/F 1986) sind ebenso kennzeichnend für seine Arbeiten wie die Zuordnung von Farben, anhand deren er oftmals soziale Unterschiede visualisiert, so beispielsweise den Klassenkonflikt in *Gangs of New York* (USA/I 2002). Farben ebenso wie deren Abwesenheit können aber auch unterschiedliche Orte charakterisieren wie in *Interview with the Vampire* (*Interview mit einem Vampir*, GB/F 1994). Wie bei zahlreichen anderen Vertretern seiner Zunft bilden Gemälde eine häufige Inspirationsquelle für Ferrettis Arbeiten. Die labyrinthischen Bauten in *Der Name der Rose* sind durch Zeichnungen M. C. Eschers inspiriert, die Gemälde des Renaissance-Malers Giotto di Bondone beeinflussen die Sets von *Il Decameron* (*Decameron*, I/F/BRD

1971), und die Ausstattungen in *I racconti di Canterbury* (*Pasolinis tolldreiste Geschichten*, I/F 1972) basieren auf Gemälden Albrecht Dürers.

Exemplarische Filme

Arbeiten von Ken Adam
Dr. Strangelove or: How I Learned to Stop Worrying and Love the Bomb (*Dr. Seltsam oder: Wie ich lernte, die Bombe zu lieben*, USA/GB 1964, Stanley Kubrick)
Goldfinger (GB 1964, Guy Hamilton)
Barry Lyndon (GB/USA, 1975, Stanley Kubrick)

Arbeiten von Dante Ferretti
Der Name der Rose (BRD/F/I 1986, Jean-Jacques Annaud)
Interview with the Vampire (*Interview mit einem Vampir*, GB/F 1994, Neil Jordan)
Sweeney Todd: The Demon Barber of Fleet Street (*Sweeney Todd – Der teuflische Barbier aus der Fleet Street*, USA/GB 2007, Tim Burton)
Hugo (*Hugo Cabret*, USA 2011, Martin Scorsese)

Arbeiten von Dean Tavoularis
Zabriskie Point (USA 1970, Michelangelo Antonioni)
The Godfather-Trilogie (*Der Pate*, USA 1972–1990, Francis Ford Coppola)
Apocalypse Now (USA 1979, Francis Ford Coppola)

Einführungsliteratur

Albrecht, Donald. 1986. *Designing Dreams. Modern Architecture in the Movies*. New York: Harper & Row.
Ettedgui, Peter. 2000. *Filmkünste: Produktionsdesign*. Reinbek bei Hamburg: Rowohlt.
Neumann, Dietrich. (Hrsg.) 1996. *Filmarchitektur. Von Metropolis bis Blade Runner*. München: Prestel.

Literatur

Adam, Ken. 1995. Freiräume für die Phantasie. In *Der schöne Schein der Künstlichkeit,* Hrsg. Andreas Rost, 15–70. Frankfurt a. M.: Verlag der Autoren.
Albrecht, Donald. 1986. *Designing dreams. Modern architecture in the movies*. New York: Harper & Row.
Balázs, Béla. 1972. Zur Kunstphilosophie des Films. In *Theorie des Kinos. Ideologiekritik der Traumfabrik,* Hrsg. Karsten Witte, 149–170. Frankfurt a. M.: Suhrkamp.
Balázs, Béla. 1982. Der sichtbare Mensch. Kritiken und Aufsätze 1922–1926. In *Schriften zum Film. Erster Band,* Hrsg. Helmut H. Diederichs. München, Berlin (DDR): Hanser, Henschel.
Bazin, André. 1957. De la politique des auteurs. *Cahiers du Cinéma* 70:2–11.

Bazin, André. 1980. *Orson Welles*. Wetzlar: Büchse der Pandora.

Bazin, André. 2004a. Theater und Film. In *Was ist Film?,* Hrsg. Robert Fischer, 162–216. Berlin: Alexander.

Bazin, André. 2004b. Der Mythos vom totalen Film. In *Was ist Film?,* Hrsg. Robert Fischer, 43–49. Berlin: Alexander.

Bergfelder, Tim, et al. 2007. *Film architecture and the transnational imagination. Set design in 1930s European cinema*. Amsterdam: Amsterdam University Press.

Bildhauer, Katharina. 2007. *Drehbuch reloaded. Erzählen im Kino des 21. Jahrhunderts*. Konstanz: UVK.

Blank, Richard. 2001. *Schauspielkunst in Theater und Film. Strasberg, Brecht, Stanislawski*. Berlin: Alexander.

Bordwell, David. 1999. *On the history of film style*. 2. Aufl. Cambridge: Harvard University Press.

Bordwell, David. 2001. *Visual Style in cinema. Vier Kapitel Filmgeschichte*. Frankfurt a. M.: Verlag. der Autoren.

Bordwell, David. 2012. Constructive editing in Robert Bresson's pickpocket. http://www.david-bordwell.net/blog/2012/10/28/news-a-video-essay-on-constructive-editing/.

Brandlmeier, Thomas. 2008. *Kameraautoren. Technik und Ästhetik*. Marburg: Schüren.

Buñuel, Luis. 1999. *Mein letzter Seufzer. Erinnerungen*. Berlin: Ullstein.

Chion, Michel. 1994. *Audio-vision. Sound on screen*. New York: Columbia University Press.

Chion, Michel. 1999. Sanfte Revolution … und rigider Stillstand. In *Meteor,* Hrsg. Michael Palm und Vrääth Öhner, 35–46. Wien: PVS.

Cooke, Mervyn. 2001. Bernard Herrmann. In *Filmkünste: Filmmusik,* Hrsg. Mark Russell und James Young, 18–31. Reinbek: Rowohlt.

Corliss, Richard. 1985. *Talking pictures. Screenwriters in the American cinema*. Woodstock: Overlook Press.

Deleuze, Gilles. 1989. *Das Bewegungs-Bild. Kino 1*. Frankfurt a. M.: Suhrkamp.

Donnelly, Joe. 2007. Christian Bale and the art of extreme acting. http://www.laweekly.com/2007-07-05/news/christian-bale-and-the-art-of-extreme-acting/?showFullText=true. Zugegriffen: 23. Juni 2014.

Dunker, Achim. 2001. *„Die chinesische Sonne scheint immer von unten". Licht- und Schattengestaltung im Film*. 3. Aufl. München: TR Verlag.

Ėjchenbaum, Boris. 2005. Probleme der Filmstilistik. In *Poetika Kino. Theorie und Praxis des Films im russischen Formalismus,* Hrsg. Wolfgang Beilenhoff, 20–55. Frankfurt a. M.: Suhrkamp.

Ettedgui, Peter. 2000a. *Filmkünste: Produktionsdesign*. Reinbek: Rowohlt.

Ettedgui, Peter. 2000b. *Filmkünste: Kamera*. Reinbek: Rowohlt.

Felix, Jürgen. 2003. Autorenkino. In *Moderne Film Theorie,* Hrsg. J. Felix, 13–57. Mainz: Bender. (Filmforschung. 3).

Flückiger, Barbara. 2010. *Sound Design: die virtuelle Klangwelt des Films*. 4. Aufl. Marburg: Schüren. (Zürcher Filmstudien, 6).

Gunning, Tom. 1994. *D. W. Griffith and the origins of American narrative film. The early years at biograph*. Urbana: University of Illinois Press.

Häger, Kathrin. 2014. American Hustle. Der Nabel der Welt. *Film Dienst* 67 (4): 36–37.

Hempel, Rolf. 1968. *Carl Mayer. Ein Autor schreibt mit der Kamera*. Berlin: Henschel.

Hickethier, Knut. 2000. Acting und Performance – Angela Winkler. In *Ladies, Vamps, Companions. Schauspielerinnen im Kino,* Hrsg. Susanne Marschall und Norbert Grob, 250–267. St. Augustin: Gardez.

Kappelhoff, Hermann. 1994. *Der möblierte Mensch: G.W. Pabst und die Utopie der Sachlichkeit; ein poetologischer Versuch zum Weimarer Autorenkino*. Berlin: Vorwerk.

Kasten, Jürgen. 1994. *Carl Mayer: Filmpoet. Ein Drehbuchautor schreibt Filmgeschichte*. Berlin: Vistas.

Kloppenburg, Josef. 2009. Psycho. In *Klassiker der Filmmusik,* Hrsg. Peter Moormann, 147–149. Stuttgart: Reclam.

Kloppenburg, Josef, Hrsg. 2012. *Das Handbuch der Filmmusik. Geschichte – Ästhetik – Funktionalität.* Frankfurt a. M.: Laaber-Verlag.

Koebner, Thomas. 1997. Leibesvisitation. Schauspielkunst im Stummfilm. In *Lehrjahre im Kino. Schriften zum Film erster Teil,* 67–106. St. Augustin: Gardez.

LoBrutto, Vincent. 2012a. Simultane Stimmigkeit in den Filmen von Robert Altman. Interview mit Jim Webb. In *Resonanz-Räume. Die Stimme und die Medien,* Hrsg. Oksana Bulgakowa, 252–257. Berlin: Bertz + Fischer.

LoBrutto, Vincent. 2012b. „Wenn dieses Ding tatsächlich existierte, wie würde es klingen?" Interview mit Ben Burtt. In *Resonanz-Räume. Die Stimme und die Medien,* Hrsg. Oksana Bulgakowa, 190–196. Berlin: Bertz + Fischer.

Löffler, Petra. 2004. *Affektbilder. Eine Mediengeschichte der Mimik.* Bielefeld: Transcript.

Lukács, Georg. 1972. Gedanken zu einer Ästhetik des Kino. In *Theorie des Kinos. Ideologiekritik der Traumfabrik,* Hrsg. Karsten Witte, 142–148. Frankfurt a. M.: Suhrkamp.

McDonald, Paul. 1998. Film acting. In *The Oxford guide to film studies,* Hrsg. John Hill und Pamela Church Gibson, 30–35. Oxford: Oxford University Press.

McKee, Robert. 2000. *Story: Die Prinzipien des Drehbuchschreibens.* Berlin: Alexander Verlag.

Moormann, Peter. 2010. *Spielberg-Variationen. Die Filmmusik von John Williams.* Berlin: Nomos. (Filmstudien, 57).

Mraz, John. 1990. Santiago Álvarez: From Dramatic Form to Direct Cinema. In *The social documentary in Latin America,* Hrsg. Julianne Burton, 131–149. Pittsburgh: University of Pittsburgh Press.

Müller, Wolfgang G. 2009. Epochenstil/Zeitstil. In *Rhetorik und Stilistik,* Hrsg. Ulla Fix, et al., Bd. 2, 1271–1285. Berlin: de Gruyter.

Naremore, James. 1988. *Acting in the cinema.* Berkeley: University of California Press.

Neumann, Dietrich, Hrsg. 1996. *Filmarchitektur. Von Metropolis bis Blade Runner.* München: Prestel.

Ondaatje Michael, und Walter Murch. 2005. *Die Kunst des Filmschnitts: Gespräche mit Walter Murch.* München: Hanser.

Pearson, Roberta. 1992. *Eloquent gestures. The transformation of performance style in the Griffith biograph films.* Berkeley: University of California Press.

Pötting, Sven. 2009. Himmel und Hölle. Die Drehbücher und Filme von Guillermo Arriaga. In *Die jungen Mexikaner,* Hrsg. Ursula Vossen, 91–104. München: text + kritik. (Filmkonzepte 15).

Prümm, Karl. 2006. Von der Mise en scène zur Mise en images. Plädoyer für einen Perspektivenwechsel in der Filmtheorie und Filmanalyse. In *Bildtheorie und Film,* Hrsg. Thomas Koebner, Thomas Meder und Fabianne Liptay, 15–35. München: edition text + kritik.

Prümm, Karl, et al. Hrsg. 2000. *Kamerastile.* 2. Aufl. Marburg: Schüren.

Pudowkin, W. I. 1961. Filmtechnik. In *Filmmanuskript und Filmregie,* Hrsg. Leonore Kündig. Zürich: Arche.

Reisz, Karel, und Gavin Millar. 2010. *The technique of film editing.* Burlington: Focal Press.

Schlüpmann, Heide. 1990. *Die Unheimlichkeit des Blicks: Das Drama des frühen deutschen Kinos.* Basel (u. a.): Stroemfeld/Roter Stern.

Stempel, Tom. 1991. *FrameWork. A history of screenwriting in the American film.* New York: Continuum.

Sternagel, Jörg. 2006. Weight Watching: Method Acting as a Label and Subtext in The Machinist. Cinetext. http://cinetext.philo.at/magazine/sternagel/bale/bale.html. Zugegriffen: 1. Okt. 2013.

Thomas, Tony. 1995. *Filmmusik. Die großen Filmkomponisten – ihre Kunst und ihre Technik.* München: Heyne.

Whittington, William. 2007. *Sound design & science fiction.* Austin: University of Texas Press.

Wollen, Peter. 1998. The Auteur theory. In *Signs and meaning in the cinema,* 50–78. London: BFI.

Stilistische Kontinuität

5

5.1 Einleitung

Auch wenn Epochal-, National- oder Individualstile, wie sie in den vorherigen Kapiteln beschrieben werden, meist zu Beginn ihres Auftretens als neu, innovativ, originell und regelbrechend empfunden werden, so lassen sich doch bei genauerem Hinsehen wiederkehrende Muster in ihnen entdecken. Unterhalb der Etiketten, die künstlerischen Bewegungen aufgeklebt werden, scheint die Filmgeschichte von ästhetischen Traditionen durchzogen, an denen sich Künstler orientieren, die sie aufgreifen, variieren und fortführen. Manchmal verweisen aber auch die Namen selbst auf eine solche Gemeinsamkeit, so etwa die Neue Sachlichkeit, der Poetische Realismus und der Neorealismus auf den Realismus. Diese stilistischen Kontinuitäten – so sollen sie hier genannt werden – können zu verschiedenen Zeiten an verschiedenen Orten auftreten. Einen Grund dafür mag man darin sehen, dass der künstlerische Ausdruck sich gleichsam für eine bestimmte Richtung entscheiden muss.

   Mögliche Richtungen ergeben sich aus dem *Modus der Wirklichkeitskonstruktion*. Mit Blick auf den Drehort macht es einen Unterschied, ob ein Haus in der Realität gesucht, ob es im Studio nachgestellt, ob es als Teil einer Psychose in verzerrter Geometrie gebaut oder als Fantasieobjekt frei erfunden und konstruiert wird. Ein *realistischer Stil* im Spielfilm versucht ein Höchstmaß an Übereinstimmung zwischen der nüchternen Wahrnehmung der materiellen Wirklichkeit und ihrer filmischen Darstellung zu schaffen. Ein *surrealistischer Stil* integriert die psychische Wirklichkeit (Träume, Halluzinationen oder Sinnestäuschung), so dass sich Verschiebungen in den Farben, Formen und Relationen ergeben. Ein *fantastischer Stil* erfindet eine andere Wirklichkeit, die es noch nie gab und sich in ihren Lebewesen, Objekten, Bräuchen und Naturgesetzen gänzlich von unseren Erfahrungen abhebt. Mit diesen drei Richtungen, die im folgenden Kapitel exemplarisch vorgestellt werden, ist das Spektrum der modalen Möglichkeiten allerdings nicht ausgeschöpft. Ein *hyperrealistischer Stil* übersteigert unsere Alltagswahrnehmung mit den tech-

© Springer Fachmedien Wiesbaden 2016
C. Hesse et al., *Filmstile,* Film, Fernsehen, Neue Medien,
DOI 10.1007/978-3-531-19080-8_5

nischen Fähigkeiten der Kamera und des Computers, übersteigt die Grenzen der menschlichen Wahrnehmung und zeigt Bilder in Zeitlupe, Zeitraffer oder Überschärfe, simuliert
Flüge in mikro- oder makroskopische Wirklichkeitsebenen. Ein *impressionistischer Stil*
würde besonders Wandel, Flüchtigkeit und Dynamik der äußeren Erscheinungen (Wind,
Wellen, Licht, Verkehr) in atmosphärischen Bildern einzufangen suchen. Denkbar wären nicht zuletzt Filme, die auf eine emotionale Wirklichkeit rekurrieren und Räume als
‚Seelenlandschaft' der Figuren mit starken Atmosphären aufladen (über die Licht- und
Musikgestaltung), einer eigenen Strömung zuzuordnen, die sich *romantischer, melodramatischer* oder *sentimentaler Stil* nennen ließ. Diese Richtung könnte allerdings auch im
nächsten Spektrum verortet werden und stellt einen Grenzfall dar.

Denn zum zweiten ließe sich unterscheiden, welche *Haltung gegenüber der (dargestellten) Wirklichkeit* der Film einnimmt: eine kritische, ironische, zynische, humorvolle,
melancholische, verklärende oder verfälschende, wie es in der Satire, Glosse, Komödie
oder Propaganda der Fall ist. In der Regel macht sich diese Haltung in mehreren Gestaltungsbereichen bemerkbar. Kritisch können sich die *voice-over*, die Figurenrede oder
ein Schrift-Insert verhalten, genauso aber auch die Montage über eine Gegenüberstellung
ungerechter Verhältnisse oder die Kamera über die Wahl harter Kontraste. Melancholische
Filme sind meist langsam erzählt, bevorzugen statische Einstellungen, introvertierte Figuren und Schwarzweißfilm. Verklärende Filme nutzen Weichzeichner, helle Lichtstimmungen und leuchtende Farben. Komische Filme arbeiten mit überraschenden Umkehrungen
und Brüchen, die in einem exzentrischen Kostüm, einem Wortspiel, der Durchbrechung
der vierten Wand oder einer assoziative Montage bestehen können.

Das dritte Spektrum variiert die *Stärke des filmischen Ausdrucks*. So wie ein Autor
zwischen den Steigerungsstufen in der Sprache (Positiv, Komparativ, Superlativ) wählen
kann, ein Schauspieler zwischen Flüstern oder Schreien, kleinen oder großen Gesten, ein
Maler zwischen dünner Linie oder dickem Strich, blassen oder kräftigen Farben, lassen
sich auch Filme zwischen den Polen Nüchternheit und Expressivität, Statik und Dynamik,
Leere und Fülle oder Ruhe und Rasanz einordnen, je nachdem, ob sie zu einer *Minimalisierung* oder *Maximalisierung* des filmischen Ausdrucks tendieren, zwei Richtungen, die
im folgenden Kapitel unter den Begriffen Minimalismus und Opulenz diskutiert werden.

Problematisieren lässt sich bei solchen stilistischen Kontinuitäten die Begriffswahl.
Um eine wissenschaftliche Systematik zu erzielen, müsste eine Terminologie geprägt
werden, die noch nicht alltagssprachlich besetzt ist. Verwenden wir allerdings Begriffe
wie realistisch, surrealistisch oder minimalistisch, so rekurrieren wir damit auf historische Bewegungen, deren Bezeichnungen aus der jeweiligen Zeit heraus entstanden, deren Bedeutung in Manifesten postuliert oder durch ein heterogenes Feld von Filmen und
Überschneidungen mit anderen Strömungen gar unklar ist – ein Problem, mit dem auch
die Genre-Forschung kämpft. Im Folgenden werden diese Begriffe benutzt, weil sie mit
einer wirkungsvollen Ideengeschichte und einem historisch weit zurückreichenden Diskurs assoziiert sind, der Künstler, Produzenten und Zuschauer immer wieder beschäftigt
und inspiriert hat.

5.2 **Realismus**

Der Realismus ist in der Geschichte der Künste ein noch erstaunlich junges Phänomen. Im 18. Jahrhundert taucht der Begriff hier zum ersten Mal überhaupt auf, und noch viel später erst entfaltet er als kämpferische Forderung an die Künste seine große Wirkung. Sehr viel älter hingegen ist, was man in der griechischen Antike bereits als Nachahmung (Mimesis) bezeichnet. Die Nachahmung der Wirklichkeit lässt sich rückblickend als einer der stärksten Antriebe zur Herstellung von Kunst begreifen. Ihre ursprüngliche Bedeutung liegt jedoch weniger in einer möglichst getreuen Nachbildung der sinnlich erfahrbaren Wirklichkeit als vielmehr darin, die Macht der Natur über die Menschen zu bannen. Besonders deutlich tritt das an der altägyptischen Kunst der Mumifizierung zutage, mit der André Bazin seinen Essay über die Ontologie des fotografischen Bildes beginnt. Er erkennt darin ein Bedürfnis „nach Schutz vor der Zeit" (2004, S. 33); über den Tod hinaus soll das Wesen durch die Erscheinung gerettet werden. Auch nachdem die Kunst mit der Entwicklung der Zivilisation ihre magische Funktion allmählich verloren habe, sei ihr jenes Bedürfnis nie vollständig abhanden gekommen. Mag auch niemand mehr „an die ontologische Identität von Modell und Portait" glauben, so gehe es nicht zuletzt immer noch „um die Schaffung eines idellen Universums nach dem Bilde des wirklichen, das eine von diesem unabhängige Zeitlichkeit hat" (Bazin 2004, S. 34).

Auch in den darstellenden Künsten kommt der Imitation der Wirklichkeit entscheidende Bedeutung zu. In seiner *Poetik*, dem ersten Organon des Theaters, bestimmt Aristoteles die Nachahmung menschlicher Handlungen als das Wesentliche der dramatischen Dichtung und ihrer Aufführung. Anders als bei den bildenden Künsten steht dabei an erster Stelle nicht ein virtueller Triumph über die Vergänglichkeit. Die Nachahmung soll Aristoteles zufolge vor allem eine Reinigung (Katharsis) der Affekte beim Publikum bewirken. Was nachgeahmt wird, sind die Leidenschaften des Zuhörers oder Zuschauers, der sich selbst in dargestellten Handlungen wiedererkennt. Weiter gefasst als moralische Läuterung, kann man dies auch in den Künsten heute noch wiederfinden. Etliche Spielfilme sind schließlich darauf aus, eine solche ‚Reinigung' der Affekte beim Publikum zu erwirken, die etwa darin bestehen mag, dass auf den Schrecken die Befriedigung darüber folgt, dass dem Guten am Ende Gerechtigkeit widerfährt und der Schurke zur Verantwortung gezogen wird. Um dies zu erreichen, müssen die Figuren und ihre Handlungen in einem bestimmten Sinn realistisch gestaltet sein, das heißt nach Maßgabe der jeweils geltenden Konventionen glaubwürdig und plausibel erscheinen.

Betrachtet man den Film – hier vornehmlich den Spielfilm – als zugleich (ab-)bildende und darstellende Kunst, kann von einer Nachahmung der Wirklichkeit in zweifacher Hinsicht gesprochen werden: Das betrifft zum einen die Aufzeichnung der äußeren Wirklichkeit, die sowohl als vorgefundenes Material wie auch als schon gestaltetes Produkt bildender Kunst in den Film eingeht (Ausstattung, Kulissen, Beleuchtung, etc.), zum anderen die Nachahmung menschlicher Handlungen, die im Spiel der Darsteller zur Geltung kommt. Beide Aspekte sind bei der Beurteilung des Realismus im Film von entscheidender Bedeutung (vgl. Abb. 5.1).

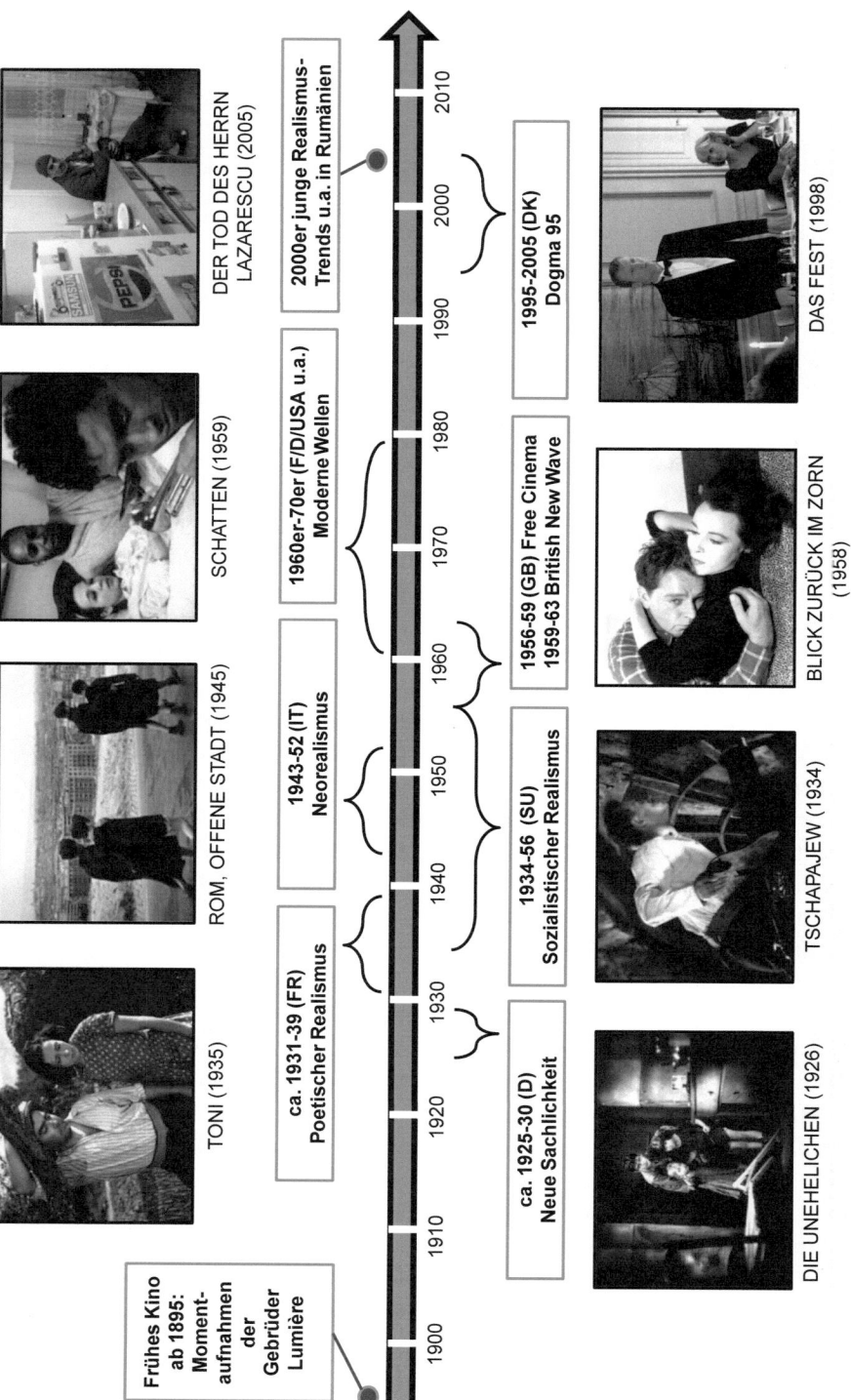

Abb. 5.1 Unabhängig von geografischen Grenzen und über Stilepochen hinweg lassen sich realistische Tendenzen von den Anfängen des Films bis heute verfolgen, was zeigt: Die Abbildung der Wirklichkeit ist eine der Grundmotivationen filmischen Schaffens. Höchstes Gebot ist nicht die objektive Repräsentation der Realität, sondern eine möglichst authentische Annäherung an die Alltagswirklichkeit. So sind es Milieustudien, die Abenteuer des ‚kleinen Mannes' und die am Rande der Gesellschaft Stehenden, die in den Fokus der Betrachtungen rücken. Diese Infografik stellt eine *diachrone* Betrachtungsweise stilistischer Gestaltung dar (→ Methodik).

Als programmatischer Begriff tritt der Realismus in der Literatur, auf dem Theater und in den bildenden Künsten erst im 19. Jahrhundert hervor, zunächst in Auseinandersetzung mit dem Klassizismus und der Romantik. Mit dem ästhetischen Konzept des Realismus sind von vornherein auch moralische Ansprüche verbunden, zunächst nach einer aufrichtigen Darstellung der Wirklichkeit, sodann, zumindest implizit, nach deren menschenwürdiger Einrichtung. Misstrauisch gegen überlieferte Ideale der Vergangenheit, setzt sich realistische Kunst zum Ziel, die gegenwärtige Wirklichkeit unverfälscht darzustellen – wobei heftig darüber gestritten wird, inwiefern und auf welche Weise dies am ehesten gelingen mag; was als Wirklichkeit aufzufassen und welche ihrer Aspekte in der künstlerischen Darstellung vor allem zu berücksichtigen seien, darüber kursieren zuzeiten ganz unterschiedliche Vorstellungen. Parallel zur Entwicklung realistischer Verfahren in den Künsten des 19. Jahrhunderts verläuft die der Fotografie, mit der erstmals ein mechanisch genaues Abbild der sichtbaren Wirklichkeit hergestellt werden kann; die bildenden Künste werden sich fortan von dieser Verpflichtung lösen und andere Wege der Darstellung suchen. Die aus der Fotografie hervorgegangene Kinematografie setzt den Weg der technischen Aufzeichnung der Wirklichkeit fort, in welche sie, dank Stroboskop-Effekt und der Nachbildwirkung auf der Netzhaut des menschlichen Auges, nun auch die sichtbare Bewegung einbeziehen kann. (Die etwa zur selben Zeit entwickelte Tonaufnahme wird das Kino erst einige Jahrzehnte später integrieren.)

Als realistisch in diesem handgreiflichen und durchaus naiven Sinne wäre der Film zunächst aufgrund seiner fotografischen Technik zu betrachten, die eine optisch exakte Aufzeichnung und Wiedergabe ermöglicht. Schon die Zeitgenossen des frühen Kinos zweifeln denn auch weniger an den realistischen Qualitäten des neuen Mediums als vielmehr an dessen künstlerischen Möglichkeiten. Denn bei der Filmaufnahme wird die sichtbare Wirklichkeit ganz automatisch abgebildet, ohne dass es dazu der gestaltenden Tätigkeit eines Künstlers bedürfte. Wenngleich auch der Filmemacher entscheiden muss, was er wie aufnehmen und auf welche Weise er die aufgenommenen Stücke zu einem fertigen Film zusammenfügen möchte, bleibt die Aufnahme selbst ein optisch-chemischer Prozess: Lichtstrahlen werden durch eine Linsenkombination gebündelt und auf einem Filmstreifen fixiert. Der Ausdruck Objektiv, der jene Linsenkombination bezeichnet, sei dabei ganz buchstäblich zu nehmen, sagt Bazin (2004, S. 37). Wo ansonsten ein Künstler die Wirklichkeit beschreibt oder malt und ihr somit einen unweigerlich subjektiven Ausdruck verleiht, werde ihr optischer Eindruck beim Film objektiv aufgezeichnet. Dadurch, folgert Bazin, bezeuge die Filmaufnahme, ebenso wie eine Fotografie, zugleich die reale Existenz des Aufgenommenen. Das heißt, was im Film zu sehen ist, muss einmal vor der Kamera tatsächlich vorhanden gewesen sein, es kann nicht wie in Literatur oder Malerei ganz der Fantasie entspringen.

Dies gilt freilich nur dann, wenn ein vor der Linse befindliches Objekt aufgenommen wird. Es gilt weder für experimentelle Werke, bei denen der Filmstreifen auf andere Weise belichtet oder direkt von Hand bearbeitet wird, noch für computergenerierte Bilder im digitalen Kino. Als realistisch mögen zwar auch elektronisch erzeugte Bilder empfunden werden, insofern sie wirkliche Eindrücke, Gegenstände und Bewegungen nachahmen, doch können sie nicht mehr als Zeugnis einer historischen Realität betrachtet werden. In

der Sprache der Semiotik hieße das: Der ikonische Charakter des Bildes, der auf optischer
Ähnlichkeit beruht, bleibt erhalten, wohingegen der indexikalische, der im Verweis auf ein
tatsächlich vorhandenes Objekt besteht, nicht mehr gegeben sein muss. In dieser Hinsicht
ähnelt das vollständig digitalisierte Kino eher der Malerei als dem herkömmlichen Film.
Anders als beim Dokumentarfilm, dessen Glaubwürdigkeit gerade auf jener Indexikalität
beruht, muss das Verschwinden einer vorfilmischen Realität für den Spielfilm allerdings
keinen Verlust bedeuten. Ob eine dargebotene Landschaft irgendwo auf der Welt wirklich
existiert oder am Bildschirm virtuell erzeugt wird, kann für die Funktion ihrer Darstellung
im fiktionalen Film ganz unerheblich bleiben.

Wenngleich Tricks und Täuschungen sich schon im frühen Kino großer Beliebtheit erfreuen, geht die größte Faszination zumeist von dem geradezu überwältigenden Realismus
des Films aus (dem nicht zuletzt auch die Tricks ihre verblüffende Wirkung verdanken).
Einen besonderen Vorzug des filmischen Realismus erkennt Siegfried Kracauer darin, dass
hier zum ersten Mal in der Geschichte der Kunst etwas zufällig sich Ereignendes in seiner
Zufälligkeit festgehalten werden kann (1985, S. 45 f.). Die sprichwörtliche Momentauf-
nahme, die etwas sichtbar macht, was ohne Kamera womöglich nie gesehen worden wäre,
bahnt einen Zugang zur Wirklichkeit, der allen anderen Künsten zuvor versperrt bleibt.
Die Darstellung der Wirklichkeit im Film beruht demnach zuallererst auf einem augen-
blicklichen Eindruck, nicht auf künstlerischem Ausdruck. Das heißt aber auch, dass die in
der Geschichte der bildenden Künste geläufige Unterscheidung zwischen Realismus und
Impressionismus im Film nicht mehr ohne weiteres gültig ist. Ein Schriftsteller, Bildhauer
oder Maler muss die Wirklichkeit, die er nachzuahmen sucht, mit Hilfe des ihm gegebenen
Materials gestalten; der Filmemacher hat die Möglichkeit, sie in ihrer unwillkürlichen Erscheinung prompt aufzuzeichnen. Auch bei einer sehr genau vorbereiteten Aufnahme zu
einem Spielfilm kann es passieren, dass etwas von solcher ungestellten Wirklichkeit Eingang in den Film findet (vgl. Abb. 5.2). Während ein Schriftsteller sich bei der Beschrei-

Abb. 5.2 Neben zufällig aufgenommenen Wetter- und anderen Naturphänomenen sind es Improvi-
sationen, die den Realitätseindruck verstärken können. Für *Dancer in the Dark* (© Zentropa Entertainments, DK 2000) ermuntert Lars von Trier die Schauspieler, frei ohne Drehbuch zu sprechen.
Das improvisierte Gespräch zwischen Selma und Gene hätte die Mutter-Sohn-Beziehung kaum treffender beschreiben können. Gerade die Familienkonstellation, die vielen Kritikern unglaubwürdig
erscheint, wird durch das freie Sprechen gleichwohl authentifiziert.

bung auf das seiner Ansicht nach Wesentliche beschränken kann – zum Beispiel: ein Mann und eine Frau sitzen auf einer Bank, nichts weiter –, muss der Filmemacher ein konkretes Bild zeigen, mit einem bestimmten Mann und einer bestimmten Frau auf einer bestimmten Bank in einer bestimmten Umgebung. Die vorgefundene Wirklichkeit, auf die er sich bei der Aufnahme einlässt, wird er kaum jemals in solchem Umfang beherrschen können wie ein guter Schriftsteller seine Worte. Ein guter Filmemacher, meint Kracauer, sei darum gerade einer, der auch in einer weithin kontrollierten Inszenierung die unkontrollierte Wirklichkeit wirken lässt (Kracauer 1993, S. 13). Selbst bei einer Atelieraufnahme, bei der zufällige Begebenheiten im Hintergrund weitgehend ausgeschlossen werden können, bleibt immerhin noch mit spontanen Regungen der Darsteller zu rechnen. Den sichtbaren Menschen preist Béla Balázs in einem gleichnamigen Essay aus den 1920er Jahren als eine der größten Errungenschaften des Films; denn wirklich sichtbar mache ihn erst die Großaufnahme seines Gesichts, auf dem Theater sei er nur als eine Figur von weitem zu sehen. Der Mensch, dessen sichtbares Antlitz der Film, sooft man ihn vorführt, stets aufs Neue wieder lebendig werden lässt, legt zugleich Zeugnis ab vom eigentümlichen Realismus des Films. Aussehen und Mienenspiel, mithin auch jede unwillkürliche Zuckung der Gesichtsmuskeln, der Augen, der Mundwinkel bringt erst der Film zur Geltung, indem er all diese Bewegungen unerbittlich aufzeichnet.

In welchem Umfang und auf welche Weise Filmemacher sich die hier als realistisch beschriebenen Qualitäten des Mediums zunutze machen, ist allerdings eine stilistische Frage. Und auch eine der historisch veränderlichen Gewohnheiten, denn eine bestimmte Art der Darstellung wird nicht zu allen Zeiten als gleichermaßen realistisch wahrgenommen. Jedes filmische Stilmittel, einschließlich des Spiels der Darsteller, erlaubt unterschiedliche Einsätze, die den Konventionen der Zeit gemäß als mehr oder weniger realistisch empfunden werden können. Die Montage etwa, ein oft als genuin filmisch gelobtes Stilmittel, könnte man zunächst als ganz und gar unrealistisch bezeichnen, insofern sie der gewöhnlichen menschlichen Wahrnehmung keineswegs entspricht. Doch kann eine hektische Montagesequenz wie die auf der Treppe von Odessa in Eisensteins *Bronenosez Potemkin* auf andere Weise ebenso realistisch wirken wie eine lange, ununterbrochene Plansequenz aus einem Film von Visconti. Die in den 1910er Jahren bereits etablierte Schuss-Gegenschuss-Technik, bis heute eines der beliebtesten Stilmittel, würde kaum ein Zuschauer als unrealistisch auffassen, obwohl es sich dabei um eine filmische Konstruktion handelt, die allenfalls einige Aspekte der gewöhnlichen menschlichen Wahrnehmung nachahmt.

Als mindestens ebenso bedeutsam wie Erfahrungen und Gewohnheiten, die aus der außerfilmischen Wahrnehmung der Wirklichkeit gewonnen werden, erweisen sich bei der Beurteilung des Realismus im Film die durch ihn selbst geschaffenen Konventionen. Drastisch ist das an Genrefilmen zu erkennen, die dafür ganz eigene Maßstäbe errichten. Was den durch einschlägige Filmerfahrung begründeten Erwartungen an das jeweilige Genre entspricht, kann ohne weiteres als realistisch wahrgenommen werden, ohne dass dazu die außerfilmische Wirklichkeit zum Vergleich herangezogen würde. Geradezu erstaunlich ist, wie wenig sogar eine völlig unrealistische Musik aus dem Off den Realitätseindruck eines Spielfilms zu stören vermag. Bei der Beurteilung der Handlung und

der handelnden Figuren, gar der Kostüme und Kulissen, spielen Glaubwürdigkeit und
Plausibilität innerhalb der filmischen Fiktion häufig eine größere Rolle als etwaige Übereinstimmungen mit der außerfilmischen Wirklichkeit. Allgemein lässt sich lediglich feststellen, dass allgemeingültige Kriterien für eine realistische Darstellung beziehungsweise
Wahrnehmung kaum auszumachen sind. Auch in einem seinen technischen Voraussetzungen nach so frappant realistischen Medium wie dem Film kann von Realismus stets
nur im Hinblick auf bestimmte Aspekte gesprochen werden. Kein Medium ist schließlich
imstande, die Wirklichkeit als ganze wiederzugeben, jedes einzelne stellt dafür, medien-
theoretisch gesprochen, nur jeweils spezifische Kanäle bereit. Die des Films erlauben eine
instantane Aufzeichnung sichtbarer Bewegung sowie hörbarer Geräusche und Stimmen,
und diese besondere Fähigkeit hat sich bis heute erhalten. Seine eigentümlich realistische
Wirkung entfaltet der Film selbst dort, wo die Aufzeichnung durch elektronische Nachahmung ersetzt wird. Der nicht zuletzt darauf gründende Realismus, wie unterschiedlich
er im Resultat auch immer gestaltet sein mag, erweist sich als eine der stärksten und in
veränderter Form stets wiederkehrenden Motivationen in der Geschichte des Films.

   Eine grundlegende Schwierigkeit besteht darin, bestimmte stilistische Merkmale herauszustellen, die sich einer realistischen Darstellung eindeutig zuordnen ließen. Kein
spezifisches Stilmittel ist für einen realistischen Film konstitutiv, aber auch keines kategorisch auszuschließen. Einerseits sind die unterschiedlichen Individualstile derjenigen
Filmemacher, die sich in einer Phase ihres künstlerischen Schaffens der Annäherung an
die alltägliche Wirklichkeit verschrieben haben, zu heterogen, als dass sich daraus etwas
wie eine Grundformel extrahieren ließe. Andererseits besteht die Möglichkeit, Stilmittel,
die sich allgemein als tendenziell realistisch bezeichnen lassen, ebenso in einem fantastischen (→ Fantastik) Kontext nutzbar zu machen. Tendenziell realistische Filme mag man
sich eher als Zusammenschlüsse mehrerer stilistischer Verfahren vorstellen, die in ihrer
Summe so etwas wie eine Aura der Authentizität produzieren. Einige dieser Verfahren,
die sich im Laufe der Filmgeschichte als besonders wirksam erwiesen haben, sollen hier
exemplarisch vorgestellt werden.

   Eine Strategie, die Roberto Rossellini in *Paisà* (I 1946) verfolgt, besteht in der Integration dokumentarischen Materials in ein fiktionales Werk. Die einzelnen Episoden des
Films werden durch das Einmontieren von Wochenschau-Ausschnitten miteinander verbunden. Diese Vermischung von fiktionalem und faktualem Material kann sich allerdings
im weiteren Verlauf der Filmgeschichte nicht durchsetzen. Abgesehen von einigen TV-
Filmen, die von konkreten historischen Ereignissen erzählen und ihre fiktionalen Segmente mit dokumentarischem Archivmaterial durchsetzen, verwenden nur sehr wenige von
ferne realistische Filme diese Technik. In seinem Dogma-Film *Idioterne* (*Idioten*, DK,
u. a. 1998) etwa integriert Lars von Trier fingierte Interview-Sequenzen im Sinne einer
mockumentary, deren ambivalenter Charakter einerseits die Wahrhaftigkeit der gezeigten
Ereignisse untermauert, sie andererseits aber zugleich in Frage stellt.

   Um ein möglichst unverfälschtes Bild der Alltagswirklichkeit zu zeigen, entscheiden
sich viele Filmemacher dafür, an Originalschauplätzen zu drehen. Im Gegensatz zu Studiokulissen bilden sie eine im vollen Sinne des Worten vorfilmische Realität. Es handelt
sich dabei um Naturlandschaften oder Stadtansichten, von realen Menschen bewohnte

Orte, die auch außerhalb des Films und ganz ohne ihn existieren. Besonders berühmt sind in der Filmgeschichte vor allem die zahlreichen Außenaufnahmen in den neorealistischen Filmen. In ihnen vermitteln die Bilder der Straßen Roms – in *Roma, città aperta* (*Rom, offene Stadt*, I 1945) oder *Ladri di biciclette* (*Fahrraddiebe*, I 1948) – oder Berlins – in *Germania anno Zero* (*Deutschland im Jahre Null*, I/F/D 1948) – einen höchst authentischen Eindruck. Der quasi-dokumentarische, teilweise chronikhafte Charakter entsteht auch dadurch, dass ein geschichtlicher Ort in vorgefundenem Zustand gefilmt und dabei auch zufällige Ereignisse mitaufgenommen werden. Ebenso können jedoch auch Innenaufnahmen ein Stück authentischer Realität einfangen. Wenn die Innenräume tatsächlich von Menschen bewohnt werden, befinden sich darin zahlreiche Alltagsgegenstände, die auch dem Zuschauer vertraut sind. In der Regel sind die meisten dieser Objekte für die filmische Erzählung ohne Bedeutung, deshalb werden sie bei der Ausstattung eines Studio-Sets häufig erst gar nicht oder nur als Füllmaterial zur Herstellung eines authentischen Raums berücksichtigt. Beim Drehen an Originalschauplätzen erlangen gerade diese narrativ nicht-funktionalen Gegenstände eine funktionale Bedeutung dadurch, dass sie einen Überschuss an Bedeutungen bereitstellen und auf diese Weise den Realitätseindruck des Films verstärken. Beispielhaft dafür die Schreinerei in *Le fils* (*Der Sohn*, BEL/F 2002) von Jean-Pierre und Luc Dardenne, die über die Grenzen der Fiktionalität bereits hinausweist (vgl. Abb. 5.3).

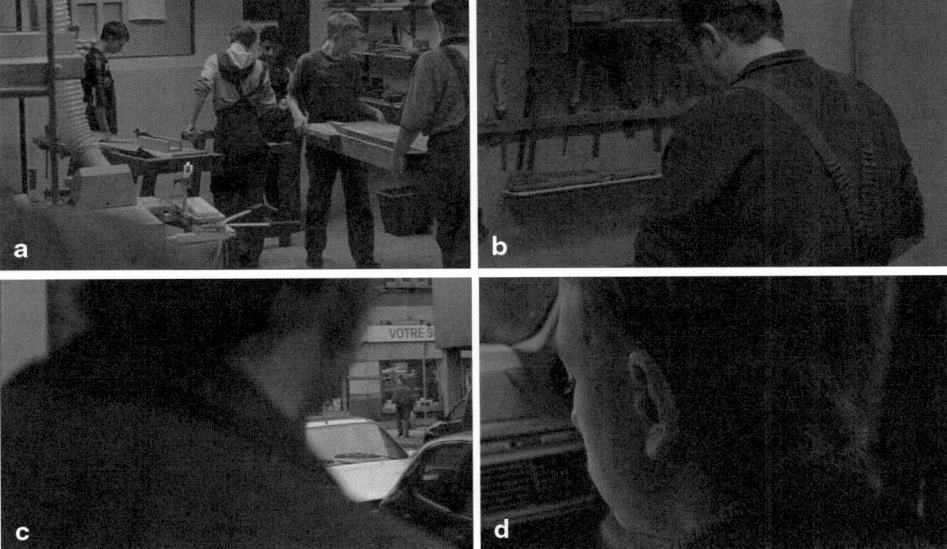

Abb. 5.3 Vorgefundene Alltagsgegenstände sind Dokumente vorfilmischer Realität. Als Schnittstellen zwischen Fiktion und Wirklichkeit erzeugen sie einen Überschuss an Bedeutungen, wie hier in der Schreinerei in *Le fils* (© Archipel 35 u. a., BEL/F 2002). Die distanzlose Handkamera überträgt Oliviers Konfrontation mit dem Mörder seines Kindes auf den Zuschauer, der bei der Verfolgung Oliviers Beobachterposition einnimmt. Olivier ist während des Films nahezu durchweg in Rückenansicht zu sehen. Mimische Gefühlsreaktionen bleiben verborgen.

Abb. 5.4 Milieustudien – Das Drehen an Originalschauplätzen und der Einsatz von Laiendarstellern ist ein Stilmittel nicht nur des Italienischen Neorealismus oder der British New Wave, sondern auch einiger neuer Qualitätsserien. Showrunner David Simon besetzt in *The Wire* (© Home Box Office u. a., USA 2002–2008) viele Nebenrollen mit Laiendarstellern: echte Polizisten und Journalisten, sogar Kriminelle wie Felicia ‚Snoop' Pearson, die eine Haftstrafe wegen Mordes abgesessen hat und eine der Hauptrollen erhält (**a**). Zudem wird an zahlreichen Originalschauplätzen in Baltimore gedreht, um die soziale Realität der Stadt wiederzugeben (**b–d**).

Mit seinem Begriff eines anthropomorphen Kinos plädiert Luchino Visconti im Jahr 1943 dafür, das Individuum ins Zentrum des Films zu stellen. Eine Forderung, die realistische Filme bis heute beherzigen. Insbesondere in solch einem figurenzentrierten Kino nimmt das Schauspiel eine elementare Rolle ein. Seine realistische Wirkung entfaltet bereits Jean Renoirs *Toni* (F 1935) nicht nur aus den Originalschauplätzen, sondern ebenso durch die Besetzung der Rollen mit Laiendarstellern (vgl. Abb. 5.4). Ein solcher *modus operandi* setzt sich schließlich in zahlreichen Filmen durch. Jegliche vorgefertigten, antrainierten schauspielerischen Gesten, jegliche Manierismen sollen in den Hintergrund treten zugunsten einer möglichst realistischen Darstellungsweise. Obwohl einige Schauspielschulen gezielt auf die wirklichkeitsgetreue Nachahmung hinarbeiten, scheinen Laiendarsteller die geforderten Kriterien in vielen Fällen dennoch besser zu erfüllen – vor allem dann, wenn sie mit dem abgebildeten Milieu vertraut sind. Einige Regisseure bauen auf die noch unverbrauchte Fähigkeit ihrer Laien, sich selbst darzustellen, bei der der Aspekt des Schauspielens auf ein Minimum reduziert werden soll. Sowohl bei professionellen als auch bei Laiendarstellern gibt es in solcherart realistischen Filmen die Tendenz, dass die Darstellung viel weniger als üblich auf die Kamera hin ausgerichtet wird. Die meisten dieser Filme rücken Figuren ins Zentrum, die sowohl vom Kino als auch von der Gesellschaft selbst häufig nur marginal wahrgenommen werden. Gezeigt wird die krude Alltagswirklichkeit von Figuren am Rande der Gesellschaft oder am Rande ihrer eigenen

Existenz. Diese oftmals sehr spezifischen Milieus werden sodann karg und farbentsättigt inszeniert und unterstreichen dadurch nochmals die triste abgebildete Lebenswelt.

Zum authentischen Eindruck eines Films trägt ebenso die Ausleuchtung bei. In den meisten Fällen wird der Versuch unternommen, ein möglichst natürliches Licht herzustellen. Bei Außenaufnahmen lässt sich dies bewerkstelligen, wenn während des Tages und vorzugsweise unter einem wolkenverhangenen Winterhimmel gefilmt wird. Dadurch wird die Gefahr der Überbelichtungen durch direkte Sonneneinstrahlung minimiert. Bei Innen- oder Nachtaufnahmen hingegen müssen die natürlichen Lichtquellen in der Regel durch zusätzliches künstliches Licht verstärkt werden, weil die Kameraobjektive die Lichtverhältnisse nicht so wiedergeben, wie das menschliche Auge sie erfasst. Im Fall der *Dogma*-Filme, die aufgrund ihrer selbstauferlegten technischen Limitierung auf non-diegetisches Licht gänzlich verzichten, entstehen insbesondere bei Innen- und Nachtaufnahmen die für eine Amateurvideoästhetik charakteristischen körnigen, gelbstichigen Bilder, die unserer Alltagswahrnehmung keineswegs entsprechen. Die schwierige Aufgabe besteht darin, die Lichtsetzung so zu wählen, dass das filmische Bild vom natürlichen Realitätsempfinden in möglichst geringem Maße abweicht. Das bedeutet auch, dass der Filmemacher auf die klassische Dreipunkt-Beleuchtung weitestgehend verzichtet, ausgeprägte Akzentlichter und allzu künstlich wirkende Lichtquellen und -richtungen vermeidet. Die Lichtinszenierung als ganze sollte keine eigenständige Dramaturgie entfalten.

Als besonders realistisch gilt die Plansequenz. In einer filmischen Erzählung sind Erzählzeit und Rezeptionszeit in der Regel identisch. Wird diese Erzählung in langen Einstellungen oder gar Plansequenzen dargestellt, so entstehen Erzählpassagen, in denen der Zeit und Raum manipulierende Aspekt der Montage entfällt. Daraus resultiert eine Isochronie, bei der die Erzählzeit und die erzählte Zeit deckungsgleich werden und damit auch unserem natürlichen Zeitempfinden entsprechen. Ohnehin schreitet die Zeit nicht nur in betont realistischen Filmen gewöhnlich linear voran. Ereignen sich Zeitsprünge, dann eher in Form von Ellipsen als von Rück- oder Vorausblenden, sodass die Filme mit ausgelassener statt nachgereichter Zeit arbeiten. Ein deutlich spürbarer Bruch mit den Konventionen des Unterhaltungskinos vollzieht sich oftmals dann, wenn die Zeit im filmischen Realismus selbst erfahrbar wird; wenn durch die Länge der Einstellungen nicht nur die Länge der Erzählung wiedergegeben wird, sondern die Einstellungen ihren eigenen dramatischen Wert überdauern und damit die gewohnte Zeitwahrnehmung einer fiktionalen Filmerzählung unterminieren. Im filmischen Realismus werden Plansequenzen häufig auch in solchen Momenten höchster dramatischer Konzentration eingesetzt, in denen das Mainstreamkino die Montagefrequenz eher noch steigert, um die Spannung zu erhöhen.

Eine Plansequenzen kann allerdings auch fantastische (→ Fantastik) oder zumindest realitätsfremde Elemente und Ereignisse enthalten. Ebenso können auf stilistischer Ebene allzu kunstvolle wie komplizierte Kamerafahrten und -bewegungen den Realitätseindruck einer solchen Einstellung minimieren. Generell wird daher im Bereich der Kameraarbeit versucht, die Authentizität dadurch aufrecht zu erhalten, dass die Bewegungsmöglichkeiten der Kamera nicht in vollem Maße ausgeschöpft und gestalterische Eleganz mitunter der Authentizität des Drehorts geopfert wird, den sie vor allem bewahren soll. Häufig ist sie eher unmittelbar registrierend als stilisierend, eher nüchtern als emotionalisierend. Vor allem in zeitgenössischen realistischen Werken lässt sich beobachten, dass die Kamera als Erzählinstanz oft wie ein außenstehender Beobachter agiert, der keinerlei Einblick in die Gedankenwelt der Figuren nimmt. Daher kann sie auch die folgenden Schritte der Figuren nicht vorausahnen und wird selbst ein ums andere Mal von deren Handlungen überrascht. Die Kamera positioniert sich nicht, um das Auftreten einer Figur zu erwarten, agiert nicht wie ein allwissender Erzähler, sondern kann selbst nur unwissend reagieren. Daraus ergeben sich Überraschungen. Unerwartete Bewegungen der Figuren führen dazu, dass die Kamera sie aus dem Blick verliert, die Figuren dem Bildkader entweichen und die suggerierte Unvorhersehbarkeit dem Eindruck des vorab geplanten Arrangements entgegenwirkt.

Dies wirkt sich auch auf die Bildkomposition aus. Realistische Filme neigen dazu, Figuren von hinten zu zeigen – ein Effekt, der mit der oben beschriebenen externen Fokalisierung und der daraus resultierenden Verfolgung der Figuren zusammenhängt. Die Auswahl des Bildausschnitts scheint weniger festgelegt und weniger geschlossen komponiert, seine Grenzen offener. Dieser Eindruck kommt dadurch zustande, dass Figuren den sichtbaren Bereich häufig verlassen und sozusagen ins visuelle Off diffundieren oder ihre Blicke über die Grenzen der Cadrage hinausweisen. Die Grenzen der Leinwand werden zunehmend entgrenzt (vgl. Abb. 5.5).

In narrativen Verfahren spiegelt sich die suggerierte Offenheit der abgebildeten Welt wider. Viele Werke des filmischen Realismus verzichten auf eine klassische Exposition, auf die üblicherweise der Anstoß, der *point of attack*, folgt. Vielmehr beginnen sie mit einer simultanen Exposition. Sie setzen den Anstoß an den Anfang und beginnen *in medias res*, sodass der Zuschauer bereits zu Beginn plötzlich mit einem schon fortgeschrittenen Geschehen konfrontiert wird, anstatt langsam an die folgenden Ereignisse herangeführt zu werden. Im Vordergrund stehen Unvermitteltheit und Unmittelbarkeit. Die Filmemacher tendieren zur Offenheit, zentrale Konflikte werden gar nicht oder zumindest nicht abschließend gelöst. In *Ladri di biciclette* wird das aus einer einfachen Dichotomie (Fahrrad / kein Fahrrad) bestehende grundlegende Problem nicht endgültig gelöst, weil es sich nicht lösen lässt. Nachdem wir die Hauptfigur Ricci und seinen Sohn begleitet haben, verschwinden die Figuren in der Masse, und es wird deutlich, dass an ihrer Stelle auch jeder beliebige andere sein könnte. Bei vielen Filmen lässt sich vielmehr ein Stopp als ein Ende konstatieren; ein Zustand der Unabgeschlossenheit, der die Zufälligkeit und Unvollständigkeit der Alltagswirklichkeit betont.

Exemplarische Filme

Toni (F 1935, Jean Renoir)

Ladri di biciclette (*Fahrraddiebe*, I 1948, Vittorio De Sica)

Room at the Top (*Der Weg nach oben*, GB 1959, Jack Clayton)

Rosetta (BEL/F 1999, Jean-Pierre u. Luc Dardenne)

Talaye sorkh (*Crimson Gold*, IRA 2003, Jafar Panahi)

Wendy and Lucy (USA 2008, Kelly Reichardt)

Abb. 5.5 Nicht nur die Originalschauplätze und das Spiel von Michelle Williams verleihen der sozialen Verzweiflung in *Wendy und Lucy* (© Field Guide Films u. a., USA 2008) Authentizität, auch die sorgfältige Kameraarbeit ist entscheidend. Filmische Blick-Konventionen können den Realitäts-eindruck erhöhen, ohne unserer Alltagswahrnehmung entsprechen zu müssen: Gerade der Rückgriff auf Point of View- und Schuss-Gegenschuss-Einstellungen von Wendy und Lucy bei der Verab-schiedung befördern die Glaubwürdigkeit und die Identifikation des Zuschauers mit den Figuren. Ein langer Blick auf Wendy aus der Warte Lucys bedeutet einen Abschied für immer und setzt dem Film mit einer Zugfahrt ins Nirgendwo ein offenes Ende.

Einführungsliteratur

Bazin, André. 2004. Die Entwicklung der Filmsprache. In W*as ist Film?*, hrsg. Robert Fischer, 90–109. Berlin: Alexander Verlag.

Hallam, Julia und Margaret Marshment. 2000. *Realism and popular cinema*. Manches-ter: Manchester University Press.

Kirsten, Guido. 2013. *Filmischer Realismus*. Marburg: Schüren.

5.3   Fantastik

Seitdem es das Kino gibt, hat es immer Filme gegeben, die vor allem das Wirkliche ein-fangen und festhalten wollten. Und es hat andere Filme gegeben, die wollten vor allem eine Geschichte erzählen. Den einen Filmen ging es darum, daß sie etwas vorfinden, den anderen darum, daß sie etwas erfinden. (Grob 1991, S. 48)

Seit Beginn der Filmgeschichte, seit den ersten Filmen der Brüder Lumière und den kurz darauf folgenden Filmen Méliès' existiert ein Dualismus zwischen Realismus und *Fantastik*. „Au réalisme absolu (Lumière) répond l'irréalisme absolu (Méliès)" (Morin 1958, S. 58). In seinem medienontologischen Zugang stellt Morin zwei normative Kategorien, zwei diametral entgegengesetzte Pole auf, die aber im narrativen Film letztlich niemals in Reinform vorkommen. Vielmehr lassen sich in Filmen Tendenzen feststellen, die sich einem der beiden Pole annähern, ohne ihn dabei ganz erreichen zu können. Laut Vivian Sobchack seien schließlich die meisten Filme in gewisser Weise fantastische Filme, „da sie Illusionen fabrizieren, die auf der Manipulation eines ursprünglichen filmischen Ereignisses durch verschiedene fotografische und Montage-Effekte basieren" (Sobchack 2006, S. 282 f.).

Edgar Morin verwendet nicht den Begriff des Fantastischen, sondern beschreibt diesen Gegenpol zum Realistischen folgerichtig als unrealistisch. Ohnehin wird das Fantastische oftmals synonym zu nicht-realistisch verwendet. Zunächst erscheint es naheliegend, das Fantastische durch die oppositionelle Gegenüberstellung zu definieren. Stellt man es aber Begriffen wie realistisch, natürlich, wirklich oder alltäglich gegenüber, so entsteht zwangsläufig wiederum die Schwierigkeit, den jeweiligen Gegenbegriff als eindeutig definiert voraussetzen zu müssen. (Bestehen basale Unterschiede zwischen fiktionsinterner Realität und außerfiktionaler Wirklichkeit? Müssten wir nicht alle Naturgesetze kennen, um zu erkennen, wann und ob sie verletzt werden?) Da sämtliche Wortbedeutungen innerhalb dieser Dichotomien aber nicht minder uneindeutig sind, stellt sich die Frage, wie man sich dem Begriff des Fantastischen am besten nähern kann.

„Das Fantastische ist die Unschlüssigkeit, die ein Mensch empfindet, der nur die natürlichen Gesetze kennt und sich einem Ereignis gegenübersieht, das den Anschein des Übernatürlichen hat" (Todorov 2013, S. 26). Die vor allem in Geistes- und Kunstwissenschaften meistdiskutierte Fantastik-Definition stammt von dem Strukturalisten Tzvetan Todorov. In *Introduction à la littérature fantastique* (*Einführung in die phantastische Literatur*, 1970) verortet er das Fantastische in dem Bereich zwischen dem Unheimlichen und dem Wunderbaren. Für den Begriff des Fantastischen gilt als Voraussetzung, dass innerhalb einer fiktionalen wie ‚realistischen' Welt ein Ereignis auftritt, das als übernatürlich und unerklärlich wahrgenommen wird. Im Gegensatz dazu erscheint das Wunderbare in einer Welt, die von Beginn an als eine übernatürliche kenntlich gemacht wird und somit das Auftreten übernatürlicher Phänomene keinerlei Unsicherheit beim Rezipienten auslöst. Beim Unheimlichen wiederum, so konstatiert Todorov, stehe von Beginn an unmissverständlich fest, dass sich das unerklärliche Ereignis im Laufe der Geschichte rationalisieren lasse. Neben den Reinformen treten auch Mischformen auf. Wird die durch ein unerklärliches Ereignis ausgelöste Unsicherheit bis zum Ende der Geschichte als übernatürlich aufgelöst, so liegt laut Todorovs Definition ein fantastisch-wunderbares Phänomen vor. Lässt sich das zunächst unerklärliche Ereignis im Laufe der Erzählung rational erklären, bezeichnet Todorov es als fantastisch-unheimlich. Beim Fantastischen in Reinform besteht die Unerklärlichkeit des Ereignisses auch nach dem Ende der Erzählung fort. Es lässt sich weder einem natürlichen, rationalisierbaren noch einem übernatürlichen Ursprung zuordnen.

Letztlich ist es der Begriff der sich nicht auflösen wollenden Zögerlichkeit (*l'hésitation*), der zur konstituierenden Bedingung wird, über die Todorov schließlich das Fantastische sehr eng bestimmt. Während sein Ansatz daher als ein minimalistischer beschrieben wird, gilt beispielsweise die Begriffsdefinition des französischen Philosophen und Literaturtheoretikers Roger als eine maximalistische. Maximalistische Ansätze subsumieren dem Fantastik-Begriff „alle erzählenden Texte, in deren fiktiver Welt die Naturgesetze verletzt werden" (Durst 2010, S. 27). Im Fantastischen offenbare „sich das Übernatürliche wie ein Riß in dem universellen Zusammenhang" (Caillois 1983, S. 46).

Obwohl die Todorovsche Definition in der Filmwissenschaft immer wieder diskutiert wird, greift die Disziplin im Grunde eher auf eine maximalistische Definition zurück. Demzufolge werden „alle diejenigen Filme als fantastisch bezeichnet, in deren fiktionaler Realität sich rational nicht erklärbare, allem Anschein nach übernatürliche Dinge zutragen und die Naturgesetze außer Kraft gesetzt werden" (Pinkas 2010, S. 10). Gemäß Marianne Wünschs Begriff der Realitätskompatibilität bezeichnet die Fantastik einen Verstoß gegen all das, was dem allgemeinen Konsens von Wirklichkeitsauffassungen entspricht (Wünsch 1991, S. 136).

Dem Bereich des fantastischen Films werden im Allgemeinen drei Genres zugeordnet: der Horrorfilm, der Science-Fiction-Film sowie Fantasy- und Märchenfilme. Diese Genres zeichnen sich dadurch aus, dass „übernatürliche Vorgänge und Gestalten [ihre] wesentlichen Bestandteile sind" (Will 2011, S. 446). Laut Sobchack ließe sich konstatieren, „daß der Horror-Film das sogenannte ‚Naturgesetz' in Frage stellt und ergänzt, der SF-Film es ausdehnt und der Fantasy-Film es aufhebt" (Sobchack 2006, S. 284). Doch die Verortung des Horrorfilms im Bereich des Fantastischen ist mitunter problematisch, weil viele Horrorfilme, allen voran ein Großteil der Slasher-Filme, im Grunde keinerlei fantastische Elemente einsetzen und sie sich daher dieser modellhaften Genrekategorisierung entziehen. Fantastische Phänomene bleiben andererseits nicht den drei genannten Genres allein vorbehalten. Auch wenn sie in anderen Filmen auf wenige oder kurze Erzählsegmente beschränkt bleiben, sind sie letztlich als transgenerisch zu bezeichnen und grundlegend eher einer stilistischen als einer genrefundierten Kategorie zuzurechnen. Gar in Filmen, die mit dem Attribut ‚realistisch' etikettiert werden, treten mitunter fantastische Momente in Erscheinung – beispielsweise in der Schlusssequenz von Vittorio De Sicas *Miracolo a Milano* (*Das Wunder von Mailand*, I 1951), in den dem Magischen Realismus zugeordneten Filmen des belgischen Regisseurs André Delvaux oder in Lukas Moodyssons *Lilja 4-ever* (SWE/DK 2002). In diesen Fällen bedeuten die fantastischen Elemente für die Protagonisten eine utopische Flucht aus der Krudität und dem Elend ihrer Alltagswirklichkeit (vgl. Abb. 5.6).

In seinen Überlegungen zum Science-Fiction-Film konstatiert Simon Spiegel zwei grundlegende, gegenläufige, aber sich nicht widersprechende Verfahren, Phänomene des Fantastischen darzustellen (Spiegel 2007, S. 209). Auf der einen Seite erkennt er eine Naturalisierung des Wunderbaren, auf der anderen Seite eine *ostranenije* (russ. „Verfremdung"), ein von Viktor Schklowski benutzter Begriff, der künstlerische Verfahren bezeichnet, die dem Zuschauer Vertrautes in der Darstellung verfremden. Obwohl Spiegel sich

Abb. 5.6 Nach seinem Suizid taucht Wolodja (Artyom Bogucharsky) als Schutzengel Liljas (Oksana Akinschina) auf – ein fantastisches Element inmitten der realistischen Härte des Films *Lilja 4-ever* (© Memfis Film u. a., SWE/DK 2002), aber kein ästhetischer Bruch. Allein die Gestaltung der Engelsflügel wirkt pragmatisch. In diesen Szenen manifestiert sich Liljas Sehnsucht, der Brutalität ihrer Zwangsprostitution zu entkommen.

dabei in erster Linie auf den Science-Fiction-Film bezieht, scheinen diese beiden Verfahren auch über das Science-Fiction-Genre hinaus auf eine Vielzahl fantastischer Elemente beziehungsweise Inszenierungsweisen zuzutreffen.

Auf auditiver Ebene scheinen einige stilistische Charakteristika des Fantastischen beachtenswert. Im Bereich der Sprache sind sowohl Verfremdung als auch Naturalisierung erkennbar. Zu einer stärkeren Verfremdung kommt es, wenn andersartige nicht-menschliche Völker oder eine außerirdische Spezies in einer unbekannten Sprache sprechen, die manchmal sich nur aus Wortfetzen zusammenzusetzen scheint, zuweilen aber auch akribisch durchkonstruiert sein kann und auf einen eigens für ein fiktives Volk entwickelten Wortschatz und eine dazugehörige Grammatik zurückgreift. Beispiele hierfür wären das „Elbisch" in der *Herr der Ringe*-Trilogie oder die klingonische Sprache in der *Star Trek*-Reihe. Immer wieder werden die Helden im fantastischen Film mit sprechenden Tieren konfrontiert. Dass Tiere sich in einer menschlichen Sprache artikulieren, erscheint paradox und intensiviert ebenfalls die Verfremdung der Wirklichkeit, aber gleichermaßen werden sie humanisiert. Die Na'vi, die Bewohner des Planeten Pandora in James Camerons *Avatar* (USA/GB 2009), sprechen in einer von dem Sprachwissenschaftler Paul Frommer konstruierten und aus mehr als tausend Vokabeln bestehenden Sprache, die keiner menschlichen ähnelt. Allerdings sprechen einige der Na'vi auch eine menschliche Sprache, was einerseits für die Rezipienten den Konsum des Films erleichtert und andererseits als Bestandteil eines naturalisierenden Verfahrens bezeichnet werden kann – das fremde Volk wirkt dadurch vertrauter. In Situationen großer Unsicherheit verwenden die Na'vi wiederum ihre eigene Sprache. Diese Fremdheit, resultierend aus dem Nichtverstehen-Können seitens des Protagonisten Sully und auch der Rezipienten, dient dabei der Verstärkung der Bedrohung. „Nadsat" wiederum, die Sprache der Jugendlichen in der dystopischen Welt in *A Clockwork Orange* (*Uhrwerk Orange*, GB 1971), trägt neben der Kleidung und den außergewöhnlichen Interieurs zur Verfremdung der Menschen und der menschlichen Lebenswelt bei.

Auf der Geräuschebene kommen ähnliche Strategien zum Einsatz. So erinnern etwa die Geräusche des Raumschiffs in *Star Wars – A New Hope* (*Krieg der Sterne – Eine neue Hoffnung*, USA 1977, George Lucas) an Flugzeugtriebwerke. Dem Zuschauer wird damit das Unbekannte zugänglicher gemacht – das Raumschiff scheint gewissermaßen naturalisiert zu werden. Andererseits bedeutet gerade dieser Geräuscheinsatz eine zusätzliche Verletzung der außerfiktionalen Naturgesetze, denn im Vakuum des Alls können sich keine Schallwellen ausbreiten. „Oberstes Ziel ist hier eindeutig nicht Realismus, sondern Vertrautheit" (Spiegel 2007, S. 229). In ihren Ausführungen zum Sound Design schlägt Barbara Flückiger den Begriff UKO (unidentifizierbares Klangobjekt) vor, dessen stärkste Ausprägung sie im fantastischen Film lokalisiert. „Das UKO kann man als offenes, unterdeterminiertes Zeichen verstehen, dessen Vagheit verwundbare Offenheit und gleichzeitig neugierige Spannung erzeugt" (Flückiger 2010, S. 129). Die Unbestimmbarkeit, die aus dem diegetischen Kontext nicht erkennbare Lautquelle ist sein Hauptcharakteristikum; es geht um die Entfaltung einer Mehrdeutigkeit und die Erzeugung von Ohnmacht und Angst. Somit erweist sich das UKO als destabilisierendes, stilistisches Mittel zur Emphatisierung unwirklicher oder übernatürlicher Welten, Wesen und Phänomene.

Übernatürliche, zukünftige, alternative oder parallele Welten bilden oftmals das Grundgerüst fantastischer Filme. Sowohl Ort und Zeit, Figuren, Völker und ihre Hintergrundgeschichte als auch die Besonderheiten oder die unserer Welt widersprechenden Naturgesetze der fiktiven Welt werden dabei häufig vorab in einem Prolog skizziert, um dem Zuschauer den Zugang zu dieser Welt zu erleichtern. Der Filmwissenschaftler David Butler bezeichnet dieses Vorgehen als *extensive prologue* (Butler 2009, S. 23). *The Lord of the Rings – The Fellowship of the Ring* (*Der Herr der Ringe – Die Gefährten*, NZL/USA 2001) beginnt mit der Vermittlung der Vorgeschichte und der Etablierung Mittelerdes als Schauplatz durch einen *voice-over*-Erzähler und seine Geschichte illustrierende Bilder. In *Star Wars* werden die für das Verständnis der Geschichte zentralen Vorkenntnisse schriftlich als Insert im Vorspann des Films eingefügt.

Um fantastische Szenerien zu gestalten, greifen Filmemacher häufig auf weitestgehend unberührte, von der Zivilisation kaum erschlossene Landschaften zurück, die als archaisch oder zeitlos wahrgenommen werden können. Vor allem im Fantasy-Film werden solche Landschaften, die im gezeigten Bildausschnitt keinerlei Verweise auf unsere moderne Gesellschaft liefern, in Panoramaeinstellungen präsentiert. Dabei reicht es meist aus, nur wenige fantastische Figuren oder Bauten in diese Landschaft zu integrieren, um den gewünschten Effekt zu suggerieren.

Auch einsame, exotische Inseln fungieren als Hintergrundkulisse für fantastische Phänomene. Sie symbolisieren entlegene Orte inmitten unserer Welt, in deren Abgeschiedenheit unentdeckte Spezies leben, mysteriöse Vorgänge und Experimente sich ereignen und die durch ihre Fremdheit gleichermaßen die Plausibilität des Gezeigten zu steigern vermögen. Sowohl riesenwüchsige Figuren wie King Kong, kannibalische Völker, Zombies wie in Jacques Tourneurs *I Walked with a Zombie* (*Ich folgte einem Zombie*, USA 1943) oder die monströsen, von Wissenschaftlern wie Dr. Moreau geschaffenen Kreaturen in *Island of the Lost Souls* (USA 1932) sind allesamt auf exotischen Inseln beheimatet. Vor allem die Einsamkeit des Schauplatzes und seine scheinbare Isolation von der Außenwelt bilden eine ideale Voraussetzung dafür, dass sich die fantastischen Situationen in der geschilderten Weise entfalten können – beispielsweise auch die Geschehnisse in der Antarktis-Forschungsstation in John Carpenters *The Thing* (*Das Ding aus einer anderen Welt*, USA 1982). Gleichermaßen fungieren aber auch Städte als Schauplätze des Fantastischen. Der Showdown in den *King Kong*-Filmen spielt sich in New York ab, das ebenfalls als Schauplatz für die *Spiderman*-Filme oder *X-Men* (USA 2000) fungiert, in denen es allerdings auffallende Ähnlichkeiten zu der fiktiven Stadt Gotham City in den *Batman*-Filmen aufweist. Dabei stehen immer wieder allseits bekannte, ikonische Bauten wie das Empire State Building oder die Freiheitsstatue im Zentrum des Geschehens. Insbesondere die Geschichten der zahlreichen Comic-Verfilmungen der letzten Jahre sind in Großstädten angesiedelt, die häufig als Sündenpfuhl inszeniert werden und das Auftreten eines für Gerechtigkeit sorgenden Superhelden evozieren und zugleich rechtfertigen. Ebenso werden zeitnahe Zukunftsentwürfe in Großstädten verortet. Die fiktive Stadt Metropolis in Fritz Langs gleichnamigem Film (D 1927), das von Dauerregen, Dunkelheit und Neonreklamen durchsetzte Los Angeles in Ridley Scotts *Blade Runner* (USA, 1982) oder die urbanen Zentren eines dystopischen, totalitären Staates in *Gattaca* (USA 1997) oder *Equilibrium* (USA 2002): Allesamt verfremden sie die uns vertrauten Stadtbilder. Dies kann unter anderem durch die Erzeugung von Sterilität durch Eliminierung sämtlicher unpragmatischer Elemente geschehen, durch Farbentsättigungen, durch den Entwurf avantgardistischer, architektonischer Bauwerke oder durch futuristische Fahr-, Flug- und Gleitzeuge bewerkstelligt werden (vgl. Abb. 5.7).

In Filmen, die eine Parallelwelt entwerfen, ermöglichen meist Portale den Übergang von der uns bekannten in eine andere Welt. Die dabei inszenierte Übertretung dieser Schwelle korreliert mit dem von Katherine Fowkes verwendeten Begriff der *ontological rupture*, den sie als konstitutives Grundelement des Fantastischen beschreibt (Fowkes 2010, S.5). In *The Wizard of Oz* (*Der Zauberer von Oz*, USA 1939) wird Dorothy durch einen Wirbelsturm in das magische Land Oz gesogen, Alice gelangt in *Alice in Wonderland* (*Alice im Wunderland*, USA 1951/2010) durch einen Kaninchenbau in die fremde Welt (vgl. Abb. 5.8), Harry Potter muss ein unsichtbares Portal in einer Mauer am Bahnhof durchqueren, und die Protagonisten der *Die Chroniken von Narnia*-Reihe dringen durch einen Wandschrank von unserer Welt in die fantastische. Nach Ankunft des Protagonisten Oz in der magischen Welt in Sam Raimis *Oz the Great and Powerful* (*Die fantastische Welt von Oz*, USA 2013) wechselt das Bild von einem schwarzweißen in ein farbiges, zudem breitet sich das Format von zuvor 4:3 auf ein Scope-Format von 2, 35:1 aus. In Guillermo del Toros *El laberinto del fauno* (*Pans Labyrinth*, SP u. a. 2006) führt eine in der ‚realen' Welt erscheinende Fee die junge Ofelia durch ein ummauertes Tor in das steinerne Labyrinth des Pans (vgl. Abb. 5.9). Del Toro verzichtet in seinem Film auf eine allzu strikte Trennung der beiden dargestellten Welten, vielmehr sind sie wesentlich enger miteinander verzahnt als in den meisten weiteren Filmen, die eine Parallelwelt entwerfen.

Dabei besteht die größte Herausforderung darin, den die alternative Welt darstellenden Raum so zu bevölkern und zu bebauen, dass das Gezeigte auch als vollständige Welt und

Abb. 5.7 Elemente der Fantastik sind nicht zwingend an verfremdende Elemente gebunden, wie es beispielsweise in der dystopisch-geometrischen und klar an die Architektur des Dritten Reiches angelehnten Welt aus *Equilibrium* der Fall ist (**a**, © Dimension Films/Blue Tulip Productions, USA 2002). Das Fantastische kann sich ebenso in der dem Zuschauer bekannten und ihm als normal scheinenden Realität manifestieren; so erfüllt die New Yorker Freiheitsstatue im Showdown von *X-Men* (© Twentieth Century Fox Film Corporation, USA 2000) eine nicht zu unterschätzende dramaturgische Funktion (**b**). Die Distanz zwischen der diegetischen Welt und der des Zuschauers wird dadurch tendenziell minimiert, die Fantastik geht aus dem Realen hervor.

Abb. 5.8 *Alice in Wonderland* (© Walt Disney Pictures u. a., USA 2010)

Abb. 5.9 *El laberinto del
fauno* (*Pans Labyrinth*, ©
Estudios Picasso u. a., SP/
MEX/USA 2006)

nicht bloß als ein kleiner isolierter filmischer Raum rezipiert wird, der an einer offensichtlichen Kulissenhaftigkeit krankt. „Populating it with enough inhabitants to create a
sense that it is also a functioning world and not just limited to isolated set-pieces, is an
undertaking that has traditionally been financially prohibitive" (Butler 2009, S. 79). Die
Darstellung solcher fantastischen Welten ist seit jeher mit hohem finanziellem Aufwand
verbunden. Um sie von der diegetisch-realen Welt deutlich abzugrenzen, müssen spezielle Kulissen errichtet und Requisiten entworfen werden, die sich in die fantastische Welt
fließend integrieren. Sowohl die architektonischen Bauten als auch weitere eigens für die
fantastische Welt eines Films entwickelten Objekte werden dabei oftmals überdeutlich
inszeniert, dienen sie doch als wesentliche Elemente mit semantischer Funktion, die jene
fremde Welt erst konstituieren und als solche bezeichnen.

Schließlich ist das fantastische Kino auch eines der Masken und Kostüme. Mit großer
Akribie werden zeit- wie kostspielig Darsteller zu fremden Fantasiewesen hergerichtet.
Auch schauspielerisch muss etwa durch Ausdruckslosigkeit die Gesichter von Zombies
mit ihren leblosen Augen oder durch nuancierte oder übertriebene Veränderung der uns
bekannten menschlichen Bewegungsmuster die Fremdheit plausibel gestaltet werden.
Hergestellt werden daneben rein maschinelle Wesen, die für die Filme belebt werden. Um
die eigentliche Unbelebtheit der Wesen und Objekte im Film zu kaschieren, bedient man
sich oftmals der Montage. Durch rasante Schnittfolgen beispielsweise, unterstützt durch
die Wahl und oftmals minimale Ausleuchtung des Bildausschnitts, vermag sie die Objekt-
haftigkeit der Figuren zu verbergen oder auch die Metamorphose eines menschlichen in
ein bestialisches Wesen überzeugend darzustellen. Diese Objekt-Figuren werden häufig
nur parzelliert ins Bild gerückt oder, um ihre Ganzheit zu demonstrieren, aus einer einzigen Perspektive und aus größerer Entfernung für einen kurzen und dabei die Details verschleiernden Moment in ganzer Größe und anschließend in diversen nahen Einstellungen
gezeigt. Dem entgegengesetzt wird manchmal das Vorhandensein fantastischer (insbesondere bedrohlicher) Figuren (und die damit verbundene Spannung) zunächst über Geräusche suggeriert. Anschließend bestätigen kurze bruchstückhafte Einstellungen markanter,
oft furchteinflößender Merkmale ihre Anwesenheit und damit die ernsthafte Gefährdung
der lebensweltlichen Stabilität. Erst während des Showdowns werden sie in ihrer erschre-
ckenden Gesamtheit inszeniert.

Im Laufe der Zeit werden aufgrund wachsender technischer Möglichkeiten auch computergenerierte Wesen programmiert und animiert, die das Herstellen von Modellen zunehmend, wenn auch nicht gänzlich, ablösten. Durch CGI-Effekte (*computer generated imagery*) können mittels Morphing, Motion-Capturing und weiterer computerbasierter Verfahren Kreaturen geschaffen werden. Die Dinosaurier in Steven Spielbergs *Jurassic Park* (USA 1993) oder der T-1000 in James Camerons *Terminator 2: Judgement Day* (*Terminator 2 – Tag der Abrechnung*, USA/F 1991) wären ohne CGI-Effekte nicht denkbar. Die Duplikation computergenerierter Wesen ermöglicht erst die eindrucksvolle Darstellung der Massenschlachten in der *The Lord of the Rings*-Trilogie. Neben Figuren werden aber auch Landschaften und Objekte am Bildschirm entworfen. Sind die Raumschiffe in früheren Science-Fiction-Filmen Miniaturmodelle, so werden sie heute am Computer kreiert.

Doch nicht erst im digitalen Zeitalter, bereits sehr früh in der Filmgeschichte greifen Filmemacher bei der Inszenierung des Fantastischen auf Trickeffekte zurück. Schon Georges Méliès arbeitet in seinem Film *Le voyage dans la lune* (*Die Reise zum Mond*, F 1902) mit Modellaufnahmen, Doppelbelichtungen und Stopptrick-Verfahren. Ohnehin korreliert die Entwicklung zahlreicher wegweisender Spezialeffekte eng mit der Inszenierung fantastischer Momente. Was die Entwicklung und den Einsatz solcher Effekte anbelangt, leistet der fantastische Film Pionierarbeit. „It is often through attempts to portray the fantastic or distortions in reality that new film technology and techniques have been developed or employed" (Butler 2009, S. 78). Das vom Tricktechniker Ray Harryhausen entwickelte sogenannte *Dynamation*-Verfahren perfektioniert in den 1950er Jahren die Stop-Motion-Technik, mit der es fortan möglich ist, ‚lebendige' Darsteller mit Stop-Motion-Modellen im gleichen Bildkader flüssig miteinander interagieren zu lassen. *The 7th Voyage of Sinbad* (*Sindbads siebente Reise*, USA 1958) und *Jason and the Argonauts* (*Jason und die Argonauten*, GB/USA 1963) demonstrieren eindrücklich jenes eng mit der Montage zusammenspielende Verfahren, an dessen Stelle heute Computereffekte treten und das höchstens noch eingesetzt wird, um einen die Nostalgie betonenden Effekt zu erreichen – z. B. in Wes Andersons *The Life Aquatic with Steve Zissou* (*Die Tiefseetaucher*, USA 2004).

Bei der Lichtgestaltung fungiert die Dunkelheit häufig als maßgebliches gestalterisches Mittel. Durch sie wird die mysteriöse, undurchsichtige, geheimnisvolle wie bedrohliche Eigentümlichkeit vieler Situationen hervorgehoben. Weil sich das Fantastische immer wieder bei Nacht oder in Höhlen, Wäldern oder anderen wenig lichtdurchfluteten Orten ereignet, wird die Dunkelheit allein schon durch Tageszeit und Schauplatz motiviert. Vor allem im Horrorfilm werden immer wieder unserer Alltagswelt scheinbar entsprechende Gebäude wie das Haus in *The Amityville Horror* (USA 1979) oder das Earle-Hotel in *Barton Fink* (USA/GB 1991) nicht zuletzt durch die Beleuchtung visuell so arrangiert, dass sie nahezu ein personales Eigenleben zu führen scheinen. Um ihren diabolischen Charakter zu unterstreichen, werden dämonische oder gespenstische Figuren vorzugsweise mit einem Unterlicht ausgeleuchtet. Das Licht von unten entspricht der unnatürlichsten Lichtrichtung und scheint daher besonders geeignet, fantastische Phänomene zu illuminieren.

Im Gegensatz dazu findet man im Science-Fiction-Film einige Beispiele, in denen eine leicht überbelichtete, von weichem, diffusem Licht geprägte High Key-Beleuchtung eingesetzt wird – in *THX 1138* (USA 1971), im Raumschiff in *2001: A Space Odyssey* (*2001: Odyssee im Weltraum*, USA/GB 1968) oder auch in *The Matrix* (*Matrix*, USA/AUS 1999) werden dadurch sterile, hochgradig unnatürliche Räume geschaffen.

Speziell im Horrorfilm werden vor einer Konfrontation mit dem Übernatürlichen bevorzugt Einstellungsgrößen und Perspektiven eingesetzt, die möglichst wenig der räumlichen Umgebung preisgeben und die Enge und Intransparenz des Raumes betonen. Die Präsenz des Bösen und sein Angriff müssen jederzeit erwartet werden. Aufsichten suggerieren dabei die Unterlegenheit und Verletzlichkeit einer von Angst umgebenen Figur. Manchmal ergeben sich aber allein aufgrund des mitunter eklatanten Größenunterschieds zwischen menschlichen und (wohlgesinnten) fantastischen Figuren Aufsichten aus der Perspektive der fantastischen beziehungsweise Untersichten aus der Perspektive der menschlichen Figur. Der Horrorfilm arbeitet zudem mit einer auffallend hohen Anzahl an Point of View-Shots, die die Identifikation zwischen Figur und Rezipient vergrößern und somit die Affekte leichter auf ihn übertragen sollen. Auch um eine fantastische Figur als zwar existent und aktiv zu präsentieren, ihr Äußeres aber vorerst zu verheimlichen, bedienen sich Filme solcher subjektiven Einstellungen. Ebenso werden solche verwendet, die nur scheinbar einer subjektiven entsprechen, letztlich aber auf kein Subjekt zurückführbar sind. Sie veranschaulichen die Omnipräsenz des Unheilvollen.

Besonderes Augenmerk fällt im fantastischen Film nicht nur auf das bewusste Unterlaufen des vorherrschenden Kontinuitätsprinzips der Montage, das mitunter fantastische Momente markiert, sondern auch auf die Zeitgestaltung allgemein. Die fantastischen Welten können teilweise keiner konkreten Zeit zugeordnet werden. Sie bewegen sich abseits unserer Zeitrechnung. Andere fantastische Geschichten werden in der ungewissen Zukunft verortet. Zu Beginn des 20. Jahrhunderts wird bei Méliès mit der Reise zum Mond (F 1902) ein fantastisches Ereignis ins Zentrum gerückt, das aus heutiger Sicht seinen grundlegend fantastischen Charakter eingebüßt hat. Auch zur Zeit ihrer Entstehung entwickelte Zukunftsszenarien wie in *1984* (1948/1956) werden mittlerweile eingeholt und sogar überholt. Das metaphysische Phänomen der Zeitreise spielt immer wieder eine zentrale Rolle. Einige Zeitreisende gelangen in die Zukunft wie in *The Time Machine* (*Die Zeitmaschine*, USA 1960), einige reisen aus der Gegenwart in die Vergangenheit wie in *Back to the Future* (*Zurück in die Zukunft*, USA 1985, vgl. Abb. 5.10), andere wiederum aus der Zukunft in die Gegenwart wie in *Twelve Monkeys* (USA 1995) oder *The Terminator* (*Terminator*, GB/USA 1984). Manchmal kommt es zu plötzlichen Überlagerungen wie in Woody Allens *Midnight in Paris* (ESP/USA 2011). Allesamt verlangen sie die Inszenierung zweier deutlich voneinander unterscheidbarer diegetischer Zeiten, deren Abweichung neben den Ausstattungsmerkmalen meist aus einer grundlegenden Veränderung visueller Parameter wie Licht- und Farbgestaltung entsteht oder im Falle von *Twelve Monkeys* teilweise auch über eine bei der Aufnahme leicht erhöhte Bildfrequenz sich manifestiert. Richard Kellys *Donnie Darko* (USA 2001) basiert auf einem paradoxen Zeitbegriff. Echtzeit und Zeitreise, Traum- und Lebenszeit vermischen und durchdringen sich und scheinen durch einen seltsamen Zeittunnel miteinander verbunden, der das Raum-Zeit-Gefüge kollabieren lässt. Das

Abb. 5.10 Die Zeitreise in *Back to the Future* (© Universal Pictures u. a., USA 1985) ist Ausgangspunkt paradoxer, auch absurder Situationen: Marty McFly (Michael J. Fox) muss sich in der Vergangenheit den Begebenheiten der 1950er Jahre anpassen, zudem trifft er seine noch jugendlichen Eltern, wodurch er den Lauf der Zeit mehr und mehr verändert. Der Film nutzt die komödiantischen Aspekte des Zeitreise-Motivs, um kulturelle Unterschiede von Epochen aufeinanderprallen zu lassen.

zeitliche Kontinuum wird beispielsweise auch in *Groundhog Day* (*Und täglich grüßt das Murmeltier*, USA 1993) außer Kraft gesetzt. Der Protagonist Phil Connors ist in einer Zeitschleife gefangen, durch die der Film auf der Ebene der Frequenz eine repetitive Erzählweise erlangt, welche die Linearität unseres Zeitempfindens annulliert.

Stilmittel wie die Plansequenz werden allgemein als typisch für eine ‚realistische' Filmästhetik angesehen, doch gilt das keineswegs ausschließlich. Auch im nicht weiter manipulierten Raum-Zeit-Empfinden der Plansequenz können sich fantastische Phänomene ereignen. In den Filmen Andrej Tarkowskis beispielsweise werden längere Kamerafahrten häufig als Plansequenz inszeniert, Figuren verschwinden aus dem Bildkader, um später innerhalb der gleichen Fahrt teils an einem anderen Ort, vor allem aber zu einer anderen Zeit wieder zu erscheinen. Durch die Simultaneität verschiedener Zeitebenen und das Durchdringen dieser unsichtbaren Ebenen durch die Figuren stellt Andrei Tarkowski die (diegetische) Realität mit einem als realistisch geltenden Stilmittel in Frage.

Im zeitgenössischen Horrorfilm zeigt sich die Tendenz, das Fantastische quasi-dokumentarisch zu präsentieren. Handkamerafilme, sei es in der Form des *found footage*-Films oder der *mockumentary*, suchen mit ihren instabilen und wenig austarierten Bildern das Gefühl der Unmittelbarkeit zu steigern und eine authentischere Wirkung des Dargestellten zu erreichen. Filme wie *The Blair Witch Project* (USA 1999), die *[rec]*- oder die *Paranormal Activity*-Reihe (beide seit 2007) sowie *Cloverfield* (USA 2008), *District 9* (USA, u. a. 2009) oder *V/H/S* (USA 2012) suggerieren allesamt, dass das Gezeigte seinen Ursprung in unserer realen Welt hat beziehungsweise unmittelbar auf sie zurückführbar ist. Die virtuelle Nähe zum Geschehen und die dadurch gewonnene Authentizität nutzen diese Filme vielmehr zur Grundierung des Fantastischen und steigern dadurch den gewünschten Horroreffekt.

Exemplarische Filme

The Wizard of Oz (*Der Zauberer von Oz*, USA 1939, Victor Fleming)
Toto le héros (*Toto der Held*, BEL, u. a. 1991, Jaco Van Dormael)
The Lord of the Rings-Trilogie (*Der Herr der Ringe*, NZL/USA 2001-03, Peter Jackson)
El laberinto del fauno (*Pans Labyrinth*, SPA, u. a. 2006, Guillermo del Toro)

Einführungsliteratur

Butler, David. 2009. *Fantasy Cinema. Impossible Worlds on Screen*. London: Wallflower.
Fowkes, Katherine A. 2010. *The Fantasy Film*. Malden: Wiley-Blackwell.
Pinkas, Claudia. 2010. *Der phantastische Film. Instabile Narrationen und die Narration der Instabilität*. Berlin: De Gruyter.

5.4 Surrealismus

Es gibt keine zwingenden, jedoch allemal gute Gründe, aus den Avantgardebewegungen der 1920er Jahre den filmischen Surrealismus als traditionsbildenden Stil herauszuheben. All diese Bewegungen – Futurismus, Dadaismus, Französischer Impressionismus, Deutscher Expressionismus, Surrealismus, Sowjetisches Montagekino – reagieren mit ihrer Ästhetik auf die Herausforderungen der modernen Gesellschaft, deren zentrales Kennzeichen für Henri Lefebvre die Erfahrung des Diskontinuierlichen ist: Mit der Modernität, schreibt er, „zieht langsam, aber machtvoll das *Diskontinuierliche* in die Erkenntnis, die Handlungsmuster, in das Bewußtsein ein" (Lefebvre 1978, S. 210). Es kündigt die Einheit von Subjekt, Wahrnehmung und Welt auf, dringt bis zur Kunst vor und treibt das Sinnliche in die Abstraktion. Doch nicht alle Avantgardebewegungen bilden in gleichem Maße auch einen filmischen Korpus aus. Bei manchen ist er sehr schmal (Futurismus, Dadaismus), bei anderen vielfältiger (→ Impressionismus, → Sowjetisches Montagekino), die Nachwirkungen sind meist kurz (Post-Expressionismus in den USA Ende der 1920er Jahre). Einzig beim Surrealismus lässt sich eine weitverzweigte und bis heute andauernde Kontinuität beobachten.

Der Surrealismus, der sich aus dem Dadaismus entwickelt hat, ist in seinem ethischen Kern eine Reaktion auf den Ersten Weltkrieg. In den Augen der Surrealisten müssen alle gesellschaftlichen Bereiche – auch Wissenschaft, Philosophie und Kunst – in Frage gestellt werden, weil sie die gewaltige Zerstörung forciert oder zugelassen haben.

> Breton, Eluard, Aragon, Péret und Soupault sind vom Krieg hart gezeichnet. […] Voll Ekel kehren sie daraus zurück. Mit einer Zivilisation, die derart ihre Daseinsberechtigung verspielt hat, wollen sie nichts mehr zu schaffen haben. Der radikale Nihilismus, der sie ergriffen hat, lässt sich nicht nur an der Kunst aus, sondern wendet sich gegen alle Erscheinungsformen jener Zivilisation. (Nadeau 1986, S. 13)

Nur vor diesem Hintergrund lassen sich André Bretons gezielte Provokationen im zweiten surrealistischen Manifest deuten: „Die einfachste surrealistische Handlung besteht darin, mit Revolvern in den Fäusten auf die Straße zu gehen und blindlings soviel wie möglich in die Menge zu schießen" (1993, S. 56). Und an anderer Stelle: „Alles muß getan werden, alle Mittel sind recht, um die Ideale *Familie, Vaterland, Religion* zu zerschlagen" (1993, S. 59). Der klassische Surrealismus lässt sich folglich nicht auf seine Ästhetik reduzieren, sondern bezeichnet eine Avantgardebewegung mit revolutionärem Impetus, die sich gegen die bürgerliche Ordnung richtet. Gebildet nach dem Ersten Weltkrieg, löst sie sich am Ende des Zweiten Weltkriegs wieder auf. Künstlerisches Ziel ist die Befreiung des Imaginären von der Vorherrschaft der Logik, um die ausgegrenzten irrationalen und kreativen Bereiche des Geistes zu erkunden, das Bewusste ebenso wie das Unbewusste. Der Weg dahin führt über eine Aufwertung des Traumerlebens, wie es André Breton im ersten surrealistischen Manifest formuliert: „Ich glaube an die künftige Auflösung dieser scheinbar so gegensätzlichen Zustände von Traum und Wirklichkeit in einer Art absoluten Realität, wenn man so sagen kann: *Surrealität*" (1993, S. 18). Nach der Beschäftigung mit Sigmund Freud und Guillaume Apollinaire glauben Breton und Philippe Soupault in der *écriture automatique* eine Methode entdeckt zu haben, den Bewusstseinsfluss ohne den zensierenden Eingriff des Verstandes direkt zu Papier bringen zu können. In diesem „psychischen Automatismus", der ungewöhnliche Sprachbilder, starke Affekte, Komik und Absurdität hervorbringt, situiert Breton den Kern des Surrealismus:

> Der Surrealismus beruht auf dem Glauben an die höhere Wirklichkeit gewisser, bis dahin vernachlässigter Assoziationsformen, an die Allmacht des Traumes, an das zweckfreie Spiel des Denkens. Er zielt auf die endgültige Zerstörung aller anderen psychischen Mechanismen und will sich zur Lösung der hauptsächlichen Lebensprobleme an ihre Stelle setzen. (1993, S. 26–27)

Filmhistoriker neigen dazu, den filmischen Surrealismus auf einzelne Filme Ende der 1920er Jahre zu begrenzen (vgl. Abb. 5.11). Der Korpus ist nicht groß; erst vier Jahre nach der Veröffentlichung von Bretons Gründungs-Manifest (1924) kommt es zur Produktion einschlägiger Filme: *La Coquille et le Clergyman* (*Die Muschel und der Kleriker*, F 1928) von Germaine Dulac, *L'étoile de mer* und *Les mystères du château de Dé* (beide F 1928) von Man Ray, *Un Chien andalou* (*Ein andalusischer Hund*, F 1929) und *L'Âge d'Or* (F 1930) von Luis Buñuel (beide Drehbücher schreibt er mit Salvador Dalí). Jean Cocteaus Film *Le sang d'un poète* (*Das Blut eines Dichters*, F 1932) ist zwar ästhetisch eng verwandt, wird aber von Cocteau selbst nicht als surrealistisch verstanden. Mancherorts wird der Korpus weiter eingegrenzt; André Breton oder Linda Williams lassen nur *Un Chien andalou* und *L'Âge d'Or* gelten (vgl. Breton 1994, S. 21; vgl. Williams 1992, S. XIV).

Die Surrealisten grenzen sich bewusst vom damals dominierenden Impressionismus ab, dem sie einen überholten psychologischen Realismus und einen zu formalistischen Kunstwillen vorwerfen, obwohl sie selbst stark von ihm beeinflusst sind: Luis Buñuel arbeitet zunächst als Regie-Assistent bei Filmen von Jean Epstein (*La chute de la maison Usher / Der Untergang des Hauses Usher,* F 1928; *Mauprat,* F 1926), Mario Nalpas und

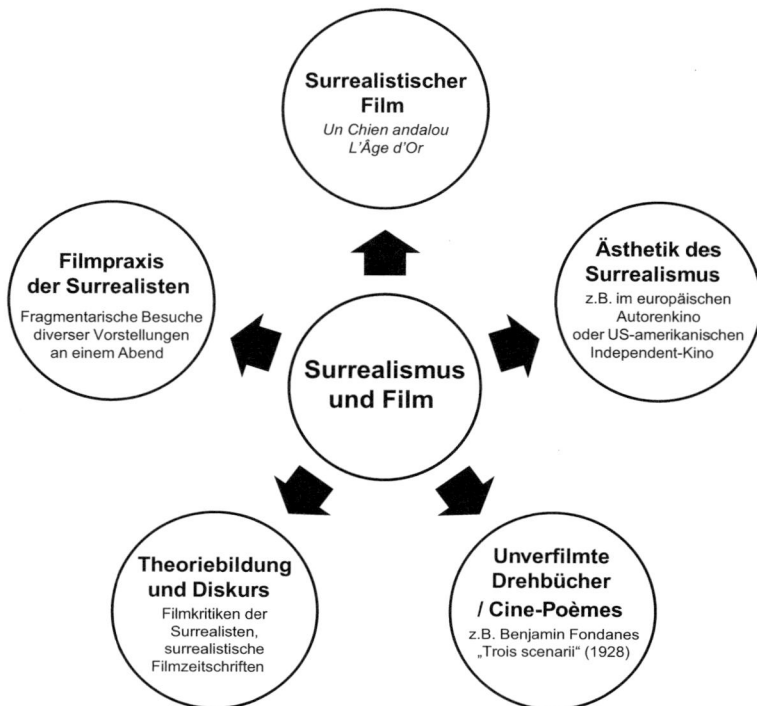

Abb. 5.11 Obwohl der Surrealismus zu den populärsten Avantgarde-Bewegungen der 1920er Jahre zählt und sich seine Ästhetik noch heute im Spielfilm nachweisen lässt, hat die Surrealisten-Gruppe um Breton selbst nur einen geringen Korpus an Filmen hervorgebracht. Nicht zu unterschätzen sind ihre Beiträge zu anderen Bereichen der Filmpraxis und -theorie: die Aufwertung des Zuschauers, ein anderer Usus der Filmrezeption, zahlreiche unverfilmte bzw. unverfilmbare Drehbücher, der Diskurs um das damals noch junge Medium und die Inspiration nachfolgender Filmemacher.

Henri Etiévant (*La Sirène des tropiques* / *Papitou,* F 1927). Der Konflikt zwischen Surrealismus und Impressionismus manifestiert sich exemplarisch an dem Streit zwischen Antonin Artaud und Germaine Dulac. Der Regisseurin, die in keinem Kontakt zum surrealistischen Kreis steht, wirft Artaud vor, sein surrealistisches Drehbuch *La Coquille et le Clergyman* mit ihren impressionistischen Vorstellungen verfälscht zu haben, und wehrt sich energisch dagegen, dass sie den Film als visuelles Äquivalent zum Traum beschreibt: „Der Film erklärt sich aus sich selbst […]. Er ist ein Film der reinen Bilder. […] Es gibt keine heimliche Bedeutung im psychologischen, metaphysischen oder humanistischen Sinne" (1978, S. 128). Für die Surrealisten ist der Traum eine „Bewusstseinsform mit Modellcharakter", soll aber nicht als Verständnishilfe für experimentelle Filme herhalten (Brütsch 2011, S. 38). Schwieriger ist es, den Surrealismus vom Dadaismus abzugrenzen, da sich beide Bewegungen in den Anfangsjahren stark überlagern. Zudem baut der Surrealismus auf der filmischen Diskontinuität auf, die der Dadaismus zur Charakterisierung einer chaotisch-sinnfreien Welt entwickelt hat. So lassen sich *Entr'acte* von René Clair und *Ballet mécanique* (F 1924) nicht per se einer Richtung zuordnen, entwickeln aber in ihrer anarchischen Freude eher Tendenzen zum Dadaismus. Die formale Dekonstruktion, welche die Dadaisten als therapeutischen Akt feiern, genügt den Surrealisten allerdings nicht: Das Bewusstsein der Kunst soll erweitert, der Betrachter in die unsichtbaren mentalen Bereiche der Wirklichkeit geführt werden (vgl. Short 2003, S. 24–25; S. 29).

Setzt man nicht bei dem Referenzfilm *Un Chien andalou* von 1929, sondern schon bei *La Coquille et le Clergyman* von 1927 an, so lässt sich erkennen, dass Germaine Dulac alle ihr zur Verfügung stehenden Mittel nutzt, um Artauds surrealistische Sprachbilder in komplexe filmische Bilder zu übersetzen (vgl. Barber 2003, S. 37). Wesentliches ist hier versammelt: die Selbstverständlichkeit absurder Handlungen, die Umformung des Realitätsbildes zum Bewusstseinsbild durch optische Tricks (Hohlspiegel, Mehrfachbelichtungen), Manipulationen der Zeit (Zeitlupe, Zeitraffer) und Abstraktionen des Raumes (Schwärze, Geometrie) und die Demontage hierarchischer Ordnungen. Insbesondere männliche Insignien der Macht (Uniform, Orden, Priestergewand) stellt die feministische Filmemacherin in ironischer Übertreibung dar und entlarvt sie als Fetische.

Weltweit nehmen zahlreiche Künstler den Impuls des Surrealismus auf. Bis heute lassen sich seine Merkmale auch bei Werken nachweisen, deren Urheber sich nicht auf die Avantgardebewegung beziehen. Es liegt nahe, abseits des historischen Surrealismus die Existenz einer Ästhetik des Surrealen anzuerkennen, die sich als stilistische Kontinuität auch durch die Filmgeschichte zieht und in den verschiedensten Kinematografien, Epochen und Genres feststellen lässt. Einige Autoren diskutieren dies im Hinblick auf Filme von Robert Benayoun, Wilhelm Freddie, Marcel Mariën (vgl. Matthews 1971), Josef von Sternberg, Alfred Hitchcock oder Samuel Fuller (vgl. Gould 1976), Jean Vigo, Jacques Prévert, Frank Borzage, Tod Browning, Nelly Kaplan, Walerian Borowczyk, Jan Švankmajer (vgl. Abb. 5.12), Fernando Arrabal, Raúl Ruiz (vgl. Richardson 2006), Jean-Luc Godard, Werner Herzog, Jim Jarmusch, Pedro Almodóvar, Jean-Pierre Jeunet oder Guillermo del Toro (vgl. Lommel 2008). Breton selbst wollte den Begriff in seinem Essay *Qu'est-ce que le surréalisme?* (1934) weiter gefasst wissen: „Die surrealistische Gesinnung, d. h. die surrealistische Verhaltensweise kommt nämlich zu allen Zeiten vor, sofern man sie als die Bereitschaft auffaßt, das Wirkliche tiefer zu ergründen, ohne es damit zugleich transzendieren zu wollen" (Breton, zit. nach Nadeau 1986, S. 8).

Merkmale einer Filmästhetik des Surrealen lassen sich nach Volker Roloff benennen. 1) *Traumästhetik*: Der surreale Film stellt die Verwandtschaft des Filmischen zu Bewusstseinsprozessen (das Traumanaloge) heraus, ohne diese für eine psychoanalytische Deutung zu funktionalisieren; 2) *Spielformen des Imaginären*: Der surreale Film zersetzt Ordnungssysteme, die sich in tradierten Gegensatzpaaren abbilden, wie real und imaginär, sichtbar und unsichtbar, bewusst und unbewusst, vernünftig und wahnsinnig, um im Rahmen einer erweiterten Realitätsauffassung „die Grenzen der Sinne, des Sichtbaren, Sagbaren, Hörbaren zu verschieben und zu überschreiten"; 3) *Zwischenräume, Bruchstellen*: Mit dem Akt des Sehens thematisiert der surreale Film auch den Akt der filmischen Abbildung und bringt somit „die filmischen Spielräume des Imaginären, […] die Bruchstellen zwischen Körper und Geist, Eigenen und Anderen, innen und außen" zur

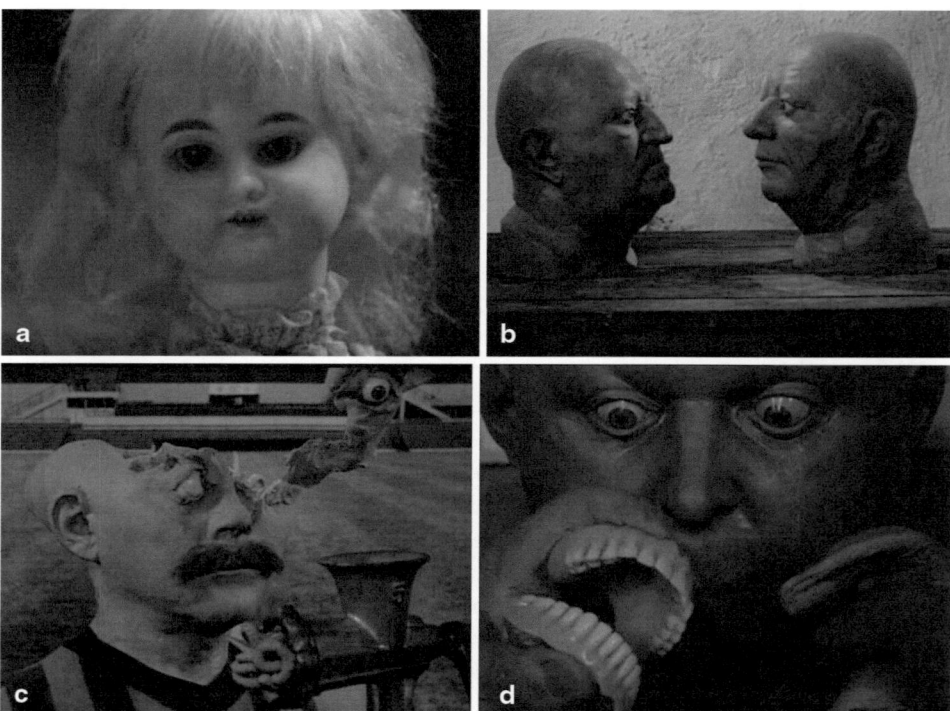

Abb. 5.12 Jan Švankmajer, Mitglied der tschechischen Surrealistengruppe, reduziert den Surrea-lismus nicht auf die Ästhetik, wie seine Bewunderer Terry Gilliam oder Michel Gondry, sondern setzt ihn ideologiekritisch ein. Švankmajers facettenreiches Werk – aus Filmen, Zeichnungen, Objektkunst, Collagen und vielem mehr – trifft keine Unterscheidung zwischen lebendiger und toter Materie und lehnt sich auf die Weise gegen den Utilitarismus auf. Seine Animationen von Verwandlungen und Fragmentierungen des Körpers verleihen dem Ausdruck. Zentral sind Puppen, wie zum Beispiel in *Něco z Alenky* (*Alice*, © Channel Four Films u. a., CS 1987, **a**) oder *Žvahlav aneb Šatičky Slaměného Huberta* (*Jabberwocky*, CS 1971), aber auch Knetfiguren, wie in *Možnosti dialogu* (*Tücken des Gesprächs*, © Krátký Film Praha, CS 1982, **b**), *Mužné hry* (*Virile Spiele*, © Krátký Film Praha, CS 1988, **c**) oder *Tma/Světlo/Tma* (*Dunkelheit/Licht/Dunkelheit*, © Krátký Film Praha, CS 1989, **d**).

Anschauung; 4) *Schaulust und Theatralität*: Der surrealistische Film zeigt sich fasziniert von der Kraft, Transformation und Attraktion des Bildes, das beim Betrachter durch seine „Spielformen des Grotesken, Karnevalesken, der Maskerade, der Demontage von Hierar-chien und Geschlechterverhältnisse" einem (voyeuristischen) Begehren entgegenkommt (Roloff 2008, S. 485 ff.).

Ausgehend von Buñuels und Dalís Klassiker des surrealistischen Films, *Un Chien andalou*, lassen sich in zentralen Gestaltungsbereichen – Montage und Mise-en-Scène – Grundzüge des Surrealen herausarbeiten und im Fortgang der Filmhistorie weiter verfol-gen. Die wohl bedeutsamste Errungenschaft liegt in der surrealistischen Montage, die das Continuity-System geradezu karikiert: Sie schafft zwar eine formale Kontinuität, hebelt aber den inhaltlichen Zusammenhang aus. Zentrales Verfahren ist der Match-Cut. In ihm entdecken die Surrealisten subversives Potenzial und eine dem Traum verwandte Schaltstelle. Wenn Buñuel und Dalí in *Un Chien andalou* von einem Loch in der Hand, aus dem Ameisen krabbeln, zu einer behaarten Achselhöhle und schließlich zu einem schwarzen Seeigel überblenden, dann werden diese Bruchstücke durch die formale Kongruenz in eine Einheit gezwungen, die nicht narrativ funktioniert, sondern assoziativ, nicht sukzessiv, sondern simultan. Sie fordert zur Entschlüsselung heraus, eine eindeutige Lesart aber soll ausgeschlossen werden. So haben ein Rasiermesser, das durch ein Auge schneidet (vgl. Abb. 5.13), und eine schmale Wolke, die über den Vollmond zieht, auf der Bedeutungsebene nichts gemein. Am ehesten lassen sich die visuellen Reime in *Un Chien andalou* noch als sexuelle Obsessionen des jungen Paares deuten.

Den surrealistischen Match-Cut übernimmt Maya Deren gegen Ende des Zweiten Weltkrieges zur träumerischen Verschachtelung von Räumen und läutet mit ihren Filmen, die das Surreale ins Poetische, Sinnliche und Tänzerische überführen, eine zweite Avantgarde in den USA ein. In *Meshes of the Afternoon* (USA 1943, Ko-Regie: Alexander Hammid) wird das Innere einer kargen Wohnung zum Kopfgehäuse einer Frau (Maya Deren). Aufgehoben sind die Gesetze der Gravitation, die Einheit des Subjekts, die Irreversibilität der Zeit. In diesem Psychodrama, das metaphorisch eine dissoziative Persönlichkeitsstörung vor Augen führt, kreisen Treppenhaus, Kamerablick und Körper umeinander, trifft das Geheimnisvolle in halluzinatorischen Bildern mehrfach auf sich selbst. In *At Land* (USA 1944) wird Maya Deren als Geschöpf des Meeres an Land gespült. Die rückwärtslaufenden Wellen weisen die Sphäre als imaginäre, zumindest irreale aus. Deren klettert an den Wurzeln eines umgestürzten Baumes hinauf bis zur obersten Sprosse und zieht sich – nach einem Schnitt – auf einen Tisch mitten in einem Festsaal. Wie im Traum, wo disparate Räume nahtlos ineinander übergehen können, verflüssigt hier der Match-Cut die Grenzen. Auch Identitäten lassen sich dergestalt auflösen. Wenn Deren neben einem jungen Mann einen Weg entlang schreitet, stiftet das Schuss-Gegenschuss-Prinzip eine zweifelhafte Kontinuität: Denn der junge Mann trägt jedes Mal ein anderes Gesicht. Gleiches gilt für das Prinzip der Blickinszenierung, welches Deren im Finale erlaubt, ihren Körper zu vervielfachen.

Nun gibt es derartige Experimente, die Aspekte der von Freud so genannten Traumarbeit auf die Montage übertragen, nicht nur in der Avantgarde, sondern auch im Unterhaltungskino. Allerdings wirken hier Übergangsmarkierungen am Anfang und Ende einer Sequenz als Indikatoren dafür, dass der Film die Wirklichkeitsebene wechselt: Die Kamera fährt auf das schlafende Gesicht zu, eine Überblendung zeigt an, wie Realität in Traum übergeht; am Ende erwacht die Figur (vgl. Brütsch 2011, S. 130). Surrealistische Filme heben sich davon ab. Sie entfernen diese konventionellen Markierungen und verwischen somit die ontologische Grenze oder aber sie lassen die Traumästhetik den gesamten Film überwältigen, ohne diesen als Traum auszuweisen.

Im europäischen Autorenkino der 1960er Jahre, das diese Verfahren verstärkt aufgreift, verdichten sich die Werke nahezu zu einem Gruppenstil (vgl. Wuss 1998, S. 93; Roloff 2008, S. 484). Filme von Alain Resnais (*Hiroshima mon amour*, F/J 1959, *L'année dernière à Marienbad / Letztes Jahr in Marienbad*, F/I 1961), Federico Fellini (*Otto e mezzo/Achteinhalb*, I/F 1963, *Giulietta degli spiriti / Julia und die Geister*, I/F 1965), Ingmar

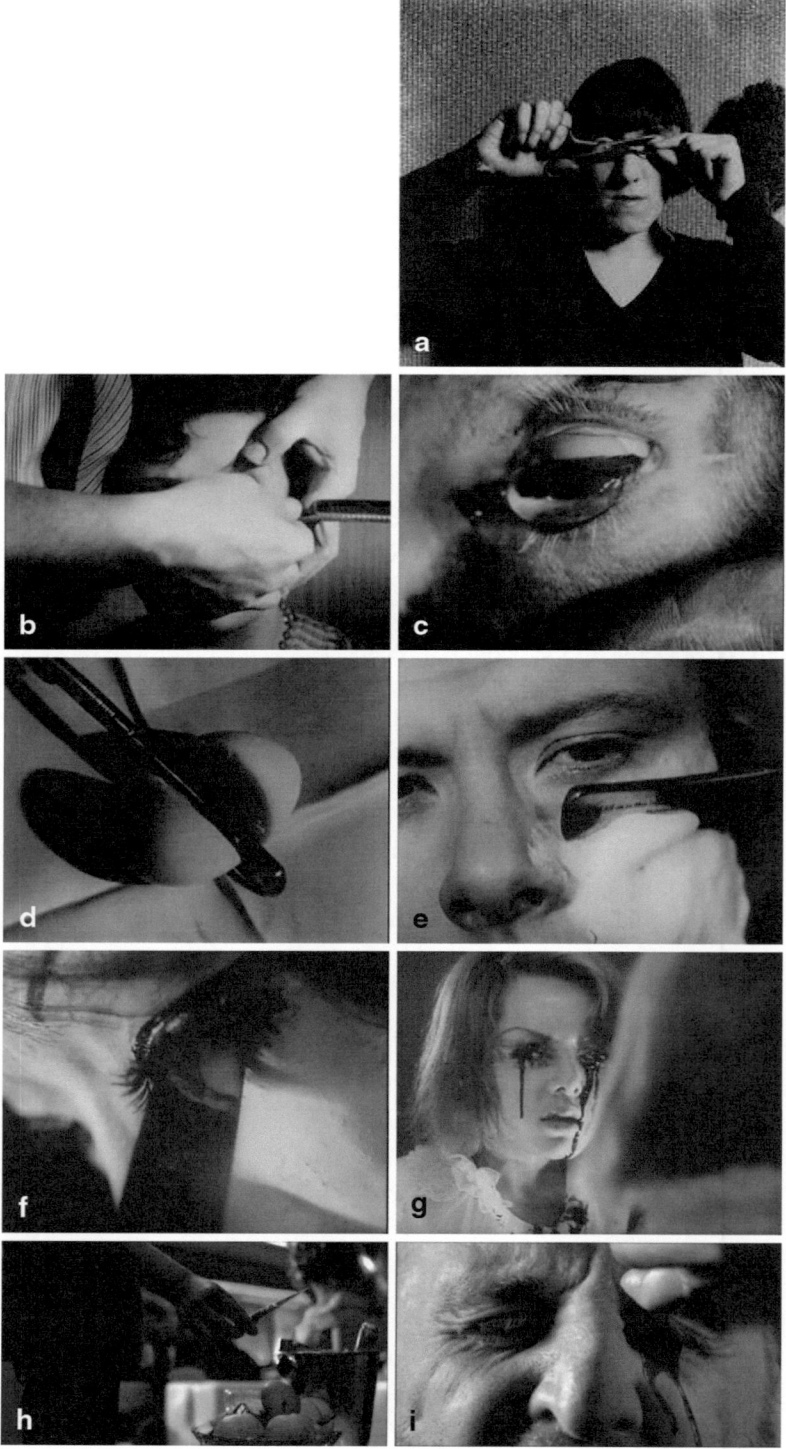

Bergman (*Tystnaden / Das Schweigen*, S 1963, *Persona*, S 1966, *Vargtimmen / Die Stunde des Wolfs*, S 1968), Michelangelo Antonioni (*Blow Up*, GB/I/USA 1966, *Zabriskie Point*, USA 1970) und natürlich Luis Buñuel (*El ángel exterminador / Der Würgeengel*, MEX 1962; *Belle de Jour / Belle de Jour – Schöne des Tages*, F/I 1966): Sie verunsichern den Zuschauer mit unzuverlässigen Erzählungen, doppeldeutigen Bildern und delierenden Geschehnissen. Der Eindruck von einem ‚neuen‘ oder ‚zweiten‘ Surrealismus drängt sich auf, allerdings beziehen sich diese Filmemacher nicht ausdrücklich auf die Avantgardebewegung der 1920er Jahre und entwickeln auch keine gemeinsame Programmatik. Es handelt sich um ein kunstvolles Erzählkino, das Wirklichkeit als Konstruktion des Mentalen interpretiert: „also Träumen, Halluzinationen und Visionen, gleichsam dem ‚Welteninnenraum‘ von Personen oder des Regisseurs, dieselbe Gültigkeit zuspricht wie den Aufzeichnungen der Außenwelt“ (Koebner 2010, S. 207). Die in diesen Filmen visualisierte Realitätsvorstellung scheint darauf hinzudeuten, dass sich – insbesondere in Italien – Realismuskonzepte der Nachkriegszeit verbraucht haben, mit denen einstmals die gesellschaftlichen Folgen der Zerstörung seismographisch dokumentiert werden sollten (vgl. Koebner 1998, S. 76).

Paradigmatisch beginnt Bergmans *Persona* mit einer surrealistischen Exposition, die das Medium reflektiert, indem sie es zersetzt: Film und Traum geraten in ein sich gegenseitig entlarvendes Wechselspiel. Die Bilder einer Spinne, eines erigierten Penis, eines blutenden Lamms, die hier aufeinanderprallen, werden nicht mehr mit einem Match-Cut versöhnt, wie bei Buñuel, explodieren nicht zu einem dritten Sinn, wie von Eisensteins Montagetheorie gefordert. Als projiziertes Bild rufen sie den Mechanismus des Apparats in Erinnerung, als Subliminalbild verweisen sie auf die Suggestionskraft des Kinos, als Spiel mit Schock und Imagination zeigen sie, dass Kinobilder in der Wahrnehmung des Zuschauers zu mentalen Bildern transformiert werden: Filmische Realität und filmischer Traum sind im Auge des Betrachters der gleiche Lichtstrahl, der durch die Pupille ins Bewusstsein fällt. In der Deutlichkeit, in der die filmische Selbstreflexion in Bergmans *Persona* – ebenso in Fellinis *Otto e mezzo* und Antonionis *Blow Up* – zum Einsatz kommt, markiert sie einen Unterschied zum klassischen Surrealismus der 1920er Jahre. Die surrealistische Ästhetik zu nutzen, um einen Blick hinter die Oberfläche der vermeintlichen Realität zu werfen, bedeutet in den 1960er Jahren, auch hinter die Materialität des Films schauen zu müssen und seine Welten als mediale Konstruktionen zu entlarven.

Abb. 5.13 Was Paul Nougé 1929 in der Fotografie *Cils coupés* (Abgeschnittene Wimpern) aus der Serie *La subversion des images* (Die Subversion der Bilder, **a**) bereits vorwegnimmt, wird in *Un Chien andalou* (**b**, **c**, © Louis Bunuel) zu einer *der* ikonischen Szenen der Filmgeschichte: der Schnitt durch das Auge. Es ist ein Angriff auf das Auge des Zuschauers und illustriert die Forderung der Surrealisten nach einer Revolution der Rezeptionsgewohnheiten und der Etablierung eines neuen, wahren Sehens. Die Filmgeschichte zitiert *Un Chien andalou* immer wieder mit anderen Bedeutungen: als Parodie (**d**, **e**) in *Even as you and I* (*Gerade wie du und ich*, USA 1937, © Roger Barlow, Harry Hay und LeRoy Robbins), als in die schwule Subkultur Japans der 1960er Jahre verlegte Ödipus-Geschichte (**f**, **g**): *Bara no soretsu* (*Pfahl in meinem Fleisch*, © Art Theatre Guild/Matsumoto Production, JP 1969, Matsumoto Toshio) oder als brutale Folter im überstilisierten Rache-Drama (**h**, **i**): *Only God Forgives* (© Space Rocket Nation u. a., FR/DK 2013, Nicolas Winding Refn).

Blickt man nicht allein auf die Montage, sondern auf die ebenso surrealistische Mise-en-Scène und Raumgestaltung, so fällt auf, dass *Un Chien andalou* keinesfalls das Dekor verzerrt, wie es beispielsweise der Deutsche Expressionismus tut. Die Sets wirken naturalistisch, die Aufnahmen im Nachfolgefilm *L'Age d'or* teilweise sogar dokumentarisch. Surreal hingegen erscheint die Verdinglichung von Subjekten oder das widersprüchliche Arrangement von Objekten, die bei Buñuel und Dalí den Charakter von Fetischen annehmen. Unzweifelhafter Höhepunkt in *Un Chien andalou:* ein Gespann aus zwei Pianos, blutenden Eselskadavern und Priestern, das von der Hauptfigur mühsam durch das Zimmer gezogen wird. In *L'Age d'Or* manifestiert sich das Surreale im Missverhältnis sozialer Handlungen: Ein Vater erschießt aus nichtigem Anlass seinen kleinen Sohn mit einem Jagdgewehr; eine Kuh liegt im Bett und wird wie eine Katze verscheucht; ein brennender Baum wird aus dem Fenster geworfen, dann ein lebender Kardinal; und die *Amour fou* (leidenschaftliche, anarchische Liebe), die das narrative Rückgrat bildet, kulminiert in eine Art kannibalischen Liebesakt, in dem die Körper nicht zusammenpassen wollen. Solche surrealistischen Inszenierungen, die mit gesellschaftlichen Konventionen, naturalistischen Relationen oder physikalischen Gesetzmäßigkeiten brechen, tauchen ebenfalls vermehrt in den 1960er Jahren auf: Aufgebahrte Tote, die durch ein Telefonklingeln lebendig werden (*Persona*), Menschen, die kopfüber an der Decke herum laufen oder ihre Augäpfel in einem Weinglas versenken (*Vargtimmen*), in den Himmel entschweben (*Otto e mezzo*) oder mit ihrem Blick eine Villa zur Explosion bringen (*Zabriskie Point*). Weitergeführt wird diese Linie auch im postmodernen Kino der 1980er und 1990er Jahre eines Peter Greenaway oder David Cronenberg sowie bei den Narrationen eines David Lynch, die in Spiegeleffekten und Möbius-Schleifen gefangen zu sein scheinen (Abschn. 3.5.2; *Lost Highway*, USA/F 1997; *Mulholland Drive*, USA/F 2001, *Inland Empire*, F u. a. 2006). Durchaus gibt es hier Berührungspunkte zu einem Kino der Opulenz (Abschn. 5.6). Allerdings sind die Ausprägungen doch sehr unterschiedlich: hier die die ornamentalen Bilder nackter, blutiger, verkrüppelter Körper des Chilenen Alejandro Jodorowsky (*El Topo*, MEX 1970; *The Holy Mountain* / *Montana Sacra – der heilige Berg*, MEX/USA1973), dort die postmodernen Kompositionen voller kulturgeschichtlicher Verweise des Briten Peter Greenaway (*A Zed & Two Noughts* / *Ein Z & zwei Nullen*, GB/NL 1985; *Prospero's Books* / *Prosperos Bücher*, NL u. a. 1991) oder die bleichen Tableaux kalter, kafkaesker und nahezu postapokalyptischer Städte des Schwedens Roy Andersson (*Sånger från andra våningen* / *Songs from the second floor*, S u. a. 2000, vgl. Abb. 5.14; *Du levande* / *Das jüngste Gewitter*, S u. a. 2007).

Erschwerend an der Identifikation des surrealistischen Stils ist seine Nähe zur Groteske. Oftmals werden die Begriffe synonym verwendet. Das Groteske bezeichnet Darstellungen des Monströsen und Kuriosen in den Künsten, die auf der Oszillation zwischen einer Ästhetik des Schreckens und des Komischen beruhen. Bizarre Wandverzierungen aus ineinander verflossenen Wesen menschlichen, pflanzlichen und tierischen Ursprungs, die man 1480 bei Ausgrabungen des Palastes von Nero entdeckt, bringen die ästhetische Kategorie des Grotesken hervor (von dem italienischen *grotta* = Grotte; denn die Gewölbe sind in die Erde eingesackt). Gestaltet die Ratio über Hierarchisierung, Polarisierung und Kategorisierung die Welt zum Sinnsystem, so hebt das Groteske über seine Mecha-

Abb. 5.14 Surrealistische Mise-en-Scène: Oftmals artikuliert der Surrealismus Gesellschaftskritik, wie in *Songs from the second floor* (© Danmarks Radio u. a., S 2000). Dort entpuppt sich ein Staatsakt mit Klerus als barbarische Opferzeremonie. Ein ahnungsloses Mädchen wird von ihren Eltern zum Abgrund geführt und dann von einer Angestellten in den Tod gestürzt.

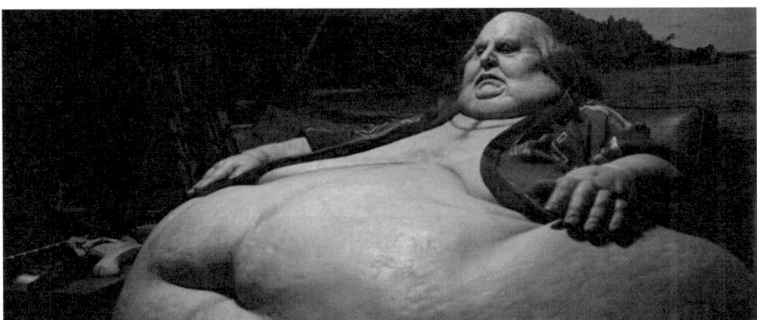

Abb. 5.15 Groteske Missverhältnisse als Stilmittel in *Taxidermia*. (© Amour Fou Filmproduktion u. a., HUN u. a. 2006)

nismen der Verkehrung, Verzerrung und Vermischung dies wieder aus (vgl. Fuß 2001, S. 235 ff.).

Taxidermia (HUN u. a. 2006), ein Film des ungarischen Regisseurs György Pálfi, der in der Presse als „surrealist fantasy" (Thomas 2009) aufgefasst wird, zelebriert die Maßlosigkeiten körperlicher Begierden über das Mittel extremer Verzerrung: Wollust, die sich in der Ejakulation eines Feuerstrahls entlädt, Fresssucht, die einen Mann zu einem monströsen Berg aus Fettgewebe anschwellen lässt (vgl. Abb. 5.15), Selbstekel, der zur Ausstopfung des eigenen Körpers bei lebendigem Leibe führt. Wie der Horrorfilm oder die Satire nutzt auch der surrealistische Film die Techniken der Groteske – der Verkehrung, Verzerrung, Vermischung – und lässt auf diese Weise Unvereinbares vereinbar erscheinen.

Allerdings rekurriert der surrealistische Film, sei es auch nur implizit, auf eine Logik oder Ästhetik des Mentalen. Beides fehlt in *Taxidermia*, was es erschwert, diesen grotesken Film als surrealistisch einzustufen.

Exemplarische Filme

La Coquille et le Clergyman (*Die Muschel und der Kleriker*, F 1928, Germaine Dulac)
Un Chien andalou (*Ein Andalusischer Hund*, F 1929, Luis Buñuel)
Meshes of the Afternoon (USA 1943, Maya Deren, Alexander Hammid)
Otto e mezzo (*Achteinhalb*, I/F 1963, Federico Fellini)
Lost Highway (USA/F 1996, David Lynch)

Einführungsliteratur

Lommel, Michael. Hrsg. 2008. *Surrealismus und Film: von Fellini bis Lynch*. Bielefeld: transcript (Medienumbrüche 25).
Richardson, Michael. 2006. *Surrealism and Cinema*. Oxford, New York: Berg.
Short, Robert. 2003. *The Age of Gold. Surrealist Cinema* (Persistence of Vision, 3). London: Creation Books.

5.5 Minimalismus

Da jeder kreative Ausdruck in einem graduell abgestuften Spektrum zwischen Minimalisierung und Maximalisierung nach seiner Form suchen muss, lassen sich in allen Künsten Tendenzen zur Reduktion wie zur Opulenz finden. Den Beginn der Filmgeschichte markieren kurze Aufnahmen, die eine alltägliche Situation in einer statischen Einstellung ohne Ton und ohne Farbe zeigen. Allerdings wäre es unpassend, den Gebrüdern Lumière einen asketischen Stil zu attestieren, denn die Form ihrer Filme resultiert vor allem aus den technischen Einschränkungen der Pionierzeit. Folglich muss der technische und künstlerische Reichtum einer Kunst erst einmal voll entfaltet sein, damit sich ein minimalistischer Stil als Deklamation des Verzichts davon abgrenzen kann (vgl. Grob et al. 2009, S. 7).

Eine Ästhetik der Reduktion kann man als zyklisch auftauchende Reaktion auf Phasen der Maximalisierung und damit als historisches Korrektiv verstehen (vgl. Barth 1986; Motte 1999). Aber damit wäre das Phänomen nur ungenügend beschrieben. Schließlich ließe sich auf stilistische Maßlosigkeit auch mit einer klassischen Form antworten, welche die Ökonomie der Mittel schätzt. Schon in der antiken Rhetorik zählt die Kürze der Darstellung – im Sinne von Prägnanz (*brevitas*) und Klarheit (*perspicuitas*) – zu den zentralen Redetugenden, wobei Prägnanz die Reduktion des Inhalts auf das zum Verständnis Notwendige bezeichnet (Schramm 1999, S. 33–35). Prägnanz ist eine Tugend des Klassischen, kein besonderes Charakteristikum eines minimalistischen Stils.

Daher wird eine Ästhetik der Reduktion nicht in Abgrenzung vom anderen Extrem (der Opulenz) erkennbar, sondern von der Mitte des Spektrums, nämlich vom Klassischen her. Demnach besteht sie in der Verweigerung von anerkannten Gestaltungsweisen einer Kunstform, die zur *ästhetischen Norm* (Jan Mukařovský) geworden sind. Im Filmbereich wären dies die Strategien des Klassischen Hollywoodkinos, die in den Studio-Jahren 1915 bis 1960 entwickelt werden und sich im internationalen Kino normativ durchsetzen, sodass Maximen der Kausalität und Kontinuität, Plausibilität und Transparenz sich als Standard filmischen Erzählens behaupten (vgl. Liptay 2009, S. 221–222). Ein Kino der Reduktion, das gegen diese Regeln verstößt, macht bewusst, dass allgemein etablierte Techniken nur Konventionen sind: der unsichtbare Schnitt, das Schuss-Gegenschuss-Verfahren, die 180°-Regel, die Eröffnung durch einen Establishing Shot, die Dramatisierung durch eine Großaufnahme, ein finaler Konflikt, eine geschlossene Dramaturgie, eine Ursache-Wirkungs-Verkettung. Durch die Verweigerung dieser Konventionen wird das Kino der Reduktion mit einem oppositionellen, gar rebellischen oder ikonoklastischen Gestus assoziiert, der stilistische Vormachtstellungen zu durchbrechen sucht. Ein Beispiel: Jim Jarmuschs *Stranger than Paradise* (1984), der zur Initialzündung der US-Independent-Bewegung wird, verzichtet auf eine zentrale Errungenschaft der Montage des Klassischen Hollywoodkinos: der *Découpage*, also der Zergliederung einer Szene in mehrere Aufnahmen aus unterschiedlicher Distanz und Perspektive zum Geschehen. Stattdessen reiht der Film 67 von Schwarzblenden getrennte Plansequenzen aneinander. Dieser Purismus ist eine Antwort auf das Blockbuster-Kino der 1980er Jahre, die rasanten Schnittfrequenzen der MTV-Videoclip-Ästhetik und die standardisierten Einstellungsfolgen in Fernsehshows (vgl. Mauer 2006, S. 51).

Es ist wichtig zu beachten, dass die Norm des Klassischen dem historischen Wandel unterliegt. David Bordwell stellt fest, dass Strategien der Dynamisierung, die im New Hollywood der 1960er und 1970er Jahre als Zeichen gesellschaftlicher Unruhe in die Erzählkonventionen einbrechen (schnelle Schnitte, rasante Kamerabewegungen, Großaufnahmen, extreme Brennweiten), das klassische Continuity-System nicht aufheben, sondern intensivieren („Intensified Continuity") und sich mittlerweile zum dominanten Stil des Mainstream-Kinos verfestigt haben. Als der Miramax-Produzent Harvey Weinstein im Jahr 2001 Otto Premingers Filmklassiker *Exodus* (USA 1960) sieht, der sparsam Großaufnahmen und viele Totalen verwendet, platzt es aus ihm heraus: „It's deadly dull" (zit. bei Bordwell 2006, S. 129). Dass das Klassische in der heutigen Zeit minimalistisch erscheint, bezeugt auf frappierende Weise, wie sich durch die Dynamisierung die visuelle Kultur verändert hat. Folglich lässt sich ein Stil der Reduktion nur im Verhältnis zur ästhetischen Norm einer *bestimmten* Zeit und Kultur festhalten.

Wer aber von Minimalismus spricht, wird mit diesem Begriff in erster Linie einen Epochalstil der 1950er und 60er Jahre bezeichnen, in der sich in den USA zeitgleich die Bewegungen *Minimal Art* (Malerei, Plastik) und *Minimal Music* (u. a. Terry Riley, Steve Reich, Philip Glass) etablieren und auch auf andere Künste wie Film und Tanz ausstrahlen (Vgl. Rainer 1995). Geprägt ist diese *Minimalist Era* der 1960er Jahre von dem Bestreben nach radikaler Abstraktion, Entpersönlichung, formaler Klarheit und Einfachheit der

Struktur (vgl. Strickland 1993). Der Minimalismus als Kunstperiode ist der Endpunkt eines Ringens um Abstraktion, welcher in der Avantgarde zu Beginn des 20. Jahrhunderts einsetzt. Seine markantesten Koordinaten reduzieren die Kunstformen auf ihren Kern und gehen damit an ihre Grenzen: die weiße Leinwand von Robert Rauschenberg (*White Paintings* 1951), die tonlose Musik von John Cage (*4'33''*, 1953), die Galerie ohne Bilder von Yves Klein (*Le vide*, 1958), die Bühne ohne Darsteller von Samuel Beckett (*Breath*, 1969) und der Film ohne Handlung von Andy Warhol (*Empire*, USA 1964, vgl. Abb. 5.16). Auch wenn dieser radikale Minimalismus mit der Auslöschung der jeweiligen Kunst kokettiert, lassen sich solche Tendenzen im Film, wie bei Andy Warhol oder Guy Debord (*Hurlement en faveur de Sade / Geheul für de Sade*, F 1952), nicht als „gegen das Kino gerichtet" bezeichnen (Grob et al. 2009, S. 36), denn damit würde man eine normative Definition dessen zugrunde legen, was Kino sei – und gerade gegen solche Normen lehnt sich die Ästhetik der Reduktion auf.

Den Begriff selbst, *Minimal Film*, wendet die Filmgeschichtsschreibung auf den Experimentalfilm an. Die Avantgarde will in den 1920er Jahren mit dem Verzicht auf Narration und durch die Konzentration auf Strukturen, Rhythmen, Bewegungen und Farben das Filmische auf seine Essenz und Materialität zurückführen (Abstrakter Film, Cinéma Pur, Absoluter Film). In den 1960er Jahren greift der nicht-narrative Zweig des *New American Cinema*, dessen Szene sich in New York herausbildete, diese Bestrebungen wieder auf. Neben Andy Warhols prominenten Arbeiten sind es die strukturalistischen Filme von Michael Snow oder Hollis Frampton, die nicht-figurative, anti-narrative Werke schaffen, welche die abstrakten Grundformen des Kinos in Opposition zur Dominanz des Illusionistischen zur Geltung und Erkenntnis bringen wollen.

Auf narrative Werke übertragen wird der Begriff Minimalismus in den 1980er Jahren durch die Literaturwissenschaft, die den *Dirty Realism* der neueren Short Story (Raymond Carver, Ann Beattie, Donald Barthelme) als *literarischen Minimalismus* bezeichnet (vgl. Person 1999). Dieser Begriffserweiterung folgt die Filmwissenschaft in jüngster Zeit, indem sie auf das Erzählkino von Regisseuren hinweist, die im Widerspruch zur Ästhetik

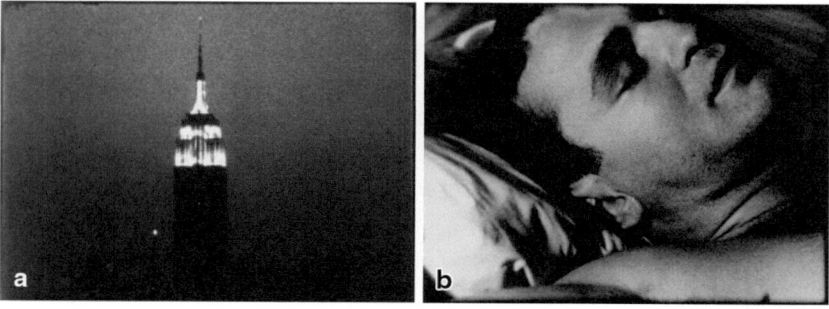

Abb. 5.16 Echtzeit-Filme ohne Handlung von Andy Warhol: Die Kamera filmt über acht Stunden das Empire State Building (*Empire*, © Andy Warhol, USA 1964, **a**) und zeigt fünf Stunden lang den schlafenden John Giorno in *Sleep* (© Andy Warhol, USA 1964, **b**).

des Spektakulären stehen (vgl. Grob et al. 2009). Der Terminus ist in der Filmkritik und Filmpraxis bereits geläufig. Die 1997 erschienene Drehbuch-Didaktik von Robert McKee trifft die Unterscheidung zwischen klassischem Story-Design (Archeplot), Minimalismus (Miniplot) und Antistruktur (Antiplot). Unter dem Archeplot des Klassischen wird hier das zeitlose, transkulturelle und universale Prinzip des Erzählens verstanden, an dem sich der Minimalismus (der ihn verkleinere) und die Antistruktur (die ihn umkehre) abarbeiteten (vgl. McKee 2008, S. 53 f.). So sei der Miniplot von einem offenen Ende, passiven Protagonisten und inneren Konflikten geprägt. Auch wenn McKee den Wert aller drei Formen betont, läuft seine „Politik des Story-Designs" darauf hinaus, einem Drehbuchautor den Archeplot zu empfehlen, denn er sei „Fleisch, Kartoffeln, Pasta, Reis und Couscous des Weltkinos", während die „Diät" des Miniplots kein großes Publikum erreiche (McKee 2008, S. 57 und S. 73–75). McKees Parteinahme ist im Kern eine ökonomische. Tatsächlich lässt sich das Argument auch umkehren: Jarmuschs *Stranger than Paradise* zeigt, dass mangelnde finanzielle Möglichkeiten im Low-Budget-Sektor eine minimalistische Ästhetik begünstigen können. Jarmusch stellt den ersten Teil des Films auch deswegen aus Plansequenzen zusammen, weil er mit dem Filmmaterial sparsam umgehen muss. Robert McKees Behauptung zum Trotz hat dieser Film ein internationales Publikum gefunden und im Verhältnis zu seinem Budget ein Vielfaches an Einnahmen eingespielt.

‚Less is More' ist der zentrale ästhetische Anspruch eines Kinos der Reduktion. Die Kunst der Beschränkung erhofft sich, mit den Auslassungen einen produktiven Mangel herzustellen, der den Rezipienten zu einer Kompensation der Leerstellen durch die eigene Imagination herausfordern soll. Dem Rezipienten wird auf diese Weise eine aktive Rolle in der Bedeutungsevokation des Kunstwerks zugestanden, mehr noch: Das Kunstwerk realisiere sich erst durch die individuelle Ergänzung des Rezipienten – ein Ansatz, der über die Rezeptionsästhetik der Konstanzer Schule Ende der 1960er Jahre theoretisch ausformuliert wird. „Die Leerstellen machen den Text adaptierfähig und ermöglichen es dem Leser, die Fremderfahrung der Texte im Lesen zu einer privaten zu machen" (Iser 1994, S. 248 f.). Mit dem ‚More' ist aber nicht nur das Anreichern des Kunstwerks durch die individuelle Erfahrungswirklichkeit gemeint, sondern auch eine emotionale Intensivierung des filmischen Erlebens und nachhaltige Prägung durch die Aktivierung des Rezipienten.

Wie bestimmt man in der Filmgeschichte Regisseure und Werke, die dieser stilistischen Richtung folgen? Vor dem historischen Hintergrund einer Filmkultur und ihrer ästhetischen Norm sollten die Verkleinerungen in den Parametern filmischer Ausdrucksformen bestimmt werden. Dabei muss ein Film nicht notwendigerweise auf allen Gestaltungsebenen Reduktionen vornehmen. „Wie auf einem Mischpult lassen sich auch einzelne Regler oder Drehknöpfe gegen Null pegeln. Je mehr Parameter Minimalismen aufweisen oder je extremer sie in einem Bereich ausfallen, umso eher lässt sich der Film dem Kino des Minimalismus zuordnen" (Grob et al. 2009, S. 20 f.).

Einer der frühsten Reduktionisten der Filmgeschichte ist Buster Keaton. In seinem Werk bündeln sich Tendenzen zur Abstraktion und Minimalisierung, die sich in den 1920er Jahren in nahezu allen Künsten bemerkbar machen: der Neuen Fotografie, der Neuen Sachlichkeit, des Neuen Bauens, der Neuen Simplizität in der Musik Erik Saties oder

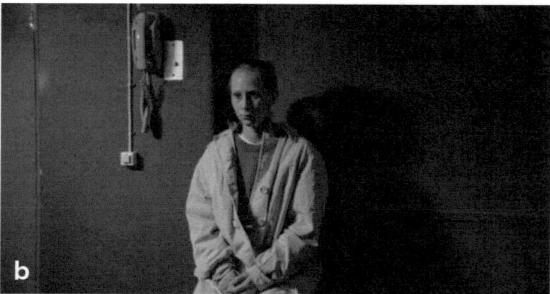

Abb. 5.17 Keine Miene verziehen – was auch geschieht: Buster Keaton in *Go West* (*Der Cowboy*, © Buster Keaton Productions, USA 1925, **a**) und Kari Outinen in *Tulitikkutehtaan tyttö* (*Das Mädchen aus der Streichholzfabrik*) von Aki Kaurismäki (**b**, © Esselte Video u. a., FIN/S 1990).

der Erzählökonomie der *Short Stories* Ernest Hemingways (vgl. Prümm 2009, S. 32–34). Es ist vor allem Keatons Minimalisierung des Gesichtsausdrucks bis zur Maskenhaftigkeit (das berühmte *Stone Face*, vgl. Abb. 5.17a), das einen ikonischen Bezugspunkt setzt, zu dem man spätere Performances der mimischen Ausdruckslosigkeit in Relation setzen kann, so unterschiedlich der Kontext auch sein mag: Im Western begegnet uns das erstarrte Gesicht von Randolph Scott in den Filmen von Budd Boetticher (*Seven Men from Now / Der Siebente ist dran*, USA 1956), im Gangsterfilm das regungslose Gesicht von Alain Delon in *Le samouraï* (*Der eiskalte Engel*, F/I 1967, Jean-Pierre Melville) oder von Ulli Lommel in *Liebe ist kälter als der Tod* (BRD 1969, Rainer Werner Fassbinder) und in der melodramatischen Komödie das stoische Brüten der Arbeiter in den Filmen von Aki Kaurismäki (*Tulitikkutehtaan tyttö / Das Mädchen aus der Streichholzfabrik*, FIN/S 1990, vgl. Abb. 5.17b). Die Zurücknahme des mimischen Ausdrucks bis zur Grenze des Verschwindens, an der nur noch die Physiognomie und Präsenz des Gesichts als solches wirkt, kommt dem Vergrößerungsglas der Kamera entgegen und schafft eine doppelte Spannung, weil es einen Gegenpol zum innerfilmischen Kraftfeld setzt und zweitens dem Zuschauer den emotionalen Einblick verweigert. Es kann eine Identifikation verhindern oder paradoxerweise die Projektion von Gefühlen auf die Figur steigern. Der Effekt – er kann komisch bis skurril, unheimlich bis verstörend sein – vermag die Wirkung einer Situation zu intensivieren.

Verlagert man den Blick vom Schauspiel auf den Raum, so wird eine minimalistische Ästhetik jede überladene, bevölkerte Ausstattung vermeiden. Carl Theodor Dreyers Entleerung des Bildes und Konzentration auf weiße Innenräume, um sich allein auf die Dramatik des Gesichts zu konzentrieren, kommt schon in den 1920er Jahren markant zum Tragen (*La passion de Jeanne d'Arc / Johanna von Orléans*, F 1928, vgl. Abb. 5.18a). In seinem Spätwerk wird sie zu extremer Kargheit zugespitzt: mit gedehnten Einstellungen, unmerklichen Kamerafahrten und verweigerten Großaufnahmen – in den beiden Kammerspielen *Ordet* (*Das Wort*, DK 1955) und *Gertrud* (DK 1964). Auf der Ebene der Kameragestaltung ist Yasujiro Ozus visuelle Askese in seiner berühmten Schaffensphase von 1949 bis 1963 die wohl prägnanteste. Kein anderer Filmemacher verbietet sich in zahl-

Abb. 5.18 Zwei Stilmittel des filmischen Minimalismus: Die Entleerung der Umgebung bei Carl Theodor Dreyer (*La passion de Jeanne d'Arc*, **a**, © Société générale des films, F 1928) und die Verweigerung des Zentrums bei Robert Bresson (*L'argent*, **b**, © Eôs Films, F/CH 1983).

reichen Filmen so konsequent Schwenks, Fahrten und Blenden. Die Kamera bleibt fest in etwa 80 Zentimetern Höhe justiert, um in kontemplativer Ruhe die zarten Regungen seiner Figuren zu registrieren. Sie werden verkörpert von den immer gleichen Schauspielern, denen man in Ozus Filmen beim Altern zuschauen kann. Spricht man über die berühmtesten Künstler filmischer Reduktion, wird in einem Atemzug mit Yasujiro Ozu und Carl Theodor Dreyer der Franzose Robert Bresson genannt. Wenngleich Dreyer, Bresson und Ozu als radikale Reduktionisten deklariert werden, beziehen sich diese Regisseure ästhetisch nie aufeinander und entstammen gänzlich verschiedenen kulturellen Zusammenhängen. Wohl aber erweisen ihnen jüngere Puristen wie Aki Kaurismäki, Jim Jarmusch, Abbas Kiarostami oder Hou Hsiao-hsien ihre Referenz.

Bressons formale Reduktionen – in seinem schönen Buch *Notes sur le cinématographe* (1975) in Aphorismen treffend benannt – stellen durch die Aussparung von narrativen Verknüpfungen das Brüchige und Fragmentarische einer Geschichte heraus. Zugleich verweigern seine Filme jedwede Landkarte der Affekte, auf der sich ein Zuschauer emotional orientieren könnte. Statt das Konflikt- und Gefühlszentrum einer Szene zu filmen, montiert Bresson in *L'argent* (*Das Geld*, F/CH 1983) die Ränder aneinander – das Ankommen oder das Abfahren der Mopeds, das Eintreten oder Verlassen der Geschäfte –, schneidet Gestik und Proxemik seiner Laiendarsteller aus: Hände, die etwas hinlegen, Schritte, die sich entfernen (vgl. Abb. 5.18b). So wirkt *L'argent*, als wäre er aus jenen Anfängen und Enden von Filmtakes zusammengestellt, die in der Postproduktion eines klassischen Kriminalfilms abgeschnitten werden: „In Bressons Werk sind die Menschen in ihrem Sein und ihrem Handeln, in ihrer Einsamkeit, ihrem Ausgeliefertsein und ihrem Aufbegehren sich und anderen ein Geheimnis, undurchdringlich sind auch die Dinge opak. Für Bresson sperrt sich die psychische wie die physische Welt, sperrt sich die conditio humana insgesamt psychologischen und soziologischen Deutungsmustern" (Kiefer 2009, S. 80).

Das Kino der Reduktion ist ein künstlerischer Ausdruck, der einerseits mit dem Realismus korrelieren kann, sich andererseits aber auch mit religiösen Implikationen aufladen lässt. Der junge Paul Schrader hat in seinem Buch *Transcendental Style. Ozu, Bresson, Dreyer* (1972) auf der Basis einer nebulösen Begriffsdefinition den drei Filmemachern eine Ästhetik des Transzendenten zugeschrieben. Dieser ,transzendente Stil' sei geprägt von vier Merkmalen – Alltäglichkeit, Statik, Disparität und Askese – und öffne einen Raum für die Emanationen des Absoluten und Anderen im Film: „austerity and asceticism stand at the gates of the Transcendent" (1972, S. 151). Schraders Buch, das in der Film-wissenschaft ein Kuriosum bleibt, macht deutlich, wie ein Stil der Auslassung, der auf das Geheimnis setzt und seine Resonanz im Bewusstsein des Zuschauers sucht, sowohl ganz profan als auch spirituell gedeutet werden kann, je nachdem, ob ein Zuschauer die Leer-stellen mit seiner Imagination oder seinem Glauben an das Heilige anreichert.

Mit Blick auf Korrelationen zwischen Minimalismus und Spiritualität muss man auch über kulturelle Wechselprozesse zwischen Nordamerika und Asien sprechen. Es lässt sich nicht übersehen, dass einige Künstler wie John Cage in der Musik, Robert Rauschen-berg in der bildenden Kunst oder Jim Jarmusch im Film vom Zen-Buddhismus inspiriert sind. Die Tatsache, dass in der japanischen Kultur Leere nicht als Vakuum, sondern als Volumen verstanden wird und die Kunst der Einfachheit eine Tugend im künstlerischen Ausdruck darstellt, ebenso wie der Umstand, dass die japanische Kultur die Entwick-lung von Abstraktion und Minimalismus in der westlichen Moderne beeinflusst hat (vgl. Kunstmuseum Wolfsburg 2007), lassen die Komplexität des Phänomens erahnen, die es nicht erlaubt, einzelne Künstler aus ihrem Kontext herauszureißen. Wiewohl sich die sti-listischen Ausdrucksweisen in ihren Minimalisierungen ästhetisch durchaus vergleichen lassen, versteckt sich hinter jeder verschwiegenen Kunst ein anderes Geheimnis.

Exemplarische Filme

Tokyo Monogatari (*Die Reise nach Tokio*, J 1953, Yasujiro Ozu)
Jeanne Dielman, 23, Quai du commerce, 1080 Bruxelles (*Jeanne Dielman*, B/F 1975, Chantal Akerman)
L'argent (*Das Geld*, F/CH 1983, Robert Bresson)
Stranger than Paradise (USA/D 1984, Jim Jarmusch)
Ariel (FIN 1988, Aki Kaurismäki)

Einführungsliteratur

Bresson, Robert. 1980. *Noten zum Kinematographen* (Arbeitshefte Film 4). München u. a.: Hanser.
Grob, Norbert, Bernd Kiefer, Roman Mauer, Josef Rauscher. Hrsg. 2009. *Kino des Minimalismus* (Genres/Stile 3). Mainz: Bender.
Strickland, Edward. 1993. *Minimalism: Origins*. Bloomington: Indiana UP.

5.6 Opulenz

Schlägt man den Begriff Opulenz in verschiedenen Lexika nach, erhält man ein breites Spektrum an Synonymen: Üppigkeit, Reichhaltigkeit, Pracht, Luxus, Pomp, Prunk, Zuviel, Übermaß, Überfülle, Überschwang beziehungsweise Überfluss. Beim Versuch, Opulenz als filmische Stiltradition zu untersuchen, stellt man zunächst fest, dass sie durch die Geschichte des Kinos hindurch in vielfältiger Form und Gestalt auftritt. So lässt sich das Kino seit seinen Anfängen von der Exotik fremder Welten oder ferner Zeiten begeistern. Mal fordert deren (vergangene oder zukünftige) Fremdheit dazu heraus, den tatsächlichen (oder oft auch nur vermuteten) Reiz jener Epochen sinnlich vorzuführen, wie zum Beispiel in Merian C. Coopers und Ernest B. Schoedsacks *King Kong* (*King Kong und die weiße Frau,* USA 1933). Ein anderes Mal dient die Darstellung von Pomp und Dekadenz als moralische Warnung vor einem angeblichen Verfall der Sitten in der Gegenwart, wie es zum Beispiel in Michael Kértèsz' *Sodom und Gomorrha – Die Legende von Sünde und Strafe* (AT 1922) der Fall ist. Das bedeutet aber nicht, dass jeder Reise- oder Historienfilm opulent wäre, wie wiederum Pier Paolo Pasolinis filmische Auseinandersetzungen mit antiken Mythen – zum Beispiel *Edipo Re* (*Bett der Gewalt*, I/RO 1967) oder *Medea* (I/F/ BRD 1969) – beweisen.

Um die Vielfalt unterschiedlicher Regisseure oder Œuvres sinnvoll zu rastern, wird der Begriff auf drei Ebenen analysiert: erstens als narrative Überfülle, die sich als hohe Informationsdichte, aber auch als stilistischer Eklektizismus darstellen kann; zweitens als ausufernder Gestaltungswille der Künstler, der sich sowohl in der Kumulation ästhetischer Mittel als auch in starker persönlicher Involvierung des Regisseurs in verschiedene Produktionsprozesse des Werks zu zeigen vermag; drittens schließlich als audiovisueller Exzess, als Überschuss der Ästhetik über die Narration, der quer durch alle Genres, aber vor allem im Genre des Melodrams zu beobachten ist (vgl. Thompson 1986, S. 130–142). Die Vorstellung von Opulenz als Exzess impliziert auch eine intensive Empathielenkung des Publikums seitens der filmischen Inszenierung. Ingesamt erhebt der Ansatz nicht den Anspruch, einen Kanon an Filmen, Künstlern oder gar inszenatorischen Mitteln zu entwerfen, sondern versteht sich als Diskussionsvorschlag, ein vielgestaltiges Phänomen stilgeschichtlich zu fassen und von anderen stilistischen Kontinuitäten abzugrenzen.

Die monumentale, überdimensionierte Inszenierung Filmhistorisch lässt sich eine Stiltradition opulenter Inszenierung vor allem in der Geschichte des Monumentalfilms nachweisen: Seit dem Beginn des 20. Jahrhunderts entstehen in Italien zahlreiche Stummfilm-Großproduktionen, die im Rückgriff auf das römische Weltreich den damaligen Großmachtanspruch des italienischen Königreichs untermauern. Neben Luigi Maggis *Gli ultimi giorni di Pompeii* (*Die letzten Tage von Pompeji*, I 1908) und Enrico Guazzonis *Quo Vadis* (I 1912) ist hier vor allem Giovanni Pastrones *Cabiria* (I 1914) zu nennen, der bereits wesentliche Elemente einer filmischen Ästhetik des Übermaßes vereint: die Visualisierung historischer, oft exotischer Schauplätze (die Punischen Kriege zwischen Rom und Karthago) samt prunkvoller Architektur (der Tempel des Moloch in Karthago),

Schlachtengemälde (die Versenkung der römischen Flotte vor Alexandria), Massenszenen (die Alpen-Überquerung Hannibals), epische Breite (in 168 Minuten wird mehr als eine Dekade erzählt) sowie die Verknüpfung großer Weltläufe mit individuellen Einzelschicksalen. *Cabiria* initiiert „ein Filmgenre (…) der attraktiven, ‚überlebensgroßen‘ Geschehnisse" (Koebner 2002, S. 394), das Traditionen der italienischen Oper und der literarischen Epik fortführt. In den USA entstehen unter der Regie von David Wark Griffith bald darauf eigene Großproduktionen, die sich als filmischer Gründungsmythos der amerikanischen Nation – *Birth of a Nation* (*Die Geburt einer Nation*, USA 1915) – beziehungsweise pazifistischer Appell für Humanismus und Toleranz – *Intolerance* (*Intoleranz*, USA 1916, vgl. Abb. 5.19) lesen lassen. Beide Filme enthalten – wie *Cabiria* – große, aufwändig gestaltete Schlachtenszenen, doch bei *Intolerance* fällt zusätzlich die große Parallelmontage auf, über die Griffith seine vier Episoden – den Niedergang Babylons im 6. vorchristlichen Jahrhundert, die Kreuzigung Christi um 30 n. Chr., die Bartholomäus-Nacht 1572 sowie den Fall einer jungen amerikanischen Familie im Jahr 1914 – verknüpft. Eine Vielzahl von Statisten, Berge von Kostümen und anderen Ausstattungsgegenständen treiben die Produktionskosten auf über zwei Millionen Dollar – für lange Zeit ein weiteres Kennzeichen des Opulenten im Kino. In Frankreich verbindet Abel Gance in *Napoléon* (F 1927) die Überbreite seines 330 Minuten langen Biopics mit einer Projektionsfläche von drei Leinwänden. Fritz Lang bedient mit *Die Nibelungen* (D 1924) und *Metropolis* (D 1927) die Anstrengungen der deutschen Filmindustrie nach eigenen ‚Kolossalfilmen‘. *Metropolis* mit seinen 17 Monaten Drehzeit, 1,3 Mio. belichteten Filmmetern, 36.000 Komparsen,

Abb. 5.19 *Intolerance* (©Triangle Film Corporation/Wark Producing, USA 1916)

seinen Hunderten architektonischen Modellen, komplizierten Tricks und Gesamtkosten von ca. sechs Millionen Mark ist ein filmhistorischer Meilenstein, gleichzeitig jedoch ein finanzielles Fiasko für die Ufa.

In den 1950er Jahren, der letzten Blütezeit des Klassischen Hollywoodkinos, erreicht auch der Monumentalfilm neue Höhepunkte: Cecil B. DeMille arbeitet zwei Jahre an *The Ten Commandments* (*Die zehn Gebote*, USA 1956), der mit ca. 13 Millionen Dollar zum bis dahin teuersten Hollywoodfilm avanciert. Auch hier entspricht das Breitwandformat von Vistavision der mit 220 Minuten epischen Länge der Erzählung über Moses und den Auszug des Volkes Israel aus Ägypten. DeMille, der den gleichen Stoff bereits 1923 verfilmt hat, stehen bei seinem Remake mit Charlton Heston, Yul Brunner, Anne Baxter und Edward G. Robinson bekannte Stars und ein deutlich höheres Budget zur Verfügung, was sich unter anderem in der im wahrsten Sinne des Wortes sintflutartigen Kaskade von 300.000 Litern Wasser zeigt, die der Regisseur bei der Vernichtung der ägyptischen Streitmacht im Roten Meer einsetzt. Für William Wylers *Ben-Hur* (USA 1959), gedreht auf 65 mm-Filmmaterial und in einem extremen Breitwandformat von 2,76:1, muss das Studio MGM laut *Lexikon des Internationalen Films* nicht nur 15 Millionen Dollar, sondern auch „50.000 Komparsen, über eine Million Requisiten und 40.000 t Mittelmeersand" aufwenden. Der Film, ein Remake von Fred Niblos gleichnamiger Produktion aus dem Jahr 1925, setzt seine Serie inszenatorischer Superlative auch bei den Academy Awards fort und gewinnt elf Oscars. Um den kommerziellen Erfolg dieser ebenso teuren wie glamourösen Produktionen zu gewährleisten, organisieren die großen Studios sogenannte *roadshows* (Hall 2002, S. 12), bei denen Filme zum Teil mehrere Monate lang durch die größten Kinos der USA touren.

Die 1980er Jahre sind – vor allem in Hollywood – das Jahrzehnt der Rückkehr des *blockbuster* sowie des Aufstiegs des *high concept*. Filme werden in Bezug aufs Thema möglichst einfach und allgemeinverständlich, in Bezug auf Ausstattung und Schauwerte jedoch aufwändig und überwältigend konzipiert. Kostüme, Maske, Dekor und Set-Design bilden zum Beispiel in Stephen Frears *Dangerous Liaisons* (*Gefährliche Liebschaften*, USA/GB 1988) den ausladenden, prächtigen Hintergrund für die Intrigen des Pariser Adels, von denen der Film in Adaption des Briefromans von Choderlos de Laclos (1782) erzählt (vgl. Abb. 5.22).

Ebenfalls in den 1980er Jahren beginnt der Siegeszug der *computer generated imagery* (CGI): Produktionskosten für Großproduktionen von über 100 Millionen Dollar werden zur Regel, und auch die Gewinne liegen normalerweise im dreistelligen Millionenbereich: James Camerons *Titanic* (USA 1997) zum Beispiel kostet mehr als 200 Millionen und spielt über 600 Millionen ein (vgl. Hall 2002, S. 22). In *Titanic*, aber auch schon in *Terminator 2: Judgment Day* (*Terminator 2 – Tag der Abrechnung*, USA 1991) tritt neben die großen Stars (Leonardo DiCaprio beziehungsweise Arnold Schwarzenegger) die Computertricktechnik des Morphing, die eine stufenlose Transformationen einer Form in eine andere ermöglicht. So kann Cameron unter anderem den aus Flüssigmetall bestehenden Cyborg T-1000 kreieren. Was in *Terminator* das Morphing, sind in Camerons *Avatar* (*Avatar – Aufbruch nach Pandora*, USA 2009) das Motion Capture-Verfahren beziehungswei-

Abb. 5.20 Ein Beispiel für die Stiltradition der Opulenz ist die Darstellung monumentaler Architektur, meist in Totalen oder Panoramaeinstellungen gefilmt, die Erhabenheit und Größe signalisiert. Hier zu sehen in: **a** *Ben-Hur* (© MGM, USA 1959); **b** *2046* (© Jet Tonme Films u. a., HK/F u. a. 2004); **c** *The Great Gatsby* (© Warner Bros. u. a., AU/USA 2013).

se die 3D-Stereoskopie, die neue Verknüpfungen von Realfilm und Computeranimation beziehungsweise rezeptionsseitig eine intensivere Immersion des Zuschauers erlauben. Die bis in kleinste Eindrücke ausgestaltete, von intensiven Farben und Lichtreflexen ge-

Abb. 5.21 Jedes Element innerhalb des Bildkaders kann zu einem Bedeutungsträger werden, das die Sicht der Filmautoren auf die Welt sinnlich erfahrbar macht: zum Beispiel durch präzises Arrangement von Figuren und Objekten im Raum wie in *Il Gattopardo* (© Titanus u. a., I/F 1963).

prägte Science-Fiction-Welt Pandora mit ihrer sinnenverwirrenden Flora und Fauna stellt ebenso ein Beispiel opulenter Großproduktion dar wie Baz Luhrmanns *The Great Gatsby* (*Der große Gatsby*, AU/USA 2013, vgl. Abb. 5.20c und 5.22b). Der Film, eine bildgewaltige und artifizielle Verfilmung nach Scott Fitzgerald, zeigt ein großes emotionales Drama und dekadente Feste im Anwesen des von Leonardo DiCaprio verkörperten Millionärs. Dem entspricht auf der formalen Ebene ein üppiger Einsatz von Stilmitteln: Eine geradezu entfesselte Kamera fliegt über New York hinweg oder von Häuserdächern herab, Kostüme und Ausstattung zeugen von Akribie und Detailreichtum, der Score mischt HipHop und Klassik zu einer bombastischen *Wall of Sound*, die Montage synchronisiert Bild- und Toninformationen zu einem dynamischen, rauschhaften Wirklichkeitseindruck, den Louis Vasquez zutreffend als „Videoclip-Look" bezeichnet (Vasquez 2013). In dieser Perspektive des Monumentalen, wie sie auch die Großstadtpanoramen in Wong Kar-Wais *2046* (*2046 – Der ultimative* Liebesfilm, HK/F u. a. 2004, vgl. Abb. 5.20b) widerspiegeln, wäre das Opulente als Tradition filmtechnischer Überwältigung des Zuschauers zu sehen, als Tendenz zu audiovisueller Spektakularität, die sich selbst als *bigger than life* feiert.

Vision du Monde und Kunstwollen im Autorenkino Doch auch im eher intellektuell geprägten Autorenkino etabliert sich ein Stil der Überfülle. Der Autor kontrolliert demnach sämtliche Gestaltungsmittel, die in seinem Film zur Anwendung kommen, sowie alle Themen und Motive, die darin anklingen. Sein spezifischer Stil kann, wie zum Beispiel bei Ozu, Bresson oder Jarmusch, minimalistisch (→ Minimalismus), aber auch von einem überbordenden Gestaltungswillen geprägt sein, der sich in artifiziellem Kunstwollen oder in der Übernahme mehrerer künstlerischer Funktionen zeigen kann, so zum Beispiel bei Jean-Luc Godard, John Cassavetes oder Michael Moore, die bei (fast) allen ihren Filmen das Drehbuch schreiben und Regie führen.

Vor allem dem Werk Peter Greenaways ist wiederholt eine Haltung der gezielten Künstlichkeit unterstellt worden: ein Manierismus, der sich im Schwelgen in kunsthistorischen Bezügen, in ästhetischer Überfülle und der Orientierung an der Idee des Gesamtkunstwerks äußert. Kunstgeschichtlich steht der Manierismus an der Grenze zwischen Renaissance und Barock. In der Malerei, Architektur, Musik und Literatur treten die naturwissenschaftlich-mathematischen Einflüsse der humanistischen Renaissance zugunsten einer pathetischen Opulenz zurück. Dieser ästhetische Überschwang prägt auch Greenaways Arbeitsweise: Er organisiert seine Filme stets nach formalen Verweissystemen, die er zum Beispiel der Semiotik entnimmt. In *Drowning by Numbers* (*Verschwörung der Frauen*, GB/NL 1988) tauchen die Zahlen 1 bis 100 in chronologischer Reihenfolge in Bildern und Dialogen auf. Außerdem enthält der Film 100 Sterne, die von einem seilspringenden Mädchen benannt werden, wie auch 100 Objekte, die mit einem S beginnen. In *The Draughtman's Contract* (*Der Kontrakt des Zeichners*, GB 1982) ist es die Zahl Zwölf, sie repräsentiert unter anderem die Zahl der Zeichnungen, die der Maler Neville für die Adlige Mrs. Herbert anfertigen soll. Über diese cineastische Versuchsanordnung parallelisiert Greenaway die Arbeit von Maler und Kameramann beziehungsweise Regisseur und verstärkt diese intermedialen Bezüge noch, indem er seine Einstellungen immer wieder wie Gemälde aufbaut: einerseits in der Mise-en-scène, die Sujets aus Werken von de la Tour, Gainsborough oder Hogart inszeniert; andererseits durch die Kamera, die das statische, oft zentralperspektivische Arrangement von Personen und Objekten in langen Totalen als filmisches Tableau stilisiert. Indem Greenaway Figuren seines Films über Bildgestaltung und womöglich verborgene Erzählebenen des Gemäldes *Allegory of Newtons Service to Optics* (Januarius Zick, 1785) diskutieren lässt, liefert er durch diese Mise en abyme einen metafilmischen Kommentar zur Intrige seines eigenen Films und fügt diesem den Akt seiner eigenen Erzählung hinzu. Die permanente gegenseitige Bespiegelung und Verwandlung von Wirklichkeit und Fiktion wird in *The Pillow Book* (*Die Bettlektüre*, NL/GB/F/LU 1996) im virtuellen Raum der elektronischen Bilderzeugung beziehungsweise Bildbearbeitung universalisiert: In Split-Screens und langen Überblendungen fließen Räume und Zeitepochen ineinander, Körper werden beschrieben und überschrieben wie ein Text, in den Greenaway sein Werk intermedial verwandelt: ein audiovisuelles Palimpsest.

Stiltendenzen des Opulenten und Prunkvollen finden sich auch bei Luchino Visconti. *Ludwig II.* (I/F/BRD 1972) darf als eine mit größter inszenatorischer Anstrengung gestaltete Studie über den Ästhetizismus des 19. Jahrhunderts gelten, als

> ein Film, wie es ihn wohl nie mehr geben wird; Summe und Höhepunkt einer von Jahrhunderten europäischer Kultur geprägten und durchdrungenen Einbildungskraft, eines von Geschichte und Erinnerung, Veranlagung und Sensibilität gestalteten Bewusstseins. (Schaub 2006)

Schon in *Il Gattopardo* (*Der Leopard*, I/F 1963) besticht Visconti durch extremen Detailreichtum in der filmischen Rekonstruktion der Epoche des italienischen Risorgimento. Eine ausgefeilte Licht- und Farbdramaturgie sowie eine ebenso präzise wie analytische Montage erheben jedes Objekt, jeden Blick und jede Geste zum Bedeutungsträger

Abb. 5.22 Der melodramatische Konflikt spiegelt sich oft in Dekor, Ausstattung, Lichtsetzung und Musik eines Films wider, so als diffundiere die Wucht der Gefühle aus der Story in die Bildgestaltung, zum Beispiel in *Dangerous Liaisons* (© Lorimar Film Entertainment u. a., USA/GB 1988, **a**) und *The Great Gatsby* (© Warner Bros. u. a., AU/USA 2013, **b**).

(vgl. Abb. 5.21). In *Ludwig II.* fallen Stil und Thema geradezu zusammen: im Leben eines Monarchen, der das eigene Leben in ein Kunstwerk verwandeln will, sich wie ein Dandy ganz und gar dem Schönen verschreibt und daran scheitert. Viscontis elegische Bilder lösen ästhetisch genau jene Maßlosigkeit ein, die in der Anmaßung des Protagonisten, sein Leben in radikalem Selbstbezug zu führen, verborgen liegt. In diesem Sinne inszeniert er Ludwigs Märchenschlösser – zum Beispiel Herrenchiemsee oder Neu-Schwanstein – als das, was sie sind: hochartifizielle Schutzräume, in denen jedes noch so kleine Element Schönheit atmet und bewahrt. Noch sehr viel stärker als in *Il Gattopardo* wirkt hier die Musik: Die Kompositionen Wagners, Schumanns, Offenbachs dienen nicht nur als akustisches Dekor aus zeitgenössischen Produktionen, sondern orchestrieren und kommentieren zentrale Themen des Films: In Schumanns Klavierwerken klingt die romantische Klage

über Entfremdung und Verfall der Wirklichkeit an, Wagners Kompositionen stehen im
Kontext der Idee des Gesamtkunstwerks, das in letzter Konsequenz Kunst und Wirklichkeit zusammenführen soll.

Ludwig II. wird auch von Hans Jürgen Syberberg filmisch gewürdigt, wenngleich
dessen Stil der assoziativen Verknüpfung historisch disparater Werke, Stile und Themen
sicherlich schwerer zugänglich ist als der Viscontis. Syberbergs *Ludwig – Requiem für
einen jungfräulichen König* (BRD 1972), der siebenstündige *Hitler, ein Film aus Deutschland* (BRD 1977) oder *Parsifal* (BRD 1983) sind in ihrem Konglomerat aus Romantik
und Surrealismus Ergebnisse einer „Kulturmontage im Posthistoire", sie zielen nicht mehr
auf eine lineare, rational intelligible Konstruktion von Geschichte, sondern offenbaren in
ihrem „Willen zum Mythos" (Kiefer 1993, S. 232) eine Simultaneität verschiedener Epochen, widersprüchlicher Motive und Verweise aus Politik, Philosophie, Literatur, Musik
und Bildender Kunst.

Natürlich nutzen auch Regisseure mit überbordendem Gestaltungswillen digitale Techniken: Alexander Sokurow zum Beispiel hat seinen Film *Russkij Kowtscheg* (*Russian Ark*,
RU u. a. 2002) in einer einzigen, wenngleich mit versteckten Schnitten versehenen Steadi-
cam-Einstellung gedreht, mit der er 300 Jahre russischer Zeitgeschichte zusammenfasst.
Die Kamera fährt durch prachtvolle Korridore und Räume, gleichzeitig erkundet sie verschiedene Epochen und Gesellschaftsformen.

Exzess und Überschuss im Melodram Das Melodram reicht in den Gattungen des
Romans oder des Dramas bis ins frühe 19. Jahrhundert zurück, besitzt also eine reiche
vorfilmische Tradition. Es verhandelt in erster Linie große Gefühle wie Liebe, Hass und
Verzweiflung. Dabei lebt es von großen Peripetien, jedoch von vergleichsweise schwach
ausgeprägten Kausalitäts- und Motivationsstrukturen: Außergewöhnliches dominiert über
Gewöhnliches, Schicksal oder Zufall greifen immer wieder machtvoll in Leben und Empfinden der Charaktere ein. Die Welt des Melodrams ist eine ganzheitliche und säuberlich
in Oppositionen von Gut und Böse unterteilbar. Im filmischen Melodram, das schon früh,
spätestens jedoch seit den 1950er Jahren psychoanalytische Termini wie Projektion und
Übertragung reflektiert, treten die schicksalhaften Spannungen zwischen den Charakteren
häufig in Form eines ästhetischen Mehrwerts auf. Damit ist gemeint, dass der melodramatische Konflikt in Farbe und Dekor „sublimiert und auf komplexe Weise Prozessen der
Symbolisierung unterworfen" wird, ein Befund, für den sich in der Melodramenforschung
die Rede vom „stilistischen Exzeß (der Farben, der Musik, der *mise-en-scène*)" (Cargnelli
1994, S. 13 f.; vgl. auch Thompson 1986, S. 130–142) eingebürgert hat. In besonderem
Maße hat Thomas Elsaesser mit seiner epochalen Studie *Tales of Sound and Fury* von
1972 zu dieser Begriffsbildung beigetragen. Mit Blick auf das amerikanische Familienmelodram der 1950er Jahre beobachtet er vor allem in den Filmen Douglas Sirks eine
intensive Wechselbeziehung zwischen Innen und Außen, zwischen Affekt und Welt. In
Sirks *All that Heaven Allows* (*Was der Himmel erlaubt*, USA 1955) scheint jeder Gegenstand, jedes Stückchen Dekor, zum Beispiel Spiegel, überdeterminiert und auf psychische
Befindlichkeiten zu verweisen. So werden zum Beispiel Pflanzen als Symbole für Natürlichkeit und Freiheit, Fensterrahmen hingegen als Metapher für gesellschaftliche Verbote

inszeniert. Jeder Gegenstand hält emotional oder psychologisch entschlüsselbare Bedeutungen bereit. Auch der exzessive Gebrauch von Musik und satten Technicolor-Farben erschließt filmische Subtexte, in denen Affekte und Leiden der Protagonisten metasprachlich lesbar werden; sie eröffnen Einblicke in Seelenlandschaften, deren ästhetische Komposition sich dem Postulat naturalistischer Realitätsabbildung immer wieder entzieht.

Doch auch außerhalb Hollywoods stilisieren Filmemacher ihre „melodramatische Imagination" (Elsaesser 1994, S. 93) in exzessiver Form: In Wong Kar-Wais *Fa yeung nin wa* (*In the Mood for Love*, HK/F 2000) wird die unglückliche Liebe zwischen Chow und Li-zhen eben nicht nur in Thema und Dialogen, sondern vor allem formal umgesetzt: in den elegischen Kompositionen Shigeru Umeyabashis, den melancholischen Songs Nat King Coles, den von Szene zu Szene wechselnden Kleidern Maggie Cheungs oder der artifiziellen Slow Motion, die die tragischen Momente der gegenseitigen Verfehlungen der Liebenden schmerzhaft zerdehnt (vgl. Abb. 5.23).

Die hier referierten Manifestationen von Opulenz bilden natürlich auch Schnittmengen beziehungsweise verstärken sich gegenseitig, so zum Beispiel wenn melodramatische Konstellationen im Monumentalfilm oder Blockbuster erscheinen. Selbstverständlich ist eine wie hier unternommene Annäherung an das, was man eine filmische Stilgeschichte der Opulenz nennen könnte, stets kritisch fortzuschreiben, denn in jeder Epoche oder Nationalkinematografie, beinahe jedem Genre und wahrscheinlich einer unüberschaubar großen Anzahl von Œuvres müsste das Opulente immer in Relation zu bereits existierenden Stilen und Stiltraditionen erfasst werden. Orson Welles' stilistische Gestaltungswut in *Citizen Kane* (USA 1941) – multiperspektivisches Erzählen, komplexe Rückblenden und Montagesequenzen, eine extrem tiefenscharfe Inszenierung – hebt sich zwar deutlich von zeitgenössischen Biopics ab, ist jedoch nicht zuletzt Konsequenz der künstlerischen Freiheiten, die sich Welles von RKO vertraglich hat zusichern lassen. So ist das Opulente als stilistische Kontinuität auf mehreren Ebenen begreifbar und stets rückzukoppeln an konkrete filmhistorische Kontexte, vor deren Hintergrund es seine spezifischen inszenatorischen Konturen erst gewinnt.

Exemplarische Filme

Cabiria (I 1914, Giovanni Pastrone)

Intolerance (*Intoleranz*, USA 1916, David Wark Grifith)

Ben-Hur (USA 1959, William Wyler)

Il Gattopardo (*Der Leopard*, I 1963, Luchino Visconti)

Fa yeung nin wa (*In the Mood for Love*, HK/F 2000, Wong Kar-Wai)

The Great Gatsby (*Der große Gatsby*, AU/USA 2013, Baz Luhrmann)

Einführungsliteratur

Thompson, Kristin (1986 [1981]): The Concept of Cinematic Excess, in *Narrative, Apparatus, Ideology*, Hrsg. Philip Rosen, 130–142. New York: Columbia University Press.

Abb. 5.23 Der Bildebene kommt im Melodram besondere Bedeutung zu. Wong Kar-wai erzählt in *Fa yeung nin wa* (*In the Mood for Love*, © Block 2 Pictures u. a., HK/F 2000) eine Geschichte der Aussparungen. Was bleibt, sind die Zwischenräume und Alltagssituationen, in denen kleine Gesten, Dekor und Ausstattung umso mehr an Bedeutung gewinnen. Diese vermitteln Gefühle und treten an die Stelle von Schauspiel und Sprache. So steht der Wind im roten Vorhang für das Begehren, das sich die Liebenden nicht zeigen dürfen.

Literatur

Artaud, Antonin. 1978. Brief àn Germaine Dulac, 25.09.1927. In *Les Oeuvres complètes d'Antonin Artaud*, Bd. 3, 128. Paris: Gallimard.

Barber, Stephen. 2003. Extremities of the Mind: Antonin Artaud and Cinema. In *The Age of Gold. Surrealist Cinema (Persistence of Vision, 3),* Hrsg. R. Short, 33–50. London: Creation Books.

Barth, John. 1986. A few words about minimalism. *New York Times Book Review*, 28 Dec 1986, 1–2, 25.

Bazin, André. 2004. Die Entwicklung der Filmsprache. In *Was ist Film?* Hrsg. Robert Fischer, 90–109. Berlin: Alexander Verlag.

Bordwell, David. 2006. *The way hollywood tells it: Story and style in modern movies*. Berkeley: University of California Press.

Bresson, Robert. 1980. *Noten zum Kinematographen (Arbeitshefte Film 4)*. München: Hanser.

Breton, André. 1993. *Die Manifeste des Surrealismus*. Reinbek bei Hamburg: Rowohlt.

Breton, André. 1994. Verzweifelt und leidenschaftlich. In *¿BUñUEL! Auge des Jahrhunderts,* Hrsg. Y. David, 21–24. Bonn: Schirmer-Mosel.

Brütsch, Matthias. 2011. *Traumbühne Kino. Der Traum als filmtheoretische Metapher und narratives Motiv (Zürcher Filmstudien, 17)*. Marburg: Schüren.

Butler, David. 2009. *Fantasy cinema. Impossible worlds on screen*. London: Wallflower.

Caillois, Roger. 1983. Das Bild des Phantastischen: Vom Märchen bis zur Science Fiction. In *Lexikon der phantastischen Literatur,* Hrsg. Rein A. Zondergeld, 44–83. Frankfurt a. M.: Suhrkamp.

Cargnelli, Christian. 1994. Sirk, Marx, Freud und die Frauen. Überlegungen zum Melodram. Ein Überblick. In *Und immer wieder geht die Sonne auf. Texte zum Melodramatischen im Film,* Hrsg. Christian Cargnelli und Michael Palm, 11–34. Wien: PVS.

Durst, Uwe. 2010. *Theorie der phantastischen Literatur*. 2. Aufl. Berlin: LIT.

Elsaesser, Thomas. 1994. Tales of sound and fury. Anmerkungen zum Familienmelodram. In *Und immer wieder geht die Sonne auf. Texte zum Melodramatischen im Film*, Hrsg. Christian Cargnelli und Michael Palm, 93–130. Wien: PVS.

Flückiger, Barbara. 2010. *Sound design. Die virtuelle Klangwelt des Films*. 4. Aufl. Marburg: Schüren.

Fowkes, Katherine A. 2010. *The fantasy film*. Malden: Wiley-Blackwell.

Fuß, Peter. 2001. *Das Groteske. Ein Medium des kulturellen Wandels*. Köln: Böhlau.

Gould, Michael. 1976. *Surrealism and the cinema (open-eyed screening)*. South Brunswick: Barnes.

Grob, Norbert. 1991. *Wenders*. Berlin: Volker Spiess.

Grob, Norbert, Bernd Kiefer, Roman Mauer, und Josef Rauscher. 2009. ‚Less Is More'. Das Minimalistische als ästhetisches Prinzip. In *Kino des Minimalismus (Genres. Stile* 3), Hrsg. N. Grob, B. Kiefer, R. Mauer, J. Rauscher, 7–25. Mainz: Bender.

Hall, Sheldon. 2002. Tall revenue features: The genealogy of the modern blockbuster. In *Genre and contemporary hollywood*. Hrsg. Steven Neale, 11–26. London: BFI.

Hallam, Julia, und Margaret Marshment. 2000. *Realism and popular cinema*. Manchester: Manchester University Press.

Iser, Wolfgang. 1994. Die Appellstruktur der Texte. In *Rezeptionsästhetik. Theorie und Praxis,* Hrsg. Rainer Warning, 228–252. München: Fink.

Kiefer, Bernd. 1993. Kulturmontage im Posthistoire. Zur Filmästhetik von Hans-Jürgen Syberberg. In *Montage in Theater und Film,* Hrsg. Horst Fritz, 229–248. Tübingen: Francke.

Kiefer, Bernd. 2009. Die Suche nach dem notwendigen Bild. Robert Bresson. In *Kino des Minimalismus (Genres, Stile* 3), Hrsg. Norbert Grob, Bernd Kiefer, Roman Mauer, und Josef Rauscher, 78–101. Mainz: Bender.

Kirsten, Guido. 2013. *Filmischer Realismus*. Marburg: Schüren.

Koebner, Thomas. 1998. Erzählen im Irrealis. Zum Neuen Surrealismus im Film der sechziger Jahre. Eine Problemskizze. In *Träumungen. Traumerzählung in Film und Literatur,* Hrsg. B. Dieterle, 71–92. St. Augustin: Gardez.

Koebner, Thomas. 2002. Monumentalfilm. In *Sachlexikon des Films,* Hrsg. Thomas Koebner, 393–398. Stuttgart: Reclam.

Koebner, Thomas. 2010. *Federico Fellini. Der Zauberspiegel seiner Filme (Film-Konzepte Sonderband 2010)*. München: text + kritik.

Kunstmuseum Wolfsburg. Hrsg. 2007. *Japan und der Westen: Die erfüllte Leere und der moderne Minimalismus (Katalog anlässlich der Ausstellung vom 22. September 2007-13. Januar 2008)*. Köln: DuMont.

Lefebvre, Henri. 1978. *Einführung in die Modernität. Zwölf Präludien*. Frankfurt a. M.: Suhrkamp.

Liptay, Fabienne. 2009. Virtuoser auf einer Geige. Hou Hsiao-hsien. In *Kino des Minimalismus (Genres. Stile* 3), Hrsg. Norbert Grob, Bernd Kiefer, Roman Mauer, und Josef Rauscher, 221–241. Mainz: Bender.

Lommel, Michael, Hrsg. 2008. *Surrealismus und Film: von Fellini bis Lynch (Medienumbrüche 25)*. Bielefeld: Transcript.

Matthews, John H. 1971. *Surrealism and film*. Ann Arbor: University of Michigan Press.

Mauer, Roman. 2006. *Jim Jarmusch. Filme zum anderen Amerika*. Mainz: Bender.

McKee, Robert. 2000. *Story: Die Prinzipien des Drehbuchschreibens*. Berlin: Alexander Verlag.

Morin, Edgar. 1958. *Der Mensch und das Kino. Eine anthropologische Untersuchung*. Stuttgart: Klett.

Motte, Warren. 1999. *Small worlds. Minimalism in contemporary French literature*. Lincoln: University of Nebraska Press.

Nadeau, Maurice. 1986. *Geschichte des Surrealismus*. Reinbek bei Hamburg: Rowohlt.

Person, Jutta. 1999. *„Less is more".Minimalismus in der Kurzprosa Raymond Carvers, Frederick Barthelmes und Mary Robisons* (Mosaic 9). Trier: WVT.

Pinkas, Claudia. 2010. *Der phantastische Film. Instabile Narrationen und die Narration der Instabilität*. Berlin: De Gruyter.

Prümm, Karl. 2009. „Hellspürendes Geschöpf der modernen Wildnis". Buster Keaton. In *Kino des Minimalismus (Genres. Stile* 3), Hrsg. Norbert Grob, Bernd Kiefer, Roman Mauer, und Josef Rauscher, 26–44. Mainz: Bender.

Rainer, Yvonne. 1995. Ein Quasi-Überblick über einige „minimalistische" Tendenzen in den Tanz-Aktivitäten inmitten der Überfülle oder: Eine Analyse von Trio A (1966). In *Minimal Art: eine kritische Retrospektive (Fundus-Bücher 134)*, Hrsg. Gregor Stemmrich, 121–132. Dresden: Verlag der Kunst.

Richardson, Michael. 2006. *Surrealism and cinema*. Oxford: Berg.

Roloff, Volker. 2008. Zum Surrealismus in italienischen und französischen Filmen der 1960er Jahre – die Ästhetik des Surrealen im Film. In *Das goldene Zeitalter des italienischen Films. Die 1960er Jahre,* Hrsg. Thomas Koebner und Irmbert Schenk, 483–493. München: text + kritik.

Schaub, Martin. 2006. Ludwig II. http://www. arsenal-berlin. de/print/kalender/filmreihe/calendar/2013/february/18/article/2860/3003. html?cHash=87798a1778b9020c0ca591103c8fada7&tx_skcalendar_pi1[offset]=1256421600&tx_skcalendar_pi1[view]=week. Zugegriffen: 27. Juli 2013.

Schrader, Paul. 1972. *Transcendental style in film. Ozu, Bresson, Dreyer*. Berkeley: University of California Press.

Schramm, Caroline. 1999. *Minimalismus. Leonid Dobycins Prosa im Kontext der totalitären Ästhetik (Slawische Literaturen 19)*. Frankfurt a. M.: Lang.

Short, Robert. 2003. Introduction: Ocular Alchemy: Surrealism's Expectations of Cinema. In *The Age of Gold. Surrealist Cinema (persistence of vision 3)*, Hrsg. R. Short, 5–32. London: Creation Books.

Sobchack, Vivian. 2006. Der fantastische Film. In *Geschichte des internationalen Films,* Hrsg. Geoffrey Nowell-Smith, 282–289. Stuttgart: Metzler.

Spiegel, Simon. 2007. *Die Konstitution des Wunderbaren. Zu einer Poetik des Science-Fiction-Films*. Marburg: Schüren.

Strickland, Edward. 1993. *Minimalism: Origins*. Bloomington: Indiana University Press.

Thomas, Kevin. 2009. „Taxidermia" (2006). *Los Angeles Times*, 14. August.

Thompson, Kristin. 1986[1981]. The concept of cinematic excess. In *Narrative, apparatus, ideolo-gy,* Hrsg. Philip Rosen, 130–142. New York: Columbia University Press.

Todorov, Tzvetan. 2013. *Einführung in die fantastische Literatur*. Berlin: Wagenbach.

Vasquez, Louis. 2013. Der große Gatsby. www.br.de/fernsehen/bayerisches-fernseh-en/sendungen/kino-kino/der-grosse-gatsby-leonardo-dicaprio-baz-luhrman-filmkritik100.html. Zugegriffen: 27. Juli 2013.

Will, Fabienne. 2011. Phantastischer Film. In *Sachlexikon des Films,* Hrsg. Thomas Koebner, 3. Aufl., 446–450. Stuttgart: Metzler.

Wünsch, Marianne. 1991. *Die fantastische Literatur der Frühen Moderne. Definition, denkge-schichtlicher Kontext, Strukturen.* München: Fink.

Wuss, Peter. 1998. Träume als filmische Tropen und Stereotypen. In *Träumungen. Traumerzählung in Film und Literatur,* Hrsg. Bernard Dieterle, 93–116. St. Augustin: Gardez.

Stilistik audiovisueller Medien 6

6.1 Einleitung

Das Kino wird im Laufe seiner Geschichte mit immer zahlreicheren konkurrierenden Medien konfrontiert. Auf das Fernsehen folgen Speichermedien und Wiedergabegeräte für den Home Entertainment-Bereich und schließlich das Internet, das die Mediatisierung der Alltagswelt in beispiellosem Tempo und noch längst nicht absehbarem Umfang weiter vorantreibt. Aus dieser Pluralisierung der Medien aber ergeben sich für den Film mehrere schon heute erkennbare Konsequenzen. Erstens erfolgt die Verbreitung eines Medienprodukts über unterschiedliche Distributionsmedien. Ein Film erscheint nach dem Zeitraum seiner Kinoauswertung als Verleih- und Kaufversion auf einem Speichermedium, er wird im Fernsehen ausgestrahlt und kann über verschiedene Kanäle auf PC-Bildschirmen oder auf mobilen Endgeräten gesehen werden. Zweitens nähern sich die unterschiedlichen audiovisuellen Medien seit den 1990er Jahren immer weiter an, wachsen teilweise gar zusammen; ein Phänomen, das seither unter dem Begriff der Medienkonvergenz diskutiert wird. Dieser Tendenz zum Trotz aber besteht nach wie vor das gleichzeitig vorhandene Bestreben jedes Mediums, den eigenen besonderen Status zu erhalten. Drittens – das ist gleichermaßen ausschlaggebend – nimmt die Zahl der verfügbaren Medienprodukte in beachtlichem Maße zu. Dies führt dazu, dass jedes einzelne Produkt seine einzigartigen Vorzüge herauszustellen bemüht ist, um nicht in der Masse des vorhandenen Angebots unterzugehen. Als eines der entscheidenden Distinktionsmerkmale sowohl zwischen den Einzelmedien als auch zwischen einzelnen Produkten innerhalb eines Mediums fungiert dabei der Stil.

Wenn ein (neues) Medium in Konkurrenz zu einem anderen tritt, versucht das bereits existierende, seine medienspezifischen Stilmittel zu betonen. Als sich das Kino in den 1960er Jahren gegen das Konkurrenzmedium Fernsehen behaupten muss, versucht es unter anderem, den Event-Charakter des Filmerlebnisses im Kino zu intensivieren. Zu diesem Zweck werden beispielsweise Breitwandverfahren entwickelt, die das Fernse-

© Springer Fachmedien Wiesbaden 2016   365
C. Hesse et al., *Filmstile,* Film, Fernsehen, Neue Medien,
DOI 10.1007/978-3-531-19080-8_6

hen damals noch nicht abzubilden in der Lage ist. Auf den wachsenden Heimkinomarkt reagiert das Kino mit großen Multiplexen, größeren Bildwänden und neuen 3D-Verfahren, auf die Dolby-5. 1- Surroundsysteme der Heimkinoanlagen mit 7. 1-Ton oder Dolby Atmos. Als Reaktion auf die hochauflösenden Blurays folgt eine Digitalisierungswelle des Kinos, dem mit den DCPs (*Digital Cinema Package*) ein digitales Format zur Verfügung steht, das den Blurays deutlich überlegen ist. Die wachsende Durchschnittslänge der Bildschirmdiagonalen der TV-Geräte in Privathaushalten kann einerseits als Abgrenzung zu den vergleichsweise kleinen Bildschirmen der mobilen Endgeräte, gleichzeitig aber auch als Annäherung an Leinwanderlebnisse aufgefasst werden. Solche Annäherungs- oder Adaptionsprozesse an ein anderes Medium wechseln sich mit Abgrenzungsprozessen von einem weiteren Medium ab oder werden von solchen begleitet.

Viele dieser Veränderungen betreffen die technischen Voraussetzungen, die wiederum zu Veränderungen der ästhetischen Erfahrung und zu einer Anpassung der Stilmittel an diese veränderten Voraussetzungen führen. Die Umgestaltung des standardisierten Fernsehbildschirmformats von einem 4:3- auf ein 16:9-Format bringt ebenso wie die wachsende Bildschirmgröße stilistische Anpassungen hervor; zum Beispiel kann nun bei gleicher Einstellungsgröße ein größerer filmischer Raum abgebildet werden. Andere Veränderungen kommen etwa durch die Aneignung von Strategien anderer Medien zustande. So übernehmen aktuelle Fernsehserien den ‚Kino-Look‘, um sich von anderen Fernsehformaten abzugrenzen; ebenso erzeugen in Videospielen vor allem *cut scenes* einen zunehmend filmischen Eindruck. Das Internet greift das für das Fernsehen charakteristische Live-Prinzip auf, während umgekehrt das webspezifische Prinzip der Interaktivität zunehmend Einzug in die Fernsehlandschaft hält.

Die vor allem durch die Digitaltechnologie beförderte Annäherung der Einzelmedien führt zu einer technischen Konvergenz, die oft auch inhaltlichen und stilistischen Wechselwirkungen den Weg bahnt. Nichtsdestotrotz verfügt jedes audiovisuelle Medium über seine eigenen stilistischen Besonderheiten. Dabei werden die ästhetischen Verfahren durch die spezifischen Möglichkeiten des jeweiligen Mediums bestimmt, zumindest in weitreichendem Umfang bedingt. Innerhalb dieses Spektrums werden mögliche Gestaltungsformen erprobt, um einerseits dem Wunsch nach stilistischer Vielfalt und andererseits dem nach Abgrenzung Rechnung zu tragen. Jene medienspezifischen Besonderheiten sowie stilistische Kollisionen zwischen den unterschiedlichen Medien werden in den nachfolgenden Kapiteln genauer betrachtet.

6.2   Stilistik des Kinos

„Qu'est-ce que le cinéma?" Die Frage, die André Bazins berühmter Aufsatzsammlung ihren Namen gibt, wäre zunächst einmal philologisch zu klären. *Was ist Kino?* lautet die erste deutsche Übersetzung des Titels 1975, *Was ist Film?* die zweite im Jahr 2004. Anders als im Französischen, wo das Wort *film* nur einen einzelnen Film, *cinéma* aber den Film schlechthin meint, kommen sich die beiden Bezeichnungen im Deutschen häufig in die

Abb. 6.1 Wenn das Dispositiv Kino zum Ort der filmischen Handlung wird, lassen sich selbstreflexive Verbindungen herstellen. In *Angustia* (*Im Augenblick der Angst*, © Luna Films u. a., E 1987) entpuppt sich die Verfolgung eines Serienmörders nach zwanzig Minuten als ein Film, der von Patty (Talia Paul) und Linda (Clara Pastor) auf der Kinoleinwand verfolgt wird (**a**) Als dieser Film im Film seine Aktion ebenfalls in ein Kino verlagert, sehen wir Menschen im Kino, die Menschen im Kino betrachten. Schlussendlich sitzt auf beiden diegetischen Ebenen ein Mörder im Zuschauerraum, so dass sich beide Bereiche ineinander spiegeln (**b**). Die diegetischen Grenzen verwischen und die kreative Triebkraft der Institution Kino wird freigelegt.

Quere. Kino kann den Film als ein besonderes Medium (Kino, Radio, Fernsehen) oder als eine besondere Kunstform (Kino, Theater, Literatur), ebenso die Filme einer bestimmten Epoche (z. B. das Kino der 1920er Jahre) oder eines bestimmten Landes (z. B. das US-amerikanische Kino), sogar die Gesamtheit der Filme überhaupt bezeichnen. Kino heißt aber auch der Ort, an dem Filme vor einem Publikum auf eine Leinwand projiziert werden, die räumlich-materielle Institution (vgl. Abb. 6.1).

Vom Kino in dieser handgreiflich technischen Bedeutung soll hier die Rede sein. Es geht um die Frage, wie die stilistische Entwicklung des Films mit den apparativen Bedingungen des Kinos historisch zusammenhängt. Das betrifft insbesondere den Zusammenhang von Produktion und Projektion. Der von den Brüdern Lumière erfundene *cinématographe* vereint charakteristischerweise noch beide Funktionen in einem einzigen Apparat, aus dem schließlich Kamera und Projektor als komplementäre Geräte hervorgehen. Dabei ist zu berücksichtigen, dass die technische Entwicklung der Apparate immer auch in Wechselwirkung mit den historisch spezifischen Bedürfnissen und Gewohnheiten des Publikums erfolgt. Kurz, eine Technikgeschichte des Kinos ist zugleich Kulturgeschichte.

Film und Kino Über fast die gesamte erste Hälfte der bisherigen Filmgeschichte bilden Film und Kino eine Einheit. Filme können zunächst nicht anders als mit einem fotografischen Filmstreifen aufgenommen und später nur mit einem Projektor wiedergegeben werden (wobei dieser freilich in jedem beliebigen Saal und nicht nur in einem Lichtspieltheater in Betrieb genommen werden kann; zwischen Projektionstechnik und Institution bleibt noch zu unterscheiden). Erst seit die Aufnahme und Wiedergabe bewegter Bilder auch unabhängig von einem Filmstreifen möglich werden, können Film und Kino separate Entwicklungen einschlagen. Als das Fernsehen in den 1950er Jahren zum Massenmedium wird, beginnen nicht nur zwei filmische Medien und damit auch zwei eigentümliche Rezeptionsweisen zu koexistieren, es bilden sich auch zwei medienspezifische Stilkomplexe heraus.

Dass sich technische Bedingungen auf die Formen künstlerischer Produktion und stilistischer Gestaltung auswirken, gilt erst recht für eine technologisch so komplexe und von vornherein industrialisierte Kunst wie den Film. Ganz offensichtlich wird das an epochalen Umbrüchen wie dem vom Stumm- zum Tonfilm und dem vom Schwarzweiß- zum Farbfilm. In beiden Fällen handelt es sich um technische Umstellungen, denen weitreichende ästhetische Veränderungen folgen. Ähnliches lässt sich über die in jüngerer Zeit eingeführten elektronischen Verfahren sagen, etwa die *computer generated imagery* (CGI), durch die nicht nur vorhandene Filmaufnahmen nachträglich bis zur Unkenntlichkeit verändert, sondern auch virtuelle Filmeinstellungen und Kamerafahrten ganz ohne Aufnahme am Bildschirm erzeugt werden können. Heute kann prinzipiell jeder Film mit mehr oder weniger Aufwand in jedes andere verfügbare audiovisuelle Format übertragen werden. Auch ein mit einem Mobiltelefon erstellter Clip lässt sich auf einen 35 mm-Filmstreifen kopieren. In der Regel verläuft die Übertragung freilich in die entgegengesetzte Richtung, denn jeder kostspielig produzierte Kinofilm soll sich schließlich auch in kleineren und handlicheren Medien noch verwerten lassen. Die Verbindung von Gestaltung und Vorführung wird dadurch immer weiter gelöst und damit auch die Rückwirkung jeder möglichen Art der Vorführung auf die Gestaltung geringer.

In den ersten Jahrzehnten der Filmgeschichte hingegen ist diese Verbindung noch sehr eng und eindeutig. Sie motiviert den Einsatz bestimmter Stilmittel, von denen sich der Filmemacher bestimmte Wirkungen unter den gegebenen Bedingungen der Vorführung verspricht.

Jahrmarktskino Das Phänomen Bewegung, dem das Kino seinen Namen verdankt (Kinematografie bedeutet Aufzeichnung von Bewegung), ist für dessen frühe Entwicklung in doppelter Hinsicht charakteristisch. Die Produktion bewegter Bilder geht anfangs, vornehmlich in Europa, auch mit der Mobilität der Projektoren einher, die mit den Jahrmärkten durch die Städte ziehen (vgl. Zglinicki 1979, S. 295–308). Das Kino hat zunächst weder einen festen Ort noch eine verbindliche Form, das betrifft sowohl die Ästhetik der Filme als auch deren Vorführung. Die verfügbaren Filmrollen von wenigen Metern Länge, die selbst aufgrund des notorisch knappen Rohmaterials nur schwer erhältlich sind, erlauben lediglich Aufnahmen von einigen Minuten. Dieser Beschränkung entspricht die

Vorführung in Räumen, die üblicherweise eher einer Stehbierhalle als einem Theater gleichen. Das noch nicht sesshafte Kino lockt ein Publikum, das seinerseits noch nicht Platz genommen hat und nach Belieben ein und aus geht. Ein kurzer Besuch genügt, um einen oder sogar mehrere Filme zu sehen.

Der Stil der frühen Filme, sofern man bei den meist eher zufällig realisierten Einfällen von einem Stil schon sprechen mag, scheint ganz darauf ausgerichtet, genau diese flüchtige Neugierde zu befriedigen, ohne die perzeptiven Fähigkeiten, das Interesse oder nur die Geduld der Zuschauer zu überfordern. Eine alltägliche Straßenszene, ein kurzer Sketch, ein kleines Malheur – gezeigt werden gleichsam nur Momentaufnahmen in einer einzigen Einstellung, die man sich buchstäblich im Vorbeigehen ansehen kann. Spielfilme bleiben auf eine schlichte und äußerst verdichtete Handlung beschränkt, in der eine prompt verständliche Geste oder ein Gesichtsausdruck weitschweifige Dialoge ersetzen. Es ist interessant zu sehen, wie diese Kurzform im Fahrgastfernsehen, also in den digitalen Infoscreens der Bahnhöfe, U-Bahnen und Wartesäle wieder aktuell wird.

In den USA erfreuen sich zur selben Zeit bereits die Nickelodeons großer Beliebtheit. Ihr Name bezieht sich auf das einstmals erhobene Eintrittsgeld, die als Nickel bezeichnete amerikanische Fünf-Cent-Münze. Der Filmhistoriker Georges Sadoul spricht, analog zum Goldrausch, von einem „Nickelrausch" („La ruée vers le nickel"; 1948, S. 421). Wenngleich das Kino ausgerechnet im betriebsamen Amerika früher sesshaft wird als im alteingesessenen Europa, wo man ihm weithin noch mit Misstrauen und Geringschätzung begegnet, so ist dennoch die oben beschriebene Mobilität damit nicht ganz aufgehoben. Zwar bestehen die Nickelodeons bereits aus massiven Gebäuden, in denen die Zuschauer wie im Theater Platz nehmen können, die Darbietungen aber gleichen noch den europäischen Jahrmarkt-Veranstaltungen. Gezeigt werden ganz ähnliche, vordergründig anspruchslose kurze Filme, ergänzt um leichte Musik- und Tanzvorführungen. Wie in Europa ist auch dort das Kino zunächst vor allem ein Vergnügen der von sogenannter höherer Bildung Ausgeschlossenen. Hinzu kommt insbesondere in den USA eine nicht zu unterschätzende integrative Funktion, denn der Nickelodeon steht jedem eben erst Eingewanderten offen, der für einen Theaterbesuch nicht nur kein Geld hätte, sondern dabei auch kaum ein Wort verstehen würde. Die ästhetischen Unterschiede zwischen der amerikanischen und europäischen Filmproduktion jener Zeit haben viele Ursachen, auf die hier nicht näher einzugehen ist: geografische, soziale, kulturelle. Demgegenüber nehmen die unterschiedlichen Bedingungen der Vorführung auf die jeweilige Gestaltung der Filme kaum entscheidenden Einfluss. Auch der befestigte Nickelodeon erweist sich im Innern gleichsam noch als mobiles Kino, die Art der Darbietung entspricht der Schaubude auf dem Jahrmarkt mehr als dem arrivierten Lichtspieltheater. Die Einrichtung solcher Vorführhäuser, die der Nickelodeon äußerlich vorwegnimmt, geht erst einher mit der Entwicklung komplexerer und zugleich stärker konventionalisierter ästhetischer Formen.

Lichtspielhäuser Die noch heute geläufige Institution Kino, die von den 1910er bis mindestens in die 1960er Jahre hinein die Filmvorführung dominiert, etabliert sich parallel zur Entstehung sogenannter abendfüllender Spielfilme. Die Aussicht, einen Film von neunzig oder mehr Minuten Länge einem Publikum vorführen zu können, das nicht nur wie vor einer Theaterbühne geduldig Platz nimmt, sondern auch eines besonderen Films wegen erst ins Kino kommt, gibt dem Filmemacher weitaus größere Gestaltungsmöglichkeiten. Diese schließen aber zugleich auch strengere Verpflichtungen ein. In einem Spielfilm von anderthalb oder zwei Stunden Länge kann und muss der Filmemacher verwickeltere Sujets entfalten und zu diesem Zweck wiederum Stilmittel erproben, die den Anforderungen solcher Sujets gerecht werden. Die Entwicklung etwa der Parallelmontage verdankt sich nicht zuletzt dem Umstand, dass nunmehr weit ausgreifende Erzählungen auf die Leinwand gebracht werden können, was unter den Bedingungen des frühen Kinos noch undenkbar gewesen wäre. Zudem ermöglichen die mit den Lichtspielhäusern angewachsenen Leinwände auch neuartige Filmeinstellungen, panoramatische Landschaftsaufnahmen und historische Kulissen mit monumentalen Bauten. Das im Kinosaal zur Ruhe gekommene Publikum ist nun auch empfänglich für präzise choreografierte Arrangements, lange und tiefe Einstellungen, die einen genauen Blick verlangen. Keines dieser neuen stilistischen Verfahren ließe sich maßgeblich aus den nunmehr geschaffenen Bedingungen der Filmvorführung in großen Lichtspieltheatern ableiten; anstelle der tatsächlich entwickelten Stilmittel hätten auch ganz andere entstehen können. Umgekehrt aber lässt sich feststellen, dass die seit den 1910er Jahren allerorts eingerichteten Kinosäle Bedingungen geschaffen haben, unter denen jene stilistischen Möglichkeiten sich erst realisieren lassen.

Der kostspielige Bau von Kinos, die ein stetig wachsendes Publikum anziehen, erfordert in zunehmendem Maße jedoch auch kommerzielle Rücksichten, die der Filmemacher bei der Wahl seiner Stoffe ebenso wie der Stilmittel zu nehmen hat. Innovation und Standardisierung gehen Hand in Hand. Mit der Etablierung bestimmter Stilmittel bilden sich auch immer festere Erwartungen des Publikums. Die Konventionalisierung elementarer stilistischer Verfahren, die sich in den 1910er Jahren parallel zur Institutionalisierung des Kinos in Amerika und Europa und bald überall auf der Welt vollzieht, hat neben anderen Gründen auch einen doppelten ökonomischen. Sie erleichtert (finanziell betrachtet: vergünstigt) die Arbeit an der Produktion eines Films, und sie bietet eine gewisse Gewähr dafür, dass ein ausreichend großes Publikum sich den Film ansehen (das heißt auch: dafür bezahlen) wird. Im Klassischen Hollywoodkino ist dieser ökonomische Zusammenhang besonders deutlich zu erkennen. Die größten Studios, die sogenannten *Big Five* (MGM, Paramount, RKO, 20th Century Fox, Warner), zeichnen sich dadurch aus, dass sie nicht nur über die Mittel zur Produktion von Filmen, sondern auch über die Kinoketten verfügen, um die Filme zeigen und die jeweiligen Investitionen damit gleich amortisieren zu können. Innovationen in den Vorführsälen wirken sich hier auf die Filmproduktion ganz direkt aus. Musicals ebenso wie Kriegs-, Horror- und Gangsterfilme entstehen in großer Zahl erst mit der Einführung des Tons, der für die ästhetische Wirkung jener Genrefilme entscheidend ist, und die großen Hollywoodstudios können sogleich dafür sorgen, dass die technische Ausstattung ihrer Kinos den neuen Produktionsmitteln entspricht. Im Gegensatz dazu werden in der Sowjetunion noch bis in die Mitte der 1930er hinein Filme häufig noch in zwei Versionen hergestellt, einer stummen und einer vertonten, da längst nicht alle Kinos im Land bereits über Tonfilmprojektoren verfügen.

Kinozüge Im sowjetischen Kino findet sich andererseits eine sehr erstaunliche, im übrigen Europa und in Amerika unbekannte Einrichtung, nämlich der Kinozug. Zum Einsatz kommt er erstmals in den Jahren des Bürgerkriegs nach der Revolution (1918–1921), dann noch einmal zur Zeit der rapiden Industrialisierung in den frühen 1930er Jahren. Verglichen mit den komfortabel eingerichteten Kinosälen in den Städten handelt es sich beim Kinozug um ein auf den ersten Blick anachronistisches Phänomen, das an das Wanderkino der Jahrmärkte erinnert. In der Tat spielt praktische Not dabei eine entscheidende Rolle. Viele Kinos im revolutionären Russland sind außer Betrieb, und der stets wechselnde Frontverlauf im Bürgerkrieg erschwert die Versorgung des Landes mit Filmen. Im Unterschied aber zum frühen mobilen Kino ist der Kinozug nicht nur besser ausgerüstet, sondern zuständig sowohl für Vorführungen als auch für Filmaufnahmen auf dem Lande (vgl. Taylor 1971, S. 565–568). Zur Ausstattung dieser sogenannten Agitationszüge gehören Projektoren ebenso wie Kameras. Der Zug – dieselbe Funktion übernehmen bisweilen auch Autos und Dampfschiffe – befördert die in den Zentren hergestellten Filme in die Provinz und umgekehrt Aufnahmen aus der Provinz in die Zentren. Bei der Arbeit an solchen mobil fabrizierten Wochenschaufilmen machen Dsiga Wertow und Lew Kuleschow ihre ersten Erfahrungen mit dem Film. Bemerkenswerter als die Filme, die dabei entstehen, ist der enge Zusammenhang von Produktion und Projektion. Die Erfahrung der Filmvorführungen auf dem Lande, bei denen Publikumsreaktionen unmittelbar beobachtet werden können, prägt auch die parallel stattfindende Arbeit an der Produktion neuer Filme.

Nachdem solche Kinozüge nach dem Ende des Bürgerkriegs aus der Sowjetunion verschwunden und zahlreiche neue Kinosäle gebaut worden sind, greift zehn Jahre später der damals noch unbekannte junge Regisseur Alexander Medwedkin diese Idee wieder auf (vgl. Widdis 2005, S. 22–34). Auch Wertow kommt auf das Konzept des Kinozuges mit seiner Idee eines „Ton-Kino-Automobil" (Vockenhuber 2009, S. 67) später wieder zurück. Medwedkin, selbst Sohn eines Eisenbahners, geht jedoch einen Schritt weiter. Der von ihm in Marsch gesetzte Kinozug wird nun zu einem vollständigen mobilen Filmstudio ausgebaut, das auch über einen Schneideraum und ein kleines Kopierwerk verfügt. Medwedkin und seine Mitarbeiter fahren damit in die Zentren der damaligen Industrialisierung, über die sie nicht nur informieren, sondern die sie mit ihren Filmen, die Schwierigkeiten und Fehler sichtbar machen sollen, unterstützen wollen. Gezeigt werden die Filme dort, wo sie gemacht werden; jeder Film entsteht in direkter Auseinandersetzung mit seinem Publikum. Um den Film solcherart als Kommunikationsmedium im strengen Sinne einzusetzen, bedarf es jedoch auch neuer ästhetischer Verfahren. Neben den schon bekannten Formen der Reportage entwickelt Medwedkin etwa ‚Filmbriefe' (Widdis 2005, S. 26), mit denen er sich direkt an das beteiligte Publikum wendet. So außergewöhnlich wie die Produktionsbedingungen sind auch die politischen Auseinandersetzungen, die in diesen Filmen geführt werden. Anders als sonst in der sowjetischen Filmproduktion der frühen Stalin-Ära demonstriert Medwedkin ganz offen Mängel und Probleme, die er dem Publikum zur Diskussion stellt. Anderswo im Land werden diese Filme daher nie gezeigt. In einer Zeit, da die zentralisierte staatliche Filmindustrie sich ganz auf beschönigende

Propaganda verlegt, stellt Medwedkins mobiles Kino ein letztes Überbleibsel der revolutionären Experimente der frühen 1920er Jahre dar. Eine lebhafte Erinnerung daran hinterlässt Chris Marker in seinem Jahrzehnte später entstandenen Film *Le Train en marche* (*Medwedkins Kinozug*, F 1971).

Tonfilm Die forcierte Einführung des Tonfilms nach dem Erfolg von *The Jazzsinger* (*Der Jazzsänger*, USA 1927) und der großen Nachfrage nach *Talkies* ab 1929 bewirkt einschneidende Veränderungen in allen Bereichen des Mediums. Firmen, die für den internationalen Markt produzieren (allen voran die großen Hollywoodstudios), sehen sich mit neuen Problemen konfrontiert. Die visuelle Sprache des Stummfilms ist universal verständlich, der Dialog eines Tonfilms ist es nicht. Bis Techniken der Nachsynchronisation im Jahr 1932 dieses Problem schließlich lösen, weiß man sich nicht anders zu helfen, als eine Filmproduktion am gleichen Set in mehreren Sprachen aufzunehmen. Diese Mehrsprachen-Produktionen von 1929 bis 1932 sind Paradebeispiele für die Stilanalyse, da sich durch den Wechsel der Schauspieler das emphatische und semantische Zentrum des Bildes verändert: Mimik, Gestik, Körperlichkeit des Darstellers, kulturelle Unterschiede im Sprachduktus, Bedeutungssystem der Gesten und in der Interpretation der Figur changieren hier innerhalb eines identischen szenischen Ablaufs (vgl. Abb. 6.2).

Der Wechsel zum Tonfilm und zu gesprochenen Dialogen ermöglicht eine verstärkte Psychologisierung und genauere Charakterisierung der Figuren. Die Studios, denen die Bedeutung der Stimme für die Ausstrahlung eines Stars bewusst ist, prüfen genau ihre Wirkung. Die Karriere mancher großer Schauspieler der Stummfilmzeit endet mit der Einführung des Tonfilms; manche aber, wie Greta Garbo, können mit der nun hörbaren Stimme faszinieren. Einer der größten Stummfilmstars, Charles Chaplin, sieht den pantomimischen Witz, Charme und Universalismus seines Tramp-Charakters durch die Stimme (in seinem Fall eine mit britischem Akzent) bedroht, sagt dem Tonfilm den Kampf an und dreht mit *City Lights* (*Lichter der Großstadt*, USA 1931) und den mit Geräuscheffekten

Abb. 6.2 Neben der berühmt geworden englischen Fassung von *Dracula* (© Universal Pictures, USA 1931) mit Bela Lugosi (**a**) wird simultan am gleichen Set eine spanische Version produziert. Vormittags dreht Tod Browning mit englischer Besetzung, nachmittags kommt George Melford mit der spanischen Crew, sieht sich Brownings Aufnahmen vom Vormittag an und will das Gesehene überbieten. Die spanische Fassung *Drácula* (USA 1931) mit Carlos Villarías (**b**) ist tatsächlich dynamischer und effektvoller in der Inszenierung, leidet aber am Overactment der Schauspieler.

ergänzten *Modern Times* (*Moderne Zeiten*, USA 1936) Meisterwerke des stummen Spiels zu einer Zeit, als keiner mehr daran glaubt.

In der Anfangszeit scheinen sich beide Gattungen noch nicht auszuschließen. Manche Genres wie Slapstick lassen sich besser als Stummfilm verkaufen, andere wie das Melodram profitieren vom Tonfilm, wieder andere wie das Musical blühen erst richtig auf. Man heuert Regisseure und Darsteller des Theaters an, um der neuen Herausforderung der Dialog-Inszenierung gerecht zu werden. Der Kritik am theatralischen Gestus und Verlust filmischer Qualitäten früher Tonfilme, die 1929 noch aufgrund zu langer statischer Aufnahmen und sperriger Sprach-Artikulation berechtigt ist, wird bald mit verbesserter Technik begegnet: Eine Zeitlang zeichnet man eine Szene gleichzeitig mit sechs Kameras aus verschiedenen Winkeln auf, um den dynamischeren Wechsel der Perspektiven zu erzielen, den das Publikum aus der Stummfilmzeit gewohnt ist; schließlich lässt sich mit leiseren Kameras und Kranfahrten das Problem kostengünstiger lösen. 1930 entwickelt sich zudem ein Bewusstsein für den Einsatz von Geräuschen und Stille als ergänzendes Wirkungspotenzial zur bislang über Licht und Ausstattung erzielten filmischen Atmosphäre (vgl. Crafton 1997, S. 15 f.). Nicht zuletzt verändern sich die Vorführstätten: Aus den Kinos verschwinden die Orchester, Tausende Musiker werden arbeitslos. Damit geht auch der Live-Charakter einer Vorführung verloren. Der Kinofilm emanzipiert sich von den kreativen Einflüssen eines Lichtspielhauses zu einem autonomen Artefakt, das in großen, luxuriösen ebenso wie in bescheidenen Kinosälen mit den neu installierten Tonanlagen gleichermaßen vorgeführt werden kann (vgl. Dibbets 1998, S. 198 ff.).

Mehr Farbe, mehr Tiefe, mehr Breite Wie sich neue technologische Verfahren auf Filmstile des Kinos auswirken, lässt sich nicht nur am Tonfilm, sondern auch an den bereits erwähnten Entwicklungen in den frühen 1950er Jahren zeigen, als die Hollywood-Studios durch die Konkurrenz des Fernsehens ihre Kinoeinnahmen bedroht sehen. Damals wächst in den USA die Verbreitung der Fernsehgeräte rasant an, in nur zehn Jahren von 8000 Stück (1946) auf 34, 9 Millionen (1956), so dass im Jahr 1959 bereits 90 Prozent aller Haushalte über einen Bildschirm verfügen. Das Entstehen einer neuen Mittelklasse, der Baby-Boom, die gesteigerte Mobilität und der Umzug junger Familien in die wachsenden Vorstädte führen dazu, dass das Publikum den Kinos in den Metropolen zunehmend fernbleibt und das Fernsehen als privates Unterhaltungsmedium für sich entdeckt. Auch wenn die Kinoindustrie versucht, den Zuschauern in die Suburbs zu folgen, und dort Autokinos eröffnet, die sich zu einem attraktiven Ausflugsziel für Familien und Liebespaare entwickeln – innerhalb von elf Jahren (1947–1958) steigt die Zahl der Freiluftkinos von 554 auf 4700 an (vgl. Belton 1992, S. 74) –, so bleibt es doch vorrangiges Ziel der Hollywood-Studios, die Zuschauer zurück in die städtischen Kinosäle zu locken.

Dafür muss das Kino als Ort spektakulärer Erfahrungen neu definiert und beworben werden. Gegenüber dem Fernseher mit seiner kleinen Bildfläche, dem Schwarzweißbild in geringer Auflösung und der schwachen Tonqualität soll der Kinofilm in allen Bereichen der Präsentation auftrumpfen und seinen Zuschauern das überwältigende Gefühl geben, gänzlich in die Filmwelt einzutauchen. Neue Anstrengungen werden in die Produktion von Farbfilmen gesetzt; besonders das Eastmancolor-Negativ, das ab 1951 erstmals in Filmen wie *The Sword of Monte Cristo* (*Das Schwert von Monte Christo*, USA 1951) zum Einsatz kommt, löst das kostspielige, daher nur wenig eingesetzte Technicolor-Verfahren ab und kurbelt die Hollywood-Produktion von Farbfilmen zwischen 1950 und 1955 von 15 auf 50 Prozent an (vgl. Lev 2003, S. 108). Noch markantere Attraktionen sind der 3D- und der Breitwandfilm. Sie werden 1952 als große Innovationen angepriesen, stellen allerdings kein wirklich neues Phänomen dar. Die Stereoskopie, eine Erfindung aus dem 19. Jahrhundert, wendet William Friese-Greene bereits in den 1890er auf den Film an; der erste Spielfilm in 3D, *The Power of Love* (USA), kann im Jahr 1922 einem Publikum in Los Angeles vorgeführt werden. Auch Breitwandbilder kommen schon in der Frühzeit des Kinos zum Einsatz, durchaus mit dem Ziel, das Publikum zu überwältigen: Auf der Pariser Weltausstellung im Jahr 1900 projizieren die Lumière-Brüder gar einen 75 mm-Film auf eine gigantische Fläche von 60 mal 10 Metern; Abel Gance konzipiert für die letzte Rolle seines Monumentalfilms *Napoléon* (F 1927) ein mit drei 35 mm-Kameras aufgenommenes Film-Triptychon, das sich zu einem Breitwandbild im 4:1-Format zusammenfügt. Die gesteigerte Produktion von 70 mm-Filmen, die 1930 ihren Höhepunkt unter anderem in *The Big Trail* (*Der große Treck*, USA), *Billy The Kid* (USA) oder *The Bat Whispers* (USA) findet, bricht allerdings durch die Weltwirtschaftskrise und die Einführung des Tonfilms bald ein (vgl. Koshofer 1993, S. 8).

Im Jahr 1952 kehren sowohl das 3D- als auch das Breitwandverfahren zurück ins Kino. Sie verändern die Produktions- und Vorführungstechnik sowie die Sehgewohnheit der Zuschauer und läuten eine goldene Ära expansiver Raumwirkung ein: Auf das B-Movie *Bwana Devil* (*Bwana, der Teufel*, USA 1952) folgt ein kurzer Boom stereoskopischer Filme, der zwei Jahre währt und sogar erstmals mit Stereo-Ton verbunden wird, wie in *House of Wax* (*Das Kabinett des Professor Bondi*, USA 1953). Als Klassiker gelten unter anderem *It Came from Outer Space* (*Gefahr aus dem Weltall*, USA 1953) und *Creature from the Black Lagoon* (*Der Schrecken vom Amazonas*, USA 1954) von Frank Arnold sowie *Dial M for Murder* (*Bei Anruf Mord*, USA 1954) von Alfred Hitchcock. Bemerkenswert ist, dass *Dial M for Murder* auf keiner spektakulären Handlung beruht, sondern einem dialogreichen Theaterstück, welches die Enge des Appartements kaum verlässt. Hitchcock nutzt die Technologie behutsam, um die Tiefenwirkung zu vergrößern, und reserviert 3D-Effekte für die dramatischen Augenblicke, in denen seine Suspense- und Surprise-Strategien kulminieren: Im zentralen Moment des Films, wenn Margot (Grace Kelly) von dem nächtlichen Attentäter auf dem Schreibtisch stranguliert wird, greift ihre hilfesuchende Hand direkt in die Blickachse des Zuschauers und findet dort die Schere, die sie dem Mörder in den Rücken rammen wird.

Welche Auswirkungen hat nun die Verwendung des 3D-Verfahrens auf die Stilistik von Filmen? Es öffnen sich zusätzliche Möglichkeiten der Raumgestaltung durch die Staffelung von Personen oder Gegenständen auf der Blickachse des Zuschauers (oder z-Achse), wobei zwischen Positionen vor der Leinwand (negative Parallaxe, vgl. Abb. 6.3), auf der Leinwandebene (Nullparallaxe) und hinter der Leinwand (positive Parallaxe) grundlegend unterschieden werden kann (vgl. Jockenhövel 2014 S. 73). Generell ist eine Tendenz zur

Abb. 6.3 Objekte in negativer Parallaxe, die aus der Leinwand heraustreten und dem Zuschauer vor der Nase schweben (auch *Pop-Out*-Effekte), werden in Vergnügungsparks als Attraktionen, aber in Spielfilmen nur sparsam eingesetzt, um keinen Illusionsbruch zu provozieren: Sie eignen sich oft für Schreckmomente, weil sie die Bedrohung in den Zuschauerraum verlängern, wie die immer näher rückende Schlange (**a**) in *Sammy's avonturen: De geheime doorgang* (*Sammys Abenteuer – Die Suche nach der geheimen Passage*, © nWave Pictures u. a., B/USA/F 2010). *Gravity* (© Warner Bros. u. a., USA/GB 2013) findet aber auch zu einer poetischen Form des Effekts, wenn sich eine Träne von Ryan Stones Auge (Sandra Bullock) löst und in der Schwerelosigkeit aus der Leinwand heraus schwebt, um zum Sinnbild der Verletzlichkeit und Einsamkeit menschlicher Existenz im wüsten Weltraum zu werden (**b**).

Anordnung der Objekte in Richtung Bildmitte zu konstatieren, da Erscheinungen am Rande der sogenannten *Comfort Zone* aus wahrnehmungsphysiologischen Gründen das Seherlebnis beeinträchtigen. Auch Objekte, die *vor* der Leinwand (in negativer Parallaxe) erscheinen sollen, werden in Richtung Bildmitte gerückt, damit sie nicht Gefahr laufen, vom Bildrahmen beschnitten zu werden, was die räumliche Illusion zerstören würde (vgl. Jockenhövel 2014, S. 96). Weiterhin gibt es Korrelationen zwischen 3D-Wirkung und Schärfe: Festzustellen ist eine Tendenz zur Schärfentiefe, da die stereoskopische Tiefenwirkung von einer scharfen Abbildung aller Objekte auf allen Bildebenen profitiert. Unschärfen können die Zuschauer insbesondere bei Gegenständen vor der Leinwand irritieren, da sich diese nicht wie gewohnt scharfstellen lassen, wenn man sie fokussiert. Eine hohe Schärfentiefe führt allerdings zu einer Gleichwertigkeit jeglicher Bildinhalte und zu der Schwierigkeit, den Zuschauerblick auf Bedeutungszentren zu lenken. Wie Jockenhövel feststellt, wird in 3D-Filmen zugunsten der narrativen Blicklenkung gelegentlich eine Schwächung der stereoskopischen Wirkung in Kauf genommen (vgl. Jockenhövel 2014, S. 103). Ein dritter Aspekt kommt bei der Montage und bei der Kamerabewegung zum Tragen: Da die Augen des Zuschauers mehr Zeit benötigen, um die Tiefeninformationen im 3D-Bild zu erfassen, tendieren die Filme zu einer längeren Einstellungsdauer und erleichtern zudem durch Kamerafahrten die Orientierung, während sie in rasant montierten Actionsequenzen die dreidimensionale Wirkung zurücknehmen. Das ist auch im letzten Drittel von *Avatar* (*Avatar – Aufbruch nach Pandora*, USA/GB 2009) zu beobachten, jenem Film, der im Jahr 2009 eine neuen und bis heute anhaltenden 3D-Boom im Blockbuster-Kino ausgelöst hat (vgl. Jockenhövel 2014, S. 106).

Auch das Breitwandverfahren nimmt Einfluss auf den Filmstil, wirkt sich auf die Bildkomposition, die Choreographie des Raums, die Wahl der Sujets und die Montage aus. Denn „Form und Dynamik des Visuellen, Gefühl für Raum und Zeit, Akzente durch Bewegung im Spannungsverhältnis von rechts/links und horizontal/vertikal: einige der grundlegenden Ausdrucksformen des Kinos werden durch CinemaScope umdefiniert" (Grob 2003, S. 189). Es gilt, die Spannung der gesamten Breite der Leinwand auszumessen. Manche Regisseure behelfen sich damit, den zusätzlichen Raum an den Rändern mit Möbeln, Requisiten oder Statisten zuzustellen, so dass sich der Bedeutungsbereich im Bild wieder auf das traditionelle 4:3-Format verringert. Andere fühlen sich zu opulenten, visuell reichen Bildern ermutigt und nutzen die Erweiterung für spektakuläre Handlungen mit Massenszenen. Die Breite des Formats, so scheint es, verlangt nach einer adäquaten horizontalen Entsprechung in Bild und Bewegung: Straßen oder Flüsse, Paradenmärsche oder Festtafeln, Verfolgungsjagden von Pferden oder Autos, die das Bild von links nach rechts durchrasen. Andere Regisseure finden bildkompositorische Lösungen: Mit der Formel „Konflikt in der Mitte, Gefährdung am Rand" bezeichnet Norbert Grob eine Strategie, wie sie Otto Preminger in *River of no Return* (*Fluss ohne Wiederkehr*, USA 1954) einsetzt, wenn er das Floß in der Bildmitte zeigt und den bedrohlichen Stromschnellen am Rand aussetzt; „Konflikt am Rand, Mitte als Hintergrund" ist wiederum eine Form, die sich bei der Face-to-Face-Situation eines Dialogs, Streits oder einer Liebesszene einsetzen lässt, vor allem aber beim Shoot-out im Western die weite Landschaft zwischen den Kontrahenten nutzt, um Pathos und Dramatik zu evozieren (vgl. *C'era una volta il West / Spiel mir das Lied vom Tod*, I u. a. 1968, Sergio Leone). Wie beim 3D-Verfahren tendiert man beim Breitwandbild zu einer langsamen Montage, die dem Zuschauer Freiheiten in der Blickwahl und dem Schauspieler Freiheiten in der Darstellung gibt. Nicht zuletzt erlaubt die lange Einstellungsdauer, sowohl in der Tiefe des 3D-Films als auch in der Breite des CinemaScope-Films komplexe Bildstrukturen zu schaffen: Ursache und Wirkung der Handlung werden in einer Einstellung gezeigt, verschiedene Facetten eines Ereignisses im räumlichen Hintereinander (oder Nebeneinander) gleichzeitig sichtbar gemacht, mitunter zwei Einstellungsgrößen in einer Aufnahme zusammengefasst und auf die Weise polyphone oder kontrapunktische Bedeutungen erzielt.

Underground- und Mitternachtskino Im Gegenzug zum hochbudgetierten Kinospektakel, das von den Hollywoodstudios in Los Angeles vorangetrieben wird, entwickelt sich eine andere Strömung, die ebenfalls aus einer engen Wechselbeziehung zwischen Technologie, Filmstil und Rezeption hervorgeht und starke Impulse aus der New Yorker Subkultur bezieht. Wie mit Blick auf die Nouvelle Vague oder das Direct Cinema und Cinéma Vérité (→ Dokumentarfilm) schon ausgeführt, werden Ende der 1950er Jahre leichtgewichtige Kameras (von ARRI und Éclair), tragbare Tonbandgeräte (von Nagra) und ein Zoom-Objektiv mit großem Brennweiten-Bereich von 12–120 mm (von Angénieux) entwickelt. Sie ermöglichen eine neue Mobilität und erleichtern dokumentarischen sowie realistischen Bewegungen das Eindringen in die vorfilmische Wirklichkeit. Sie erlauben aber auch persönliche, tagebuchartige, lyrische oder experimentelle Formen im Rahmen unabhängiger, alternativer Produktionsweisen. Voraussetzung dafür ist die Entwicklung von kostengünstigem Filmmaterial: 1923 wird der 16 mm-Film eingeführt, 1932 der 8 mm-Film und 1965 der Super8-Film (ab 1974 mit Ton). All diese kostengünstigen Schmalfilm-Formate, die im Gegensatz zu den großen Breitwandformaten der Studios stehen, sind entscheidend für das Aufkommen des Low-Budget-, Underground-, Amateur- und Experimentalfilm-Kinos. Maya Derens so kunstvolle wie persönliche 16 mm-Filme der 1940er Jahre (wie *Meshes of the Afternoon*, USA 1943) lösen eine zweite Avantgarde in den USA aus. Und ohne 16 mm wären auch die Experimentalfilme von Stan Brakhage (*Mothlight*, USA 1963), Kenneth Anger (*Scorpio Rising*, USA 1964), Andy Warhol (*Sleep*, USA 1964) oder Michael Snow (*Wavelength*, CA/USA 1967) kaum entstanden. Mit Super8-Kameras arbeiten Ende der 1970er Jahre die New Yorker Regisseure des No-Wave-Cinema, die in enger Beziehung zur Punkkultur stehen und schnelle, billige Filme herstellen: feministische Filmemacherinnen wie Ericka Beckman und Vivienne Dick, Vertreter des Cinema of Transgression wie unter anderem Beth und Scott B, Nick Zedd, Casandra Stark und Richard Kern. Im Geiste des Punks ist die Ästhetik dieser Filme oftmals rau, die Narration skizzenhaft, die Montage parataktisch, die Sujets provokativ. Man dokumentiert auch die Performance der Punkbands in den namhaften Clubs (wie dem CBGB), besetzt Musiker als Schauspieler (wie Lydia Lunch, Debbie Harry, Richard Hell) und führt die Filme in Musiklokalen vor.

Im Undergroundfilm erzeugen Art und Ort der Vorführung sowie die Reaktionen des Szenepublikums eine direkte Rückkopplung auf die Filmstilistik. Man dreht, um zu schockieren, zu belustigen, zu gruseln, zu verblüffen. Da diese Filme Ende der 1950er Jahre von regulären Kinos nicht gezeigt werden, braucht es die Initiative einzelner Künstler und Cineasten. Sie stellen Filmreihen wie *Cinema 16* oder *24th: Underground* zusammen und mieten einen Saal für die Vorführung: neben Amos Vogel und Stan Vanderbeek macht sich vor allem Jonas Mekas als zentraler Förderer dieser Bewegung verdient. 1961 etabliert er im Repertoirekino *Charles* ein ‚offenes Programm‘, das es jungen Filmemachern erlaubt, ihre eigenen Werke auf großer Leinwand zu zeigen. Die lockere Veranstaltung, in der sich unter anderem Paul Morrissey, Brian de Palma oder Nestor Almendros trauen, ihre ersten Versuche vorzuführen, genießt bald regen Zuspruch und gipfelt 1963 in einem Festival. Die Filmkritiker James Hoberman und Jonathan Rosenbaum haben dieser New Yorker Underground-Szene in ihrem berühmten Buch *Midnight Movies* (1983/1991, auf Deutsch als *Mitternachtskino* 1998 erschienen) ein Denkmal gesetzt:

Die ‚etabliert-relevanten‘ Kritiker, die sich ab und an im *Charles* blicken ließen, sind stets geneigt, nicht nur die Filme, sondern auch das Publikum in ihren Kritiken zu beschreiben: ‚Leute von der Madison Avenue vermischten sich mit Langhaarigen, Zauseln und Frauen in knappen Stretchleibchen‘, so der Mitarbeiter einer Sonntagsbeilage, ‚die Hälfte des Publikums balanciert Pappbecher voll Kaffee, einige ziehen aus ihren Taschen Butterbrote oder Hühnerkeulen hervor.‘ Die Vorführungen sind soziale Ereignisse, ‚wie eine Party‘, so Andy Warhol. […] Keine Tageszeitung, sei es nun aus Diskretion oder schlichter Ignoranz, erwähnte den durchdringenden Marihuanaduft, der häufig durch den Kinosaal schwebte; statt dessen sind alle Außenstehenden immer sehr erstaunt über das ungezwungene Verhalten der Besucher des *Charles*. (1998, S. 47)

Für dieses Publikum im *Charles* haben Underground-Regisseure wie Ron Rice oder Jack Smith ihre umstrittenen Filme gedreht, die von Jonas Mekas als „Baudelairesches Kino“ in der *Village Voice* verteidigt werden: „Es gibt nun für eine kleine Schar ein Kino, das zu schrecklich und zu ‚dekadent‘ ist für den ‚durchschnittlichen‘ Zuschauer in einer jeglichen Form von organisiertem Kulturbetrieb“ (zit. Hoberman 1998, S. 53). Kinobetreiber werden sich in den 1960er und 1970er Jahren der neuen Zielgruppe zunehmend bewusst und zeigen die spielerisch obskuren bis gezielt obszönen Filme in Sonderprogrammen um Mitternacht. Filme wie *El Topo* (MEX 1970) von Alejandro Jodorowsky oder *Pink Flamingos* (USA 1972) von John Waters erleben auf der Mitternachtsschiene ihre Uraufführung (vgl. Abb. 6.4). Der abgesonderte Ort des Kinosaals bietet in der Nacht einem Kreis an Fans die Möglichkeit eines sozialen Events, in der die treue Anhängerschaft zu einem kultig verehrten Film durch das Mitsprechen der Dialoge, Mitsingen der Lieder oder Nachahmen der Kostüme rituell zelebriert wird, so dass bei der Vorführung von Filmen wie *The Rocky Horror Picture Show* (GB/USA 1975) das, was sich im Zuschauerraum abspielt, irgendwann reizvoller erscheint, als was sich auf der Leinwand ereignet.

Abb. 6.4 Nach *El Topo* (MEX 1970) intensiviert Alejandro Jodorowsky in *The Holy Mountain* (*Montana Sacra – Der heilige Berg*, © ABKCO Music and Records, MEX/USA 1973) seinen Stil und festigt seinen Ruf als Protagonist des Undergroundkinos. Groteske Bilder reizen in einer Mischung aus religiöser Symbolik, Splatter-Ästhetik und Drogenrausch künstlerische und moralische Grenzen aus und sichern seinen Filmen einen bis heute andauernden Kultstatus.

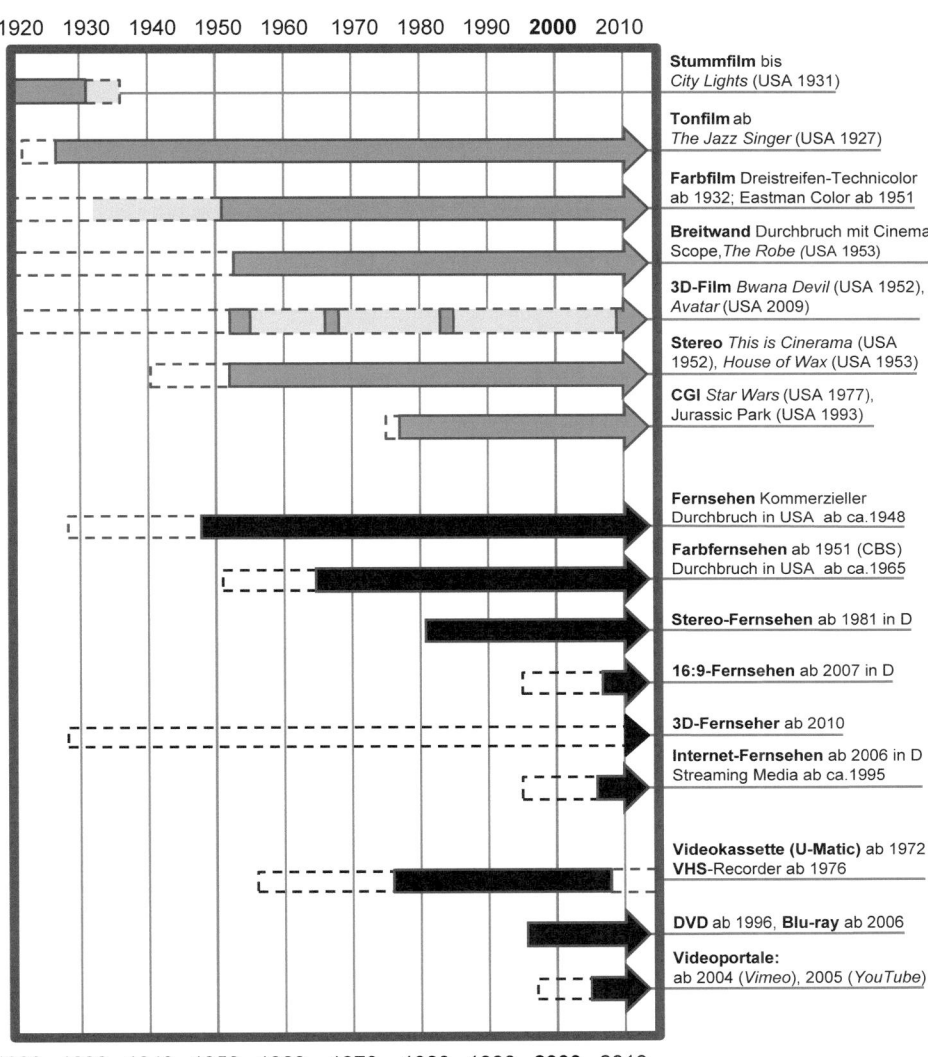

Abb. 6.5 Anfang der 1950er Jahre reagiert das Kino auf die Konkurrenz des Fernsehens mit der Einführung von Breitwandformaten, 3D-Film, Stereoton und der Ausweitung der Farbfilmproduktion. Doch das Fernsehen holt auf, entwickelt sich zudem zur Abspielstätte für Video und konvergiert bald mit den non-linearen Streaming-Angeboten des Internets. In dieser vereinfachten Darstellung markieren die gestrichelten Linien die Vorbereitung einer Technologie, die Balken die Phasen zunehmender Präsenz im Markt oder im öffentlichen Bewusstsein.

Kino unter Konkurrenz Beide geschilderten Distinkionsmerkmale, die audiovisuelle Brillanz und der Tabubruch, werden dem Kino nach und nach von anderen Medien streitig gemacht (vgl. Abb. 6.5). Das Fernsehen holt bald auf: Es gewinnt Farbe, verbessert die Bildqualität, führt Stereo- und Surround-Technik ein und schafft mit zunehmend größeren 16:9-Bildschirmen ein Pendant zu den Breitwandformaten des Kinos; sogar 3D-Fernseher sind nun auf dem Markt. Mit der Einführung des Videorekorders in den 1960er Jahren wird der Fernseher auch zu einem Bildschirm für andere Medien; es eröffnen sich nun Möglichkeiten der Aufzeichnung und selbstbestimmten Wiedergabe von Filmen (mit den Record-, Stop-, Play-, Pause-, Skip-Tasten), die das Kino nicht bietet. Der entstehende Videomarkt erhöht die Verfügbarkeit der Filme, die er in wachsender Auswahl für eine eigene Sammlung bereitstellt – darunter auch jene unkonventionellen oder exploitativen Filme, die im regulären Kinoprogramm nicht laufen und nun mit Freunden im eigenen Zuhause als Kult-Event zelebriert werden können. Mit der Einführung des Kabel- und Satellitenfernsehens multiplizieren sich die simultan verfügbaren Fernsehkanäle. (Das Zappen ist ein Rezeptionsverhalten, das an das Fernsehen, nicht an das Kino gebunden ist, aber es wirkt sich stilistisch auf die Ästhetik und Dramaturgie der Filmanfänge aus, die den Zuschauer an die Sendung binden sollen.)

In Anbetracht der immensen Anzahl von Filmen unterschiedlichster Art, die mehr noch als im Fernsehen mittlerweile auch auf DVD, Blu-ray und vor allem im Internet zirkulieren, auf Smartphones, Tablets und Notebooks abgerufen werden, machen Vorführungen im Kino nur noch einen kleinen Teil der Filmrezeption aus. Das Kino bietet seit langem nicht mehr die einzige Möglichkeit, einen Film zu sehen. Doch die Prognosen all derer, die es seit über vierzig Jahren immer wieder totsagen, hat es bisher überlebt. Im Unterschied zum Bildschirm daheim oder unterwegs stellt das Kino, unabhängig von der Exklusivität seines Programms, noch immer eine luxuriöse, spektakuläre oder authentische, auf jeden Fall aber eine besonders konzentrierte Form der Filmwahrnehmung dar.

Exemplarische Filme

Frühe Experimente mit Split-Screen, Breitwand, Kamera: *Napoléon* (F 1927, Abel Gance)

Montage: *Bronenosez Potemkin* (*Panzerkreuzer Potemkin*, SU 1925, Sergej Eisenstein)

Tonfilm: *Le Million* (*Die Million*, F 1931, René Clair)

Revolte gegen den Tonfilm: *Modern Times* (*Moderne Zeiten*, USA 1936, Charles Chaplin)

Tiefeninszenierung: *Citizen Kane* (USA 1941, Orson Welles)

Breitwand: *River of no Return* (*Fluß ohne Wiederkehr*, USA 1954, Otto Preminger)

Über das „Ende des Kinos": *Week End* (*Weekend*, F/I 1967, Jean-Luc Godard)

Mitternachtskino: *The Holy Mountain* (*Montana Sacra – Der heilige Berg*, MEX/USA 1973, Alejandro Jodorowsky)

Farbe: *Ying xiong* (*Hero*, CH 2002, Zhang Yimou)

3D-Film/CGI: *Avatar* (*Avatar – Aufbruch nach Pandora, USA/GB 2009*)

Einführungsliteratur

Bordwell, David. 1997. *On the History of Film Style*. Cambridge (Mass.), London: Harvard University Press.

Salt, Barry. 2009. *Film Style and Technology: History and Analysis* (3. Auflage). London. Starword.

Harpole, Charles. *History of the American Cinema* (10 Bände). Berkeley: University of California Press.

6.3 Stilistik des Fernsehens

Im Gegensatz zum Medium Film, das in technischer Hinsicht auf fotochemischer Abbildung der äußeren Realität beruht und zur Vorführung Projektoren benötigt, erzeugt und sendet das Fernsehen seine Bilder elektronisch. Auch die Programmstruktur, die als Gesamtzusammenhang aller Sendeinhalte jedem Format Platz, Dauer und Verweiskraft auf andere Formate zuordnet, unterscheidet das Fernsehen vom Kino. Dennoch ist die Geschichte dieser beiden Medien seit der Einführung des Fernsehens in den 1950er Jahren aufs engste verflochten: Einerseits produktionstechnisch (Film ist lange Zeit das bevorzugte Trägermaterial), andererseits ästhetisch, denn viele Fernsehformate, zum Beispiel das Kleine Fernsehspiel des ZDF, orientieren sich an inszenatorischen und narrativen Maßstäben des Spielfilms. Umgekehrt füllen Fernsehsender weltweit ihre Programmplätze mit Kinofilmen, so dass die These berechtigt scheint, „dass erst mit dem Fernsehen der Film seine zentrale gesellschaftliche Bedeutung für die Kultur des 20. Jahrhunderts erlangt hat" (Hickethier 2002, S. 165 f.). Somit lassen sich filmwissenschaftliche Stiltraditionen, zum Beispiel der auf Kontinuität, Linearität, Plausibilität und narrative Ökonomie ausgelegte Stil des Klassischen Hollywoodkinos, durchaus auch im Medium Fernsehen wiederfinden.

Daneben hat das Fernsehen jedoch in den letzten Jahrzehnten – und besonders im Kontext der Verbreitung des Internets – eine Vielzahl eigener narrativer wie non-narrativer Formate entwickelt, die ihrerseits in unterschiedlichen Stiltraditionen stehen und sich wiederum in spezifische Senderstile einfügen. Eine Stilgeschichte des Fernsehens könnte nach Joan Kristin Bleicher (2010a, S. 53 f.) folgende Stationen umfassen:

1. Experimentelle Entwicklung einer fernsehspezifischen Bildgestaltung in den 1930er Jahren.
2. Fortsetzung der Experimente mit fernsehspezifischen Formen der Bildgestaltung. Formen des direkten Realismus im Fernsehspiel und Dokumentationen in den 1950er Jahren.
3. Ausdifferenzierung der Informations- und Unterhaltungsstilistik, Entstehung des sozialen Realismus. Steigender Einfluss von US-Stilen und Intermedialität zur Filmästhetik seit den 1960er Jahren.
4. Erweiterung des Stilspektrums deutscher Fernsehproduktionen in den 1970er Jahren.

5. Wachsende Bedeutung des Senderstils und beginnende Internationalisierung des Fernsehstils in den 1980er Jahren.
6. Wachsende Bedeutung der Programmwerbung und des Sendungsdesigns in den 1990er Jahren.
7. Multimedialität des Fernsehstils seit der Jahrtausendwende.

Gleichzeitig ist eine Geschichte der Fernsehstile auch technikgeschichtlich denkbar: zum Beispiel als Übergang von frühen Live-Sendungen zu elektronischen Aufnahme-, Schnitt- und Präsentationstechniken; von der Magnetaufzeichnung (MAZ) bis zu computerbasierten, non-linearen Schnittsystemen (vgl. Butler 2007, S. 283).

Mit Blick auf das Fernsehen meint der Begriff Stil zunächst ganz allgemein eine „Kategorie der Identifizierung im Spektrum vergleichbarer Medienangebote", konkret lässt er sich als „optischer Erkennungswert von Medieninstitutionen als Anbieter" sowie als Differenzkriterium „für die Unterscheidbarkeit der Einzelmedien (z. B. Film und Fernsehen) und für die Oberflächenästhetik der Medienangebote als Markenartikel" (Bleicher 2010b, S. 8 f.) fassen. Den einen Stil des Fernsehens gibt es somit nicht, vielmehr vereint das Medium viele verschiedene Stile und Stilisierungen, von denen hier einige beispielhaft vorgestellt werden sollen:

Live-Formate Im Gegensatz zum Film, der erst in der Postproduktion seine finale Form erhält, kann das Fernsehen bedeutende gesellschaftliche Geschehnisse wie Sportveranstaltungen aufnehmen und im selben Augenblick senden. Ein erstes prägendes Element einer Stilistik des Fernsehens stellt daher dessen Umgang mit Zeit dar. Live-Aufnahmen konfrontieren das Fernsehteam mit hochgradig dynamischen Situationen und damit auch mit der Gefahr des Scheiterns: Ein entscheidender Moment könnte den Augen der Kameras entgehen, das Bedeutsame somit unsichtbar bleiben. Seit der Jahrtausendwende lässt sich eine zunehmende Verschmelzung des Fernsehens mit interaktiven Kommunikationsmedien wie Internet, Smartphones oder Tablets konstatieren, wodurch zum Beispiel das Phänomen des *second screen* (vgl. Abb. 6.6) an Relevanz gewinnt: Zuschauer, die eine Fernsehsendung verfolgen, können simultan zur Rezeption Kommentare oder Fragen über Internetplattformen an die jeweilige Rundfunkanstalt senden. Dies kann beispielsweise über soziale Netzwerke oder über eine entsprechende *App* geschehen. Die vom Zuschauer verfassten Informationen werden parallel zur Ausstrahlung veröffentlicht und können über die Bildschirme des Handys oder des heimischen Computers abgerufen werden (vgl. Gleich 2014, S. 111 ff). Beliebte Formate mit Second Screen sind zum Beispiel die *Sportschau* oder der *Tatort*. Aufgrund der Digitalisierung halten Live-Übertragungen wie Oper-, Ballett-, Theatervorstellungen und Museumsführungen wiederum zunehmend Einzug in Kinosäle, wo sie als Events beworben und besucht werden.

Informationssendungen In stilistischer Nachbarschaft zur Live-Berichterstattung stehen vor allem Nachrichtensendungen, da sie das live aufgenommene Bild- und Tonmaterial

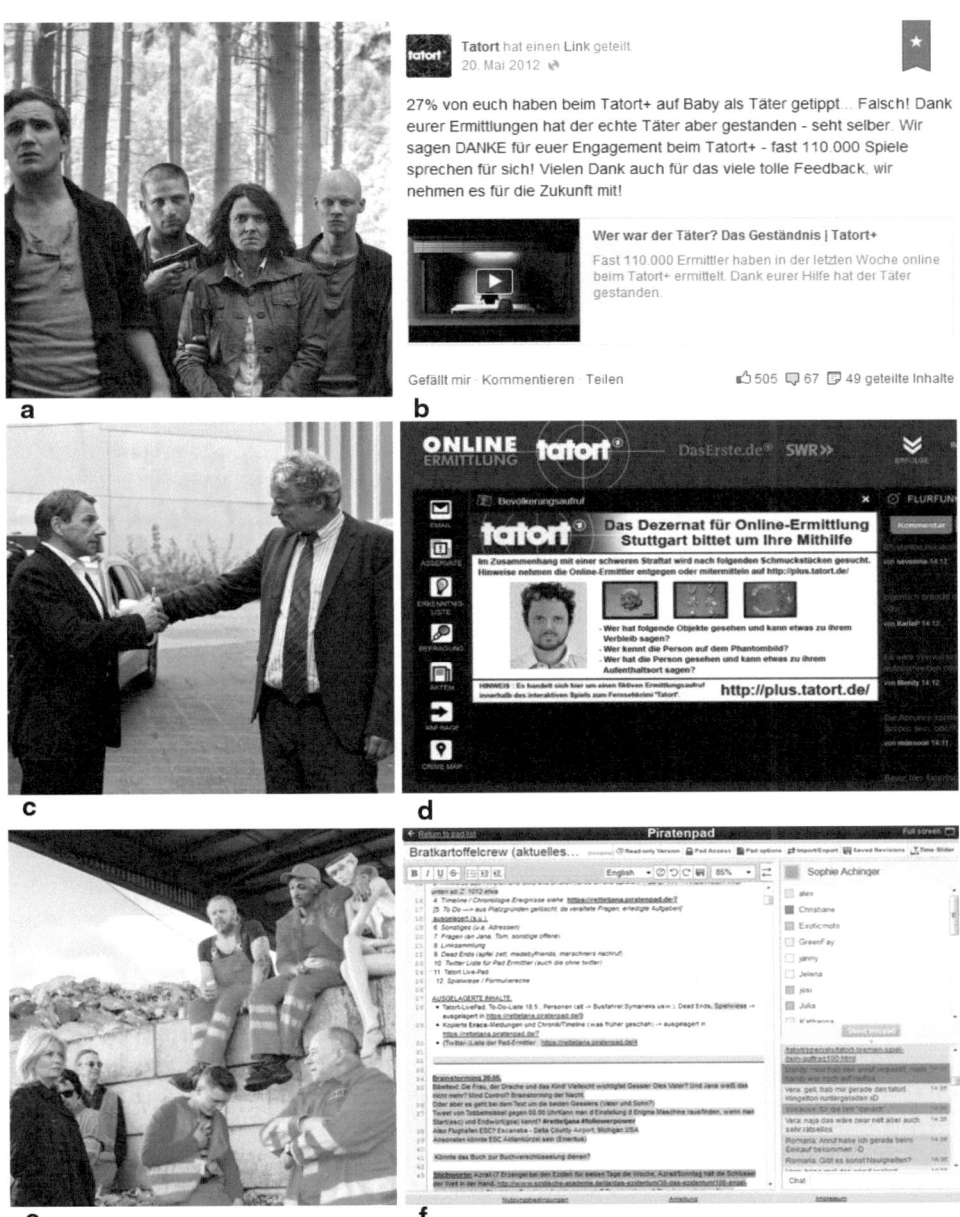

Abb. 6.6 Hybridisierung des Fernsehens: Bei *Tatort*-Folgen wie *Der Wald steht schwarz und schweiget* (© Maran Film/SWR, D 2012, (**a**), *Spiel auf Zeit* (© Maran Film/SWR, D 2013, (**c**) oder *Alle meine Jungs* (© Maran Film/SWR, D 2014, (**e**) können die Zuschauer nicht nur parallel zur Ausstrahlung über soziale Netzwerke wie Facebook, Twitter und Youtube die Sendungen kommentieren (**b**), sondern auch an den Online-Spielen *Tatort* + teilnehmen (**d**) und auf eigene Faust ermitteln. Zu *Alle meine Jungs* wird das Suddenlife-Game *Dein Auftrag* gestartet (**f**). Hier sollten die Zuschauer den Fall um den fiktiven Charakter Lena Bayrhammer aufklären. Über einen Blog der Spielleiter und ein Piratenpad der Spieler werden Hinweise ausgetauscht.

in etwas größerer zeitlicher Distanz zum Geschehen erneut präsentieren: ergänzt durch diverse Textinserts und eingerahmt durch eine Moderation, die neben einer wertenden Einordnung der Ereignisse vor allem deren Authentizität garantieren soll. Man beachte als Beispiel die offensichtlichen Stildifferenzen in der Gestaltung des Nachrichtenstudios, der Positionierung der Sprecherinnen und Sprecher, der sogenannten *anchor-men* beziehungsweise *anchor-women*, der Menge ins Bild insertierter Textinformationen sowie der audiovisuellen Präsentation des Senderlogos zwischen der *ARD-Tagesschau* und *RTL aktuell*. Darüber hinaus zeichnen sich Nachrichtensendungen durch direktes Adressieren des Publikums und Durchbrechen der sogenannten ‚vierten Wand' aus. Ein Illusionsbruch, der ebenfalls der Authentifizierung dient.

Reality TV-/Scripted-Reality-Formate Ein weiteres populäres Format, das von Live-Elementen und Interaktivität lebt, stellt die Casting-Show dar, die als „Genremischung aus Talentwettbewerb beziehungsweise Show plus Doku-Soap plus Spiel" (Hallenberger 2012b, S. 82) bezeichnet werden kann. Die Casting-Show präsentiert nicht nur Prüfungen vor Publikum, das diese über mehrere Kanäle bewerten kann, sondern gewährt auch Einblicke ins private Umfeld der Kandidatinnen und Kandidaten sowie in die Entscheidungsprozesse der Jury. Casting-Shows gehören zum sogenannten Reality TV, einem Genre- und Gattungshybriden, der „nicht einfach nur außermedial vorhandene Realität oder das reale Erlebnis einer medialen Inszenierung (wie z. B. einer Talentsuche) dokumentieren will, sondern mit deren Hilfe Geschichten erzählen möchte" (Hallenberger 2012a, S. 68). Zum Einsatz kommen daher nicht nur authentifizierende Mittel wie die Handkamera, sondern auch narrative und spannungsdramaturgische Strategien des Spielfilms. Dabei hat Reality TV seit den 1990er Jahren enorm an Bandbreite gewonnen: Umfasst der Begriff anfangs lediglich Formate, in denen angebliche authentische Polizeieinsätze oder Rettungsaktionen nachgespielt werden, zählen nun auch Koch- und Gerichtsshows, Real Life- oder Doku-Soaps dazu. Auf der Ebene des Schauspiels fällt der intensive Einsatz von Laiendarstellern ins Auge, die laut Hallenberger gerade durch ihre mangelnde Professionalität Nähe zwischen Darsteller und Rolle suggerieren und somit als „Indiz einer sekundären Authentizität" (Hallenberger 2012a, S. 68) zu werten sind.

Auch Scripted-Reality-Formate zählen zum Reality TV. Weiß und Ahrens unterscheiden dabei:

- „narrative Realitätsunterhaltung": Hier werden angebliche „Geschichten aus dem Alltag" nachgespielt, zum Beispiel in *Familien im Brennpunkt* (seit 2009, filmpool).
- „performative Realitätsunterhaltung": Formate wie zum Beispiel *Big Brother* (2000–2015, Endemol) präsentieren Wettbewerbssituationen, deren Verlauf per Script vorgezeichnet ist und den Darstellern nur die Möglichkeit der performativen Ausgestaltung ihrer Rollen überlasst (vgl. Weiß und Ahrens 2012a, S. 67, b, S. 67 ff.).

Serien Serien sind in der Regel fiktionale Mehrteiler. In der amerikanischen Fernsehlandschaft wird weiterhin unterschieden, ob eine Serie aus aufeinander aufbauenden Fortsetzungen besteht (*serial*) oder aus abgeschlossenen Folgen (*series*). Knut Hickethier sieht die wichtigsten stilistischen Gemeinsamkeiten von Serien

> in einer Verknappung (beziehungsweise Fortfall) der Exposition, der starken Handlungsbezogenheit, einer häufigen Reduktion der kinematographischen Differenziertheit, der Vielteiligkeit der Handlungsstränge und der emotionalen Aufladung durch eine Vielzahl von Konflikten und (…) ein von Folge zu Folge gleich bleibendes Stammpersonal, das durch wechselnde Figuren ergänzt wird, sowie durch eine erzählende Verknüpfung auf der Handlungsebene, die häufig mit einem Spannungsumbruch (Cliffhanger) am Ende der Folge das Interesse für die nächste weckt. (2007, S. 640 f.)

Seit der Jahrtausendwende, einsetzend mit der US-Serie *Ally McBeal* (1997, David E. Kelley), finden zahlreiche interessante ästhetische Experimente in seriellen Fernsehformaten statt, für die sich wenig später der wissenschaftliche Terminus des *Quality TV* durchsetzt. Im deutschsprachigen Raum hat besonders Diedrich Diederichsen in seinen Texten und Vorträgen zur den HBO-Serien *The Sopranos* (1999–2007, Autor: David Chase) und *The Wire* (2002–2008, Autor: David Simon) sowie zur NBC-Serie *30 Rock* (2006–2013, Autorin: Tina Fey) zur Verbreitung dieses Begriffs beigetragen. Dieses sogenannte Qualitätsfernsehen, eigentlich ein Passepartout-Begriff für höchst unterschiedliche, oft sehr subjektive Zuschreibungen, zeichnet sich in der Regel durch einen auffälligen audiovisuellen Stil, eine durch gute Recherche verbürgte gesellschaftspolitische Relevanz (wie im Fall von *The Wire*), narrative Komplexität und ein hohes künstlerisch-dramaturgisches Selbstbewusstsein aus (vgl. Cardwell 2007, S. 26 ff.), was bedeutet, dass sie „ihren Status als konvergente Medienprodukte im exponierten Umgang mit verschiedenen Zeit- und Realitätsebenen selbst vielfältig thematisieren und ästhetisch reflektieren" (Wedel 2012, S. 27). Quality TV-Serien kalkulieren die seit den 1980er Jahren enorm gestiegene Medienkompetenz und -kenntnis des Publikums mit in ihre Gestaltung ein. So erzählt zum Beispiel Robert Cochrans und Joel Surnows Serie *24* (USA 2001–2009; 2014, vgl. Abb. 6.7) mehr oder weniger in Echtzeit und verwendet dabei immer wieder Split-Screens, um die Abenteuer des Agenten Jack Bauer im Kampf gegen terroristische Übergriffe spannend und packend darzustellen.

Die von Sara Colleton, John Goldwyn und anderen produzierte Serie *Dexter* (USA 2006–2012, vgl. Abb. 6.8) erhebt einen Serienmörder zum Helden und Protagonisten, der tagsüber als Blutspurenanalyst bei der Polizei von Miami arbeitet, um nachts privat auf die Jagd nach Mördern, Vergewaltigern und anderen Kriminellen zu gehen, die den Behörden unbekannt oder flüchtig sind. Interessant dabei sind die *flash back*-Inszenierungen, die sich aus reinen Erinnerungen Dexters in Staffel 1 sukzessive in Visionen verwandeln, in denen der Protagonist ab Staffel 2 Zwiesprache mit seinem verstorbenen Stiefvater hält. Diese Szenen zeichnen sich ästhetisch durch eine überstrahlte Lichtsetzung und leichtes Echo auf der Tonebene aus. Ähnlich ambivalente Protagonisten finden sich auch in anderen populären US-Serien, so zum Beispiel in Vince Gilligans *Breaking Bad* (USA 2008–2013, vgl. Abb. 6.9) sowie Matthew Weiners *Mad Men* (2007–2015, vgl. Abb. 6.10).

Abb. 6.7 Quality TV-Serien zeichnen sich unter anderem durch anspruchsvolle Erzählformen und eine hohe Selbstreflexivität aus. In *24* (© Imagine Entertainment u. a., USA 2001–2009; 2014) wird duch Split-Screens Simultaneität suggeriert: Das Geschehen soll sich in Echtzeit abspielen. Die verdichtete Erzählung, die Aussparungen zum eigentlichen Bildinhalt erhebt, sorgt neben dem Charakter des Protagonisten sowie einer hohen Schnittfrequenz und einer agilen, häufig mitten im Geschehen positionierten Kamera für die suggestive Wirkung der Serie.

Zusätzlich erweitern auch Quality TV-Serien die „Möglichkeiten der Publikumsteilhabe, Relektüre und Produktvermarktung auf verschiedensten Medienplattformen" (Wedel 2012, S. 27) und schreiben somit ihrerseits den Prozess sukzessiver Konvergenz zwischen Fernsehen und anderen Medien fort.

Musikvideos Diese kurzen, elektronisch hergestellten Videofilme zur audiovisuellen Bewerbung von Musikern und Bands stellen längst eine eigene Kunstform dar. Die ersten von der Musikindustrie in Auftrag gegebenen Promotionfilme stammen aus den späten 1960er Jahren; wenngleich häufig auch Queens *Bohemian Rhapsody* (1975) als erstes Musikvideo erwähnt wird. Zum Stilrepertoire dieser Kurzfilmgattung gehören eine in der Regel hohe, zum Teil sogar stakkatohafte Schnittfrequenz, Fragmentierung erzählerischer Kontinuität durch *jump cuts*, Schichtung oder Collage verschiedener Bildebenen, ein kal-

Abb. 6.8 Ein weiteres stilistisches Merkmal moderner
Fernsehserien ist die Charakterisierung des Protagonisten:
Vom moralisch einwandfreien
Helden sind Figuren wie der
Serienmörder Dexter Morgan
aus *Dexter* (© Showtime Networks u. a., USA 2006–2012)
meilenweit entfernt.

Abb. 6.9 Der krebskranke
Chemielehrer Walter White
aus *Breaking Bad* (© High
Bridge Productions u. a., USA
2008–2013) avanciert unter
dem Synonym Heisenberg als
Drogenkoch zum kriminellen
Mastermind. Die Zuschauer-
sympathien werden durch
seine fragwürdige Motivation
und seine moralisch verwerf-
lichen Handlungen immer
wieder auf die Probe gestellt.

Abb. 6.10 Auch Don Draper
aus *Mad Men* (© Lions-
gate Television u. a., USA
2007–2015) entspricht mit
seinen Alkohol- und Sexeska-
paden nicht dem klassischen
Heldentypus – die ambivalente
Charakterzeichnung lässt den
Protagonisten aber umso reizvoller erscheinen.

ter, stilisierter Look und eine oft grelle Farbdramaturgie. Je nachdem, ob die Clips eher
performativ, narrativ oder konzeptuell angelegt sind, zeigen sie entweder die Musiker
beim Spielen ihres Songs oder greifen auf wiedererkennbare filmische Standardsituationen (zum Beispiel Begegnung oder Abschied) zurück. Teilweise wird Gegenständliches
zugunsten abstrakter, metaphorischer oder lyrischer Bildinszenierungen aufgegeben (vgl.
Fraser 2005, S. 30 ff.). Häufig spiegeln sich sogar musikalische Strukturen in der visuellen Organisation des Musikvideos wider, ein Erbe des Absoluten Films der 1920er Jahre.
Spartensender wie MTV (Music Television, seit 1981) oder VIVA (seit 1993) standardi-
sieren und vermarkten Musikvideos auf professionelle Weise: In den 1990er Jahren, der

Abb. 6.11 Der Brite Chris Cunningham hat in diesem Metier
die wohl deutlichste und zugleich
verstörendste Handschrift entwickelt: Seine Musikvideos – wie
dieses für Björks *All is full of
Love* (© Björk, 1999) – enthül-
len hinter der hyperrealistischen
Fassade posthumane Szenarien:
Menschliches wird mit Technik hybridisiert, zum Teil auch
gewaltsam transformiert, defor-
miert oder amputiert.

Hochzeit des Musikvideos, laufen Clips populärer Musiker bis zu 30 mal pro Woche in der
sogenannten *Heavy Rotation* – eine effiziente Strategie zur Erzeugung und massenhaften
Verbreitung von *Star-Images* auf dem schnelllebigen Markt der Popkultur. Musikvideos
verweisen nicht nur innerhalb des Spartenprogramms aufeinander, sondern enthalten häufig eine Vielzahl intertextueller und intermedialer Verweise: auf literarische Werke, Filme,
Fernsehformate.

In den 1990er Jahren finden einige Clipregisseure zu einer eigenen Handschrift, zu
einem genuinen Individualstil, über den sie sich vom Gros der Produktionen abheben und
die Ästhetik des Musikvideos entscheidend prägen: Der Engländer Chris Cunningham
zum Beispiel etabliert seinen Ruf durch eine verstörend körperliche, in Teilen hyperreal
anmutende Verschmelzung von Körper und Technik, die er durch einen geradezu kino-
tauglichen Einsatz von Morphing erzeugt. In seinen Musikvideos zu Björks *All is full
of Love* (1999) tragen zwei von Cunninghams Team gebaute Roboter das Gesicht der
isländischen Sängerin (vgl. Abb. 6.11); in Madonnas *Frozen* (1998) verwandelt sich die
Künstlerin stufenlos in verschiedene Tiere; in Leftfields *Africa Shox* erlebt ein Mann in
einer Großstadt, wie seine Gliedmaßen nacheinander wie Keramik an diversen Hinder-
nissen zerbersten. Den Individualstil des Franzosen Michel Gondry prägt eine gewisse
Do-it-yourself-Herangehensweise, die neben selbstverfertigten Masken und Requisiten
vor allem den Einsatz von Stopptricks sowie die collagenhafte Schichtung der Bildinhalte
umfasst. Durch den zunehmenden Einfluss digitaler Aufnahme- und Postproduktionstech-
nik wird Gondrys Stil immer perfektionistischer: Sein Clip zu *Let forever be* (1999) der
Chemical Brothers besteht ausschließlich aus Match Cuts, für Björks *Bachelorette* (1997)
entwickelte er eine narrative Struktur, die sich mittels *mise-en-abyme* mehrfach in sich
selbst spiegelt; den Song *Sugar Water* (1996) von Cibo Matto setzte er mit Split-Screen
und zwei gegenläufig erzählten Erzählsträngen um, die sich in der Mitte der Erzählung
berühren (vgl. Abb. 6.12). Der Stil des Amerikaners Spike Jonze dagegen ist heterogener,
zitiert jedoch lange Zeit Ästhetiken unterschiedlicher Fernsehformate: Für Weezers *Buddy
Holly* (1995) baut er mit Arnold's Drive In ein Setting im Stil der 1950er Jahre aus Gary
Marshalls Fernsehserie *Happy Days* (1978–1984) nach; sein Clip zu *Sabotage* der Beastie

Abb. 6.12 Michel Gondrys
Musikvideos spielen kunstvoll
mit Zeit und Raum: Objekte
erscheinen verwandelt;
Abläufe geschehen simultan,
Erzählungen reflektieren sich
selbst, Bildinhalte werden
durch Split-Screens gespie-
gelt und kontrastiert, wie
zum Beispiel in Cibo Mattos
Sugar Water (© Warner Bros.
Records, 1996).

Abb. 6.13 Bei Spike Jonze
treten immer wieder intertextuelle Referenzen in den
Vordergrund: Bildgestaltung
und Montage des Beastie
Boys-Clips *Sabotage* (©
Beastie Boys, 1994) imitieren
die amerikanische Krimiserie
The Streets of San Francisco
(1972–1977).

Boys (1994, vgl. Abb. 6.13) zitiert und persifliert amerikanische Krimiserien wie *The Streets of San Francisco* (1972–1977, Quinn Martin) (vgl. Keazor und Wübbena 2005, S. 176, 182).

Die hier kursorisch vorgestellten Formate mit ihrem jeweils eigenen audiovisuellen Stil können Wesen und Entwicklung eines Fernsehstils natürlich nur exemplarisch andeuten – in einem Umfeld, das sich gerade durch die Hybridisierung mit dem Internet zu einem hochdynamischen Experimentierfeld entwickelt hat und auf dem ständig neue Formate entstehen, die das Verhältnis zwischen Wirklichkeitsbezug und Inszenierung auf vielfältige Weise neu verhandeln.

Exemplarische Filme/Formate

Big Brother (2000–2011, Endemol)
The Wire (USA 2002–2008, David Simon)
Dexter (USA 2006–2012, Sara Colleton, John Goldwyn u. a.)
Björk – *All is full of Love* (1999, Chris Cunningham)
Cibo Matto – *Sugar Water* (1996, Michel Gondry)

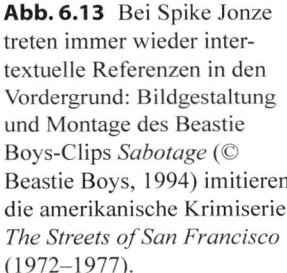

Einführungsliteratur

Bleicher, Joan Kristin. 2010. *Fernsehstil. Geschichte und Konzepte*, 7–11. Berlin: LIT.
Butler, Jeremy G. 2007. *Television. Critical Methods and Applications*. New Jersey/
    London: Lawrence Erlbaum Associates.
Hickethier, Knut. 2007. Fernsehen und Film. In *Sachlexikon des Films*, Hrsg. Thomas
    Koebner, 193–196, Stuttgart: Reclam.

6.4   Stilistik der Neuen Medien

Zu Beginn ist das World Wide Web vornehmlich ein Medium der Schrift. Es verbreitet
sich rasant und hält zunehmend Einzug auch in Privathaushalte. Sein immenses Wachstum, sowohl was die Menge der Daten als auch die Anzahl der Nutzer betrifft, führt zu
einer attraktiven, weil ökonomisch lohnenden Herausforderung für Internet-Provider sowie Soft- und Hardwareentwickler. Leicht zu bedienende Oberflächen, Applikationen,
aber vor allem leistungsstärkere PCs und schnellere Verbindungen, die im Zuge der Kommerzialisierung des Internets entwickelt werden, steigern die Datentransferrate um ein
Vielfaches – vom analogen Modem über ISDN bis hin zu DSL und FTTH (Übertragung
via Lichtwellenleitern beziehungsweise Glasfaserkabel). Dadurch wird die Verbreitung
audiovisueller Daten begünstigt oder gar forciert, bei denen, je nach Qualität, sich die
Datenmenge gegenüber rein textlichen beziehungsweise schriftlichen und auditiven Daten
erheblich potenziert. Zunächst liegen überwiegend statische Daten vor, die heruntergeladen werden müssen, um sie anschließend in einem Mediaplayer anschauen zu können.
Diese statischen Daten werden sodann von Datenströmen abgelöst. Das darauf basierende
Streaming Media-Verfahren, das das gleichzeitige Empfangen und Wiedergeben audiovi-
sueller Daten gewährleistet, ohne dass diese auf einem lokalen Medium auf Benutzersei-
te gespeichert werden müssten, führt schließlich zur Entstehung von Videoportalen (wie
YouTube, MyVideo, Dailymotion oder Clipfish), aber auch zu einem wachsendem An-
gebot an Live-Übertragungen. Die wachsende Anzahl und Verfügbarkeit audiovisueller
Formate bewirkt zugleich eine erhöhte Konkurrenz des Mediums zum Fernsehen und zum
Kino.

Vertreten sind im World Wide Web sämtliche erdenklichen audiovisuellen Formate und
Gattungen – von professionellen Kinofilmen über Werbeclips hin zu Amateurvideos. Grob
unterscheiden lassen sich jene audiovisuellen Dateien, die primär für die Verbreitung im
Internet konzipiert und dort auch erstmals publiziert werden, und solche, die sozusagen
entlehnt werden, weil sie primär auf die Veröffentlichung in einem anderen Medium konzipiert sind. Betrachtet man den Kinofilm, lässt sich solch eine Unterscheidung bereits seit
Einführung der Fernsehgeräte und vor allem des Home-Entertainment-Sektors treffen. Im
Vergleich zum Internet bestehen allerdings gravierende Unterschiede, gerade im Hinblick
auf die die Rezeption beeinflussende Medienumgebung. Der Kinosaal stellt einen öffentlichen Ort dar, der ausschließlich für den Konsum von Filmen geschaffen ist, wobei sich

in der Regel eine unbestimmt große Gruppe von Zuschauern im Saal befindet. Rezipiert man Filme allerdings im Internet, so geschieht dies entweder in einer privaten Umgebung am PC oder an einem internetfähigen TV-Gerät oder aber durch mobile Geräte wie Smartphone oder Laptop möglicherweise auch in einer öffentlichen Umgebung, die ihrerseits nicht auf diese Art Medienkonsum ausgerichtet ist. Das Kino bietet festgelegte Vorführzeiten an, die im Internet verfügbaren Kinofilme können jederzeit abgerufen werden. Ähnlich wie bei optischen Speichermedien wie Blu-ray oder DVD lässt sich die Rezeption pausieren und beliebig wiederholen.

Ästhetisch betrachtet, liefern die Projektionen der 35 mm-Filmrollen im Kino ein anderes Bild als die digitalen Übertragungen im Internet, obwohl auch im Kino neue digitale Vorführformate die 35 mm-Kopien zu verdrängen beginnen. Abgesehen von Abnutzungserscheinungen durch die mechanische Vorführung ist das Bild bei der Filmrollen-Projektion zwar mitunter ein etwas blasseres, ausgewascheneres, doch zugleich vermittelt es eine stärkere haptische Qualität als die eher steril und geglättet wirkenden digitalen Projektionen. Die Größe der Projektionsfläche im Kino ist mit dem Bildschirm von PC-Monitoren oder Handys nicht zu vergleichen. Während der Rezipient sich bei diesen näher am Bild befindet, bietet jenes die Möglichkeit, das Auge während der Rezeption über das Bild wandern zu lassen. Dabei sind auf der Kinoleinwand mitunter Details im Bild zu entdecken, die beim Betrachten des gleichen Werks im Internet der geringen Bildfläche (oder auch der Bildqualität) zum Opfer fallen. Auch das Bildformat stimmt im Internet häufig nicht mit dem des Originals überein. In vielen Fällen wird das Bild entweder beschnitten oder verformt und dadurch ein anderer, vom Original abweichender ästhetischer Eindruck hervorgebracht. Vor allem auf Videoportalen liegen Filme oftmals parzelliert vor, sodass die Kongruenz zwischen Erzählzeit und Rezeptionszeit aufgehoben wird, weil zumindest ein paar Klicks notwendig sind, um das jeweils nächste Filmsegment zu starten. Auf Videoportalen existieren häufig nur vereinzelte Segmente eines Films, beispielsweise prägnante Sequenzen aus Filmklassikern, was dazu führt, dass Internetnutzer in solchen Fällen den jeweiligen Film nicht als Werk wahrnehmen, da sich ihre Erfahrung nur auf einen ausschnitthaften Moment beschränkt. Die Rezeption von Kinofilmen erfährt beim Betrachten im Internet eine ästhetische Veränderung, die beispielsweise auf Video-on-Demand-Portalen noch relativ gering, auf Tauschbörsen oder den gängigen frei nutzbaren Videoportalen aber umso gravierender ausfällt. Im Zuge der technischen Medienkonvergenz wird nunmehr ein und derselbe Inhalt zunehmend über sehr unterschiedliche Endgeräte verbreitet: in unterschiedlichen Abbildungsgrößen, in divergierenden Qualitäten und in verschiedenen Nutzungskontexten. Diese crossmediale Streuung bewegter Bilder führt zu einer weiteren Verwischung der Grenzen zwischen zuvor distinkt wahrgenommenen einzelnen Medien.

Unter stilistischen Aspekten scheint die Analyse von primär für die Online-Publikation konzipierten audiovisuellen Produkten wesentlich interessanter. Neben kurzen Werbe- und ködernden Pop-Up-Clips mit rein kommerzieller Ausrichtung steht die Mehrheit der verfügbaren audiovisuellen Medien auf den einschlägigen Videoportalen zur Rezeption zur Verfügung. Die überwiegende Anzahl dieser Videos wiederum besteht aus *User-Gene-*

Abb. 6.14 Das Thema ist ausschlaggebend für die Gestaltung eines Tutorials. Während einige Mensch und Körper in den Mittelpunkt rücken müssen, wie die Make-Up-Tutorials von (©) Lauren Curtis **a**, konzentrieren sich andere ausschließlich auf ein Produkt (zum Beispiel auf die Kompositions-Software *Logic Pro X* in den Tutorials des Kanals (©) *MusicTechHelpGuy*, **b**). Trotz einer direkten Ansprache des Zuschauers im Voice-Over ist hier der Mensch im Bild nicht mehr sichtbar.

rated-Content-Inhalten, die von Benutzern erstellt und eingestellt werden. Auch in dieser Hinsicht verschwimmen die Grenzen. Die sogenannten *Playthroughs* etwa zeigen, wie in Videospielen bestimmte Aufgaben am besten gelöst werden. Dabei werden die entsprechenden Game-Passagen (oder mitunter auch das gesamte Spiel) von Usern gespielt, fixiert und für weitere User zur Orientierung oder Lösung eines Problems bereitgestellt. Es handelt sich dabei um Clips, die von Usern hochgeladen und zu einem gewissen Grad auch von ihnen generiert werden, indem sie aktiv und individuell die Game-Passagen durchspielen. Rein stilistisch betrachtet liegt aber letztlich ein Produkt vor, bei dem der User keinerlei Einfluss auf die Ästhetik nehmen kann, weil diese durch das Game-Design vorgegeben ist. Ähnlich verhält es sich mit *Tutorials*, die beispielsweise den Umgang mit bestimmter Software veranschaulichen (vgl. Abb. 6.14).

Gerade die unter dem Begriff Web 2. 0 zusammengefassten Phänomene und Voraussetzungen bieten mit ihren neuen Technologien und Strategien ideale Möglichkeiten zum vermehrten Austausch von Medieninhalten. Die Interaktivität steigt, kollaborative Elemente nehmen zu und immer mehr User werden zu *Prosumenten* – zu Konsumenten, die sich gleichzeitig als Produzenten betätigen. Die diesen Phänomenen zugehörigen Videoclips weisen stilistische Spezifika beziehungsweise eine Verschiebung stilistischer Einflussgrößen auf. Zunächst sind sie *user-generated*, das heißt zum Großteil von Amateuren und nicht von professionellen Filmteams entwickelt. Trotz der Verbesserung der handelsüblichen, in Privathaushalten verfügbaren Kameras weichen die damit produzierten Bilder in einigen Parametern (wie Farbsättigung, Kontrastwerte, Schärfe-/Unschärfebereichen) von den Bildern einer professionellen Kamera ab. Darüber hinaus wird die Mehrheit dieser Filme mit Handys, Smartphones oder Webcams aufgezeichnet. Die Aufzeichnungsgeräte bleiben dabei entweder statisch oder werden von Hand geführt, woraus sich die üblichen, mit Handkamera produzierten, wenig austarierten Bilder ergeben. Die Kameraführung wirkt weniger geplant und der Aufnahmebereich, also die Kadrierung nicht präzise gewählt, die Montage wird wesentlich seltener und auch weniger kunstvoll als im professionellen Film eingebunden. Bei diesen Geräten stehen ihre leichte Bedienbarkeit und ihre Alltagsmobilität im Vordergrund. Viele dieser Videoclips entstehen spontan aus

einer bestimmten Situation, und eben jene unvorhergesehene, spontane Entwicklung artikuliert sich oftmals in abrupten, hektischen Bewegungen der Aufnahmeapparatur. Zusätzliche (non-diegetische) Beleuchtungsquellen sind in der Regel nicht vorhanden, auf die
gezielte Ausleuchtung des Drehortes wird verzichtet. Es entstehen dadurch über- sowie
unterbelichtete Bereiche und Schlagschatten in den Aufnahmen, die eines der hauptsäch-
lichen Charakteristika von Amateurvideos figurieren. Zudem wirkt die Tonspur häufig
etwas dumpf und ist von starken Lautstärkeschwankungen geprägt. Das ‚Set' ist nur selten
– und wenn, dann meist minimal – hergerichtet. Vielmehr ereignen sich diese Web-Clips
an ‚Originalschauplätzen' in öffentlichen oder oftmals auch in privaten Räumen, die nicht
für die Aufnahme gestaltet sind. Ihre Protagonisten sind keine professionellen Darsteller,
dennoch spielen sie für die Kamera, wenngleich in den meisten Fällen sich selbst. Selbst-
inszenierung gehört zu den hervorstechenden Charakteristika dieser Filme. Sie agieren in
einem filmischen Raum, in dem sich die grundsätzlichen filmischen Parameter verschoben haben. Die daraus sich ergebende *user-generated content*-Ästhetik scheint zunächst
wie eine einzige Verlustgeschichte. Aber die Unerfahrenheit im Umgang mit Equipment,
die schlechtere technische Ausstattung und die Unwissenheit in Bezug auf elementare
filmische Gestaltung oder deren bewusstes Vernachlässigen oder Ignorieren können auch
Vorteile in sich bergen. Eine fehlende künstlerische Vorprägung drückt sich in einem un-
belasteten Zugang zum Filmen aus, der zudem als freier beschrieben werden kann, weil
kommerzielle Hintergründe und ökonomische Strukturen üblicherweise irrelevant sind.
Gerade das (meist) geringe finanzielle Interesse und die daraus aufrecht erhaltene Unabhängigkeit von Einschaltquoten und Box Office-Zahlen können sich in einer zwanglosen
Entfaltung äußern. Zwar wetteifert man hier um möglichst viele Klicks und Likes, doch
dieser Wettkampf unterliegt wegen der geringen Produktionskosten keinem finanziellen
Risiko und kann die Kreativität eher herausfordern als eindämmen. In der Filmgeschichte
aber wurden bereits (und werden noch immer) so viele technische und ästhetische Grenzen verschoben, dass die Originalität der mit geringen finanziellen und künstlerischen
Mitteln hergestellten Web-Clips meist nicht auf ästhetischen Kategorien, sondern in erster
Linie auf dem Inhalt der Darstellung beruht.

Auf einigen Videoplattformen bei der Google-Tochter Youtube werden die Prosumenten an den Werbeeinnahmen, die sich durch das Vorschalten von Werbespots vor der
Wiedergabe des eigentlich aufgerufenen Clips generieren, prozentual beteiligt, also finanziell honoriert. Dieses Vorgehen schafft nicht nur einen Anreiz für Amateurfilmer, sondern weckt auch das Interesse professioneller Produzenten. Webserien sind eines dieser
professionell für die Online-Veröffentlichung konzipierten Formate, in denen der finanzielle Aspekt zunehmend an Bedeutung gewinnt. Der Begriff *Webisode* wird manchmal
synonym zur Webserie verwendet. Das Kofferwort, in dem die Begriffe Web und Episode
verschmelzen, bezeichnet meist eine einzelne Episode einer solchen Serie. Analog dazu
beschreibt der Begriff *Mobisode* eine Episode, die für das Betrachten auf mobilen Endgeräten konzipiert wird, und weist damit auf die intendierte Rezeption hin. Auch von erfolgreichen TV-Serien wie *Lost, Breaking Bad* oder *The Walking Dead* existieren *Webisodes*
– in diesen Fällen manchmal auch als Minisode bezeichnet. Sie dienen der Bewerbung

der jeweiligen TV-Serie oder fungieren als im Web publiziertes Bonusmaterial. Kurze Episoden oder Anekdoten aus dem Alltag der Figuren oder deren Vorgeschichte werden unter anderem darin erzählt. In manchen Fällen bestehen die Episoden auch aus kurzen Zusammenschnitten einer der regulären TV-Episoden. Dadurch werden sie sozusagen zu ihrer eigenen Twitterversion mit dem Ziel, die Serie auf möglichst vielen medialen Kanälen zu verbreiten und somit die Aufmerksamkeit zu steigern. Stilistisch entsprechen manche dieser Episoden der eigentlichen TV-Serie, andere wiederum nähern sich durch die Wahl der Kamera oder durch eine Kamera, die einen fixen Standpunkt nicht verlässt, der vorherrschenden Ästhetik der Webclips an. Im Falle von *Breaking Bad* wird darüber hinaus eine animierte Episode produziert, die den Protagonisten der Serie, Walter White, als Superhelden inszeniert. Dabei besteht die Verbindung zur Originalserie nur noch lose durch die Figur, sowohl inhaltlich als auch stilistisch wird ein gänzlich anderes Konzept verfolgt.

Webserien werden ausschließlich zur Online-Publikation hergestellt, ihre Anzahl wächst, doch scheint der Markt recht unübersichtlich. Viele Webserien sind sehr kurzlebig, weil es ihnen offenbar nicht gelingt, ihr Zielpublikum in dem Maße anzusprechen, dass die gewünschte und auch benötigte unterstützende Kraft der User (durch Likes und andere Weiterempfehlungsoptionen) ihre Popularität vorantreibt. Einige andere wiederum erreichen eine große Aufmerksamkeit und können hohe Aufrufzahlen aufweisen, die sich in Einzelfällen im siebenstelligen Bereich bewegen. Im Allgemeinen sind Webserien auf ein sehr viel spezifischeres Zielpublikum zugeschnitten als TV-Serien. Weil sich die Serienmacher nicht den Restriktionen von Sendeanstalten beugen müssen, bekommt dieses Publikum teils gewagte, außergewöhnliche Inhalte geboten, denen sich das Fernsehen noch versperrt. Als Reaktion auf etablierte Erzählkonventionen kommt es zu ironischen Brechungen, die sich oftmals in einem parodisierenden Duktus niederschlagen. Vereinzelte Webserien unterscheiden sich dabei stilistisch nur marginal von ihren Kino- und Fernsehvorbildern, wie die im Noir-Stil gedrehte Serie *The Steps* (USA 2012) oder die mehrfach preisgekrönte Thrillerserie *Urban Wolf* (F/USA 2009). Worin sie aber doch von Fernsehserien abweichen, und das gilt für sämtliche Webserien, ist in der Länge der Episoden, die die Durchschnittslänge von TV-Produktionen deutlich unterschreitet. Die meisten *Webisodes* dauern nur fünf Minuten und passen sich damit dem Verhalten der User an, bei denen nur mit einer kurzen durchschnittlichen Aufmerksamkeitsspanne zu rechnen ist. Aufgrund der Kürze der Episoden erzählen viele Webserien ihre Geschichten auf sehr viel dichtere Weise. Darunter leidet häufig die Komplexität: Es bleibt keine Zeit, mehrere parallele Handlungsstränge zu entwickeln, viele unterschiedliche Figuren zu etablieren oder einen differenzierten Spannungsbogen zu entwerfen. Andererseits verlangt die kurze Laufzeit geradezu nach in sich unabgeschlossenen Episoden und einem daraus resultierenden folgenübergreifenden Erzählen, das einen Eindruck von Serialisierung bewirkt.

Stilistisch nähert sich die Mehrzahl der Webserien der charakteristischen *user-generated content*-Ästhetik. Dabei wird die Strategie verfolgt, den (angeblich) authentischen Charakter einer Serie zu prononcieren und vorzutäuschen, sie sei quasi von Usern für User gemacht. Beispielsweise wird die Webserie *lonelygirl15* (USA 2006–2008), in der

Abb. 6.15 *lonelygirl15* (©
EQAL u. a., USA 2006–2008)

eine Fünfzehnjährige, in ihrem Zimmer vor einer Webcam sitzend (vgl. Abb. 6.15), von
ihren alltäglichen alterstypischen Problemen berichtet, lange Zeit nicht als inszenierte Serie wahrgenommen. Dass die Protagonistin von einer Schauspielerin dargestellt wird und
die gesamte Serie auf einem Script basiert, wird erst entlarvt, als in späteren Folgen zunehmend verbesserte Stilmittel (wie eine kunstvolle Montage) verwendet werden, die die
Serie als gestaltet klar zu erkennen geben.

Der Großteil der Webserien entsteht *on location* und ist auf nur wenige Schauplätze
reduziert, in denen sich ein von wenigen Hauptfiguren getragener Plot entfaltet, der äs-
thetisch so angelegt wird, dass er auch auf kleinen Bildschirmen funktioniert. Zahlreiche
Nah- und Großaufnahmen prägen diesen Stil. In der von Lisa Kudrow entwickelten Serie
Web Therapy (USA, seit 2008) therapiert eine Psychotherapeutin ihre Klienten via Web-
Chat (vgl. Abb. 6.16). Dabei werden die jedem Internetnutzer geläufigen Chatfenster vor
einem Desktop-Hintergrund arrangiert. Der Computerbildschirm bildet dabei quasi die
Totale, in der sich unterschiedliche audiovisuelle Fenster (wie Split-Screens) befinden,
die einzeln durch die Montage hervorgehoben respektive als Nahaufnahmen inszeniert
werden. Gelegentlich wird versucht, einen der maßgeblichen Vorteile beziehungsweise
Abgrenzungsmerkmale des Mediums gegenüber anderen zu nutzen: die Interaktivität.
Wenn eine Filmfigur die Rezipienten direkt anspricht, wird dies in Kino und Fernsehen

Abb. 6.16 *Web Therapy* (© Is or Isn't Entertainment/ILP, USA, seit 2008)

als ein Aus-der-Rolle-Fallen, als ein Verfremdungseffekt wahrgenommen. In Webserien, die gezielt mit ihrem vermeintlich authentischen Charakter arbeiten, ist dies nicht der Fall. Da im Internet Konsumenten zunehmend zu Prosumenten werden, fühlen sich User angesprochen und aufgefordert, beispielsweise die interaktiven Möglichkeiten des Mediums zu nutzen und einen direkten Kommentar zu dieser Aufforderung zu verfassen und für weitere User sichtbar zu hinterlassen. Bereits in *lonelygirl15* bittet die Protagonistin ihre Zuschauer um Ratschläge, die dann auch zahlreich folgen und die Rezipienten zu einem Teil der Serie machen.

Seit Mitte der 1990er Jahre wird die Idee, Filme mithilfe von Game-Engines zu produzieren, in die Tat umgesetzt. Es entstehen die sogenannten *Machinimas* (eine Amalgamierung der Begriffe „machine" und „cinema"); Filme, die innerhalb einer virtuellen Videospielwelt inszeniert werden und zu einem bedeutenden Ausdrucksmittel, einer narrativen, audiovisuellen Kunstform der Gamer-Generation avancieren. *Machinimas* werden in Echtzeit in bereits vorhandenen 3D-Umgebungen eines Videospiels eingerechnet (*gerendert*), dessen Game-Engine somit als Produktionsumgebung fungiert. Die so entstandenen Sequenzen werden als Filmdatei in der Regel online veröffentlicht. Teilweise werden sie professionell von Videospielfirmen selbst produziert, wie der von John Hillcoat inszenierte *Red Dead Redemption: The Man from Blackwater* (USA 2010, vgl. Abb. 6.17), der komplett aus Ingame-Szenen des gleichnamigen Rockstar Games entsteht. Die meisten *Machinimas* sind jedoch *user-generated* und erlangen mehr und mehr an Popularität, sodass beispielsweise auf YouTube ein eigener *Machinima*-Kanal etabliert wird. Ästhetisch entsprechen *Machinimas* der jeweiligen Gamewelt, in der sie situiert sind. Diesen Welten gemein ist, dass sie allesamt animiert sind. Davon abgesehen gestaltet sich ihre Erscheinung äußerst heterogen. Die eigentliche Errungenschaft von *Machinimas* basiert vielmehr auf narrativen Kategorien. So werden beispielsweise verschiedene Spielszenarien kompiliert und in einen spielfremden Kontext gesetzt oder kurze Geschichten entworfen, die sich teils nah am Spielinhalt bewegen, teils aber diesen nur benutzen, um ganz eigene Geschichten zu erzählen.

Exemplarische Webseiten

www.youtube.com
www.webserieschannel.com
www.machinima.com

Einführungsliteratur

Bleicher, Joan-Kristin. 2009. *Poetik des Internets. Geschichte, Angebote und Ästhetik.* Berlin: LIT.

Marino, Paul. 2004. *3D Game-Based Filmmaking: The Art of Machinima.* Scottsdale: Paraglyph Press.

Vonderau, Patrick (Hrsg.) 2009. The *You Tube Reader.* Stockholm: National Library of Sweden.

Abb. 6.17 *Red Dead Redemption: The Man from Blackwater* (© Rockstar Games, USA 2010)

Literatur

Belton, John. 1992. *Widescreen cinema*. Cambridge: Harvard University Press.

Bleicher, Joan-Kristin. 2009. *Poetik des Internets. Geschichte, Angebote und Ästhetik*. Berlin: LIT.

Bleicher, Joan-Kristin. 2010a. Entwurf einer Stilgeschichte des deutschen Fernsehens. In *Fernseh-stil. Geschichte und Konzepte*, Hrsg. Joan K. Bleicher, Barbara Link, und Vladislav Tinchev, 49–78. Berlin: LIT.

Bleicher, Joan Kristin. 2010b. Vorwort. In *Fernsehstil. Geschichte und Konzepte,* Hrsg. Joan K. Bleicher, Barbara Link, und Vladislav Tinchev, 7–11. Berlin: LIT.

Butler, Jeremy G. 2007. *Television. Critical methods and applications*. New Jersey: Lawrence Erlbaum Associates.

Cardwell, Sarah. 2007. Is quality tv any good? generic distinctions, evaluations and the troubling matter of critical judgement. In *Quality TV. Contemporary American television and beyond,* Hrsg. Janet McCabe, und Kim Akass, 19–34. London: I. B. Tauris.

Crafton, Donald. 1997. *The talkies. American cinema's transition to sound 1926–1931 (History of the American cinema, 4)*. Berkeley: University of California Press.

Dibbets, Karel. 1998. Die Einführung des Tons. In *Geschichte des internationalen Films,* Hrsg. Geoffrey Nowell-Smith, 197–203. Stuttgart: Metzler.

Fraser, Pete. 2005. *Teaching music video*. London: BFI.

Gleich, Uli. 2014. Second Screen und Social-Media-Nutzung. *Media Perspektiven (ARD-Forschungsdienst)* 2:111–117.

Grob, Norbert. 2003. *Zwischen Licht und Schatten. Essays zum Kino*. 2. Aufl. St. Augustin: Gardez! Verlag.

Hallenberger, Gerd. 2012a. Reality-TV. In Hier rein, da raus? Wie unser Gehirn Medieninhalte verarbeitet. *TV Diskurs. Verantwortung in audiovisuellen Medien* 60:68–69.

Hallenberger, Gerd. 2012b. Die Casting-Show. In Alles nur Theater. Fernsehen zwischen Bühne und Wirklichkeit. *TV Diskurs. Verantwortung in audiovisuellen Medien* 61:82–83.

Hickethier, Knut. 2002. Fernsehen und Film. In *Sachlexikon des Films,* Hrsg. Thomas Koebner, 165–168. Stuttgart: Reclam.

Hickethier, Knut. 2007. Serie. In *Sachlexikon des Films,* Hrsg. Thomas Koebner, 640–642. Stuttgart: Reclam.

Hoberman, James, und Jonathan Rosenbaum. 1998. *Mitternachtskino. Kultfilme der 60er und 70er Jahre*. St. Andrä-Wördern: Hannibal.

Jockenhövel, Jesko. 2014. *Der digitale 3D-Film. Narration, Stereoskopie, Filmstil*. Wiesbaden: Springer VS.

Keazor, Henry, und Torsten Wübena. 2005. *Video thrilled the Radio Star. Musikvideos: Geschichte, Themen, Analysen*. Bielefeld: transcript.

Koshofer, Gert. 1993. Zur Geschichte der Breitwandfilme. In *CinemaScope. Zur Geschichte der Breitwandfilme (Internationale Filmfestspiele Berlin, Retrospektive,* Hrsg. Helga Belach und Wolfgang Jacobsen, 7–36. Berlin: Wissenschaftsverlag Volker Spiess.

Lev, Peter. 2003. *The Fifties. Transforming the Screen 1950–1959 (History of the American Cinema, 7)*. Berkeley: University of California Press.

Marino, Paul. 2004. *3D game-based filmmaking: The art of machinima*. Scottsdale: Paraglyph Press.

Sadoul, Georges. 1948. *Histoire générale du cinéma. Bd. 2: Les pionniers du cinéma 1897–1909*. Paris: Denoël.

Stichler, Christian. 2010. Scripted Reality – eine Chance für den NDR? *epd medien* 85:22–24.

Taylor, Richard. 1971. A Medium for the Masses: Agitation in the Soviet Civil Ist. *Soviet Studies* 22 (4): 562–574.

Vockenhuber, Barbara. 2009. *Utopie Fernsehen: Das Televisive bei Dziga Vertov* (Diplomarbeit. an der Universität Wien), othes. univie. ac. at/5317/1/2009-06-10_0103240. pdf (28.07.2014).

Vonderau, Patrick, Hrsg. 2009. *The You Tube reader*. Stockholm: National Library of Sweden.

Wedel, Michael. 2012. Der lange Weg zur „Qualität". Zur Geschichte des Serienformats in Film und Fernsehen. In Fortsetzung im Folgen. Warum Serien faszinieren. *TV Diskurs. Verantwortung in audiovisuellen Medien* 62:22–27.

Weiß, Hans-Jürgen, und Annabelle Ahrens. 2012a. Scripted-Reality-Formate: Skandal oder normal? In Alles nur Theater. Fernsehen zwischen Bühne und Wirklichkeit. *TV Diskurs. Verantwortung in audiovisuellen Medien* 61:20–25.

Weiß, Hans-Jürgen, und Annabelle Ahrens. 2012b. Scripted Reality. Fiktionale und andere Formen der neuen Realitätsunterhaltung. In *Programmbericht der Medienanstalten 2011. Fernsehen
in Deutschland,* Hrsg. Arbeitsgemeinschaft der Landesmedienanstalten in der Bundesrepublik
Deutschland, 59–93. Berlin: Vistas.

Widdis, Emma. 2005. *Alexander Medvedkin*. London: Tauris.

von Zglinicki, Friedrich. 1979. *Der Weg des Films*. Hildesheim: Olms.

Ausblick

Film ist heute allgegenwärtig, überall und nirgends zugleich. Malte Hagener spricht davon, dass Film als Text, als Ware und als Kulturprodukt instabil geworden sei. Diese Instabilität führt er auf drei historische Veränderungen zurück:

1. Der *Film als Objekt* bezeichnete zunächst eine bestimmte Menge von Filmspulen, die im Kinosaal kollektiv betrachtet wurden. Durch Video, DVD und Internet aber setzte ein Prozess der Flexibilisierung und Zergliederung ein. Filme auf YouTube werden heute zumeist nur noch in Ausschnitten rezipiert. Film ist nicht mehr zwingend ein einheitliches und abgeschlossenes Werk, lange auch schon kein kollektives Ereignis mehr und an keinen materiellen Träger mehr gebunden. Film kann im Vorlauf beschleunigt, kann angehalten oder übersprungen, kann als Einzelbild extrahiert werden. Film als Objekt und textuelles Artefakt ist ein offenes System mit einer Vielzahl an Zu- und Ausgängen.
2. Der *Film als Ware* ist heute so etwas wie ein Knotenpunkt in einem komplexen Netzwerk von Produkten und Dienstleistungen, die weit über ihn selbst hinausreichen. Die Prinzipien des Cross-Marketings und der Adaption führen dazu, dass ein Filmstoff in Hollywood mit Blick auf seine transmediale Auswertung im Kino oder Fernsehen, als DVD, Computerspiel, Soundtrack, CD, Buch, Spielzeug oder Kleidung entwickelt wird. Das Kino selbst macht nur einen schrumpfenden Teil der Einnahmen aus, stellt vielmehr die Aufmerksamkeit für das Produkt her, damit die Gewinne auf den Nebenmärkten erzielt werden. Für den Film ist die „Fähigkeit, sich flexibel immer neuen Gegebenheiten anzupassen, […] zur ökonomischen Notwendigkeit geworden" (Hagener, 2011, S. 49).
3. Der *Film als Kulturgut* ist weit über seine multiplen medialen Plattformen hinaus präsent: Der zeitgenössischen Kunst, dem Theater, der Mode, Fotografie, Literatur und Alltagskultur liefert er Ideen, Orte, Figuren, auch Affekte und bestimmte Wahrneh-

© Springer Fachmedien Wiesbaden 2016
C. Hesse et al., *Filmstile,* Film, Fernsehen, Neue Medien,
DOI 10.1007/978-3-531-19080-8_7

mungsweisen. Film ist ein Medium der Kommunikation – wie Sport oder Kochen –, in dem Individuen ebenso wie Gemeinschaften Kontakt miteinander und mit Außenstehenden eingehen. „Wir leben in der Art, wie wir sprechen, uns kleiden und benehmen in einem kinematographischen Universum", schreibt Malte Hagener und folgert daraus: „Wir können nicht länger beanspruchen, dass es auf der einen Seite eine Realität gibt, die authentisch und von den Medien unberührt ist, während auf der anderen Seite die Medien existieren, die diese Welt abbilden oder repräsentieren. Wir leben im Zeitalter der Medienimmanenz, in dem es keinen transzendentalen Horizont mehr gibt, von dem aus wir Urteile über die allgegenwärtigen medialisierten Erfahrungen abgeben können […]". (2011, S. 50–52)

Einige der Phänomene, die Hagener hier nennt, sind freilich nicht neu. Schon das Klassische Hollywoodkino hat der Mode Impulse gegeben, bereits seit den 1980er Jahren werden Filme mit Blick auf Merchandising und Mehrfachauswertung konzipiert. Aber die Digitalisierung hat all diese Aspekte potenziert.

Aktuelle Forschungen deuten an, dass sich die Art und Weise, wie wir Filme sehen, in Zukunft weiter verändern wird. Mit dem Internet der Dinge könnte sich auch der Film vom Bildschirm emanzipieren, so dass Wände, Tische, Fenster in privaten, beruflichen oder öffentlichen Räumen als Abspielflächen dienen oder aber Bewegtbilder direkt über smarte Kontaktlinsen in die Netzhaut projiziert werden (*virtual retinal display*). Film könnte uns somit als Wohnraum einhüllen oder als virtuelle Bildebene im Blick begleiten (*augmented reality*). Räumliche Erweiterungen und taktile Rückkopplung, die 360-Grad-, 3D-Holografie und haptische Technologie mit sich bringen, könnten auch die Interaktionsmöglichkeiten des Zuschauers vergrößern, das Eintauchen in filmische Welten (Immersion) intensivieren und die Verschmelzung von Film und Computerspiel weiter vorantreiben. Wie sich bei technologischen Entwicklungen im 20. Jahrhundert gezeigt hat (Ton-, Farb-, 3D-Film, Breitwandbild, Surround-Ton), so werden auch diese Medien der Zukunft sich auf den Stil von Filmen deutlich auswirken. Die Form der Filme wird mehr noch als früher auf die zeitlichen und räumlichen Bedingungen, in denen sie konsumiert werden, und auf die Interaktionswünsche der Zuschauer reagieren müssen.

Mit den zukünftigen Medien wird sich auch die Anzahl der ästhetischen Verfahren des Films vergrößern. Ältere Stilmittel müssten nicht gänzlich verdrängt werden, sondern könnten koexistieren. Das zeigt sich heute beispielsweise schon daran, dass weiterhin (wenn auch selten) Filme in Schwarzweiß wie *Nebraska* (USA 2013) und gelegentlich auch Stummfilme wie *The Artist* (F 2011) beim Publikum Erfolg haben. Gleichgültig, in welchem medialen Rahmen sich Film abspielt: Der Wunsch, den persönlichen, originellen Ausdruck von Künstlern zu erfahren – ihren jeweils individuellen Stil –, wird vermutlich bestehen bleiben, genauso wie die Orientierung der Filmschaffenden an ästhetischen Traditionen (etwa Realismus, Surrealismus, Fantastik, Minimalismus, Opulenz), auch wenn sich diese natürlich weiter entwickeln. Wie sich allerdings in einem globalen Markt, in dem Filme potenziell aller Nationen und Kulturen über Online-Streaming jederzeit und überall verfügbar sein könnten, stilistische Bewegungen formieren und ob dadurch Nationalstile tendenziell aufgelöst werden, ist noch nicht abzusehen. Das Bedürfnis lokaler Kulturen, tradierten Identitäten, Werte und Ideologien auch in Filmen stilistisch adäquat zum Ausdruck zu bringen, wird weiterhin bestehen und womöglich einen gegenläufigen Trend zum globalen Film bilden. Die Online-Videoplattformen fördern die Sichtbarkeit dieser ethnisch oder subkulturell motivierten künstlerischen Bestrebungen. Ob zwischen der globalen und der lokalen Kultur die nationale Kategorie als stilistische Einheit noch Bestand haben wird, ist auch abhängig von Faktoren wie der Filmpolitik, Filmbildung und Filmindustrie eines Landes.

Mit Blick auf die Zukunft der filmwissenschaftlichen Stilanalyse sind besonders drei Entwicklungen hervorzuheben. Zum einen werden die Zahl der erhältlichen Filme und ihre direkte Verfügbarkeit im Internet weiter steigen, was die Ausgangssituation für die Forschung erheblich erleichtert (demgegenüber steht allerdings noch aus, wie viel von dem analogen Filmerbe des 20. Jahrhunderts adäquat von den Filmmuseen digitalisiert werden kann). Zum zweiten werden die Möglichkeiten einer computerbasierten Analyse von stilistischen Mustern in Filmen verbessert, so dass quantitative Daten, Diagramme und Info-Grafiken für die Beschreibung von Stilen eine größere Rolle spielen und das bisherige Wissen über Epochal-, National- und Individualstile womöglich präzisieren oder gar korrigieren können. Zum dritten werden die zukünftigen Medien in ihren Verschmelzungsprozessen und wechselseitigen Interaktionen notwendig machen, dass sich mehr noch als bisher eine interdisziplinäre Stilforschung herausbildet, in der die einzelnen kunstwissenschaftlichen Fächer mit den Medienwissenschaften, aber auch den Sozial- und Naturwissenschaften kooperieren.

Literatur

Hagener, Malte. 2011. Wo ist Film (heute)? Film/Kino im Zeitalter der Medienimmanenz. In *Orte filmischen Wissens. Filmkultur und Filmvermittlung im Zeitalter digitaler Netzwerke (Zürcher Filmstudien.* 26), Hrsg. Gudrun Sommer, Vinzenz Hediger, Oliver Fahle, S. 43–57. Marburg: Schüren.

Filmindex

© Springer Fachmedien Wiesbaden 2016
C. Hesse et al., *Filmstile,* Film, Fernsehen, Neue Medien,
DOI 10.1007/978-3-531-19080-8

Filmografie

1984 (Neunzehnhundertvierundachtzig, GB 1956, Michael Anderson)

2001: A Space Odyssey (2001: Odyssee im Weltraum, USA/GB 1968, Stanley Kubrick)

2046 (HK/F u. a. 2004, Wong Kar-Wai)

21 Grams (21 Gramm, USA 2003, Alejandro González Iñárritu)

24 (USA 2001–2009)

3 Women (Drei Frauen, USA 1977, Robert Altman)

30 Rock (2006–2013, Autorin: Tina Fey)

300 (USA 2006, Zack Snyder)

37°2 le Matin (Betty Blue, F 1986, Jean-Jacques Beineix)

79 Primaveras (Lenze, CUB 1969, Santiago Álvarez)

À bout de souffle (Außer Atem, F 1959, Jean-Luc Godard)

A Clockwork Orange (Uhrwerk Orange, GB 1971, Stanley Kubrick)

A Man Called Horse (Der Mann, den sie Pferd nannten, USA 1970, Elliot Silverstein)

A Movie (USA 1958, Bruce Conner)

À nous la liberté (Es lebe die Freiheit, F 1931, René Clair)

À propos de Nice (F 1930, Jean Vigo)

A Safe Place (Ein Zauberer an meiner Seite, USA 1971, Henry Jaglom)

A Stravinsky Portrait (USA 1964, Richard Leacock/Rolf Liebermann)

A Streetcar Named Desire (Endstation Sehnsucht, USA 1951, Elia Kazan)

A Taste of Honey (Bitterer Honig, GB 1961, Tony Richardson)

A Wedding (Eine Hochzeit, USA 1979, Robert Altman)

A Woman Under the Influence (Eine Frau unter Einfluss, USA 1974, John Cassavetes)

A Zed & Two Noughts (Ein Z & zwei Nullen, GB/NL 1985, Peter Greenaway)

About Schmidt (USA 2002, Alexander Payne)

Abschied von gestern (BRD 1966, Alexander Kluge)

Adaptation. (Adaption, USA 2002, Spike Jonze)

Aelita (Aelita – Der Flug zum Mars, SU 1924, Yakov Protazanov)

© Springer Fachmedien Wiesbaden 2016
C. Hesse et al., *Filmstile,* Film, Fernsehen, Neue Medien,
DOI 10.1007/978-3-531-19080-8

Afgrunden (Abgründe, DK 1910, Urban Gad)

Aguirre – der Zorn Gottes (BRD 1972, Werner Herzog)

Ah fei zing zyun (Days of Being Wild, HK 1990, Wong Kar-Wai)

À L'intérieur (Inside, F 2007, Alexandre Bustillo/Julien Maury)

Aladin ou la lampe merveilleuse (F 1906, Albert Capellani)

Alice in den Städten (BRD 1974, Wim Wenders)

Alice in Wonderland (Alice im Wunderland, USA 1951, Clyde Geronimi u. A.)

Alice in Wonderland (Alice im Wunderland, USA 2010, Tim Burton)

Alice's Restaurant (USA 1969, Arthur Penn)

All that Heaven Allows (Was der Himmel erlaubt, USA 1955, Douglas Sirk)

All the President's Men (Die Unbestechlichen, USA 1976, Alan J. Pakula)

Alle Kreise erfasst Tolirag (D 1932, Oskar Fischinger)

Ally McBeal (USA 1997, David E. Kelley)

American Graffiti (USA 1973, George Lucas)

American Hustle (USA 2013, David O. Russell)

American Psycho (USA 2000, Mary Harron)

Amores Perros (Amores Perros – Von Hunden und Menschen, MEX 2000, Alejandro González Iñárritu)

Anémic Cinéma (F 1926, Marcel Duchamp)

Angst essen Seele auf (BRD 1974, Rainer Werner Fassbinder)

Angustia (Im Augenblick der Angst, E 1987, Bigas Luna)

Apocalypse Now (USA 1979, Francis Ford Coppola)

Ariel (FIN 1988, Aki Kaurismäki)

Arsenal (SU 1929, Aleksandr Dovzhenko)

As Seen Through a Telescope (GB 1900, George Albert Smith)

Asphalt (D 1929, Joe May)

At Land (USA 1944, Maya Deren)

Atanarjuat – The Fast Runner (Atanarjuat – Die Legende vom schnelle Läufer, CDN 2001, Zacharias Kunuk)

Auch Zwerge haben klein angefangen (BRD 1970, Werner Herzog)

Avatar (Avatar – Aufbruch nach Pandora, USA/GB 2009, James Cameron)

Babel (F/USA/MEX 2006, Alejandro González Iñárritu)

Back to the Future (Zurück in die Zukunft, USA 1985, Robert Zemeckis)

Badlands (USA 1973, Terrence Malick)

Baisers volés (Geraubte Küsse, F 1968, François Truffaut)

Ballet mécanique (F 1924, Fernand Léger/Dudley Murphy)

Bande à part (Die Außenseiterbande, F 1964, Jean-Luc Godard)

Bara no soretsu (Pfahl in meinem Fleisch, JP 1969, Matsumoto Toshio)

Barbe-bleue (F 1901, Georges Méliès)

Barry Lyndon (GB/USA 1975, Stanley Kubrick)

Barton Fink (USA 1991, Joel Coen/Ethan Coen)

Batman begins (USA/UK 2005, Christopher Nolan)

Beast from a Haunted Cave (USA 1959, Monte Hellman)

Beetlejuice (USA 1988, Tim Burton)

Being John Malkovich (USA 1999, Spike Jonze)

Belle de Jour (Belle de Jour – Schöne des Tages, F/I 1966, Luis Buñuel)

Ben-Hur (USA 1959, William Wyler)

Berlin Alexanderplatz (BRD 1979/1980, Günter Lamprecht u. a.)

Berlin. Die Sinfonie der Großstadt (D 1927, Walter Ruttmann)

Big Brother (2000–2011, Endemol)

Billy The Kid (USA 1930, King Vidor)

Black Friday (Schwarzer Freitag, USA 1939/1940, Arthur Lubin)

Blade Runner (Der Blade Runner, USA 1982, Ridley Scott)

Blood Simple (Blood Simple – Eine mörderische Nacht, USA 1984, Joel Coen/Ethan Coen)

Blow Up (GB/I/USA 1966, Michelangelo Antonioni)

Blue Velvet (USA 1986, David Lynch)

Bonnie and Clyde (USA 1967, Arthur Penn)

Bowling for Columbine (CLN/USA/D 2002, Michael Moore)

Boxcar Bertha (Die Faust der Rebellen, USA 1972, Martin Scorsese)

Boy meets Girl (F 1984, Leos Carax)

Boyhood (USA 2014, Richard Linklater)

Breaking Bad (USA 2008–2013)

Brewster McCloud (Auch Vögel können töten, USA 1970, Robert Altman)

Bride of Frankenstein (Frankensteins Braut, USA 1935, James Whale)

Broken Flowers (USA/F 2005, Jim Jarmusch)

Bronenosez Potemkin (Panzerkreuzer Potemkin, SU 1925, Sergej Eisenstein)

Bud Abbott Lou Costello Meet Frankenstein (Abbott und Costello treffen Frankenstein, USA 1948, Charles Barton)

Buena Vista Social Club (D/USA/F et al. 1999, Wim Wenders)

Bulitt (USA 1968, Peter Yates)

Burma VJ: Reporter i et lukket land (Burma VJ – Berichte aus einem verschlossenen Land, DK 2008, Anders Østergaard)

Butch Cassidy and the Sundance Kid (USA 1969, George Roy Hill)

Bwana Devil (Bwana, der Teufel, USA 1952, Arch Oboler)

Cabiria (I 1914, Giovanni Pastrones)

Catch-22 (Der böse Trick, USA 1970, Mike Nichols)

Caught (Gefangen, USA 1949, Max Ophüls)

Cave of Forgotten Dreams (Die Höhle der vergessenen Träume, F/USA/Det al. 2010, Werner Herzog)

Chan Is Missing (Chan ist verschwunden, USA 1982, Wayne Wang)

Chicago (USA, D, CAN 2002, Rob Marshall)

Chinatown (USA 1974, Roman Polanski)

Chronique d'un été (Paris 1960) (F 1961, Edgar Morin/Jean Rouch)

Chun gwong cha sit (Happy Together, HK u. a. 1997, Wong Kar-Wai)

Chung Hing sam lam (Chungking Express, HK 1994, Wong Kar-Wai)

Cinq minutes de cinéma pur (F 1926, Henri Chomette)

Citizen Kane (USA 1941, Orson Welles)

City Lights (Lichter der Großstadt, USA 1931, Charles Chaplin)

Cloverfield (USA 2008, Matt Reeves)

Cœur Fidèle (F 1923, Jean Epstein)

Coffee and Cigarettes (USA/J/I 2003, Jim Jarmusch)

Coogan's Bluff (Coogans großer Bluff, USA 1968, Don Siegel)

Corpse Bride (Corpse Bride – Hochzeit mit einer Leiche, USA 2005, Tim Burton/Mike Johnson)

Crash (L. A. Crash, USA/D 2004, Paul Haggis)

Creature from the Black Lagoon (Der Schrecken vom Amazonas, USA 1954, Jack Arnold)

Csend és kiáltás (Stille und Schrei, H 1968, Miklós Jancsó)

Dancer in the Dark (DK 2000, Lars von Trier)

Dangerous Liaisons (Gefährliche Liebschaften, USA/GB 1988, Stephen Frears)

Dans ma peau (In My Skin, F 2002, Marina de Van)

Das Cabinet des Dr. Caligari (D 1920, Robert Wiene)

Das Haus zum Mond (D 1921, Karl Heinz Martin)

Das Wachsfigurenkabinett (D 1924, Leo Birinsky/Paul Leni)

Das weiße Band – Eine deutsche Kindergeschichte (D, u. a. 2009, Michael Haneke)

Das zweite Erwachen der Christa Klages (BRD 1977, Margarethe von Trotta)

Dawn of the Planet of the Apes (Planet der Affen: Revolution, USA 2014, Matt Reeves)

De Mayerling à Sarajevo (Von Mayerling bis Sarajewo, F 1940, Max Ophüls)

Dead Man (USA u. a. 1995, Jim Jarmusch)

Dead Ringers (Die Unzertrennlichen, CAN/USA 1988, David Cronenberg)

Dealer (D 1999, Thomas Arslan)

Der Andere (D 1913, Max Mack)

Der Berg des Schicksals (D 1924, Arnold Fanck)

Der blaue Engel (D 1930, Josef von Sternberg)

Der ewige Jude (D 1940, Fritz Hippler)

Der Golem (D 1915, Henrik Galeen/Paul Wegener)

Der Golem wie er in die Welt kam (D 1920, Carl Boese/Paul Wegener)

Der junge Törless (BRD 1966, Volker Schlöndorff)

Der letzte Mann (D 1924, F.W. Murnau)

Der müde Tod (D 1921, Fritz Lang)

Der Name der Rose (BRD/I/F 1986, Jean-Jacques Annaud)

Der schöne Tag (D 2001, Thomas Arslan)

Der Student von Prag (D 1913, Stellan Rye)

Der Untergang (D/AT/I 2004, Oliver Hirschbiegel)

Despair (Eine Reise ins Licht (BRD 1977/1978, Rainer Werner Fassbinder)

Detstwo Gorkogo (Gorkis Kindheit, SU 1938, Mark Donskoy)

Deutschland bleiche Mutter (BRD 1980, Helma Sanders-Brahms)

Deutschland im Herbst (BRD 1977, Rainer Werner Fassbinder u. a.)

Dexter (USA 2006–2012, Sara Colleton, John Goldwyn u. a)

Dial M for Murder (Bei Anruf Mord, USA 1954, Alfred Hitchcock)

Dick Carter (D 1914, Rudolf Biebrach)

Die Abenteuer des Prinzen Achmed (D 1926, Lotte Reiniger)

Die Abenteuer eines Zehnmarkscheines (D 1926, Berthold Viertel)

Die Artisten in der Zirkuskuppel: ratlos (BRD 1968, Alexander Kluge)

Die Blechtrommel (BRD 1979, Volker Schlöndorff)

Die bleierne Zeit (BRD 1981, Margarethe von Trotta)

Die Carmen von St. Pauli (D 1928, Erich Waschneck)

Die dritte Generation (BRD 1978/1989, Rainer Werner Fassbinder)

Die Ehe der Maria Braun (BRD 1978/1979, Rainer Werner Fassbinder)

Die freudlose Gasse (D 1925, Georg Wilhelm Pabst)

Die große Stille (F/CH/D 2005, Philip Gröning)

Die innere Sicherheit (D 2000, Christian Petzold)

Die Jungfrauenmaschine (BRD 1988, Monika Treut)

Die Nibelungen (D 1924, Fritz Lang)

Die Patriotin (BRD 1978, Alexander Kluge)

Die Sehnsucht der Veronika Voss (BRD 1981/1982, Rainer Werner Fassbinder)

Die Straße (D 1923, Karl Grune)

Die Tango-Königin (D 1913, Max Mack)

Die Unehelichen (D 1926, Gerhard Lamprecht)

Die verkaufte Braut (D 1932, Max Ophüls)

Die verliebte Firma (D 1932, Max Ophüls)

Die verlorene Ehre der Katharina Blum (BRD 1975, Volker Schlöndorff/Margarethe von Trotta)

Die Verrufenen (D 1925, Gerhard Lamprecht)

Dim Sum – A Little Bit of Heart (Dim Sum – Etwas fürs Herz, USA 1985, Wayne Wang)

Dirnentragödie (D 1927, Bruno Rahn)

Dirty Harry (USA 1971, Don Siegel)

District 9 (USA u. a. 2009, Neill Blomkamp)

Diva (F 1981, Jean-Jacques Beineix)

Do the Right Thing (USA 1989, Spike Lee)

Don't Look Back (USA 1967, D. A. Pennebaker)

Donnie Darko (USA 2001, Richard Kelly)

Down by Law (USA 1986, Jim Jarmusch)

Dr. Mabuse, der Spieler (D 1922, Fritz Lang)

Dr. Strangelove or: How I Learned to Stop Worrying and Love the Bomb (Dr. Seltsam, oder wie ich lernte, die Bombe zu lieben, USA/GB 1964, Stanley Kubrick)

Dracula (USA 1931, Tod Browning)

Dracula's Daughter (Draculas Tocher, USA 1936, Lambert Hillyer)

Dreamland (GB 1953, Lindsay Anderson)

Dreiteilige Farbensonatine (D 1923/1924, Ludwig Hirschfeld-Mack)

Drifters (GB 1929, John Grierson)

Drive, He Said (USA 1971, Jack Nicholson)

Drowning by Numbers (Verschwörung der Frauen, GB/NL 1988, Peter Greenaway)

Du levande (Das jüngste Gewitter, S u. a. 2007, Roy Andersson)

Duel (Duell, USA 1971, Steven Spielberg)

Duel in the Sun (Duell in der Sonne, USA 1946, King Vidor)

E.T. the Extra-Terrestrial (E. T. – der Außerirdische, USA 1982, Steven Spielberg)

Easy Rider (USA 1969, Dennis Hopper)

Edipo Re (Bett der Gewalt, I/RO 1967, Pier Paolo Pasolini)

Ein Lichtspiel, schwarz, weiß, grau (D/SU 1930, László Moholy-Nagy)

El ángel exterminador (Der Würgeengel, MEX 1962, Luis Buñuel)

El laberinto del fauno (Pans Labyrinth, E u. a. 2006, Guillermo del Toro)

El Topo (MEX 1970, Alejandro Jodorowsky)

Elephant (USA 2003, Gus van Sant)

Elsker dig for evigt (Für immer und ewig, DK 2002, Susanne Bier)

Empire (USA 1964, Andy Warhol)

Empire of the Sun (Das Reich der Sonne, USA 1987, Steven Spielberg)

Encounters at the End of the World (Begegnungen am Ende der Welt, USA/CAN/D 2007, Werner Herzog)

Enter the Void (F u. a. 2009, Gaspar Noé)

Entr'acte (F 1924, René Clair)

Equilibrium (USA 2002, Kurt Wimmer)

Eraserhead (USA 1977, David Lynch)

Es (BRD 1966, Ulrich Schamoni)

Études sur Paris (F 1928, André Sauvage)

Even as you and I (Gerade wie du und ich, USA 1937, Roger Barlow u. a.)

Every Day Except Christmas (GB 1957, Lindsay Anderson)

Exodus (USA 1960, Otto Preminger)

Fa yeung nin wa (In the Mood for Love, HK/F 2000, Wong Kar-Wai)

Faces (Gesichter, USA 1968, John Cassavetes)

Fahrenheit 9/11 (USA 2004, Michael Moore)

Fargo (Fargo – Blutiger Schnee, USA/GB1996, Joel Coen/Ethan Coen)

Faust – eine deutsche Volkssage (D 1926, F. W. Murnau)

Festen (Das Fest, DK 1998, Thomas Vinterberg)

Fièvre (F 1921, Louis Delluc)

Film ist Rhythmus (Rhythmus 21, D 1923, Hans Richter)

Filmstudie (D 1926, Hans Richter)

Final Fantasy: The Spirits Within (Final Fantasy: Die Mächte in dir, USA/J 2001, Hironobu Sakaguchi/Motonori Sakakibara)

Finding Nemo (Findet Nemo, AU/USA 2003, Andrew Stanton/Lee Unkrich)

Fire! (GB 1901, James Williamson)

Fires Were Started (GB 1943, Humphrey Jennings)

Five Broken Cameras (PS/ISR/F et al. 2011, Emad Burnat/Guy Davidi)

Five Easy Pieces (Ein Mann sucht sich selbst, USA 1970, Bob Rafelson)

Forbidden Zone (Totaler Sperrbezirk, USA 1982, Richard Elfman)

Forrest Gump (USA 1994, Robert Zemeckis)

Frankenstein (USA 1931, James Whale)

Frankenstein Meets the Wolf Man (Frankenstein trifft den Wolfsmenschen, USA 1943, Roy William Neill)

Furcht (D 1917, Robert Wiene)

Gangs of New York (USA/I 2002, Martin Scorsese)

Gaslight (Das Haus der Lady Alquist, USA 1944, George Cukor)

Gattaca (USA 1997, Andrew Niccol)

Geheimnisse einer Seele (D 1926, Georg Wilhelm Pabst)

Genuine (D 1920, Robert Wiene)

Germania anno zero (Deutschland im Jahre Null, I u. a. 1948, Roberto Rosselini)

Gertrud (DK 1964, Carl Theodor Dreyer)

Geschwister (D 1997, Thomas Arslan)

Gespenster (D 2005, Christian Petzold)

Ghost Dog – The Way of the Samurai (Ghost Dog – Der Weg des Samurai, USA/F/D 1999, Jim Jarmusch)

Ghosts of the Abyss (Die Geister der Titanic, USA 2003, James Cameron)

Giulietta degli spiriti (Julia und die Geister, I/F 1965, Federico Fellini)

Glen and Randa (USA 1971, Jim McBride)

Gli ultimi giorni di Pompeii (Die letzten Tage von Pompeji, I 1908, Luigi Maggi)

Go West (Der Cowboy, USA 1925, Buster Keaton)

Golddiggers of 1933 (USA 1933, Mervyn LeRoy)

Goldfinger (GB 1964, Guy Hamilton)

Gone with the Wind (Vom Winde verweht, USA 1939, Victor Fleming u. a.)

Good Bye, Lenin! (D 2003, Wolfgang Becker)

Grandma's Reading Glass (GB 1900, George Albert Smith)

Gravity (USA/GB 2013, Alfonso Cuarón)

Greed (Gier nach Geld, USA 1924, Erich von Stroheim)

Grizzly Man (USA 2005, Werner Herzog)

Groundhog Day (Und täglich grüßt das Murmeltier, USA 1993, Harold Ramis)

Hamlet (D 1921, Svend Gade)

Händler der vier Jahreszeiten (BRD 1972, Rainer Werner Fassbinder)

Hans Westmar (D 1933, Franz Wenzler)

Happiness (USA 1998, Todd Solondz)

Happy Mother's Day (USA 1963, Joyce Chopra/Richard Leacock)

Harold and Maude (Harold und Maude, USA 1971, Hal Ashby)

Haute tension (High Tension, F 2003, Alexandre Aja)

Head (USA 1968, Bob Rafelson)

Heaven's Gate (Das Tor zum Himmel, USA 1980, Michael Cimino)

Heimat – Eine deutsche Chronik (BRD 1984, Marita Breuer u. a.)

Herakles (BRD 1965, Werner Herzog)

Hintertreppe (D 1921, Leopold Jessner/Paul Leni)

Hiroshima mon Amour (F 1959, Alain Resnais)

Hitler, ein Film aus Deutschland (BRD 1977, Hans-Jürgen Syberberg)

Hitlerjunge Quex (D 1933, Hans Steinhoff)

Holy Motors (F/D 2012, Leos Carax)

Home from the Hill (Das Erbe des Blutes, USA 1960, Vincente Minnelli)

House of Wax (Das Kabinett des Professor Bondi, USA 1953, André De Toth)

Housing Problems (GB 1935, Edgar Anstey/Arthur Elton)

Hugo (Hugo Cabret, USA 2011, Martin Scorsese)

Human Nature (Human Nature– Die Krone der Schöpfung, F/USA 2001, Michel Gondry)

Hurlement en faveur de Sade (Geheul für de Sade, F 1952, Guy Debord)

Husbands (USA 1970, John Cassavetes)

I racconti di Canterbury (Pasolinis tolldreiste Geschichten, I/F 1972, Pier Paolo Pasolini)

I Walked with a Zombie (Ich folgte einem Zombie, USA 1943, Jacques Tourneurs)

I. – Artificial Intelligence (A. I. – Künstliche Intelligenz, USA 2001, Steven Spielberg)

I'm Not There (USA/D/CLN 2007, Todd Haynes)

Idioterne (Die Idioten, DK 1998, Lars von Trier)

Il Conformista (Der Konformist, I/F/BRD 1970, Bernardo Bertolucci)

Il Decameron (Decameron, I/F/BRD 1971, Pier Paolo Pasolini)

Il Gattopardo (Der Leopard, I 1963, Luchino Visconti)

Im Lauf der Zeit (BRD 1976, Wim Wenders)

Images (Spiegelbilder, USA 1972, Robert Altman)

Imitation of Life (Solange es Menschen gibt, USA 1959, Douglas Sirk)

In jenen Tagen (D 1946/1947, Helmut Käutner)

Inception (USA/GB 2010, Christopher Nolan)

Indiana Jones and the Kingdom of the Crystal Skull (Indiana Jones und das Königreich des Kristallschädels, USA 2008, Steven Spielberg)

Indiana Jones and the Last Crusade (Indiana Jones und der letzte Kreuzzug, USA 1989, Steven Spielberg)

Indiana Jones and the Temple of Doom (Indiana Jones und der Tempel des Todes, USA 1984, Steven Spielberg)

Inferno (I 1980, Dario Argento)

Ingeborg Holm (S 1913, Victor Sjöström)

Inland Empire (Eine Frau in Schwierigkeiten, F/PL/USA 2006, David Lynch)

Interview with the Vampire (Interview mit einem Vampir, GB/F 1994, Neil Jordan)

Intolerance (Intoleranz, USA 1916, David W. Griffith)

Irréversible (Irreversibel, F 2002, Gaspar Noé)

Island of the Lost Souls (USA 1932, Erle C. Kenton)

It Came from Outer Space (Gefahr aus dem Weltall, USA 1953, Jack Arnold)

It happened one night (Es geschah in einer Nacht, USA 1934, Frank Capra)

Italiensk for begyndere (Italienisch für Anfänger, DK 2000, Lone Scherfig)

Iwan Grosny (Iwan der Schreckliche, SU 1944/1946, Sergej Eisenstein)

Jackie Brown (USA 1997, Quentin Tarantino)

Jagdszenen aus Niederbayern (BRD 1969, Peter Fleischmann)

Jason and the Argonauts (Jason und die Argonauten, GB/USA 1963, Don Chaffey)

Jaws (Der weiße Hai, USA 1975, Steven Spielberg)

Jeanne Dielman, 23, Quai du commerce, 1080 Bruxelles (Jeanne Dielman, B/F 1975, Chantal Akerman)

Jeder für sich und Gott gegen alle (BRD 1974, Werner Herzog)

Jeremiah Johnson (USA 1972, Sydney Pollack)

Journey to the Center of the Earth (Reise zum Mittelpunkt der Erde, USA 1959, Henry Levin)

Jud Süß (D 1940, Veit Harlan)

Juha (FIN 1999, Aki Kaurismäkis)

Jules et Jim (Jules und Jim, F 1962, François Truffaut)

Jurassic Park (USA 1993, Steven Spielberg)

Just imagine (USA 1930, David Butler)

Karl May (BRD 1974, Hans-Jürgen Syberberg)

Katzelmacher (BRD 1969, Rainer Werner Fassbinder)

Ken Park (USA/NL/F 2002, Larry Clarke)

Kids (USA 1995, Larry Clark)

Kill Bill: Vol. 1 (USA 2003, Quentin Tarantino)

King Kong (King Kong und die weiße Frau, USA 1933, Merian C. Coopers/Ernest B. Schoedsacks)

Kljatwa (Der Schwur, SU 1946, Mikheil Chiaureli)

Klute (USA 1971, Alan J. Pakula)

Kolberg (D 1945, Veit Harlan)

Komedie om Geld (Komödie ums Geld, NL 1936, Max Ophüls)

Konez Sankt-Peterburga (Das Ende von Sankt Petersburg, SU 1927, Vsevolod Pudovkin/ Mikhail Doller)

Koyaanisqatsi (Koyaanisqatsi – Prophezeiung, USA 1982, Godfrey Reggio)

Kuhle Wampe oder wem gehört die Welt? (D 1932, Slatan Dudow)

Kurfürstendamm (D 1920, Richard Oswald)

L'arroseur arrosé (F 1896, Louis Lumière)

L'Affaire Dreyfus (F 1908, Lucien Nonguet/Ferdinand Zecca)

L'Âge d'Or (F 1930, Luis Buñuel)

L'Amour en fuite (Liebe auf der Flucht, F 1979, François Truffaut)

L'argent (Das Geld, F/CH 1983, Robert Bresson)

L'Arrivée d'un train en gare de La Ciotat (Die Ankunft eines Zuges auf dem Bahnhof in La Ciotat, F 1895, Auguste Lumière/Louis Lumière)

L'Ascenseur pour l'échafaud (Fahrstuhl zum Schafott, F 1958, Louis Malle)

L'Atalante (F 1934, Jean Vigo)

L'étoile de mer (F 1928, Man Ray)

L'humanité (Humanität, F 1999, Bruno Dumont)

La Bandera (Kompanie der Verlorenen, F 1935, Julien Duvivier)

La belle équipe (Zünftige Bande, F 1936, Julien Duvivier)

La bête humaine (Bestie Mensch, F 1938, Jean Renoir)

La Chienne (Die Hündin, F 1931, Jean Renoir)

La chute de la maison Usher (Der Untergang des Hauses Usher, F 1928; Jean Epstein)

La Coquille et le Clergyman (Die Muschel und der Kleriker, F 1928, Germaine Dulac)

La Fantôme de la liberté (Das Gespenst der Freiheit, F 1974, Luis Buñuel)

La fille de l'eau (Die Tochter des Wassers, F 1924, Jean Renoir)

La Glace à trois faces (Der dreiflügelige Spiegel, F 1927, Jean Epstein)

La Hora de los Hornos (Die Stunde der Hochöfen, ARG 1968, Octavio Getino/Fernando E. Solanas)

La lune dans le caniveau (Der Mond in der Gosse, F 1983, Jean-Jacques Beineix)

La nuit américaine (Die amerikanische Nacht, F/I 1973, François Truffaut)

La nuit du carrefour (F 1932, Jean Renoir)

La Passion de Jeanne d'Arc (Die Passion der Jungfrau von Orléans, F 1928, Carl Theodor Dreyer)

La petite marchande d'allumettes (Das kleine Mädchen mit den Schwefelhölzern, F 1928, Jean Renoir)

La ronde (Der Reigen, F 1950, Max Ophüls)

La Roue (Das Rad, F 1923, Abel Gance)

La signora di tutti (Eine Diva für alle, I 1934, Max Ophüls)

La Sirène des tropiques (Papitou, F 1927, Mario Nalpas/Henri Etiévant)

La Sortie de l'Usine Lumière à Lyon (Arbeiter verlassen die Lumière-Werke, F 1895, Auguste Lumière/Louis Lumière)

La tendre ennemie (Zärtliche Feindin, F 1936, Max Ophüls)

La terra trema (Die Erde bebt, I 1948, Luchino Visconti)

La vie nouvelle (F 2002, Philippe Grandrieux)

Lachende Erben (D 1932, Max Ophüls)

Ladri di biciclette (Fahrraddiebe, I 1948, Vittorio De Sica)

L'Année dernière à Marienbad (Letztes Jahr in Marienbad, F 1961, Alain Resnais)

Lawrence of Arabia (Lawrence von Arabien, USA 1962, David Lean)

Le crime de Monsieur Lange (Das Verbrechen des Herrn Lange, F 1936, Jean Renoir)

Le fils (Der Sohn, BEL/F 2002, Jean-Pierre Dardenne/Luc Dardenne)

Le Fond de l'air est rouge (Rot ist die blaue Luft, F 1977, Chris Marker)

Le Grand-père (F 1910, Léonce Perret/Jacques Roullet)

Le jour se lève (Der Tag bricht an, F 1939, Marcel Carné)

Le Malheur qui n'a pas eu lieu (F 1911, Louis Feuillade)

Le mépris (Die Verachtung, F/I 1963, Jean-Luc Godard)

Le Million (Die Million, F 1931, René Clair)

Le plaisir (Pläsier, F 1952, Max Ophüls)

Le quai des brumes (Hafen im Nebel, F 1938, Marcel Carné)

Le roman de Werther (F 1938, Max Ophüls)

Le samouraï (Der eiskalte Engel, F/I 1967, Jean-Pierre Melville)

Le Sang d'un Poète (F 1932, Jean Cocteau)

Le sang d'un poète (Das Blut eines Dichters, F 1932, Jean Cocteau)

Le Train en marche (Medwedkins Kinozug, F 1971, Chris Marker)

Le Voyage dans la lune (Die Reise zum Mond, F 1902, Georges Méliès)

Lebenszeichen (BRD 1968, Werner Herzog)

Lenin w 1918 godu (Lenin im Jahr 1918, SU 1939, Michail Romm u. a.)

Lenin w oktjabre (Lenin im Oktober, SU 1937, Michail Romm)

Leningrad Cowboys Go America (FIN 1989, Aki Kaurismäki)

Leningrad Cowboys Meet Moses (Die Leningrad Cowboys treffen Moses, FIN 1994, Aki Kaurismäki)

Les amants du Pont-Neuf (Die Liebenden von Pont-Neuf, F 1991, Leos Carax)

Les bas-fonds (Nachtasyl, F 1936, Jean Renoir)

Les deux timides (Die beiden Schüchternen, F 1928, René Clair)

Les mystères du château de Dé (F 1928, Man Ray)

Les portes de la nuit (Pforten der Nacht, F 1946, Marcel Carné)

Les quatre centscoups (Sie küssten und sie schlugen ihn, F 1959, François Truffaut)

Letter from an Unknown Woman (Brief einer Unbekannten, USA 1948, Max Ophüls)

L'homme à la tête en caoutchouc (F 1901, Georges Méliès)

Lichtspiel Opus 1 (D 1921, Walter Ruttmann)

Lichtspiel Opus 4 (D 1925, Walter Ruttmann)

Liebe ist kälter als der Tod (BRD 1969, Rainer Werner Fassbinder)

Liebelei (D 1933, Max Ophüls)

Life of an American Fireman (USA 1903, George S. Fleming)

Lili Marleen (BRD 1980/1981, Rainer Werner Fassbinder)

Lilja 4-ever (SWE/DK 2002, Lukas Moodysson)

Little Big Man (USA 1970, Arthur Penn)

Lola (BRD 1981, Rainer Werner Fassbinder)

Lola Montès (Lola Montez, F/D 1955, Max Ophüls)

lonelygirl15 (USA 2006–2008)

Look Back in Anger (Blick zurück im Zorn, GB 1959, Tony Richardson)

Lord of the Rings – The Fellowship of the Ring (Der Herr der Ringe – Die Gefährten, NZ/ USA 2001, Peter Jackson)

Lost Highway (USA 1997, David Lynch)

Lost Horizon (In den Fesseln von Shangri-La, USA 1937, Frank Capra)

Lost in Translation (Lost in Translation – Zwischen den Welten, USA/J 2003, Sofia Coppola)

Ludwig – Requiem für einen jungfräulichen König (BRD 1972, Hans-Jürgen Syberberg)

Ludwig II. (I/F/BRD 1972, Luchino Visconti)

M (D 1930, Fritz Lang)

M. A. S. H. (USA 1970, Robert Altman)

Mad Men (USA 2007–2015)

Madame de … (Madame de … – Die Liebe ihres Lebens, F/I 1953, Max Ophüls)

Magnificent Obsession (Die wunderbare Macht, USA 1954, Douglas Sirk)

Magnolia (USA 1999, Paul Thomas Anderson)

Mahlzeiten (BRD 1967, Edgar Reitz)

Manhattan (USA 1924, R. H. Burnside)

Männer (BRD 1985, Doris Dörrie)

Marathon-Man (Der Marathon Mann, USA 1976, John Schlesinger)

Marseille (D 2004, Angela Schanelec)

Martha (BRD 1973, Rainer Werner Fassbinder)

Martyrs (F/CAN 2008, Pascal Laugier)

Mary Jane's Mishaps (GB 1903, George Albert Smith)

Mauprat (F 1926, Jean Epstein)

Mauvais Sang (Die Nacht ist jung, F 1986, Leos Carax)

McCabe & Mrs. Miller (USA 1971, Robert Altman)

Mean Streets (Hexenkessel, USA 1973, Martin Scorsese)

Medea (I/F/BRD 1969, Pier Paolo Pasolini)

Medweshja swadba (Die Bärenhochzeit, SU 1925, Konstantin Eggert)

Meet John Doe (Hier ist John Doe, USA 1941, Frank Capra)

Mein langsames Leben (D 2001, Angela Schanelec)

Memento (USA 2000, Christopher Nolan)

Menschen am Sonntag (D 1930, Kurt Siodmak/Robert Siodmak u. a.)

Menschen untereinander (D 1926, Gerhard Lamprecht)

Meshes of the Afternoon (USA 1943, Maya Deren/Alexander Hammid)

Metropolis (D 1927, Fritz Lang)

Michael (D 1924, Carl Theodor Dreyer)

Mickey One (USA 1965, Arthur Penn)

Midnight Cowboy (Asphalt-Cowboy, USA 1969, John Schlesinger)

Midnight in Paris (E/USA 2011, Woody Allen)

Mies Vailla Menneisyyttä (Der Mann ohne Vergangenheit, FIN/D/F 2002, Aki Kaurismä-ki)

Mifunes sidste sang (Mifune – Dogma III, DK 1999, Søren Kragh-Jacobsen)

Milchwald (D 2003, Christoph Hochhäusler)

Mildred Pierce (Solange ein Herz schlägt, USA 1945, Michael Curtiz)

Miracolo a Milano (Das Wunder von Mailand, I 1951, Vittorio De Sica)

Missions of California (USA 1907, Norman Dawn)

Moby Dick (USA 1956, John Huston)

Modern Times (Moderne Zeiten, USA 1936, Charles Chaplin)

Moi, un noir (F 1957, Jean Rouch)

Momma Don't Allow (GB 1955, Karel Reisz/Tony Richardson)

Mothlight, USA 1963, Stan Brakhage)

Motion Painting No. 1 (USA 1947, Oskar Fischinger)

Moulin Rouge! (USA/AUS 2001, Baz Luhrmann)

Možnosti dialogu (Tücken des Gesprächs, CS 1982, Jan Švankmajer)

Mr. Deeds Goes to Town (Mr. Deeds geht in die Stadt, USA 1936, Frank Capra)

Mulholland Dr. (Mulholland Drive, F/USA 2001, David Lynch)

Muratti greift ein (D 1934, Oskar Fischinger)

Murders in the Rue Morgue (Mord in der Rue Morgue, USA 1932, Robert Florey)

Muriel ou le Temps d'un retour (Muriel oder Die Zeit der Wiederkehr, F 1963, Alain Resnais)

Mutter Krausens Fahrt ins Glück (D 1929, Phil Jutzi)

Mužné hry (Virile Spiele, CS 1988, Jan Švankmajer)

Mystery Train (USA 1989, Jim Jarmusch)

Na krasnom fronte (An der roten Front, SU 1920, Lev Kuleshov)

Naked City (Die nackte Stadt, USA 1948, Jules Dassin)

Nana (F 1926, Jean Renoir)

Nanook of the North (Nanuk, der Eskimo, USA 1922, Robert Flaherty)

Napoléon (F 1927, Abel Gance)

Nashville (USA 1975, Robert Altman)

Natural Born Killers (USA 1994, Oliver Stone)

Nebraska (USA 2013, Alexander Payne)

Něco z Alenky (Alice, CS 1987, Jan Švankmajer)

Night Mail (GB 1936, Harry Watt/Basil Wright)

Night on Earth (USA/F/D et al., 1991, Jim Jarmusch)

Nightmare before Christmas (USA 1993, Tim Burton)

North by Northwest (Der unsichtbare Dritte, USA 1959, Alfred Hitchcock)

Nosferatu – Phantom der Nacht (D 1979, Werner Herzog)

Nosferatu, eine Symphonie des Grauens (D 1922, F.W. Murnau)

Notorious (Berüchtigt, USA 1946, Alfred Hitchcock)

Nouvelle Vague (CH/F 1990, Jean-Luc Godard)

Now (CUB 1965, Santiago Álvarez)

Nowaja Moskwa (Das neue Moskau, SU 1938, Alexander Medwedkin)

Obsession (Der schwarze Engel, USA 1976, Brian De Palma)

Ohm Krüger (D 1941, Hans Steinhoff u. a.)

Oktjabr (Oktober, SU 1928, Sergej Eisenstein)

Olympia – Teil 1: Fest der Völker (D 1938, Leni Riefenstahl)

Olympia – Teil 2: Fest der Schönheit (D 1938, Leni Riefenstahl)

On the Waterfront (Die Faust im Nacken, USA 1954, Elia Kazan)

One from the Heart (Einer mit Herz, USA 1982, Francis Ford Coppola)

Only God Forgives (FR/DK 2013, Nicolas Winding Refn)

Only Lovers Left Alive (D/GB/GR 2013, Jim Jarmusch)

Ordet (Das Wort, DK 1955, Carl Theodor Dreyer)

Orlacs Hände (D 1924, Robert Wiene)

Ossessione (Ossessione … von Liebe besessen, I 1943, Luchino Visconti)

Otto e mezzo (Achteinhalb, I/F 1963, Federico Fellini)

Oz the Great and Powerful (Die fantastische Welt von Oz, USA 2013, Sam Raimi)

Padenije Berlina (Der Fall von Berlin, SU 1950, Mikheil Chiaureli)

Padenije dinastii Romanowych (Der Fall der Dynastie Romanow, SU 1927, Esfir Shub)

Paisá (I 1946, Roberto Rosselini)

Paris nous appartient (Paris gehört uns, F 1961, Jacques Rivette)

Parsifal (BRD 1983, Hans-Jürgen Syberberg)

Partner (I 1968, Bernardo Bertolucci)

Pat Garrett and Billy The Kid (Pat Garrett jagt Billy The Kid, USA 1973, Sam Peckinpah)

Pépé le Moko (Pépé le Moko – Im Dunkel von Algier, F 1937, Julien Duvivier)

Permanent Vacation (Dauernd Ferien, USA 1980, Jim Jarmusch)

Persona (S 1966, Ingmar Bergman)

Phantom of the Opera (Phantom der Oper, USA 1943, Arthur Lubin)

Photographing a Ghost (GB 1898, George Albert Smith)

Pickpocket (F 1959, Robert Bresson)

Pierrot le fou (Elf Uhr Nachts, F/I 1965, Jean-Luc Godard)

Pillow Talk (Bettgeflüster, USA 1959, Michael Gordon)

Pina (D/F/GB 2011, Wim Wenders)

Pink Flamingos (USA 1972, John Waters)

Plätze in den Städten (D 1998, Angela Schanelec)

Pola X (F/D/JAP et al. 1999, Leos Carax)

Potomok Tschingis-Chana (Sturm über Asien, SU 1928, Vsevolod Pudovkin)

Powwow Highway (Zwei Cheyenne auf dem Highway, GB 1989, Jonathan Wacks)

Primary (Vorwahlkampf, USA 1960, Robert Drew)

Prospero's Books (Prosperos Bücher, NL u. a. 1991, Peter Greenaway)

Psycho (USA 1960, Alfred Hitchcock)

Psych-Out (USA 1967, Richard Rush)

Pulp Fiction (USA 1994, Quentin Tarantino)

Querelle – Ein Pakt mit dem Teufel (BRD 1982, Rainer Werner Fassbinder)

Quo Vadis (I 1912, Enrico Guazzoni)

Raging Bull (Wie ein wilder Stier, USA 1980, Martin Scorsese)

Raiders of the Lost Ark (Jäger des verlorenen Schatzes, USA 1981, Steven Spielberg)

Raskolnikow (D 1923, Robert Wiene)

Rebel without a Cause (… denn sie wissen nicht, was sie tun, USA 1955, Nicholas Ray)

Regen (NL 1929, Mannus Franken/Joris Ivens)

Rescued by Rover (USA 1905, Lewin Fitzhamon/Cecil M. Hepworth)

Reservoir Dogs (Reservoir Dogs – Wilde Hunde, USA 1992, Quentin Tarantino)

Return of the Secausus Seven (Die Rückkehr nach Secaucus, USA 1979, John Sayles)

Rien que les heures (F 1926, Alberto Cavalcanti)

Rise of the Planet of the Apes (Planet der Affen: Prevolution, USA 2011, Rupert Wyatt)

Riso Amaro (Bitterer Reis, I 1949, Giuseppe De Santis)

River of no Return (Fluß ohne Wiederkehr, USA 1954, Otto Preminger)

Robin Hood (USA 1922, Allan Dwan)

Roger & Me (Roger und ich, USA 1989, Michael Moore)

Roma, cittá aperta (Rom – Offene Stadt, I 1945, Roberto Rosselini)

Room at the Top (Der Weg nach oben, GB 1959, Jack Clayton)

Rope (Ein Cocktail für eine Leiche, USA 1948, Alfred Hitchcock)

Rosetta (BEL/F 1999, Jean-Pierre/Luc Dardenne)

Russkij kowtscheg (Russian Ark, RU u. a. 2002, Aleksandr Sokurov)

Sammy's avonturen: De geheime doorgang (Sammys Abenteuer – Die Suche nach der geheimen Passage, B/USA/F 2010, Ben Stassen)

Sånger från andra våningen (Songs from the second floor, S u. a. 2000, Roy Andersson)

Sans lendemain (Ohne ein Morgen, F 1939, Max Ophüls)

Santa Claus (GB 1898, George Albert Smith)

Saturday Night and Sunday Morning (Samstagnacht bis Sonntagmorgen, GB 1960, Karel Reisz)

Saving Private Ryan (Der Soldat James Ryan, USA 1998, Steven Spielberg)

Scarface (Narbengesicht, USA 1932, Howard Hawks/Richard Rosson)

Schatten – eine nächtliche Halluzination (D 1923, Arthur Robison)

Scherben (D 1921, Lupu Pick)

Schestaja tschast mira (Ein Sechstel der Erde, SU 1926, Dziga Vertov)

Schindler's List (Schindlers Liste, USA 1993, Steven Spielberg)

Schonzeit für Füchse (BRD 1966, Peter Schamoni)

Sciuscià (Schuhputzer, I 1946, Vittorio De Sica)

Scorpio Rising, USA 1964, Kenneth Anger

Scratch Pad (USA 1960, Hy Hirsch)

Scream (Scream – Schrei!, USA 1996, Wes Craven)

Semlja (Erde, SU 1930, Alexander Dowschenko)

Senso (Sehnsucht, I 1954, Luchino Visconti)

Seul contre tous (Menschenfeind, F 1998, Gaspar Noé)

Seven Men from Now (Der Siebente ist dran, USA 1956, Budd Boetticher)

Sex, Lies and Videotape (Sex, Lügen und Video, USA 1989, Steven Soderbergh)

Shadow of a Doubt (Im Schatten des Zweifels, USA 1943, Alfred Hitchcock)

Shadows (Schatten, USA 1959, John Cassavetes)

Shakespeare in Love (USA 1998, John Madden)

Shampoo (USA 1975, Hal Ashby)

She's Gotta Have It (Nola Darling, USA 1986, Spike Lee)

Short Cuts (USA 1993, Robert Altman)

Shortbus (USA 2006, John Cameron Mitchell)

Sick Kitten (GB 1903, George Albert Smith)

Sin City (USA 2005, Frank Miller u. a.)

Singin' in the Rain (Du sollst mein Glücksstern sein, USA 1952, Stanley Donen/Gene Kelly)

Slacker (Rumtreiber, USA 1991, Richard Linklater)

Sleep (USA 1964, Andy Warhol)

Smoke Signals (CDN/USA 1998, Chris Eyre)

Sodom und Gomorrha – Die Legende von Sünde und Strafe (AT 1922, Michael Kértèsz)

Soldier Blue (Das Wiegenlied vom Totschlag, USA 1970, Ralph Nelson)

Sombre (Dunkle Triebe, F 1998, Philippe Grandrieux)

Son of Dracula (Draculas Sohn, USA 1943, Robert Siodmak)

Son of Frankenstein (Frankenstein Sohn, USA 1939, Rowland V. Lee)

Song of Ceylon (GB 1934, Basil Wright)

Sous les toits de Paris (Unter den Dächern von Paris, F 1930, René Clair)

Spare Time (GB 1939, Humphrey Jennings)

Spellbound (Ich kämpfe um Dich, USA 1944, Alfred Hitchcock)

Star Wars – A New Hope (Krieg der Sterne – Eine neue Hoffnung, USA 1977, George Lucas)

Star Wars – Phantom Menace (Krieg der Sterne – Die dunkle Bedrohung, USA 1999, George Lucas)

Statschka (Streik, SU 1924, Sergei Eisenstein)

Stella Dallas (USA 1937, King Vidor)

Stop Thief (GB 1901, James Williamson)

Stranger than Paradise (USA 1984, Jim Jarmusch)

Studie 6 (D 1930, Oskar Fischinger)

Studie 9 (D 1931, Oskar Fischinger)

Stukas (D 1941, Karl Ritter)

Subway (F 1985, Luc Besson)

Summer in the City (BRD 1970, Wim Wenders)

Sunrise: A Song of Two Humans (Sonnenaufgang, USA 1926/1927, F. W. Murnau)

Superman II (Superman II – Allein gegen alle, USA 1980, Richard Lester/Richard Donner)

Sur un air de Charleston (F 1927, Jean Renoir)

Suspense (USA 1913, Phillips Smalley/Lois Weber)

Sweeney Todd: The Demon Barber of Fleet Street (Sweeney Todd: Der teuflische Barbier aus der Fleet Street, USA/GB 2007, Tim Burton)

Sweet Sweetback's Baadasssss Song (Sweet Sweetbacks Lied, USA 1971, Melvin Van Peebles)

Swetlyj put (Der helle Weg, SU 1940, Grigori Aleksandrov)

Sylvester – Tragödie einer Nacht (D 1924, Lupu Pick)

Symphonie Diagonale (Diagonal-Symphonie, D 1924, Viking Eggeling)

Synecdoche, New York (USA 2008, Charlie Kaufman)

Tabu (USA 1931, F. W. Murnau)

Talaye sorkh (Crimson Gold, IRA 2003, Jafar Panahi)

Target For Tonight (GB 1941, Harry Watt)

Tarnation (USA 2003, Jonathan Caouette)

Tatort: Alle meine Jungs (D 2014, Florian Baxmeyer)

Tatort: Der Wald steht schwarz und schweiget (D 2012, Ed Herzog)

Tatort: Spiel auf Zeit (D 2013, Roland Suso Richter)

Taxi Driver (USA 1976, Martin Scorsese)

Taxidermia (HUN u. a. 2006, György Pálfi)

Ten Minutes Older: The Cello (GB u. a. 2002, Bernardo Bertolucci u. a.)

Ten Minutes Older: The Trumpet (GB u. a. 2002, Kaige Chen u. a.)

Terminator 2: Judgment Day (Terminator 2– Tag der Abrechnung, USA 1991, James Cameron)

Terminator Salvation (Terminator 4: Die Erlösung, USA 2009, Joseph McGinty Nichol)

The 7th Voyage of Sinbad (Sindbads siebente Reise, USA 1958, Nathan Juran)

The Amityville Horror (USA 1979, Stuart Rosenberg)

The Artist (F u. a. 2011, Michel Hazanavicius)

The Bat Whispers (USA 1930, Roland West)

The Big Lebowski (USA/GB 1998, Joel Coen/Ethan Coen)

The Big Parade (Die große Parade, USA 1925, King Vidor)

The Big Swallow (GB 1901, James Williamson)

The Big Trail (Der große Treck, USA 1930, Raoul Walsh)

The Birth of a Nation (Die Geburt einer Nation, USA 1915, David W. Griffith)

The Black Cat (USA 1934, Edgar G. Ulmer)

The Blair Witch Project (Blair Witch Project, USA 1999, Daniel Myrick/Eduardo Sánchez)

The Cat and the Canary (Spuk im Schloss, USA 1927, Paul Leni)

The Chair (USA 1963, Robert Drew)

The Chase (Ein Mann wird gejagt, USA 1966, Arthur Penn)

The Cincinnati Kid (USA 1965, Norman Jewison)

The Conversation (Der Dialog, USA 1974, Francis Ford Coppola)

The Corsican Brothers (GB 1898, George Albert Smith)

The Dark Knight (USA 2008, Christopher Nolan)

The Day the Earth Stood Still (Der Tag, an dem die Erde stillstand, USA 1951, Robert Wise)

The Deer Hunter (Die durch die Hölle gehen, GB/USA 1978, Michael Cimino)

The Departed (Unter Feinden, USA/HK 2006, Martin Scorsese)

The Draughtman's Contract (Der Kontrakt des Zeichners, GB 1982, Peter Greenaway)

The Entertainer (Der Komödiant, GB 1960, Tony Richardson)

The Eternal Sunshine of a Spotless Mind (Vergiss mein nicht, USA 2004, Michel Gondry)

The Exile (Der Verbannte, USA 1947, Max Ophüls)

The Fatal Hour (USA 1908, David W. Griffith)

The Fighter (USA 2010, David O. Russell)

The Godfather (Der Pate, USA 1972, Francis Ford Coppola)

The Godfather Part II (Der Pate: Teil 2, USA 1974, Francis Ford Coppola)

The Graduate (Die Reifeprüfung, USA 1967, Mike Nichols)

The Greaser's Gauntlet (USA 1908, David W. Griffith)

The Great Gatsby (Der große Gatsby, AU/USA 2013, Baz Luhrmann)

The Great Train Robbery (Der große Eisenbahnraub, USA 1903, Edwin S. Porter)

The Holy Mountain (Montana Sacra – der heilige Berg, MEX/USA 1973, Alejandro Jodorowsky)

The Hunchback of Notre Dame (Der Glöckner von Notre Dame, USA 1923, Wallace Worsley)

The Hundred to One Shot (USA 1906)

The Informer (USA 1935, John Ford)

The Invasion of the Body Snatchers (Die Körperfresser kommen, USA 1978, Philip Kaufman)

The Invisible Man (Der Unsichtbare, USA 1933, James Whale)

The Invisible Ray (Tödliche Strahlen, USA 1936, Lambert Hillyer)

The Jazzsinger (Der Jazzsänger, USA 1927, Alan Crosland)

The Killer of Sheep (Schafe töten, USA 1979, Charles Burnett)

The King of Marvin Gardens (Der König von Marvin Gardens, USA 1972, Bob Rafelson)

The Kiss in the Tunnel (GB 1899, George Albert Smith)

The Landlord (Der Hausbesitzer, USA 1970, Hal Ashby)

The Last Detail (Das letzte Kommando, USA 1973, Hal Ashby)

The Last Picture Show (Die letzte Vorstellung, USA 1971, Peter Bogdanovich)

The Life Aquatic with Steve Zissou (Die Tiefseetaucher, USA 2004, Wes Anderson)

The Limits of Control (USA/J 2009, Jim Jarmusch)

The Little Doctors (GB 1901, George Albert Smith)

The Little Foxes (Die kleinen Füchse, USA 1941, William Wyler)

The Long Goodbye (Der Tod kennt keine Wiederkehr, USA 1973, Robert Altman)

The Lord of the Rings: The Return of the King (Der Herr der Ringe: Die Rückkehr des Königs, NZ/USA 2003, Peter Jackson)

The Love of Zero (USA 1927, Robert Florey)

The Machinist (Der Maschinist, USA/E 2004, Brad Anderson)

The Magnificent Ambersons (Der Glanz des Hauses Amberson, USA 1942, Orson Welles u. a.)

The Maltese Falcon (Die Spur des Falken, USA 1941, John Huston)

The Man who Laughs (Der Mann, der lacht, USA 1928, Paul Leni)

The Man with the Golden Arm (Der Mann mit dem goldenen Arm, USA 1955, Otto Preminger)

The Matrix (USA 1999, Andy Wachowski/Lana Wachowski)

The Mummy (Die Mumie, USA 1932, Karl Freund)

The Old Dark House (Das Haus des Grauens, USA 1932, James Whale)

The Parallax View (Zeuge einer Verschwörung, USA 1973, Alan J. Pakula)

The Phantom of the Opera (Das Phantom der Oper, USA 1925, Rupert Julian u. a.)

The Pillow Book (Die Bettlektüre, NL/GB/F/LU 1996, Peter Greenaway)

The Power of Love (USA 1922, Nat G. Deverich/Harry K. Fairall)

The Rain People (Liebe niemals einen Fremden, USA 1969, Francis Ford Coppola)

The Raven (USA 1935, Lew Landers)

The Reckless Moment (Schweigegeld für Liebesbriefe, USA 1949, Max Ophüls)

The Rocky Horror Picture Show (GB/USA 1975, Jim Sharman)

The Shining (Shining, GB/USA 1980, Stanley Kubrick)

The Sopranos (USA 1999–2007, Autor: David Chase)

The Sound of Music (Meine Lieder – meine Träume, USA 1965, Robert Wise)

The Stepford Wives (Die Frauen von Stepford, USA 1975, Bryan Forbes)

The Steps (USA 2012)

The Sword of Monte Cristo (Das Schwert von Monte Christo, USA 1951, Maurice Geraghty)

The Telltale-Heart (USA 1928, Charles Klein)

The Ten Commandments (Die zehn Gebote, USA 1956, Cecil B. DeMille)

The Terminator (Terminator, GB/USA 1984, James Cameron)

The Texas Chainsaw Massacre (Blutgericht in Texas, USA 1974, Tobe Hooper)

The Thing (Das Ding aus einer anderen Welt, USA 1982, John Carpenter)

The Third Man (Der dritte Mann, GB/USA 1949, Carol Reed)

The Three Burials of Melquiades Estrada (Three Burials – Die drei Begräbnisse des Melquiades Estrada, USA/F 2005, Tommy Lee Jones)

The Time Machine (Die Zeitmaschine, USA 1960, George Pal)

The Trip (USA 1967, Roger Corman)

The Wild Bunch (The Wild Bunch – Sie kannten kein Gesetz, USA 1969, Sam Peckinpah)

The Wire (USA 2002–2008, Autor: David Simon)

The Wizard of Oz (Der Zauberer von Oz, USA 1939, Victor Fleming u. a.)

The Wolf Man (Der Wolfsmensch, USA 1941, George Waggner)

The Wrestler (USA/F 2008, Darren Aronofsky)

Thieves Like Us (Diebe wie wir, USA 1974, Robert Altman)

This is England (GB 2006, Shane Meadows)

This Sporting Life (Lockender Lorbeer, GB 1963, Robert Drew)

THX 1138 (USA 1971, George Lucas)

Timecode (USA 2000, Mike Figgis)

Tirez sur le pianiste (Schießen Sie auf den Pianisten, F 1960, François Truffaut)

Titanic (USA 1997, James Cameron)

Tma/Světlo/Tma (Dunkelheit/Licht/Dunkelheit, CS 1989, Jan Švankmajer)

Tokyo Monogatari (Die Reise nach Tokio, J 1953, Yasujiro Ozu)

Toni (F 1935, Jean Renoir)

Top Hat (Ich tanz' mich in dein Herz hinein, USA 1935, Mark Sandrich)

Toto le héros (Toto der Held, BEL u. a. 1991, Jaco Van Dormael)

Touch of Evil (Im Zeichen des Bösen, USA 1958, Orson Welles)

Toy Story (USA 1995, John Lasseter)

Triumph des Willens (D 1934, Leni Riefenstahl)

Trouble Every Day (F/D/JAP 2001, Claire Denis)

Tschapajew (SU 1934, Georgi Vasilyev/Sergey Vasilyev)

Tschelowek s kinoapparatom (Der Mann mit der Kamera, SU 1929, Dziga Vertov)

Tui shou (Schiebende Hände, TW 1992, Ang Lee)

Tulitikkutehtaan tyttö (Das Mädchen aus der Streichholzfabrik, FIN/S 1990, Aki Kaurismäki)

Turksib (SU 1929, Victor A. Turin)

Twelve Monkeys (USA 1995, Terry Gilliam)

Twentynine Palms (F/D/USA 2003, Bruno Dumont)

Twin Peaks (1990/1991, David Lynch)

Two-Lane Blacktop (Asphaltrennen, USA 1971, Monte Hellman)

Tystnaden (Das Schweigen, S 1963, Ingmar Bergman)

Über uns das All (D 2011, Jan Schomburg)

Umberto D (I 1952, Vittorio De Sica)

Umirajuschtschi lebed (Der sterbende Schwan, SU 1917, Yevgeni Bauer)

Un Chien andalou (Ein andalusischer Hund, F 1929, Luis Buñuel)

Underworld (Unterwelt, USA 1927, Josef von Sternberg)

Unter dem Pflaster ist der Strand (BRD 1975, Helma Sanders-Brahms)

Urban Wolf (F/USA 2009)

V/H/S (V/H/S – Eine mörderische Sammlung, USA 2012, Adam Wingard u. a.)

Vals Im Bashir (Waltz with Bashir, ISR/F/Det al. 2008, Ari Folman)

Vargtimmen (Die Stunde des Wolfs, S 1968, Ingmar Bergman)

Varieté (D 1925, Ewald André Dupont)

Verführung: Die grausame Frau (BRD 1985, Elfi Mikesch/Monika Treut)

Verlogene Moral (D 1921, Hanns Kobe)

Vertigo (Aus dem Reich der Toten, USA 1958, Alfred Hitchcock)

Von morgens bis mitternachts (D 1921, Karl Heinz Martin)

WALL·E (WALL·E – Der Letzte räumt die Erde auf USA 2008, Andrew Stanton)

War Photographer (CH 2001, Christian Frei)

Wavelength (CA/USA 1967, Michael Snow)

We Are the Lambeth Boys (GB 1958, Karel Reisz)

We feed the World (A 2005, Erwin Wagenhofer)

Web Therapy (USA, seit 2008)

Week End (Weekend, F/I 1967, Jean-Luc Godard)

Weekend (F/I 1967, Jean-Luc Godard)

Wege zu Kraft und Schönheit (D 1925, Nicholas Kaufmann/Wilhelm Prager)

Welcome to the Dollhouse (Willkommen im Tollhaus, USA 1995, Todd Solondz)

Weliki put (Der große Weg, SU 1927, Esfir Shub)

Wendy and Lucy (USA 2008, Kelly Reichardt)

Wessjolije rebjata (Lustige Burschen, SU 1934, G. V. Aleksandrov)

Westfront 1918– Vier von der Infanterie (D 1930, G.W. Pabst)

What's Up, Doc? (Is Was, Doc?, USA 1972, Peter Bogdanovich)

Who's That Knocking on My Door (Wer klopft denn da an meine Tür, USA 1967, Martin Scorsese)

Wild at Heart (Wild at Heart – Die Geschichte von Sailor und Lula, USA 1991, David Lynch)

Wochenmarkt auf dem Wittembergplatz (D 1929, Wilfried Basse)

Wolfsburg (D 2003, Christian Petzold)

Wolga-Wolga (SU 1938, Grigori Aleksandrov)

Xi yan (Das Hochzeitsbankett, TW/USA 1993, Ang Lee)

X-Men (USA 2000, Bryan Singer)

Yella (D 2007, Christian Petzold)

Ying xiong (Hero, CH 2002, Zhang Yimou)

Yoshiwara (F 1937, Max Ophüls)

You Can't Take *It* With You (Lebenskünstler, USA 1938, Frank Capra)

You only live twice (Man lebt nur zweimal, GB 1967, Lewis Gilbert)

Young at Heart (Man soll nicht mit der Liebe spielen, USA 1954, Gordon Douglas)

Zabriskie Point (USA 1970, Michelangelo Antonioni)

Zeitprobleme. Wie der Arbeiter wohnt (D 1930, Slatan Dudow)

Zéro a Conduite (Betragen Ungenügend, F 1932, Jean Vigo)

Zorns Lemma (USA 1970, Hollis Frampton)

Žvahlav aneb Šatičky Slaměného Huberta (Jabberwocky, CS 1971, Jan Švankmajer)